보험법

이용석 저

도서출판 두남

머리말

보험법 강의를 시작한지도 어언 25년의 세월이 흘렀다. 1992년부터 보험학개론을 필두로 보험법, 보험업법, 손해보험론, 생명보험론, 사회보험론, 보험정책론, 손해사정이론, 상법총칙, 회사법, 기업법 등의 많은 강의를 하면서 언젠가는 저자가 생각하고 있는 간결하면서도 이해하기 쉬운 교과서를 만들어 보겠다는 결심을 하였으나 이를 실행하지 못하고 차일피일 미루어 오다가 지난 2008년부터 마음을 다잡아먹고 집필을 시작하여 보험학개론과, 보험업법, 보험업법요론 그리고 최신보험업법, 객관식 보험업법, 객관식 보험계약법 등을 출간하고 이윽고 본서를 내 놓게 되었다.

이 책은 저자가 그간 대학에서 20년 이상 보험법을 강의하면서 만들었던 강의안을 기초로 하고 그기에 저자가 평소에 생각하고 있던 보험법의 주요내용들을 정리하여 만들었다.

특히 이 책은 보험학을 전공하는 학생들이나 보험실무를 담당하고 있는 보험실무자 또는 보험계리사, 손해사정사 등의 시험을 준비하는 수험생들이 보험법을 가능한 빨리 이해힐 수 있도록 본법의 주요내용들을 쉽게 요약하여 설명하였고 또 지금까지 잘못 기술되어왔던 보험용어(예컨대 보험금을 보험금액으로 잘못 기술한 오류)들을 바로 잡아 표기하였으며 보험전문용어들은 가능한 순화시켜 설명하였다.

또 본서는 지금까지 상당한 검토가 있었지만 아직도 여러 가지 문제점을 안고 있는 보험계약에 있어서 보험의 목적과 피보험이익의 본질 문제, 보험법에 있어서 보상(報償)의 용어에 관한 해석문제, 청약에 대한 승낙의 시기문제, 보험계약의 법적성질에 있어서 쌍무계약과 편무계약의 해석문제, 책임보험의 목적과 피보험이익에 관한 해석문제 등에 대하여는 저자가 생각하는 새로운 각도에서 본법의 법리를 전개하였다. 따라서 지금까지 저자의 생각과 기존의 학자들의 견해가 일치하는 이론에 대하여는 통설에 따랐으나 특별히 문제가 되거나 필자가 생각을 달리하는 부분에 대하여는 그 지면을 넓혀 새로운 이론을 제시하였음을 밝힌다.

이 책은 크게 5장으로 나누어 설명하였다. 제1장에서는 위험과 보험을 다루면서 위험이란 무엇이며 위험과 보험과의 관계는 어떠한 것인지 그리고 보험의 유사제도에는 어떠한 것이 있는지를 살펴보았고 제2장에서는 보험계약의 내용을 기술하면서 보험계약의 요소와 보험계약의 체결 과정 그리고 보험계약의 효과, 변경, 소멸 등을 살펴보았다. 제3장에서는 손해보험총론을 다루면서 보험의 목적과 보험계약의 목적인 피보험이익을 상세하게 살펴보았으며 제4장에서는 손해보험의 각론 즉, 화재, 운송, 해상, 책임, 자동차보험을 다루었고 제5장에서는 인보험을 생명보험과 상해보험 그리고 질병보험으로 나누어 기술하였다.

특별히 이 책은 보험학을 전공하거나 보험계리사, 손해사정사 등의 시험을 준비하는 수험생들이 단기간에 1독을 할 수 있도록 최대한 압축 요약하여 만들었으나 편집기간이 짧은 관계로 여러 가지 부족한 부분이 많으리라 생각된다. 하지만 이러한 문제는 향후 개정판에서 충실히 보완할 것을 약속드린다.

끝으로 이 책이 나오기 까지 이 책의 출판을 위해 많은 도움을 주신 도서출판 두남사의 전두표사장님과 이 승구 상무님께 감사드리고 사랑하는 나의 아내와 딸 그리고 나의 동생들에게도 사랑한다는 말을 전하고 싶다.

2016년 7월 30일

경남대학교 경상관 연구실에서

저자 씀

차 례

제1장 총 론

제 2 장 보험계약

제 3 장 손해보험총론

제4장 손해보험각론

제 5 장 인보험

제 1 장

총　　론

제1절 위험과 보험

1. 위험의 의의

보험은 우연한 사고, 즉 위험을 전제로 하는 것이므로 위험이 없으면 보험도 없다고 할 수 있다. 여기에서 위험이란 안전하지 못한 것, 또는 사고 발생의 가능성. 즉 사고의 발생으로 인하여 생기는 손해발생의 가능성(Possibility of loss)을 의미하며 특히 보험에서 설명하는 위험이란 우연한 사고(사건)발생의 불확실성 또는 그 가능성을 의미한다고 볼 수 있다.

따라서 위험이란 사고의 발생 가능성 또는 사고로 인한 손해발생의 불확실성(uncertainty concerning the occurrence of a loss)으로 정의하고자 한다.[1)]

2. 보험의 의의

보험(insurance)이란 우연적인 사고에 대비하기 위한 경제제도로서 이것은 보험계약자가 보험료를 지급하고 보험사고가 발생하면 보험자는 이를 보상(報償)[2)]하는 경제

1) George E. Rejda, Principles of Risk Management and Insurance, pp.5-13.

2) 보험에서 사용하고 있는 보상이라는 용어가 과연 보험용어로서 타당한 용어인지에 대하여 의문이 생길 수 있고 이에 대한 논문이 발표된 바 있다(이병석, 補償: 보험용어로서의 적절성 여부에 관한 검토, 보험학회지 51, 1998.3). 대체적으로 補償이란 남에게 입힌 손해를 갚거나 또는 국가나 지방자치단체가 행한 적법한 행위에 대하여 국민이나 주민에게 가한 재산상의 손실을

제도라고 설명하고 있다. 그러나 보험의 정의에 대한 통일적인 정의를 내리기는 쉽지 않다. 왜냐하면 보험에는 생명보험과 손해보험으로 나누어지고 생명보험과 손해보험은 그 특성이 서로 다르기 때문이다.

그러나 일반적으로 보험은 동질의 우연한 사고발생의 위험에 처한 사람들이 하나의 단체를 구성하고 위험의 빈도와 심도[3]에 기초하여 산출된 보험료를 내어 공동기금을 형성 하고 그 단체의 구성원 중 보험사고를 당한 사람에게 공동기금으로부터 금전이나 기타 재산적 급여를 받는 제도라 할 수 있다.[4] 그러므로 보험이란 우리의 생활 속에서 인간의 불안을 완화 또는 제거시켜주는 경제적 제도로서 개인의 가정생활의 안정은 물론 기업의 위험에 대한 대책과 나아가 국민의 인간다운 삶의 질을 향상시키는 기능을 수행하는 경제적 제도라고 할 수 있다.

3. 위험과 보험의 관계

위험이 없으면 보험도 없다는 말과 같이 보험은 위험을 전제로 탄생한 것이다. 따라서 보험은 우연한 사고의 발생 즉, 위험에 대하여 사고의 발생을 방지하기 보다는 소극적으로 사고 발생으로 인한 경제적 수요를 충족시키는 것을 목적으로 하고 있다.

갚아주는 것을 의미하므로 보험계약상의 補償이라는 용어는 그 타당성에 문제가 있다고 생각된다. 그러나 실제 보상에서 보상의 "보"자를 어떤 한자로 사용하느냐에 따라 뜻은 여러 가지로 변화될 수 있는데 그 중요한 내용 몇 가지를 살펴보면 다음과 같다. ① 첫 번째의 보상(補償=한자로 표기할 경우 도울 보(補)자를 사용하는 보상)은 남에게 입힌 손해를 갚거나 또는 국가나 지방자치단체가 적법한 행위에 의하여 국민이나 주민에게 가한 재산상의 손실을 갚아주는 것을 의미하고, ② 두 번째의 보상(報償=갚을報의 보상)은 남에게 진 빚 또는 받은 물건을 되갚거나 또는, 어떤 것에 대한 대가로서 갚는 것 등을 의미하며, ③ 세 번째의 보상(報償=여기에서도 갚을報의 보상)이란 어떤 행위를 촉진하거나 학습 분위기를 조성하기 위하여 사람이나 동물에게 주는 물질을 의미한다고 규정되어 있다(표준 국어대사전 참조). 따라서 보험에 있어서 보상이란 보험계약자 또는 피보험자가 보험사고로 인하여 잃은 손해를 보험자가 갚는다고 할 경우의 보상으로서 이것은 남에게 진 빚 또는 받은 물건을 되갚거나 또는 어떤 것에 대한 대가로서 갚는 것 등을 의미한다는 報償으로 해석해야 할 것이다. 따라서 이렇게 해석할 경우 이 報償은 보험용어로서 타당하다. 그러므로 보험에서 사용하는 보상은 한자로 쓸 경우에는 반드시 갚을 보(報)의 報자를 사용함이 옳을 것이며 만약 이를 잘못하여 도울 보(補)의 補자로 표기할 경우에는 그 뜻이 보험제도에서 사용되는 보상과는 완전히 달라지는 문제가 발생된다.

3) 위험의 빈도란 사고 발생의 확률, 즉 보험사고가 특정기간(보험사고를 측정하는 기간) 내에 몇 번이나 반복하여 발생되는지 그러한 사고발생의 회수(빈도)를 말하며 심도란 그러한 사고로 인하여 1회에 발생되는 손해의 크기(평균손해의 크기)를 말한다.

4) 양승규, 보험법 제5판, 삼지원, 2005, 22면 참조.

4. 보험가입 가능위험(insurable risk)의 요건

보험가입가능위험(부보가능위험)의 요건에는 다음의 사항이 요구된다.

첫째, 보험가입가능위험은 순수위험[5]으로서 대수의 법칙이 적용되어 사고의 확률이 도출되는 위험이어야 한다. 일반적으로 순수위험이란 보험사고로 인하여 손해의 발생 가능성만 존재하고 이익의 가능성은 없는 위험으로서 투기적 위험이 아닌 위험을 말한다.

둘째, 보험가입가능위험은 우연적 사고가 발생할 수 있는 위험이어야 한다. 그러므로 보험은 우연한 사고를 전제로 하므로 고의적인 손해는 보험으로 부보(附保)[6]될 수 없다.

셋째, 보험가입가능위험은 동질적 위험이 다수로 존재하는 위험이어야 한다. 그러므로 위험이 다수로 존재하지 않는 위험은 보험제도가 성립될 수 없는 위험이다.

넷째, 보험가입가능위험은 객관적 위험으로서 통계적으로 사고의 확률을 측정할 수 있는 위험이어야 한다. 따라서 사고의 확률이 나올 수 없는 위험은 보험의 대상이 될 수 없다.

다섯째, 보험가입가능위험은 보험경영이 가능한 위험이어야 한다. 따라서 이러한 위험은 사고가 각각의 보험계약자에게는 충분히 경제적으로 타격을 줄 규모의 위험이어야 하지만 보험회사의 입장에서는 보험금 지급능력의 범위내의 위험이어야 한다. 따라서 보험회사가 보험금 지급능력의 범위를 벗어나는 대규모의 전쟁위험이나 또는 보험자체가 필요 없는 소규모 위험(책 한권의 분실위험 등) 등은 보험가입의 가능성이 적거나 없는 위험이다.

제2절 보험과 구별되는 유사제도

사람이 살아가는데 있어서 장래의 경제적 불안에 대한 준비로서 보험이 대표적으로 많이 이용되고 있지만 보험이외의 제도도 여러 가지가 있다. 여기에는 저축, 공제, 도

---

5) 순수위험이란 대수의 법칙이 적용되어 사고의 확률이 도출되는 위험으로서 보험의 대상이 되는 위험이나. 일반적으로 순수위험은 손해의 발생 가능성만 존재하고 이익의 가능성은 없는 위험으로서 투기성이 존재하지 않는 위험이다. 이용석, 보험학개론, 도서출판 두남, 2012, 20면 참조.

6) 부보(附保)란 보험의 객체(보험의 목적이 되는 물건 또는 사람)를 보험에 가입시키는 것을 말하는데 화재보험·운송보험·해상보험 등에 있어서 건물이나 동산(상품, 원료) 등을 보험에 가입하는 것을 말한다.

박, 보증, 자가보험, 자선 등이 있는데 이들의 제도가 보험과 어떤 점에서 서로가 유사하고 어떤 점에서 구별되는지 아래에서 살펴보기로 한다.

1. 저축(貯蓄)

저축은 경제상의 불안정에 대한 준비라는 점에서는 목적이 동일하다. 그러나 준비의 방법은 양자가 전혀 다르다. 먼저 보험은 앞에서 살펴본바와 같이 특정한 우연사고에 대비하기 위하여 다수의 경제주체가 참가하고 대수의 법칙에 따른 급부·반대급부 균등의 원칙에 따라 보험계약자들로부터 공평한 자금부담을 통하여 만들어진 경제제도이다. 그러나 저축은 경제주체가 단독이며 임의로 형성하는 개별적인 경제준비에 불과하고 그 목적 또한 반드시 특정사고를 대상으로 하는 것은 아니다. 또한 보험의 경우에는 보험계약자가 갹출한 보험료는 보험단체에 속하는 것이기 때문에 보험계약자가 이것을 자유롭게 처분 할 수 없다. 그러나 저축의 경우에는 그것은 개인의 전속재산이므로 자유로운 처분이 가능하다. 그런데 보험 중에는 전술한 저축적요소를 포함하고 있는 저축성 보험 즉, 생명보험, 생존보험, 연금보험, 손해보험의 장기(적립)보험 등은 저축적 성향을 가진 보험이지만 그러나 이것은 경제준비의 목적이 사망, 생존 또는 화재, 상해라는 각종의 우연한 사고를 대상으로 하고 있는 점에서 저축과 구별된다. 따라서 저축과 보험은 개별경제의 안정과 보장에 있다는 목적적 면에서는 유사하지만 양자의 준비형태의 방법에 있어서는 근본적으로는 차이가 있다.

2. 공제(共濟)

공제는 동직자간의 구성원이 상호부조를 목적으로 다수의 공제자가 결합하여 각자의 갹출금을 분담하고 단체원 중 누군가 화재, 사망, 도난 등의 재해를 당했을 때 그 손해를 구제하는 급부제도이다.[7] 이 제도는 고대로부터 여러 가지의 명칭과 형태로서 행해졌던 구제조합과 현대보험제도의 모체를 이루었던 하나의 시설로서 현대의 자본주의체제하에 있어서도 각종형태로 이용되고 있다. 그런데 다수의 사람이 집단을 형성하고 그중 우연한 사고를 당한 자에게 소정의 구제금을 지급한다는 면에 서는 공제도 보험과 유사하지만 양자의 사이에는 일반적으로 다음과 같은 차이가 있다. 즉 공제는 보험과는 달리 가입자의 범위가 직업적 또는 지역적으로 특정되어 있고 그 단체규모나 경제적 급부의 크기가 크지 않는 경우가 많고 그럴 경우 보험의 경우에서 볼 수 있는 것과 같은 충분한 위험의 분산을 추구할 수 없으며 사고를 당한 조합원에게

7) 양승규, 전게서 25면.

지급되는 급부금도 그 금액으로 볼 때 위로금 정도의 범위를 벗어나지 못하는 경우가 많다. 그러나 이 같은 공제도 그 규모가 충분히 확대되어 대수의 법칙을 적용하여 위험의 확률을 조사하고 이에 따른 공제료를 납부한 후 사고 시 공제금을 받는 단계에까지 이르게 되면 그것은 공제의 범위를 벗어나 보험과 차이가 없는 기능을 하게 된다. 예를 들면 농협공제, 수협공제, 자동차공제(택시공제, 버스공제) 등과 같은 단체는 이미 공제의 영역을 벗어나 사실상 보험과 같은 수준으로 발전하게 되었다.

3. 도박(賭博) 복권(福券)

도박이나 복권도 다수의 자가 모여 일정한 우연한 사실에 기초하여 각자가 갹출한 금전을 특정한 소수의 자에게 분배한다는 점에서 그리고 수지가 원칙상 상등하도록 계획되어 있다는 점에서 보면 보험과 유사한 제도이다.[8] 그러나 양자는 다음의 점에서 전혀 다르다. 첫째, 도박은 이전에 존재하지 않았던 위험을 새롭게 만들어 내는 투기적 위험임에 반해 보험은 기존의 순수위험을 처리하기 위한 위험의 처리기법 중 하나이다. 따라서 그것은 보험이 특정한 우연적 사고에 관련되는 경제상의 불안정에 대한 보장의 제공을 그 목적으로 하고 있는 것에 비해 도박 또는 복권은 우연히 기대하여 일확천금의 이득을 목적으로 하고 있는 점이다. 또한 보험은 우연적 사고의 발생에 대하여 경제적 보장을 확보하려는 목적을 가지고 있으며 경제보장 이상의 이득을 얻으려는 것은 아니다. 이에 반하여 도박은 우연한 사건의 발생이 없었다면 얻을 수 없는 재산상의 결과를 그 우연을 이용하여 얻으려는 것으로 이득이 있음과 동시에 손해의 위험도 있으므로 경제생활을 불안정시키는 반면 보험에서는 계약자에게 우연적 사고가 발생하는 경우 경제적보장이 확보되어 있기 때문에 경제생활의 안정을 도모할 수 있는 점이 다르다. 결국 보험과 도박의 근본적인 차이점은 도박의 경우에는 지금까지 전혀 손실의 가능성이 없었음에도 도리어 손실의 가능성을 창조하려는 점이며 보험의 경우에는 기존의 위험을 분산 또는 경감시키려는 점에서 그 차이점이 있는 것이다.

4. 보증(保證)

보증(Bond)이란 주채무자가 채무이행을 하지 않는 경우에 제3자인 보증인이 본래의 채무자를 대신하여 채무이행을 인수하는 것을 말한다.[9] 그러나 일반적으로 경제상

8) 최기원, 보험법, 박영사, 1998, 9면 참조.

9) 최기원, 전게서, 11면; 양승규, 전게서, 26면; 김성태, 보험법강론, 법문사, 2001, 30면; 이용석, 전게서, 35면 참조.

의 의미로서는 당사자의 일방이 책임을 지고 상대방에게 일어나는 손해를 인수하는 것을 가리킨다. 그러므로 보증이란 당사자의 일방(보증인)의 책임하에 상대방(피보증인)에 발생 할 수 있는 손해를 인수하는 행위를 말하는 것으로 매매에 관한 보증, 채무에 관한 보증, 신용에 관한 보증 등이 있다.[10] 보증은 채무불이행 또는 피용인의 부정행위 등의 사고에 의해 채권자 또는 사용자가 입을지도 모르는 경제불안의 가능성을 제거할 목적으로 성립된다는 점에서 보험과 유사하다. 그러나 보험과 보증은 양자 간에 다음과 같은 차이가 있다. 첫째, 보증에 있어서는 보증인과 피보증인의 사이에는 법률상의 관계만이 존재하며 다수의 경제주체의 결합이라는 특수한 경제조직을 필요로 하지 않는다. 보험은 보험료의 수수를 기초로 하는 소위 유상계약에 의하여 다수의 경제주체가 유기적으로 결합된 제도이다. 그러나 보증에 있어서는 유상의 경우도 있지만 일반적으로 무상계약으로 성립되며 타 경제관계에 부수하거나 당사자 간에 독립적으로 행해지는 경우가 많다. 둘째, 보증은 개인과 개인의 문제로서 보험료와 같은 대가적인 반대급부가 없는 것이 보통이고 간혹 보증에 대한 보수가 있어도 그것은 사례에 지나지 않으며 위험에 따라 합리적으로 계산된 보험료와는 다르다. 그러나 유상적인 보증관계가 다수의 사람들 사이에 체결되고 그것이 합리적인 위험을 측정을 토대로 계획적으로 이루어지게 된다면 그것은 이미 보증의 영역을 벗어난 보험이 될 수 있다. 따라서 일반적으로는 보험과 무관한 보증도 그 방법에 따라서는 보증자체가 보험의 대상이 되어 새로운 상품으로 판매되는 경우가 있다. 예를 들면 상업관계에서 어음의 부도를 보증하는 신용보험, 고용인의 부정행위를 보증하는 신용보증보험, 또는 채무자의 채무불이행을 보증하는 보증보험 등이 그것인데 이러한 것은 보증과 보험이 결합한 형태이다.

5. 자가보험(自家保險)

자가 보험은 대체적으로 기업이 행하는 것으로서 다수의 선박, 차량, 가옥 또는 상품, 종업원 등에게 발생하는 위험에 대비하기 위하여 회사가 보험과 같은 방법으로 조직적으로 일정비율의 준비금(보험료에 상당하는 위험 준비금)을 매년 적립하여 쌓고 스스로 그러한 위험에 대처하는 제도이다.[11] 이 방법에 의한 이점은 기업이 보험료상당액의 준비금(적립금)을 자기자금으로서 이용 할 수 있다는 점과 사고발생이 예측보다 적을 때에는 그만큼 자신의 이익이 된다는 점이다. 특정한 우연 사고에 대한 경제준비라는 점에서는 보험과 자가 보험은 거의 동일한 기능을 하지만 준비금의 적

10) 이용석, 전게서, 218면 참조.

11) 양승규, 전게서, 25면 참조.

립이 하나의 단일 경제주체(단일 기업)내의 것으로서 다수경제주체의 참가를 하지 않는다는 점에서 보험과 다르며 그 실체는 저축과 다름이 없다. 따라서 보험에 있어서는 다수의 경제주체가 형성되는데 비하여 자가 보험은 하나의 경제주체가 스스로 위험에 대비하여 준비하는 것으로 만약 경제준비가 불충분한 경우에 사고가 발생한다면 저축기능의 한계를 벗어나기 어려운 것이다.

6. 자선(慈善)

자선이란 경제생활의 불안정에 대하여 저축과 같이 자력에 의하거나 보험과 같이 상호주의에 입각하는 것이 아니라 타인에 의하여 일방적으로 주어지는 무상의 부조 또는 원조를 말한다. 그러므로 자선은 궁핍한 경제생활을 보장해줄 수 있다는 점에 있어서는 보험과 유사하지만 근본적으로 그 성질을 달리한다. 즉, 자선은 특정한 기금을 필요로 하지 않는다. 그러므로 보험은 일정한 권리와 의무를 가진 유상적인 계약인데 대해서 자선은 급부에 대한 반대급부의 대가관계가 없고 따라서 급부에 대한 반대급부로서의 청구권이 없는 무상적인 것으로 보험과는 본질적으로 다르다.

보 험	자 선
보험은 자력에 의한 합리적인 대책	자선은 정부 또는 자선단체 등의 타력에 의한 대책
그 성격에 있어서 양면적이고 유상적인 섬	일빙직이고 무상적인 점
일정한 급부를 요건으로 일정한 기금을 필요	그러한 것이 없다는 점
계약상의 권리로서 보험금에 대한 청구권이 있음	이러한 의미의 청구권이 존재하지 않음

따라서 보험은 공동준비재산의 형성과 확보를 위해 갹출 되는 자금의 산정이 합리적으로 이뤄지며 지속적인 경제제도로서 존재하지만 자선의 경우에는 과학적 기초를 전혀 필요로 하지 않는 궁핍한 경제생활의 해결로서 임기응변적이라는 점이 다르다.

7. 금전무진(金錢無盡)

금전무진이란 다수인이 모여 각각 일정한 금액을 갹출하고 그 총액에서 추첨 또는 입찰에 의하여 금진의 급부를 받는 일종의 상호금융제도이다.[12] 보험에서는 급부·반대급부균등의 원칙이 가입자 전체에서 발생하는 데에 비해 금전무진의 경우에는 각

12) 최준선, 보험법·해상법, 삼영사, 2007, 7면 참조.

가입자의 추첨 또는 입찰의 시간적 차이에 따라 분담금이 개별적으로 다르며 금전무진은 일종의 변형된 계(契)의 형태로서 저축과 같은 것으로 해석된다.

제3절 보험의 기능과 폐해

보험의 기능은 경제적 기능과 사회적 기능으로 대별된다. 또한, 경제적 기능은 다시 개별 경제적 기능과 국민경제적 기능으로 구별되는데 아래에서는 이들에 대해 설명한다.

1. 보험의 경제적 기능

보험은 우연한 사고의 발생에 의한 경제상의 불안정을 제거·경감할 것을 목적으로 하는 것이므로 다음과 같은 경제적 효용을 갖는다.[13]

1) 개별 경제적 기능

① 경제적 안정 및 불안의 감소기능

보험이란 위험에 대하여 다수의 경제주체가 결합하고 그 경제주체의 합리적 갹출을 통하여 효율적으로 경제 불안을 제거하는 제도이므로 보험은 개별경제에 여러 가지 경제적 안정기능을 가져온다. 특히 보험은 재산의 보전, 수익의 안정, 책임부담의 전환 예측불능의 비용지출의 제거 등을 통하여 경영의 안정을 도모한다. 즉 보험이 있음으로 해서 각 경제주체는 경영의 안정을 꾀할 수 있고 경영자는 안심하고 경영에 임할 수 있다. 예를 들면 사고로 인한 손해를 입는 경우에 보험금의 지급을 통하여 신속한 원상회복을 가능하게 해주며 이로 인한 가계나 기업은 안정성을 도모한다. 그러므로 보험은 개인이나 가계 기업의 경제적인 걱정과 근심을 감소시키는 역할을 하는 것이다. 예를 들면 가계의 경우 가장(家長)의 갑작스러운 사망으로 인한 생계비에 대한 불안이나 가옥의 화재로 인한 손실 등으로 인한 경제적인 불안은 보험을 구매함으로서 어느 정도 안정을 꽤할 수 있고 또한 기업 역시 투자와 사업 확장, 시설물에 대한 화재, 도난 등에 대한 불안을 보험을 통해서 상당부분 감소시킬 수 있으며 수출입업자들은 해상보험을 통해, 제조업자는 제조물배상책임보험을 구매함으로써 무역이

13) 이용석, 보험학개론, 도서출판 두남, 2012, 61면 이하 인용.

나 고객들의 상품사용과정에서 발생하게 될지 모를 사고로 인한 손실에 대한 불안을 덜 수 있게 되는 것이다.[14)]

② 손실보상 및 손실통제기능

보험은 손실보상의 기능과 손실통제의 기능을 갖는다. 손실보상은 보험의 가장 기본적이고 중요한 기능이라 할 수 있다. 손실보상이란 보험회사가 보험사고로 인한 손실을 당한 개인이나 기업 등에게 보상을 해주는 것을 의미한다. 여기에서 손실보상이란 경제적으로 손실발생이전의 상태로 회복시켜주는 것을 의미한다. 보험의 손실보상기능에 의해서 가계나 기업은 손실로 인한 어려움에서 벗어나게 되어 경제적 안정성을 되찾게 된다. 또한 보험회사는 손해의 발생을 미리 방지하고 발생된 손해를 최소화하기 위한 손실통제의 기능을 전개한다, 보험회사에서 전개하는 손실통제활동으로는 손해의 발생을 미리 방지하는 손해방지와 이미 발생한 손해를 최소화하는 손해경감이 있다. 손해보험회사의 손해방지의 예로는 화재예방교육, 교통사고 예방교육 등이 있고 생명보험회사의 경우에는 정기적인 건강검진 및 건강에 관한 세미나나 정보제공 등이 있다. 손해경감의 예로는 과거 영국에서 행한 화재발생시 보험회사의 소방차의 출동 등을 예를 들 수 있으며 또한 보험회사의 손실통제활동을 통해서 사회 전체적으로는 손실의 통제에 의한 비용이 감소되는 혜택을 보게 된다.[15)]

③ 신용의 증대기능

보험은 신용의 증대를 가져온다. 가계나 기업의 경영에는 금융기관으로부터 융자를 필요로 할 때가 많다. 예를 들어 가계나 기업이 융자를 받고자 할 경우 금융기관은 융사를 해주는 대신 담보물의 제공을 요청하고 그에 따른 담보물에 대하여는 보험가입을 종용한다. 이 경우 융자를 받고자 하는 자는 화재보험이나 해상보험과 같은 손해보험을 이용함으로서 담보물의 신용을 높이고 또는 생명보험에 가입함으로서 대인신용을 높여 금융기관으로부터 자금조달을 용이하게 하고 있다.[16)]

2) 국민경제적 기능

① 자본의 형성 및 축적기능

보험이 국민경제에 미치는 영향으로는 자본의 형성 및 저축기능이 있다. 보험이라는 경제제도에 의해 축적된 거액의 보험료는 보험사고 발생 시 지급해야 할 보험금지

---

14) 김성태, 전게서, 54면; 이용석, 전게서, 61면 참조.

15) 이용석, 전게서, 62면 참조.

16) 양승규, 전게서, 28면; 김성태, 전게서, 55면 참조.

급의 공동준비재산으로서 금융계에서 여러 가지 힘을 발휘하고 있다. 특히 생명보험과 같은 장기간의 보험에서 보험계약자가 납부한 보험료는 은행예금과 같이 자유로운 환급이 허용되지 않으므로 보험자는 이것을 장기의 산업자금으로 안정적으로 활용할 수 있다. 그러므로 보험은 자본의 형성과 생산성 향상에 중대한 영향을 미칠 뿐만 아니라 국민소득의 향상을 위한 자본의 형성 및 축적기능을 하고 있다.[17)]

② 자본의 유통 및 공급기능

보험은 자본의 유통 및 공급이라는 국민경제상의 중요한 역할을 한다. 보험은 금융적인 기능발휘로서 앞에서 설명한 바와 같이 가계나 기업의 신용을 증진하고 교환을 촉진시킨다. 그리하여 국민경제상의 교환과 소비 면에도 적지 않은 작용을 하고 있는데 이것은 보험기업이 보험계약과 동시에 수수하는 보험료와 보험사고발생으로 지급되는 보험금 지출사이의 시간적인 차이를 이용해서 투자 운용되는 금융자금은 자본의 유통 및 공급기능을 하는 것이다. 예를 들면 보험기업의 자금은 예금, 대부, 유가증권, 부동산의 투자 등의 형태로 직접 또는 간접적으로 사회생산에 참여하거나 재화의 유통과정에 활용된다. 따라서 막대한 보험자금의 원활한 유통은 자본의 유통 및 공급기능을 촉진시키고 있는 것이다.

③ 손해발생의 방지기능

보험은 손해발생을 방지한다. 보험은 사고가 발생한 때에는 소정의 보험금을 지급함으로써 보험가입자의 경제적 안정에 기여할 뿐만 아니라 사고발생 그 자체의 방지에도 유효하다. 왜냐하면 사고발생이 감소하면 그만큼 보험자의 부담도 줄고 결국 그것이 보험가입자의 부담경감(보험료의 감소)으로 연결되기 때문이다. 따라서 한나라의 보험사상의 보급 또는 발달은 그 국가의 물적 인적자원의 감소나 남용을 저지하는 효과를 가져 온다. 그것은 앞서 기술한 바와 같이 손해보험회사의 손해방지에 대한 교육, 생명보험회사의 건강검진 및 건강에 관한 세미나 등에 의하여 손해가 방지되고 있다.[18)]

2. 보험의 사회적 기능

① 저축의 기능

보험의 본질적인 기능은 사고발생시 보험가입자에게 보험금을 지급하는 기능이나

---

17) 김성태, 전게서, 57면; 이용석, 전게서, 63면 참조.

18) 김성태, 전게서, 56면; 이용석, 전게서, 63면 참조.

부수적인 기능으로는 저축의 보충기능을 하고 있다. 본래 보험은 경제적 욕망의 충족을 위한 제도로서 우연적인 사고에 대한 경제적 준비의 합리적인 형태로서 저축의 시간성을 보완하기 위한 제도이다. 그러나 보험도 따지고 보면 보험계약자로부터 갹출된 보험료는 공동준비재산을 형성하고 그것은 금융자본의 역할을 하게 됨으로서 결국은 국민들이 금융기관에 많은 저축을 한 것과 동일한 효력이 발생된다.[19]

② 사회불안의 완화기능

보험의 기능은 사회불안을 완화하는 기능을 하고 있다. 보험은 개별주체 즉 가계나 기업의 경제안정은 물론 나아가 국가의 정치안정의 기반이 된다. 따라서 생활불안을 경감 또는 제거하는 보험의 본질적 기능은 사회불안의 완화 내지는 조화에 공헌을 하고 있다. 즉 보험은 국민소득의 확보와 노후생활의 안정을 도모함으로서 부의 분배과정에 균형을 조성하여 계층간의 조화를 이룩하며 나아가 노사화합의 실현으로 사회생활의 안정향상에 기여하는 바가 크다.[20]

③ 국제간의 친화증진기능

보험은 국제간의 친화를 증진하는 기능을 수행하고 있다. 보험계약은 사실상 국경을 초월하여 체결되고 있으며 이러한 계약은 세계적으로 분산되어 여러 국가와 보험계약을 체결하고 있다. 그것은 바로 보험기업자가 외국의 대리점 또는 지점을 통하여 외국인과 직접 보험계약을 체결하는 경우도 있고 다른 하나는 외국의 보험기업자가 인수한 보험계약을 다시 재보험에 가입하는 경우도 있다. 이러한 국제간의 보험거래는 세계 여러 나라의 보험계약자에 의해서 분담되는 결과가 되며 따라서 세계의 안전에 기여하는 바가 될 수 있다. 그리하여 국경을 넘은 보험경영은 국제간의 긴밀한 연락으로 기업의 국제화를 촉진 시킬 뿐만 아니라 위험의 국제적 분배로서 국제경제의 균형적인 발전에 이바지하며 나아가 국제평화에도 기여하고 있다.

3. 보험의 폐해

보험은 우리의 경제생활에서 없어서는 안 될 중요한 경제제도로 존재하지만 반면에 보험으로 말미암은 폐해도 있다. 보험에서 발생하기 쉬운 폐해는 대체적으로 사회적인 것이며 이를 보험자 측과 보험계약자 측의 양면에서 고찰할 수 있다.[21]

---

19) 양승규, 전게서, 28면; 이용석, 전게서, 64면 참조.

20) 이용석, 전게서, 64면 참조.

21) 이용석, 전게서, 65면 참조.

1) 보험자 측에 있어서의 폐해

보험자 측의 폐해로는 첫째, 보험기업의 조직과 보험재산의 관리운영을 부정하게 처리함으로써 경영상의 부정을 초래하기 쉽다. 보험은 합리적 계산의 기초 하에 공동준비재산을 확보함으로서 장래에 대한 경제적 준비를 하는 제도이다. 그러나 보험자의 책임준비금의 적립을 소홀히 하여 공동준비금인 수납보험료를 불법적으로 남용할 위험을 지닌다. 그러므로 보험자는 감독관청이나 피보험자의 눈을 피해서 보험재산의 관리 운영을 부정하게 처리함으로서 피보험자에게 불의의 손해를 끼침은 물론 사회에 악영향을 미칠 위험이 있다. 둘째, 보험자는 보험계약자로부터 지나친 보험료를 갹출하여 보험계약자에게 손해를 끼칠 위험이 있다. 보험이란 본래 대수의 법칙을 응용한 렉시스(Lexis)의 원칙에 의해 보험료가 산출되고 보험자는 이에 따라 보험료를 갹출해야 한다. 그러나 보험자는 보험료의 수입증대를 꾀하기 위해 보험계약자로부터 지나친 보험료를 받을 위험이 있다. 또한 보험자끼리의 지나친 경쟁으로 인하여 보험상품을 덤핑으로 판매할 경우 보험자의 파산을 초래할 수 있고 이로 인하여 보험계약자 등에게 제지급금을 지급하지 못할 경우 사회적 문제를 일으킬 수도 있다. 또 보험자는 보험계약자에게 최대한 많은 보험상품을 판매하기 위하여 허위의 광고나 과장광고를 하는 등의 부정을 저지를 수도 있고 보험사고발생시에는 가능한 보험금을 줄이거나 보험금을 제때에 지급하지 않고 연기하여 보험계약자 등에게 피해를 입힐 수 있는 문제가 있다.

2) 보험계약자 측에 있어서의 폐해

보험계약자 측에 있어서의 폐해로는 첫째, 보험사고의 고의적 유발 둘째, 사기보험계약 셋째, 보험사고의 위장 넷째, 인명의 경시현상 등이 있을 수 있다.

① 도덕적 위험(Moral Hazard) 사고의 유발

보험사고의 고의적 유발이라 함은 보험사고를 고의로 일으키는 사고를 말한다. 예를 들면 화재보험에 있어서 방화에 의한 사고, 상해보험에 있어서 자신의 수족을 스스로 절단하거나 상해를 입힘으로서 발생하는 사고, 생명보험에 있어서 피보험자 스스로가 자살하거나 또는 피보험자를 살해하는 경우 등이 이에 속한다. 그런데 보험계약자 또는 보험금을 수령할 사람이 고의로 보험사고를 일으키는 경우에는 원칙상 보험자는 면책되지만 이러한 고의적 유발사고를 증명할 수 없을 경우에는 보험금을 지급할 수밖에 없다. 따라서 보험계약자 등은 보험금을 수령할 목적으로 보험사고의 고의적 유발을 초래할 수 있다.[22)]

---

22) 김성태, 전게서, 60면 참조.

② 사기보험계약의 체결

사기보험계약이란 보험계약 체결 시에 보험금을 사취할 목적으로 사전에 치밀한 계획을 수립하고 초과보험이나 중복보험의 형태로 보험에 가입하는 경우를 말한다. 이러한 형태의 보험범죄는 생명보험과 손해보험 전 분야에서 나타나고 있다.

③ 보험사고의 위장

보험사고의 위장이란 실존하지 않는 보험사고를 날조하거나 보험사고로 위장하는 것을 말한다. 예를 들면 상해보험에 들어있는 보험계약자가 상해보험사고가 아님에도 불구하고 상해보험으로 신고하여 보험금을 청구하거나 또는 보험금 청구권이 없는 사고를 보험사고로 위장하여 보험금을 청구하는 등을 말한다. 전자는 타인의 사체를 피보험자의 사체로 위장하는 경우 혹은 피보험자가 실종하였다고 위장하는 경우 등을 들 수 있고 후자는 자물쇠가 채워져 있지 않은 문으로 침입하여 물건을 훔친 경우(단순절도)에는 도난보험의 보험사고에 해당되지 않으나 도둑이 잠겨진 문을 부수고 침입하였다는 허위사실을 주장하는 경우가 이에 해당한다.

④ 기강적 위태의 조장

기강적 위태(Morale hazard)란 보험에 가입되어 있다는 사실 때문에 부주의나 무관심을 야기하는 상태로서 손실발생의 무관심이나 부주의한 상태를 말한다. 화재보험에 가입한 후 화기물질보관에 소홀해지거나 자동차보험에 가입한 후 자동차 유행이나 관리 등에 소홀하게 되는 경우 등이 이에 해당된다. 따라서 이것은 보험의 존재로 인한 도덕적 위태와 기강적 위태의 조장으로 인한 손실의 발생은 결과적으로 인명의 경시 현상으로 연결된다.[23)]

⑤ 보험금 과잉청구

보험의 존재가 보험금과잉청구로 이어지는 경우가 있다. 예를 들면 보험사고 피해자나 그 변호사가 보험에 가입되었다는 이유로 배상금을 과잉청구하거나 의사들의 과잉진료에 의한 의료비 과잉청구 피보험자의 보험금 과잉청구 등이 이에 해당된다.

---

23) 김성태, 전게서, 59면 참조.

제4절 보험의 분류

보험은 여러 가지 기준에 의하여 분류할 수 있으나 상법상의 보험계약을 이해하는 데 필요한 보험의 종류를 분류하면 다음과 같다.

1. 국가정책의 유무에 따른 분류[24)]

1) 공보험

공보험이란 국가나 공공단체가 국가 정책(사회정책)의 실현을 목표로 영위하는 보험을 말한다. 이것은 비영리보험으로서 대체적으로 가입이 강제되는 보험을 말하며 여기에는 건강보험, 연금보험, 고용보험, 산업재해보상보험, 노인장기요양보험 등의 사회보험이 여기에 속한다. 이 보험은 국가의 재정적 원조를 받으며 사회정책적인 입장에서 실시되는 사회보험이다. 이 이외에도 경제정책보험으로는 수출보험, 농업보험, 산림보험 등이 있으나 이러한 보험 역시 비영리보험으로서 국가의 정책에 의해 경영되긴 하지만 가입의 강제성은 없는 것이 특징이다.

2) 사보험

사보험이란 보험계약자의 필요에 의해 영위되는 보험으로 국영보험이 아니고 사경제적인 입장에서 영위하는 보험으로서 영리보험과 상호보험으로 구분된다. 특히 이 보험은 보험사업의 주체가 사기업으로서 가입이 자유이며 회사의 경영은 사법인에 의하여 경영되고 그 법률관계는 사법상의 관계로 행하여지는 것이 원칙이다. 여기에 해당되는 회사의 형태로는 주식회사, 상호회사, 외국보험회사의 국내지점이 있으며 대체적으로 주식회사는 영리보험으로 상호회사는 비영리보험으로 경영이 이루어지고 있고 외국보험회사의 국내지점 역시 대부분 주식회사의 형태로 이루어져 있다. 우리나라는 현재 상호회사는 설립되지 않고 있다.

2. 영리성의 유무에 따른 분류[25)]

1) 영리보험

영리보험이란 보험자(보험회사)가 영리를 목적으로 보험사업을 경영하는 형태로서

24) 이용석, 전게서, 75면 참조.
25) 이용석, 보험학개론, 도서출판 두남, 2012, 76면 참조.

우리나라 보험업법에는 보험사업을 하려는 자(보험회사)는 금융위원회의 허가를 받아야만 보험사업을 할 수 있도록 하고 있다. 그리하여 허가를 받은 보험사업자는 보험계약자와 개별적으로 보험계약을 체결한 후 보험사고가 발생하면 보험금을 지급하는 형태로 운영하고 있다.

2) 비영리보험(상호보험)

상호보험이란 보험자가 보험의 인수를 함에 있어서 영리를 목적으로 하는 것이 아니라 사원상호간의 상부상조를 위하여 영위하는 보험을 말한다. 다시 말하면 상호보험이란 같은 위험을 당할 우려가 있는 사람끼리 서로 모여서 단체를 형성하고 각자가 일정한 보험료를 내어 단체의 구성원 중 보험사고를 당한 사람에 대하여 보험금을 지급하는 조직의 보험이다. 상호보험 역시 금융위원회의 허가를 받아야만 보험사업을 할 수 있다. 단 이 보험은 비영리 보험으로서 보험계약자는 사원임과 동시에 보험계약자로서의 지위를 가지는 특성을 가진다.

3. 영위 주체에 따른 분류[26)]

1) 공영보험

공영보험이란 국가 또는 공공단체에 의하여 운영되는 보험으로 주로 공보험은 공영보험으로 운영되고 있으나 반드시 그러한 것은 아니다. 공영보험으로는 국민건강보험, 연금보험, 고용보험, 산업재해보상보험, 노인장기요양보험 등의 사회보험이 여기에 속하며 이 외에도 경제정책보험이 있는데 여기에는 수출보험, 농업보험, 산림보험 등이 있다. 예외로서 우체국 보험은 공영보험이지만 공보험은 아니며 사보험이다.

2) 사영보험

사영보험이란 사적기관 즉, 주식회사, 상호회사, 외국보험회사의 국내지점에 의해 운영되는 보험을 말하며 이것은 개인 또는 사법인에 의하여 경영되는 보험이다.

4. 보험사고 발생의 객체에 따른 분류

1) 인보험

사람의 생명 또는 신체가 보험의 목적이 되는 보험으로서 보험사고가 발생할 경우

---

26) 이용석, 상게서, 77면 참조.

에는 보험계약이 정하는 바에 따라 보험금 기타의 급여를 할 것을 목적으로 하는 생명보험, 상해보험, 질병보험 등이 이에 속한다.

2) 물보험

물보험이란 보험의 목적이 물건(재산)인 보험으로서 보험가입자의 물건 즉, 재산에 대하여 발생한 사고를 보험사고로 하는 보험이다. 이 보험은 일반적으로 구체적인 물건에 대하여 발생한 사고를 보험사고로 하며 보험사고의 객체의 종류에 따라 화재, 운송, 해상, 항공, 도난 보험 등으로 구분되어 진다.

5. 보험 급부의 내용에 따른 분류

1) 손해보험

손해보험은 우연한 사고로 인하여 보험의 목적(물)에 발생한 손해를 보상할 것을 목적으로 하는 보험이다. 상법은 손해보험으로써 화재보험, 운송보험, 해상보험, 책임보험, 및 자동차보험의 5종으로 나누어 설명하고 있다.

2) 정액보험

정액보험이란 손해의 유무 다수를 불문하고 사람의 생존, 사망에 대하여 일정한 금액(예; 피보험자의 사망시 보험금 2억원)을 미리 정해놓고 이에 대하여 일정한 금액을 지급하는 보험이다. 따라서 정액보험이란 보험사고의 손해와는 관계없이 미리 약정된 금액을 지급하는 보험을 말한다.[27)]

6. 보험사고 발생장소에 따른 분류

1) 해상보험

해상보험은 선박의 항해에 관한 사고로 선박 또는 적하 등에 생긴 손해에 대해 보상하는 보험이다.

보험의 발생사적으로 볼 때 해상 보험이 가장 먼저 발달하였고 따라서 해상보험의 원리가 다른 보험에 영향을 미쳤다.[28)]

---

27) 이용석, 전게서, 78면 참조.

28) 최기원, 전게서, 17면 참조.

2) 육상보험

육상보험은 보험목적물의 육상에서의 사고에 대비하기 위한 보험으로써 화재보험, 운송보험, 자동차보험 등 각종의 보험이 이에 속한다.

3) 항공보험

항공보험은 공중에 있어서의 각종 위험을 보험사고로 하는 보험으로서 비행기 기체보험, 승객배상책임보험, 항공 화물 운송보험, 여객·승무원 상해보험, 항공배상 책임보험 등이 이에 속한다.

7. 보험계약의 순위에 따른 분류

1) 원보험

원보험이란 일명 원수보험이라고도 하며 어떤 보험자가 보험계약자(가입자)로부터 직접 위험을 인수하는 보험이다.

2) 재보험

재보험은 보험사고가 발생될 경우 원보험자가 피보험자 또는 보험수익자에게 부담하는 보험금, 지급책임의 일부 또는 전부에 대하여 제2의 보험자(재보험자)에게 보험을 인수시키는 보험이다.

원보험이 손해보험이든 인보험이든 재보험은 항상 책임보험의 일종으로써 손해보험이다.

8. 보험가입의 주체에 따른 분류

1) 가계보험

가계보험이란 가계의 안정을 위하여 이용하는 보험으로써 생명보험, 상해보험, 교육보험, 주택화재보험, 자동차보험 등이 이에 속한다. 이러한 가계보험은 보험의 거래에 있어서 계약 자유의 원칙이 그대로 적용되지 않고 보험업법의 법적 배려가 요구되고 있다. 또 상법 제663조의 보험계약자 등의 불이익 변경 금지의 원칙이 적용되어 계약자유의 원칙이 부분적으로 제한을 받고 있다.[29)]

---

29) 최기원, 전게서, 19면; 이용석, 전게서, 79면.

2) 기업보험

기업보험이란 기업인이 기업경영의 불안정을 극복하기 위한 보험으로써 화재, 해상, 운송 및 재보험 등이 이에 속한다.

그러나 가계보험에서와는 달리 기업보험에서는 보험자와 보험계약자는 보험의 이론과 지식에 대하여 대등한 입장의 기업인으로서 자주적으로 계약을 체결할 수 있다고 보아 사적자치(私的自治)의 원칙이 그대로 적용되며 상법 제663조 즉, 보험계약자 등의 불이익 변경 금지의 원칙이 적용되지 아니한다.[30)]

9. 보험 목적의 수에 따른 분류

1) 개별보험

개별보험은 개개의 물건 또는 사람을 보험의 목적으로 하는 보험을 말한다. 특히 인보험에 있어서 피보험자 1인을 보험에 가입하는 경우 이를 단생보험이라 하기도 한다.

2) 집합보험, 총괄보험

집합보험은 집합된 물건을 보험의 목적으로 하는 보험으로서 이 집합보험은 어떤 특정한 집합된 물건을 보험의 목적으로 하는 특정 집합 보험과 그 집합된 물건이 수시로 교체되는 것이 예정되어 있는 총괄보험으로 나누어진다. 전자는 창고에 보관된 여러 가지 종류의 물건을 일괄적으로 보험에 가입한 것으로서 이러한 물건은 보험기간동안 그 물건의 종류나 개수가 변동사항 없이 보관되는 것을 전제로 한 보험을 말하며 후자는 전자와 같은 보험이지만 그 종류나 수량이 보험기간 동안 수시로 교체되거나 변동이 생기는 것을 전제로 한 보험을 말한다.[31)]

3) 단체보험

단체보험은 사람의 단체, 가령 어떤 직장에 속해 있는 사람들이 하나의 단체를 형성 하여 동일 보험증권, 즉 하나의 보험계약으로 여러 사람이 보험에 가입하는 경우의 보험을 말한다.

4) 단생보험

피보험자 1인의 생명에 관한 보험 즉 한사람의 생명의 위험에 대한 보험으로 복수

30) 최기원, 전게서, 19면; 이용석, 전게서, 79면.

31) 최기원, 전게서, 18면; 이용석, 전게서, 80면.

의 피보험자의 생명에 관한 보험인 연생보험에 대비되는 형태이다. 한 사람의 피보험자에 대한 예정사망률에 의해 계산되며 1매의 보험증권에 1개의 보험계약이 체결된다. 가장 일반적인 생명보험상품의 형태이다.

5) 연생보험

2인 이상의 피보험자의 생명을 결합하여 그 생사에 관련된 일정한 조건을 정하고, 이를 보험금 지급사유로 하는 보험계약이다. 연생보험에는 피보험자인 2인 이상의 생명을 결합하여 생사에 관한 여러 종류의 보험금 지급조건이 고려되고 있는데, 주요한 몇 가지 형태를 보면 다음과 같다.

(1) 피보험자 중 적어도 1인이 사망한 경우에 보험금이 지급되는 연합생명보험이 있는데, 이는 사업보험(business assurance)의 형태로 미국에서 많이 판매되고 있다.[32)]

(2) 보험기간 내에 특정인이 먼저 사망하는 경우에 남은 생존자에게 보험금이 일시에 지급되는 생잔보험(生殘保險)으로, 생존자는 주로 사망자의 부양가족인 경우에 이용된다.

(3) 부부연생의 경우 남편이 사망하면 그때부터 배우자에게 종신토록 연금을 지급하는 생잔연금(生殘年金)이 있다. 한국에서 판매되고 있는 연생보험의 형태로는 부부의 생존과 관련하여 생존연금이 지급되는 부부연금보험과 어린이를 대상으로 하여 교육자금을 마련하는데 있어 부모의 생사와 결합하여 보험금이 지급되는 연생교육보험이 대표적이다.[33)]

10. 보험가입의 강제성 유무에 따른 분류

1) 임의보험

임의보험은 보험가입이 강제되지 아니하는 보험으로서 사영보험은 대부분 여기에 속하며 예를 들면 가계보험의 생명보험, 상해보험, 질병보험, 교육보험, 도난보험, 주택화재보험 등이 이에 속한다.

2) 강제보험

강제보험은 법률상 보험계약자의 보험가입이 강제되고 있는 보험으로서 대부분의

---

32) 이용석, 전게서, 80면.

33) 이용석, 전게서, 80면.

사회보험은 강제보험에 속하며 사영보험에 있어서도 자동차손해배상책임보험, 원자력손해배상책임보험, 신체손해배상특약부화재보험, 창고화재보험, 도시·고압가스사업자의 손해배상책임보험, 여행자배상책임보험, 항공보험 등의 보험은 보험가입을 강제하고 있다.[34)]

11. 상법상의 보험과 보험업법상의 보험

1) 상법상의 보험

우리나라 상법에는 보험의 분류를 크게 손해보험과 인보험으로 나누고 손해보험은 화재, 운송, 해상, 책임, 자동차보험으로 나누었으며 인보험은 다시 생명보험과 상해보험으로 분류해 놓고 있다.

2) 보험업법상의 보험

우리나라 보험업법에는 보험의 종류를 생명보험, 손해보험, 제3보험으로 분류하면서 생명보험업에는 생명보험과 연금보험 그리고 퇴직보험과 그 밖의 대통령령으로 정하는 보험종목을 포함 하도록 함으로써 생명보험 본래의 영역보다는 그 영역범위를 확대해 놓았다. 그리고 손해보험으로는 화재, 해상, 자동차, 보증, 재보험, 그 밖에 대통령령으로 정하는 보험종목으로 규정하고 제3보험에는 질병, 상해, 간병보험으로 분류해 놓음으로서 상법 제4편에 있어서 보험의 분류와 보험업법상 보험종목의 분류에는 그 내용에 약간의 차이가 있다.[35)]

제5절 보험감독

1. 감독의 필요성

첫째는 보험계약자 등의 권익보호를 위해서이다.

보험업은 다른 산업과는 달리 전문적이고, 기술적인 부분이 많아 보험계약자 등이 쉽게 이해하기 어려운 부분이 많다. 가령 보험료의 산출근거는 어떠하며 정당한 보험료를 내는지, 보험회사가 작성한 약관은 계약자에게는 불리하지 않은지, 또한 계약자

34) 양승규, 전게서, 36면; 최기원, 전게서, 20면.

35) 이용석, 전게서, 81면.

등이 납부한 보험료는 어떻게 관리·운용되어 보험금지급에 문제가 없는지에 대하여 보험계약자 등이 직접 이를 확인하고 감독하기는 어렵다. 그리하여 국가가 보험계약자 등을 대신하여 공익적 측면에서의 감독이 필요한 것이다.

둘째는 보험사업의 건전성유지를 위해서이다.

보험업의 건전한 발전은 보험회사 자체의 성장과 발전을 넘어 국민과 국가경제에 미치는 영향이 매우 크다 할 것이다. 만약 보험회사 간에 부당한 경쟁으로 모집질서를 어지럽히거나 담합행위로 인하여 국민에게 피해를 준다면 그 피해는 결국 국민이 부담하게 되는 것이다. 그리하여 국가는 보험업의 사회성과 공익성의 측면에서 이를 감독할 필요가 있는 것이다.

셋째는 국민경제의 균형 있는 발전에 기여하기 위해서이다.

사영보험업은 공보험에서 다하지 못하는 기능을 보충하여 국민생활의 안정성을 제공함은 물론 계약자가 납부한 보험료는 하나의 기금으로 형성되어 국가경제 발전의 재원으로서 기능을 수행한다. 사영보험이 보험회사의 영리행위로 이루어 진다하여도 국가가 이를 적절히 감독함으로써 국민경제의 발전에도 공헌 할 수 있기 때문이다.

2. 감독방법

사영보험업에 대한 감독은 나라마다 경제적 여건과 보험제도의 발전정도에 따라 차이는 있지만, 공통적으로는 국가가 직·간접적으로 관여하고 있다. 사영보험업의 감독방법으로는 공시주의, 준거주의, 실질적 감독주의로 나눈다.

1) 공시주의

공시주의는 사영보험에 대한 규제와 감독이 가장 약한 방법이다. 보험업에 대한 규제와 감독은 국가가 직접 하는 것이 아니라 보험계약자나 피보험자 등이 스스로 판단하는 방법이다. 즉, 국가는 보험업자로 하여금 자기회사의 보험운영 사항에 대한 성과나 재산사항 등을 일반 대중이 알 수 있게 공시토록하고 일반 대중이 스스로 판단하여 자기의 권리를 지키라는 주의이다. 공시주의를 채택한다면 경영의 자율성은 확보될지 모르나 보험업의 전문성으로 인하여 계약자 등이 쉽게 회사의 경영성과 등을 파악하기 어려워 권리의 침해소지가 많다고 할 것이다.

2) 준칙주의

준칙주의는 공시주의와 마찬가지로 국가가 보험사업에 대하여 직접 규제와 감독을 하지 않는 방식이다. 다만 보험업의 운영에 준수하여야 할 준칙을 설정해주고 보험사업자가 이를 준수하는지를 감독하는 방법이다. 공시주의에 비하면 다소 진보적이지만 나날이 변화와 발전을 거듭하는 보험업에 대하여 국가가 그에 맞는 준칙을 제정하고 개정해가면서 준칙의 준수여부를 감독한다는 것은 쉬운 일이 아니며 사후감독의 방법이므로 감독의 기회를 놓칠 위험이 크다 할 것이다.

3) 실질적 감독주의

우리나라를 비롯한 대부분의 국가가 취하는 감독방법이다. 실질적 감독주의에서는 보험업을 영위하기 위한 영업허가에서부터 회사설립에 필요한 물적·인적설비, 보험자산의 운용방법, 업무 및 자산상태에 대한 검사, 해산·청산에 이르기까지 국가가 일일이 규제와 감독을 하는 방법이다. 이는 보험업이 가지는 공공성, 사회성, 전문성에서 그 이유를 찾을 수 있다.

3. 감독기관

보험업에 대한 최고의 정책 및 감독기능은 기획재정부에서 담당해 오고 있으나 1997년 금융위원회의 설치 등에 관한법률이 제정되면서 보험감독권은 금융위원회로 이관하게 되었다. 다만 기획재정부는 보험업 등의 금융전반에 대한 정책기능과 보험관련 법률의 제정과 개정에 따른 감독권을 보유하고 있으나, 이 법에 의거 보험감독에 관련되는 법령을 제정 또는 개정하고자 하는 경우에는 금융위원회와 협의하도록 하고 있다.

금융위원회의 설치 등에 관한 법률이 시행되면서 보험감독의 실질적인 기능은 금융위원회와 금융감독원이 담당하고 있는데, 금융위원회는 보험업법에 의거 보험업의 허가를 비롯한 보험업의 전반적인 감독권을 행사하며, 금융감독원은 보험회사 등에 대한 검사업무와 분쟁조정의 업무를 담당하고 있다.

제6절 보험법의 기초

1. 보험법의 개념

보험법은 넓은 의미의 보험법과 좁은 의미의 보험법으로 나눌 수 있다. 전자를 광의의 보험법이라 하고 후자를 협의의 보험법이라 하는데 아래에서는 이를 기술하기로 한다.

1) 광의의 보험법

광의의 보험법이라 함은 보험에 관한 일체의 법 즉, 보험관계를 규율하는 법규의 총체를 말하며 여기에는 보험공법과 보험사법이 모두 포함된다. 보험공법이란 보험에 관한 공법적 법규의 총체를 말하며 이에는 보험사업감독법인 보험업법과 국가의 정책보험으로서 강제성을 띠는 사회정책보험법(사회보험법)과 강제성을 띠지 않는 경제정책보험법(경제보험법)이 이에 포함된다.

현재 사회정책보험인 사회보험법에 해당되는 것으로는 국민건강보험법, 산업재해보상보험법, 고용보험법, 연금보험법, 노인장기요양보험법[36]이 있고, 경제정책보험법(경제보험법)으로는 무역(과거의 수출보험)보험법, 농업보험법(농작물재해보험법) 산림보험법(현재 우리나라에서는 아직 입법화되지 않음) 등이 있다. 한편 보험사법이란 보험에 관한 사법적법규의 총체를 말하는데 여기에는 보험공법에 해당되는 보험업법의 내용 중에서 민영보험사업주체법으로서의 보험업법 즉, 보험의 모집, 보험계약의 이전, 보험사업의 주체에 관한 규정(보험회사의 설립 등에 관한 규정) 등의 사법적 규정과 보험계약법(상법 제4편)이 이에 속한다.[37]

따라서 광의의 보험법은 넓은 의미의 보험법으로서 여기에는 보험공법과 보험사법이 모두 포함된다.

2) 협의의 보험법(보험계약법)

협이이 보험법이란 좁은 의미의 보험법으로서 이것은 상법 제4편을 밀하며 이를 흔히 보험계약법이라 부르기도 하고 또는 형식적 의미의 보험법이라 부르기도 한다.

3) 실질적 의의의 보험법(보험계약법)

실질적 의의의 보험법이란 실질적 의의의 보험계약법을 의미한다고 볼 수 있다. 따라서 실질적 의의의 보험법은 상법 제4편인 보험계약법과 공보험 또는 공영보험에 있어서 보험자와 보험계약자 사이의 법률관계를 규율하는 일체의 보험계약과 관련 된 법규를 의미한다고 볼 수 있다. 그러므로 실질적 의미의 보험법은 상법 제 4편과 그리고 공보험의 사회정책보험과 경제 정책보험편에 있어서 보험계약 관계 규정을 모두 실질적 의미의 보험법(보험계약법)으로 보아야 할 것이다.

---

36) 이를 국민의 제5대 사회보험법이라 한다.

37) 양승규, 전게서, 52면.

4) 형식적 의의의 보험법(보험계약법)

형식적 의의의 보험법이란 상법 제4편 보험편을 말하며 이를 협의의 보험법 또는 보험계약법이라 부르고 있다.

2. 보험(계약)법의 상법상 지위

보험계약법은 보험계약자와 보험자 사이에 체결되는 보험계약에 관한 사법적인 법률관계를 주된 규율 대상으로 하고 있다. 따라서 보험계약법은 계약법으로서 거래법에 속하며 특별한 사회적·단체적 성질 때문에 민법상의 채권계약과는 구별된다. 따라서 상법은 보험의 인수를 영업으로 할 때 상행위의 일종으로 보고 있으나 보험계약이 대중의 이해와 밀접히 관계되는 몇 가지 특성으로 말미암아 상행위의 체계 가운데서 특별한 지위를 차지하여 상법상 상행위편에 규정하지 않고 독립된 제4편(보험편)으로 별도 규정하고 있다.

따라서 보험계약법은 상법에 속하고 있다 하더라도 법의 성질은 특수한 지위를 차지하고 있기 때문에 그 특수성으로 말미암아 단행법으로 독립하는 것이 바람직하다.[38] 이미 보험계약법이 단행법으로 독립한 나라들로는, 미국, 영국, 독일, 프랑스, 중국[39] 일본[40] 스위스 등이 있으며 중국보험법과 일본보험법은 부록에서 그 원본과 번역본을 기술해 놓았다.

3. 보험(계약)법의 특성

보험계약은 영리보험의 인수에 관한 거래로서 상법상 영업적 상행위의 일종이나 보험제도 자체가 가지는 기술적 성격 등으로 인하여 일반적 상행위와는 다른 특수성을 지니고 있는데 이와 같은 보험계약의 특성 때문에 보험계약법은 사법상 일반 계약법과 다르며 다음과 같은 몇 가지 특성을 지니고 있다.

1) 윤리성(선의성)

보험계약은 위험을 전제로 이루어지는 사행계약이므로 투기 또는 도박 등의 목적으로 이용될 때에는 도덕적 위험(moral risk)이 생길 수 있다.[41] 따라서 신의성실의 원칙

---

38) 양승규, 보험법, 삼지원, 2005, 58면.

39) 중국보험법은 제2장 66조의 조문으로 이루어져 있는데 그 내용은 본서의 뒷부분 부록에 기술해 놓았다.

40) 일본 보험법은 제5장 96조의 규정으로 이루어져 있으며 그 자세한 내용은 본서의 뒷부분 부록에 기술되어 있다.

에 입각한 윤리성, 선의성이 강요된다.[42] 때문에 이러한 도덕적 위험을 방지하기 위하여 보험계약법에서는 보험제도가 당사자 쌍방의 선의를 바탕으로 하여 이루어지도록 여러 가지 제도를 두고 있는데 이에 따라 ① 고지의무 위반으로 인한 계약해지(상법 651조), ② 고의로 인한 보험사고에 대한 보험자의 면책(상법 659조), ③ 사기로 인한 초과, 중복보험의 무효(상법 669조 4항) 등의 규정이 이에 의하여 만들어 진 것이다.

2) 기술성

보험사고는 개별적으로 보면 우연한 것이나 보험단체에서 보면 어느 정도 규칙적인 것이므로 이에 의하여 보험제도는 수리적 계산을 전제로 하는 계획적 기초위에 세워진 매우 기술적인 구조를 가진 제도이다. 특히 대수의 법칙과 수지상등의 원칙에 따라 위험을 인수하고 사업을 영위하기 때문에 보험계약과 보험계약법은 기술성을 가진다. 따라서 이러한 보험관계를 지배하는 보험계약법은 매우 기술법적인 특성을 지니고 있는데 그 대표적인 것이 P = WZ 즉 보험료는 보험사고의 빈도 곱하기 평균 보험금의 산식(렉시스의 원칙)이 성립된다.

3) 단체성

보험계약을 하나의 계약으로서 보면 보험자와 보험계약자 사이의 개인법적인 채권계약에 지나지 않으나 보험제도는 모든 보험계약자로 하여금 동질의 위험을 종합 평균화하는 기술적인 면에서 볼 때 객관적으로는 하나의 단체(보험단체)를 이루고 있다. 따라서 개개의 보험계약은 전 보험자의 단체에 영향을 미치고 있으며 그 취급상 신중한 고려가 요구된다.[43] 보험계약법에 있어서 고지의무제도나 신의성실의 원칙이 강요되는 이유도 여기에 있는 것이다. 또, 보험계약법의 단체성에서 보험자는 각 보험계약자를 평등하게 대우하여야 한다는 원칙이 나오게 되고 따라서 특정한 보험계약자에게만 특별한 이익을 제공하는 행위는 허용되지 않는다. 왜냐하면 어떤 특정한 보험계약자에게 특별한 이익의 제공을 약속하거나 보험료의 할인, 기타 특별한 이익을 제공하는 행위는 형평의 원칙에 어긋날 뿐만 아니라 위험단체의 기초를 위태롭게 하기 때문이다. 따라서 보험이란 개인의 입장에서는 개별적 계약(채권)관계로 존재하지만 단체성을 인정하지 않을 수 없다.

---

41) 영국의 1774년의 Gambling Act 제1조와 1906년의 해상보험법(MIA) 제4조제1항은 투기 또는 도박을 목적으로 한 보험계약은 이를 무효로 한다라고 규정하고 있다. 양승규, 전게서, 53면 참조.

42) William R. Vance, Law of Insurance 3d, 1951, 96면; John Birds, Modern Insurance Law, 1993, 92면; MIA §17 참조.

43) Bruck-Möller, Kommentar zum VVG, Bd. I , SS.96~97.

4) 사회성·공공성

보험사업은 사기업에 의하여 운영되지만 특성상 준 공기업의 역할을 수행하기 때문에 국가는 보험회사의 지나친 영리추구를 제한하는 등의 보험감독권을 행사하고 있다. 또한 보험은 다른 금융업에 있어서와 같이 공공성·사회성을 띠고 있으며 따라서 보험회사의 형태와 자격, 영업에 대한 엄격한 감독, 보험계약법의 상대적 강행법규성의 시행 등의 특성을 가지고 있다. 특히 보험을 이용하는 일반 대중의 이익을 보호하기 위하여 보험자가 일방적으로 정하는 보통보험약관에 대해서도 금융위원회의 인가를 받도록 하여 이에 대한 행정적 감독을 하고 있다. 그리고 상법에서도 당사자간의 특약으로 보험계약자 등의 불이익변경금지의 원칙(상법 663조)을 두어 보험계약자등에게 보험자가 일방적으로 계약자 등의 권익을 침해하지 못하도록 함은 물론 경제적으로 볼 때 상대적으로 약하고 보험에 관한 지식이 빈약한 보험계약자 등을 보호하고 있다.[44]

5) 상대적 강행법규성[45]

보험계약은 개별적 채권계약이지만 그 제도는 단체성, 사회성으로 인해 계약자유의 원칙을 적용할 수 없다. 그리하여 보험업법은 보험자의 자격을 제한하고 보험사업자가 아닌 자와 보험계약의 체결, 중개, 대리를 하지 못하도록 하고 있음은 물론 특히 상법 제663조의 본문은 보험계약자 등의 불이익변경금지의 원칙을 두어 보험약관이 보험계약법의 내용보다 보험계약자 등의 불이익으로 변경하지 못하도록 함으로써 보험계약법의 상대적 강행법성을 선언하고 있다. 그런데 우리 상법에서 가계보험에서는 보험계약자 등의 불이익변경금지의 원칙을 적용하여 보험약관이 보험계약법보다 보험계약자 등에게 불리한 조항을 두는 경우 이를 무효로 하고 있다.[46] 그러나 기업보험에 속하는 해상보험·재보험·기업보험 등에서는 이러한 보험계약자 등의 불이익변경금지의 원칙을 적용하지 아니함으로 기업보험에 있어서는 계약자유의 원칙이 인정

---

44) 최기원, 전게서, 35면.

45) 이를 반면적 강행법성이라고 표현하기도 한다(崔基元, 保險法, 52면; 손주찬, 제6정증보판 상법(하), 457면). 프랑스 보험법 L. 111-2조는 원칙적으로 제1편 제1장, 제2장, 제3장의 규정을 약정에 의해서도 변경할 수 없도록 하여 육상보험법에 관한 규정을 절대적 강행법으로 하고, 독일 보험계약법은 개별적인 규정에 의하여 絶對的 强行法 또는 反面的 强行法(halbzwingend)이 밝혀지고 있다(동법 제5조, 제6조 제2항, 제12조 제3항… 등 참조). 그리고 스위스 보험계약법 제97조, 제98조 참조.

46) 일본 보험법은 보험계약자 기타 보험계약자 측의 관여자의 보호를 위하여 특히 필요한 규정에 대하여서는 그 규정보다 보험계약자 등에게 불리한 것은 무효로 하는 상대적 강행규정성이 조문 각각에 명문화되어 있다. 장덕조, 53면 참조.

되고 있으므로 이러한 상대적 강행법성이 적용되지 않고 있다.

4. 보험계약법의 법원(法源)

보험법의 법원(法源)으로서 제정법, 관습법 기타가 있는 것은 다른 법령에서와 같다. 그런데 보험계약법의 법원을 살펴보기 전에 먼저 법원이 무엇인가를 살펴보면 법원이란 법을 생기게 하는 근거 또는 법의 존재양식 또는 법의 존재형식으로 설명되고 이것은 흔히 법관이 재판 기준으로 적용하는 법규범의 존재형식으로 설명하고 있다. 여기에는 성문법과 불문법으로 나누어 설명할 수 있으며 성문법의 법원으로는 헌법, 법률, 명령, 자치법규 등이 있고 불문법의 법원으로는 관습법, 판례법, 조리 등이 있는데 우리나라는 성문법 국가로서 대체적으로 상법 제4편인 보험법(보험계약법)과 보험업법, 그리고 상사특별법으로서의 여러 가지 제정법, 그리고 상관습법 등을 법원으로 인정하고 있으며 대법원 판례에 대하여는 그 법원성을 인정하고 있지만 하급심의 판례에 대해서는 법원성을 인정하지 않는 견해가 다수설이다. 따라서 보험계약법의 법원으로는 제정법과 관습법으로 나누어 설명할 수 있으며 우리나라 상법 제46조에서는 영업으로 하는 보험도 기본적 상행위로 하고 있으므로 보험계약에 관하여는 상법규정을 적용하고 상법규정이 없는 경우 상관습법을 적용하며 상관습법도 없는 경우 민법을 적용한다고 규정하고 있다.[47] 또한 상호보험에 관하여는 그 성질이 상반되지 않는 한도 내에서 상법규정이 준용되고 있다. 물론 제정법 중 상사특별법에 해당하는 보험업법과 여러 가지 상사특별법은 특별법 우선의 원칙에 의해 우선 적용되며 보험약관의 법원성에 대하여는 다툼이 있으나 대체적으로 법원성을 인정하는 견해가 다수설이다.

1) 제정법

① 상법 제4편의 보험법

보험(계약)법의 법원으로서 가장 기본이 되는 것은 상법 제4편의 보험에 관한 규정이다. 보험계약도 상행위이므로 상법 제2편 상행위편 제1장 총칙 중의 상행위 일반에 관한 여러 규정의 적용을 받는 것은 물론이다. 우리 상법은 1962년 1월 20일 법률 제1000호로 제정 공포되어 1963년 1월 1일부터 시행된 것이고 보험(계약)법의 개정법률은 해상법과 더불어 1991년 12월 16일에 상법 중 개정법률로서 국회를 통과하여 1991년 12월 31일 법률 제4470호로 공포되어 1993년 1월 1일부터 시행하고 있다. 우리 보험법은 제 3장으로 이루어져 있는데 제1장에서는 통칙, 제2장에서는 손해보험, 제3장

---

47) 장덕조, 보험법, 법문사, 2012, 53면 참조.

에서는 인보험으로 구성되어 있다. 또한 우리나라 보험(계약)법은 오늘날 거래되고 있는 각종 보험계약을 망라하고 있는 것은 아니나 상법전에서 규정하고 있지 아니한 보험의 종목에 대해서도 각 보험계약에 따르는 통칙규정은 그대로 적용된다.[48] 그리고 보험계약법은 영리보험에 관한 법이나 상호 보험에 대해서도 준용되고 있다.

② 보험업법

보험업법은 1962년 12월 29일 법률 제1241호에 의해 탄생되었고, 이 법률은 오늘까지 30여 차례의 개정을 통하여 오늘에 이르고 있다. 보험업법은 보험사업의 공공성·사회성으로 말미암아 보험업에 관한 감독과 규제를 목적으로 하는 것이며 보험감독에 관한 기본법이다. 보험업법 가운데 보험감독에 관한 규정은 보험공법으로서 보험사법인 보험계약법의 법원이라 할 수 없으나 보험업법의 내용 중 보험계약에 관계되는 규정은 보험계약법의 법원이 된다고 볼 수 있다. 그러므로 우리 보험업법은 보험업의 주체인 주식회사, 상호회사에 관한 규정과 보험계약의 이전 또는 보험모집에 관한 규정 등 보험계약과 관련된 규정을 포함하고 있는데 이 부분에 대하여는 보험계약법의 법원이 된다.[49]

③ 그 밖의 상사특별법으로서의 제정법

그 밖의 제정법으로서 보험계약법의 법원으로 인정되는 것은 자동차손해배상책임보험에 관한 자동차손해배상보장법, 원자력손해배상책임보험에 관한 원자력손해배상법, 수출보험에 있어서 무역보험법(과거의 수출보험법) 및 신체손해배상 특약부화재보험에 있어서 화재로 인한 재해보상과 보험가입에 관한 법률 등이 있고 또한 공영보험법에 해당되는 건강보험법, 산재보험법, 고용보험법, 연금보험법, 노인장기요양보험법 등의 공영보험법의 내용 중 보험계약에 관계되는 규정은 보험계약법의 법원이 된다.

2) 상관습법

관습이란 어떤 사회에서 오랫동안 지켜 내려와 그 사회의 구성원들이 널리 인정하는 질서나 풍습을 말하며, 관습법이란 일정지역(국가)을 중심으로 계속되고 오래된 관습(관행)이 일반인에 의하여 법적 확신을 얻게 된 사회생활규범을 의미한다. 그러므로 관습법이란 사회생활에서 자연적으로 형성되어온 관습이 법적확신을 얻게 되는 것으로 불문법의 하나이다. 성문법이 발달하기 전에는 관습법이 사회 규범으로서 중요한 영역을 차지하였다. 사실적인 관습이 관습법이 되는 것은 국민들의 법적 확신을

48) 양승규, 61면 참조.
49) 양승규, 62면 참조.

얻어 법원의 판단에서 관습법으로서 인정을 받는 것을 의미한다. 대체로 대륙법계 국가에서는 성문법주의를 택하여 관습법이 경시되는 경향이 있으나 영미법계에서는 관습법이 중요한 위치를 차지하고 있다. 우리나라 민법 제1조는 민사에 관하여 법률의 규정이 없으면 관습법에 의하고, 관습법이 없으면 조리에 의한다고 규정하여 관습법에 성문법의 보충적 효력을 인정하고 있다. 상법 제1조는 상사에 관하여 본법에 규정이 없으면 상관습법에 의하고, 상관습법이 없으면 민법의 규정에 의한다고 규정하여 상법에 대하여는 보충적 효력을 인정하고 민법에 대하여는 우선적 효력을 인정하고 있다. 예를 들면 민법상 판례에 의하여 확인된 관습법으로는 법정지상권, 분묘기지권, 명인방법, 사실혼제도, 동산의 양도담보 등이 있고 보험계약법에 있어서 상관습법의 대표적인 예로는 재보험자의 보험자 대위가 있다.[50]

3) 보험약관

(1) 보험약관의 의의

보험약관이란 보험자가 동종·다수의 보험계약을 체결하기 위하여 미리 작성한 보험계약의 내용이 될 정형적인 계약조항을 말하는 것으로서 이것은 보통거래약관의 일종이다. 따라서 보험약관은 보험계약을 체결하기 위하여 미리 작성한 일반적·정형적·표준적인 계약조항으로 반대의 의사표시가 없는 한 계약 당사자의 쌍방을 구속하는 계약조항을 말한다.[51] 여기에는 보통보험약관, 특별보통보험약관, 특별약관이 있는데, 보통보험약관이란 보험계약의 일반적 표준적인 계약조항으로 구성된 기본적인 약관을 말하며 특별보통보험약관은 보통보험약관의 부가약관으로서 이것은 보통보험약관의 내용에 별도의 특별한 내용을 첨가하여 보충시킨 약관을 말한다. 이러한 보통보험약관과 특별보통보험약관은 대체적으로 가계성보험에서 사용되는 약관이다. 그리고 특별보험약관이란 해상보험, 재보험 기업보험 등의 기업에서 사용하는 약관으로서 보험계약 당사자인 보험계약자와 보험자는 자유롭게 보험계약의 내용을 만들어 사용할 수 있는 계약자유의원칙에 입각한 약관으로서 이것은 상법 제663조(보험계약자 등의 불이익 변경 금지의 원칙)의 규정을 적용받지 않는다.

(2) 보험약관의 존재이유

보험약관의 존재이유는 다음의 세 가지로 요약할 수 있다. 첫째, 보험계약은 성질상 다수의 보험계약자를 상대로 하여 동일한 내용의 계약을 체결하게 되므로 각 계약

50) 양승규, 258면 참조.

51) 최기원, 37면; 양승규, 63면 참조.

을 개별적으로 처리하기에는 어려운 면이 있다. 따라서 보험계약은 다수의 보험계약자가 동일한 내용으로 계약을 하기 때문에 전문적인 지식이 없는 일반 계약자와 일일이 보험계약을 협정하는 것은 대단히 어렵기 때문이다. 둘째, 보험약관을 사용함으로써 보험단체의 각 구성원인 보험계약자를 동일하게 대우하는 평등성의 효과를 가져올 수 있는 합리적인 조치이다. 셋째, 보험계약에 대하여 보험계약법으로 모든 사항을 규정하는 것은 불가능하기 때문에 보험 계약법의 보충적인 효력을 발생시킬 수 있도록 하는 데 그 존재이유를 두고 있다.

(3) 보험약관의 내용

① 보험금의 지급 사유

보험자는 보험계약자로부터 보험료를 받고 보험기간 중에 보험사고가 발생하면 보험금 또는 기타의 급여를 지급하여야 한다. 이것이 보험자의 보험금 지급의무이며 보험금의 범위에는 손해보험은 보험금액 내의 실 손해, 생명보험의 경우에는 보험계약에서 정한 보험금액을 보험금으로 지급토록 하고 있다.

② 계약무효의 원인

보험계약에 있어서 보험계약의 무효의 원인으로는 피보험이익이 존재하지 않는 보험계약, 사기로 인해 취소된 보험계약, 생명보험계약에 있어서 15세 미만의 자 또는 심신상실자를 피보험자로 한 보험계약, 그리고 타인의 생명보험계약에 있어서 타인의 동의를 받지 아니한 보험계약 등을 무효로 하고 있다.

③ 보험자의 면책사유

보험자의 면책사유에는 법정면책사유(보험계약법상의 면책사유)와 약정면책사유(약관상의 면책사유)가 있는 바, 법정면책사유의 내용으로는 상법 제659조의 보험계약자 등의 고의, 또는 중대한 과실의 경우와 상법 제660조의 전쟁, 기타 변란으로 발생한 사고, 그리고 상법 제678조의 손해보험 특유의 면책사고이며, 약관상 면책사유에는 보험상품의 종류에 따라 여러 가지를 정해놓고 있다.

④ 보험자 의무의 범위와 의무이행시기

보험자의 의무는 보험약관의 교부설명의무, 보험증권의 교부의무, 보험금의 지급의무, 보험료(미경과 보험료) 및 보험료 적립금(저축보험료)의 반환의무, 약관대출의 의무, 계약자 배당의무 등이 있고 이러한 의무와 그 이행 시기는 보험법과 약관에 정한 대로 따라야 한다.

⑤ 보험계약자 또는 피보험자의 의무 불이행시의 손실

보험계약자와 피보험자의 의무는 고지의무, 보험료 납입의무, 통지의무, 위험유지의무, 사고발생의 통지의무, 손해방지 및 경감의 의무 등이 있으며 이러한 의무도 보험법과 보험약관에 따라 이행되어야 한다. 그러나 만약 이러한 의무를 이행하지 아니할 경우에는 보험계약의 해지 등의 불이익을 당할 수 있다.

⑥ 보험계약 해제·해지의 원인과 해제·해지 시 당사자의 권리 의무

보험계약의 해제란 보험계약이 당사자의 의사에 의하여 종료되는 경우로서 여기에는 법률의 규정에 의해 발생하는 것과 약관에 의해 발생하는 경우가 있다. 보험계약에 있어서 계약해제의 원인은 계약체결 후 초회보험료를 2개월이 경과하여도 납입하지 아니한 경우가 여기에 속하는데 이러한 경우는 흔치 않은 일이지만 보험료를 외상거래로 한 경우 또는 보험료를 약속어음이나 선 일자수표 등으로 납입 하였으나 당해 약속어음이나 선 일자 수표가 부도가 나고 그 이후 당해보험료를 약속시간 내에 납입하지 못한 경우 등이 이에 속한다. 그런데 해제된 보험계약은 계약이 무효가 되므로 여기에는 원상복구가 이루어져야 한다. 또한 여기에 보험계약의 해지의 원인도 당연하게 포함되어야 하는데, 해지의 원인은 계속 보험료의 납입의무위반, 고지의무위반, 통지의무위반, 위험유지의무위반 등에 의해 발생된다.

⑦ 이익잉여금을 배당받을 권리자의 범위

유배당상품에 있어서 배당을 받을 자는 1차적으로는 보험계약자이며 2차적으로는 보험계약자의 권리를 양수받은 자가 된다.

(4) 보험약관의 규제

① 규제의 필요성

보험약관은 경제적으로 우월한 지위에 있는 보험자에 의하여 일방적으로 작성되고, 또한 이것은 당사자간의 계약의 내용이 되어 당사자를 구속하기 때문에 보험계약자 등의 이익을 희생시키기 쉽다. 따라서 계약의 내용을 잘 알지 못하는 보험계약자를 보호하기 위하여 약관에 대한 규제가 필요하다.

② 약관에 대한 규제의 형태

㉮ 입법적 규제

보험약관에 대한 입법적 규제로는 보험거래의 특수성을 고려하여 개별적으로 기존의 법률에 강행법규를 두어 보험약관을 규제하는 방법을 두고 있다. 우리나라는 상법

제663조를 두어 이를 규제하고 있는데 그 내용을 살펴보면 우리나라 상법 제4편 보험편의 규정은 당사자 간의 특약으로 보험계약자 또는 피보험자나 보험수익자의 불이익으로 변경하지 못한다. 고 규정하여 이른 바 보험계약자 등의 불이익 변경금지의 원칙을 선언하고 있다. 이에 따라 보험자는 자기가 만드는 보통보험약관의 내용, 즉 보험계약의 내용을 상법 제4편의 규정보다 보험계약자 등에게 불이익한 내용(손해가 되는 내용)을 만들어 사용하지 못하도록 하고 있고 만약 이를 어기고 사용하는 때에는 그 약관은 무효로 한다고 선언하고 있다. 따라서 보험약관의 내용이 보험계약법의 내용보다 보험계약자 등에게 불이익한 내용을 만들어 사용하는 경우에는 이를 무효화되도록 하여 원천적으로 이를 봉쇄하고 있다. 따라서 보험자(보험회사)는 보험계약자나 피보험자, 또는 보험수익자에게 불이익한 내용의 약관을 사용하지 못하도록 하고 있고 만약 이를 어기고 사용하는 경우에는 이를 무효화 하도록 해 놓았다. 그러나 기업보험, 해상보험, 재보험 등의 기업보험에서는 이(상법 제663조)를 적용하지 않으므로 기업보험의 약관은 거래당사자의 자유의사에 따라 계약의 내용을 만들어 사용할 수 있다. 그 이유는 거래당사자인 보험계약자나 보험자 모두가 보험에 관한 전문지식을 가지고 있는 자들이므로 이러한 경우에는 계약자유의 원칙에 따라 자유로운 계약을 체결토록 함이 타당하다고 보기 때문이다.

㈏ 행정적 규제

보험약관은 행정적 규제를 받는다. 다시 말하면 보험약관의 규정 및 변경에는 금융위원회의 인가를 받아야 하고, 또 일정한 경우에 금융위원회는 보험자에 대하여 보험약관의 변경을 명할 수 있으므로(보험업법 16조 1항) 이러한 점에서 보험약관은 행정적 규제를 받는다. 이와 같이 보험업법은 금융위원회로 하여금 보험약관에 대하여 후견적 감독을 하도록 하여 일반보험계약자 등의 이익을 보호하도록 하고 있다.

㈐ 사법적 규제(사후적 규제)

위에서 기술한 입법적 규제와 행정적 규제가 사전적 규제라고 볼 때, 사법적 규제는 사후적 규제이다. 사법적 규제는 보험계약에 대하여 보험계약자와 보험자 사이에 분쟁이 발생한 경우 이러한 당사자 간의 다툼에 대해 법원의 판결에 의해 해결할 수 있는 길을 열어놓고 있는 것이다. 그러므로 법원은 보통보험약관의 내용을 구체적인 사건에 적용시켜 그 약관의 내용이 불공정하거나 신의성실의 원칙 또는 강행법규에 위반할 경우에는 이를 무효로 하여 내용 통제를 하고 있으며 이러한 방법에 의하여 보험약관은 사법적 규제를 받도록 하고 있다.[52]

52) 양승규, 전게서, 67면 참조.

㉣ 공정거래위원회에 의한 규제

공정거래위원회는 금융위원회의 인가를 받은 보험약관이 약관규제법에 위반한 사실이 있다고 인정될 때에는 금융위원회에 그 사실을 통보하고 그 시정에 필요한 조치를 요청할 수 있는데(약관규제법18조1항), 이러한 시정조치를 요청받은 금융위원회는 보험자에게 그 보험약관의 변경명령을 내릴 수 있다. 이러한 공정거래위원회는 준사법적 성격과 동시에 준행정적 성격도 아울러 갖는 약관의 사전·사후의 규제기관이라고 볼 수 있다.[53]

(5) 보험약관의 교부 설명(명시) 의무

① 보험자의 보험약관 교부 설명 의무의 뜻

상법 제638조의 3 제1항에서는 보험자는 보험계약을 체결할 때에 보험계약자에게 보험약관을 교부하고 그 약관의 중요한 내용을 알려주어야 한다고 하여 보험자의 보험약관의 교부설명의무를 의무화 하고 있다. 이러한 이유는 보험약관은 보험자에 의하여 일방적으로 만들어 지며 그 내용은 상당히 전문적인 내용으로 이루어져 있기 때문에 보험계약자 등에게 이를 설명해 주지 않으면 보험계약자 등은 보험계약의 중요한 내용을 모른 채 계약이 체결될 수 있기 때문이다.

② 보험약관 교부 설명의무 위반의 효과

상법 제638조의 3의 제2항은 보험자가 이 의무를 위반한 때에는 보험계약자는 보험계약이 성립된 날로부터 3개월[54] 내에 그 계약을 취소할 수 있다고 함으로서 보험자에게 보험약관의 교부 설명 의무를 의무화 해 놓고 있다. 이것은 보험계약의 중요한 내용을 알지 못한 채 보험계약을 체결한 보험계약자를 보호하기 위한 것으로서 보험계약 체결 당시 보험자가 보험약관을 교부하고 설명하지 않음으로써 보험계약자가 계약의 내용을 모르거나 착오로 인하여 계약을 체결한 경우 그러한 모름 또는 착오를 발생시킨 원인은 보험자의 보험약관교부설명의무 위반으로 보아 취소권을 인정하고 있는 것이다. 그러나 이 제척기간(3개월) 내에 보험계약자가 계약을 취소하지 않는 경우에는 그 계약의 효력은 그대로 인정됨은 물론 제척기간 3개월이 경과한 경우에는 취소할 수 없도록 하고 있다. 한편 보험자가 이러한 약관교부설명의무를 위반한 경우에는 설령 보험계약자 등이 고지의무를 위반한 경우라 할지라도 보험자는 이를 이유로 보험계약을 해지할 수 없도록 해 놓았는데 그것은 바로 보험자의 보험약관의 교부설명의무위반과 보험계약자의 고지의무위반과의 사이에는 상당인과관계가 있다고 보

53) 장덕조, 보험법, 법문사, 63면 참조.

54) 상법이 개정되기 전에는 이 기간(제척기간)은 1개월이었으나 2014년 3월부로 본 조항은 3개월로 개정 되었으며 2015년 3월 12일부터 시행하기로 한다.

았기 때문이다. 다시 말하면 보험자의 보험약관교부설명의무 위반과 보험계약자의 고지의무 위반이 함께 발생된 경우 보험계약자의 고지의무 위반은 보험자의 보험약관교부설명의무위반으로 인한 결과라고 보아 계약을 해지할 수 없도록 하는 것이다. 물론 이 경우에는 그 그러한 인과관계가 입증되어야만 할 것이다. 한편 판례는 보험약관의 교부설명의무를 생략해도 되는 경우를 크게 몇 가지 형태로 나누어 놓았는데 그것은 첫째, 보험계약자나 그 대리인이 이미 약관의 내용을 충분히 잘 알고 있는 경우[55]와 둘째, 거래상 일반적이고 공통된 것이어서 계약당사자가 이미 알고 있다고 예상할 수 있는 사항 등에 대하여는 보험약관의 교부설명의무를 생략해도 된다는 판례가 있다.[56]

(6) 보험약관의 효력

보험약관은 보험자가 작성한 것으로서 계약을 체결함에 있어서 당사자 간에 약관을 계약의 내용으로 한다는 합의가 있으면 약관은 계약내용으로서 당사자를 구속한다. 그러나 실제에 있어서는 당사자 간에 그러한 구체적인 합의가 없는 경우가 적지 않다. 이럴 경우 약관의 작성자인 보험자는 약관을 계약내용으로 하려는 의사가 있다는 것은 분명하지만, 보험계약자의 경우는 반드시 약관의 내용을 알고 그것을 계약의 내용으로 한다는 의사를 가지고 있었다고 할 수 없는 경우가 있다. 그럴 경우 이 약관의 구속력에 대하여 문제가 생기게 되는데 이럴 경우 약관의 구속력을 인정하는 이유는 다음과 같은 근거 때문이다.

① 구속력의 근거에 관한 학설

㉮ 의사설

이 설은 보험계약 당사자 사이에 보험계약이 성립됨은 보험약관을 계약내용으로 한다는 합의, 즉 보험계약이 체결되었기 때문에 본 약관이 당사자 사이에 구속력을 가진다고 보는 학설이다.[57] 다시 말하면, 보통보험약관은 그 자체로는 결코 법규범이 될 수 없지만 전통적인 법률행위이론에 의하여 계약의 당사자가 그 법률행위의 내용으로서 약관을 수용하였기 때문에 당사자를 구속한다는 견해이다. 이것은 구속력의 근거를 당사자의 의사에서 구하는 주관주의적인 이론 구성이다. 이 설을 취하는 견해

---

55) 이 경우의 판결은 대법원2004.4.27.선고 2003다7302판결: 대판2003다15556 등이 있다.

56) 장덕조, 전게서, 70면 참조.

57) 보험자의 설명 의무 위반시 보험계약자는 보험계약의 성립일로부터 1월 이내에 취소할 수 있다는 규정의 해석에 대하여는 규범설과 의사설이 해석이 판이하게 다르다. 규범설에 의하면 1개월 이내에 계약을 취소하지 않으면 설명되지 아니한 부분도 계약의 내용이 된다고 함에 반하여, 의사설을 취하는 입장에서는 취소하지 아니한 채로 1개월의 경과 시 다시 약관규제법이 적용되어서 설명되지 아니한 부분은 계약의 내용이 되지 않는다는 것이다. 장덕조, 67면 참조.

는 약관규제법 제3조(약관의 명시 설명의무)를 근거로 둔다. 특히, 이 설은 보통보험약관이 일반의 거래약관과 같이 그 자체가 법규범이라고 볼 수는 없다고 보면서 보통보험약관은 그 자체가 법규범이기 때문에 당사자를 구속하는 것이 아니라 당사자가 이를 개별계약내용으로 인정하였기 때문에 법률행위의 일반이론에 의하여 당사자를 구속하는 것이라고 보는 설이다. 규범설에 의하든 의사설에 의하든 보통보험약관이 당사자를 구속하는 점은 동일하므로 그 결과에 있어서 큰 차이는 없으나 의사설에 의하는 것이 보다 더 명확하다고 보는 입장이다.

㉯ 규범설

이 설은 보험약관은 감독관청의 인가를 얻게 되어 있고 사회적으로도 합리성이 인정되고 있으므로 당사자의 구체적인 의사와 관계없이 일정 거래권내에서는 법규와 같은 구속력을 갖게 된다는 입장이다. 즉 보험계약은 다수계약으로서 보험약관에 의해 이루어지고 있는 것이 거래의 실정이므로 법사회학적으로 볼 때도 보험약관은 객관적인 법과 비슷하고 보험계약상의 법원으로 다루게 되므로 보험약관의 구속력의 근거를 보험약관 자체의 규범성에서 찾는다는 견해이다.[58] 따라서 이 설은 보통보험약관의 구속력을 보다 강하게 인정하려는 객관주의 내지 단체주의적인 이론 구성으로서 보험계약은 보통보험약관에 의하여 이루어지는 것이 하나의 상관습법으로 형성되었기 때문에 구속력을 갖는 것이라고 보는 입장이다.

㉰ 대법원의 입장

우리나라 대법원의 입장은 보험약관이 계약당사자에 대하여 구속력을 갖는 것은 그 자체가 법규범 또는 법규범석 성질을 가진 약관이기 때문이 아니라 보험계약당사자 사이에서 계약내용에 포함시키기로 합의하였기 때문이라고 보고 있다. 일반적으로 당사자 사이에서 보통보험약관을 계약의 내용으로 하고 계약을 체결한 경우에는 계약자가 그 보험약관의 내용을 알지 못한 경우에도 그 약관의 구속력을 배제할 수 없는 것이 원칙이나, 다만 당사자 사이에서 명시적으로 약관에 관하여 달리 약정한 경우에는 위의 약관의 구속력은 배제된다고 하여 의사설의 입장을 취하고 있다.

(7) 인가를 받지 않은 보험약관의 사법상의 효력

금융위원회의 인가를 받지 않은 보험약관에 의하여 계약이 체결된 경우 그 계약의 사법상의 효력이 인정되느냐 하는 의문이 있으나 이에 대하여는 그 효력을 인정하고 있다. 그러나 이런 경우 보험계약자 등을 보호하기 위하여 계약의 효력은 인정하나

58) 장덕조, 전게서, 66면 참조.

보험자에 대하여 제재를 가하고 있다.

(8) 약관의 변경과 소급적용

보험약관의 변경은 그 변경이 상대방에게 불리한 경우는 물론 유리한 경우라도 특별한 합의가 없는 한 신약관의 효력은 구계약(약관 변경 이전에 이미 계약이 체결되어 있었던 계약)에 효력을 미치지 않는 것이 원칙이다. 그러나 국가가 후견적 감독의 입장에서 보험계약자 등에게 신약관을 적용하는 것이 유리하다고 인정될 경우에는 이를 인정하는 예외적 경우가 있다.[59] 이것은 보험계약자 등의 이익을 보호하기 위한 정부의 후견적 감독의 한 표현이라고 할 수 있는데, 보험약관의 소급적용은 기초서류의 변경을 명령한 보험계약에 대해서만 가능하고, 그와 비슷한 보험계약에 대해서까지 확대할 수 있는 것은 아니라 할 것이다. 그리고 그 개정약관은 보험자가 금융위원회의 명령에 따라 약관의 소급적용을 하겠다는 요지를 일간 신문에 공고한 때부터 기존계약에 대하여 효력이 생긴다.[60]

(9) 보험약관의 해석

보험약관의 해석은 보험계약의 성질과 관련하여 신의성실의 원칙에 따라 공정하게 해석되어야 하며 보험계약자에 따라 다르게 해석되어서는 안 된다(약관규제법 5조 1항)는 것이 그 기본 원칙이다. 그런데 약관의 해석에 대하여는 앞에서 설명한 것을 기초로 하여 다음과 같은 해석의 원칙이 있다.

① 개별약정우선의 원칙

보통보험약관에 의한 거래에 있어서 일정한 사항에 관하여 당사자가 약관의 내용과 다른 합의를 한 때에는 합의사항인 개별약정이 약관에 우선한다는 원칙이다(약관규제법4조). 따라서 보통보험약관의 내용과 다른 내용의 합의를 한 경우에는 그 합의의 조항이 우선하게 되며 또 보통보험약관과 다른 특별보험약관이 있는 경우에는 당연히 특별보험약관이 우선적용하게 되는 것이다.

② 신의성실의 원칙

보험약관은 신의성실의 원칙에 따라 공정하게 해석되어야 한다는 원칙이다(민법 2조, 약관규제법5조1항). 일반적으로 신의성실이란 사람이 사회공동생활의 일원으로서

---

59) 독일의 자동차보험약관 제9조 a는 "자동차보험약관과 보험료율의 변경은 보험료율표의 인가를 할 때 다른 정함을 두지 아니한 한 기존의 보험계약에 대해서도 다음에 오는 보험기간의 개시시부터 적용한다"라고 규정하고 있다.

60) 보험업법 제131조 제5항, 보험업법시행령 제73조 제3항 참조.

생활하는 동안 상대방의 신뢰를 헛되이 하지 않도록 성의를 가지고 행동하는 것을 말하며 이러한 권리의 행사가 신의성실에 반하는 경우에는 대체적으로 권리남용(權利濫用)이 되는 것이 보통이다. 그러므로 의무의 이행이 신의성실에 반하는 경우에는 의무이행의 책임을 져야 하는데 보험약관의 해석은 이러한 신의성실의 원칙에 근거하여 해석해야 하는 것이다.

③ 작성자 불이익의 원칙(불명확조항 해석의 원칙)

보험약관의 뜻이 명백하지 아니한 경우에는 고객(보험계약자)에게 유리하게 해석하고 보험자에게 불리하게 해석하여야 한다는 원칙을 말하는데 이를 불명확 조항 해석의 원칙이라고도 한다(약관규제법5조2항).[61] 이것은 보험약관의 내용이 모호하고 불명확한 경우에는 작성자인 보험자에게 책임을 지우고 상대적 약자인 보험계약자에게 유리하도록 해석하는 원칙을 말한다.

④ 객관적 해석의 원칙

보험약관은 객관적으로 모든 보험계약자에게 평등하고 합리적으로 해석되어야 하며 고객에 따라 다르게 해석되어서는 안 된다는 원칙이다(약관규제법5조1항). 이것은 바로 보험계약 체결 시 어떤 특정한 보험계약자와 보험자 사이에 특수한 관계가 있다 할지라도 그러한 관계로 인하여 보험약관의 해석이 달라져서는 안 된다는 원칙이다. 다시 말하면 보험계약은 다수의 보험계약자와 계약이 이루어지므로 보험자와 특수 관계에 있는 보험계약자가 그로 인해 특수한 대우를 받을 수 없도록 함을 말한다. 그러기 위해서는 보험약관의 해석이 개별적으로 차별을 가지고 해석되어서는 안 되기 때문이다.

⑤ 수기우선적용의 원칙

보험약관의 내용이 인쇄된 조항과 손으로 써넣은 수기(手記)의 조항사이에 내용의 충돌이 발생되는 경우에는 수기로 써넣은 조항을 우선적용 한다는 원칙이다. 이것은 개별약정우선의 원칙과 일맥상통한 원칙으로서 보험약관의 내용이 인쇄된 내용과 수기로 써넣은 규정이 서로 상반되는 경우에는 수기로 쓴 규정을 우선하여 적용한다는 원칙이다. 다른 말로 이를 수기문언 우선적용의 원칙이라고도 하며 이 원칙을 인정하는 이유는 보험약관의 부합계약성 외에 수기로 첨가된 문언 자체가 당사자 간의 의사에 대한 최종 표현으로 간주되기 때문이다.

---

61) 보통거래약관의 내용은 개별계약체결자의 의사나 구체적인 사정을 고려함이 없이 평균적 고객의 이해가능성을 기준으로 하되, 보험단체 전체의 이해관계를 고려하여 객관적·획일적으로 해석하여야 하고, 고객보호의 측면에서 약관내용이 명백하지 못하거나 의심스러운 때에는 약관작성자에게 불리하게 해석하여야 한다[대법원 1996.6.25.선고, 96다12009 판결(요지)].

제2장

보험계약

제1절 보험계약의 개념

1. 보험계약의 뜻

보험계약이란 보험계약자의 청약과 보험자의 승낙에 의해 이루어지는 계약으로서 보험계약자는 보험료를 지급하고 보험자는 보험사고가 발생할 경우 이를 보상할 것을 약속하는 계약이다. 우리나라 현행상법 제638조는 보험계약은 당사자 일방이 보험료를 지급하고 상대방이 재산 또는 생명이나 신체에 관하여 불확정한 사고가 생길 경우 일정한 보험금, 그 밖의 급여를 지급할 것을 약정함으로서 효력이 생긴다고 정의하고 있다. 즉, 상법은 손해보험과 인보험에 대하여 형식적으로는 통일적인 규정을 두고 있는 것 같으나 보험의 목적을 재산 또는 생명이나 신체에 관하여 라고 규정하여 실질적으로는 이원적 규정으로 설명하고 있다.

이러한 보험계약의 개념에 대하여는 다음과 같은 학설로 나뉘어 놓고 있다.

2. 보험계약의 개념에 관한 학설

1) 손해보상 계약설(損害報償 契約說)

보험계약은 손해를 보상하는 계약 즉, 보험자는 보험계약자로부터 보험료를 받고 보험사고가 발생하면 약속된 보험금을 지급하기로 하는 계약이라고 보는 설이다.[1] 이

1) 1806년 영국의 Lucena v. Craufurd에서 "보험은 한쪽 당사자가 위험에 관하여 대가를 받고 다른

설은 보험계약자가 보험계약을 체결하는 목적을 중심으로 보험계약의 본질을 파악하고자 하는 견해로서 이설의 핵심은 보험계약이란 보험사고로 인한 피보험자의 손해를 보상하는 것을 목적으로 하는 경제제도라는 것이다. 이것은 해상보험, 화재보험 등의 손해보험에 있어서 보험의 본질을 설명하는 경우에는 그 타당성이 높은 학설이나 생명보험계약을 설명하기에는 약간의 문제점이 있다. 그것은 바로 사망보험이나 연금보험, 또는 생존보험의 경우에도 보험의 본질을 손해의 보상이라고 단언하기에는 어려움이 있기 때문이다. 이학설의 대표적인 학자는 Marshall(영국), Masisus(독일), Gephart(독일), May(미국), Magee(미국) 등이다.

2) 경제수요 충족설(經濟需要 充足說)

이 학설은 보험계약이란 보험사고의 발생에 의해 만들어지는 경제적 수요(손해의 전보)가 필요할 경우 그 수요를 충족시킬 것을 목적으로 하는 계약으로 보는 설[2)]이다. 이 학설의 핵심은 보험계약이란 보험사고를 당한 피보험자, 또는 보험수익자가 그러한 사고로 인하여 경제적 수요가 필요할 경우 이러한 경제적 수요를 충족시키려는 목적을 가진 계약이라고 본 것이다. 이 학설을 자세히 살펴보면 보험계약의 문제점을 면밀히 살펴보고 그에 따른 문제점을 상당히 해결하고 보완한 것으로서 비교적 합리적이고 진보된 학설이라 보아진다. 그 이유는 보험계약이란 보험사고로 인한 피보험자의 손해를 보상하는 것을 목적으로 한다는 손해보상설의 문제점을 보완하고 생명보험계약의 본질 까지도 설명할 수 있는 학설로 보아지기 때문이다. 이학설의 대표적인 학자는 이태리의 율리시즈 고비((Ulysses Gobbi) 독일의 알프레드 마네스(Alfred Manes) 브르크(Bruck) 등의 학자가 있다.

당사자가 위험에 놓여 있는 특정사물에 대한 사고의 발생으로 損失(loss), 損害(damage) 또는 피해(prejudice)를 입지 않도록 보장하는 계약이다"라고 판시하고 있는 것은 損害補償契約性을 뒷받침하고 있다(2 Bos. & P.N.R. 260).

2) 이 설은 이태리의 고비(Ulysses Gobbi)가 처음 주장한 것으로, 마네스(Alfred Manes)가 이에 따랐다. 브르크(Bruck)에 의하면 "보험계약은 한쪽 당사자(보험자)가 위험을 담보하고 그 결과 다른 당사자(보험계약자)가 일정한 사고의 발생 시 또는 일정한 시기에 있어서의 불확정한 수요의 충족(Deckung eines ungewissen Bedarfs)을 목적으로 금전 또는 대가를 지급할 것을 약정하는 유상계약이다"라고 하여 수요의 충족이 보험계약의 내용을 이루는 것으로 보아 수요충족설을 뒷받침하고 있다. 물론 이 설에서도 수요의 뜻이 막연하여 보험계약을 다른 계약과 구별하기가 어렵다는 등 비판이 따르고 있으나, 보험이 우연한 사고의 발생에 따른 경제생활의 불안을 없애고자 하는 경제적인 제도라는 점에서 볼 때에는 어느 정도 타당성을 인정할 수 있을 것이다.

3) 기술설(技術說)

이 설은 보험계약이란 보험사고발생의 개연율에 의해 산출된 보험료를 지급하고 보험기간 안에 사고가 발생하면 일정한 보험금을 지급할 것을 약정하는 기술적인 원리가 적용되는 계약으로 보는 설이다. 따라서 보험이라는 경제제도는 다른 제도와는 달리 대수의 법칙을 응용한 고도의 기술성을 요하며 이러한 기술적인 원리에 의하여 이루어지는 경제제도로 보고 보험계약 역시 이러한 사고발생의 개연율에 따라 산출된 보험료를 수령하고 그에 따라 사고가 발생하는 경우 보험금을 지급할 것을 약정하는 계약이라고 보는 견해이다. 이 학설을 주장한 학자는 이태리의 비반테(Vivante)가 대표적인 학자이며 그 외 Conrad, Krosta 등의 학자가 있다.

4) 금액급여설(金額給與說)

이 설은 보험자가 보험료를 받고 계약에서 정한 사고가 발생하면 일정한 약정금액을 지급할 것을 약속하는 계약이라고 보는 설이다.[3] 이 설은 보험사고 발생 시 약정된 보험금을 지급한다는 측면에서 보면 생명보험계약의 본질을 설명하는 듯 하지만 자세히 살펴보면 이 학설은 보험계약의 본질을 너무 추상적으로 파악한 것으로 생각된다. 오늘날 보험사고시 보험자가 손해를 보상하는 방법은 현금보상이 많지만 그러나 현물보상도 있다. 그러므로 유리보험과 같이 현물로 지급되는 현물보상의 경우 단순한 금액급여설로서 이를 설명할 수 없는 문제가 있다.

5) 재산급여설(財産給與說)

이 설은 보험계약이란 보험자가 유상적이고 계획적인 기초 위에서 피보험자에 대하여 우연한 사고발생시 재산급여의 의무를 지는 계약이라고 보는 학설이다. 이 학설 또한 보험계약의 개념을 보험계약 자체의 내용과 특성에서 찾으려는 듯 하며 위의 금액급여설과 같이 그 정의가 너무 추상적이라는 문제가 있다.

6) 저축설(貯蓄說)

이 설은 보험계약이란 경제의 불안정에 대한 일종의 저축이며 미래의 욕망을 위해서 축적하는 소득의 부분이라고 주장하는 학설이다. 이 설의 대표적인 학자로는 프리드리히 휼세(F. Hulsee)를 들 수 있는데 그는 경제적 의미에 있어서의 보험이란 경제적 불안에 기인하는 저축의 불경제적인 성질을 제거하기 위해서 불안을 이용하여 저

---

3) 양승규, 보험법, 전게서 79면.

축의 부담을 동일한 불안 속에 있는 다수의 경제에 분할하는 시설이라고 정의한다. 그러나 이 학설은 보험과 저축 사이의 명확한 구분을 짓지 않고 있으며 일반의 재산보험에 있어서는 타당성이 결여된다. 그러나 저축성보험인 교육보험이나 연금보험 결혼보험 등의 경우에는 타당성이 있는 학설이다.

7) 이원설(二元說)

이 설은 보험은 생명보험과 손해보험의 특성이 서로 다르기 때문에 보험계약의 개념을 일원론적으로 설명하기란 불가능하다고 본다. 그러므로 보험계약이란 보험자가 보험료를 징수하고 우연한 사고가 생길 경우 이에 따른 손해를 보상하거나 약정한 금액을 지급할 의무를 지는 계약으로서 전자를 손해보험계약, 후자를 생명보험계약이라고 보는 학설이다.[4)]

8) 우리나라 상법의 규정

우리나라 상법 제638조는 보험계약은 당사자 일방이 약정한 보험료를 지급하고 상대방이 재산 또는 생명이나 신체에 관하여 불확정한 사고가 생길 경우 일정한 보험금, 기타의 급여를 지급할 것을 약정함으로서 효력이 생긴다고 함으로서 손해보험과 생명보험 양자를 통일적으로 정의하고 있다. 여기서 일정한 금액이라 함은 손해보험에 있어서는 실손보상에 대한 보험금을 말하고 생명보험에서는 약정보험금을 말한다. 또 기타의 급여란 현물급여 또는 치료 등과 같은 현금이외의 급여를 말한다고 보아야 한다.

9) 사견

보험계약의 개념에 대한 학설을 살펴보면 여기에는 손해보상계약설, 경제수요충족설, 기술설, 이원설, 금액급여설 등으로 나누어 설명하고 있는데 이것은 보험학개론에서 보험의 본질에 관한 학설을 설명하는 것과 일맥상통하다고 보아진다. 생각건대 재산보험인 물보험에 있어서 보험의 본질이 손해의 보상 또는 전보라는 것이나 보험계약의 본질이 손해의 보상 또는 전보라는 것이나 이것은 일맥상통한 것으로 의미가 있는 설명이나 인보험의 생존보험(교육보험, 연금보험, 결혼보험 등)에서도 보험계약의 본질이 손해의 전보라는 것은 동의하기 어렵다. 따라서 보험계약의 본질은 손해보험

---

4) 이원설은 빅터 에렌베르크(V. Ehrenberg)에 의하여 주장된 것으로, 그에 의하면 "보험계약이란 당사자의 한쪽(보험자)이 약정한 불확정한 사고가 생길 경우에 그 사고로 인하여 생긴 손해를 보상하거나 또는 약정한 금액을 지급할 것을 약정하는 유상의 독립계약이다"라고 한다. 양승규, 보험법, 78면.

에서는 손해의 보상이나 전보라는 설명이 가능하지만 인 보험도 모두 손해보상으로 보기에는 무리가 있다고 생각된다. 따라서 인보험의 경우에는 손해보상설 보다는 경제수요충족설이나 저축설(연금보험이나 결혼보험 퇴직보험의 경우)이 보다 의미 있는 학설로서 타당하다고 보안진다. 따라서 보험계약의 본질은 손해보험이냐 생명보험이냐에 따라 그 성질이 다르므로 통일적으로 설명하기는 어렵다는 이원설이 어느 정도 타당한 학설로 생각되지만 역시 여기에는 일원론적으로 설명하지 못하는 2원성의 문제가 남아있다. 따라서 보험계약의 본질을 손해보험과 생명보험을 함께 어울러 설명할 수 있는 학설은 경제수요충족설이 가장 타당하다는 생각을 가져본다.

10) 보험계약의 개념의 정립에 관한 입법 예

보험계약의 개념정립에 관한 각국의 입법 예를 보면 세 가지로 분류할 수 있다. ① 보험계약법에서는 전혀 보험계약에 관한 개념규정을 두지 않는 경우(예컨대 프랑스보험계약법, 스위스보험계약법) ② 이원론에 따라 손해보험과 인보험을 구별하여 규정하는 경우(일본상법, 독일보험계약법) ③ 손해보험과 인보험에 관한 통일적인 정의규정을 두는 경우(한국보험법, 중국보험법)가 있는데 우리나라의 경우 위 ③의 경우를 취하고 있다.[5)]

3. 보험계약의 법적성질

1) 불요식의 낙성계약성(不要式의 諾成契約性)

보험계약은 보험계약자의 청약과 보험자의 승낙으로 성립하는 계약이며 당사자의 합의 이외에 특별한 법적인 요식(방식)이 필요치 않은 계약이다. 따라서 보험계약은 당사자 쌍방의 합의에 의하여 성립되고 아무런 형식과 절차를 요하지 않는 불요식의 낙성계약이다.[6)] 그런데 보험계약에 있어서 실제 거래관계는 보험계약자에게는 정형화된 보험계약청약서가 이용되고 있어서 청약의 의사표시는 보험계약의 청약이라는 명확한 의사표시에 의해 전달된다. 그러나 보험자의 승낙의 의사표시는 보험자의 구

---

5) 최준선, 보험법 해상법, 삼영사, 50면 참조.

6) 프랑스 보험법 L. 112-2조 제1항에서 "보험의 청약은 보험계약자 또는 보험자의 어느 쪽도 구속하지 아니한다. 다만 보험증권 또는 가 증권(note couverture)만이 양자의 채무를 확인한다." L. 112-3조 제1항은 "보험계약은 명료한 문자로 서면에 의하여 작성된다. 서면은 공증인의 앞에서 또는 사서증서로서 작성할 수 있다"라고 규정하고 있다. 또 영국해상보험법 제22조는 "다른 성문법의 규정이 있는 경우를 제외하고 해상보험계약은 본법에 따라 해상보험증권(marine policy)에 표시되지 아니하면 증거로서 인정되지 못한다"라고 규정하고, 미국의 조지아주 보험법은 모든 보험계약을 서면으로 할 것을 요구하고 있다(Ga. Code Ann. §§ 56-2402, 56-2413).

두 또는 서면에 의해 전달된다고 되어 있지만 그것이 실제 어떻게 전달되는지에 대하여 구체적으로 명시되지 않고 통상 보험증권의 교부에 의하여 승낙의 통지를 대신하고 있는 경우가 많다. 그리하여 보험계약에 있어서 승낙의 시기문제를 어느 때로 볼 것이냐 하는 문제가 발생될 수 있다. 이것은 보험계약의 특수성에서 발생되는 문제 즉 보험자의 보험인수여부에 대한 계약심사과정[7]이 복잡하여 승낙을 하기 까지 상당한 시간이 소요되고 그에 따른 승낙의 시기나 방법에 대하여 명확한 내용이 기술되어 있지 않으므로 그 시기와 방법에 대하여 문제가 발생될 수 있다. 이는 추후 보험계약의 승낙 편에서 자세히 논하기로 한다.

2) 유상·쌍무 계약성(有償 雙務 契約性)

보험계약은 보험계약자가 보험료를 지급하고 보험자는 보험사고가 생길 경우에 일정한 급여를 지급할 것을 약속하는 점에서 유상계약이며 또한 보험계약자의 보험료지급채무에 대하여 보험자의 위험부담이 채무로서 이행되어야 하므로 이는 서로 대가관계를 가지는 쌍무계약이다. 다시 말해 이것은 보험계약자의 보험료지급의무와 보험자의 보험금지급의무가 서로 대가관계를 지니고 있으므로 유상계약이며 쌍무계약이다. 이는 보험의 기술적 기초에 의한 단체성의 결과로서 보험사고라는 조건에 의해 발생되는 유상의 쌍무계약으로 본다. 그러나 이에 대하여 다른 견해를 주장하는 학자들도 있는데 그들은 대체적으로 영미법의 영향을 받은 학자들로서 이들은 이를 일방적 계약 또는 편무계약(조건부계약)으로 설명하고 있는 경우도 있다. 또 일부 보험학개론 교과서에서도 이를 편무계약으로 설명하고 있다.[8] 이 문제를 조심스럽게 분석해보면 보험금의 지급에 대한 문제로 한정하여 생각해 보면 보험계약은 조건부계약으로 해석할 수도 있다는 것이다. 왜냐하면 그것은 보험사고라는 조건을 전제로 하는 것으로 보장성 보험의 경우 보험사고가 없으면 보험금의 지급의무는 발생하지 않는다는 것이다. 그러나 이에 대하여 대부분의 보험법 학자들은 이를 유상쌍무계약으로 보고 있고 또 거의 모든 보험법 교과서에는 유상쌍무계약으로 설명하고 있다. 그렇다면 과연 보험계약은 유상쌍무계약인가 아니면 편무계약(또는 조건부 계약)인가? 생각건대 보장

---

7) 이 과정을 흔히 언더라이팅(Underwriting)과정 이라한다.

8) 보험계약이 쌍무계약이냐, 편무계약이냐에 대하여 대부분의 교과서에는 쌍무계약이라고 설명하고 있으나 예외적으로 편무계약(일방계약-unilateral contract)과 조건부 계약으로 설명하고 있는 교과서로는 이경룡, 보험학원론, 영지문화사, 2002, 206면; 김억헌, 보험의 이론과 실제, 삼영사, 2002, 61면 등이 있다. 이것은 보험계약자의 보험료납입의무와 보험자의 보험금지급의무는 서로 대가관계에 있으나 보험금의 지급은 보험사고를 조건으로 하는 조건부 계약이므로 이러한 경우를 예상하여 기술된 듯하다. 그렇게 생각할 경우 손해보험에 있어서는 보험사고라는 조건을 전제로 한 조건부계약으로 볼 수 있는 가능성은 있다. 그러나 저축성보험의 경우에는 완전한 유상 쌍무계약으로 보아야 할 것이다.

성보험의 경우 보험금의 지급문제에 국한 시킬 경우, 특히 보험계약의 개별성에 초점을 맞출 경우에는 얼핏 생각하면 이것은 조건부 계약, 혹은 편무계약으로 이해할 수도 있다. 그것은 바로 보장성보험에 있어서는 보험사고가 발생하지 않는 한 보험자의 보험금지급책임은 발생하지 않기 때문이다. 그러나 보험계약은 단순히 보험자의 보험금 지급책임만 존재하는 것은 아니며 보험약관의 교부설명의무로부터 시작하여 보험증권의 교부의무, 보험금 지급의무, 해지환급금, 만기환급금 등의 지급 의무(즉 미경과 보험료 및 보험료 적립금 반환의무), 약관대출의무(생명보험의 경우), 유배당보험에 있어서 배당의 의무 등 많은 의무가 존재한다. 따라서 보험계약을 편무계약으로 보기에는 무리가 있는 것으로 보아지므로 보험계약은 유상쌍무계약으로 보아야할 것이다.

3) 상행위성(商行爲性)

보험계약은 보험의 인수를 영업으로 하는 행위로서 이는 기본적 상행위에 속한다. 따라서 보험자는 당연 상인이 된다(상법 46조). 그러나 보험계약은 다수의 보험계약자를 대상으로 하여 단체성·사회성·공공성을 가지므로 일반상행위와는 그 성질을 달리하고 있다. 따라서 보험계약은 계약자유의 원칙이 그대로 적용되는 것이 아니라 상법 제663조(보험계약자등의 불이익변경금지의 원칙)에 의해 제한되기도 한다. 또 보험사업은 보험자의 자격에도 제한이 따르고 금융위원회의 허가를 받아야 하며 무자격자와의 보험계약체결은 금지되어 있고 이를 위반 할 경우에는 과태료의 처벌을 받게 된다. 그러므로 보험사업은 일반적인 상행위와는 구별되는 점이 있다.[9] 그렇지만 보험계약은 상법 제46조에 의해 엄연한 상행위성이 인정되며 또 상호보험계약 역시 영리보험은 아니지만 보험계약관계는 실질적으로 영리보험과 같으므로 그 성질에 반하지 않는 한 영리보험에 관한 상법의 규정이 준용된다.

4) 사행 계약성(射倖契約性)

보험계약은 사행계약으로서 보험계약에서 보험자의 급여의무는 우연한 사고가 생긴 때에만 발생하므로 사행계약이다. 사행계약이란 불확정한 이익에 관한 기대를 약속하거나 받아들이는 계약을 말한다. 우리나라 민법은 사행계약에 관하여 구체적인

---

9) 미국의 Paul v. Virginia, 8 Wall.(U.S.) 168(1868)은 "보험은 상사가 아니다"(Insurance is not commerce)라고 판시하여 보험계약의 상행위성을 부인하고 있다. 그러나 United States v. South Eastern Underwriters Ass'n 322 U.S. 533(1944)은 보험사업에 대한 독점금지법의 적용문제와 연관하여 "보험사업도 상사기업에 속한다"고 판시하였다(양승규, 판례교재 보험법·해상법, 26면 참조).

규정을 두고 있지 않지만 프랑스 민법 제3권 12편의 제1964조는 사행계약이라 함은 이익과 손실에 관한 계약의 효력이 당사자의 전부 또는 그 가운데 1인이나 수인에 대하여 불확정한 사건에 따른다는 합의라고 규정하고 그 계약의 종류로 보험계약, 모험대차, 도박 및 종신정기금계약을 들고 있다.[10] 보험계약은 한쪽 당사자가 불확정한 사고의 위험을 인수하는 것이고 그 사고의 발생은 장래의 우연한 사건에 달려 있으므로 도박과 마찬가지로 사행계약성이 인정된다고 할 수 있다.[11] 그러나 이것은 손해보험 일반론적인 측면에서의 설명이며 연금보험, 결혼보험, 교육보험 등과 같은 자금보험에 있어서는 예외적인 경우도 있다. 우리나라에서는 사행계약의 유형에 관하여 특별한 규정을 두고 있지 않으나 보험계약의 유상성이나 선의 계약성도 사행계약성을 전제로 함을 부정할 수 없다. 또한 사행계약성은 보험에 있어 없어서는 안 될 필수적인 성질이지만 그 부작용으로 보험제도를 악용하여 경제적 이득을 보려는 심리상태 즉, 도덕적 위험(moral risk)이 존재하게 되고 이러한 도덕적 위험이 현실화되는 것이 보험범죄이다.

5) 선의 계약성(善意 契約性)

모든 계약은 신의성설의 원칙을 지켜야 하지만 보험계약은 신의성실의 원칙이 더욱 엄격하게 요구되는 계약으로서 선의 계약성이 요구되는 계약이다. 특히 보험계약은 일반계약과는 달리 사행성이 존재하고 더구나 보험의 목적과 보험사고가 피보험자의 관리하에 있기 때문에 보험의 도박화 내지는 범죄화 가능성이 매우 높다. 그러므로 보험계약이 선의 또는 최대선의에 기초를 둔 계약이라는 것은 연혁적으로 보험계약의 사행계약성으로 인한 보험의 도박화 방지를 위한 데에서 시작된 것이다. 이에 따라 보험계약에서는 보험계약자에게 고지의무(상법651조) 등 특수한 의무를 지우고 보험계약자편에서 보험자를 속이려는 사기 또는 고의적인 의도가 있을 때에는 보험계약을 무효로 하고 있다. 그리고 손해보험에 있어서 피보험이익을 보험계약의 중심요소로 하고 있으며 도덕적 위험사고를 일으킨 경우에는 보험자의 면책으로 하여 도덕적 위험을 방지하려는 것도 모두 보험계약의 선의성과 관련되어 있는 것으로 볼 수 있다.

---

10) 김성태, 보험법강론, 법문사, 2001, 110면 참조.

11) 오스트리아 민법 제1267조는 "불확정한 이득에 관한 기대를 약속하거나 받아들이는 계약은 사행계약이다."(Ein Vertrag, wodurch die Hoffnung eines noch ungewissen Vorteiles versprochen und angenommen wird, ist ein Glücksvertrag.)라고 규정하고, 제1269조에서 사행계약의 종류 가운데 보험계약(Versicherungsvertrag)을 포함시키고 있다.

6) 계속 계약성(繼續 契約性)

보험계약은 보험계약자와 보험자 사이에 계약이 성립되면 일정한 기간 즉 보험기간 동안 계속적으로 계약의 효력이 존속되는 계속계약이다. 그러므로 일단 성립된 보험계약은 일회적 거래로 종결되는 민법상의 매매계약 등의 통상적인 계약과는 달리 장기간 계속되는 것이 보통이다. 대체적으로 손해보험의 보험기간은 1년으로 된 것이 많으나 생명보험계약은 통상 1년보다는 긴 장기간의 계약이 많다. 따라서 보험계약자와 보험자사이에는 신뢰관계가 매우 중시되고 그 내용의 변동에 관해서도 여러 가지 특칙이 인정된다. 예컨대 고지의무, 통지의무, 손해방지의무, 사고발생의 통지의무 등의 의무가 존재하고 또 보험계약당사자간에 계약상의 의무를 이행하지 아니한 경우에는 상대방은 그 계약을 해제 또는 해지할 수 있는 등의 권리가 인정된다. 일반적으로 보험계약에 있어서 계약의 해제는 보험계약자가 계약 성립 후 2개월이 경과하여도 제1회 보험료를 지급하지 아니한 경우 그 계약은 해제된 것으로 보며 해지는 보험계약자가 계속보험료를 납입하지 아니한 경우, 고지의무, 통지의무, 위험유지의무, 등의 의무를 위반한 경우에는 계약을 해지할 수 있는데 이러한 것이 인정 되는 이유는 보험계약의 계속 계약성 때문이다.

7) 부합(부종)계약성(附合(附從)契約性)

보험계약은 보험자가 만든 보험약관에 의해 계약이 성립되므로 다수의 보험계약자는 그 약관에 따라 계약을 체결할 수밖에 없다. 이 경우 계약의 내용과 조건은 일반적으로 보통보험약관으로 정해지기 때문에 약관에 의한 계약을 부합계약이라고 한다. 특히 보험계약은 그 성질상 디수의 가입자를 상대로 하여 대량적으로 체결되는 다수계약에 속하므로 필연적으로 보통보험약관에 의하여 이루어지는 부합계약적 성질을 지니고 있다. 또한 보험계약이 체결되면 보험계약자의 청구가 없는 경우에도 보험자는 지체 없이 보험증권을 발급하고 발급 후 1개월간의 이이신청기간을 두어 보험약관 내용을 보험계약자가 확인토록 하고 있으며 보험약관 중 중요한 내용에 대하여 보험자가 보험약관의 교부 설명의무를 위반하는 경우에는 계약의 취소를 할 수 있고 보험자는 보험약관의 내용을 계약의 내용으로 주장할 수 없도록 하고 있다.

8) 독립 계약성(獨立契約性)

보험계약은 민법상의 전형계약에 속하지 않는 비전형계약이므로 독특한 계약으로서 독립계약이다. 여기서 말하는 독립계약이란 민법상의 14가지 전형계약에 속하지 않는 계약으로서 이것은 민법상의 계약이 아니라 상법상의 계약으로서 독립계약이다.

9) 단체 계약성(團體契約性)

보험계약에 있어서 보험자와 보험계약자 사이에는 개별적인 권리·의무관계만 존재할 뿐 계약자 상호간에는 아무런 법률관계가 없다. 그러나 개별계약관계는 보험제도라는 기초위에 서 있는 것이고 보험자는 위험단체의 운영자로서 각 계약자와 보험계약을 맺고 있으므로 개별보험계약자들은 보험자를 통해 간접적으로 단체적인 관계를 형성한다고 보아야 한다. 그러므로 보험계약법에서는 이러한 단체성을 개개의 계약관계에 반영하지 않을 수 없는데 이를 단체계약성이라 한다. 따라서 보험자는 보험기술상 다수의 보험계약자를 대상으로 보험단체 안에서 대수의 법칙에 의한 사고발생의 개연율에 따라 보험료총액과 그 부담비율을 정하여 이를 합리적으로 공정하게 각 보험계약자에게 분담시킴으로써 급부와 반대급부의 균형을 유지하도록 꾀하고 있다. 따라서 보험료와 보험금의 등가성의 원리는 개별적으로는 균형이 이루어지지 않으나 보험단체 전체의 구조에서 볼 때에는 보험료와 보험금의 등가성이 유지되고 급부와 반대급부의 균형이 이루어지고 있는 것이다.

제2절 보험계약의 요소

보험계약이란 보험계약자의 청약과 보험자의 승낙에 의하여 성립하는 불요식의 낙성계약이다. 따라서 유효한 보험계약이 존재하기 위해서는 여러 가지 요소를 필요로 한다. 즉, 보험계약의 당사자, 보험계약의 관계자, 보험의 목적, 보험기관, 보험사고, 보험료와 보험금 등 보험계약의 공통적인 요소를 중심으로 살펴보고 그 밖의 것은 각 분야에서 따로 설명하기로 한다.

1. 보험계약관계자

보험계약관계자란 협의의 보험계약관계자와 광의의 보험계약관계자로 나눌 수 있다. 협의의 보험계약관계자란 보험계약당사자인 보험자와 보험계약자 그리고 피보험자와 보험수익자를 말한다. 그러나 광의의 보험계약관계자란 보험계약당사자인 보험자와 보험계약자 그리고 피보험자와 보험 수익자는 물론 보험자의 보조자까지를 포함한다. 여기에서는 광의의 보험계약관계자를 중심으로 설명하기로 한다.

1) 보험계약의 당사자

(1) 보험자

① 보험자의 의의

보험자란 보험사고가 발생한 경우 보험금을 지급할 의무를 지는 자이다. 즉, 보험자는 보험계약자와 보험계약을 체결하는 보험계약의 당사자로서 보험사고가 발생한 때에 보험금의 지급 또는 기타의 급여를 할 의무를 지는 자이다. 따라서 보험자는 보험업법에 의해 일정한 자본금 또는 기금을 가진 주식회사, 상호회사, 외국보험사업자로서 금융위원회의 허가를 득한 자이다.[12] 여기에서 상호회사는 보험의 인수를 영업으로 하는 자가 아니므로 상인이 아닐 뿐만 아니라 상법상의 보험자라고 할 수 없으나 그 사업의 성격에 있어서는 상법상의 보험자와 차이가 없기 때문에 특별히 양자를 구별하지 않고 있다. 그리고 보험사업자가 보험사업을 하려는 경우에는 금융위원회의 허가를 받아야 하나 만약 허가없이 보험사업을 영위한 경우 보험사업자는 5년 이하의 징역이나 3천만원 이하의 벌금에 처해지고 허가받지 아니한 보험자와 계약을 체결한 보험계약자도 5백만원 이하의 과태료를 물도록 하고 있다.

② 수인(복수)의 보험자

수인(복수)의 보험자라 함은 하나의 보험의 목적에 두 사람 이상의 보험자가 모여 보험계약을 체결하는 경우가 이에 속한다. 여기에는 수인의 보험자가 공동으로 보험을 인수하는 공동보험과 보험자끼리의 사전협의나 의논 없이 보험계약자가 여러 보험자와 보험계약을 체결하는 병존보험과 중복보험으로 나누어지고 또 공동보험에는 다시 공연한 공동보험과 숨은 공동보험으로 나누어진다.

㉮ 공동보험

복수의 보험자가 보험계약자의 위험에 대해서 공동으로 전보책임을 지는 보험계약 방식을 말한다. 이 방식에서는 개개의 공동보험자는 자기가 부담해야 할 책임의 비율을 정하고, 발생한 손해에 대해서는 그 비율의 한도에서만 전보책임을 지는 것이 보통이다. 공동보험계약을 할 경우에는 간사회사(幹事會社)를 정하는 것이 보통이며, 그 간사회사가 각 분담보험회사를 대표하여 계약자와 절충하고 사무절차를 밟는 것이 보통이다. 그리고 이러한 공동보험에는 공연한 공동보험과 숨은 공동보험으로 나누어지

---

12) 보험주식회사를 설립하려면 300억원 이상의 자본금 그리고 상호회사를 설립하려면 300억원 이상의 기금을 납입함으로써 보험사업을 시작할 수 있다. 그리고 외국보험회사의 국내지점은 30억원 이상의 영업기금을 납입함으로서 보험사업을 시작할 수 있다. 보험업법제9조1항, 이용석, 최신보험업법, 도서출판 두남, 2011, 82면 참조.

는데 그 내용은 아래와 같다.

㉠ 공연한 공동보험

공연한 공동보험이란 보험계약당사자인 보험자가 2인 이상 실제 공동으로 보험을 인수하고 비율에 따라 보상책임을 지는 보험을 말한다. 여기에서 그 책임관계가 공동의 연대책임이냐 개별적 책임이냐에 대하여는 학설이 대립되고 있다. 먼저 연대책임이라는 견해는 상법 제57조(다수채무자간 또는 채무자와 보증인의 연대)의 규정을 적용하여 수인이 그 1인 또는 전원에게 상행위가 되는 행위로 인하여 채무를 부담한 때에는 연대하여 변제할 책임이 있고 보증인이 있는 경우에 그 보증이 상행위이거나 주채무가 상행위로 인한 것일 때에는 주 채무자와 보증인은 연대하여 변제할 책임이 있다는 규정을 적용하였고[13] 또 다른 견해는 공동보험에 있어서 공동보험자는 연대책임을 지는 것이 아니라 각 보험자는 자기의 맡은 보험금의 범위 내에서 각자 독립적인 책임을 진다고 규정하고 있다.[14] 따라서 공연한 공동보험에서는 수인의 보험자가 하나의 보험계약을 공동으로 인수하면서 각자의 책임부담비율을 정하고 그 정한 부분만큼만 책임을 부담하게 된다. 그러므로 설령 일부보험자가 파산으로 인하여 보험금을 지급하지 못하는 상황이 발생하더라도 다른 보험자들은 그 부분에 대한 책임까지는 부담하지 않는다. 이러한 문제점으로 인하여 보험계약자 입장에서는 공연한 공동보험을 지양하고 숨은 공동보험을 선호하며 실제로 보험자들도 보험풀(insurance pool)을 구성하여 숨은 공동보험을 체결하는 경우가 일반적이다. 그러므로 개개의 공동보험자는 자기가 부담해야 할 책임의 비율을 정하고 발생한 손해에 대해서는 그 비율의 한도 내에서만 전보책임을 지는 것이 보통이며 연대책임을 지지 않는 것이 일반적이다.

㉡ 숨은 공동보험

숨은 공동보험이란 외관상 보험계약당사자인 보험자는 한사람으로 보이나 실질적으로는 많은 보험자가 보험풀(insurance pool)[15]을 조직하고 있는 보험을 말한다. 이 보험은 공연한 공동보험의 경우와는 반대로 보험계약자에 대하여는 수인의 보험자 중 대외적으로 나타난 보험자와 단독의 보험계약자만이 존재하게 되는 보험이다. 이 경우에 보험계약을 체결한 보험자는 이후 다른 보험자와 계속 보험계약을 체결하게 되

13) 양승규, 보험법, 92면 참조.

14) 최기원, 보험법, 70면 참조.

15) 보험회사가 거대한 보험을 인수하는 방법으로서 이것은 둘 이상의 회사가 공동으로 기업동맹을 결성하여 거대보험을 인수하는 방법이다. 이것은 숨은 공동 보험과 유사한 점이 있으나, 그 조직 과 운영면에서 약간 다르다. 보험풀은 원래 공동계산에 의한 위험의 평균화와 융합을 목적으로 한 조직으로서 연대책임도 부과되며 재보험의 풀도 있다.

는데 이후에 보험계약을 체결한 보험자에게는 자기가 받은 보험료의 일부를 지급하고 사고 발생시에는 인수한 보험료의 비율에 따라 보험금을 지급하게 된다. 그러나 숨은 공동보험계약에 있어서는 가령 몇몇 보험자가 보험풀을 조직하여 내부적으로 인수비율을 정하고 있다하더라도 보험계약자는 하나의 보험자와 보험계약을 체결하게 되므로 형식적으로는 단일보험으로 되고 그 보험자만이 책임을 지게 된다.[16)]

㈏ 병존보험

병존보험이란 동일한 보험계약의 목적과 동일한 사고에 관하여 수개의 보험계약이 체결된 경우 그 보험금액의 합이 보험가액을 초과하지 않을 때 이를 병존보험이라 한다. 즉, 보험자들끼리의 사전 협의나 조율 없이 보험계약자가 여러 보험회사에 보험을 가입하여 보험가액 한도 내에서 여러 개의 계약이 성립된 보험을 말한다. 중복보험과 비교해 볼 때 중복보험은 각 보험금액의 합이 보험가액을 초과해야 하며 각 보험자는 각 보험금액 한도 내에서 연대책임을 지나, 병존보험은 보험금액의 합이 보험가액을 넘지 않으며 또 각 보험자는 연대책임을 지지도 않는다. 또 공동보험과 비교해서 볼 때 병존보험은 복수의 보험자와 보험계약이 체결된 경우 이를 여러 개의 계약으로 인정하나 공동보험은 복수의 보험자와 보험계약이 이루어졌다 하더라도 이를 한 개의 계약으로 인정하는 것이다. 또 병존보험은 보험금액의 합계액이 보험가액을 초과하지 않는다 하더라도 통지의무를 의무화 하고 있는데 이것은 보험기간 중 중복보험이 될 경우를 대비한 것이다.

㈐ 중복보험

중복보험은 보험계약자가 여러 개의 보험회사와 보험계약을 체결하고 보험에 가입된 보험금액의 합이 보험가액을 초과한 보험을 말한다. 다시 말하면 동일한 보험계약의 목적과 동일한 사고에 관하여 다수의 보험계약이 동시 또는 순차적으로 체결된 경우에 그 보험금액 총액이 보험가액을 초과한 경우로서 초과보험의 한 형태이다. 대체적으로 초과보험이란 하나의 보험회사와 보험계약을 체결하고 그 보험금액이 보험가액을 초과한 것을 말하며 중복보험이란 여러 개의 보험회사와 보험계약을 체결하고 그 보험금액의 합이 보험가액을 초과한 경우를 말한다. 따라서 병존보험의 경우에 있어서는 보험사고가 발생하는 경우 각 보험자는 그가 인수한 부분(자기가 인수한 보험금액)에 대하여 책임을 지지만 중복보험의 경우 각 보험자의 보상책임은 각자의 보험금액의 비율(자기가 인수한 보험금액/총 보험금액)에 따르도록 하고 있다.[17)]

16) 양승규, 보험법 92면 참조.

17) 상법 제672조 1항.

(2) 보험계약자

보험계약자란 보험계약의 당사자로서 보험자의 상대방이 되어 자기명의로 보험계약을 체결하고 보험료의 지급의무를 지는 자이다. 보험계약자는 보험료 지급의무 이외에 고지의무, 통지의무, 위험유지의무 등 각종 의무를 지며 한편으로는 보험계약의 취소권, 보험계약의 해지권 등의 권리를 가진다. 보험계약자의 자격에는 제한이 없으므로 자연인은 물론이고 법인도 보험계약자가 될 수 있다. 또한 대리인으로 하여금 보험계약을 체결시킬 수도 있으며 다수인이 공동보험계약자로서 하나의 보험계약을 체결할 수도 있다. 수인의 보험계약자는 보험자에 대하여 연대책임을 진다. 또 대리인에 의하여 보험계약이 체결되는 경우 대리인이 인지(認知)한 사실은 그 본인이 인지한 것과 동일한 것으로 한다(646조).

2) 보험계약당사자 이외의 관계자

(1) 피보험자

피보험자란 손해보험과 인보험의 경우에 있어서 각각 다른 의미를 갖는다. 먼저 손해보험에 있어서 피보험자란 보험계약에 있어서 피보험이익의 주체로서 보험사고가 발생한 경우 손해보상을 받을 수 있는 권리가 있는 자, 즉 보험금을 청구할 수 있는 보험금 청구권자를 말하고, 인보험에서는 자신의 생명 또는 신체가 보험에 붙여진 자연인 즉, 보험의 목적이 된 사람을 가리킨다. 손해보험에 있어서는 피보험자와 관련하여 특별한 제한이 없지만 인보험에 있어서는 피보험자를 보호하기 위한 제한이 있다. 즉, 타인의 사망을 보험사고로 하는 타인의 생명보험에서는 보험계약 체결시에 피보험자의 서면의 동의를 얻어야 하고 15세 미만 자·심신상실자·심신박약자를 피보험자로 하는 사망보험계약은 무효로 한다(상법732조)고 규정하고 단 개정 상법 보험편에서는 다만 심신박약자가 보험계약을 체결하거나 제735조의3에 따른 단체보험의 피보험자가 될 때에 의사능력이 있는 경우에는 그러하지 아니하다고 규정해 놓았다.

(2) 보험수익자

보험수익자란 인보험계약에 있어서 보험사고 발생 시 보험자로부터 보험금을 받을 수 있는 권리가 있는 자이다(상법 733조·734조). 따라서 보험수익자는 보험사고가 발생한 경우에 보험자에 대하여 보험금의 지급을 청구할 수 있는 자로서 그 인원수나 자격에는 제한이 없다. 다만 입법론상 피보험자에 대하여 보험수익자는 일정한 혈연관계 내지는 경제적인 이해관계가 있는 사람으로 한정할 필요가 있다고 보고 있다. 보험수익자의 지정은 보험계약자의 권리이므로 보험계약자는 보험수익자를 지정하거나 변경할 수 있다. 이때 보험계약자인 본인이 보험수익자가 되는 경우에는 자기를 위한 보험계약이 되고 보험계약자가 아닌 자가 보험수익자가 되는 경우에는 타인을 위한 보험계약이 된다.

(3) 보험자의 보조자

보험기업은 그 성질상 많은 보조자를 필요로 한다. 특히 보험계약자의 모집을 위해서는 보험대리점·보험중개인·보험모집인 등을 이용해야 하고, 생명보험에 있어서는 보험의(피보험자의 신체검사를 하는 의사)의 도움을 받아야 하는데 이러한 보험자를 도우는 사람들을 통상 보험자의 보조자라고 한다.

① 보험대리점

보험대리점은 보험자를 위하여 보험계약의 체결을 대리 또는 중개하는 자로서 대통령령이 정하는 바에 따라 금융위원회에 등록된 자이다. 보험대리점은 상법상 독립된 상인으로서 보험자를 도우는 보조자이다. 보험대리점은 특정인의 보험자(보험회사)를 위하여 영업을 하는 상인이므로 반드시 특정한 보험회사에 소속되어야 하며 소속된 회사 이외의 보험회사를 위하여 대리나 중개를 하지 못한다. 이 점에서 특정되지 않은 보험자를 위하여 보험계약을 중개하는 보험중개인과 구별되며 보험회사를 대리하여 보험계약을 체결할 권한이 없는 보험모집인과 다르다. 보험대리점의 종류에는 생명보험대리점, 손해보험대리점, 제3보험대리점이 있고 손해보험대리점에는 다시 초급대리점, 일반대리점, 총괄대리점으로 나누어진다. 초급대리점 또는 일반대리점은 주로 화재보험, 자동차보험, 보증보험, 상해보험, 배상책임보험, 도난보험 등의 상품을 판매하지만 총괄대리점은 초급대리점이나 일반대리점에서 판매하는 상품은 물론 적하, 선박, 항공, 원자력, 기관, 기계, 조립 건설공사보험 등의 전 상품의 종목을 판매할 수 있도록 하여 상품의 판매범위를 달리하고 있다. 또한 보험대리점이 보험계약의 체결과 중개에 따라 체약대리점과 중개대리점으로 나누어지기도 하나 우리나라에서는 체약대리점만 있고 중개대리점은 없는 형편이다. 그리고 또 다른 측면에서 살펴 본 보험대리점의 종류로는 보험회사가 대리점을 직접 경영하는 회사직영대리점 방식이 있는가 하면 개인이나 법인이 그들의 독자적인 경영권을 가지고 운영하는 개인대리점 또는 법인대리점이 있기도 하고 또 어떤 특정의 보험회사에 전속되어 그 회사의 상품만을 판매해야하는 전속대리점이 있는가 하면 복수의 보험회사와 대리점계약을 맺은 후 여러 개의 보험회사 상품을 모두 판매하는 독립대리점도 있다.

② 보험중개사(보험중개인)

보험중개사는 보험자의 사용인이나 대리인이 아니면서 보험자와 보험계약자 사이의 보험계약의 체결을 중개하는 독립된 상인이다. 따라서 보험중개사는 보험에 관한 전문적인 지식이 필요한 자로서 일정한 자격시험을 거쳐 금융위원회에 등록해야만 영업을 할 수 있다. 특히 보험중개인은 상법상 중개인으로서 보험계약의 체결이 이루어지도록 그 계약을 중개하는 점에서 보험중개대리점[18]과 같으나 특정한 보험자를 위해서가 아니라 불특정 다수의 보험자에 대하여 보험을 중개한다는 점에서 차이가 있다. 보험중개사는 법인이 아닌 재단과 사단도 등록할 수 있으며 또 보험중개사는 타인을 위해 중개를 영업으로 하는 자 이므로 보험회사에 소속되지 아니하고 보험회사와는 별개의 독립적인 지위에서 보험계약자를 위하여 보험계약을 중개한다. 그러므로 보험중개인은 계약당사자를 대리하는 권한을 갖지 아니하므로 보험계약체결에 대한 권리 또는 의무는 없다. 따라서 고지의무, 통지의무 등의 의무도 없으며 역시 권리(고지, 또는 통지에 대한 수령권)도 없다. 일반적으로 보험중개사는 개인이냐 법인이냐에 따라 개인보험중개사와 법인보험중개사로 나누어지고 업종에 따라 생명보험중개사, 손해보험중개사 및 제3보험중개사로 나누어지며 그 영업범위는 다음과 같다.

㉮ 생명보험중개사

생명보험, 연금보험(퇴직보험 포함) 그 밖의 대통령령으로 정하는 보험종목과 그 재보험의 중개를 영업으로 하는 자이다.

㉯ 손해보험중개사

화재보험, 해상보험(항공·운송보험 포함), 자동차보험, 보증보험, 재보험, 책임보험, 기술보험, 부동산권리보험, 도난보험, 유리보험, 동물보험, 원자력보험, 비용보험, 그 밖의 손해보험업의 보험종목으로 분류할 수 있는 보험으로서 금융위원회가 정하는 보험종목과 그 재보험의 중개를 영업으로 하는 자이다.

㉰ 제3보험중개사

상해보험, 질병보험, 간병보험, 그 밖의 대통령령으로 정하는 보험종목과 그 재보험의 중개를 영업으로 하는 자이다.

---

18) 보험중개대리점과 보험중개인은 보험의 중개를 한다는 점에서는 같으나 보험중개대리점은 특정한 보험자(예를 들면 로이즈 보험)와 중개에 대한 대리점 계약을 체결한 후 그 보험자에게만 보험의 중개를 하는 반면 보험중개인은 모든 보험회사와 보험중개를 할 수 있음이 다르다.

③ 보험모집인(보험설계사)

보험모집인은 특정한 보험회사를 위하여 보험계약의 체결을 중개하는 자로서 오늘날 생활설계사 또는 재무설계사(FP = financial planner)라고 부르기도 한다. 이러한 보험모집인은 보험업법상 일정한 자격요건을 갖추어 금융위원회에 등록한 자로서 특정한 보험사업자를 위하여 보험계약의 체결을 중개하는 자이다. 보험모집인은 보험자의 사용인 또는 수탁자로서[19] 특정한 보험회사에 종속되어 있다는 점에서 보험중개인과 다르고 보험회사를 대리하여 보험계약을 체결할 권한이 없다는 점에서 보험대리점과 다르다.

④ 보험의(保險醫)

보험의란 보험자의 고용 또는 위임에 의하여 피보험자의 신체검사를 하거나 건강상태를 조사하고 그 자료를 보험자에게 제공하여 주는 의사(醫師)를 말하며 이 보험의는 보험자의 보조자로서 고지 수령권을 가진다. 그러나 보험의는 영업상의 업무에 종사하는 자가 아니기 때문에 상업사용인은 아니라고 본다. 따라서 고지의무에 관한 한 보험의의 고의, 중과실은 보험자의 고의, 중과실과 동일시된다.

2. 보험의 목적

1) 보험의 목적의 의의

보험의 목적이란 보험사고 발생의 객체가 되는 경제상의 재화(물건 또는 채권, 채무) 또는 사람의 신체이다. 보험자는 이러한 객체에 대하여 보험사고가 발생한 때에는 그로 인한 손해의 보상(報償)[20] 또는 일정한 보험금을 지급할 책임을 지게 되므로

19) 보험모집인과 보험자의 관계가 사용관계냐 위탁관계냐에 대하여는 대체적으로 위탁관계로 보고 있다. 그러나 최근 보험모집인에게도 퇴직금을 지급해야 한다는 등의 판례가 나오고 있으므로 앞으로 보험모집인의 법적지위는 향상되리라고 보아진다.

20) 보험에서 사용하고 있는 보상이라는 용어가 과연 보험학이나 보험법의 용어로서 타당한 용어인지에 대하여 의문이 생길 수 있다. 왜냐하면 일반적으로 보상이란 국가나 지방자치단체가 적법한 행위에 의하여 국민이나 주민에게 가한 재산상의 손실을 갚아주는 것이나 또는 남에게 적법한 행위로 인하여 입힌 손해를 갚는 것을 의미한다고 해석되기 때문이다. 그러므로 보험사고로 인하여 지급되는 보험금을 과연 보상이라는 용어로 사용할 수 있는지의 의문이 생기며 이에 대한 연구가 있다(이병석, 보상, 보험용어의 적절성 여부에 관한 검토, 보험학회지 51, 1998년 3월호). 그러나 우리나라 국어사전에서 보상이라는 의미는 여러 가지로 설명될 수 있는 바 그 중요한 내용 몇 가지를 살펴보면 다음과 같다. ① 첫 번째의 보상(보상), 한자로 표기할 경우 도울 보(補)자를 사용하는 보상은 남에게 입힌 손해를 갚거나 또는 국가나 지방자치단체가 적법한 행위에 의하여 국민이나 주민에게 가한 재산상의 손실을 갚아주는 것을 의미한다고 되어있고 ② 두 번째의 보상(報償=갚을報의 보상)은 남에게 진 빚 또는 받은 물건을 되갚거나 또는, 어떤 것에 대한 대가로서 갚는 것을 의미한다고 되어있으며 ③ 세 번째의 보상(報償=여기에서도 갚

보험계약에서는 구체적으로 보험의 목적이 무엇인가를 정하여야 한다. 이러한 보험의 목적은 대체적으로 일반적인 손해보험의 경우에는 경제상의 재화 즉, 가옥·선박·기계, 운송물, 상품, 원료 등과 같은 구체적인 물건임은 두말할 필요가 없다. 따라서 손해보험의 목적은 물건으로서 이것은 단일물일수도 있고 집합물일수도 있으며 또한 집합된 물건이 처음부터 변동하지 않고 확정 되어있는 물건(집합보험)일수도 있고, 보험기간 중에 수시로 바뀌는 물건(총괄보험)일수도 있다.[21] 또 인보험의 목적은 사람의 신체이므로 자연인에 한하고, 자연인인 사람은 개인이든 단체이든 보험의 목적이 될 수 있으며 여기에서 피보험자가 1인인 경우에는 단생보험, 2인 이상인 경우에는 연생보험, 집단적인 단체가 보험의 목적이 되는 경우 단체보험으로서 이러한 단체보험의 경우에는 구성원이 수시로 바뀔 수도 있다. 단지 사망보험에 있어서는 15세 미만 자, 심신상실자, 심신박약자(부분적 인정)는 보험의 목적인 피보험자가 될 수 없다. 그러나 심신박약자가 보험계약을 체결하거나 의사능력이 있는 경우에는 그러하지 아니하다고 개정상법732조에서 규정하고 있다.

그런데 신용보험이나 보증보험, 또는 책임보험과 같은 경우 과연 보험의 목적이 무엇이며 피보험이익이 무엇이냐[22]에 대하여는 여러 가지 견해가 있지만 이에 대하여 만족할만한 통일된 이론이 정립되지 않고 있으며 따라서 이 부분에 대하여는 향후 깊이 있는 연구가 필요하다고 생각된다.

한편 저자는 이에 대하여 다음과 같은 생각을 가지고 있음을 밝힌다. 첫째, 우리나라 보험법에서 사용하고 있는 보험의 목적과 피보험이익이라는 용어가 우리나라 국어

을報의 보상)이란 어떤 행위를 촉진하거나 학습 분위기를 조성하기 위하여 사람이나 동물에게 주는 물질을 의미한다고 규정되어 있다(네이버 백과사전 참조). 따라서 보험에 있어서 보상이란 보험사고로 인하여 피보험자 또는 보험계약자가 보험사고로 잃은 손해를 보험자가 되갚는다고 볼 수 있는데 이렇게 볼 경우 보험료를 받은 보험자는 사고를 당한 피보험자 또는 보험계약자의 손해를 되갚는 것으로 해석할 수 있다. 따라서 보험법에서 사용하는 보상이라는 용어는 위 두 번째에 해당하는 보상(報償)을 의미하므로 한자를 사용할 경우에는 반드시 갚을 보(報)의 報자를 사용하여야 옳을 것이며 한글로 사용할 경우에는 위 두 번째의 報償을 염두하고 사용해야 할 것이다.

21) 집합보험은 집합된 물건을 보험의 목적으로 하는 보험으로서 예를 들면 창고 안에 적재된 여러 가지 품목의 물건을 일괄적으로 보험에 가입하는 경우가 이에 속하고 총괄보험이란 그 집합된 물건이 수시로 교체되는 것(창고안의 여러 가지 품목의 물건이 수시로 필요에 의해 입출고가 예정되어 있는 보험)을 말한다. 이용석, 전게서, 80면 참조.

22) 신용보험이나 보증보험 책임보험에 있어서 보험의 목적과 피보험이익은 무엇인가? 이에 대한 저자의 생각은 다음과 같다. 먼저 신용보험의 목적은 채권자의 채권이 보험의 목적이며 그에 대한 피보험이익은 신용이익으로 보아야 할 것이다. 그리고 보증보험에 있어서 보험의 목적은 채무자의 채무가 보험의 목적이며 피보험이익은 보증이익으로 본다. 한편 책임보험에 있어서 보험의 목적은 피보험자가 보험사고를 발생시킬 경우 그 사고의 객체인 물건 또는 사람 즉, 보험사고가 발생된 그 물건이나 사람인 "보험사고의 객체"가 보험의 목적이며 피보험이익은 책임이익으로 보고 있다.

사전에 나타나 있는 목적이라는 개념에 적합한 용어안지에 대한 의문이 있다. 그 이유는 보험의 목적이란 보험에 가입되는 대상 즉 보험의 객체를 의미하는데 이를 보험의 목적이라고 기술하고 있는 것은 우리나라 국어사전에 나타나 있는 목적이라는 개념과 비교해 볼 때 올바른 용어라고 볼 수 없기 때문이다. 왜냐하면 우리말에 있어서 목적이라는 개념은 어떤 일을 이루려고 하는 의지의 방향 또는 어떤 의지에 따라 특정한 행위를 하려는 목표를 의미한다고 기술되어 있는데 이것이 어떤 객체나 대상이라는 의미로 사용됨은 타당하지 않기 때문이다. 따라서 보험의 목적이란 실제로는 보험의 대상 또는 보험의 객체(보험에 가입되는 대상 또는 객체)를 의미하므로 이를 보험의 목적이라고 명명하여 사용하는 것은 용어의 선택이 잘못된 것으로 생각된다. 따라서 보험의 목적이란 향후 보험의 객체 또는 보험의 대상으로 수정하여 사용하거나 아니면 우리나라 표준 국어대사전에 목적이라는 개념에 객체 또는 대상이라는 개념이 삽입되도록 해야 할 것이다.

또 피보험이익이란 용어에 대하여도 생각해보면 피보험이익이란 피보험자 또는 보험계약자가 보험의 목적에 대하여 가지는 경제적 이익 또는 가치로서 보험가입 가능한 이익(가치)을 의미한다. 따라서 피보험이익은 보험계약자 또는 피보험자가 보험의 목적과의 관계에서 발생되는 이익(소극적 재산보험에서는 손해)또는 가치를 의미하며 이것은 보험 가입 가능한 이익(insurable interest)또는 가치로 해석된다. 따라서 이것은 피보험이익보다는 가보험이익(可保險利益=보험가입 가능한 이익)으로 기술함이 옳다고 생각된다. 그 이유는 첫째, 피보험이익이란 보험계약자 또는 피보험자가 보험의 목적에 대하여 가지는 경제적 이익 또는 가치로서 보험계약자 또는 피보험자가 보험에 붙일 수 있는 보험가입 가능한 이익(可 保險利益=insurable interest)을 의미이기 때문이다. 따라서 이것은 피보험이익보다는 가 보험이익(보험가입 가능한 이익)으로 기술함이 훨씬 이해가 쉽고 효율적이라 생각되며 영어의 insurable interest를 번역해도 이것은 피보험이익 보다는 가 보험이익(可 保險利益=보험가입 가능한 이익)[23]으로 해석함이 옳다고 생각된다.

---

23) 이것은 보험계약 체결 시 또는 보험사고 발생 시 보험계약자 또는 피보험자가 보험사고로 인하여 잃을 수 있는 경제적 이익 또는 가치를 의미하며 이것은 보험의 목적과 피보험자(또는 보험계약자)와의 관계에서 발생되는 경제적 이익(가치)이다. 그러므로 이것은 적극적 재산보험의 경우에는 보험계약자 또는 피보험자가 보험의 목적에 대하여 가지는 경제적 이익 또는 가치로서 보험가입 가능한 이익(가치)이며 소극적 재산보험의 경우에는 보험사고의 발생으로 인하여 피보험자가 입게 되는 경제적 손해이다. 전자(적극적 재산보험)의 경우에는 소유이익, 사용(임차)이익, 수익이익, 담보이익 등이 있고 후자(소극적 재산보험)의 경우에는 비용이익, 책임이익 등이 있다.

2) 보험의 목적이 구체적으로 필요한 이유

보험자는 보험사고 시 보험금을 지급해야 하는데 이러한 보험금을 지급하기 위해서는 보험사고가 명확해야 한다. 따라서 보험사고는 보험목적에 일어나는 사고이므로 보험자가 보상해야 할 범위와 한계를 정하기 위해서는 보험의 목적이 구체적으로 존재해야 한다. 즉, 보험자는 보험계약에서 구체적으로 정한 보험의 목적에 발생한 보험사고에 대해서만 책임을 진다. 따라서 보험계약의 당사자는 그 보험계약을 체결할 때 보험의 목적을 구체적으로 명시해야 한다.

3) 보험의 목적과 보험계약의 목적

보험의 목적이란 보험계약에서 정한 사고발생의 객체가 되는 물건, 사람의 생명 또는 신체를 말하며, 보험계약의 목적이란 피보험이익으로서 피보험자가 보험의 목적에 대하여 가지는 경제적 이익 또는 가치를 말한다.[24)] 이러한 피보험이익은 보험에 있어서 반드시 존재해야 하며 이것은 도박과 보험을 구별하는 중요한 기준이다. 피보험이익은 손해보험에 있어서는 보험계약의 효력발생의 요건으로서 피보험이익이 없는 보험계약은 무효로 하고 있으나 생명보험에 있어서는 영미법계의 국가와 대륙법계 국가 간에는 상당한 차이가 있다. 즉, 영미법계의 국가들은 생명보험에 있어서도 피보험이익을 인정하는 피보험이익주의를 취하고 있으나 대륙법계 국가들은 피보험이익주의 대신 동의주의를 취하고 있기 때문에 우리는 생명보험에서는 피보험이익 자체를 논의의 대상에서 제외하고 있다. 그러나 향후 우리나라도 선진국에서 행하고 있는 생명보험전매제도(life settlement)가 실시될 경우 피보험이익의 문제는 다시 한 번 검토되어야 할 것이라 보아지고 또한 사망보험계약에 있어 15세 미만 자,[25)] 심신상실자, 심신

---

24) 이것은 이익설의 입장이며 저자는 이익설에 동의한다. 피보험이익은 이익설의 입장에서 해석해야만 그 진면목을 발견할 수 있고 진정한 피보험이익을 설명할 수 있다. 언뜻 생각할 경우 생명보험에 있어서 피보험이익(피보험이익주의를 취하여 이를 인정할 경우)은 보험수익자와 피보험자와의 관계가 피보험이익으로 해석될 위험이 있지만 거기에서도 진정한 피보험이익은 보험수익자가 피보험자의 생명에 대하여 가지는 가치로 봄이 훨씬 타당하고 논리적이다. 따라서 심신상실자 등의 생명보험을 무효로 하는 것 또한 이익설과 관련하여 해석할 경우 쉽게 이해가 되는 것이다.

25) 15세 미만의 자, 심신상실자, 심신박약자의 사망을 보험사고로 하는 사망보험계약은 무효로 한다(상법731조). 이는 자기를 방어할 능력이 없는 피보험자를 사망보험에 가입시킬 경우 도덕적 위험사고가 발생될 위험이 있기 때문에 이러한 도덕적 위험을 방지하기 위함이다. 여기에서 사망보험을 허용하지 않는 연령을 우리나라에서는 15세 미만으로 하고 있으나 프랑스에서는 12세 미만의 자 독일에서는 14세 이하의 자로 하고 있는데 독일에서는 미성년자의 사망을 보험사고로 하는 보험계약에 대하여 양친은 장례비용에 한하여서는 미성년자의 동의 없이도 보험계약을 체결할 수 있도록 하고 있다. 그러나 만 14세 미만의 자에 대하여 통상의 장례비용을 초과하는 계약은 인정하지 않고 있으며 미국 등 영미법계 국가에서는 피보험자와 보험계약자 사이의 피

박약자를 피보험자로 한 사망보험계약을 무효로 하는 이유를 설명하기 위하여도 생명보험계약에 있어 피보험이익의 문제는 다시 한 번 검토해야 할 필요가 있을 것이다.

3. 보험사고

1) 보험사고의 개념

보험사고란 보험계약에서 보험자의 보험금 지급책임을 구체화시키는 우연적인 사고를 말한다. 여기에서 우연이란 사고가 발생할 것인지의 여부 및 언제 발생할 것인지를 알 수 없는 것을 말하며 다만 인간의 수명은 유한하므로 특정시점에 있어서 생존 또는 사망이 보험사고인 생명보험에 있어서는 예외적으로 보험사고의 발생시기만이 불확실하다는 특성이 있다. 따라서 보험사고란 보험자가 약관에 규정한 사고로서 이것은 보험자의 보험금 지급사유가 되는 것이다. 화재보험의 경우 누전으로 인한 화재발생이나 생명보험의 경우 피보험자의 사망 등이 보험사고에 해당된다. 그런데 이미 보험사고가 발생하였거나 발생할 수 없는 것을 보험사고로 하는 계약의 체결은 무효이다(상법644조).

2) 보험사고의 요건

보험사고의 내용은 보험의 종류에 따라 다르나 일반적인 요건은 다음과 같다.

(1) 우연성

우연이란 보험계약 성립당시에 그 사고의 발생여부·발생시기·발생방법 등이 불확정적이어야 한다. 불확정성은 원칙적으로 객관적인 것이어야 하며 여기에는 객관적 불확정성과 주관적 불확정성으로 나뉘어진다.

① 객관적 불확정성

보험사고는 발생할 수도 있고 발생하지 아니 할 수도 있는 우연성이 있어야 한다.

보험이익을 요구하여 도덕적 위험에 대처하고 있다. 다만, 뉴욕보험법은 타인의 사망을 보험사고로 하는 생명보험에 있어서는 원칙적으로 피보험자의 동의를 요구하고 있으나 단, 부부사이에는 이를 예외로 하고 또 14세 6개월 미만의 미성년자의 생명에 대하여 피보험이익을 가지는 자가 보험금액이 일정금액이하인 경우의 보험계약은 예외로 하고 있다. 한편 일본에서는 미성년자를 피보험자로 하는 보험계약에 대하여 특별한 법 규정은 없으나 일본의 금융청은 15세 미만의 자를 피보험자로 하는 사망보험을 보험회사가 인수하는 경우에는 보험의 부정한 이용을 방지하기 위하여 업계의 자율규제로써 1,000만엔 이하의 금액을 인수토록 하여 금융청이 그 준수를 감독하도록 하고 있다(일본보험업규칙 第53조의7제2항, 감독지침Ⅱ-3-5-1-2). 한창희, 보험법, 국민대학교 출판부, 2011, 154면 참조.

따라서 보험계약 당시에 보험사고가 이미 발생하였거나 또는 발생할 수 없는 것일 때에는 그 계약이 무효로 되는 것은 이러한 객관적 불확정성에 근거한 것이다. 다만, 사망을 보험사고로 하는 경우와 같이 사고의 발생여부는 확실하지만 그 시기가 불확실한 경우도 있다.

② 주관적 불확정성

보험사고가 객관적으로 확정된 후 보험계약이 체결되었다 하더라도 보험계약 당사자 쌍방과 피보험자가 이를 알지 못한 때에는 유효한 보험계약이 성립될 수 있다(상법 644조 후단). 이미 확정된 사실이라 하더라도 당사자 쌍방과 피보험자의 주관적 부지(알지 못함)의 경우에는 보험계약을 유효로 하여도 악용의 여지가 없다고 볼 수 있다. 따라서 선박보험, 운송보험 등에 있어서 소급보험을 인정하는 것은 이러한 주관적 불확정성에 근거한 것이다.

(2) 발생가능성

보험사고는 그 발생이 가능한 것이어야 한다. 그러므로 보험사고는 보험계약당사자가 마음대로 조종할 수 없을 뿐만 아니라 발생가능성이 있는 것이어야 한다. 예를 들면 항해불능 선박의 해상보험가입 또는 자동차 박물관에 전시된 자동차의 배상책임보험가입, 사용하지 않는 기계의 기계보험 가입 등은 보험사고의 발생가능성이 없는 것이므로 보험에 가입할 필요가 없다.

(3) 적법성

보험사고는 적법한 사고이어야 한다. 다시 말해 보험사고는 사회질서에 위반한 것이 아니어야 하며 범죄행위 예컨대, 밀수를 하는 행위 또는 마약을 판매하는 행위 등에서 발생하는 위험을 보험에서 부보 할 수 없는 것이다.

(4) 한정성

보험사고는 구체적으로 그 범위가 한정되어야 한다. 즉, 보험사고는 보험계약에서 정해진 보험의 목적에 관하여 보험기간 중에 생긴 것이어야 하고 그 사고의 범위는 특정되어 있어야 한다. 모든 물건에 대하여 모든 위험을 담보하는 보험계약은 있을 수 없다. 그러므로 보험사고는 그 범위가 한정되어야 하는 것이다. 가령 화재보험에 있어서 화재와 같이 한가지로 한정되거나 운송보험에서 운송 중에 생긴 각종의 사고를 보험사고로 하는 것처럼 보험의 종류에 따라 그 범위는 각각 다르게 나타날 수 있다. 따라서 이러한 보험계약에서 보험사고의 범위를 넓히거나 제한하거나 또는 좁히는 것은 모두 이 보험사고의 한정성에 속하는 것이다.

(5) 인과성

보험사고는 보험계약에서 정한 사고로 인한 원인과 그 원인으로 인한 결과에 의한 손해여야 한다. 다시 말하면 가령 어떤 건물에 대한 화재보험 계약의 경우 보험사고는 화재이고 그 화재로 인하여 보험금을 수령하기 위해서는 그 화재로 인한 손해가 발생하여야 한다. 그런데 만약 홍수로 그 건물이 멸실되었다면 보험금은 지급될 수 없다. 왜냐하면 그것은 보험사고의 발생으로 일어난 손해가 아니기 때문이다. 따라서 보험사고는 보험계약상 인정되는 사고로 인하여 원인이 발생하고 그 원인으로 인한 손해가 발생되어야 하는 것이다.

4. 보험료와 보험금 및 보험가액과 보험금액

보험계약은 유상쌍무계약으로서 보험계약자의 급부에 대하여 보험자의 반대급부가 있게 된다. 그러므로 여기에는 보험계약의 요소로서 보험료와 보험금이 존재하며 부수적인 요소로서 보험가액과 보험금액이 있다.

1) 보험료

(1) 보험료의 의의

보험료란 보험계약에 의거 보험회사가 보험금지급책임을 지는 반대급부로서 계약자가 납입하는 금액을 말한다. 보험료는 두 개의 부분으로 구성되어 있는데 하나는 장래의 보험금과 만기환급금을 지급하기 위한 순보험료(여기에서 순보험료란 손해보험에 있어서는 위험보험료, 생명보험에 있어서는 위험보험료와 저축보험료를 합한 것을 말한다)를 말하고 다른 하나는 보험회사가 보험계약을 유지·관리하기 위한 경비로 사용되는 부가보험료를 말한다. 이 중에서 순보험료는 생명보험의 경우 사망보험금 지급의 재원이 되는 위험보험료와 만기 환급금지급을 위한 저축보험료로 구성되며 이는 예정사망률과 예정이율을 기초로 계산된다. 또 부가보험료는 신계약비, 유지비, 집금비 등으로 구성되며 이는 예정사업비율을 기초로 계산한다. 한편, 만기환급금이 존재하지 않는 손해보험계약에 있어서는 순보험료에는 위험보험료만 있고 저축보험료는 없는 것이 보통이다. 그러나 손해보험에 있어서도 장기손해보험계약처럼 만기환급금이 있는 경우에는 저축보험료가 존재한다. 대체적으로 위험보험료는 Lexis의 원칙을 적용하여 보험사고의 확률에다 보험금액 또는 평균보험금을 곱한 값이며 여기에 부가보험료를 가산하면 총 보험료(영업보험료)가 된다.

(2) 보험료의 산정

보험료는 보험계약 당사자 사이의 합의에 의하여 결정되는데 이것은 대수의 법칙에 의한 확률계산에 의해 객관적으로 결정되는 것이 보통이다. 독일의 경제학자 렉시스는 보험료를 P, 보험 가입자 수를 n, 사고 발생 수를 r, 보험금을 Z라 하여 $P=\frac{r}{n}\times Z$ 라는 등식을 만들어 내었는데 이것이 바로 보험료를 산출하는 방법인 Lexis의 원칙이다 실제로 이것은 위험보험료를 산출하는 방법으로서 만기환급금이 없는 손해보험에 있어서는 여기에 부가보험료만 포함하면 총보험료(영업보험료)가 되고 만기환급금이 있는 생명보험에 있어서는 여기에 저축보험료와 부가보험료를 포함하면 총보험료가 되는 것이다.

(3) 보험료 불가분의 원칙

보험료 불가분의 원칙이란 보험료 기간과 그 기간 내의 위험의 담보는 불가분(나눌 수 없음)하므로 보험료 기간의 보험료는 하나로 보아야 한다는 원칙을 말한다. 다시 말하면 보험료불가분의 원칙이란 보험료기간은 위험측정의 단위가 되는 기간이기 때문에 중도에 보험사고로 인하여 보험금이 지급되고 계약이 종료하는 경우 보험자는 보험료기간(통상1년)의 보험료를 전부 취득할 수 있다는 것을 말한다. 따라서 보험료는 관념상 불가분의 것으로 보아 그 기간 중에 보험관계가 종료하더라도 그 보험료 기간에 대한 보험료는 전액을 지급하여야 한다는 것이다. 이를 구체적으로 설명하면 다음과 같다. 예를 들어 보험금액을 1억원, 보험기간을 3년, 보험료는 연 24만원, 월 2만원으로 책정한 후 1개월(2만원)의 보험료를 납입한 후 보험사고가 발생하였다면 보험자는 보험금 1억원을 지급하기 전에 미납된 11개월의 보험료 22만원을 받아야 한다는 원칙이다. 따라서 보험자는 보험료 22만원을 먼저 수령한 후 보험금을 지급하거나 또는 보험금을 지급하면서 보험료 22만원을 공제하고 지급한다는 원칙이다.

(4) 보험료의 구성

보험료는 순보험료와 부가보험료로 구성된다. 그런데 이것은 위에서 기술한 바와 같이 손해보험이냐 생명보험이냐에 따라 약간의 차이가 있다. 그것은 바로 만기환급금이 있느냐 없느냐에 따라 저축보험료가 있느냐 없느냐로 연결된다. 일반적으로 손해보험의 경우 순보험료는 일정기간 곧 보험료기간 내의 위험률과 보험금액을 기초로 하여 수지상등의 원칙을 이루도록 하는 선에서 결정된다. 또한 부가보험료는 보험대리점의 수수료, 모집인의 인건비 등의 신계약비와 유지비 집금비(수금비) 등으로 이루어진다. 생명보험계약에 있어서 만기환급금이 있는 보험에 있어서는 저축보험료가 따로 존재하는데 이것은 만기환급금이 있는 장기손해보험과 생명보험계약에서 존재한다.

(5) 최초보험료와 계속보험료

최초보험료란 제1회 보험료로서 보험계약의 체결과 동시에 지급되는 보험료를 말한다. 제1회 보험료에 해당되는 최초보험료는 그 지급이 없으면 보험자의 책임이 개시되지 아니하며 계속보험료란 보험료를 분납하는 경우에 있어 제1회 이후의 보험료를 의미한다. 대체적으로 손해보험에 있어서는 보험료가 일시납 되기 때문에 제 1회 보험료인 최초보험료로서 보험료가 완납된다. 그러나 생명보험은 보험료가 분납되기 때문에 제1회 보험료인 최초보험료와 계속보험료[26]로 나누어져 있다. 계속보험료가 지체될 경우에는 보험자는 보험계약자에게 보험료의 청구를 최고(독촉)하고 일정한 기간이 지난 후에도 보험료가 납입되지 아니할 경우에는 보험계약을 해지할 수 있다.

(6) 보험료의 감액 또는 반환청구

보험계약의 당사자가 특별한 위험을 예측하여 보험료를 정해 놓았으나 그 보험기간 중 예측한 위험이 소멸한 경우에는 보험계약자는 그 위험이 소멸한 후의 보험료의 감액을 청구할 수 있다(상법 647조). 또 보험계약의 전부 또는 일부가 무효인 경우에 보험계약자와 피보험자 또는 보험수익자가 선의이며 중대한 과실이 없는 때에는 보험자에 대하여 보험료의 전부 또는 일부의 반환을 청구할 수 있다(상법 648조).

(7) 보험료 지급의무

보험료 지급의무는 보험계약자가 1차적으로 그 의무를 지지만 보험계약자가 파산하거나 또는 부득이한 사정으로 인하여 보험료를 지급하지 못할 경우에는 그 타인(피보험자 또는 보험수익자)이 그 권리를 포기하지 아니하는 한 그 타인도 보험료를 지급할 의무가 있다(상법 639조 3항).

2) 보험금

보험금이란 보험사고가 발생할 경우 피보험자(손해보험의 경우)나 보험수익자(생명보험의 경우)가 보험회사로부터 받는 보상금을 말한다. 보험금은 생명보험에 있어서는 보험계약상 보험금액으로 약정된 것이 그대로 지급되므로 보험금액과 보험금의 크기는 동일하다. 하지만 손해보험에 있어서는 보험에 붙여지는 재산 즉, 보험목적물의 보험가액을 최고한도로 하여 손해액에 대한 보험가액과 보험금액의 비율에 따라 지급

---

26) 최초보험료는 보험계약자가 보험계약을 청약하고 처음으로 납입하는 제1회 보험료를 의미하며 계속보험료란 생명보험계약 등에서 제2회 이후의 매월 또는 매 분기별로 납입하는 보험료를 의미한다. 보장성보험의 경우 보험료는 보험계약 청약 시 1회의 보험료만 납입하는 경우가 많고 이러한 경우에는 계속보험료는 없다.

되며,[27] 생명보험의 경우에 있어서는 정액보험에 의해 약정된 금액이 지급된다. 그리고 보험금의 지급은 대체적으로 약정기간이 정해진 경우에는 그 기간 내에 지급해야 하고 그 기간이 정해지지 않은 경우에는 손해발생의 통지를 받은 보험자는 지체 없이 보험금을 산정하고 산정된 그 날부터 10일 이내에 지급해야 한다(상법658조). 다만 보험계약자 또는 보험금청구권자의 책임이 있는 사유로 손해사정이나 보험사고조사가 방해된 경우에는 손해사정 또는 보험사고조사에 필요한 통상의 기간의 진행은 정지되고 그 방해가 소멸된 때부터 진행한다(상법658조2항 후단 신설).

3) 보험가액

보험가액이라 함은 보험목적물의 평가액 즉, 시가(市價)를 말한다. 이것은 보험의 목적이 된 재화의 경제적 가치를 말하며 보험사고가 발생한 경우에 피보험자가 입게 되는 손해액의 최고한도를 말한다. 따라서 손해보험에 있어서 보험가액이란 피보험자가 가지는 피보험이익의 금전적 평가액 즉, 보험의 목적물에 대하여 피보험자가 가지는 재산적 가치의 평가액으로 이것은 경기의 변동에 따라 수시로 변동될 수 있다. 이러한 보험가액은 인보험이나 책임보험에 있어서는 보험가액의 개념은 없고 물건보험에 있어서는 보험계약자가 보험에 가입할 수 있는 최고한도액이다.

4) 보험금액

보험금액이란 보험계약자가 보험에 가입하는 금액 즉, 보험가입금액으로서 이것은 보험사고가 발생하였을 경우 보험회사가 피보험자에게 지급할 금액의 최고한도로서 보험계약체결 당시에 보험회사와 계약자간의 합의에 의하여 보험증권상에 기재되는 금액을 말한다. 이것은 보험료산정의 기준이 되며 보험계약상 보상의 최고한도액이 된다. 일반적으로 손해보험의 경우 보험금액이 보험가액을 초과하는 경우에는 이를 초과보험이라 하여 보험가액을 초과하는 부분에 대해서는 원칙적으로 보상하지 않는다. 또 보험금액이 보험가액을 미달하는 경우에는 이를 일부보험이라 하며 보험사고시 보험금의 지급은 보험가액에 대한 보험금액의 비율에 따라 보상한다. 따라서 초과보험이 될 경우에는 가입자가 보험료를 낭비하는 셈이 되고 일부보험일 경우에는 보험사고 시 보상을 제대로 받지 못하게 되므로 화재보험 등을 가입할 때에는 보험금액이 보험가액을 현저하게 초과하거나 또는 미달하지 않도록 가입하는 것이 중요하다. 한편 생명보험에 있어서 보험금액은 보험사고시 지급되는 보험금과 동일한데 이것은 생명보험은 정액보험이기 때문이다.

---

27) 손해보험의 경우 보험금을 산정하는 공식은 「보험금 = 손해액 × 보험금액 / 보험가액」이다.

5) 보험가액, 보험금액, 보험금과의 관계

위에서 기술한 바와 같이 보험가액이란 피보험이익의 평가액 즉, 보험사고가 발생할 경우 피보험자가 입게 되는 손해의 최고액이며 보험금액이란 보험가액의 범위 내에서 보험에 가입한 금액이다. 그런데 보험계약자가 보험가액의 전액을 보험에 가입한 경우에는 보험금액은 보험가액과 일치하기 때문에 보험사고로 인한 보험금은 보험금액의 범위 내에서 손해액의 전액을 지급하지만 그 일부만 보험에 가입한 경우에는 그 비율(보험가액과 보험금액과의 비율)에 따라 지급된다. 그러나 책임보험에서 지급하는 보상액(보험금)은 보험금액의 범위 내에서 피보험자가 배상책임을 져야하는 배상책임 만큼 지급된다.

일반적으로 보험금액은 보험계약 체결과 동시에 정해지며 손해보험의 경우에는 통상 보험가액의 범위 내에서 보험금액이 정해지나 생명보험의 경우에는 보험가액의 개념이 없으므로 보험금액은 보험자와 협의하여 약정된 금액(정액보험)으로 이루어지고 훗날 보험사고가 발생하는 경우 보험금은 보험금액과 동일하게 지급된다. 따라서 손해보험은 실손보상이므로 보험사고시 보험금은 보험금액과 일치하지 않는 경우가 많으나 생명보험은 정액보험이므로 보험금과 보험금액은 일치한다.

5. 보험기간과 보험료기간

1) 보험기간

(1) 보험기간의 의의

보험기간이란 보험자의 책임이 시작되어 끝날 때까지의 기간으로시 이를 책임기간 또는 위험기간이라고도 한다. 그러므로 보험기관은 보험계약에 의해 보험사의 책임이 존속하는 기간으로서 보험자는 이를 보험증권에 기재하여야 하며, 이 기간 내에 사고가 발생하면 보험자는 그 손해에 대해 보험금지급책임을 지게 된다. 보험자는 이 기간이 시작되면 책임이 시작되고 이 기간이 종료되면 보험자의 책임도 종료된다. 그런데 보험기간은 보험료산정의 기준이 되는 보험료기간이나 보험계약당사자 사이에 정한 보험계약기간과 반드시 일치하는 것은 아니다.

(2) 보험기간의 확정

보험계약의 당사자는 보험계약에서 보험기간의 시기(始期)와 종기(終期)를 정하고 보험자는 이를 보험증권에 기재해야 한다. 보험계약의 당사자는 보험계약체결 이전의 시기(時期)를 보험기간의 시기(始期)로 하는 소급보험도 체결할 수 있다(상법 643조).

소급보험이란 보험계약의 성립 전 어느 시기부터 보험기간이 시작되는 것으로 정한 보험을 말하며 이것은 주로 해상보험에서 이용되고 있다. 일반적으로 보험기간은 보험약관에서 정한 규정에 따라 그 시기와 종기가 정해진다. 그러나 당사자 간에 다른 약정이 없으면 보험자의 책임은 최초의 보험료를 지급받은 때로부터 개시한다(상법 656조). 한편 보험사고는 보험기간 내에 발생하여야 하나 그 손해는 보험기간이 종료한 후에 발생한 경우에도 보험자는 보험금의 지급을 책임져야 하는데 이것은 위험설의 입장을 반영한 것이다.[28] 또 보험사고 발생으로 보험자가 보험금을 지급한 때에도 보험금액이 감액되지 아니하는 보험(전액주의)의 경우에는 보험계약자는 그 사고로 인한 보험금을 취득한 후에도 보험계약을 해지할 수 있다(상법 649조 2항).

2) 보험료기간

(1) 보험료기간의 의의

보험료기간이란 보험자가 위험을 측정하고 보험료를 산출하기 위한 표준이 되는 기간으로서 보험기간과는 별개의 개념을 갖는다. 화재보험이나 자동차보험과 같이 1년을 보험기간으로 하는 손해보험의 경우에는 현실적으로 보험기간과 보험료기간이 일치하는 때가 많다. 그러나 운송보험이나 적하보험 또는 선박보험과 같이 보험기간이 짧은 경우에는 보험료기간과 보험기간은 일치하지 않는 경우가 대부분이다.

(2) 보험료 불가분의 원칙

이 원칙은 앞서 기술한 바와 같이 보험료기간과 그 기간 내의 위험은 불가분적이므로 보험료기간 내의 보험료는 하나로 보아야 한다는 원칙이다. 다시 말하면 보험기간이 하루라도 경과하면 보험자가 위험을 인수하므로 보험자는 보험금을 지급해야함에 대하여 보험계약자 역시 보험료기간에 해당되는 보험료전액을 납입한 후 보험금을 수령할 수 있다는 원칙이다. 이것은 보험료전액을 일시에 지급하는 일시납보험에서는 비교적 문제가 없으나, 보험료를 분할하는 생명보험과 같은 경우 사고가 발생될 때에는 문제가 되는 부분이다.

---

28) 위험설 : 보험기간 내에 사고가 발생하고 이로 인한 손해가 보험기간 종료 후에 손해가 확정되어도 보험자는 책임을 져야한다는 학설.

손해설 : 보험기간 내에 사고가 발생하고 또 그로인한 손해가 보험기간 내에 발생한 손해에 한하여 보험자가 책임을 져야한다는 학설.

이재설 : 보험기간 내에 사고와 손해가 발생하고 그것이 연결되어 보험기간 종료 후 손해가 발생한 경우에도 보험자는 책임을 져야 한다는 학설.

위 세 가지 학설 중에서 보험계약자 또는 피보험자에게 가장 유리한 학설은 위험설이며, 가장 불리한 학설은 손해설임.

제3절 보험계약의 체결

1. 보험계약 체결의 의의

보험계약은 당사자 일방(보험계약자)이 약정한 보험료를 지급하고 상대방(보험자)이 재산(경제적 재화, 책임, 채권) 또는 생명이나 신체에 관하여 불확정한 사고가 생길 경우에 일정한 보험금(손해보험은 손해보상액, 인보험은 약정한 금액), 기타의 급여(유리보험 또는 차량보험에 있어서 현물보상)를 지급할 것을 약정함으로서 효력이 생긴다(상법 638조). 따라서 보험계약은 불요식·낙성계약이므로 보험계약자의 청약과 보험자의 승낙에 의한 당사자 사이의 의사의 합치가 있으면 성립한다.

2. 보험계약 체결의 절차

보험계약은 보험자와 보험계약자 사이에 의사가 합치되면 그 계약은 성립한다고 볼 수 있다. 그러나 통상 실무적으로는 보험계약자는 청약과 함께 보험료를 납입하고 보험자는 일정한 기간(언더라이팅 기간)동안 보험의 목적에 대하여 언더라이팅(계약심사)을 한 후 보험증권을 교부하므로서 보험계약은 성립하고 있다. 따라서 보험계약자의 청약과 보험자의 승낙에는 상당한 시간적인 차이가 있고 이러한 시간적인 차이를 어떻게 해석할 것인가 하는 문제가 따른다. 아래에서는 청약과 승낙에 대하여 기술하기로 한다.

1) 보험계약의 청약

보험계약의 청약이라 함은 보험계약자가 보험회사에 일정한 보험계약을 체결할 것을 목적으로 행하는 의사표시로서 이를 보험회사가 승낙하면 계약이 성립한다. 보험계약자가 청약을 할 때에는 일반적으로 문서를 이용하고 있지만 구두로도 할 수 있다. 따라서 청약은 서면에 의하든 구두에 의하든 상관은 없으나 일반거래에서는 보험계약청약서를 이용하는 것이 보통이다. 이 청약서에는 보통 보험계약의 중요한 내용과 질문사항이 기재되어 있다. 이러한 질문사항에 대하여 보험계약자가 아는 사실을 그대로 정확하게 기재하는 것은 바로 고지의무의 이행이 된다(상법 651조). 우리 상법에서도 서면(청약서)에 의하여 질문한 사항은 중요한 사항(고지의무이행에 관한 사항)으로 추정한다고 규정하고 있기 때문에 이를 정확하게 기재하는 것은 바로 고지의무의 이행이 되는 것이다. 따라서 모든 보험계약에 있어서 계약체결의 절차는 먼저 보험계약자가 청약을 하고 보험자가 이에 대하여 승낙을 하면 비로소 보험계약이 성립하게 되는 것이다. 그런데 청약의 효력이 발생하면 보험계약자는 이를 일방적으로 취소할 수 없다. 이것이 이른바 청약의 구속력이다.

※ 청약철회제도

보험계약체결과 관련하여 보험계약자를 보호하기 위한 제도의 하나로 청약철회제도가 있다. 보험계약 체결 시 보험모집인 등이 보험계약내용을 잘못 안내하는 등 불공정한 모집행위를 하거나 청약자의 의사에 반하여 계약을 체결하는 경우 그 계약을 유지하는 것은 보험계약자에게는 어려운 경우가 있다. 이러한 경우에 보험계약자는 보험계약체결 이후일지라도 이를 철회할 수 있는데 이러한 제도를 청약철회제도라 한다. 보험계약에 대한 청약철회는 청약을 한 날 또는 제 1회 보험료를 납입한 날부터 15일 이내에 할 수 있다.[29)]

---

2) 승낙 및 거절

보험계약자가 보험가입에 대한 청약을 한 경우 보험회사는 승낙 또는 거절을 할 수 있다. 승낙이란 청약에 대하여 보험계약성립을 목적으로 하는 보험자의 의사표시이다. 따라서 보험계약은 보험자가 승낙의 의사를 통지할 때 성립한다. 그런데 보험계약에 있어 보험자의 승낙의 의사표시는 언제 어떻게 이루어지느냐에 대하여 현행 보험계약법에는 명확한 규정이 없다. 따라서 여기에는 항상 분쟁이 생길 수 있는 소지가 있으므로 이에 대한 명확한 규정이 필요하다고 생각된다. 통상적으로 실무에서는 보험자의 승낙의 의사표시를 보험증권의 교부로 보고 있으나 많은 보험법 교과서에서 보험증권은 보험계약의 내용을 증명하기 위하여 보험자가 발행하는 일종의 증거증권으로 해석하고 또 보험계약은 요식계약이 아니고 불요식의 낙성계약이므로 보험증권의 발행은 계약당사자의 편의를 위한 것이지 계약의 성립요건도 아니고 계약서도 아니라고 규정하고 있다. 따라서 보험증권에 대한 보험실무계의 관행과 학계의 이론에는 약간의 괴리가 있다. 생각해보면 보험계약은 보험자의 승낙에 의해 이루어짐은 명확하지만(상법638조의2) 그러나 보험자의 승낙의 의사표시를 구체적으로 어떻게 볼 것인가 하는 문제가 있다. 즉 보험계약은 다른 계약과는 달리 청약과 승낙이 동시에 이루어지는 것이 아니라 청약 후 일정기간의 계약심사기간(언더라이팅 기간)을 거친 후 보험자는 승낙의 의사표시를 하도록 되어있다. 대체적으로 보험자의 승낙의 의사표시는 청약일로부터 30일 내에 구두 또는 문서로 하되 실제 그 의사표시는 별도의

---

29) 생명보험표준약관 제2조, 청약의 철회기간은 보험상품의 종류에 따라 달라질 수 있고 배상책임보험표준약관에서는 이 기간을 30일로 하고 있다. 배상책임표준약관 제5조 청약의 철회 참조.

구두 또는 문서로 하는 경우 보다는 실무에서는 대체적으로 보험증권의 교부로 하고 있는 것이 일반적이다. 그런데 대부분의 교과서에서 보험증권의 교부와 승낙의 의사표시는 아무런 관계가 없는 것처럼 기술하고 있는데 이것은 잘못된 것으로 판단된다. 그러므로 보험자의 승낙의 의사표시는 별도의 의사표시(구두 또는 문서의 통지)가 없는 한 보험증권의 교부에 의해 이루어진다고 보아야 할 것이며[30] 이 경우 보험자의 승낙은 보험증권이 교부 된 시점(발신주의)으로 보아야 할 것이다.

(1) 승낙의제

보험계약은 불요식의 낙성계약이므로 원칙적으로 보험계약자의 청약과 보험자의 승낙에 의해 보험계약은 성립한다. 따라서 보험자가 보험계약자로부터 청약과 함께 보험료상당액의 전부 또는 일부의 급부를 받은 때에는 다른 약정이 없으면 30일 내에 그 상대방(보험계약자)에 대하여 낙부의 통지를 발송해야 한다. 그러나 보험자가 위의 낙부통지기간 내에 낙부의 통지를 해태한 때에는 승낙한 것으로 보는데 이를 승낙의제라 한다(상법 638조의2의2항). 단, 인보험계약에 있어서는 피보험자가 신체검사를 받아야 하는 경우에는 그 기간은 신체검사를 받은 날부터 기산한다(상법 638조의2의1항)고 하여 신체검사를 받은 날부터 30일 내에 낙부의 통지를 하도록 하고 그 기간이 경과하면 승낙한 것으로 보는 것이다.

(2) 승낙 전 사고발생에 대한 보험자의 소급책임

상법 제638조의 2의 3항에는 보험자가 보험계약자로부터 보험계약의 청약과 함께 보험료 상당액의 전부 또는 일부를 받은 경우에 그 청약을 승낙하기 전에 보험계약에서 정한 보험사고가 생긴 때에는 그 청약을 거절할 사유가 없는 한 보험자는 보험계약상의 책임을 진다고 규정하고 있다. 이것이 승낙 전 사고에 대한 보험자의 책임이다. 그러나 인보험계약의 피보험자가 신체검사를 받아야 하는 경우에 그 검사를 받지 아니한 경우에는 그러하지 아니하다.

① 소급책임의 존재이유

보험자의 책임은 최초의 보험료가 납입되면 책임이 개시되는 것이 원칙이다. 따라서 승낙 전 보호제도를 두는 취지는 정상적으로 이루어진 보험계약 즉 고지의무 등을 제대로 이행하고 보험료를 납입한 경우에도 승낙 시까지의 기간을 보험자가 책임을 져 주지 않을 경우 보험계약자나 피보험자는 일시적이나마 무보험상태에 있게 되는

30) 같은 취지, 김성태, 전게서 204면, 장덕조 전게서 104면 참조; 대법원 판례 1999년 3.9.선고, 98다43342, 43359판결 참조.

어려움이 있는데 이러한 문제를 해결해 줌으로서 보험계약자 측의 합리적 기대에 부응하고자 하는데 그 목적이 있다.

② 소급책임의 발생요건

㉮ 보험료의 납입

소급책임이 발생되기 위해서는 최초의 보험료의 전부 또는 일부가 납입되어야 한다. 따라서 최초의 보험료의 일부만 납입되어도 소급책임은 인정된다. 그것은 바로 상법 제656조에서 당사자 간의 특약이 없으면 최초의 보험료가 납입될 때 보험자의 담보책임이 개시된다고 규정하고 있다. 따라서 실질적으로 보험료의 납입으로 볼 수 없는 지급일자가 도래하지 아니한 어음에 의한 보험료의 지급, 또는 선일자 수표 등에 의한 보험료의 지급은 보험료 납입의 효력이 발생하지 아니함으로 보험자의 소급책임은 발생되지 아니한다. 특별히 선일자수표의 경우에도 실제 당해 수표의 발급일자 이전에 제시되기란 어려우므로 발급일자 이전의 선일자 수표에 의한 보험료의 지급은 보험료가 지급 되지 아니한 것으로 봄이 합리적이므로 선일자수표의 효력도 어음과 동일하게 다루어지고 있다.

㉯ 청약을 거절할 사유 이외의 사고여야 한다

보험자가 보험계약자의 청약을 승낙하기 전에 보험계약에서 정한 보험사고가 생긴 때에는 그 청약을 거절할 사유가 없는 한 보험자는 보험계약상의 책임을 진다. 여기서 그 청약을 거절할 사유라 함은 고지의무위반과 같은 사항 또는 보험자가 인수할 수 없는 위험의 청약이 있는 경우 등을 말한다.

③ 소급책임의 예외

인보험계약에 있어서 피보험자가 신체검사를 받아야 하는 경우에 그 검사를 아직 받지 아니한 때에는 승낙 전 사고에 대한 보험자의 책임은 생기지 않는다(상법 638조의 2의 3항). 이러한 사유는 신체검사를 필요로 하는 유진단보험의 경우 신체검사를 받기 전에는 보험계약의 심사에 대한 낙부의 통지를 할 수 없기 때문이다. 따라서 유진단보험의 책임은 신체검사를 받은 때부터 소급책임이 적용된다. 그러한 이유는 신체검사의 결과가 확정되어야 보험자가 승낙할 수 있기 때문이다.[31]

(3) 승낙의 거절

보험계약자가 청약을 한 후 보험료의 전부 또는 일부를 지급한 경우에 있어서 보험

---

31) 양승규, 보험법, 삼지원, 2005, 469면.

자는 이를 승낙하거나 거절할 수 있다. 이 경우 보험자는 보험의 목적물에 대한 위험의 정도를 심사(underwriting)하고 이에 대하여 보험목적물의 사고발생위험이 현저히 큰 경우에는 이를 거절할 수 있다.

3. 보험계약의 체결에 따른 보험자·보험계약자 등의 의무

1) 보험자의 의무

(1) 보험약관의 교부설명의무

① 의의

보험계약을 체결함에 있어서 보험자는 청약자에게 보험약관을 교부하고 그 약관의 중요한 내용을 알려야 한다(상법 638조의 3의 1항). 이와 같이 우리나라 상법 제638조 3의 1항에는 보험계약자가 보험자에게 보험계약을 청약하는 경우에는 사전에 보험계약자에게 보험약관을 교부하고 보험약관의 중요한 사항을 설명하도록 하고 있다. 이것은 보험계약은 보험자가 일방적으로 작성한 보험약관에 의하여 체결되기 때문에 보험계약자는 보험약관의 중요한 내용을 알지 못하고 계약을 체결하는 경우 계약상에 주어진 의무를 불이행할 수 있고 그로 인하여 보험계약자가 선의의 불이익을 당할 수가 있기 때문이다. 따라서 보험계약자가 보험계약의 내용을 자세히 알고 계약을 체결할 수 있도록 하기 위하여 보험약관에 대한 교부의무와 중요한 내용의 설명의무를 부여하고 있다. 여기서 중요한 내용이라 함은 보험료와 그 지급방법, 보험기간, 보험금액, 보험사고의 내용, 보험자의 면책사유 및 해지사유 등을 말한다.

② 보험약관의 교부설명시기

보험자는 보험계약을 체결할 때에는 약관을 교부하고 그 중요한 내용을 알려주어야 한다(상법 638조의 3의 1항)라고 규정하고 있는데 여기서 보험계약을 체결할 때란 청약자가 청약서에 소정의 사항을 기재하고 보험자에게 교부하기 전을 말하며 이때에는 그 약관을 교부하고 그 중요한 내용을 알려주어야 한다. 여기서 중요한 내용이란 고객의 이해관계에 중대한 영향을 미치는 사항으로서 사회통념상 그 사항의 알고 모름이 계약체결의 여부에 영향을 줄 수 있는 사항이다. 따라서 보험사고의 내용이나 범위에 관한 사항이라도 보험계약 체결여부에 영향을 미치지 않는 사항은 중요한 사항이 되지 않는다.

③ 보험약관의 교부설명방법

보험약관의 교부설명방법으로는 대면방식에 의한 구두설명과 전화에 의한 구두설명, 그리고 인터넷에 의한 화면설명 등이 있다. 대체적으로 전화에 의한 구두설명을 하는 경우에는 녹취를 하는 방식을 사용하고 있다. 서면에 의한 설명방식은 현재 법원이 인정하지 않고 있다. 따라서 약관을 우편으로 우송하면서 약관의 내용에 대한 안내문을 동봉하여 설명의무를 이행하려고 한 경우 이를 설명의무를 이행하였다고 볼 수 없다. 한편 보험약관의 교부설명의무는 보험자가 자기의 보험상품의 판매를 위탁한 보험모집인(보험설계사)이나 또는 보험대리점·보험회사의 영업사원이 교부·설명한 경우도 보험자가 설명한 것으로 보며 또 보험모집인은 계약체결권은 없지만 보험약관의 교부설명의무는 보험자가 작성한 약관의 내용을 설명하여 보험계약자로 하여금 약관의 내용을 알고 계약을 체결하도록 하는 배려이기 때문에 보험설계사가 설명한 경우라도 보험자가 그 설명의무를 이행한 것으로 본다.

④ 보험약관의 교부설명의 입증책임

보험약관의 교부와 그 중요한 내용의 설명의무는 상대적 강행법규성을 띠므로 설명의무이행에 대한 입증책임은 계약의 성립을 주장하는 보험자가 진다. 이러한 입증책임의 방법으로는 자필서명에 의하여 입증하는 방식이 가장 많이 이용되고 있고 전화에 의한 구두설명인 경우에는 녹취에 의한 입증방법이 사용되고 있다.

⑤ 보험약관의 교부설명의무위반의 효과

보험약관의 교부설명의무를 위반한 때에는 보험계약자는 보험계약이 성립한 날로부터 3개월 내에 그 계약을 취소할 수 있다(상법 638조의 3의 2항). 따라서 보험자가 보험약관교부설명의무를 위반한 경우 취소의 제척기간은 3개월로 하고 있으므로 3개월이 경과한 계약의 경우에는 계약을 취소할 수 없다. 보험계약자가 계약을 취소한 때에는 그 계약은 처음부터 무효로 되므로 보험자는 보험계약자에게 받은 보험료를 모두 반환하여야 한다(상법 638조의 3). 그리고 보험자가 약관의 교부설명의무를 위반하였다 하더라도 보험계약자가 계약이 성립한 날부터 3개월 내에 취소하지 않는 한 그 약관의 효력은 인정된다.

2) 보험계약자·피보험자의 의무

(1) 고지의무

① 고지의무의 개념

고지의무란 보험계약 체결 시 보험계약자나 피보험자는 보험자에게 보험의 목적 또는 보험계약의 목적(피보험이익)에 대한 중요한 사실(보험의 목적에 존재하는 위험의 정도에 대한 중요한 사실)을 알려야 하는데 이를 고지의무라 한다.

② 고지의무의 법적성질

고지의무는 보험계약법에서 인정하는 법률상의 의무이기는 하나 보험계약자에게 계약상의 과실을 이유로 손해배상을 청구할 수 있는 진정한 법적의무는 아니고 다만 보험계약의 전제조건으로서 법률의 규정에 의한 간접의무이다. 따라서 고지의무는 이른바 간접의무 내지 자기의무에 지나지 않는다. 그러므로 이 의무를 위반한 경우 보험자는 그 이행을 강제하거나 손해배상의 청구를 할 수 없고 단지 계약을 해지할 수 있을 뿐이다.

③ 고지의무의 법적근거

고지의무의 법적근거에는 선의설, 합의설, 위험측정설 등의 학설이 대립하고 있다.

㉮ 선의설

보험계약은 우연한 사고를 전제로 하여 이루어지는 사행계약이므로 보험계약의 당사자에게는 선의성이 요구되는 특성을 가지고 있다. 이러한 선의계약의 특성에서 당사자는 그 우연성을 좌우하는 사실의 인식 및 행동에서 서로 상대방에 대하여 공정한 태도를 취할 것이 요청되며 또한 상대방에 대하여 자기의 유리한 지위를 부당하게 이용하지 않을 것이 요청된다. 따라서 보험계약은 일반계약보다는 더 많은 선의가 요청되는 선의계약으로 보아야 하며 보험계약자의 고지의무는 바로 보험계약의 최대선의성에서 찾아야 한다는 견해이다.

㉯ 합의설

보험계약은 계약당사자간의 합의에 의해 이루어지므로 두 당사지 사이의 의사가 합의되기 위해서는 고지의무가 존재해야 한다는 학설이다.

㉰ 위험측정설(기술설)

이 설은 보험자 측의 위험측정에 필요한 사정은 보험계약자의 고지의무의 협력으로 알 수 있으므로 보험계약자에게 고지의무를 요구한다는 설이다. 따라서 이 학설은 보험계약당사자의 형평유지에 근거를 두는 설로서 위험측정사항은 보험계약자 측에서 일방적으로 알고 있는 일이 많으므로 불공정하게 침해될 위험에 있는 보험자의 지위를 균등하게 만드는 기술이 바로 보험계약의 고지의무라는 것이다. 따라서 보험자는 각 계약에 관하여 그 위험률을 측정하여 그 위험을 인수할 것이냐, 또는 그 보험료를 얼마로 할 것이냐를 결정하여야 한다. 이른바 위험의 선택의 자료가 될 사실은 본래는 위험을 인수하는 보험자가 스스로 자기의 책임 하에 조사하여야 할 것이지만 실제로 보험자가 그 전부를 적극적으로 조사하기는 어렵다. 그리하여 법은 보험계약자로 하여금 이를 고지하도록 한 것이다.

위에서 기술한 바와 같이 고지의무의 법적근거로는 선의설, 합의설, 위험측정설이 있고 그 이외에도 사행설, 담보의무설, 묵시계약설[32] 등 여러 학설이 대립하고 있으나 통설은 위험측정설로서 이 설이 다수설이다.

④ 고지의무의 당사자

㉮ 고지의무자

고지의무자는 보험계약자와 피보험자를 원칙으로 한다. 그러나 여기서 보험계약자에는 그 대리인을 포함하며 보험계약자와 피보험자가 서로 다른 보험계약의 경우 즉, 타인의 생명·신체에 관한 인보험에 있어서의 피보험자와 타인을 위한 손해보험에 있어서의 피보험자도 보험계약자와 함께 고지의무자가 된다. 다만, 타인을 위한 손해보험 계약에서 보험계약자가 그 타인인 피보험자에게 보험계약체결의 사실을 알리지 아니한 경우에는 그 피보험자는 고지의무를 부담하지 않는다고 본다. 또 대리인이 고지할 때에는 본인이 알고 있는 사실 뿐만 아니라 대리인 자신이 알고 있는 사항도 고지하여야 한다.

㉯ 고지의무수령권자

고지의무수령권자는 1차적으로는 보험자이고 2차로는 보험자를 위하여 고지를 수령할 권한이 있는 대리인이다. 따라서 체약대리점이나 보험인은 고지수령권이 있지만 보험중개인이나 보험모집인은 그 권한이 없다고 본다.

⑤ 고지의 시기 및 방법

㉮ 고지시기

보험계약의 청약 시 부터 승낙 시 까지 가능하다고 본다(고지의 변경, 철회, 추가가능). 신계약체결 시, 계약변경 시, 계약부활의 경우도 고지의무를 인정한다.

㉯ 고지방법

고지방법에는 법률상 제한이 없으므로 서면에 의하든 구두에 의하든 상관이 없으며 명시적이든 묵시적이든 묻지 않으나 실제로는 질문표에 의하여 이루어지고 있는 것이 일반적이다.

---

32) 최준선, 보험법·해상법, 82면 참조.

⑥ 고지사항

고지의무의 대상이 되는 사항은 중요한 사항이다. 중요한 사항이란 보험자가 사고발생의 위험률을 측정하여 보험의 인수여부 및 보험료를 결정함에 있어서 합리적 판단에 영향을 미칠만한 사실이나 조건을 말한다. 바꾸어 말하면 보험자가 그 사실을 알았더라면 계약을 체결하지 않거나 적어도 같은 조건으로는 계약을 체결하지 않을 것이라고 생각되는 사실을 말한다. 이러한 고지의무에 해당되는 중요한 사항으로는 생명보험에 있어서는 피보험자의 연령, 직업, 기왕증, 현증(현재건강상태), 부모의 생존여부 등이 해당되며, 화재보험에 있어서는 보험목적물의 소재지, 피보험자의 주소 및 성명, 건물의 용도 및 구조, 건물 내의 작업, 보험금액, 주위(주변)사항, 다른 보험계약의 여부, 보험기관, 소화시설 등이 이에 해당된다. 또 자동차보험의 경우에 있어서는 운전자의 성별, 나이, 운전경력, 사고경력, 면허취득일 등이다. 또한 중요사항의 분류에는 절대적 위험사항과 환경적 위험사항이 있고 절대적 위험사항에는 생명보험의 경우 피보험자의 건강상태(현증), 기왕증(과거의 병력), 유전병 등이 있고 화재보험의 경우 건물 내의 인화물질의 보관 또는 장치 등이 절대적 위험사항에 속한다. 환경적 위험사항으로는 피보험자의 직업, 신분, 보험계약자와의 관계 등이 있고 화재보험의 경우 건물부근의 상황(공터로 둘러 쌓여있는지의 여부 또는 주유소 등 위험물이 가까이 있는지의 여부) 등이 이에 해당된다.

⑦ 질문표 제도와 질문사항의 효력

㉮ 질문표의 의의

질문표란 보험자가 보험청약시에 질문란을 두고 고지할 사항을 미리 제시하여 보험계약자로 하여금 이에 대한 해답을 기입하도록 하는 것이다.

㉯ 질문표 제도의 인정이유

질문표 없이는 전문적 지식이 없는 보험계약자가 중요한 사항을 빠짐없이 고지하는 것은 사실상 어려우며 따라서 보험계약당사자의 이해가 상반되어 분쟁이 생기기 쉽기 때문에 고지의무를 간편화·정형화하기 위함이다.

㉰ 질문사항의 효력

보험자가 서면으로 질문한 사항은 보험계약에 있어서 중요한 사항에 해당된다. 따라서 보험자가 질문한 사항에 대하여 성실히 이행한 것은 고지의무의 이행으로 추정된다.

⑧ 고지의무 위반의 요건

㉮ 주관적 요건

㉠ 고의로 인한 불고지

고의로 인한 불고지란 보험계약자 또는 피보험자가 고지의무의 내용을 알면서도 고지하지 아니한 것을 말한다. 예컨대 피보험자의 현재 건강상태, 과거의 병력을 알면서도 고지하지 않은 경우가 이에 속한다.

㉡ 중대한 과실로 인한 불고지

중대한 과실로 인한 불고지는 조금만 주의를 기울였다면 제대로 고지할 수 있었을 것을 그 주의를 다하지 아니함으로서 불고지 또는 부실고지가 되는 경우가 이에 해당된다.

㉯ 객관적 요건

㉠ 중요사항의 불고지

이것은 고지의무자가 고지할 중요사항을 알면서도 청약서의 질문표에 공란으로 비워둔 경우가 이에 해당된다.

㉡ 부실고지

이것은 청약서 기재사항을 올바르게 기재하지 아니하고 사실과는 다른 허위로 기재한 것이 이에 해당된다.

㉰ 입증책임

보험계약을 해지하고자 하는 보험자가 고지의무위반이라는 사실을 입증해야 한다.

⑨ 고지의무 위반의 효과

㉮ 보험계약의 해지(상법 651조)

고지의무를 위반한 경우 보험자는 일정한 기간(안 날로부터 1개월, 계약체결일로부터 3년)내에 보험계약을 해지할 수 있다. 보험계약해지의 의사표시는 보험계약자 또는 그 대리인에게 할 수 있고 이것은 형성권이므로 보험자가 일방적으로 할 수 있다. 통지의 상대방은 보험계약자 또는 그 대리인이이며 보험계약자가 사망한 때에는 그 상속인에게 하여야 한다. 그러나 보험계약자가 아닌 피보험자나 보험수익자에게 한 해지의 의사표시는 효력이 없다고 본다. 또 해지권의 행사는 상대방의 불이익을 가져오게 하는 것이므로 조건을 붙이지 못하며 고지의무위반이 되는 구체적인 사실을 명

시하여야 한다. 계약해지는 그 의사표시가 상대방에게 도달한 때에 생긴다.[33]

㈏ 해지권의 효과

㉠ **보험사고가 발생하기 전의 보험계약해지**

보험사고가 발생하기 전에 보험자가 계약을 해지한 때에는 계약은 그 통지가 도달한 때부터 장래에 대하여 그 효력을 잃는다. 그리고 해지하기까지 이미 받은 보험료는 보험계약자에게 반환할 필요가 없다.

㉡ **보험사고가 발생한 후의 보험계약해지**

보험사고가 발생한 후의 보험계약을 해지한 경우에는 특칙을 두어 경과된 보험기간에 대한 보험료를 반환할 필요는 없음은 물론 보험자의 책임은 소급하여 소멸하므로 보험금을 지급할 책임이 없음은 물론 이미 지급한 보험금이 있다면 그 반환을 청구할 수 있다(상법 655조). 그러한 취지는 악의의 보험계약자를 보호할 필요가 없음은 물론 악성위험을 선택하게 한 보험계약자에 대한 제제를 가하는 동시에 계약소멸에 의하여 보험자에게 손실을 주지 않으려는 데 있다. 그러나 생명보험의 경우에는 보험수익자를 위한 보험료적립금은 보험계약자에게 지급하여야 한다(상법 736조).

㈐ 해지권의 제한

㉠ **제척기간의 경과**

보험계약자 또는 피보험자가 고지의무위반을 한 경우 보험자는 그 사실을 안 날로부터 1월, 계약이 성립한 날로부터 3년 이내에 계약을 해지할 수 있다. 여기서 고지의무위반의 사실을 안 날이란 고지의무위반의 사실에 대하여 확실한 증거를 잡았거나 발견한 때를 말한다. 따라서 보험자가 계약을 해지하려면 고지의무위반의 사실을 알게 된 때 즉, 확실한 증거를 잡았거나 발견한 때로부터 1월 이내, 계약이 성립한 날로부터 3년 이내에 계약을 해지해야 한다.

㉡ **보험자의 중대한 과실(상법 651조)**

보험자가 계약 당시 그 사실을 알았거나 중대한 과실로 인하여 고지의무위반의 사실을 알지 못한 때에는 계약을 해지하지 못한다. 그 이유는 귀책사유가 있는 보험자를 보호하기 위하여 보험계약자의 이익을 희생시키는 것은 형평의 원리에 어긋나기 때문이다. 보험대리점, 보험의(신체검사를 하는 의사) 등 고지수령권이 있는 자의 악의·중과실의 경우에도 같다. 보험자의 고의·중과실은 이를 주장하는 보험계약자 측

33) 최준선, 보험법·해상법 제2판, 90면 참조.

이 이를 입증하여야 한다.[34)]

ⓒ 인과관계의 부존재(상법 655조)

보험계약자 또는 피보험자 등이 고지의무를 위반한 경우에는 보험자는 계약을 해지할 수 있다. 이것은 보험사고 발생 전은 물론 보험사고 발생 후에도 가능하다. 그러나 사고발생 후의 계약해지는 고지의무위반의 사실과 사고의 발생 사이에 인과관계가 있는 경우[35)]에만 해지권을 행사하고 보험금의 지급을 면할 수 있고 고지의무의 위반사실과 보험사고 발생 간에 인과관계가 없는 때에는 해지권을 행사할 수 없다. 따라서 보험사고가 발생한 후 보험자가 보험계약자 등의 고지의무위반사실을 알게 된 경우라 할지라도 고지의무위반과 보험사고 사이에 상당한 인과관계가 없다는 것을 보험계약자 측에서 입증한 때에는 보험자는 보험금지급책임을 면하지 못한다. 그 이유는 보험목적에 발생한 사고와 고지의무위반의 사실과는 인과관계가 없으므로 결국 보험자는 고지의무위반으로 인하여 아무런 불이익도 받은 것이 없으므로 보험계약자에게도 불이익을 주어서는 아니 된다는 것이다.[36)]

---

34) 최준선, 보험법·해상법 제2판, 92면 참조.

35) 고지의무위반의 사실과 사고의 발생 사이에 인과관계가 있는 경우란 고지의무위반의 사실이 보험사고의 발생에 원인이 되었다는 것을 말한다. 이에 대한 예를 들면 폐암의 진단을 받은 피보험자가 이를 기망(欺罔)하여 고지의무를 이행하지 않고 생명보험에 가입한 후 폐암으로 인하여 사망한 경우가 이에 속한다.

36) 최준선, 보험법·해상법, 삼영사, 94면 참조.
그런데 이에 대하여 최준선 교수는 고지의무제도가 보험자로 하여금 위험에 대한 정확한 평가를 내리고 불량위험을 배제시키기 위한 것이라면 보험사고발생의 원인을 사후적으로 문제 삼는 것은 모순이고 또 보험계약자가 사전에 올바로 고지하였더라면 계약이 성립되지 아니한 경우와 균형이 맞지 아니하며 보험자가 보험계약 당시에 고지의무 위반의 대상이 된 사항에 대하여 진실을 알았더라면 보험자는 적어도 동일한 계약내용으로는 보험계약을 맺지 않았을 것이고 여기에 보험자에게 계약해지권을 인정하는 기초가 있다 할 것이므로 고지의무 위반사항과 보험사고가 인과관계가 없다는 이유로 보험자의 책임을 인정하는 것은 논리적으로 타당하지 않다는 견해를 제시하고 있는데 이 견해는 상당히 의미 있는 견해라는 생각이 든다. 그러나 한편으로는 어떤 질병을 가진 피보험자가 그 질병 사실을 속이고 생명보험보험에 가입한 후 교통사고로 사망한 경우 이에 대한 보험금 지급을 거절한다면 과연 생명보험의 기능은 무엇인가 하는 문제가 발생된다. 그리고 생명보험은 일반 손해보험과는 달리 피보험자 등의 중과실에 대한 보험자의 부책, 계약체결 후 2년이 경과한 자살에 대한 부책(생명보험표준약관 제17조에 의한 부책) 등이 인정 되는 이유는 생명보험의 특수성을 인정하기 때문이며 또 보험에 관한 전문지식이 없는 보험계약자는 본의 아니게 착오나 과실에 의한 불고지 또는 부실고지가 일어날 가능성이 있다. 따라서 이럴 경우 착오나 과실에 의한 부실고지까지 모두 고지의무 위반으로 하여 고지의무 위반의 사항과 보험사고와의 사이에 인과관계가 없는 경우에도 보험금지급을 거절한다면 이것 역시 보험계약자 보호의 입장에서는 큰 문제가 될 수 있다고 생각된다. 따라서 현행의 보험법655조는 그대로 유지함이 옳을 것이라 생각된다.

㉣ 고지의무위반사항의 원인이 소멸한 때

보험계약을 체결할 당시 보험의 목적에 존재하는 위험이 있었으나 그 위험이 곧 제거 내지 소멸될 것으로 예측하고 고지의무를 이행하지 않은 경우가 이에 해당된다. 다시 말해서 보험계약 체결 시에는 보험의 목적에 존재하는 위험이 존재하였으나 그것이 곧 제거 내지 소멸될 것으로 예측하고 의도적으로 이에 대한 고지를 생략할 수 있다. 그리하여 계약 당시에는 고지의무위반의 사항이 존재하였으나 곧 이러한 위험이 소멸하였다면 소멸된 이후 보험자는 이러한 고지의무위반의 사실로 인한 계약해지를 할 수 없는 것이다.

㉤ 해지권의 포기

고지의무위반으로 인한 보험계약의 해지권은 보험자의 이익을 위하여 인정된 것이므로 보험자는 이를 포기할 수 있다. 따라서 해지권의 포기의 의사표시는 명시적이든 묵시적이든 상관이 없으며 고지의무위반의 사실이 있더라도 보험자는 보험증권을 교부하거나 보험금을 지급할 수 있다.

⑩ 고지의무위반과 민법상 착오·사기와의 관계

고지의무위반의 사실을 민법상 착오·사기와 관련하여 보험자는 상법에 의해 보험계약을 해지할 수 있는 외에 민법의 일반원칙(민법 109조, 110조)에 의하여 보험계약을 취소할 수 있는가에 관하여 학설은 상법적용설,[37] 민상법 동시 적용설[38] 절충설(사기계약설)[39]로 대립하고 있나. 그런데 2014년 3월 개정상법 시안에서는 이러한 문제를 해결할 수 있도록 상법 제655조의 2를 신설하여 보험계약자의 당사자 나 피보험자가 사기에 의한 보험계약을 체결한 경우에는 이를 무효로 한다고 규정하고 그때까지의 보험료는 보험자가 청구할 수 있도록 한다고 규정함으로서 사기에 속하는 고시

37) 고지의무위반의 효과에 관한 상법의 규정은 민법의 규정에 대한 특칙이므로 상법이 적용되는 한 민법규정은 적용되지 않는다는 설이다. 또 상법이 해지권을 인정하는 이유는 고지의무위반이 있는 경우 그 보험계약을 계약체결 당시로 소급하여 무효로 되는 것을 피하려는 것이므로 민법의 적용을 배제하여야 하고 상법의 규정에 따라 해결하는 것이 타당하다고 본 것이다. 이것은 특별법 우선(적용)의 원칙이 그대로 적용된 경우이다

38) 이것은 민법상 착오·사기에 관한 규정과 상법상 고지의무위반에 관한 규정은 각각 별도의 요건과 효력을 갖는 규정이므로 보험자는 민·상법 규정을 동시에 적용할 수 있으므로 상법의 보험계약해지권과 민법의 계약취소권을 동시에 행사할 수 있도록 하는 설이다. 따라서 이 경우에는 사실 보험자가 자기에게 유리한 법률을 선택할 수 있도록 허용하는 이론이다.

39) 보험계약자에게 착오가 있는 경우에는 해의(害意-보험자를 해하려는 의도)가 없으므로 상법의 규정을 적용하지만 보험계약자에게 해의가 있는 경우에는 민법의 규정을 적용하여 취소권을 행사할 수 있도록 하자는 이론이다. 이 학설은 만약 사기에 해당되는 보험계약자의 해의(害意)가 있는 경우에는 상법을 적용할 것이 아니라 민법을 적용하여 계약을 취소하자는 견해이다.

의무위반의 보험계약[40]의 문제를 쉽게 해결할 수 있도록 하였으나 안타깝게도 이 규정은 신설되지 못함으로 인하여 이 문제는 다시 원점으로 돌아갔다. 생각건대 고지의무위반의 효과에 관한 상법의 규정은 민법의 규정에 대한 특칙이므로 상법이 적용되는 규정에 대하여는 상법을 우선 적용함이 원칙이다. 그러나 고지의무 위반이 보험계약자에게 착오가 있는 경우에는 해의(害意-보험자를 해하려는 의도)가 없으므로 상법의 규정을 적용하지만 보험계약자에게 나쁜 해의가 있는 경우에 한해서는 민법의 규정을 적용하여 취소권을 행사할 수 있도록 하자는 것인데 그럴 경우 보험자에게 실익이 있는지의 문제를 생각해 보아야할 것이다. 만약 민법을 적용하여 계약을 취소하는 경우 취소된 계약은 무효로 되고 무효로 된 계약은 계약이전의 상태로 원상복구되어야 하는 문제가 발생되고 그럴 경우 보험자는 보험료 전액을 반환해야 하는 문제가 생길 수도 있다. 그렇게 해석할 경우에는 보험자에게 실익이 없다. 그러나 이 경우에도 다시 상법 제648조를 적용하여 「보험계약의 전부 또는 일부가 무효인 경우에 보험계약자와 피보험자가 선의이며 중대한 과실이 없는 때에는 보험자에 대하여 보험료의 전부 또는 일부의 반환을 청구할 수 있으나 보험계약자와 피보험자가 악의이며 중대한 과실이 있는 때에는 보험료의 전부 또는 일부의 반환을 청구할 수 없다」는 규정을 적용하여 보험료 전액을 반환할 수 없도록 할 경우 사기 적용설이 보험자에게 유리할 수 있다고 보아진다. 그렇게 해석할 경우 절충설(사기계약설)이 의미 있는 학설이다.

⑪ 보험약관교부설명의무위반과 고지의무위반과의 관계

상법 제651조에서 보험계약자 등은 보험의 목적에 존재하는 중요한 사항을 고지토록 해놓았고 상법 제638조의 3의 2항에서는 보험자가 보험약관의 중요한 내용을 설명하도록 해놓았다. 그런데 만약 보험자가 보험약관의 교부설명의무를 위반하고 그로 인하여 보험계약자 등이 보험약관의 설명을 받지 못함으로 인하여 고지의무를 위반하였다면 이를 어떻게 할 것인지에 대한 논의가 있으나 여기에는 보험계약을 해지할 수 없다고 보는 것이 통설이다. 그 이유는 고지의무 위반에 대한 해지권을 가진 보험자에게도 보험약관의 교부설명 의무라는 귀책사유가 있기 때문에 이에 대한 책임을 지우는 것이 형평의 원칙에 부합된다고 보기 때문이다. 한편 반대로 보험자가 보험약관의 교부설명의무를 규정대로 하였음에도 불구하고 보험계약자 등이 고지의무를 위반한 경우에는 당연히 그 계약은 해지할 수 있는 것이다.

---

40) 피보험자의 신체검사를 다른 사람이 대신하도록 하는 등의 고의적이고 악질적인 고지의무를 위반하여 사기계약에 이르게 한 계약.

3) 보험자의 보험증권의 교부의무

① 보험증권의 개념

보험증권이란 보험자가 보험계약의 내용을 기재하고 기명날인 또는 서명하여 보험계약자에게 교부하는 증서라고 규정하고 있다. 그런데 우리 상법 제638조의 2의 보험계약의 성립규정에는 보험자가 보험계약자로부터 보험계약의 청약과 함께 보험료 상당액의 전부 또는 일부의 지급을 받은 때에는 다른 약정이 없으면 30일내에 그 상대방에 대하여 낙부의 통지를 발송하여야 한다고 규정해 놓고 그러나 인보험계약의 피보험자가 신체검사를 받아야 할 경우에는 그 기간은 신체검사를 받은 날부터 기산한다고 해놓았다. 또 제2항에는 보험자가 제1항의 규정에 의한 기간 내에 낙부의 통지를 해태한 때에는 승낙한 것으로 본다고 하여 약정된 기간 내에 승낙하지 않으면 승낙을 의제(擬制)하도록 해 놓았다. 여기에서 낙부(諾否)란 승낙 또는 거절의 의미로서 승낙이란 보험자가 보험을 인수한다는 의미이며 거절이란 보험을 받지 아니한다는 의미인데 이 경우 승낙의 의사표시를 과연 보험증권의 교부로 갈음할 수 있는지의 문제가 발생한다. 지금까지 일반적인 이론은 보험증권이라 함은 보험계약이 성립한 후 보험계약의 내용을 증명하기 위하여 보험자가 발행하는 일종의 증거증권으로 보고 보험계약은 낙성계약이므로 보험증권의 발행은 계약당사자의 편의를 위한 것이지 계약의 성립요건도 계약서도 아니라고 규정하고 있다. 그럴 경우 과연 보험자의 승낙의 의사표시는 무엇이며 어떻게 이루어지는가 하는 문제에 봉착하게 된다. 대체적으로 지금까지 청약은 보험계약자의 명확한 의사표시에 의해 이루어짐은 명확하나 승낙이 구체적으로 이떻게 이루어지는지에 대하여는 명확한 설명이 없다. 따라서 일반적으로 보험실무계에서는 보험자의 승낙의 의사표시가 특별한 경우를 제외하고는 보험증권의 교부로 이루어진다고 보는데, 저자는 이에 찬동한다.[41] 그러나 특별한 경우 예컨대 보험자의 승낙이 보험증권의 교부 이전에 구두 또는 전화 또는 팩스 등으로 먼저 이루어진 경우에는 보험증권의 교부는 보험자의 승낙의 의사표시를 확인한 것으로 간주할 수 있을 것이다. 그러나 그렇지 아니하고 사전에 보험자의 승낙의 의사표시가 없는 상황에서 교부되는 보험증권은 승낙의 의사표시로 보아야 할 것이다. 따라서 지금까지 거의 모든 보험법 교과서에서 보험증권이라 함은 보험계약이 성립된 후 보험계약의 내용을 증명하기 위하여 보험자가 발행하는 일종의 증거증권이라는 설명은 부분적으로 수정 변경됨이 옳다고 본다.

---

41) 최근 이에 동의하고 있는 교과서로는 김성태, 보험법 강론, 법문서, 2001, 205면; 장덕조, 보험법, 법문사, 2012년, 104면이 있다. 대법원 1976.6.22.선고, 75다 605 판결.

② 보험증권의 법적성질

㉮ 요식증권성

요식증권이란 증권의 기재사항이 법률에 따라 엄격히 정해져 있는 증권을 말한다. 그러므로 보험 증권은 일정한 사항을 기재하고 보험자가 기명날인 또는 서명해야 한다. 그러나 보험증권의 요식성은 유가증권과 같이 엄격하지 않기 때문에 증권상의 기재사항이 부분적으로 누락된 경우에도 그것이 제 역할을 할 수 있는 한 보험증권의 효력에는 영향이 없다.

㉯ 증거증권성

증권이란 권리가 있음을 표창하는 증서이다. 따라서 모든 증권은 증거증권으로서의 성질을 갖고 있다. 보험증권도 보험계약의 성립을 증명하기 위하여 보험자가 발행하는 증권으로서 이것은 보험계약의 성립과 그 내용에 관하여 사실상의 추정력을 가진다.

㉰ 면책·상환증권성

보험증권은 보험자가 보험금 등의 급여를 함에 있어서 그 증권 제시자의 자격을 조사할 권리가 있을 뿐 의무는 없는 면책증권으로 해석하고 있다. 그러나 면책상환 증권은 유가증권에 대하여 인정하는 것으로서 보험증권은 해상적하보험증권을 제외하고는 완전한 유가증권성을 보장받지 못함으로 엄격한 면책상환 증권으로 볼 수 없다. 따라서 완전한 유가증권성을 보장받지 못하는 보험증권은 그 증권을 가지지 않더라도 다른 방법으로 피보험자나 보험수익자임을 입증하면 보험금을 청구할 수 있는 것으로 보기 때문에 면책·상환증권성도 완전하지 못한 불완전면책·상환증권이다. 최근에는 이를 인정할 필요가 없다는 견해도 있다.

㉱ 유인증권성

보험증권은 유인 증권으로서 무인증권(無因證券)에 반하는 증권이다. 수표나 어음은 무인증권으로서 예를 들어 갑과 을이 주택을 매매하기로 계약을 체결하고 갑이 그 대가로 수표를 지불했다고 한다면 그 매매계약이 무효가 되더라도 그 수표의 효력에는 영향을 미치지 아니하는데 이러한 것을 무인 증권이라 한다. 반면 보험증권은 보험료의 부지급, 고지의무 위반, 통지의무위반 등에 따른 계약의 해지 등에 의하여 보험계약이 소멸하면 보험증권의 효력도 상실된다. 따라서 해상적하보험증권을 비롯한 모든 증권의 효력은 보험계약의 효력에 영향을 받는다는 점에서 보험증권은 유인증권이다.

㉤ 유가증권성

유가증권이란 재산적 가치가 표장된 증권(어음, 수표, 화물상환증, 창고증권, 주권, 사채권, 상품권 등)을 말한다. 유가증권은 크게 화폐증권과 자본증권으로 나누어지는데 화폐증권은 화폐의 대용으로 유통하는 어음 수표 등으로서, 통화의 사용을 절약할 뿐만 아니라 그 수수에 따르는 비용, 위험을 배제할 수 있는 특성이 있다. 한편 자본증권은 주식·공채·사채 등과 같이 자본 및 수익에 대한 청구권을 나타내는 증권[42]을 말하며 우리가 보통 말하는 유가증권이란 후자만을 지칭하는 경우와 전자와 후자를 합하여 말하는 경우도 있는데. 그렇다면 과연 보험증권이 유가증권이냐 아니냐에 대하여는 다음과 같은 견해로 나누어진다.

㉠ **부정설** : 보험증권은 유가증권으로 볼 수 없다는 학설로서 지시식[43] 또는 무기명식[44]으로 발행된 경우에도 면책증권에 불과하고 유가증권은 아니라고 보는 설이다.

㉡ **긍정설** : 증권을 지시식, 무기명식으로 발행한 증권은 모두 유가증권으로 볼 수 있고 보험증권도 지시식, 무기명식으로 발행할 수 있으므로 유가증권으로 인정해야 한다고 보는 학설이다.

㉢ **일부긍정설(절충설)** : 대부분의 보험증권은 유가증권이 아니나 운송보험증권, 해상(적하)보험증권 등에 유가증권성이 한정적으로 인정된다고 보는 설이다. 이 설은 현재의 통설로서 이것은 가장 불완전한 의미의 유가증권으로 인정되고 있다. 일부긍정설에 동의한다.

③ 보험증권의 기재사항

보험증권이란 보험자가 보험계약의 내용을 기재하고 기명날인 또는 서명하여 보험계약자에게 교부하는 증서로서 그 증권의 기재사항은 보험의 종류에 따라 달라진다. 대체적으로 손해보험증권에는 공통적으로 ⓐ 보험의 목적, ⓑ 보험사고의 성질, ⓒ 보

---

42) 유가증권은 크게 나누면 확정이부증권(確定利付證券)과 불확정수익증권으로 나눌 수 있다. 확정이부증권에는 국가가 발행하는 국채, 지방자치단체가 발행하는 지방채, 금융기관이 발행하는 금융채, 주식회사에서 발행하는 사채 등이 있고, 그와 같은 것들은 액면금액과 상환기한이 정해져 있으며 일정의 약속된 이자의 지급이 보증되어 있는데, 이들을 보통 채권이라고 한다. 이와는 달리 불확정수익증권은 주권(株券), 출자증권, 투자신탁의 수익증권 등으로서 그것들에는 채권과 같은 상환기간 및 이자지급의 규정은 없고 수익이 있는 경우에 그에 따른 이익이 배당되는 것이다. 그 가운데 주권은 기업에 대한 출자, 즉 기업에의 참가를 니디내고, 채권은 대부증권으로서 자금의 대부를 나타낸다. 전자는 참가증권이라 불리워지며, 후자는 기업이윤에 대한 청구권을 나타내는 점에서 이윤증권이라고도 불리워진다.

43) 어음이나 수표 따위에서 증권에 기재되는 지시에 따라 권리의 이전이 행하여지는 증권.

44) 어음이나 수표 따위에서 증권상 권리자의 이름이나 상호를 기재하지 아니하는 증권.

험금액, ⓓ 보험료와 그 지급방법, ⓔ 보험기간을 정한 때에는 그 시기와 종기, ⓕ 무효와 실권의 사유, ⓖ 보험계약자의 주소와 성명 또는 상호, ⓗ 보험계약의 년·월·일, ⓘ 보험증권의 작성지와 그 작성의 년·월·일을 기재하고 보험자가 기명날인 또는 서명하여야 한다. 또 각종의 손해보험에 관하여는 이 외에 특별한 기재사항이 추가되어 있다. 한편, 인보험증권에는 공통적으로 손해보험증권의 기재사항 외에 ⓐ 보험계약의 종류, ⓑ 피보험자의 주소, 성명 및 생년월일, ⓒ 보험수익자를 정한 때에는 그 주소, 성명 및 생년월일을 추가로 기재하여야 한다. 또 보험증권에는 위와 같이 법정기재사항을 기재하여야 그 효력이 발생하므로 보험증권은 요식증권이나 어음수표와 같은 엄격한 요식증권은 아니다. 따라서 어느 법정기재사항을 기재하지 않은 경우에도 보험증권의 효력에는 영향이 없으며 그 이외의 어떠한 사항을 기재하여도 증권의 효력 자체를 좌우하지 않는다. 보험증권의 뒷면에는 이른바 보통보험약관이 기재되어 있는 것이 일반적인데 이것은 계약의 내용을 알려주는 것으로서 보험계약은 이 약관의 내용에 따라 체결된 것으로 추정을 받는다.

④ 이의약관(異議約款)

보험증권은 보험자가 일방적으로 작성한 것이므로 그 증거력은 사실상의 추정력을 가지며 그것은 보험자와 보험계약자 사이의 계약의 내용으로 인정된다. 따라서 진실한 보험계약이 성립되기 위해서는 보험계약자가 보험약관의 내용에 대하여 이의(異議)를 주장할 수 있어야 한다. 그러나 그러한 주장을 무제한으로 인정하면 보험자를 해치게 되므로 상법 제641조는 보험증권에 관한 이의약관의 효력을 인정하고 보험계약의 당사자는 보험증권의 교부가 있은 날로부터 일정한 기간 내에 한하여 그 증권내용의 정부(正否)에 관한 이의를 할 수 있음을 약정할 수 있다고 규정하고 있다. 이것은 보험증권의 기재사항이 실제의 합의와 일치하지 않는 때에는 이의를 제기하여 이를 정정할 수 있음을 의미하며 단, 이 기간은 1월을 내리지 못한다고 규정하고 있다. 여기에서 1월을 내리지 못한다는 뜻이 구체적으로 어떤 뜻인지에 대하여 해석의 어려움이 있다. 생각해 보면 이 기간을 너무 짧게 정하면 보험계약자가 제대로 이의를 제기할 수 없으므로 최소한 1개월 이상의 기간을 두도록 하여 이의를 제기하도록 해야 한다는 의미로 해석함이 옳을 것이다. 그러나 1월을 내리지 못한다는 이 규정은 1월 이상으로 해야 한다거나 1월 이내로 해서는 안 된다거나 하여 누구나 알기 쉽게 이해될 수 있도록 개정이 필요하다고 보아진다.

⑤ 보험증권의 멸실 훼손과 재교부

보험증권은 증거증권의 하나로 증권을 소지하지 아니하더라도 다른 방법에 의하여 피보험자 또는 보험수익자임을 입증하고 보험금을 청구할 수 있으나 보험증권이 증거증권으로 보험계약의 내용을 입증하기가 편리하므로 보험증권이 현저하게 훼손되었거나 또는 멸실된 경우 보험계약자의 비용으로 재교부를 청구할 수 있다(상법 642조). 이 경우 증권발행의 비용은 보험계약자의 부담으로 한다.

⑥ 가 보험증권(假 保險證券-Cover Note)

커버노트(Cover Note)란 해상보험에 있어서 수출입화물에 대한 개별의 예정보험계약을 인수한 증거로서 보험회사가 계약의 명세를 대략 기재하여 발행하는 영문의 서면을 말하며 이것은 정식예정보험증권을 필요로 하지 않을 때에 사용되고 있는 보험인수증을 말한다. 영국에서는 보험계약자의 위탁을 받아 중개인(Broker)이 부보(보험가입)절차를 완료한 것을 명확하게 하기 위하여 발행하는 중개인 커버노트가 있고 이에 대하여 보험자가 보험계약자에게 직접적인 계약서면으로 발행하는 보험자 커버노트가 있다. 이를 쉽게 해석하면 해상보험에서 수출입화물에 대한 보험계약인수의 증거로서 보험자 또는 중개인이 계약의 명세를 대략적으로 기재한 증서로서 예정보험에서 정식보험증권이 필요치 않거나 또는 정식보험증권이 필요할 경우에는 그것이 발행되기까지의 보험 인수를 증명하는 보험인수증을 말한다.

제4절 보험계약의 효과

1. 보험자의 의무

1) 보험약관의 교부설명의무 및 보험증권의 교부의무

보험자의 의무는 보험계약이 체결되기 전의 의무와 보험계약이 체결된 후의 의무로 나눌 수 있다. 먼저 보험계약이 체결되기 전의 의무로는 보험약관의 교부설명의무가 있고 다음으로는 보험계약 체결에 따른 보험증권의 교부의무가 있으며 보험계약이 체결된 후의 의무로서는 보험금 지급의무, 보험료 반환의무, 기타의무가 있다. 보험계약이 체결되기까지의 의무인 보험약관의 교부설명의무와 보험증권의 교부의무는 제2장 제3절에서 이미 기술된 바 있으므로 여기에서는 생략하고 그 외의 보험금 지급의무, 보험료 반환의무, 기타의무를 설명하기로 한다.

2) 보험금 지급의무

(1) 보험금 지급의무의 뜻

보험자는 보험계약자로부터 보험료를 받고 보험기간 안에 보험사고가 발생하면 보험금 또는 기타의 급여를 지급해야 한다. 이것이 보험자의 보험금 지급의무이다. 여기서 보험금이라 함은 손해보험에서는 보험자가 책임을 지기로 한 보험금액의 한도에서 그 보험사고로 말미암아 피보험자가 입은 재산상의 손해액이고 따라서 전부보험의 경우에는 손해액 전액을 보험금으로 지급해야 하며 일부보험의 경우에 있어서 보험금은 「손해액×보험금액/보험가액」이므로 이러한 계산방식에 의해 지급해야한다. 또 생명보험과 같은 정액보험에서는 계약에서 정한 보험금액이 바로 보험금으로 지급되는데 이것은 손해보험은 실손보상보험이나 생명보험은 정액보험(定額保險)이기 때문이다.

(2) 보험금 지급책임의 발생요건

① 보험사고의 발생

보험계약은 보험자가 재산 또는 생명이나 신체에 관하여 우연한 사고가 생긴 경우에 보험금을 지급할 것을 약정하는 계약이므로 보험계약에서 정한 보험사고가 보험기간 안에 생겨야 한다. 즉, 보험자의 보험금 지급책임은 보험사고의 발생을 요건으로 하고 그 보험사고는 보험기간 안에 생긴 것이어야 한다. 그러므로 보험사고가 보험기간 밖에서 생긴 때에는 보험자는 보험금 지급책임을 지지 아니한다. 물론, 소급보험이나 승낙 전 사고에 대한 보호제도는 보험기간 이전의 사고를 담보하지만 이것은 보험법상 특별히 인정되는 경우이다. 또 보험사고가 보험기간 안에 발생한 이상 보험사고의 결과가 보험기간이 경과한 후에 확정되었다 하더라도 인과관계가 인정되는 한 보험금은 지급해야 한다. 예를 들면 보험기간 만료 30분전 화재가 발생하고 이로 인하여 보험기간 만료 후 3시간 동안 화재가 지속되어 손해가 발생하였다면 이러한 손해는 보험자가 보상해야 되는 것이다.[45] 또한 보험의 목적에 보험자가 부담할 손해가 발생하

---

45) 이 경우는 위험설이 적용된 사례이며 그에 대한 여러 이론은 다음과 같다.

위험설: 보험기간 내에 사고가 발생하고 이로 인한 손해가 보험기간 종료 후에 손해가 확정되어도 보험자는 책임을 져야한다는 학설이다. 예를 들면 화재보험기간이 2014년 10월 1일 오후 4시부터 2015년 9월 30일 오후 4시까지인 경우 화재가 2015년 9월 30일 오후 3시 50분에 발생하였으나 아직 손해는 발생하지 않다가 오후 4시 이후부터 손해가 발생하여 오후 6시50분까지 지속된 화재로 인한 손해의 경우 보험자는 그 사고로 인한 모든 손해를 보상한다는 이론이다. 여기에서 문제는 사고와 손해의 문제로서 일반적으로 보험사고는 사고와 동시에 손해가 나는 것으로 알고 있지만 사실은 그렇지 않은 경우도 있는 것이다. 예를 들면 가옥이 안채와 사랑채, 행랑채로 이루어져 있고 보험은 안채만 들어있는 경우 사랑채에서 화재가 발생된 경우에는 사고는 발생했지만 손해는 아직 발생하지 않은 것이다. 이 경우 손해는 화재가 안채로 이동하여 안채가 불타기 시

고 그 후 보험의 목적이 보험자가 부담하지 아니하는 사고의 발생으로 전부 멸실된 경우에도 보험자는 이미 발생한 손해(자기가 보상해야 될 손해)를 보상해야 한다.

② 손해의 발생

보험금 지급책임이 발생하기 위해서는 보험사고로 인하여 손해가 발생해야 하며 이 경우 그 손해는 금전으로 산정할 수 있는 손해여야 한다(상법 668조). 그러나 인보험의 경우에 있어서는 반드시 손해가 나지 않더라도 보험금이 지급되는 경우가 있는데 이런 경우는 보험이 저축과 같은 역할을 하는 보험, 예컨대 결혼보험, 교육보험, 연금보험 등의 경우에는 사고 발생 없이 보험금이 지급되는 특별한 경우가 있다.[46] 대체적으로 손해보험의 경우 손해는 사고와 동시에 발생되는 경우가 대부분이지만 경우에 따라서는 사고의 발생과 손해의 발생이 상당한 시간적인 격차를 두고 발생하는 경우도 있다. 그러므로 화재보험에 있어서는 위 각주의 예문에서 기술 된 바와 같이 위험설, 이재설, 손해설 등의 이론이 있고 이것은 바로 사고와 손해의 발생이 서로 다른 경우가 있기 때문이다.

③ 사고와 손해와의 인과관계

앞서 기술한 바와 같이 사고와 손해는 불가분의 관계로서 통상 동시에 일어나는 경우가 대부분이나 경우에 따라서는 사고의 발생과 손해의 발생이 시간적인 차를 두고 이시(異時)에 발생하는 경우가 있으므로 사고와 손해를 동일시 할 수 없는 문제가 있다. 따라서 보험자가 보험금 지급책임의 의무가 발생하기 위해서는 사고의 발생과 손해의 발생 그리고 사고와 손해의 인과관계가 있어야 하는 것이다. 사고와 손해의 인과관계란 사고는 반드시 보험약관상의 약속된 사고, 다시 말하면 약관상 보험금이 지급되는 사고를 말하며 손해는 그러한 사고로 인한 손해여야 한다는 것이다. 따라서 보험사고와 손해와의 인과관계가 없는 사고는 보험금이 지급될 수 없다. 예를 들면, 화재보험에 가입한 보험의 목적에 화재가 발생하였으나 아직 보험금이 산정될 정도의 손해는 발생되지 아니한 상황에서 보험의 목적에 보험자가 부담하지 아니할 사고(화

작할 경 우 그 때부터 손해가 시작되는 것이다.

손해설: 보험기간 내에 사고가 발생하고 또 그로인한 손해가 보험기간 내에 발생한 손해에 한하여 보험자가 책임을 져야한다는 학설이다. 이 설에 위의 예문을 적용하면 오후 3시 50분부터 오후 4시까지는 손해가 발생되지 않았으므로 보험금은 지급되지 않는 것이다.

이재설: 보험기간 내에 사고와 손해가 발생하고 그것이 연결되어 보험기간 종료 후 손해가 발생한 경우 보험자는 책임을 져야 한다는 학설이다. 위 세 가지 학설 중에서 보험계약자 또는 피보험자에게 가장 유리한 학설은 위험설이며, 가장 불리한 학설은 손해설이다.

46) 이러한 경우에는 보험금의 지급요건이 사고가 아니라 경제수요의 충족이 필요한 사건(결혼, 진학, 퇴직 등)으로 보아야 할 것이며 이런 경우 이것은 보험이라기보다는 저축에 가까운 것으로서 기존의 보험의 이론에는 부분적으로 맞지 않는 특성을 가진 저축성보험이다.

재보험의 경우 수재에 의한 사고)의 발생으로 전부 멸실된 경우 보험자는 보험금 지급책임이 없는데 이런 경우가 여기에 속한다.

④ 보험료지급

보험자가 보험금을 지급하기 위해서는 그 전제조건으로 보험계약자의 보험료지급이 있어야 한다. 이것은 보험자의 책임은 당사자 간에 다른 약정이 없으면 최초보험료의 지급을 받은 때부터 개시되기 때문이다. 그러므로 보험계약자의 보험료 지급은 보험자의 보험금 지급의 전제조건이며 보험계약자의 보험료 지급 없이는 보험금 지급은 이루어 질 수 없다. 그러나 특별히 보험자와 보험계약자가 특약에 의하여 최초보험료를 외상으로 약속하거나 또는 보험회사 대리점 등이 대납하기로 약속하면서 책임이 개시되도록 약정한 경우에는 예외로 인정하여 보험자의 책임이 개시된다고 본다.[47]

⑤ 승낙 전 보험사고의 경우

보험자의 책임은 원칙적으로 보험계약자의 청약과 보험자의 승낙에 의해 시작되지만 보험자가 청약과 함께 보험료 상당액의 전부 또는 일부를 받은 경우에는 청약을 승낙하기 전에 보험사고가 발생하더라도 그 청약을 거절할 사유가 없는 한 보험계약상의 책임을 져야한다. 다만, 인보험에서 피보험자가 신체검사를 받아야 하는 유진단보험의 경우 아직 그 신체검사를 받지 아니한 때에는 보험계약자가 보험료를 지급하였고 피보험자의 건강에 이상이 없었다 하더라도 보험자는 보험금 지급책임을 지지 않는다(상법 제638조의 2의 제3항).

(3) 보험금의 지급범위

보험금의 지급범위는 정액보험(생명보험의 경우)과 부정액보험(손해보험의 경우)으로 나누어 설명할 수 있다. 정액보험은 보험계약에서 정한 보험금액이 그대로(동일한 금액)보험금으로 지급된다. 그러나 부정액 보험의 경우에는 보험금액의 범위 내에서 실손해액 만큼 보험금이 지급되도록 하는 것이 손해보험의 기본원리이지만 실질적으로는 이것은 전부보험이냐 일부보험이냐에 따라 보험금은 달라진다. 즉, 전부보험의 경우에는 보험금액의 범위 내에서 손해가 발생된 실손해액이 보험금으로 지급되지만 일부보험의 경우에 있어서 보험금 = 「손해액×보험금액/보험가액」이라는 공식에 의해 산출되기 때문이다. 그리고 손해보험에 있어서 특별히 인정되는 것은 보험사고의 손해방지 및 경감을 위하여 필요 또는 유익하였던 비용과 보상액이 보험금액을 초과한

---

47) 양승규, 전게서, 138면; 최준선, 보험법·해상법, 삼영사, 2007, 103면; 대판1991.12.10선고, 90다10315판결.

경우라도 이는 보험자가 부담하도록 되어 있다(상법 680조).

이와 같은 손해방지 및 경감의 비용을 보험자가 별도로 부담토록 하는 것은 사고발생시 보험계약자 또는 피보험자가 손해를 최소한 줄이기 위하여 최선의 노력을 다할 수 있도록 하는데 목적이 있고 이러한 것은 보험자와 보험계약자 모두에게 이익이 됨은 물론 보험계약의 성질(단체성, 선의성 등)에 부합되기 때문이다.

① 보험금 지급시기

보험금의 지급시기에 대하여는 약정기간이 있는 경우와 약정기간이 없는 경우로 나누어서 설명할 수 있다. 먼저 약정기간이 있는 경우는 그 기간 내에 피보험자(손해보험의 경우) 또는 보험수익자(생명보험의 경우)에게 보험금을 지급한다. 약정기간이 없는 경우에는 보험사고발생의 통지를 받은 보험자는 그 통지를 받은 후 지체 없이 지급할 보험금을 산정하고 그 산정 된 날로부터 10일 내에 피보험자(손해보험의 경우) 또는 보험수익자(인보험의 경우)에게 지급하도록 하고 있다(상법 658조).

② 보험금의 지급장소

채무의 변제는 그 채무의 성질 또는 당사자의 의사표시에 의해 변제장소를 정하지 아니한 때에는 채권자(피보험자 또는 보험수익자)의 현주소지에서 이루어지도록 하고 있다. 따라서 그러한 원리에 의한다면 보험금의 지급장소는 피보험자 또는 보험수익자의 현 주소지에서 이루어져야할 것이다. 그러나 보험거래의 실무에 있어서 보험금의 지급장소는 보험자의 영업소에서 지급하고 있다.

③ 보험금의 지급방법

보험금의 지급은 금전 또는 현물로 할 수 있다. 대체적으로는 금전으로 하는 경우가 대부분이지만 유리보험이나 차량보험에 있어서 유리의 파손손해나 차량손해와 같은 경우에는 현물로 지급하는 경우도 있다. 자금보험의 경우는 일시지급을 원칙으로 하고 연금보험의 경우에는 분할지급을 하고 있다.

(4) 보험금청구권의 소멸시효

우리 상법 662조에는 보험금청구권의 소멸시효를 3년으로 하고 있다. 따라서 보험금청구권은 3년간 행사하지 아니하면 소멸시효가 완성한다(상법 662조). 이러한 단기소멸시효는 상법개정 전에는 2년인 것을 3년으로 늘인 것이다. 그러나 이에 대하여도 다른 견해가 있을 수 있다. 그것은 바로 상법상 채권의 소멸시효가 5년이고 민법상 채권의 소멸시효는 10년인데 반하여 보험금청구권의 소멸시효를 3년으로 한 것은 피보험자 또는 보험수익자에게 불리하므로 그 효력에 문제가 있다고 생각할 수도 있다.

그러나 이 단기소멸시효제도의 입법취지는 보험제도의 특수성에서 보험관계의 신속한 결제를 도모하는 데에 있다고 볼 때 그 타당성은 인정된다고 보아진다. 한편 보험금청구권의 소멸시효의 기산점에 대하여는 ㉠ 보험사고가 발생한 때로 보는 설,[48] ㉡ 손해보험의 경우는 손해가 발생한 때이고 인보험의 경우는 보험사고가 발생한 때로 보는 설(이원설),[49] ㉢ 민법에 따라서 권리를 행사할 수 있는 때로 보는 설,[50] ㉣ 보험사고발생통지가 보험자에게 도달한 때로 보는 설,[51] ㉤ 보험사고 발생 시로 보되 책임보험의 경우에는 손해액 즉, 배상액이 확정된 때로 보는 설(수정사고발생설),[52] ㉥ 지급할 금액이 정하여진 날로 부터 보는 설,[53][54] ㉦ 지급할 보험금이 정하여지고 보험금지급유예기간(10일)이 경과한 다음 날부터 기산한다고 보는 설[55] 등이 있다. 여기에서 피보험자 또는 보험수익자에게 가장 유리하다고 보아지는 설은 ㉦이며, 통설은 ㉠의 학설로서 보험사고가 발생한 때로 본다. 단, 보험사고가 발생하였는지 여부가 객관적으로 분명하지 아니하여 보험금청구권자가 과실 없이 보험사고의 발생을 알 수 없었던 경우에는 보험금청구권자가 보험사고의 발생을 알았거나, 알 수 있었던 때로부터 보험금청구권의 소멸시효가 진행된다고 본다.[56]

※ 사견

보험금청구권의 소멸시효는 사고가 발생한 때로부터 진행한다[57]고 보는 대법원의 판례가 타당하다고 보아진다. 그러므로 보험금청구권의 소멸시효는 보험사고가 발생한 때로부터 시작되지만 단지 보험사고가 발생하였는지의 여부를 명확하게 알지 못한 경우 즉, 보험금청구권자가 과실 없이 보험사고의 발생을 알 수 없었던 경우에는 보험금청구권자가 보험사고의 발생을 알았거나 알 수 있었던 때로부터 보험금청구권의 소멸시효가 진행된다고 봄이 옳다고 보아진다. 그러나 책임보험의 경우에는 보험사고가 발생한 때가 아니라 배상책임이 확정된 때로 봄이 옳다고 생각된다.

---

48) 김성태, 보험법강론 법문사, 2002, 258면.
49) 서돈각, 상법강의(하) 법문사, 1990, 178면.
50) 민법 166조 1항 참조.
51) 서울고판 1976.6.25.,76다1016
52) 보험업법, 고시연구원, 141면.
53) 신희호, 보험계약법, 고시연구원, 152면.
54) 상법 658조 참조.
55) 양승규, 보험법, 삼지원, 2005, 147면.
56) 오세창, 보험계약법, 고시아카데미, 219면.
57) 대법원, 1997.2.13.선고, 96다19666판결 참조.
보험금청구권의 소멸시효기산점—우리 상법은 보험금의 청구권은 3년간 행사하지 아니하면 소

(5) 보험자의 면책사유

① 면책사유의 의의

면책사유라 함은 보험기간 중 보험사고의 발생에도 불구하고 보험자의 보험금 지급 책임을 면하게 하는 사유를 말한다. 이것은 보험제도가 보험단체 안에서 위험을 효율적으로 분산시켜 위험에 대비하기 위한 제도라는 점에서 보험계약자 등의 도덕적 위험(moral risk)을 방지하고 나아가서는 보험사업의 합리적 관리를 위하여 보험자의 면책사유를 인정하고 있다. 면책사유에는 법정면책사유와 약정면책사유(약관상의 면책사유)로 나누어진다.

㉮ 법정면책사유

법정면책사유에는 보험법 제1장 통칙편의 면책사유와 제2장 손해보험 각칙에서의 면책사유로 분리된다. 모든 보험종목에 적용되는 상법 제659조의 보험계약자 등(피보험자 보험수익자)의 고의, 중과실 면책사유와 660조 전쟁위험면책사유가 전자에 속하고 후자에는 손해보험에만 적용되는 상법 678조의 자연손해(보험목적의 고유한 성질 또는 하자(결함)로 인한 손해, 상법 692조의 운송보험에서 송하인, 수하인의 고의, 중과실에 의한 손해, 상법 706조 1항의 해상보험에서 선박 또는 운임을 보험에 붙인 경우 감항능력불비로 인한 손해, 상법 706조 2항의 적하보험에서 용선자, 송하인, 수하인의 고의, 중과실에 의한 손해, 상법 706조 3항의 도선료, 입항료, 등대료, 검역료 기타 선박 또는 적하에 관한 손해 등이 있는데 아래에서는 그 내용을 상세히 설명한다.

㉠ 보험계약자, 피보험자, 보험수익자의 고의 또는 중대한 과실(상법 659조)

보험사고가 보험계약자 또는 피보험자나 보험수익자의 고의나 중대한 과실로 인하여 생긴 때에는 보험자는 그에 대한 보험금을 지급할 책임이 없다. 그러나 사망을 보험사고로 한 보험계약에서는 보험사고가 보험계약자 또는 피보험자나 보험수익자의 중대한 과실로 인한 경우에도 보험자는 그 책임을 면하지 못한다(상법 제 732732조의 2). 그 이유는 사망보험이란 인간의 생명에 대한 위험을 보장하는 것인데 만약 중과실을 보험자의 면책으로 한다면 사망보험의 기능이 제 역할을 할 수 없기 때문이다.

Ⓐ 인정이유

보험사고가 보험계약자등의 고의나 중대한 과실로 인하여 생긴 경우에 보험금을 지

멸시효가 완성한다는 취지를 규정하고 있을 뿐(제662조), 보험금청구권의 소멸시효의 기산점에 관하여는 아무런 규정이 없으므로, '소멸시효는 권리를 행사할 수 있는 때로부터 진행한다'고 하는 민법 제166조 제1항에 따를 수밖에 없다고 판시하였다.

급하지 않는 이유는 보험사고는 우연한 것 이여야 하므로 그것이 우연히 발생한 것이 아니고 보험계약자등의 고의나 중대한 과실로 사고를 발생시킨 때에는 보험사고의 우연성이 결여되어 결국 보험사고성이 상실된 것으로 보는 것이다. 또 도덕적 위험으로 인한 사고는 손해발생의 결과를 초래한 당사자의 책임으로 하는 것이 타당하고 또 만약 고의나 중대한 과실까지도 보험자가 책임을 져야 한다면 그것은 너무 가혹하며 그럴 경우 보험금의 취득을 목적으로 빈번하게 이러한 보험사고가 발생함으로서 사회적 불안이 조성되고 막대한 경제적인 손실이 초래될 우려가 있기 때문에 보험정책적인 면에서 보험자의 책임을 인정할 수 없다고 보는 것이다.[58]

Ⓑ 고의·중과실의 뜻

고의라 함은 자신의 행위에 의하여 일정한 결과가 발생하리라는 것을 알면서 이를 행하는 심리상태를 말하고, 여기에는 확정적 고의는 물론 미필적 고의도 포함된다. 미필적 고의란 사고발생의 가능성을 인식하면서 그러한 결과가 발생하더라도 괜찮다고 용인하는 심리상태를 말한다. 고의는 사고발생에 대한 고의만으로 족하고 보험금청구의 의사가 있어야하는 것은 아니다. 상해의 고의는 있었으나 살인의 고의는 없었다하더라도 결과적으로 사망한 경우 원인행위에 대한 고의가 있었던 이상 사망이라는 결과를 의도하지 않았다하더라도 고의로 일으킨 사고로 보아 상해는 물론 사망보험금까지 보험자가 보상책임을 질 필요가 없다. 단 이러한 고의는 보험계약자·피보험자·보험수익자의 고의여야 한다.

중과실이란 주의의무(注意義務) 위반의 정도가 일반인의 상식으로는 이해할 수 없을 정도로 큰 경우 또는 태만(부주의)의 정도가 심한 경우. 즉 요구되는 주의에 대하여 행위자의 주의가 현저하게 결여되어 있는 경우를 말 하며 이것은 보험계약자 또는 피보험자가 통상인에게 요구되는 약간의 주의만 하였다면 손쉽게 위법, 유해한 결과를 예견할 수 있었음에도 불구하고 이를 간과한, 그리하여 현저하게 주의를 다하지 못한 경우를 말한다. 그러나 사망을 보험사고로 한 보험계약에서는 상법 제732조의 2의 규정에 의해 면책되지 않음은 위에서 기술한 바와 같다.

Ⓒ 예외조항

생명보험표준약관 제17조에는 피보험자가 자살한 경우 면책으로 규정하고 있다. 다만, 예외적으로 보험계약체결 이후 2년이 경과된 후에 자살한 경우에는 보험자가 보상책임을 진다고 규정해놓았다. 이러한 예외조항을 두고 있는 것은 피보험자가 보험계약 체결 시 자살의도를 가지고 보험에 가입하였다 하더라도 이를 2년 이상 지속시

58) 양승규, 보험법, 삼지원, 2005, 141면 참조.

킨다는 것은 경험측상 어려운 일이므로 자살과 보험가입의 동기와는 직접 관련이 없다는 이유에서 어느 정도 도덕적 위험을 규제할 수 있다는 측면과 피보험자의 사망으로 인한 보험수익자의 보호라는 측면 즉, 생명보험의 유족보장의 기능이라는 경제적 수요를 충족시켜준다는 데에 그 뜻이 있다. 또 상해보험에서는 제732조를 제외하고는 사망보험에 관한 규정을 준용한다고 규정되어 있기 때문에 상해보험에서도 사고가 보험계약자나 피보험자의 중대한 과실에 의해 생긴 경우일지라도 보험자가 보상책임을 면치 못한다고 해석된다. 따라서 상해보험계약에 있어서 음주운전이나 무면허운전 등에 의한 사망사고를 면책으로 하는 약관은 무효라는 것이 대법원의 입장이다. 따라서 고의 또는 중대한 과실에 대한 면책은 손해보험에 있어서는 모두 면책되지만 인보험에 있어서는 부책으로 하는 예외조항이 인정되고 있다.

Ⓓ 입증책임

고의 또는 중과실의 입증책임은 보험자가 진다. 즉, 보험계약자 또는 피보험자나 보험수익자의 고의 또는 중대한 과실로 보험사고가 생겼다는 것을 보험자가 증명하여야 한다. 이 경우 보험자는 추정적 증거를 제시하는 것으로 충분하다고 본다.

Ⓔ 대표자책임이론

대표자책임이론이란 손해보험에 있어서 보험사고가 피보험자의 가족이나 사용인의 고의 또는 중대한 과실로 발생한 경우 보험자에게 이 책임을 지울 수 있느냐 하는 이론이다. 이에 대하여 독일에서는 이를 면책으로 한다는 이른바 대표자책임이론이 주장되고 있다.[59] 이것은 피보험자의 가족이나 사용인(대리인)의 고의 또는 중대한 과실도 피보험자 등의 그것과 같게 보아야 한다는 입장인데 이것은 피보험자의 가족 나는 사용인의 고의 또는 중대한 과실에 의한 사고도 피보험자가 초래한 보험사고와 동일시하여 보험자의 면책사유로 본다는 것이다. 이러한 대표자책임이론은 피보험자의 가족이나 대리인이 수임 받은 일을 행함에 있어서 그 결과가 본인에게 귀속된다는 대리의 법리에 그 근거를 두고 있다. 여기에서 대표자란 피보험자와 특수한 관계에 있는 일정한 제3자(가족 또는 사용인)로서 피보험자 자신을 대신하여 보험의 목적물에 관하여 필요한 계속적 관리를 할 지위에 있는 자[60]로 해석하고 있다. 그러나 우리나라에서는 대표자책임이론을 부인하고 있는데 그 이유는 우리 상법에서 고의·중과실 면책사유의 주체를 보험계약자, 피보험자와 보험수익자로 국한하고 있다고 보기 때문이며 이는 강행규정이므로 만약 보험약관에서 고의·중과실 면책사유의 주체를 확대

59) 양승규, 보험법, 144면 각주31 참조.

60) 오세창, 보험계약법, 226면 각주 254 참조.

한다면 그 약관은 보험계약자에게 불이익하게 변경된 약관[61]이므로 그 범위 내에서 무효로 보기 때문이다. 따라서 우리나라에서는 독일의 대표자책임이론은 받아들일 수 없다는 것이 통설이며,[62] 따라서 우리나라의 판례에서도 대표자책임이론을 수용하지 않고 있다. 그러므로 특별히 보험사고가 보험계약자 등의 공모, 교사, 방조와 같은 책임 있는 사유가 있는 경우를 제외하고는 보험자는 책임을 면하지 못한다고 판시하고 있다.[63]

ⓐ 대표자 책임이론이 적용된 약관의 해석

우리나라 화재보험표준약관 제12조에는 보험계약자 피보험자의 법정대리인의 고의 또는 중대한 과실로 일으킨 손해는 보상하지 아니한다고 규정하고 있고 또 배상책임보험표준약관 제11조에는 보험계약자, 피보험자의 법정대리인의 고의로 생긴 손해는 보상하지 아니한다고 규정하고 있으며[64] 또 자동차보험약관 자기차량손해에서도 보험계약자, 피보험자의 법정대리인 또는 피보험자와 살림을 같이 하거나 같이 사는 친족의 고의로 인한 손해는 보상하지 아니한다고 규정하고 있는데 그럴 경우 이것은 대표자 책임이론을 인정한 약관이라고 볼 수 있다. 그러므로 이 경우에는 우리나라 상법과 판례에 역행되는 문제가 발생된다.

ⓑ 사견

위 약관은 대표자책임이론을 긍정하는 것으로 해석된다. 따라서 보험약관이 보험계약법에 비추어 보험계약자에게 불리하게 변경된 약관은 상법 제663조의 규정에 의해 무효가 되므로 위 화재보험표준약관 제12조와 자동차보험약관 자기차량 손해에 대한 약관의 규정은 대표자 책임이론이 적용된 면책규정을 무효로 해석할 것인가 하는 문제가 발생된다. 생각건대 보험자는 보험사고가 보험계약자 또는 피보험자나 보험수익자의 고의 또는 중대한 과실로 인하여 생긴 경우 보험자의 책임이 면책됨은 재론의 여지가 없으나 피보험자의 가족 또는 피용인 등의 고의·중과실에 대하여도 보험자의 면책이 옳은지의 문제에 대하여는 조금 더 신중한 접근을 해야 될 필요가 있다고 생각된다. 대체적으로 이 이론에 대한 부정적인 견해[65]를 가진 분들의 생각은 현재 우리나라 보험법에는 이에 대한 명확한 규정이 없기 때문에 이 이론을 받아들일 수 없다는 입장이다. 따라서 피보험자의 법정대리인의 고의·중대한 과실에 의한 사고는

61) 이것은 상법 제663조에 위배되므로 무효로 본다.

62) 오세창, 보험계약법, 227면 각주 255 참조.

63) 대판 1984.1.17.선고.83다카1940:대판 1998.10.20.선고.98다34997

64) 화재보험약관 7조

65) 양승규, 141면; 이기수, 83면; 정희철, 395면.

보험자가 면책될 수 없다는 것이다. 한편, 이를 긍정하는 견해[66]를 살펴보면 보험자는 보험사고가 보험계약자 또는 피보험자나 보험수익자의 고의·중대한 과실로 인하여 생긴 때에 보험자의 면책은 말할 것도 없지만 피보험자의 법정대리인의 고의 또는 중대한 과실에 의한 보험사고도 보험자는 면책됨이 보험의 기본원리에 합당하다고 본 것이다. 생각해보면 보험사고가 보험계약자 등의 고의 또는 중대한 과실에 의하여 발생된 경우 보험자가 면책됨은 당연한 것은 물론이며 피보험자의 법정대리인의 고의에 의한 사고에 대하여도 면책함이 옳을 것으로 생각된다. 그 이유는 첫째, 피보험자의 법정대리인의 고의에 의한 사고도 보험사고의 우연성이 결여됨과 아울러 어떠한 경우에 있어서도 보험에 있어서 고의적인 사고에 대하여 보험금이 지급되는 것은 보험의 본질에 맞지 아니함으로 이들의 고의적인 사고가 보험계약자 등의 공모, 교사, 묵인이 없다고 하더라도 이는 면책되어야 옳을 것이다. 또 대표자책임이론을 보험자대위편의 청구권대위와 관련시켜보면 피보험자의 가족(법정대리인)은 제3자에 포함시킬 수 없다는 것이 통설이다. 그것은 바로 피보험자의 가족이 고의 또는 중대한 과실로 보험사고를 발생시킨 경우 피보험자에게 보험금을 지급한 후 그 가족에게 다시 청구권대위를 행사하는 것은 사실상 지급했던 보험금을 되찾아 가는 현상이 생기므로 이것은 보험법의 법리에 맞지 않음으로 그 가족은 제 3자로 볼 수 없다는 것이 통설이다. 따라서 피보험자의 법정대리인에 의한 고의적인 사고에 대하여 보험자가 보험금을 지급하고 청구권대위를 행사하는 것은 불과하므로 우리나라에도 대표자책임이론을 수용하여 본 제도가 보험의기본원리에 부합되도록 운용되어야 할 것이다.

㉡ 전쟁 기타 변란으로 인한 사고

우리나라 상법 제660조에는 보험사고가 전쟁 기타 변란으로 인하여 생긴 때에는 당사자 간의 다른 약정이 없는 한 보험자는 보험금을 지급할 책임이 없다고 규정하고 있다. 여기에서 전쟁이란 선전포고가 있느냐 없느냐를 묻지 않으며 변란이란 전쟁에 준하는 비상사태 즉, 내란·폭동·소요 등과 같이 통상의 경찰력으로서는 치안을 유지할 수 없는 상태를 말한다.[67] 이것은 전쟁 등의 변란은 위험산정의 기초가 된 통상의 사고가 아니고 또 통상의 보험료서는 그 위험을 인수할 수 없기 때문이다. 그러나 보험자는 특약에 의하여 이러한 전쟁위험을 인수할 수 있는데, 이와 같이 전쟁위험을 인수하는 보험을 전쟁위험보험이라 한다.

66) 최기원, 보험법, 205면 참조.

67) 정희철·정찬영, 상법원론下, 577면 참조.

㉢ 보험목적의 성질, 하자, 또는 자연소모로 인한 손해

상법 제678조에는 보험의 목적의 성질(과일 또는 육류 등의 부패), 하자(포장의 불완전으로 인한 운송물의 훼손), 자연소모(유정의 증발)로 인한 손해는 보험자가 이를 보상할 책임이 없다고 규정하고 있다. 여기에서 보험의 목적의 성질이란 보험계약 체결 시로부터 그 사고의 발생이 이미 객관적으로 확정되어 있을 뿐만 아니라 보험사고의 요건인 불확실성을 결하고 있어 보험사고가 될 수 없는 것이다. 목적물의 하자는 사고발생의 위험이 대단히 클 뿐만 아니라 왕왕히 보험계약자 측의 악의 또는 중과실의 결과까지도 담보하는 것이 되기 때문이고 자연소모는 시간이 경과함에 따라 필연적으로 생기는 현상이기 때문이다.

㉣ 운송보조자의 고의·중과실과 보험자의 면책

보험사고가 송하인 또는 수하인의 고의 또는 중대한 과실로 인하여 발생한 때에는 보험자는 이로 인하여 생긴 손해를 보상할 책임이 없다.

㉤ 해상보험자의 면책사유

보험자는 다음의 손해와 비용을 보상할 책임이 없다. ⓐ 선박 또는 운임을 보험에 붙인 경우에는 발항당시 안전하게 항해를 하기 위한 준비를 해야 하나 이러한 준비를 하지 아니하거나 필요한 서류를 비치하지 아니함으로서 생긴 손해, ⓑ 적하를 보험에 붙인 경우에는 용선자, 송하인 또는 수하인의 고의 또는 중대한 과실로 인하여 생긴 손해, ⓒ 도선료, 입항료, 등대료, 검역료, 기타 선박 또는 적하에 관한 항해중의 통상비용에 대하여는 보험자가 책임을 지지 아니한다.

㉯ 약정면책사유

약정면책사유란 보험약관에서 정한 면책사유를 말한다. 이것은 보험계약법에서 인정하고 있는 사유 이외에 그 보험의 특성에 따라 이를 열거하고 있는데 그 내용은 다음과 같다.

㉠ 화재보험약관상의 면책사유

화재보험표준약관 제12조(보상하지 아니하는 손해)에는 다음과 같은 사항을 면책사유로 하고 있다.

첫째, 보험계약자, 피보험자 또는 이들의 법정대리인의 고의 또는 중대한 과실로 인한 손해

둘째, 화재가 발생했을 때 도난 또는 분실로 생긴 손해

셋째, 보험의 목적이 발효, 자연발열 또는 자연발화로 생긴 손해, 그러나 자연발열

및 자연발화로 연소된 다른 보험의 목적에 생긴 손해는 보상한다.

넷째, 화재로 기인되지 아니한 수도관, 또는 수관, 수압기 등의 파열로 생긴 손해

다섯째, 발전기, 여과기, 변류기, 변압기, 전압조정기, 축전기, 개폐기, 차단기, 피뢰기, 배전반 및 그 밖의 전기기기 또는 장치의 전기적 사고로 생긴 손해. 그러나 그 결과로 생긴 화재손해는 보상한다.

여섯째, 원인의 직접·간접을 묻지 아니하고 지진, 분화 또는 전쟁, 혁명, 내란, 사변, 폭동, 소요, 노동쟁의, 기타 이들과 유사한 사태로 생긴 화재 및 연소 또는 그 밖의 손해

일곱째, 핵연료물질 또는 핵연료물질에 의해서 오염된 물질의 방사성, 폭발성, 그 밖의 유해한 특성 또는 이들의 특성에 의한 사고로 인한 손해 등

여덟째, 위의 사항 이외의 방사선을 쬐는 것 또는 방사능 오염으로 인한 손해

아홉째, 국가 및 지방자치단체의 명령에 의한 재산의 소각 및 이와 유사한 손해

약관상의 면책사유는 위에 기술한 화재보험약관 이외에도 많은 보험 상품의 종류에 따라 개별적으로 규정하고 있다.

3) 보험료반환의무

(1) 의의

보험자는 보험계약이 취소, 무효, 해지된 경우에는 보험계약자에게 일정한 보험료의 반환의무를 진다. 여기에는 보험계약이 취소된 경우와 무효인 경우 그리고 보험계약의 해지로 나누어서 설명할 수 있다.

(2) 반환범위

① 보험계약이 취소된 경우

보험계약이 취소된 경우는 보험자가 보험약관의 교부설명의무를 위반한 때이다. 즉, 보험자는 보험계약을 체결할 때에 보험계약자에게 보험약관을 교부하고 그 약관의 중요한 내용을 알려줘야 한다. 그리고 보험자가 제1항 규정에 위반한 때에는 보험계약자는 보험계약이 성립한 날로부터 3월내에 그 계약을 취소할 수 있다(상법 638조의 3). 따라서 보험자가 계약을 성립하기 전에 보험계약자에게 보험약관의 교부설명의무를 다하지 아니한 경우에는 보험자는 보험약관의 교부설명의무위반으로 인한 책임을 져야하는데 이에 대하여 보험계약자는 계약의 취소권을 가진다. 따라서 계약이 취소된 경우에는 보험계약은 처음부터 소급하여 소멸되므로 보험자는 이미 지급받은 보험료전액을 보험계약자에게 반환하여야 한다.

② 보험계약이 무효인 경우

보험계약의 전부 또는 일부가 무효인 경우에 보험계약자와 피보험자 또는 보험수익자가 선의이며 중대한 과실이 없는 때에는 보험자는 보험료의 전부 또는 일부를 반환할 의무를 진다(상법 648조). 그러나 보험계약자 등의 악의(사기에 의한 고지의무 위반 등)에 의한 보험계약은 민법 제110조를 원용하여 당해 계약을 취소할 수 있도록 하고 취소된 계약은 당연히 무효[68]가 되며 이 경우 보험자는 취소한 때까지의 보험료를 청구할 수 있도록 보고 있다.[69] 한편 또 다른 보험계약의 무효의 원인을 살펴보면 상법 제644조는 보험계약당시에 보험사고가 이미 발생하였거나 또는 발생할 수 없는 것인 때에는 그 계약은 무효로 한다고 규정하고 있고 또 상법 제669조(초과보험)와 제672조(중복보험)에서도 사기보험, 초과보험 그리고 중복보험이 보험계약자의 사기로 인하여 체결된 때에는 그 계약은 무효로 한다고 규정하고 또 상법 제731조(상법 731조 본 조에서 무효라는 규정은 없으나 약관에서 무효로 규정하고 있음)에서는 피보험자의 서면에 의한 동의를 얻지 않고 타인의 사망을 보험사고로 한 보험계약을 무효로 하며 또 제732조에서15세 미만 자, 심신상실자 또는 심신박약자의 사망을 보험사고로 한 보험계약은 무효로 한다고 규정해 놓았다. 따라서 이러한 규정에 의한 보험계약은 무효이므로 이러한 경우 수령한 보험료는 반환하여야 하지만 그러나 이 경우에도 보험자는 보험계약자와 피보험자가 무효의 원인에 대하여 선의이며 중대한 과실이 없는 때에만 보험료의 전부 또는 일부의 반환의무를 지지만 그렇지 아니한 경우에는 반대의 해석이 이루어져 보험료는 반환되어서는 안 된다고 보아야 할 것이다. 이러한 이유는 악의 있는 사기보험계약까지를 보호해야 할 필요는 없기 때문이다

③ 보험사고발생 전의 계약의 해지

보험계약자는 보험사고가 발생하기 전에는 언제든지 계약의 전부 또는 일부를 해지할 수 있다. 이 경우에 보험자는 다른 약정이 없으면 미경과보험료를 반환해야 한다.(상법 649조 1항 및 3항) 여기에서 미경과보험료란 보험회사의 보상책임이 남아있는 기간에 대한 보험료를 말한다. 대체적으로 보험료에는 기간의 경과에 따라 경과보험료와 미경과보험료로 나눌 수 있다. 경과보험료란 보험회사의 책임이 경과된 보험료

68) 양승규, 전게서, 129면 참조.

69) 그런데 2014년 3월에 개정된 개정상법 시안 제655조의 2에는 보험계약의 당사자 또는 피보험자의 사기로 인하여 체결된 보험계약은 무효로 하며 이 경우 보험자는 보험료의 반환의무를 지지 않는다(상법 655조의 2)고 규정하여 사기보험계약은 원천적으로 무효로 하고 이에 대한 보험료는 반환되지 않도록 규정하였으나 이 규정은 입법과정에서 삭제되고 말았다. 그러나 최대 선의계약성이 강조되는 보험계약에서 사기계약은 무효로 하며 그에 따른 보험료는 반환되지 않는다는 본 규정은 반드시 필요한 규정이라 생각된다.

를 말하고, 미경과보험료란 보험회사의 책임이 아직 남아있는 기간에 대한 보험료를 말한다. 따라서 보험계약을 중도에 해지하면 이미 지나간 기간은 경과기간, 아직 남아있는 기간을 미경과기간이라고 부르는데 경과보험료는 이미 보험기간이 지났음으로 납입한 보험료가운데 경과보험료를 공제하고 미경과기간에 해당되는 보험료만 반환하게 되는 것이다. 그리고 생명보험의 경우에는 보험계약을 해지할 경우 보험료적립금(저축보험료부분)도 보험계약자에게 반환하여야 한다(상법 736조).

(3) 보험료 반환 의무 소멸시효

보험자의 보험료반환의무의 소멸시효는 3년으로 한다(상법 662조). 2014년 3월 이전에는 이 기간을 2년으로 하였으나 개정 상법에서는 3년으로 개정하였다.

4) 기타의 의무(생명보험의 경우)

(1) 보험료적립금등의 반환의무

생명보험계약에서는 ㉠ 보험계약의 해지, ㉡ 전쟁 기타 변란으로 발생한 보험사고, ㉢ 도덕적 위험사고(보험계약자의 고의는 제외)로 인하여 보험자의 보험금지급책임을 면하게 된 경우에는 보험자는 보험수익자를 위하여 적립한 금액(보험료적립금)을 보험계약자에게 지급하여야 한다(상법 736조 1항). 그러나 보험사고가 보험계약자에 의하여 발생한 때에는 이 의무는 생기지 않는다.

(2) 이익배당의무

보험사업자는 약관에 따라 그 이익의 일부를 보험계약자에게 배당키로 한 경우(배당보험)에는 금융감독원장이 정하는 방법에 따라 회사가 결정한 배당금을 계약자에게 지급해야 한다(생명보험표준약관 19조).

(3) 약관대출의무

생명보험계약에서는 약관대출의 의무를 지는 경우가 있다. 즉, 생명보험계약의 해약환급금의 범위 내에서 회사가 정한 방법에 따라 희망하는 보험계약자가 있을 경우 이에 대하여 보험자는 약관대출의무를 진다(생명보험표준약관 32조).

2. 보험계약자·피보험자·보험수익자의 의무

1) 보험료지급의무

(1) 의의

보험계약은 유상계약이므로 보험계약자는 보험자에 대하여 보험료를 지급할 의무가 있다(상법 638조). 보험계약에 있어서 보험료는 보험금(또는 보험금액)과 대응되는 것으로 보험료의 총액과 보험금의 총액은 서로 균형을 이룰 것을 전제로 하기 때문에 보험계약자의 보험료지급의무는 보험자의 보험금지급의무에 대응하는 의무이다. 그러나 보험료지급의무는 보험계약의 효력으로서 현실적으로 지급하여야 하는 것이고 보험자의 보험금지급의무는 보험사고의 발생을 조건으로 구체화되는 데에 그 차이가 있다. 따라서 보험계약은 유상·쌍무계약이라는 것에 대하여 이의가 없으나 보험금의 지급은 보험사고라는 조건이 현실화 되어야하므로 그러한 측면에서는 보험계약의 법적성질을 조건부 유상·쌍무계약이라 할 수도 있을 것이다. 아무튼 보험계약자의 보험료지급의무는 보험자의 보험금지급의무에 대응하는 의무이며, 따라서 보험자의 보험료지급청구권은 보험계약의 본질적인 요소라 할 수 있다.

(2) 보험료지급의무자

보험료의 지급의무는 1차적으로는 보험계약자이고(상법 638조) 타인을 위한 보험계약의 경우 보험계약자가 파산선고를 받거나 보험료의 납입을 할 수 없는 여러 가지 사정으로 인하여 보험료의 지급을 지체한 때에는 2차적으로는 타인인 피보험자(손해보험의 경우) 또는 보험수익자(생명보험의 경우)도 그 권리를 포기하지 않는 한 보험료의 지급의무를 진다(상법 639조 3항). 따라서 피보험자 또는 보험수익자가 그 권리(보험금청구권)를 포기한 때에는 보험료지급의무는 없다. 또 타인을 위한 보험계약에서 피보험자 또는 보험수익자가 보험료지급의무를 지는 약정을 할 수 있는지에 대하여는 찬반양론의 견해가 있다. 반대론에서는 보험계약자의 보험료지급의무는 보험계약의 본질적인 요소이므로 보험계약자의 보험료 지급의무를 면제하는 약정은 그 효력이 없다고 본다. 그러나 긍정하는 측면에서 생각해보면 보험계약자와 피보험자 또는 보험수익자간의 사이에 보험료의 납입의 의무에 대하여 약속하는 것은 가능할 것이라 보아지며 따라서 보험자와 보험계약자 사이에서 특별한 약속을 하는 것도 부정할 사항은 아니라고 보고 있다. 생각해보면 보험계약에 있어서 보험료의 지급은 1차적으로는 보험계약자의 의무이고 2차적으로는 피보험자 또는 보험수익자의 의무라고 볼 때 통상적인 보험료의 지급의무는 보험계약자이나 특별한 약속(특약)에 의해 보험료지급의무를 피보험자 또는 보험수익자로 하는 보험계약도 가능할 수 있다고 해야 할 것이다. 또 피보험자가 보험료를 지급한 경우에 피보험자는 보험계약자에 대하여 그가 지급한 보험료의 구상권을 갖는가 하는 문제가 생길 수 있는데 이 문제는 보험계약자와 피보험자 사이에 존재하는 계약관계에 따라 정해질 문제이다.

(3) 보험료의 산정

보험료의 산정은 일반적으로 보험계약을 체결하기 전에 기존요율에 의하여 결정되지만 보험계약에서 당사자의 합의에 의하여 정할수도 있다. 또 보험료는 보험증권의 기재사항이므로 반드시 보험증권에 기재하여야 한다(상법 666조). 보험료는 보험계약자와 보험자 사이의 합의에 의해 정해지지만, 다음과 같은 경우에는 보험료의 감액 또는 증액을 청구할 수 있다.

① 보험료의 감액청구

㉮ 특별위험이 소멸한 경우

보험계약의 당사자가 특별한 위험을 예기하여 보험료를 정한 경우에 보험기간 중에 그 예기한 위험이 소멸하게 된 경우 보험계약자는 그 후의 보험료를 감액청구 할 수 있다. 이것은 특별한 위험을 예기하여 보통의 보험료보다 고액으로 정한 경우 그 예기한 위험이 소멸함으로서 당연히 보험료의 감액청구권이 인정되어야 하기 때문이다. 보험료감액청구권은 보험계약자가 가지는데 이러한 보험료감액청구권을 행사할 경우에는 그 특별한 위험의 소멸에 대한 증명을 해야 하고 그 입증책임은 보험계약자에게 있다.

㉯ 초과보험의 경우

손해보험의 경우에 있어서 보험금액이 보험가액을 현저하게 초과한 때에는 보험계약자는 보험료의 감액을 청구할 수 있고 보험자는 보험금액의 감액을 청구할 수 있다(상법 669조). 그러나 보험료의 감액은 장래에 대해서만 그 효력이 있으므로 경과된 보험기간에 대한 보험료는 감액되지 않으며 경과되지 아니한 장래에 대하여만 보험료의 감액이 가능하다. 따라서 초과보험의 경우 보험료의 감액은 미경과부분에 대해서만 가능하다. 그리고 또 초과보험이냐 아니냐의 문제는 보험계약 당시의 보험금액이 보험가액을 초과하였느냐 그렇지 않느냐에 따라 초과보험의 여부가 결정되는데 만약, 보험계약 체결 시에는 초과보험이었으나 보험기간의 경과에 따라 보험목적물의 가액이 증가하여 보험금액과 보험가액간의 가격의 차이가 없는 경우에는 초과보험이 되지 않는다. 또, 보험가액이 보험기간 중에 현저하게 감소된 때에는 위와 같이 보험계약자는 보험료 감액을 청구할 수 있다.

② 보험료의 증액

㉮ 위험의 객관적 변경증가의 경우

보험기간 중에 보험계약자 또는 피보험자가 사고발생의 위험이 현저하게 변경 또는 증가된 사실을 안 때에는 지체 없이 보험자에게 통지하여야 하며 보험자는 그 사실을 안 날로부터 1월내에 보험료의 증액을 청구하거나 계약을 해지할 수 있다. 따라서 보험자는 보험계약자 또는 피보험자의 위험변경통지를 받은 경우 보험료를 증액할 수 있다(상법 제652조).

㉯ 위험의 주관적 변경·증가의 경우

보험기간 중에 보험계약자, 피보험자 또는 보험수익자의 고의 또는 중대한 과실로 인하여 사고발생의 위험이 현저하게 변경 또는 증가된 때에는 보험자는 그 사실을 안 날로부터 1월내에 보험료의 증액을 청구하거나 계약을 해지할 수 있다(상법 653조). 여기에서 위험의 객관적 변경증가란 보험의 목적물에 위험이 증가되었으나 그 증가된 사실이 보험계약자, 피보험자, 또는 보험수익자의 행위에 의한 것이 아닌 경우가 이에 속하고 주관적 변경·증가의 경우란 보험계약자, 피보험자, 또는 보험수익자의 행위에 의하여 사고발생의 위험이 증가된 경우를 말한다. 예를 들면 위험의 객관적 변경·증가의 경우란 화재보험에 가입된 건물이 공터할인율을 적용받아 값싼 보험료를 지급하고 보험에 가입하였으나 추후 보험기간 내에 공터의 토지소유자가 그 공터 내에 주유소를 설치한다든가 또는 인화물질이 있는 저장소를 만든다든가 하여 화재보험에 가입된 보험목적물에 위험이 증가된 경우를 말하며 위험의 주관적 변경·증가의 경우란 식료품창고를 사용하던 보험계약자, 또는 피보험자가 사업상 필요에 의해 식료품창고를 휘발유창고로 변경한 경우 등이 이에 속한다. 그런데 문제는 위험의 객관적 변경·증가의 경우에는 보험계약자 또는 피보험자가 보험회사에 그 위험의 변경을 반드시 통지토록 하였으나 주관적 위험의 변경·증가의 경우에는 통지의무를 의무화해 놓지 않고 있다. 따라서 주관적 위험의 변경 증가의 경우에 보험자는 그 통지를 받지 못하여 보험의 목적에 위험이 변경된 경우에도 그 사실을 모르고 있을 수 있다. 따라서 주관적 위험 변경·증가의 경우에도 객관적 위험의 변경·증가의 경우와 같이 통지의무를 의무화 하여 이 통지를 받은 보험자는 보험료의 증액 또는 계약의 해지를 선택할 수 있도록 해야 할 것이다. 그것은 바로 위험의 변경이 객관적이든 주관적이든 그것은 보험사고 발생의 주요한 원인이므로 계약자 등에게 일단 먼저 통지의무를 가하고 그러한 의무를 이행치 않을 시 그에 대한 반대급부를 가함이 옳다고 생각되기 때문이다.

(4) 보험료의 지급시기와 방법

① 지급시기

보험료의 지급 시기는 당사자 간의 계약에 의해 정해진다. 그러나 특약이 없는 경우에는 이를 언제로 할 인지에 대하여 계약 성립 후 보험자의 청구에 의하여 이루어진다고 보는 설(민법 387조 2항) 특약이 없으면 계약의 성립과 동시에 이루어진다고 보는 설이 있을 수 있으나 보험실무에서는 청약과 동시에 보험료를 납입하고 있다. 이것은 다른 계약과는 달리 보험계약에 있어서는 청약과 승낙이라는 계약의 성립이 다른 계약과는 달리 상당한 기간(계약심사기간 = 언더라이팅 기간)이 필요하고 이 기간 동안 보험료를 납입하지 않으면 사고가 발생할지라도 보험금을 지급받을 수 없으므로 실제 보험계약자는 자기의 위험을 보험자에게 담보시키기 위하여 일찍 보험료를 납입하고 자기의 위험을 전가한다고 볼 수 있다. 아무튼 보험계약자가 최초의 보험료를 납입하지 아니한 경우에는 다른 약정이 없는 한 보험자의 책임은 개시되지 않으므로 보험계약자는 보험계약이 성립되기 전에 미리 보험료를 납입하는 것이다. 그런데 손해보험의 경우에 있어서는 대체적으로 보험료의 전부를 일시 지급하는 경우가 많고 생명보험의 경우에 있어서는 분할지급이 많은데 분할 지급하는 경우 제1회 보험료를 최초보험료라 한다. 또 보험대리점이 약정한 지급기일에 보험료를 대납하고 그 후에 보험계약자가 보험대리점에 보험료를 지급한 경우 그 계약은 정상적으로 이루어졌다고 보며 보험계약자는 약정한 지급기일에 보험료를 지급한 것이 된다고 본다.

② 지급방법

㉮ 일시지급·분할지급

보험료는 보험료기간을 단위로 하여 계산되므로 원칙상 보험료는 보험료불가분의 원칙에 의해 일시에 지급하는 것이 원칙이다. 그러나 대체적으로 손해보험에 있어서는 보험료 전부를 일시납으로 하지만 생명보험의 경우에 있어서는 분할납입하는 경우가 대부분이다. 이것은 생명보험은 장기간의 보험으로서 보험료전액을 일시납 할 경우에 보험계약자에게 지나친 부담이 되므로 보험계약자의 편의를 위하여 분할 지급할 수 있도록 허용하고 있다. 분할지급의 경우 제1회 보험료를 최초보험료라 하고, 제2회 이후의 보험료를 계속보험료라 한다.

㉯ 어음수표에 의한 지급

보험료의 지급을 위하여 어음이나 수표를 이용할 수도 있다. 어음과 수표는 금전지급결제를 위하여 사용하는 유가증권이나 그 자체가 현금은 아니므로 어음·수표로 보험료의 지급을 이행하려는 경우 이를 어떻게 다룰 것이냐 하는 의문이 생긴다. 보험계약자가 보험료의 지급에 대신하여 자기앞수표를 교부한 때에는 보험료의 지급은 이행된 것으로 되나 어음이나 선일자수표에 의한 지급의 경우는 그 증권상의 지급일자 또는 발행일자가 도래하여 그 지급이 이루어진 경우에 보험료가 지급된 것으로 본다.[70] 다시 말해 어음이나 선일자수표의 교부가 있는 때에는 그 교부로써 보험료의 지급이 이루어진 것은 아니고 이 증권의 지급기일(어음의 경우) 또는 발행기일(선일자 수표의 경우)까지 보험금의 지급을 유예하여 어음이나 선일자수표의 지급이 있을 때에 보험료가 지급된 것으로 본다는 조건부지급이라 할 수 있다. 그러므로 어음이나 선일자수표의 교부가 보험료의 지급을 위하여 이루어진 경우에는 그것의 지급이 있을 때에 보험료를 지급한 것으로 보고 만약 그것의 지급이 거절된 때에는 보험자는 보험계약자에게 보험료의 지급을 청구할 수 있다.

(5) 보험료의 지급장소

보험료의 지급의무는 보험계약자의 의무로서 보험자에게 지급해야 한다. 그런데 보험료의 지급장소에 대하여는 보험법상 특별한 규정을 두고 있지 아니하므로 상법 제56조 또는 민법 제467조에 따라 보험료의 지급은 채권자인 보험자의 영업소에서 하여야 한다. 즉, 보험료채무는 지참채무가 원칙이나 보험거래에서는 수금사원이 직접 보험계약자를 방문하여 보험료를 받도록 하는 경우도 있다. 이때에는 특약에 의하여 그 보험료채무는 추심채무로 된다고 풀이한다.[71] 그러나 은행 등의 창구에서 보험료를 지급하도록 하는 이른바 지로(Giro)에 의한 보험료지급은 지참채무라고 보아야 할 것이다.[72]

(6) 최초보험료지급과 보험자의 책임

보험자의 책임은 당사자 간에 다른 약정이 없으면 최초의 보험료의 지급을 받은 때로부터 개시된다(상법 656조). 따라서 보험자는 보험계약이 성립하여 계약상의 보험기간이 개시된 후라도 최초의 보험료를 받지 아니한 때에는 보험사고가 발생하여도 그에 대한 책임을 지지 않는다. 그런데 가령 어음이나 선일자수표에 의하여 보험료를 결제함으로서 현실적으로 보험료가 지급되지 않음에도 불구하고 보험사고가 발생한 경우 이에 대한 책임을 어떻게 할 것이냐 하는 문제가 제기된다. 이에 대하여는 앞에서 설명한 바와 같이 자기앞수표와 같은 경우에는 현금과 같은 효력을 발생하므로 이

---

70) 양승규, 보험법, 삼지원 153면 참조.

71) 양승규, 상게서, 153면.

72) 양승규, 상게서, 153면.

에 대한 문제는 없으나 어음이나 선일자수표 등으로 보험료를 결제할 경우 결제일로부터 보험자의 책임이 개시되는지에 대하여 결제와 동시에 개시된다는 설(지급의제설)[73]과 어음이나 선일자수표는 일정한 기일까지 보험료의 지급을 유예한 것으로 보아야 하므로 현실적으로 보험료가 완납되기 까지는 보험자의 책임은 발생되지 않는다고 보는 설(유예설)[74]이 있다. 이에 대한 우리나라의 대법원판례는 유예설의 입장을 취하고 있다.[75] 따라서 우리나라는 어음이나 선일자수표는 일정한 기일까지 보험료의 지급을 유예한 것으로 보며 추후 본 어음·선일자수표가 지급이 된 때에는 어음수표를 교부한 때에 보험료가 납입된 것으로 보는 것이다.

(7) 보험료지급의무 해태의 효과

보험계약자가 보험료지급의무를 이행시기에 이행하지 아니한 경우에는 보험자는 계약을 해제(제1회 보험료지급해태의 경우) 또는 해지(제2회 이후의 보험료를 납입하지 아니한 경우)를 할 수 있다. 따라서 상법상 보험료지급의무가 이행되지 아니한 경우 그 보험료가 최초보험료인가 또는 계속보험료인가에 따라서 다음과 같이 계약의 해제 또는 해지를 할 수 있다(상법 650조).

① 최초(제1회) 보험료지급의무 해태의 경우

보험계약자는 계약체결 후 지체 없이 보험료의 전부 또는 제1회 보험료를 지급하여야 하며 보험계약자가 이를 지급하지 아니한 경우에는 다른 약정이 없는 한 계약 성립 후 2월이 경과하면 그 계약은 해제된 것으로 본다(상법 650조 1항). 따라서 보험계약자가 계약 성립 후(외상보험의 경우) 아무런 약정 없이 2월이 경과하여도 보험료를 납입하지 아니한 경우에는 그 계약은 해제된 것으로 본다. 따라서 이 경우에는 보험계약 해제의 의사표시 없이 처음부터 보험계약의 효력은 없어진다고 본다. 여기서 다른 약정이라 함은 보험자와 보험계약자 사이에 외상으로 보험계약을 체결하고 일정한 기간 동안 보험료납입의 유예를 인정한 보험을 들 수 있고 이러한 경우에는 보험계약자가 보험료를 지급하지 아니하고 2월이 지났다 하더라도 보험계약의 당사자가 약정한 기일까지는 그 효력이 지속된다고 보아야 할 것이다. 그리고 특정한 타인을 위한 보험계약의 경우에 있어서는 보험계약자가 보험료를 납입하지 아니할 경우에는 그 타인에게 상당한 기간을 정하여 보험료의 지급을 최고한 후 그 타인이 그 기간 안에 보험료를 지급하지 아니하여야만 그 보험계약을 해지할 수 있다.

---

73) 최기원, 보험법, 박영사 1998, 219면 참조.

74) 양승규, 보험법, 삼지원 155면 참조.

75) 양승규, 보험법, 삼지원 155면 참조.

② 계속보험료지급의무 해태의 경우

계속보험료(제2회 이후의 보험료)가 약정한 시기에 지급되지 아니한 때에는 보험자는 상당한 기간을 정하여 보험계약자에게 최고하고 그 기간 내에 지급되지 아니한 때에는 그 계약을 해지할 수 있다(상법 650조 2항). 보험료는 일시납보험료와 분납보험료로 나누어지고 일시납보험료는 대체적으로 손해보험에서 이루어지고 있으며 분납보험료는 생명보험에서 이루어지고 있다. 그런데 분납보험료에 해당되는 제2회 이후의 보험료 즉, 계속보험료가 약정된 기일까지 납입되지 아니할 경우에는 보험자는 보험료납입의 지체를 보험계약자에게 알리고 일정한 기간 동안 최고(독촉)한 후 그 기간이 경과하여도 납입되지 않을 경우에는 계약을 해지할 수 있다. 따라서 보험계약의 해지의 요건으로서는 첫째, 계속보험료가 약정한 시기까지 지급되지 아니하였어야 하며, 둘째, 보험자는 상당한 기간을 정하여 보험료지급의무자에게 보험료의 지급을 최고하여야 하며, 셋째, 보험자가 최고한 그 기간 안에 보험료 납입이 없어야 하며, 넷째, 보험자는 보험계약자에게 계약해지의 의사표시를 하여야 한다. 또 보험계약해지의 효과로서는 보험자가 계속보험료의 부지급을 이유로 보험계약을 해지한 때에는 보험계약은 장래에 대하여 그 효력을 잃게 되므로 해지 이후의 보험사고에 대하여는 보험금 지급책임이 없다. 그리고 또 보험자는 계속보험료의 부지급(미납)으로 보험계약을 해지하는 경우에 보험자는 그때까지의 미납보험료가 있는 경우 그때까지의 미납보험료(해지 시점까지의 경과된 기간에 대한 미납보험료)의 지급을 청구할 수 있다.[76]

(8) 실효약관의 효력

① 의의

실효약관이란 보험자가 보험계약자에게 보험계약의 해지에 따른 최고(독촉)의 번거로움을 피하기 위하여 보험약관에서 제2회 이후의 보험료는 그 납입기일부터 일정한 기간의 유예기간을 두고 그 기간 내에 보험료를 지급하지 않으면 보험계약은 자동적으로 실효된다고 규정한 약관을 말한다. 이러한 실효약관은 최고의 의사표시가 없고 또한 계약의 해지의 의사표시가 없음에도 불구하고 일정한 기간의 경과만으로 계약이 실효되는 것으로 정한 점에서 상법 제650조에 저촉되는 것이 아니냐하는 문제가 발생하고 따라서 상법 제650조를 저촉한다면 이것은 상법 제663조(보험계약자등의 불이익변경금지의 원칙)에 반하므로 이것은 무효라는 문제가 발생된다.

② 실효약관의 효력

위에서 설명한 바와 같이 실효약관은 상법 제650조 2항(계약 해지 시에는 반드시

76) 양승규, 보험법, 삼지원, 158면 참조.

최고를 한 후 해지해야 함)에 어긋나기 때문에 상법 제 663조에 따라 무효가 아니냐 하는 문제가 있다. 이 실효 약관은 과거 1990년대 초반까지는 대체적으로 모두 인정되었다. 그러나 이 약관은 상법 제650조 제2항에 어긋남은 물론, 상법 제663조에 저촉되기 때문에 이를 무효로 한 판례가 점차 늘어나 오늘에 이르고 있으나 그러나 다시 이 약관은 부활해야 한다는 이론이 제기되고 있다. 그 이유는 보험료 기관의 보험료는 보험료 불가분의 원칙에 따라 한꺼번에 지급하여야 할 것이나 이를 분할하여 지급하도록 하는 것은 보험 계약자의 편의를 도모하기 위한 것이므로 보험계약자가 약정한 기간 안에 그 보험료를 지급하지 아니한 것은 그 자신의 책임으로 돌리는 것이 마땅하다는 것이다. 따라서 이러한 점에서 보험자가 일정한 기간을 유예하고 그 기간 안에도 보험료의 지급이 없을 때에는 그 보험계약을 실효시켜 그 후의 사고에 대하여는 책임을 지지 않도록 한 실효약관의 효력은 인정되어야 한다는 것이다. 그러나 이 문제는 심도 있는 검토가 필요하다고 생각된다. 왜냐하면 계속 보험료가 납입되는 인보험의 경우에서 보험계약은 장기간이고 보험료는 월납으로 이루어지는 것이 보통이기 때문에 오랜 장기간 동안 보험료 납입을 매달 잊지 않고 제때에 몇 년 동안을 납입하기란 쉬운 일이 아니기 때문이다. 따라서 보험료의 납입의 지체가 있는 경우에는 보험자는 보험계약자에게 보험료 납입의 지체가 있음을 최고하고, 최고한 후 일정한 기간을 기다린 후 계약을 해지하는 것이 올바르다고 생각된다.

(9) 소멸시효

보험자의 보험료 청구권의 소멸시효는 2년의 시효에 의하여 소멸한다(개정상법 662조). 이것은 구법에서는 1년이었지만 개정상법에서 2년으로 연장 하였다. 그러므로 보험지는 보험계악자 등(보험계약자가 보험료를 납입하시 못할 경우에 있어서 피보험자 또는 보험수익자)에세 보험료 청구권에 해당되는 채권을 가진 경우에는 이를 2년 내에 청구해야하며 만약 2년 안에 보험료 청구권을 행사하지 아니하면 시효로서 소멸한다.

2) 고지의무

보험계약자와 피보험자의 의무로는 위에서 기술한 여러 가지 의무 이외에 고지의무, 통지의무가 있으나 이러한 의무는 앞의 보험 계약 체결의 편에서 기술하였으므로 여기에서는 생략한다.

3) 통지의무(위험변경 증가의 통지의무)

(1) 위험변경 증가 통지의무의 뜻

위험변경 증가의 통지의무란 보험기간 중에 보험계약자 또는 피보험자가 보험사고 발생의 위험이 현저하게 변경 또는 증가된 사실을 안 때에는 지체 없이 보험자에게 통지하여야 하는데 이 의무를 통지의무라 한다(상법 652조). 이 의무는 보험의 목적에 존재하는 위험이 변경 또는 증가된 경우 그 사실을 보험자에게 알리게 함으로써 보험자로 하여금 보험사고의 발생에 대비하고 그에 따라 보험료를 증액하거나 또는 보험계약을 해지할 수 있는 권리를 인정해 주는 것이다. 여기서 사고발생의 위험이 현저하게 변경 또는 증가된 사실이라 함은 그 변경 또는 증가된 위험이 보험계약의 체결 당시에 존재하고 있었다면 보험자가 그 보험계약을 체결하지 아니하였거나 적어도 그 보험료로는 보험을 인수하지 아니하였을 것으로 인정되는 사실을 말한다.

(2) 위험변경 증가 통지의무의 성질

① 순수 채무설

위험변경 증가의 통지 의무는 보험계약 성립 후에 생기는 것이므로 순수한 채무의 성질을 가진다는 설로서 소수설이다.[77)]

② 간접 의무설

이 설은 통지의무란 보험계약의 성립 후 보험기간 중에 가지는 의무로써 그 의무를 게을리 할 경우에 보험자의 계약해지에 의하여 보험보호를 받을 수 없다는 점에서 고지의무와 마찬가지로 간접의무 또는 자기의무라 한다.[78)]

(3) 위험변경 증가 통지의무의 발생요건

상법이 인정하고 있는 위험의 변경 증가에 관한 통지의무가 발생하기 위하여 다음과 같은 몇 가지 요건이 있어야 한다.

① 위험의 변경 또는 증가는 보험기간 중에 생긴 것이어야 한다. 즉, 이것은 보험계약이 체결되고 난 이후 다시 말해 보험자의 승낙이 있은 이후에 보험의 목적에 존재하는 위험이 현저하게 변경된 것으로써 그것은 보험기간 중에 생긴 것이어야 한다. 그런데 독일 보험 계약법 제29조 A는 보험계약을 청약한 때로부터 인수할 때까지의 사이에 생긴 위험의 증가로써 보험자가 그 청약을 인수할 때에

---

77) 손주찬, 362면 참조.

78) 양승규, 보험법, 삼지원, 161면 참조.

알지 못하는 것에 대하여도 같은 법 제23조 내지 29조를 적용한다고 규정하고 있다.[79] 이것은 달리 말하면 보험 계약의 청약 시 고지사항에 해당하나 보험계약자 또는 피보험자가 이를 몰랐던 경우로써 그런 경우에는 추후 통지의무로 가능할 수 있다고 본 것이다. 따라서 통지의무란 보험계약 체결 시 알려야 할 고지의무를 이행하지 못한 경우 이를 계약성립 후 알리는 것을 포함하며 또 계약 체결 후 보험의 목적에 존재하는 위험이 현저하게 변경 된 경우(증가, 또는 감소) 이를 알리는 의무라고 보아야 할 것이다.

② 위험의 변경 또는 증가가 현저한 것이어야 하고 또 그 위험의 변경 증가가 보험계약자 또는 피보험자의 행위로 인한 것이 아니어야 한다. 왜냐하면 위험변경증가가 보험계약자 또는 피보험자의 행위로 인한 것은 위험유지의무 위반사항이지 위험변경증가의 통지의무사항이 아니기 때문이다. 여기에서 사고발생의 위험이 현저하게 변경 또는 증가된 사실이라 함은 그 변경 또는 증가된 위험이 보험계약의 체결당시에 존재하고 있었다면 보험자가 그 보험계약을 체결하지 않았거나 적어도 그 보험료로는 보험을 인수하지 않았을 것으로 인정될 정도의 것을 의미한다. 즉 객관적인 변경 또는 증가만을 의미한다. 여기에서 객관적인 위험의 변경 또는 증가란 보험계약자나 피보험자의 행위에 의하여 발생된 위험이 아니어야 하고 이것은 자연적인 사건이거나 또는 보험계약자 또는 피보험자가 개입하거나 통제할 수 없는 제3자의 행위로 인한 것이어야 한다. 이러한 경우에는 보험자 측에 통지의무를 이행하여 그에 따른 보험자의 보험료의 증액 또는 계약의 해지를 선택할 수 있게 해야 하며 만약 이를 게을리 할 경우에는 보험자는 일방적으로 계약을 해지 할 수 있다.

③ 보험계약자 또는 피보험자가 그 위험의 현저한 변경이나 증가의 사실을 알았어야 한다. 그러나 그 위험의 변경·증가의 사실을 이미 알고 있는 때에는 보험계약자 또는 피보험자는 그것을 통지할 의무는 없다(독일보험계약법 25조 2항).

(4) 위험변경 증가의 통지의무 시기와 방법

① 시기

위험의 현저한 변경 또는 증가의 통지는 보험계약자 또는 피보험자가 그 사실을 안 때에 지체 없이 하여야 한다. 여기에서 지체 없이란 자기의 책임 있는 사유로 늦춤이 없이라는 의미이고 따라서 그 사실의 발생과 통지와의 사이에 태만(게을리 함)이 없이 즉시 하는 경우를 말한다.

79) 양승규, 보험법, 삼지원, 162면 참조.

② 방법

위험변경 증가의 통지의무의 방법은 특별한 제한이 없으므로 서면에 의하든 구두에 의하든 상관이 없다. 그러나 각종의 보험의 약관에서는 서면으로 통지하도록 규정하고 있다(화재보험보통약관 10조, 영업배상책임보험보통약관 10조, 상해보험보통약관 14조).

(5) 위험변경증가의 통지의무위반의 효과

① 보험자의 해지권의 발생

위험변경증가의 통지의무를 게을리 한 때에는 보험자는 그 사실을 안 날로부터 1월 내에 한하여 계약을 해지할 수 있으며(상법 652조 1항) 또 보험자가 위험의 변경증가의 통지를 받은 때에는 1월내에 보험료의 증액을 청구하거나 계약을 해지할 수 있다(상법 652조 2항)고 규정하고 있다. 따라서 그 해지권은 보험사고 발생 전후를 묻지 아니한다고 해석되고 단, 보험자는 그 위험의 현저한 변경사실을 입증해야 한다. 여기서 1월의 기간을 제척기간이라 하며 이 기간이 경과하면 해지권을 행사할 수 없다고 본다.

② 보험계약 해지의 효과

보험자가 위험변경증가의 통지의무의 위반을 이유로 보험계약을 해지할 때에는 보험계약은 효력을 잃고 보험계약관계는 종료된다. 이 경우 손해보험에 있어서는 미경과보험료, 인보험의 경우에는 보험료 적립금과 미경과 보험료가 있는 경우에는 미경과 보험료를 반환해야 하며 만약 계약해지 시까지 경과보험료가 미납된 경우에는 미납보험료를 청구할 수 있다. 또 보험사고 발생 후의 계약해지에 있어 보험자는 보험사고의 발생 후에도 위험변경증가의 사실을 안 날로부터 1월 내에 계약을 해지할 수 있다(상법 655조). 이 경우 보험자는 보험금을 지급할 책임이 없고 이미 지급한 보험금의 반환을 청구할 수 있다. 다만, 보험계약자 등이 그 위험변경증가의 사실과 보험사고의 발생 사이에 인과관계가 없음을 증명하는 때에는 보험금지급을 면할 수 없고, 이미 지급한 보험금이 있는 경우에는 이에 대한 반환을 청구할 수 없다. 이러한 경우를 예를 들어서 설명하자면 화재보험에 가입한 보험의 목적물(건물)이 보험계약을 체결할 당시에는 건물의 주위가 공터로 이루어져 있었기 때문에 공터할인율을 받고 보험계약을 체결하였다. 그런 이후 공터의 소유권자가 그 공터에 휘발유 저장소 또는 주유소 등을 설치하여 보험의 목적물에 화재가 발생될 위험성이 높아질 경우 이는 위험변경증가에 해당되므로 보험계약자나 피보험자는 위험변경증가의 통지의무를 이행해야 할 것이다. 그러나 만약 이러한 사실을 알지 못한 보험계약자나 피보험자가 이러한 의무를 위반한 경우 이를 위험 변경 증가의 통지의무 위반으로 볼 것인지에 대하여 이는 인지(認知)된 위험변경증가의 통지의무위반은 아니라고 할지라도 不知의 위험변경증가의 통지의무 위반으로 보아(결국은 보험의 목적에 사고가 발생할 위험은 증가되었기 때문) 보험자는 이러한 위험변경증가의 통지의무를 위반하였다는 사실로 인하여 계약을 해지하거나 보험료의 증액을 청구할 수 있다고 보아야 할 것이다.

4) 위험유지의무

(1) 위험유지의무의 뜻

위험유지의무란 보험계약자 또는 피보험자, 보험수익자는 보험에 가입된 보험목적물이 보험기간 중에 고의나 과실에 의하여 사고발생의 위험을 현저하게 변경 또는 증가시켜서는 아니 된다는 의무를 말하는데 이를 위험유지의무 또는 위험변경증가의 금지의무라 한다. 이 의무는 예컨대 화재보험에 가입한 주거용 건물을 내부를 개조하여 공장이나 창고로 사용하는 경우 또는 출퇴근용 자동차를 영업용 자동차로 변경하는 경우, 렌트용 승용차를 영업용 택시로 전용하는 경우와 같은 것은 물론이고, 피보험자가 위험직종으로 직업을 바꾸는 경우(상해보험보통약관 14조)와 같은 인보험의 경우에도 인정되는 이론이다. 이 의무를 위반한 때에는 보험자는 그 사실을 안 날로부터 1월내에 보험료의 증액을 청구하거나 계약을 해지할 수 있다(상법 653조). 이러한 상법 653조의 규정은 보험계약자 등이 보험기간 동안 지속적으로 보험의 목적에 존재하는 위험을 계약체결시의 상태대로 유지토록 하는 의무이며 달리 말하면 그 위험의 변경증가를 금지하는 의무를 말한다.[80] 따라서 상법 653조는 보험계약자등의 고의 또는 중대한 과실로 사고발생위험이 현저하게 변경 또는 증가한 경우에는 보험자의 보험계약해지권을 인정하고 있는데 이는 바로 보험계약자의 위험유지의무를 전제로 하는 것이다.

(2) 위험유지의무의 법적성질

위험유지의무의 법적성질도 보험기간 중에 보험계약자 등이 이 의무를 위반한 때에는 보험자가 계약을 해지함으로서 보험보호를 받을 수 없다는 점에서 위험변경증가의 통지의무와 같이 간접의무 또는 자기의무로 본다.[81]

80) 최준선, 보험법·해상법, 삼영사, 139면 참조.

81) 양승규, 165면; 정찬영, 下, 550면 참조.

(3) 위험유지의무의 내용

위험유지의무란 보험계약자, 피보험자 및 보험수익자는 보험사고발생의 위험을 변경·증가시키지 아니해야 할 의무이다. 이러한 의무를 규정하고 있는 이유는 보험계약은 선의계약으로서의 성격을 갖기 때문에 보험단체의 구성원인 보험계약자 등은 보험의 목적을 관리할 의무가 있다는 점에서 인정되는 것으로서 이를 다른 말로 위험변경증가의 금지의무라고도 한다.

(4) 위험유지의무위반의 효과

① 보험자의 보험료의 증액청구 또는 보험계약 해지권의 발생

보험기간 중에 보험계약자, 피보험자 또는 보험수익자의 고의 또는 중대한 과실로 인하여 사고발생의 위험이 현저하게 변경 또는 증가된 때에는 보험자는 그 사실을 안 날로부터 1월내에 보험료의 증액을 청구하거나 계약을 해지할 수 있다(상법 653조).

② 해지권행사의 효과

보험계약을 해지하면 보험사고가 발생한 후에도 보험자는 보험금을 지급할 책임이 없고, 이미 지급한 보험금의 반환을 청구할 수 있다(상법 655조). 단, 보험계약자 또는 피보험자의 고의 또는 중대한 과실로 인한 위험의 변경이나 증가된 사실이 보험사고와 인과관계가 없는 경우, 다시 말해 그러한 사실이 보험사고에 영향을 미치지 아니하였음을 보험계약자등이 증명한 때에는 보험자는 그 계약을 해지할 수 없고 보험금을 지급해야 한다(상법 655조).

(5) 사견(상법 653조의 문제점)

상법 제652조는 위험의 객관적 변경증가를 규정한 것이고, 상법 제653조는 위험의 주관적 변경증가를 규정한 것이다. 여기에서 위험의 객관적 변경증가란 보험계약자 또는 피보험자 이외의 다른 사람에 의해 보험의 목적에 위험이 변경 또는 증가된 사실을 말하며 위험의 주관적 변경증가란 보험계약자 또는 피보험자의 고의 또는 중과실에 의해 보험의 목적에 위험이 변경 또는 증가된 사실을 말한다. 그런데 위험의 객관적 변경증가의 경우에는 보험계약자나 피보험자가 보험자에게 통지토록 하고 통지를 받은 보험자는 1월내에 보험료의 증액을 청구하거나 계약을 해지할 수 있도록 하였고, 만약 보험계약자나 피보험자가 이러한 통지의무를 해태한 때에는 보험자는 그 사실을 안 날로부터 1월내에 한하여 계약을 해지할 수 있도록 하고 있다. 따라서 위험의 객관적 변경증가의 경우에는 보험계약자 등에게 통지의무를 의무화하도록 규정하여 위험의 변경증가가 있는 경우에는 반드시 보험자에게 통지토록 규정하고 있으나 상법 653조의 위험유지의무는 통지의무자체가 규정되어 있지 않다. 그러므로 향후 상법 653조의 규정에도 통지의무를 의무화하여 보험계약자 또는 피보험자가 보험의 목적에 부득이 위험을 증가시켜야 할 사업상의 필요 등이 있는 경우에는 보험자에게 먼저 통지토록 한 후 보험료를 증액하거나 보험계약을 해지할 수 있도록 해야 할 것이다. 그러한 이유는 보험의 목적에 위험이 증가된 경우에는 그것이 객관적 위험의 변경증가이든 주관적 위험의 변경증가이든 보험계약자나 피보험자는 보험자에게 이를 통지토록 함이 옳을 것이며, 만약 주관적 위험의 변경증가의 경우 통지의무를 의무화하지 않을 경우에는 보험자는 실제 보험의 목적물에 위험의 변경 또는 증가가 있다는 사실을 알지 못함으로 인해서 보험료의 증액 등을 할 수 없는 문제가 있고 그로 인한 여러 가지 문제가 발생될 소지가 있으므로 주관적 위험변경증가의 경우에 있어서도 보험계약자나 피보험자는 통지의무를 의무화하여 보험자에게 이를 알리고 보험료를 증액하거나 계약을 해지토록 하여 보험자는 자기의 선택권을 행사할 수 있도록 하는 것이 바람직 할 것이다.

5) 보험사고발생의 통지의무

(1) 보험사고 발생의 통지의무의 뜻

보험계약자 또는 피보험자나 보험수익자는 보험사고의 발생을 안 때에는 지체 없이 보험자에게 그 통지를 발송하여야 한다(상법 657조). 이것을 이른바 보험계약자등의 보험사고발생의 통지의무라 한다.

(2) 입법취지

보험사고 발생 시 보험계약자 또는 피보험자가 보험자에게 통지토록 함은 보험자로 하여금 보험사고의 원인을 조사하고 특히 손해보험에 있어서는 손해의 종류, 범위의 확정, 손해방지 등의 조치를 할 수 있게 하기 위해서 보험계약자 등에게 이 의무를 부과하고 있다. 이 통지의무에는 보험계약자등이 보험사고의 상황 등에 대하여 설명하고 또 보험자의 보험사고발생의 원인 등을 조사하는데 협조하여야 할 의무도 포함되는 것으로 해석한다.[82)]

(3) 보험사고발생 통지의무의 법적성질

보험사고발생 통지의무의 법적성질은 보험금청구권행사를 위한 전제조건이라 보는 설[83)]과 보험자의 책임을 묻기 위한 전제조건인 동시에 보험자에 대한 진정한 의무라

---

82) 양승규, 보험법, 삼지원, 167면 참조.

고 보는 전제조건 및 진정의무설이 있는데 최근에는 전제조건 및 진정의무설이 통설로 되고 있다.[84]

(4) 보험사고발생통지의무자와 상대방

① 통지의무자

보험 사고 발생의 통지의무자는 손해보험에서는 보험계약자와 피보험자이고, 생명보험에서는 보험계약자와 보험수익자이다. 왜냐하면 생명보험 계약에서 보험사고 발생 통지는 피보험자의 사망을 전제로 하고 있기 때문이다. 그리고 그 통지의무자의 상대방은 보험자와 보험대리점이다.

② 통지의무 시기와 방법

통지의무 시기는 보험계약자 등이 보험사고의 발생을 안 때에는 지체 없이 이를 통지하여야 한다(상법 657조 1항). 통지의 방법에는 상법에 아무런 규정이 없으므로 서면 이외에 구두 또는 전화 등의 그 어떤 방법도 무방하다.

③ 통지의무의 요건

통지의무의 발송을 위한 요건은 첫째로 보험사고가 발생하였어야 하고, 둘째로 보험계약자가나 피보험자. 또는 보험수익자가 그 사고의 발생을 알았고, 셋째로는 보험자가 그 사고의 발생을 알지 못한 경우이다.

④ 통지의 내용

통지할 내용은 보험사고가 발생한 구체적 내용으로서 보험자가 보상책임을 지는데 필요한 구체적 사항들이다. 이러한 통지의 내용은 손해보험의 경우에는 보험사고 발생에 의하여 보험자가 부담할 손해가 생긴 사실이 보험자에게 보고할 사항이며, 예를 든다면 자동차 보험에서 통지할 내용은 ㉠ 사고 발생의 때와 곳, 상황 및 손해의 정도, ㉡ 피해자의 주소, 성명, 직업 및 연령, ㉢ 가해자의 주소, 성명, ㉣ 사고에 대하여 증인이 있을 때에는 그의 주소와 성명, ㉤ 손해배상의 청구를 받은 때에는 그 내용, 기타 공동 불법 행위의 경우에는 공동 불법 행위자 등이 통지할 내용에 속한다. 그리고 사망보험의 경우에는 피보험자의 사망이 보험자에게 보고할 사항이며, 생존보험의 경우에는 피보험자의 생존의 사실이 통지할 내용이라 해석되지만 실제 생존보험에서는 피보험자의 생존에 관한 통지를 특별히 요하지 않는다고 본다.

---

83) 손주찬, 전게서, 553면 참조.

84) 정의철 전게서, 400면; 양승규, 전게서, 162면; 최기원, 전게서, 575면.

(5) 보험사고 발생의 통지의무 위반의 효과

① 부분적 면책

보험사고 발생의 통지의무를 해태함으로서 손해가 증가된 때에는 보험자는 그 증가된 손해를 보상할 책임이 없다(상법 657조 2항). 이 경우 통지의무의 해태(게을리 함)로 인하여 손해가 증가되었다는 사실은 보험자가 입증하여야 한다. 종래에는 통지의무 해태의 효과에 대하여 아무런 규정이 존재하지 않았으나 개정상법은 동조의 2항을 신설하여 통지의무를 해태함으로서 손해가 증가된 경우에는 그 증가된 손해를 보상할 책임이 없다고 규정하고 있다. 이 규정은 통지의무자가 보험사고의 발생을 알면서 이를 통지하지 아니한 경우에 적용되는 것이다. 따라서 통지의무자가 보험사고 발생 사실을 알지 못하였다는 사실을 입증한 때에는 보험자는 이 부분적 면책 규정이 적용되지 아니한다.

② 입증 책임

㉮ 보험자가 입증 책임을 지는 경우

부분적 면책이 가능한 경우에 있어서 보험자가 보험금 지급을 부분적으로 면책하려면 통지의무 위반과 손해의 증가 사이의 인과관계의 존재 및 증가된 손해액에 관하여 보험자가 이를 입증하여야 한다. 이러한 것을 예를 들어 살펴보면 과거 영국에서는 화재보험회사에서 소방차를 직접 운영한 사례가 있었고, 이 경우 보험의 목적물에 화재가 발생한 경우 그 사실을 안 보험계약자나 피보험자가 보험회사에 그 사고발생의 사실을 지체 없이 알리고 그에 따라 보험회사는 소방차를 출동시켜 화재를 빨리 진압하였더라면 전손을 면하고 분손으로 처리할 수 있었을 보험사고에 대하여 보험계약자나 피보험자가 사고의 발생사실을 통지하지 아니하거나 늦게 통지함으로 인하여 분손 가능한 보험사고가 전손으로 되어 손해가 증가되었다면 이 증가된 손해에 대하여는 보험금을 지급하지 않는 것을 말한다.

③ 상법 제657조 2항의 입법취지와 적용범위

㉮ 입법취지

과거 영국에서는 보험자가 소방차를 운영한 사실이 있고 그러한 경우 위의 사실과 같이 보험사고 발생 시 보험계약자 또는 피보험자가 보험자에게 즉시 사고발생의 통지를 하는 경우 그 손해를 줄일 수 있었다고 본다. 그러므로 본조의 발생은 그러한 경우를 예견하여 만들어진 경우라고 생각되나 최근에는 그러한 예는 드물다. 따라서 오늘날 상법 657조 제2항의 입법취지는 보험사고발생시 가해자가 있는 경우 그 가해자에 대한 보험자대위권을 행사할 수 있도록 신속한 조사 및 처리를 할 수 있도록 하기 위하여 이러한 규정이 필요하다고 생각되며, 한편으로는 보험자의 보험사고원인조사 및 손해사정절차의 신속을 도모하며 사고처리를 원활하게 하기 위하여 이러한 규정을 두고 있는 것으로 보아진다.

㉯ 적용범위

상법 제657조 2항은 통칙규정이다. 따라서 이 규정은 손해보험은 물론 인보험에도 미치나 주로 이러한 문제가 발생되는 부분은 손해보험의 전편과 특히 인보험의 상해보험에서 적용될 것이다.

④ 통지의무자의 손해배상책임

보험계약자등의 통지의무자가 통지의무를 개을리 함으로써 보험자에게 손해가 생긴 때에는 보험자는 그 사고발생을 알고도 이를 통지하지 아니한 통지의무자에 대하여 부분적 면책을 하는 것이 가능하다. 그러나 만약 그러한 경우 부분적 면책을 하지 않고 보험금을 지급한 경우에는 부분적 면책부분에 대한 지급보험금반환을 청구하거나 또는 손해배상청구를 할 수 있을 것이다(민법 390조).

6) 기타의 통지의무

(1) 중복보험과 병존보험에서의 통지의무

동일한 보험계약의 목적과 동일한 사고에 관하여 수개의 보험계약을 체결하는 경우(중복보험 또는 병존보험)에는 보험계약자는 각 보험자에 대하여 각 보험계약의 체결시 고지의무가 필요한 경우에는 고지의무를, 통지의무가 필요한 경우에는 통지의무를 하여야 한다(상법 672조 2항).

그런데 현행 상법 제672조 2항에는 통지의무만 규정하고 고지의무는 빠져있다. 따라서 향후 672조 2항의 규정은 동일한 보험계약의 목적과 동일한 사고에 관하여 수개의 보험계약을 체결하는 경우에는 보험계약자는 각 보험자에 대하여 각 보험계약의 내용을 고지하거나 또는 통지해야 한다. 로 개정해야 할 것이다. 왜냐하면 수개의 보험계약이 동시가 아니라 이시로 체결될 경우에는 통지해야 되는 경우는 물론 고지해야 되는 경우도 있기 때문이다.

(2) 보험목적의 양도시의 통지의무

피보험자가 보험의 목적을 양도한때에는 보험의 목적의 양도인 또는 양수인은 보험자에 대하여 지체 없이 그 사실을 통지하여야한다(상법 679조). 이는 보험목적의 양도는 보험의 목적의 위험의 정도가 달라질 수 있기 때문이며, 따라서 보험의 목적의 위험의 정도가 달라지는 이러한 내용은 보험자가 반드시 알아야할 사항이므로 통지의무를 부과하는 것이다. 현행 보험법 679조에는 보험의 목적을 양도하는 경우 양도인 또는 양수인은 보험자에게 그 사실을 지체없이 통지하도록 하고 있다.

(3) 선박미확정의 적하예정보험에서의 통지의무

보험계약의 체결당시에 화물을 적재할 선박을 지정하지 아니한 경우에 보험계약자 또는 피보험자가 그 화물이 선적되었음을 안 때에는 지체 없이 보험자에 대하여 그 선박의 명칭, 국적과 화물의 종류, 수량과 가액의 통지를 발송하여야 한다(상법 704조 1항). 이러한 통지를 해태한 때에는 보험자는 그 사실을 안 날로부터 1월내에 계약을 해지할 수 있다(상법 704조 2항).

(4) 보험위부의 통지의무

피보험자가 보험자에게 보험위부를 하고자 할 때에는 상당한 기간 내에 보험자에 대하여 그 통지를 하여야 한다(상법 713조 1항). 그리고 피보험자가 보험위부를 함에 있어서는 보험자에 대하여 보험의 목적에 관한 다른 보험계약과 그 부담에 속한 채무의 유무와 그 종류 및 내용을 통지하여야 한다(상법 715조 1항). 따라서 보험자는 위의 통지를 받을 때까지 보험금의 지급을 거부할 수 있으며, 보험금의 지급에 관한 기간의 약정이 있는 때에는 그 기간은 위의 제1항의 통지를 받은 날로부터 기산한다.

(5) 보험수익자 지정, 변경 등의 통지의무

인보험 계약에 있어서 보험계약자가 보험계약체결 후 보험수익자를 지정 또는 변경할 때에는 보험자에 대하여 반드시 통지를 하여야 하고 만약 통지를 하지 아니하면 이로써 보험자에게 대항하지 못한다(상법 734조 1항)고 규정하고 있다. 따라서 보험계약자가 보험수익자를 지정하거나 변경하는 경우에는 반드시 보험자에게 통지해야 하고 이를 해태한 경우에는 보험자에게 대항할 수 없다.

제5절 보험계약의 부활

1. 총설

1) 보험계약 부활의 의의

보험계약의 부활이란 계속보험료 지급 지체로 인하여 보험계약이 해지되었으나 아직 해지환급금이 지급되지 아니한 상태에서 보험계약자는 일정한 기간 내에 연체보험료에 약정이자를 붙여 보험자에게 지급하고 그 계약의 부활을 청구할 수 있도록 함을 말한다(상법 650조 2). 이때 보험계약자의 청구에 의하여 해지된 계약을 다시 살려서 해지전의 계약의 효력이 발생될 수 있도록 하는 계약을 부활계약이라 한다. 이것은 보험계약이 해지되어 보험계약자가 해지환급금을 받은 후 필요에 의해 다시 새로운 보험계약을 체결하려는 경우 보험계약자입장에서는 보험료의 증액,[85] 보험계약의 거절[86] 등의 문제가 발생할 수 있기 때문에 보험계약자의 부담을 경감하기 위하여 인정한 제도이다.

2) 보험계약 부활의 경제적 효용

보험계약의 부활은 보험료를 분할지급하기로 하는 계약에서 일반적으로 인정되는 제도로써 보험계약이 해지된 경우에 보험계약자가 다시 새로운 보험계약을 체결하게 되면 보험목적물의 가격의 변화, 또는 피보험자의 연령의 증가 등으로 인하여 보험료가 증액되거나 보험에 가입할 수 없는 경우가 생길 수 있다. 따라서 보험계약의 부활은 이러한 보험계약자의 불이익을 보완하기 위한 제도로써 동시에 보험자의 이익에도 도움이 되는 제도이다.

3) 보험계약 부활의 법적 성질

보험계약 부활의 성질에 대하여는 여러 가지 견해가 있다. 첫째, 보험계약의 해지 또는 실효전의 계약과 동일한 내용의 새로운 계약의 체결이라고 보는 설(신 계약설)

85) 생명보험 계약의 경우 해지된 계약을 부활하는 것이 신계약을 체결하는 것보다 보험료가 저렴한 경우가 있다. 그것은 생명보험계약의 보험료는 자연보험료방식으로 산정하는 것이 아니고 평균보험료 방식으로 산정하기 때문에 40대에서 보험에 가입하여 50대 까지 계속 된 보험의 경우 부활계약은 40대의 보험계약 체결시의 보험료로 계속 납입하면 되지만 신계약의 체결 시에는 50대의 보험료를 납입해야 함으로써 보험료가 높아지는 것이다.

86) 생명보험의 경우 연령이 많거나 보험계약의 적격체가 아니라고 보아질 경우 부험계약의 체결을 거절할 수 있다.

둘째, 보험계약자의 의사표시에 의하여 구 계약으로 회복되는 회복계약설,[87] 당사자 간의 합의에 의하여 실효전의 구 계약의 회복을 위한 특수한 계약이라고 보는 설이 있는데 구 계약의 회복을 위한 특수한 계약이라고 보는 설이 통설이다. 따라서 부활된 계약은 신계약은 아니며 종전의 계약의 계속인 특수한 계약이라고 본다.

4) 보험계약부활의 요건

(1) 계속보험료의 부지급(不支給=미납)으로 인한 보험계약 해지

부활보험계약자가 보험료를 분할하여 지급하기로 한 보험계약에서 보험자가 제1회 보험료는 납입하였으나 제2회 이후의 계속보험료를 약정기일 내에 지급하지 아니함으로써 보험자가 상당한 기간을 정하여 최고하고 보험료 납입을 독촉하였으나 그 기간 내에 납입되지 아니하여 보험계약을 해지하였어야 한다.

(2) 해지환급금의 미지급

보험계약이 해지되는 경우에는 보험계약자는 이미 지급한 보험료 가운데 미경과보험료가 있거나 또는 약관에 정한 해지환급금이 있는 경우에 이를 반환받을 수 있는데 그러한 해지환급금을 아직 돌려받지 아니하였어야 한다. 왜냐하면 보험계약자가 보험자의 계약해지에 의하여 소정의 해지환급금을 지급받은 경우에는 그로써 보험자와 보험계약관계가 끝남으로 인하여 보험계약의 부활이 불가능하기 때문이다.

(3) 보험계약자의 부활청구

보험계약자는 그 보험계약이 해지된 후 일정한 기간(생명보험표준약관 15조 1항은 그 기간을 2년으로 하고 있고, 자동차종합보험약관의 보험료분납특약은 30일로 하고 있다)내에 연체보험료원금과 그에 따른 약정이자를 붙여 보험자에게 지급하고 그 계약의 부활을 청구해야한다. 이때도 새로운 보험계약의 체결과 같이 고지의무(상법 651조)가 있고 유진단보험에서는 피보험자의 신체검사를 받도록 하고 있다.

(4) 보험자의 승낙

상법 제650조의 2에서 보험계약의 부활도 제638조의 2의 규정을 준용한다고 하고 있다. 즉 보험자가 보험계약자로부터 보험계약의 부활청약과 함께 연체보험료와 약정이자의 전부 또는 일부의 지급을 받은 때에는 다른 약정이 없으면 30일내에 그 상대방(계약자)에 대하여 낙부의 통지를 발송하여야 한다. 그러나 유진단보험계약에서는

87) 이설은 저자의 생각으로서 이설이 특수계약설 보다 더욱 의미 있는 것으로 생각된다.

그 기간은 신체검사를 받은 날(신체검사를 받고 결과가 확정된 날)로부터 기산한다(상법 638조의 2의 1항). 또한 30일내에 낙부의 통지를 해태한 때에는 승낙한 것으로 보는데 이를 승낙의제라 한다(상법 638조의 2의 2항).

5) 보험계약부활의 효과

보험계약의 부활이 있으면 보험계약이 해지되기 전의 상태로 회복하는 효과를 가진다. 따라서 종전의 계약의 해지·무효·실효 등의 원인이 있는 경우에는 부활후의 계약에도 그대로 인정되나 종전의 계약이 성립할 때의 고지의무 위반사실이 있는 경우에는 부활 시에 고지의무를 제대로 이행한 이상(부활에 의하여 그 원인이 제거된 때) 이를 문제 삼을 수 없다고 본다. 즉, 보험자는 종전의 계약에 관한 불고지, 부실고지 등을 이유로 보험계약의 해지를 할 수 없다. 또한 보험계약의 부활과 보험자의 책임 개시에 대하여는 보험계약자가 미납보험료를 납입하고 고지의무를 이행한 후 보험자의 승낙이 있는 때로부터 보험자의 책임은 개시된다고 본다.

제6절 보험계약의 무효·변경·소멸

1. 총설

보험계약에 있어서 보험자의 급여의무는 우연한 보험사고가 생긴 때에만 발생하므로 보험계약은 사행계약이며 또 보험계약은 보험자의 불확정한 사고로 인하여 보험지급채무는 반드시 일정기간동안 계속하여 존재함으로써 보험계약은 계속계약의 성질을 가진다. 따라서 이러한 사행 계약성과 계속 계약성으로 인하여 보험계약에는 특별한 여러 가지 문제가 발생할 수 있다. 그에 따라 보험계약에는 계약의 무효, 변경, 소멸 등의 문제가 발생된다. 여기에서 보험계약의 무효의 원인으로써는 보험계약이 취소된 보험계약, 보험사고발생후의 보험계약, 사기로 인한 보험계약, 15세 미만의 자, 심신상실자, 심신박약자를 피보험자로 한 생명보험계약 등이 있고, 보험계약의 변경, 소멸의 사유로는 보험계약 당사자 간의 보험계약의 해제 및 해지, 보험사고의 발생, 보험기간의 만료, 위험의 변경·소멸, 보험자의 파산선고와 계약해지, 그리고 보험계약의 종료가 있다. 따라서 이러한 보험계약의 무효·변경·소멸의 사유는 어떤 것인지를 아래에서 살펴보도록 한다.

2. 보험계약의 무효

1) 보험계약이 취소된 경우

보험자가 보험약관의 교부설명의무를 위반한 경우에는 보험계약자는 보험계약이 성립한 이후로 3월(개정 전 1월) 이내에 그 계약을 취소할 수 있다(638조의3). 이와 같이 보험계약이 취소된 경우에는 그 계약은 처음부터 무효가 된다(민법 141조). 이 경우에 보험자는 보험계약자로부터 받은 보험료를 전부 반환하여야 한다(상법 648조).

2) 보험사고가 확정된 후의 보험계약

보험계약당시에 보험사고가 이미 발생하였거나 또는 발생할 수 없는 것인 때에는 그 계약은 무효가 된다(상법 644조). 그 이유는 보험계약은 우연한 사고의 발생에 대비하기 위하여 이용되는 것이고 보험사고는 불확정한 것이기 때문이다. 그리고 보험사고의 우연성은 반드시 객관적인 것이라야 한 것이 아니고 주관적으로 발생의 여부 및 시기 방법이 불확정한 것이면 된다. 따라서 계약당사자 쌍방과 피보험자가 계약당시에 이미 사고가 발생하였으나 그 사고 발생의 사실을 알지 못한 때에는 그 계약은 유효하게 성립되는 것이다(상법 644조).

3) 사기에 의한 보험계약

사기란 남을 속여서 착오에 빠지게 하고 그러한 상태에서 타인의 의사표시를 하게 하여 자기에게는 이익을 타인에게는 손해를 가져오게 하는 행위를 말한다. 그러므로 보험계약자의 사기에 의하여 보험계약이 이루어진 경우에는 그 보험계약은 무효로 하며, 또 초과보험과 중복보험의 경우에도 그 초과 부분에 대하여는 대체로 무효가 되도록 해놓았다(상법 672조 3항). 여기에서 초과보험이란 손해보험에 있어서 약정한 보험금액이 보험가액을 초과하는 보험을 말하고 중복보험이란 수인의 보험자와 보험계약을 체결한 경우 그 보험계약들의 보험금액의 총액이 보험가액을 초과하는 경우를 말한다.

4) 15세 미만 자 등에 대한 계약의 금지

우리 상법 732조에는 15세 미만 자 심신상실자 또는 심신박약자의 사망을 보험사고로 한 사망보험계약은 무효로 한다[88]고 규정해 놓고 있다. 여기에서 15세 미만의 자

88) 프랑스에서는 12세 미만의자 금치산자의 사망을 보험사고로 하는 보험계약을 무효로 하고 있고 독일에서는 14세, 뉴욕주 보험법에서는 14세 6개월, 일본에서는 15세 등으로 하여 이에 관한 규

를 사망보험의 피보험자로 할 수 없도록 한 것은 15세 미만의 자는 아직 미성숙한 자로서 자기의 생명에 대한 방어능력이 부족하고 실질적으로 취업을 하여 가족을 부양하는 등의 행위를 하는 자가 아니므로 사망보험의 피보험자가 될 수 없도록 해 놓은 것이다. 또 심신상실자나 심신박약자 역시 자기의 생명에 대한 방어능력이 부족하고 자기의 의사능력을 상실했거나 또는 의사능력이 있다 하더라도 여러 가지가 부족한 자 이므로 이들의 생명을 보호하기 위하여 사망보험의 목적(객체)가 되지 못하도록 한 것이다. 그러나 보험법 개정법에서는 심신박약자라도 의사능력이 있는 자는 피보험자가 될 수 있도록 법규를 수정·변경하였는데 이것은 이들이 취업하여 생계를 유지 또는 보조할 정도의 심신 박약자는 생명보험에 가입할 수 있도록 하여 그 유족의 생활 안정에 기여할 수 있도록 한 것이다.

5) 생명보험계약에 있어서 타인의 서면동의를 받지 아니한 계약

타인의 사망을 보험사고로 한 보험계약에는 보험계약 체결 시 그 타인(피보험자)의 서면에 의한 동의를 받아야 한다(상법 731조 1항). 이러한 규정을 두는 것은 보험계약 성립 후 여러 가지 분쟁을 미연에 방지함은 물론 그 타인의 생명을 보호하기 위함이다. 따라서 타인의 서면동의를 얻지 아니한 보험계약은 무효로 한다.

3. 보험계약의 변경·소멸

1) 보험계약의 당연한 변경·소멸사유

(1) 보험료 부지급(미납)으로 인한 보험계약의 해제

보험계약 성립 후 2개월이 지나도 보험계약자가 아무런 약정 없이 보험료의 전부 또는 제1회 보험료를 지급하지 아니한 때에는 그 계약은 해제[89]된 것으로 본다(상법 650조 1항). 다만, 특정한 타인(손해보험의 경우 피보험자, 생명보험의 경우 보험수익자)을 위한 보험계약의 경우에는 보험자가 상당한 기간을 정하여 그 타인에게 보험료의 지급을 최고한 후에 해제할 수 있다. 여기에서 보험계약 성립 후 2월이 경과하도

정이 국가별로 차이가 있다. 한창희, 보험법, 국민대학교 출판부, 2011년, 154면 참조.

89) 유효하게 성립된 계약을 당사자 일방의 의사표시에 의하여 계약을 처음부터 존재하지 않았던 것과 같은 효과를 생기게 하는 것을 말한다. 계약의 해제는 계약을 해제할 수 있는 권리를 갖는 자만이 할 수 있다. 해제권은 법이 정한 사유가 발생하거나 계약에서 정한 해제사유가 발생한 경우에 한하여 행사할 수 있다. 계약이 해제되면 이미 이행된 사항에 대하여 서로 원상으로 회복할 의무가 있다. 즉, 물품의 인도를 받은 자는 이를 상대방에게 반환하고 대금을 받은 자는 그 대금을 상대방에게 반환하되 물품사용 시에는 그 사용이득을, 대금 반환 시에는 그 법정이자를 함께 반환해야 한다.

록 보험료가 납입되지 아니한 경우란 외상보험계약을 한 경우가 이에 속한다. 이러한 경우는 드물긴 하나 보험자와 보험계약자 사이에 외상보험계약(제1회보험료가 납입되지 않은 상태에서 보험계약 체결)을 체결하고 보험자는 보험료가 납입될 경우 책임을 개시하겠다는 조건으로 보험계역을 체결하였으나 실제 초회보험료가 2월이 지나도록 납입되지 않는 경우가 이에 속한다. 따라서 보험료가 납입되지 않은 상태에서 보험사고가 발생할 경우에는 당연히 보험금은 지급되지 않으며 이러한 기간이 2월이 경과한 때에는 이 계약은 해제된 것으로 본다. 따라서 보험계약이 해제된 경우에는 이 계약은 계약이 성립한 시기로 소급하여 처음부터 계약이 성립되지 않았던 것과 같이 된다.

(2) 보험사고발생으로 인한 계약의 종료

보험사고의 발생에 의하여 보험금이 지급된 경우에는 보험계약은 그 목적의 달성에 의하여 종료한다. 일반적으로 생명보험의 경우에 있어서는 보험의 목적에 사고가 발생되면 약정된 보험금액을 보험금으로 지급하고 이로 말미암아 계약은 종료된다. 그러나 손해보험계약에서 보험사고로 일부손해가 발생된 경우에는 보험금액의 일부만을 보험금으로 지급하고 그 나머지 보험금액의 한도에서 보험기간동안 보험계약관계의 존속을 인정하는 경우도 있다.[90] 그리고 책임보험이나 상해보험에서는 보험기간 중에 일어나는 사고 건수를 제한하는 것이 없음으로 보험사고 후 보험금이 지급되어도 그 보험기간 동안 보험계약관계는 그대로 존속된다. 따라서 보험사고 후 보험금이 지급되면 대체적으로 그 계약은 종료되는 것이 일반적이나 상품의 종류에 따라 그렇지 아니한 경우도 있다. 위에서 살펴본 바와 같이 보험의 상품의 종류에 따라 보험사고의 발생 후 보험계약관계가 소멸하는 경우와 존속하는 경우로 나누어지고 있다.

(3) 보험기간의 만류

보험기간이 만료하면 보험계약은 소멸된다. 즉, 보험자는 보험계약에서 정한 보험사고가 보험기간 안에 발생하는 경우에만 보험금지급책임을 지게 된다. 따라서 계약에서 정한 보험사고가 발생하지 아니하고 보험기간이 끝난 때에는 그 계약은 소멸된다.

(4) 위험의 감소·증가·소멸

① 위험의 감소

위험의 감소에 대하여는 상법 제647조에 규정하고 있다. 여기에서 보험계약의 당사

90) 화재보험보통약관 제25조(잔존보험가입금액)
회사가 손해를 보상한 경우에는 보험가입금액에서 보상액을 뺀 잔액을 손해가 생긴 후의 나머지 보험기간에 대한 보험금액으로 한다. 그리고 보험의 목적이 둘 이상일 경우에도 각각 위의 규정을 적용한다.

자가 특별한 위험을 예기(예측)하여 보험료를 정한 경우에 보험기간 중 그 예측한 위험이 소멸한 때에는 보험계약자는 그 후(소멸한 후)의 보험료의 감액을 청구할 수 있다. 다시 말하면 보험목적물의 위험의 감소는 보험사고의 발생가능성이 줄어드는 것으로서 이러한 경우 보험계약당사자가 특히 특별한 위험(전쟁위험, 화재위험)을 예기하여 비싼 보험료를 납입한 경우 보험기간 중에 그 특별위험이 소멸하면 보험계약자는 장래에 향하여 보험료의 감액을 청구할 수 있다(상법 647조).

② 위험의 증가

㉮ 객관적 위험의 변경·증가

보험계약자 또는 피보험자는 보험기간 중에 위험이 현저하게 변경 또는 증가된 사실을 안 때에는 지체 없이 보험자에게 통지하여야 하는데 보험자가 그 통지를 받은 때에는 1월내에 보험계약을 해지하거나 보험료의 증액을 청구할 수 있다(상법 652조).

㉯ 주관적 위험의 변경·증가

보험계약자·피보험자 또는 보험수익자의 고의 또는 중대한 과실로 위험이 현저하게 변경 또는 증가한 때에는 보험자는 그 사실은 안 날로부터 1월 내에 보험료의 증액을 청구하거나 계약을 해지할 수 있다. 그런데 여기에서 문제가 되는 것은 객관적 위험의 변경·증가의 경우에는 보험계약자나 피보험자는 보험기간 중에 그 위험의 변경·증가를 보험자에게 통지하고, 통지를 받은 보험자는 그 통지를 받은 때로부터 1월 내에 계약을 해지하거나 보험료를 증액할 수 있도록 되어 있으나 주관적 위험의 변경·증가의 경우에는 위험 변경·증가의 사실을 안 때로부터 보험자에게 통지를 해야 한다는 통지의무는 생략되어 있다. 따라서 주관적 위험의 변경·증가의 경우에도 보험계약자 등은 먼저 보험자에게 통지토록하고 그 통지를 받은 보험자는 보험료를 증액하거나 계약을 해지할 수 있도록 해야 함이 옳다고 보아진다.

③ 보험목적물의 멸실

보험의 목적이 보험사고 이외의 원인으로 멸실한 경우에는 보험계약은 종료된다. 가령, 상해보험에 가입한 사람이 질병으로 사망한 경우라든가 화재보험에 가입한 건물이 홍수로 인하여 멸실된 경우 등이 이에 속한다.

2) 당사자 의사에 따른 보험계약의 변경·소멸

(1) 보험자에 의한 계약해지

① 계속보험료의 부지급

보험계약자가 납입해야 할 계속보험료가 약정한 시기에 지급되지 아니한 때에는 보험자는 상당한 기간을 정하여 보험계약자에게 최고하고 그 기간 내에 지급되지 아니한 때에는 그 계약을 해지할 수 있다(상법 650조).

② 고지의무위반

보험계약 당시에 보험계약자 또는 피보험자가 고의 또는 중대한 과실로 인하여 중요한 사항을 고지하지 아니하거나 부실의 고지를 한 때에는 보험자는 그 사실을 안 날로부터 1월내에 계약을 체결한 날로부터 3년 내에 한하여 계약을 해지할 수 있다(상법 651조).

③ 객관적 위험 변경·증가와 주관적 위험 변경·증가로 인한 보험계약해지

보험자는 보험기간 중에 보험계약자 또는 피보험자가 위험의 객관적 변경·증가의 사실을 안 때에는 보험자에게 통지해야 하고 그 통지를 받은 보험자는 1월내에 보험료를 증액하거나 계약을 해지할 수 있도록 하고 있다(상법 제652조). 이를 객관적 위험 변경·증가라 하고 또 보험기간 중에 보험계약자, 피보험자 또는 보험수익자의 고의 또는 중대한 과실로 인하여 사고발생의 위험이 현저하게 변경 또는 증가된 때에는 보험자는 그 사실을 안 날로부터 1월 내에 보험료의 증액을 청구하거나 계약을 해지할 수 있다(제653조). 이 경우 보험계약이 해지되면 그 계약은 소멸된다.

④ 선박미확정의 적하예정보험

보험계약 당시 선박미확정의 적하예정보험의 경우에 보험계약자 또는 피보험자가 화물이 선적된 선박의 명칭, 국적 등을 보험자에게 통지하지 아니한 때에는 보험자가 그 사실을 안 날로부터 1월내에 계약을 해지할 수 있다(상법 704조 2항).

⑤ 계약해지와 보험자의 면책

보험자가 위의 각 규정에 따라서 보험계약을 해지한 때에는 보험금을 지급할 책임이 없고 이미 지급한 보험금의 반환을 청구할 수 있다(상법 655조). 단 고지의무를 위반한 사실 또는 위험이 현저하게 변경되거나 증가된 사실이 보험사고 발생에 영향을 미치지 아니하였음이 증명된 경우에는 보험금을 지급할 책임이 있다.

⑥ 약관의 규정에 의한 해지

보험자는 보험약관에 의해 일정한 요건이 있는 경우에 계약을 해지할 수 있는 것이 일반적이다. 가령, 화재보험약관에서 보험자가 보험의 목적에 관하여 조사하고자 하는데 피보험자가 상당한 이유 없이 그 조사를 거부 또는 회피한 때에는 보험자가 그 보험계약을 해지할 수 있도록 하고 있다(화재보험보통약관 26조).

(2) 보험계약자에 의한 보험계약의 해지

① 보험사고 발생 전의 임의해지

보험계약이 성립하였으나 보험사고가 발생하기 전에는 보험계약자는 언제든지 계약의 전부 또는 일부를 해지할 수 있다(상법 649조 1항). 그러나 타인을 위한 보험의 경우에는 그 타인의 동의를 얻거나 보험계약자가 보험증권을 소지한 경우에 한하여 그 계약을 해지할 수 있다(상법 649조). 이와 같이 피보험자의 동의를 얻게 하거나 보험계약자가 보험증권을 소지하도록 규정하는 것은 그 타인이 피보험이익의 실질적인 주체이므로 보험계약자가 함부로 계약을 해지할 수 없도록 하기 위함이다. 또한 보험사고의 발생으로 보험자가 보험금을 지급한 때에도 보험금액이 감액되지 아니하는 보험의 경우(자동차보험, 상해보험 등) 보험계약자는 그 사고발생 후에도 보험계약을 해지할 수 있다(상법 649조). 이러한 것을 인정하는 이유는 자동복원의 보험에서도 보험사고 발생 후의 계약해지를 인정할 필요가 있기 때문이다.

② 보험자의 파산의 경우

보험자가 경영을 잘 못하여 파산선고를 받은 때에는 보험계약자는 보험계약을 해지할 수 있으며 해지하지 아니한 보험계약은 파산선고 후 3월을 경과하면 그 효력을 잃는다(상법 654조 1항). 이러한 이유는 보험자가 파산하게 되면 해산하게 되어 실제로 보험사업을 영위할 수 없으므로 보험계약의 포괄적 이전, 금융감독원에 설치된 영업보증기금에서의 보험금의 지급 등에 의하여 보험계약자를 보호하기 위함이다.

3) 해상보험계약에 있어서 보험계약의 종료

선박을 보험에 붙인 경우에 다음의 사유가 있을 때에는 보험계약은 종료한다.

㉠ 선박을 양도할 때, ㉡ 선박의 선급을 변경한 때, ㉢ 선박을 새로운 관리로 옮긴 때 그러나 보험자의 동의가 있는 때에는 그러하지 아니하다(상법 703조의 2). 여기서 보험자의 동의는 구두로 하던 서면으로 하던 상관이 없으나 보험실무에서는 서면에 의한 동의를 요구하고 있다.

제7절 타인을 위한 보험계약

1. 총설

1) 타인을 위한 보험계약의 뜻

타인을 위한 보험계약이란 보험계약자가 타인의 이익을 위하여 자기의 명의로 체결한 보험계약을 말한다. 즉, 타인을 위한 보험계약은 손해보험에 있어서는 피보험자가 타인인 경우이고 인보험에 있어서는 보험수익자가 타인인 경우를 말한다. 이에 반하여 보험계약자와 피보험자 또는 보험수익자가 같은 사람일 때에는 이를 자기를 위한 보험계약이라 한다. 타인을 위한 보험계약은 피보험자 또는 보험수익자를 특정하지 않고도 체결할 수 있는데, 이러한 보험계약을 특히 불특정인을 위한 보험계약이라 하는데.[91] 이에 대하여 우리상법은 639조에서 보험계약자는 특정 또는 불특정의 타인을 위하여 보험계약을 체결할 수 있음을 밝히고 있다.

2) 타인을 위한 보험계약의 효용

타인을 위한 보험계약은 원래 해상보험에서 대리인·중개인 등이 상품소유자의 이익을 위하여 자기명의로 보험계약을 체결한 관행에서 유래 되었다.[92] 그런데 오늘날에는 각종 보험에서 이러한 타인을 위한 보험계약이 많이 이용되고 있으며, 특히 피보험자의 신용이 불충분한 때라든지 동종·다수의 물건이 자기 소유의 것과 타인 소유의 것이 혼합하여 분리하기 어려운 때 운송주선인, 창고업자 등이 보관중인 물건에 관하여 그 물건의 소유자를 위하여 보험에 가입할 때, 격지자간의 상품매매에서 매도인이 매수인을 위하여 그 운송중의 상품을 보험에 붙이는 경우(CIF조건), 기업주가 고용인을 위하여 상해보험계약을 체결하든가 아버지가 아들을 위하여 생명보험계약을 체결하는 등이 그 예이다. 또 보험업법 제5조 1항은 보험사업의 매매·고용·도급·기타의 계약에 의한 채무의 이행에 관하여 발생한 채권자의 손해를 보상할 것을 약정하고 채무자로부터 그 보수를 수수하는 것을 포함한다고 규정하여 타인을 위한 보험계약에 속하는 보증보험계약을 인정하고 있다.

91) 정희철·정찬영, 상법원론下, 534면 참조.

92) 정찬영, 534면 참조.

2. 타인을 위한 보험계약의 법적성질

1) 학설

(1) 직접대리설

이 학설은 보험계약자를 피보험자 또는 보험수익자의 직접대리인으로 보고 타인(피보험자, 보험수익자)이 보험금청구권을 취득하는 것은 대리인인 보험계약자의 법률행위의 효과를 직접 본인인 타인(피보험자, 보험수익자)이 받는 것이라고 보는 학설이다. 이 설에 의하면 타인이 보험료를 지급해야 하는 문제가 발생한다.

(2) 간접대리설

이 학설은 보험계약자를 타인(피보험자, 보험수익자)의 간접대리인으로 보는 설로서 보험계약자가 보험료지급의무를 부담하는 것은 바로 이 간접대리설의 이론에 의한다고 보는 학설이다. 그러나 여기에서 문제점은 보험금의 청구 및 수령권은 직접대리의 관계에 있다는 점이다.

(3) 절충설

보험계약자가 보험료지급의무를 부담하는 점에서 간접대리이고, 타인이 보험금청구권을 취득하는 점에서 직접대리라고 보는 설로서 계약의 효력을 이분하여 규정하는 이론이다. 그러나 하나의 효력을 이분하여 규정하는 이론은 문제가 있다고 본다.

(4) 제3자를 위한 계약설

이 설은 타인을 위한 보험계약의 법적 성질을 민법상의 제3자를 위한 계약의 일종으로 보는 설이다. 그것은 바로 타인을 위한 보험계약은 보험계약자가 자기명의로 계약을 체결하고 그 효과가 직접 피보험자 또는 보험수익자에게 귀속되기 때문이라고 한다. 이학설의 문제점은 제3자를 위한 계약이 성립하려면 피보험자 또는 보험수익자인 제3자의 동의를 필요로 하나 타인을 위한 보험계약은 이러한 피보험자나 보험수익자의 동의 없이 법률적 효력이 발생되기 때문에 제3자를 위한 계약으로 볼 수 없는 문제가 있다. 만약 타인을 위한 보험계약이 제3자를 위한 계약으로 본다면 피보험자 또는 보험수익자는 반드시 보험금청구권의 수익의 의사표시를 해야 할 것이다.

(5) 제3자를 위한 특수한 계약설

위에서 설명한 것처럼 타인을 위한 보험계약이 제3자를 위한 계약으로 되려면 피보험자 또는 보험수익자인 제3자의 동의를 필요로 하나, 타인을 위한 보험계약은 이러한 피보험자나 보험수익자의 동의 없이 법률적 효력이 발생되기 때문에 민법상의 제3자를 위한 특수한 계약으로 보는 것이다. 이 학설이 통설이다.

(6) 사견

타인을 위한 보험계약은 보험계약자가 피보험자 또는 보험수익자의 대리인으로서 체결하는 것이 아니라 자기명의로 보험계약의 당사자가 되므로 대리의 법리로는 피보험자 또는 보험수익자의 보험자에 대한 편의취득을 설명할 수 없다는 점에서 대리설은 타당하지 않다고 보아진다. 대체적으로 타인을 위한 보험계약은 피보험자 또는 보험수익자의 위임에 의하는 경우와 그렇지 아니한 경우로 나누어진다. 위임이 있는 경우에는 대리의 관계로 존재한다고 볼 수 있으나 위임이 없는 경우에는 대리의 관계는 존재한다고 보기 어렵다. 따라서 타인을 위한 보험계약의 경우는 민법상 제3자를 위한 계약과 비슷하나 단지 수익자의 의사표시가 없다는 점에서 민법상 제3자를 위한 계약과 다르다. 따라서 이를 민법상 제3자를 위한 특수한 계약으로 보는 것이 타당하다고 보아진다.

3. 타인을 위한 보험계약 체결의 요건

1) 타인을 위한다는 의사표시

타인을 위한 보험계약을 체결하려면 우선 타인을 위한 것이라는 의사표시 즉, 보험계약상의 권리가 보험계약자가 아니라 피보험자나 보험수익자에게 귀속한다는 의사표시가 있어야 한다. 이 의사표시는 통상 보험증권에 피보험자 또는 보험수익자란에 명시적으로 표시하는 것이 대부분이다. 또 피보험자나 보험수익자가 지정되는 것은 계약체결 시 또는 계약 성립 후에도 가능하다. 그런데 타인을 위한 것이라는 의사가 불분명한 경우에는 그 보험계약은 보험계약자 자신을 위한 것으로 본다. 그럴 경우의 보험계약은 자기를 위한 보험계약이며, 따라서 보험계약자와 피보험자 또는 보험수익자는 동일한 사람으로 되는 것이다.

2) 타인의 위임여부

타인을 위한 보험계약은 타인의 위임이 있는 경우는 물론 없는 경우도 가능하다(상법 639조 1항). 즉, 타인을 위한 보험계약에 있어서 보험계약자는 그 타인의 대리인으로서가 아니라 자기의 이름으로 계약을 체결하는 것이므로 타인의 위임이 없어도 그 보험계약을 체결할 수 있다. 그러나 손해보험계약에 있어서는 타인의 위임이 없으면 그 사실을 보험자에게 고지하여야 하고, 고지를 하지 아니한 경우 그 타인인 피보험자는 자기도 모르는 사이에 보험계약이 체결되었다는 사실을 자기가 알지 못하였다는 이유로 보험자에게 대항하지 못한다(상법 639조 1항). 그런데 손해보험계약의 경우 그 타인의 위임이 없는 때에 보험계약자는 이를 보험자에게 고지토록 하는 이유는 타인의 피보험이익에 관하여 그 타인의 위임을 받지 않고 손해보험계약을 체결하는 경우 사기적인 방법으로 보험금을 청구하는 등의 부정행위를 방지하기 위해서임은 물론 보험자의 주의를 불러일으켜 보험자에게 이를 고지함으로서 보험자가 그 타인으로 하여금 고지의무나 통지의무 및 손해방지의무 등을 이행하도록 할 기회를 주기 위함이다.

3) 고지의무

타인을 위한 보험계약에 있어서 보험계약의 당사자가 아닌 타인(손해보험의 경우 피보험자, 생명보험의 경우 보험수익자)의 고지의무는 존재한다. 따라서 손해보험의 경우 보험계약자와 피보험자 모두가 고지의무의 의무자이고 생명보험의 경우에 있어서는 보험계약자와 피보험자만 고지의무를 부담하며 보험수익자의 고지의무는 없다. 타인을 위한 손해보험계약에서 보험계약의 체결을 알고 있는 피보험자는 당연히 그 고지의무를 진다. 단, 그 피보험자가 보험계약의 체결을 알지 못하였고 또 피보험자가 고지의무를 이행할 수 없는 때에는 피보험자의 고지의무위반의 문제를 문제 삼아서는 안 될 것이다. 단, 이 경우 보험계약자는 피보험자(타인)의 위임이 없다는 사실을 보험자에게 알려야 한다.

4. 타인을 위한 보험계약의 효과

1) 서언

타인을 위한 보험계약에서 피보험자와 보험수익자는 보험계약상의 권리를 가지게 되는데 이것이 곧 보험사고 발생 시 보험금청구권이다. 이 경우(보험사고 발생 시) 보험계약자는 실질상의 이익을 가지지 못하고 그 타인인 피보험자 또는 보험수익자가 경제상의 수요의 충족을 받게 되므로 법은 직접 타인에게 권리를 귀속시키고 있는데, 이를 손해보험과 인보험으로 나누어 살펴보기로 한다.

2) 보험계약자의 지위

(1) 권리

타인을 위한 보험계약에서 보험계약자는 보험사고 발생 시 보험금지급청구권을 가지지 못한다. 이것이 타인을 위한 보험계약의 특성이다. 그것은 바로 보험계약자가 보험계약 체결 시 보험사고가 발생할 경우에 보험금을 수령할 수 있는 권리는 손해보험에 있어서는 피보험자, 생명보험계약에 있어서는 보험수익자에게 지급토록 해놓았기 때문이다. 그러나 보험계약자는 그 이외의 부수적인 권리, 예컨대 보험증권교부청구권, 보험료감액청구권, 보험료반환청구권, 보험사고 발생 전의 보험계약해지권 등은 보험계약자에게 인정된다. 다만, 보험계약해지권의 행사는 보험증권을 소지하거나 또는 타인(피보험자, 보험수익자)의 동의를 얻은 경우에 한하여 이를 행사할 수 있다(상법 649조 1항). 또, 인보험의 경우에는 보험계약자는 보험수익자를 지정·변경할 권리를 가진다(상법 733조, 734조). 그러나 타인을 위한 보험계약에 있어서도 보험계약자가 보험금을 청구할 수 있는 경우가 있는데 이런 경우를 예를 들면 가령, 타인의 물건의 보관자가 그 물건의 소유자를 피보험자로 하는 손해보험계약을 체결한 경우에 보험사고로 그 물건에 입은 손해를 보관자인 보험계약자가 타인에게 배상하여 준 때에는 보험계약자에게 보험금청구권을 인정하고 있는 것이다. 이에 따라 상법 제639조 2항에서는 보험계약자가 보험사고로 생긴 손해를 타인에게 배상한 때에는 타인의 권리를 해치지 아니하는 범위 안에서 보험자에게 보험금의 지급을 청구할 수 있도록 하여 이를 인정하고 있다.

(2) 의무

보험계약자는 보험계약의 당사자로서 1차적으로 보험료지급의무를 지고 그 밖의 고지의무 등 각종의 부수적 의무를 진다.

3) 피보험자·보험수익자의 지위

(1) 권리

타인을 위한 보험계약이 체결되면 피보험자 또는 보험수익자는 보험자에 대한 수익의 의사표시를 함이 없이도 보험사고가 발생한 경우에 당연히 보험금청구권을 갖는다. 이 때 피보험자나 보험수익자는 타인을 위한 보험계약의 효력으로서 보험금청구권을 갖게 되는 것이다. 그러므로 피보험자나 보험수익자의 권리는 보험계약자의 권리를 승계취득 하는 것이 아니며 타인을 위한 보험계약의 효력으로서 발생되는 것이다.

(2) 의무

타인을 위한 보험계약에서 피보험자 또는 보험수익자는 보험계약의 당사자가 아니므로 보험료지급의무는 없으나 예외로 보험계약자가 파산선고를 받거나 보험료의 지급을 지체한 때에는 보험자에 대하여 보험료를 지급할 의무를 지게 된다. 다만, 피보험자 또는 보험수익자가 보험계약의 해지로 인한 보험금지급청구권을 포기한 때에는 이 보험료를 지급할 의무는 없다(상법 639조 3항). 또한 피보험자는 보험계약의 당사자는 아니지만 보험계약자와 동일하게 고지의무, 위험변경증가의 통지의무, 위험유지의무, 보험사고발생의 통지의무 그리고 손해보험에서는 손해방지의무 등을 부담한다. 인보험계약에 있어서 보험수익자는 위험유지의무, 보험사고발생의 통지의무 등을 부담한다.

제3장

손해보험총론

제1절 총 설

1. 손해보험계약의 개념

1) 손해보험계약의 의의

손해보험계약이라 함은 당사자의 일방(보험자)이 불확정한 사고(보험사고)로 인한 피보험자의 재산상의 손해를 보상할 것을 약정하고, 상대방(보험계약자)은 이에 대하여 보수(보험료)를 지급할 것을 약정하는 계약이다(상법 638조, 665조). 이러한 손해보험계약은 인보험 계약과는 달리 피보험자의 물건 또는 그 밖의 재산에 우연한 사고로 생긴 손해를 보상하기 위하여 보험자와 보험계약자 사이에 맺어지는 계약이다. 이러한 손해보험계약은 보험사고가 발생할 때에 지급하여야 할 보험금이 계약의 성립시에는 알 수 없는 불확정보험(실손보상보험)이라는 점에서 보험사고만 발생하면 손해와 상관없이 일정액을 지급하는 정액보험인 인보험과 다르다.

2) 손해보상계약성

(1) 손해보상과 손해배상

손해보험계약은 보험자가 손해의 보상을 목적으로 하는 점에서 손해보상계약의 일종이다. 여기서 손해의 개념은 사법상의 손해배상법리에 있어서 쓰이고 있는 손해와 같이 사고발생 전·후의 재산상태의 차이를 의미하고, 손해보상이나 손해배상은 다 같이 그 손해를 메꾸어 사고발생 전의 상태로 회복시키려는 기능을 가지고 있다. 다시 말하면, 손해보상이란 피보험자가 보험사고발생 전에 가졌던 피보험이익에 대하여 보험사고로 생긴 재산상의 손해를 메꾸어 주는 것을 말한다. 그러나 손해보험계약에 있어서 보험자의 손해보상은 보험료를 받고 위험을 인수한 대가로서 보험계약의 내용에 따라 보험금액의 한도 내에서 보험사고로 피보험자가 입은 재산상의 손해만을 보상하는 것이고, 손해배상은 채무불이행이나 불법행위(민법 750조)의 경우에 배상의무자의 행위와 상당인과관계가 있는 모든 손해를 배상하는 점에서 양자는 차이가 있다. 그러므로 손해보험계약에서 보험사고발생 시 보험자가 지급하는 보험금이 보험자가 보험계약자에 대하여 지급하는 보상적인 것이냐 배상적인 것이냐 아니면 전보(塡補)적인 것이냐에 대하여 새로운 이론이 있다. 대체적으로 보상(補償)이란 국가 또는 공공단체가 적법한 행위에 의하여 국민이나 주민에게 가한 재산상의 손해나 손실을 보충하기 위하여 제공하는 대가로 볼 때 보험자가 피보험자에게 지급하는 보험금을 보상으로 보는 것은 적절치 않고 또 배상도 고의 또는 과실로 인하여 타인에게 손해를 입힌 자가 그 손해를 갚아주는 것을 배상이라고 볼 때 보험금을 배상으로 볼 수도 없으므로 이를 전보로 하자는 견해가 있다.[1] 그러나 보상(補償-도울 보의 보상)이란 용어를 자세히 살펴보면 그것은 국가 또는 공공단체가 적법한 행위에 의하여 국민이나 주민에게 가한 재산상의 손해나 손실을 보충하기 위하여 제공하는 대가라는 의미가 있는 반면 또 다른 보상(報償-갚을 보의 보상)의 뜻으로 남에게 진 빚이나 물건 또는 남에게 받은 물건을 되갚는다는 뜻도 있다. 따라서 후자의 보상을 의미하는 보상(報償)이라는 용어의 선택은 큰 문제가 없다[2]고 생각된다. 그러나 이를 한자로 표기할 경우에는 補償이 아니라 반드시 報償으로 표기하여야 할 것이다.

(2) 손해보상(損害報償)의 원칙

손해보험계약에서 손해보상의 원칙은 이득금지의 원칙(실손보상의 원칙)이 적용된

1) 이병석, 「보상」보험용어로서의 적절성 여부에 관한 검토, 한국보험학회 51호, 1998.3.

2) 보상의 의미는 여러 가지로 설명될 수 있는데 그 중요한 내용 몇 가지를 살펴보면 다음과 같다. ① 첫 번째의 보상(補償=한자로 표기할 경우 도울 보(補)자를 사용하는 보상)은 남에게 입힌 손해를 갚거나 또는 국가나 지방자치단체가 적법한 행위에 의하여 국민이나 주민에게 가한 재산상의 손실을 갚아주는 것을 뜻하고 ② 두 번째의 보상(보상=갚을報의 보상)은 남에게 진 빚 또는 받은 물건을 되갚거나 또는, 어떤 것에 대한 대가로서 갚는 것을 의미하며 ③ 세 번째의 보상(報償=여기에서도 갚을報의 보상)이란 어떤 행위를 촉진하거나 학습 분위기를 조성하기 위하여 사람이나 동물에게 주는 물질을 의미한다고 규정되어 있다(네이버 백과사전 참조). 따라서 보험이란 보험사고로 인하여 피보험자가 잃은 손해를 보상한다고 할 경우의 보상으로서 이것은 남에게 진 빚 또는 받은 물건을 되갚거나 또는, 어떤 것에 대한 대가로서 갚는 것을 의미한다는 두 번째의 보상(報償)으로 해석해야 할 것이다.

다. 이것은 보험의 도박화를 방지하고 도덕적 위험을 방지하기 위한 수단으로서 이용되는 것이다. 보험계약에 있어서 보험금의 지급은 일정한 우연한 사고의 발생에 있는 점으로 미루어 사행계약에 속하며, 형식에 있어서는 도박과 비슷하나 그들과 명확하게 구별되는 것은 보험에 의하여 이득을 취하지 못한다는 소위 이득금지의 원칙이 적용된다. 따라서 보험사고 발생 시 보험자의 보험금지급은 피보험자에게 손해가 발생된 만큼의 보험금을 지급함으로써 이득을 주지 않게 되어있다는 점이다. 이득을 발생시키지 않으려면 보험자의 보험금 지급은 손해발생시의 손해액을 한도로 하여 지급해야 하는데 이것을 실손보상의 원칙이라고 한다. 그러나 예외적으로 기평가보험 및 이익보험, 신가보험의 경우에는 손해보상의 원칙이 엄격히 지켜지지 않는 경우도 있다. 그러나 이것은 보험정책상 필요한 경우에만 그 예외가 인정되며 그에 대한 상세한 설명은 추후 각각의 해당되는 부분에서 설명하기로 한다.

2. 손해보험계약의 종류

1) 상법상 분류

상법에 규정되어 있는 손해보험계약은 화재보험계약(상법 683조), 운송보험계약(상법 688조), 해상보험계약(상법 693조), 책임보험계약(상법 719조), 자동차보험계약(상법 726조의 2)으로 나누어져 있다. 이 가운데 화재보험, 운송보험, 해상보험은 전통적인 손해보험에 속하고, 책임보험은 현대사회의 기계문명의 발달 또는 도로교통의 증대로 급속히 발전하고 있는 새로운 보험이며, 자동차보험은 자동차의 증대와 교통사고의 위험으로 말미암아 오늘날 가장 중요한 보험분야로 나타나고 있다.[3]

2) 그 외의 종류

상법에 규정해 놓은 손해보험계약 이외의 손해보험계약을 신종(특종)손해보험계약이라고 한다. 이러한 신종손해보험계약에는 근로자재해보상보험, 생산물배상책임보험, 도난보험, 유리보험, 동물보험, 원자력보험, 건설공사보험, 보증보험, 항공보험 등 많은 보험의 종류가 있다.

---

3) 이기수, 보험법·해상법학 제2전정판, 박영사, 120면 참조.

3. 손해보험계약의 요소

1) 손해보험사고

(1) 보험사고의 개념

보험사고라 함은 보험계약이 체결된 후 보험의 목적에 사고가 발생하여 피보험자의 재산적 이익이 상실됨으로 인하여 보험자가 보험금을 지급해야 할 사실을 말한다. 따라서 보험자는 약정한 보험사고의 발생으로 인하여 재산상의 손해가 생긴 때에 비로소 그 손해에 대한 보상의무를 지게 된다. 즉, 보험계약이 체결되었고 이에 따라 보험계약자가 보험료를 지급하였더라도 보험사고가 발생하지 않는 한 보험자는 보험금지급의무를 지지 않는다. 그러므로 영미법에서는 보험계약의 법적성질을 편무계약 또는 조건부 계약으로 보고 있고 우리나라에서 이에 찬동하는 견해를 가진 학자[4]들로서는 이경룡, 김억헌 등의 학자들이 있다. 그런데 우리나라의 보험법 학자들은 대부분 유상쌍무계약성 쪽으로 기울어져 있는듯하나 저자의 견해는 앞 「보험계약의 법적성질 중 유상쌍무계약성」에서 기술한 바와 같다.

(2) 보험사고의 요건

① 우연성(불확정성)

보험사고는 사고의 발생여부, 발생의 시기, 발생의 상태 등을 알 수 없는 것이어야 한다. 따라서 보험사고의 우연성은 원칙적으로 객관적이어야 한다(상법 644조). 따라서 보험사고는 보험계약 당시 그 사고가 이미 발생하였거나 또는 발생할 수 없는 것인 때에는 그 계약은 무효로 한다. 그러나 당사자 쌍방과 피보험자가 이를 알지 못한 때에는 그러하지 아니하다고 하여 보험사고의 주관적 우연성도 함께 포함하고 있다. 이러한 보험사고의 발생·불발생의 여부를 확정하는 시기는 보험계약 당시를 기준으로 하여 판단한다.

② 발생가능성

보험사고는 발생의 가능성이 있는 것이어야 한다. 따라서 사고가 발생할 수 없는 보험계약은 무효이며(제644조) 이것은 보험가입자체가 무의미하므로 보험계약자가 이러한 보험계약을 체결할 필요가 없다. 그러므로 보험사고는 보험계약당사자가 이를 마음대로 조종할 수 없을 뿐 아니라 다른 한편으로는 발생가능성이 있는 것이어야 한다. 예를 들면 항해불능의 선박의 해상보험의 가입 또는 사용하지 않는 기계의 기계

---

4) 김억헌, 보험의 이론과 실제, 삼영사, 2002, 60면; 이경룡, 보험학원론, 영지문화사, 2002, 205면 참조.

보험 등은 보험사고의 발생가능성이 없는 것으로 이것은 무효이다.

③ **적법성**

보험사고의 기초가 되는 사실은 적법한 것이어야 한다. 그것은 피보험자에게 경제적 손해가 발생할 수 있는 성질의 것은 보험가입의 대상이 되지만 그렇다고 경제적 손해가 발생한다고 하여 모든 사고가 보험사고로 인정될 수는 없다. 다시 말하면 밀수품이나 마약의 거래에서 발생되는 위험, 범죄행위의 실행에서 발생되는 위험 등에 의한 위험의 사고는 보험사고로 인정 될 수 없는데 그것은 바로 보험사고 자체가 범법행위이기 때문이다. 따라서 적법성에 저촉되는 보험상품은 만들 수도 없겠지만 만약 이를 만들어 팔더라도 이것은 무효로 보아야 할 것이다. 그러나 오늘날 자동차 보험에 있어서 운전자 보험과 같은 경우 범법행위로 인한 운전자의 벌금을 보험금으로 지급하는 경우가 있는데 이것은 자동차 보험의 특수성에서 기인 된 문제로서 특수한 예외사항이라 보지만 향후 연구 검토의 대상이라고 보아진다.

④ **한정성**

보험사고의 발생은 보험계약에서 정한 보험의 목적에 대하여 발생하고 그 사고는 구체적으로 보험계약에 약속된 범위내의 한정된 사고로 제한해야 한다. 이를 다른 말로 보험사고의 특정성이라 칭하기도 하는데 이것은 보험계약 시 약관에 의해 보험사고의 종류를 구체적으로 특정하거나 한정하여야 한다는 것이다. 예를 들면 화재보험에 가입한 건물이 수재로 인하여 파손되거나 매몰된 경우 이를 보험사고로 인정될 수 없는 것은 보험사고가 화재사고로 한정되어 있기 때문이다.

2) 피보험이익

(1) 피보험이익의 개념

피보험이익이란 피보험자가 보험의 목적에 대하여 가지는 경제적 이익 또는 가치를 말한다.[5] 이러한 피보험이익은 보험에 있어서 반드시 존재해야 되는 것으로 이것을 보험계약의 목적이라고도 한다. 이러한 피보험이익[6]은 손해보험에 있어서는 보험계

5) 이것은 피보험이익이란 피보험자가 보험의 목적에 대하여 가지는 이익 또는 가치라는 이익설의 입장에서 설명한 것이며 저자는 이 학설에 동의한다.

6) 필자는 Insurable interest -(피보험이익)의 해석을 피보험이익 보다는 가보험이익(可保險利益)으로 해석하여 사용함이 옳다는 생각을 갖고 있다. 그 이유는 본래 Insurable interest 라는 본래의 의미가 부보 가능한 이익 즉, 보험가입 가능한 이익이라는 의미이며 그럴 경우 피보험이익은 가보험이익으로 바뀌는 것이 옳지 않을까 생각된다. 이렇게 될 때 보험학을 공부하는 학생들이나 일반국민들은 이 용어에 대한 이해가 훨씬 쉬워질 것이고 그럴 경우 이것은 피보험자가 보

약의 효력발생의 요건으로서 피보험이익이 없는 보험계약은 무효로 하고 있으나 생명보험에 있어서는 영미법계 국가와 대륙법계국가 간에는 상당한 차이가 있다. 즉 영미법계 국가들은 생명보험에 있어서도 피보험이익을 인정하는 피보험이익주의를 취하고 있으나, 대륙법계 국가들은 피보험이익주의 대신 동의주의를 취하고 있기 때문에 우리는 생명보험에서는 피보험이익 자체를 논의의 대상에서 제외하고 있다. 그러나 향후 우리나라도 선진국에서 행하고 있는 생명보험전매(정산)제도(life settlement) 또는 15세 미만의 자 및 심신상실자 그리고 심신박약자를 사망보험의 목적(객체)이 될 수 없도록 하고 있는 근원적인 법리를 이해하기 위해서는 생명보험의 피보험이익의 문제도 다시 한 번 검토되어야 할 것이다.

(2) 피보험이익의 본질

피보험이익이란 손해보험과 생명보험(생명보험에서 피보험이익을 인정할 경우)으로 나누어 설명할 수 있다. 먼저 손해보험에 있어서 피보험이익이란 피보험자가 보험의 목적(재산)에 대하여 가지는 이익 또는 가치(재산적 이익 또는 가치)이며 생명보험계약에서 피보험이익이란 보험수익자가 피보험자(보험의 목적)의 생명 또는 생애에 대하여 가지는 경제적 이익 또는 가치(생애가치=Human Life Value)[7]로 설명할 수 있다.

① 피보험이익의 본질에 관한 학설

㉮ 관계설

관계설에 있어서 피보험이익이란 피보험자와 보험목적과의 관계로 설명한다. 이것은 피보험자와 보험 목적과의 관계 즉 피보험자가 보험의 목적에 대하여 보험사고시 재산적 손실을 입게 되는 관계[8]로 정의하고 이때의 피보험이익을 피보험자와 보험목적과의 관계로 해석하고 있다. 그런데 이 관계란 보험사고의 발생으로 인하여 피보험자가 보험의 목적에 대하여 손해를 입을 수 있는 관계이며, 이러한 손해는 예상치 않

험의 목적에 대하여 가지는 보험가입 가능한 이익(가치)으로 해석되어 이 용어의 개념이 명확해짐은 물론 해석의 어려움이 없어질 것이기 때문이다.

7) 이를 상세히 설명하면 아내는 남편의 생명에 대하여 남편은 아내의 생명에 대하여 서로 생애가치(Human Life Value) 즉, 경제적 이해관계에서 발생되는 이익 또는 가치를 가지는데 이를 생애가치라 한다. 여기에서 생애가치란 재산보험에서 발생되는 물건의 가치개념(보험가액)으로 평가하는 것이 아니라 배우자의 사망으로 입게 되는 수익의 감소 즉, 향후 배우자가 정년퇴임시 까지 가족을 위해 벌어들일 수 있는 수익 중 피보험자 자신의 생활에 필요한 생활비를 공제한 금액과 장례비 등의 비용의 발생액 등의 합산금액을 말한다. 따라서 생명보험에 있어서는 이러한 가치를 보험에 가입하여 만약 배우자가 사망함으로 이러한 가치(이익)를 잃게 될 경우 그 가치를 보상받을 수 있도록 하는 것이 생명보험의 기본원리라고 보는 것이다. 이용석, 보험계약에 있어서 피보험이익의 법리에 관한 연구, 경남대학교 박사학위논문, 1995, 95면.

8) Victor Ehrenberg, Versicherungsrecht. Bd, Ⅰ, 1893, S.286; 양승규, 보험법, 삼지원, 2005, 194면.

은 지출이나 계획된 수입이 감소된 경우에 발생될 수 있다고 설명하고 있다.[9] 따라서 이 학설은 피보험이익을 물건의 멸실 또는 파손으로 인한 손실이 발생되는 피보험자와 보험목적과의 관계로 봄으로서 보험의 목적에 대한 관계를 갖지 못한 자는 피보험이익을 갖지 못한다는 결론을 내리고 있다.[10] 이 학설의 대표적인 학자는 독일의 보험학자 Victor Ehrenberg[11]이며 일본의 加藤由作 교수와 한국의 한동호 교수도 이 학설에 찬동하였다. 그런데 加藤由作 교수는 「피보험이익이란 피보험자와 보험의 목적과의 관계에 대한 위험 즉, 보험사고가 발생할 경우 피보험자가 보험의 목적에 대한 경제상의 손해를 입을 염려가 있는 사람과 물과의 관계」라고 정의하였고, 한국의 한동호 교수도 「보험이 보호하는 대상은 선박, 적하 또는 이들에 준하는 유체물 그 자체가 아니라, 이와 같은 보험의 목적에 대하여 특정인이 갖는 관계가 보험계약의 목적이며 이것이 바로 피보험이익」이라고 정의 하였다.[12]

㉠ 관계설에 있어서 관계의 의미와 관계설의 탄생배경

ⓐ 관계의 의미

관계설에 있어서 피보험이익을 피보험자와 보험목적과의 관계라고 할 경우 여기에서 관계란 어떤 것인가. 먼저 관계란 사전적 용어로 설명하면 둘 이상의 사람 또는 사물, 현상 따위가 서로 관련 있음을 의미한다. 따라서 이에 따르면 관계설 의 관계란 보험의 목적과 피보험자 사이와의 관계, 즉 피보험자가 보험의 목적에 대하여 가지는 권리의무의 관계를 의미하는데 이것은 이익설의 입장에서 보면 이것은 피보험자와 보험목적과의 사이를 연결하는 연결고리 혹은 끈(피보험이익의 탄생의 끈)인 것이다. 따라서 피보험자와 보험목적과의 권리의무는 이 관계에서 탄생되는데 예를 들면 소유권은 소유관계에서 사용권(전세권)은 임자관계에서 저당권은 저당관계에서 수익권은 수익관세에서 책임보험은 책임관계에서 발생하게 되는 것이다. 따라서 피보험자와 보험의 목적사이에 발생하는 모든 권리의무의 탄생은 이 관계에서 기원되며 이것은 피보험자와 보험목적 사이의 연결의 끈(관계)이다.

ⓑ 관계설의 탄생배경

피보험이익이라는 용어가 사용된 역사를 살펴보면 1774년 영국의 생명보험법(Life Assurance Act of 1774)과 1854년 도박(금지)법(Gaming Act), 그리고 1906년의 해상보

9) Pröllss Martin, Versicherungsvertragsgesetz, 22 Aufl., C.H.Beck, München, 1980, S.286.

10) Victor Ehrenberg, 전게논문, S.286; 이용석, 보험계약법상 피보험이익의 법리에 관한 연구, 경남대학교 대학원 박사학위논문, 1994. 11면.

11) 독일 괴팅겐대학의 교수, W. Kisch와 함께 괴팅겐대학 보험학교실의 창시자.

12) 韓東湖, 「海上被保險利益論」, 損害保險, 大韓損害保險協會, 1964.

험법[13] 등에서 피보험이익이라는 용어가 사용되었음을 알 수 있다. 그 중에서 피보험이익이 피보험자와 보험목적과의 관계라고 본 관계설의 탄생배경을 살펴보면 다음과 같다.

본래 18세기 초의 영국의 생명보험은 보험계약자가 자기 자신이나 자기 가족의 생명을 보험에 가입하는 것보다 보험계약자와 아무런 관계가 없는 타인의 생명을 보험에 붙이는 도박보험이 성행하고 있었고 이에 따른 여러 가지 사회적 문제(도덕적 위험사고의 발생 등)가 심각해짐에 따라 영국의 의회는 생명보험에 있어서 피보험이익주의를 도입하게 되었다. 여기에서 피보험이익이란 피보험자와 보험수익자의 경제적 이해관계로 해석하고 피보험자의 사망이 보험수익자의 경제적 이해관계에 영향을 미치느냐 그렇지 않느냐의 문제로 보아 경제적 이해관계에 영향을 미치는 경우에는 피보험이익이 있는 관계로, 그렇지 않는 경우에는 피보험이익이 없는 관계로 해석하였다. 따라서 피보험이익이 없는 관계의 보험계약은 무효화함으로써 문제의 도박보험을 금지하였다. 대체적으로 부부관계, 부모자녀관계, 채권자와 채무자 관계 등에서는 피보험이익이 존재하는 관계로 보아 그 계약을 유효로 하였으나 이러한 관계가 없는 보험계약은 피보험이익이 없는 관계로 보아 무효로 하였다. 지금도 영미법계 국가에 있어서 피보험이익은 보험수익자와 피보험자와의 경제적 이해관계로 해석하고 이것이 없는 계약은 무효로 하고 있으며 이것이 관계설의 발생 동기이다.

다음으로 피보험이익이 관계로 된 또 다른 하나의 배경을 살펴보면 1806년 영국의 Lawrence 판사가 Lucena V. Craufurd 사건[14]에서 피보험이익의 개념을 이해관계로 본 이후부터이다. 이 판결에서 Lawrence 판사는 「사람은 어떤 경우(사정)로부터 이익이 발생하고, 손해가 생기는 물건에 대하여 이해관계를 가진다고 전제하고 피보험이익은 반드시 물건의 전부 또는 일부에 대한 권리 또는 보험의 목적에 대하여 어떠한 관계를 가진다는 것 즉, 부보위험의 발생으로 인하여 피보험자가 손해를 입을지도 모르는 그러한 관계를 가지는 것을 말한다면서 피보험이익이 존재하는 관계는 법률적관계라고 판시하였다. 이러한 이론은 영국해상보험법에 그대로 적용하게 되었는데 이 이론에 따른 영국해상보험법 제6조는 「해상위험에 이해관계가 있는 자는 피보험이익을 갖

13) 영국의 해상보험법은 1746년 제정되어 1785년, 1788년, 1906년 개정되어 오늘에 이르고 있다. 그런데 해상보험에 있어서 피보험이익의 개념이 정립된 것은 1806년 영국의 Lawrence 판사가 Lucena V. Craufurd 사건의 판결에서 부터이다.

14) Lucena V. Craufurd(1806) 사건의 판결은 영국법상 피보험이익에 관하여 최초로 법상 강제할 수 있는 이익 즉 법률적 이익만이 보험에 가입할 수 있는 이익이라고 보는 등 여러 가지로 중요한 판결인데 이에 대한 상세한 내용은 한창희, 영국, 호주에서의 손해보험상 피보험이익의 개혁논의, 손해사정연구, 제2권 제1호, 2009, 9면. 장덕조, 영국보험법의 개정 동향과 시사점, 상사법연구 제28권 제4호, 2010.2, 76면 참조.

는다고 전제하고, 특히 해상사업 또는 위험에 노출된 일체의 피보험재산에 대하여 보통법상 또는 형평법상의 관계를 가진 자는 그 관계를 갖는 결과로 인하여 피보험재산의 안전이나, 적하의 도착 예정시기의 도래로 이익을 얻거나, 또는 피보험재산의 멸실, 손상 또는 압류로 인하여 손해를 입거나 또는 피보험재산에 관한 책임을 질 경우에는 그 해상사업에 대하여 이익과 손해의 관계를 가진다고 규정하여[15] 이 관계(보험의 목적과 피보험자의 관계-소유관계, 담보관계 등)를 피보험이익으로 보게 되었다.

㈏ 이익설(재산적 가치설)

보험계약에 있어서 피보험이익을 피보험자와 보험의 목적 사이에 존재하는 관계라고 하는 관계설에 대하여 이와 다른 각도에서 설명하는 학설이 바로 이익설이다. 이 학설은 피보험이익이란 보험사고가 발생하면 피보험자가 입게 되는 손실이며 이를 바꾸어 말하면 보험사고가 발생하지 아니하므로 피보험자가 얻게 되는 이익[16]으로써 이것은 피보험자가 보험의 목적에 대하여 가지는 이익 또는 가치라는 것이다.[17] 따라서 피보험이익이란 피보험자가 보험의 목적에 대하여 가지는 이익 또는 가치이며 이것은 일정한 사고가 발생하지 않음으로 인하여 피보험자가 가지는 이익 또는 가치라고 주장한다. 따라서 관계설에 의하면 피보험이익이란 보험의 목적과 피보험자 사이의 관계가 피보험이익이지만 이익설에 의하면 피보험이익이란 피보험자가 보험의 목적에 대하여 가지는 경제적 이익 또는 가치(여기에서 이익 또는 가치란 보험의 목적에 대하여 소유자가 가지는 소유자의 재산적 이익 또는 가치, 또는 담보자의 재산적 이익 또는 가치이다)를 피보험이익이라 하는 것이다.

이 학설을 주장한 대표적인 학자는 독일의 보험학자인 W. Kisch인데 그는 그의 저서 피보험이익론에서 피보험이익이란 보험사고가 발생하면 피보험자가 입게 되는 경제적 손실이며 이를 바꾸어 말하면 보험사고가 발생하지 아니하므로 피보험자가 가지고 있는 이익이라 설명하였다.[18]

㉠ 이익설에 있어서 이익의 의미와 이익설의 탄생배경

ⓐ 이익의 의미

이익설에 있어서 피보험이익이란 보험의 목적에 대하여 피보험자가 갖는 이익 또는 가치라고 할 경우 보험계약에 있어서 그 이익 또는 가치란 어떤 것인가? 먼저 이익의

15) Raoul Colinvaux, Law of Insurance, 5th ed., Sweet & Maxwell, 1984, 57면.

16) Kisch, 전게서, S.12.

17) Wilhelm Kisch, Handbuch des Privatversicherungsrecht, Bd.Ⅲ Ⅲ; 양승규, 보험법, 삼지원, 2005, 194면.

18) Kisch, a.a.O., S.26.

사전적 개념은 물질적으로나 정신적으로 보탬이 되는 것 또는 일정기간의 총 수입에서 그것을 위하여 들인 비용을 뺀 차액으로 설명하고 또 가치란 일반적으로 좋은 것, 또는 그 값어치, 인간의 욕구나 관심을 충족시키는 것으로서의 값으로 설명하고 있다. 그럴 경우 피보험이익이란 피보험자가 보험의 목적에 대하여 가지는 경제적, 물질적 이익의 총체 또는 그 가치를 의미한다고 볼 수 있고 이럴 경우 이익이나 가치는 피보험이익에 모두 포함되는 개념으로 해석된다. 따라서 이익설에 있어서 피보험이익이란 피보험자가 보험의 목적에 대하여 현재 가지고 있거나 향후 발생될 이익 또는 가치로 해석할 수 있다.

ⓑ 이익설의 탄생배경

이익설의 대표자인 W. Kisch는 그의 저서 피보험이익론에서 피보험이익을 피보험자가 보험의 목적에 대하여 가지는 보험가입 가능한 이익 또는 가치로 봄으로써 Victor Ehrenberg가 주장한 관계설의 관계와는 다른 이익 또는 가치를 피보험이익으로 제시하였는데 이것이 오늘날 이익설의 근원이 된 것이다.

㉰ 관여설

관여설에 있어서 피보험이익은 어떤 사물 혹은 사건에 관여하고 있다는 사실이라고 설명하고 있다.[19] 그런데 관여란 어떤 일에 관계하여 참여한다는 뜻으로써 관계보다도 그 개념이 다소 약한 것으로써 소극적인 것으로 파악되는데 이러한 관여가 보험계약의 목적으로써 피보험이익이 될지는 의문이다. 왜냐하면 보험계약의 목적인 피보험이익은 원칙적으로 구체적, 법적, 실질적인 가치 또는 이익이어야 하는데[20] 단지 어떤 일에 관여하고 있다는 개념으로서의 관여가 피보험이익이 될 수는 어렵기 때문이며 또 관여라는 사실만으로 보험목적에 대한 이해관계가 발생한다고 보기도 어렵기 때문이다. 예컨대 甲이라는 사람이 어떤 가옥에 대하여 어떤 단순한 관여를 하고 있다는 사실만으로 그것이 구체적이고 법률적인 이익으로서의 피보험이익이 될 수는 없기 때문이다.[21] 결국 피보험이익은 어떤 사물에 관여하고 있다는 관여라는 사실 그 자체가

19) Manes, Versicherungs Wesen, S.11; Kisch, a.a.O., S,13.

20) 피보험이익을 법률적인 이익(가치)에 한정 하느냐 사실상의 이익까지 확장 하느냐에 대하여는 견해가 나누어질 수 있다. 대체적으로 피보험이익 개념을 정립한 초기에는 법률상의 이익에 한정하려 하였지만(1806년 영국의 Lawrence 판사는 Lucena V. Craufurd 사건에서 법률적 이익으로 한정하여 해석) 보험시장의 확대로 인한 시대적 요청에 응하기 위해서는 사실상의 이익도 포함시키는 것이 시대적 요청에 부응하는 것이라 보고 있다. 그럴 경우 사실상의 이익은 보험자 또는 제3자가 인정할 수 있고 본인이 증명할 수 있는 객관적 사실로서의 이익이어야 하며 그것은 공서양속에 반하거나 위법한 이익이 되어서는 안 될 것이다. 이용석, 앞의 논문 23면 참조.

21) 今村有, 被保險利益概念の生成とその概念的特徵, 損害保險研究 第25卷 第1號 1963.2.

아니라 관여자가 관여의 대상인 보험목적에 대하여 가지는 일정한 법률적 권리에서 발생되는 구체적 이익 또는 가치를 가지고 있을 때 이를 피보험이익으로 할 수 있으므로 이 학설은 그 내용면에서 피보험이익의 설명으로는 부족한 학설로 평가받고 있다.

㉣ 재산재설

재산재설에서 피보험이익은 보험사고의 발생으로 인하여 피보험자가 상실할 우려가 있는 재산이라 하고 이는 결국 보험사고의 결과로 피보험자의 재산에서 없어지거나 줄어들 적극재 또는 그 재산으로부터 수익이 기대에 어긋나는 상실수익을 포함하는 것이라 설명한다.[22] 이에 의하면 보험사고의 결과 피보험자의 재산으로부터 이탈한 재산 또는 그 재산으로부터 취득이 불가능하게 되는 재산을 보험계약의 목적인 피보험이익으로 보았는데 여기에는 반드시 유체물에 한정하는 것이 아니라 물건, 권리, 노동력, 수익, 비용 등이 포함된 것으로서 모든 재산적 이익을 포함한다고 해석하고 있다.[23] 이 학설 또한 피보험이익이란 피보험자가 보험의 목적에 대하여 가지는 이익 또는 가치라는 이익설이나 금전가치라는 금전가치설과 일맥상통한 학설로서 평가된다.

㉤ 금전가치설

이 학설에서 피보험이익이란 상실의 위험이 있는 구체적 재산 즉 物, 權利, 노동력, 이윤, 비용 등의 금전적 가치를 피보험이익으로 설명한다.[24] 이 설에서 피보험이익의 본질을 금전가치로 보는 것은 보험사고 발생 시 피보험자가 보험자로부터 塡補받는 것은 손실된 재산자체가 아니라 그 재산의 금전적 가치라는 입장이다. 피보험이익을 이렇게 해석하는 것은 넓은 의미의 이익설과도 맥을 같이 하는 견해로써 다른 한편으로는 손해배상에 관한 민법상의 통설에도 어느 정도 조화하는 것이라고도 볼 수 있다. 그것은 바로 민법상의 손해배상의 통설에 따르면 배상되는 손해는 손해의 발생 전과 발생 후의 변화된 가치로써 이는 손실된 물건 자체가 아니라 그 손실에 대한 금전가치라고 보는 것과 같이 보험사고에 의한 피해재산의 塡補는 그 物자체가 아니라 그 物의 손실에 대한 금전가치이며 따라서 손해보상의 대상인 피보험이익도 그 物자체가 아니라 피보험자가 그 物에 대하여 상실한 부분의 화폐가치라고 보기 때문이라는 것이다. 따라서 피보험이익은 보험사고로 말미암아 손실을 입은 재산 자체가 아니라 그 손실에 대한 금전 가치이며 이것은 피보험자가 보험의 목적에 대하여 가지는 금전가치로 해석한다. 이설도 역시 용어만을 바꾼 것에 지나지 않고 이익설과 그 맥

22) Wolf/Enzykl, 432, Kisch, S.16.

23) Kisch, a.a.O., S.18.

24) Hecker, Zur Lehre von der rechtlichen Natur der Versicherungsvertage(1894), 12; Kisch, a.a.O., S.22.

을 같이 한다고 볼 수 있다

⑭ 요보호성설(要保護性說)

이 학설에서 피보험이익이란 일정 위험에 대한 보호의 필요성이라 기술하면서 이것은 바로 보험제도의 보호의 대상이며 일정한 위험에 대한 보호의 필요성이라는 것이다.[25] 그런데 여기에서도 앞서 살펴 본 관여설과 같이 관여라는 사실 그 자체가 피보험이익이 될 수 없는 것처럼 요보호성 자체가 보험목적에 대한 일정한 법률적 권리 또는 이익(가치)이 될 수는 없기 때문에 요보호성이라는 추상적 개념을 피보험이익으로 해석하기는 어렵다고 보아진다. 왜냐하면 피보험이익이 보험에 있어서 보호의 대상일 수는 있으나 구체적이고 법률적 요건이 필요한 피보험이익과 추상적 개념을 가진 요보호성을 동일시 할 수는 없기 때문이다.

㉦ 사실상 지위설

이 학설은 피보험이익이란 피보험자가 보험의 목적에 대하여 가지는 보험가입 가능한 사실상의 지위라고 정의하며 피보험이익의 범위를 확장시키려는 견해로 보인다. 그런데 이 이론은 보험계약에 있어서 피보험이익의 문제가 시대적으로 복잡해짐에 따라 그러한 문제를 단순하게 해결하기 위한 방안으로서 피보험이익의 본질에 관한 해석을 단순화 시켜 어떤 경우에도 보험을 가능하게 하려는 의도가 있는 것으로 생각되나 피보험이익의 본질을 정확하게 설명하기에는 한계가 있는 학설로 생각된다.

㉧ 피보험이익 무용설

이 학설은 모든 보험계약에 있어서 피보험이익개념은 불필요하다고 봄으로써 피보험이익을 배척하는 학설이다. 그것은 바로 보험계약은 무엇을 보험보호의 대상으로 하는가에 따라서 재산보험, 인보험으로 구분하고 보험보호의 대상을 피보험이익에서 구하는 것이 아니라 직접위험에 노출된 재산, 인(사람)자체에서 구하고 인정하는 점이다.

이 학설의 대표적인 학자는 스위스의 Koenig이며, 일본의 大森忠夫도 이 학설에 찬동하고 있는데 Koenig은 이 학설을 주장하는 몇 가지 이유를 다음과 같이 설명하고 있다.

첫째, 보험계약은 어떤 종류의 경제적 이익이 존재해야만 유효한 효력을 발생시킬 수 있고 이 이익은 계약 당시는 물론 전 보험기간을 통하여 존속하는 것을 요한다. 그러나 실제 이 이익은 계약 당시는 아직 나타나지 않는 경우(책임보험이나 비용보험과 같은 소극적 재산보험의 경우)도 있고 또 피보험이익을 정확히 산정해 낼 수 없는

25) Kisch, a.a.O., S.25.

경우(예컨대 희망이익 보험과 같은 경우)도 있는가 하면[26] 또 현실적으로 피보험이익이 존재하지 않는 보험계약도 성립되고 있다.[27] 둘째, 책임보험에서 피보험이익을 인정할 수 없음은 물론 만약 책임보험에서 피보험이익을 피보험자의 전 재산[28]으로 본다면 재산이 없는 자는 보험가입이 불가능한 모순이 발생된다.[29] 셋째, 생명보험에서 보험사고를 이익과 손해의 관념으로 생각할 수 없으며 따라서 이익과 손해가 발생되지 않는 곳에 피보험이익이란 존재할 수 없다는 것이다.[30] 따라서 피보험이익의 개념을 특별히 인정할 필요가 없음은 물론 피보험이익이라는 개념은 필요치 않다는 것이다.

㉶ 사견(私見)

지금까지 피보험이익의 본질을 파악하기 위하여 여러 학설을 검토해 보았다. 이들을 분석해보면 관여설은 앞서 기술한 바와 같이 넓은 의미의 관계설의 범주에 포함되는 것이라 보아지고 금전적 가치설이나 재산재설은 廣義의 이익설의 범주에 속해진다고 보아진다. 그리고 요보호성설과 사실상 지위설은 그렇게 주목받고 있는 학설은 아니며 피보험이익 무용설은 오늘날 보험시장의 범위가 점차 확장하고 있는 마당에서 피보험이익 문제를 엄격히 적용할 경우 보험계약의 유·무효성의 문제가 발생될 소지가 있고 또 기평가 보험이나 신가보험 특히 소극적 재산보험(책임보험, 비용보험 등)의 경우에는 엄격한 피보험이익주의를 적용할 경우 그에 따른 여러 가지 보험계약의 어려움이 따름으로 이러한 고충을 피하고자 제창된 학설로 보아진다. 그러나 사실 이러한 문제는 피보험이익의 개념에 대한 해석의 오류 내지는 정확한 본질을 파악하지 못하는데서 오는 문제이지 결코 피보험이익 주의를 취함으로 발생되는 문제는 아니라고 생각된다. 또한 지금 영국 호주 등에서 피보험이익의 문제를 보험법에서 수정(삭

26) 이러한 이론과 비슷한 논리로서 피보험이익의 정의와 그 적용이 난해하다는 점, 무엇이 피보험이익인지에 대하여 보험의 목적에 따라 나양하고 그 요구되는 시점도 계약의 체결 시인지 사고의 발생 시인지 애매하다는 점 등으로 영국보험법에서 피보험이익의 개념을 없애려는 움직임이 일고 있다. 장덕조, 영국보험법의 개정 동향과 시사점, 상사법 연구, 제28권 제4호, 2010, 79면.

27) 1971년 영국의 커티샥 스카치 위스키 회사는 그 판촉활동의 하나로 스코틀랜드 지방의 네스호에 살고 있는 전설적인 괴물(동물) 네시를 잡은 사람에게 100만 파운드를 준다는 것을 조건으로 영국의 로이즈 회사와 보험계약을 체결한 사실이 있다. 이때 괴물포획의 가능성을 400만분의 1로 계산하여 보험료 6000달러에 보험계약이 체결되었다. 이 보험계약은 과연 피보험자와 보험목적물과의 사이에 피보험이익이 존재하고 있을까? 이 계약은 현상광고와 같은 요물계약으로서 피보험이익이 존재하지 않는 계약이다. 강원희, 손해보험, 매일경제신문사, 188면. 따라서 저자는 이 계약은 도박계약이지 보험계약으로 볼 수 없다고 본다.

28) 책임보험에 있어서 피보험이익은 피보험자의 전재산이라고 보는 전재산설과 재산상태라고 보는 재산상태설이 있다.

29) V. Ehrenberg, Versicherungsrecht. Leipzig 1893, 286면; 勝呂弘, 被保險利益に關する二·三の問題, 保險學雜誌, 第384號, 日本保險學會, 1953. 51면.

30) 大森忠夫, 保險契約法の法的構造, 有斐閣, 1961, 104면.

제)하는 경향[31]은 바로 이 이론(피보험이익 무용설)과 맥을 같이 한다고 보아진다. 그러나 정작 이 학설을 취하여 보험의 본질에 어긋나는 투기적 도박보험을 판매한다면 그것은 보험이 아니라 도박이며 그것은 예측할 수 없는 많은 문제가 생길 것이다. 그것은 지난 날 영국의 도박보험 방지를 위한 Gaming Act의 제정이나 2007년-2008년의 서브프라임 모기지 사태로 인한 미국의 AIG 보험사의 파산의 역사[32]가 이를 대변해 주고 있다. 따라서 피보험이익 무용설은 대단한 위험성을 가진 학설로서 이를 취할 경우 여러 가지 문제점이 발생할 수 있다고 생각된다. 그러므로 보험에 있어서 피보험이익이란 반드시 필요한 것이며 그럴 경우 이에 따른 최적의 학설은 이익설로 판단된다.[33]

(3) 보험의 목적과의 구별

보험의 목적은 보험계약에서 정한 사고발생의 객체가 되는 경제상의 재화 또는 사람을 가리키는데 대하여 보험계약의 목적 즉, 피보험이익은 피보험자가 보험의 목적에 대하여 가지는 경제적 이익 또는 가치를 가리킨다. 이러한 보험계약의 목적(피보험이익)은 반드시 금전으로 산정할 수 있는 이익(가치)에 한이어야 한다(상법 668조). 그리하여 동일한 보험의 목적에 대하여도 경제적인 이해관계가 다름에 따라 여러 개의 피보험이익(소유이익, 사용 = 임차이익, 담보이익, 수익이익, 책임이익 등)이 있을 수 있고 피보험이익이 다르면 동일한 보험의 목적에 대하여도 여러 개의 보험계약이 체결될 수 있다.

---

31) 영국이나 호주의 보험법에서 피보험이익의 문제를 수정 또는 삭제하려는 것은 피보험이익의 문제로 인한 보험계약의 어려움이 있는 소수의 보험, 예를 들면 파생상품에 대한 보증보험 등의 문제를 해결하기 위한 방안으로서 채택된 것으로 보아지며 중요한 해상보험이나 생명보험에 있어서 피보험이익은 그대로 인정되고 있다고 보아야 한다.

32) 서브프라임모기지(sub-prime mortgage loan)사태로 인하여 AIG보험회사는 파산하였다. 그 이유는 보험의 기본 원리를 무시한 도박적인 투기적 상품 CDS(credit default swap-정부의 인가를 받지 않은 보험상품으로서 이 상품은 보증보험의 역할을 수행하였음)의 판매에 따른 결과이며 그것은 바로 신자유주의의 논리에서 탄생된 고수익을 향한 탐욕의 결과이다.

33) 이익설의 타당한 근거는 다음과 같다. 지금까지 통설로 여겨왔던 관계설에서 관계란 피보험자와 보험목적과의 관계 즉 소유관계, 담보관계, 임차관계 등의 관계를 말한다. 그러므로 여기에서 관계란 보험의 목적에 존재하는 피보험이익인 가치를 갖게 하거나 혹은 법률적 효력을 발생케 하는 연결고리로서의 역할이지 관계 그 자체가 가치로써 평가되거나 재산적 가치(이익)로 인정될 수 없다. 예컨대 갑이 시가 1억원의 가옥을 소유하고 있고 그 가옥에는 K은행의 저당권 5,000만원, 을의 전세권 3,000만원(전세등기완료)이 있는 경우 갑과 K은행 그리고 을이 가진 피보험이익은 갑의 소유이익 1억원, K은행의 담보이익 5,000만원, 을의 사용(임차)이익 3,000만원이 될 수 있다. 이 경우 갑의 1억원과 K은행의 5,000만원, 을의 3,000만원의 피보험이익은 이들이 이 가옥에 대하여 가지는 금전적 이익 또는 가치이지 관계가 아니다. 따라서 피보험이익이란 피보험자가 보험의 목적에 대하여 가지는 보험가입 가능한 이익 또는 가치라고 하는 이익설이 타당하다.

(4) 피보험이익의 분류

① 보험의 종류에 따른 피보험이익의 분류

㉮ 손해보험에 있어서 피보험이익

손해보험에 있어서 피보험이익이란 피보험자가 보험의 목적에 대하여 가지는 이익 또는 가치이다. 즉, 보험의 목적에 사고가 발생하면 피보험자는 자기의 재산에 대한 재산적 가치를 잃게 되는데 이러한 손해를 입는 재산의 가치(이익)가 피보험이익이며 이것이 보험에 가입할 수 있는 최고한도액(보험가액)이다. 이를 바꾸어 말하면 보험사고가 발생하지 아니하므로 피보험자가 자기재산에 대하여 가지는 이익(가치)[34]이라 할 수도 있다. 따라서 피보험이익이란 피보험자가 보험의 목적에 대하여 보험사고의 발생으로 인하여 손해를 입을 우려가 있는 이익 또는 가치이며 환원하면 이것은 일정한 사고가 발생하지 않음으로 인하여 피보험자가 가지고 있는 이익 또는 가치이다.

㉯ 책임보험에 있어서 피보험이익

책임보험은 넓은 의미에서 손해보험에 속한다. 그러나 책임보험의 피보험이익은 일반적인 손해(재산)보험과는 다른 특성이 있으므로 여기에서 특별히 책임보험의 피보험이익에 대한 설명을 기술한다.

책임보험에 있어서 피보험이익이란 피보험자가 제3자에게 손해를 발생시킨 경우 그 손해배상책임에 대한 채무를 책임이익으로 하는 것으로 이것은 소극적 재산보험으로서 부채[35]이다. 다시 말하면 피보험자가 보험의 목적[36]에 사고를 발생시킬 경우 피보험자는 이러한 손해를 배상해야 하는데 피보험자가 보험에 가입함으로써 이러한 손해를 배상하지 아니하고 보험자가 대신 보상함으로써 피보험자는 그 만큼의 이익을 얻게 된다. 이것이 책임이익이다. 물론 이것은 책임이익설의 입장에서 피보험이익을 설명한 것이다.[37]

---

34) Kisch, a.a.O., S.12.

35) 책임보험에 있어서 피보험이익은 피보험자가 피해자인 제3자에 대한 손해배상책임액 만큼의 부채이다. 이것은 피보험자의 소극적 재산(부채)으로서 피보험자는 책임보험에 가입함으로써 이 만큼의 부채를 전보(塡補) 받게 된다.

36) 책임보험에 있어서 보험의 목적이란 책임보험사고가 발생될 경우 이 보험사고로 인하여 손해가 발생되는 재화(대물배상책임보험) 또는 사람(대인배상책임보험)이다. 따라서 책임보험에 있어서 보험의 목적은 보험계약체결 시에는 특정되지 않는 것으로 그것은 어떤 물건, 재화, 또는 사람임은 분명하지만 그가 누구일지 어떤 물건(재화)일지 모르는 불특정의 물건(재화) 또는 사람이다. 다시 말하면 책임보험의 목적이란 피보험자가 사고를 발생시키는 그 물건(재화) 또는 그 사람으로서 피보험자가 손해를 배상해야할 객체로의 물건 또는 사람이며 이것은 보험계약 체결 시에는 확정되지 않고 사고발생시 확정되는 특성을 가진 물건(재화) 또는 사람이다.

37) 저자는 이익설에 동의하며 그 이유는 앞에서 설명한 바와 같다.

㉰ 생명보험에 있어서 피보험이익

우리나라는 현재 생명보험에 있어서 피보험이익을 인정하지 않는 동의주의를 채택하고 있으므로 생명보험에 있어서는 피보험이익의 개념을 부인하고 있다. 그러나 향후 생명보험의 전매제도의 실시, 15세 이하인 자와 심신상실자 및 심신박약자의 사망보험을 무효로 하는 이유를 설명하기 위해서는 피보험이익주의의 필요성을 느끼게 될 것이다. 이 경우 생명보험에 있어서도 피보험이익이 필요성을 깨닫고 이를 인정하는 시기가 올지도 모른다. 그러한 경우 생명보험에 있어서 피보험이익이란 보험수익자가 피보험자의 생명 또는 생애에 대한 가치 즉, Human Life Value[38]가 피보험이익인 것이다. 따라서 생명보험에 있어서 피보험이익이란 보험수익자가 피보험자의 생명에 대하여 가지는 Human Life Value(생애에 대한 가치)이다. 그런데 이러한 피보험이익이 존재하는 보험수익자와 피보험자의 관계를 예를 들어 설명하면 아내는 남편의 생명에 대하여 남편은 아내의 생명에 대하여 서로 생애가치(Human Life Value) 즉, 경제적 이해관계에서 발생되는 이익 또는 가치를 가지고 있으며 이러한 가치를 보험에 가입하여 만약 배우자가 사망함으로 이러한 가치(이익)를 잃게 될 경우 그 가치를 보상받을 수 있도록 하는 것이 생명보험의 기본원리이며 여기에서 그 가치가 피보험이익이다. 이러한 피보험이익주의를 사용하고 있는 영미에서 피보험이익이 존재하는 관계[39]가 인정되는 범위는 대체적으로 부부관계, 부모자녀 관계, 채권자와 채무자의 관계 등의 범위로 한정하고 있다.

② 이해관계의 내용에 따른 분류

㉮ 소유이익

소유이익이란 보험의 목적이 되는 물건의 소유자가 그 물건에 대하여 가지는 소유이익으로서 그 재물의 처분에 의해 얻어질 수 있는 대가에 관한 이익을 말한다. 예를 든다면 갑이 소유하고 있는 주택의 가격이 5억원이라고 할 때 그 주택에 대한 갑의 소유이익은 5억원이며 이것이 갑이 그 주택을 화재보험에 가입시킬 수 있는 최고한도액(보험가액)이다. 이것(소유이익)이 재산보험에서 가장 대표적이고 가장 일반적인 피보험이익이다.

38) 생애가치란 한 개인의 소득 중에서 자기유지비(생활비)를 차감하고 남는 미래의 순소득을 자본화한 가치를 말하며 이것은 이익설의 입장에서 피보험이익을 설명하는 입장이다.

39) 피보험자가 남편이고 보험수익자가 아내인 경우 혹은 그 반대로 피보험자가 아내이고 보험수익자가 남편인 경우 등의 부부관계, 부모와 자녀관계, 채권자와 채무자관계 등의 관계가 피보험이익이 인정되는 관계이며 관계설의 입장에서는 그 관계 자체를 피보험이익이라고 본다.

㉯ 사용(임차)이익

사용이익이란 타인의 물건을 사용하는 자가 그 사용물에 대하여 가지는 이익으로서 이것은 물건의 사용 즉, 임차에 의해 실현할 수 있는 이익 또는 가치를 내용으로 하는 이익이다. 예를 들면 임대차계약의 경우 임차인은 소유자로부터 사용권을 가지기 위하여 임차물에 대한 임차료를 지급해야 하고 이러한 경우 임차인이 지급한 임차료(전세금 등)는 임차인의 피보험이익이 되는 것이다. 그러므로 동산 및 부동산을 임차하고 그 임차료를 지급한 피보험자는 그 목적재산의 상실로 인한 손실(임차료)을 한도로 피보험이익을 가진다. 예를 들면 시가 1억원의 건물에 전세금 5천만원을 지급하고 본 건물을 임차한 임차인은 5천만원의 금액에 대하여 사용(임차)이익을 가진다. 그것은 바로 만약 이 건물이 화재로 인해 소실될 경우 임차인은 전세금 5천만원을 소유자로부터 반환 받아야 하나 이를 받지 못할 경우 임차인은 5천만원의 손해를 볼 위험이 있는데 이러한 5천만원의 손해를 보상받도록 하기 위하여 보험에 가입할 수 있고 이러한 5천만원이 사용(임차)이익이 되는 것이다.

㉰ 수익이익

수익이익이란 어떤 사고가 특정한 물건에 발생함으로써 어떤 특정인(피보험자)이 기대한 수익을 잃을 가능성이 있는 이익을 말한다. 이것은 영업이익 또는 희망이익 등으로 나타내기도 하는데 예를 들면 시가 2억원짜리 점포에서 매월 특정 영업에 의하여 1천만원의 영업이익(순이익)이 발생하고 또 이 점포가 만약 화재로 인하여 소실될 경우 재건축기간이 최소한 1년이 필요하다면 이 점포의 주인은 1년 동안 휴업으로 인한 영업이익 1억2천만원의손해를 입을 위험이 있다. 이러한 경우 피보험자는 소유이익 2억원과는 별도로 수익이익 1억 2천만원(1천만원×12개월)을 보험에 가입할 수 있다. 따라서 이 점포의 소유자는 본 건물의 소유자로서의 보험가액 2억원과는 별도의 수익이익 1억 2천만원을 보험에 가입할 수 있는데 이를 수익이익이라고 한다.

㉱ 담보이익

담보이익이란 채권자가 채권의 변제를 확보하기 위하여 채무자의 재산에 담보권을 설정한 경우 채권자가 가지는 담보에 관한 이익을 말한다. 다시 말하면 채권자가 자기 채권의 변제확보수단으로서 채무자의 재산에 저당권을 설정하고 그 담보물에 대하여 채권자의 채권의 한도 내에서 채권자가 가지는 이익을 부보 할 수 있는데 이 경우의 이익이 담보이익이다. 이러한 담보이익은 채권자가 자기의 채권을 회수하기 위하여 설정하는 것으로 이러한 권리의 설정은 실질적 효력이 발생할 수 있어야 한다. 또 담보이익의 한도는 채권액의 범위이며 만약 다수의 담보물권이 존재하고 그 사이에

순위가 있을 경우에는 제2순위 이하의 담보권은 차례로 그 순위에 따라 앞의 채권액을 공제하고 잔액에 대해서만 피보험이익을 가지게 된다.

㉮ 비용이익

어떤 특정재산에 보험사고가 발생함으로써 피보험자는 그 사고로 인한 비용부담을 질 수밖에 없는 경우가 있다. 이런 경우 피보험자는 그 특정물의 사고에 대한 비용에 대한 피보험이익을 가진다. 특정한 우연사고발생에 의해 특정인이 부담해야 할 비용채무의 발생근거는 법률상에 의할 때가 있는가 하면 계약에 의할 때도 있고 사회적 구속에 의할 때도 있다. 그런데 비용이 발생되고 손해를 초래하게 될 경우란 여러 가지로 존재하게 된다. 예를 들면 항공기의 실종으로 수사구조비가 필요한 경우, 항해지연으로 신관세의 실시에 따라 예상이상의 관세를 부담해야 할 경우, 선박의 억류 또는 행정처분에 의해 항해가 지연되어 선주가 예상 밖의 선원의 급료 또는 식비를 부담할 경우, 또는 해난사고 결과 선박의 구조료를 부담하거나 적하물을 운송하는 비용 등이 이에 속한다. 이러한 비용이 생길 경우 피보험자의 재산에 손해를 가져옴으로 그러한 손해를 가져오지 않기 위하여 비용이익을 보험에 가입할 수 있는 것이다.

㉯ 책임이익

책임이익이란 피보험자가 보험사고의 발생으로 인하여 타인에게 손해배상의 책임을 지는 경우 보험자가 보험금을 지급함으로써 피보험자의 책임을 벗어날 수 있도록 하는데 이러한 피보험자의 책임면탈로 인한 이익이 책임이익이다. 이러한 책임이익은 그 책임의 부담이 법률상의 책임이든 계약상의 책임이든 이를 묻지 않는다. 이러한 책임이익에는 소유자로서의 책임이익, 점유자로서의 책임이익, 행위자로서의 책임이익, 감독자 또는 관리자로서의 책임이익, 직업인으로서의 책임이익 등이 있다. 소유 또는 점유자로서의 책임이익이란 자동차, 선박, 항공기, 건물, 동물 등의 소유 또는 점유에 따른 책임이익을 말하며 행위자로서의 책임이익이란 수렵, 낚시, 골프, 등산 등에서 발생하는 배상책임이익을, 그리고 감독자 또는 관리자의 책임이익이란 공사의 감독자·시설의 관리인으로서 배상책임이익을, 그리고 전문직업인으로서의 책임이익이란 의사, 변호사, 약사, 건축사, 공인회계사 등의 업무상의 손해배상책임에 따르는 피보험이익을 말한다. 이 경우에 있어서 피보험이익은 우연사고의 발생에 의해 피보험자가 부담하게 될 손해배상책임에 의한 채무 즉, 소극적 재산의 이익이다. 이러한 손해배상책임이익은 소유자이익과 같은 현존의 적극적 이익이 아니고 우연사고로 인한 소극적 이익 즉, 배상책임에 대한 면탈이익이다.

③ 재산의 유형에 따른 분류

㉮ 적극적 재산에 관한 피보험이익

적극적 재산에 관한 피보험이익으로는 소유이익, 사용이익, 수익이익, 담보이익 등이 이에 속한다.

㉯ 소극적 재산에 관한 피보험이익

소극적 재산에 관한 피보험이익으로는 책임이익, 비용이익 등이 이에 속한다.

④ 이익의 현존 유무에 따른 분류

㉮ 현존이익

현존이익은 현재 존재하는 현실의 이익을 말한다. 소유이익, 사용이익, 담보이익 등이 이에 속한다.

㉯ 미필이익

미필이익(contingent interest)은 보험계약의 체결당시에는 존재하고 있지는 않지만, 보험기간 중에 곧 장래의 일정한 불확정의 사실 또는 조건의 성부(成否)에 달린 이익을 말한다. 피보험이익은 각종의 기준에 의하여 여러 가지로 분류할 수 있는데, 그 중에서 이미 취득된 재화내지 재산에 관한 이익인가 또는 아직 취득되지 않은 재산에 관한 이익인가에 따라 현존이익과 기대이익으로 분류할 수 있다. 현존이익은 현존재산의 가치의 감소 또는 소멸로 인하여 손해가 생기지만, 기대이익의 경우에는 그 손해는 재산의 취득불능 또는 가치가 감소된 재산의 취득이라는 형태로 나타난다. 이러한 기대이익 중에서 재산의 취득이 장래의 어느 조건에 걸려있는 이익이 미필이익이다. 예컨대, 착급운임(着給運賃-collectible freight)의 조건으로 해상운송계약을 체결한 경우, 운송물이 항해 중에 전손이 되면 선주는 운임을 받을 수 없지만, 운송물이 목적지에 무사히 도착하면 운임 전액을 수령할 수 있다. 따라서 이러한 경우 선주로서는 운임의 취득은 무사히 운송물의 도착에 달려 있다는 의미에서 착급운임에 대한 미필이익이 존재하는 것이며 이러한 미필이익도 피보험이익이 되는 것이다. 따라서 미필이익이란 아직 실현되지 아니한 이익으로서 어떤 조건의 성취에 달려있는 적극적 재산의 이익[40] 또는 소극적 재산의 이익[41]을 말한다. 여기에는 수익이익, 비용이익, 책임이익 등이 이에 속한다.

---

40) 적극적 재산의 이익이란 피보험자에게 플러스가 되는 재산의 이익으로서 여기에는 현존이익으로서 소유이익, 사용(임차)이익, 수익이익, 담보이익 등이 있고 또 기대이익으로서 희망이익(수익이익)이 있는데 여기에서 말하는 적극적 재산의 미필적 이익이란 수익이익을 의미하며 이러한 이익은 양도가 가능한 이익이다.

41) 소극적 재산의 이익이란 피보험자에게 마이너스가 되는 이익, 즉 보험사고의 발생으로 인하여

(5) 피보험이익의 지위

보험계약에 있어서 피보험이익의 지위는 모든 보험계약에서 중요한 것이지만 특히 손해보험에 있어서 피보험이익의 지위는 더욱 중요하다. 그것은 바로 '이익 없으면 보험 없다' 는 말처럼 피보험이익은 손해보험의 중심요소이기 때문이다. 우리나라 상법 제668조에는 보험계약의 목적은 금전으로 산정할 수 있는 이익에 한한다고 함으로써 보험계약의 목적이 피보험이익임을 규정해놓았다. 그런데 보험계약에 있어서 피보험이익의 지위는 절대설, 상대설, 수정절대설로 나누어 설명한다.

① 절대설

이 설은 보험계약에 있어서 피보험이익은 절대적인 지위를 가진다고 보는 견해이다. 특히 손해보험은 현실로 발생한 손해를 보상하는 것을 본질적 내용으로 하는 계약이라고 보면서 이때의 피보험이익의 존재는 보험계약이 유효하게 존립하기 위한 절대적 요건으로 해석하고 있다. 따라서 절대설에 따르면 피보험이익은 보험계약의 목적으로서 그것이 없는 계약은 무효가 되는 절대적 지위를 가진다고 보고 있다. 따라서 절대설에 있어 피보험이익은 '이익 없으면 보험 없다'는 명제를 받아 들여 피보험이익이 없으면 보험계약의 성립 또는 존속을 인정할 수 없는 것으로 해석한다.

② 상대설

이 설은 보험계약에 있어서 피보험이익이란 공서양속에 반하지 않는 하나의 징표로서의 기능을 가지는데 불과하다고 보는 학설로써 이 이론의 대표적인 학자는 일본의 大森忠夫 교수이다. 이 교수는 피보험이익을 보험계약의 목적이라고 한 것은 보험계약이 공서양속에 반하여 무효로 되지 않기 위한 이른바 소극적인 유효요건에 지나지 않는다고 설명한다. 이 설에 의하면 보험계약은 본질적으로 금전급부계약이며 따라서 이 점에 있어서는 손해보험과 생명보험의 차이가 없다고 보고 있다. 다만, 손해보험에 있어서 보험가액과 보험금액이 일치하지 않는 초과보험의 경우에는 그 계약은 도박적 의도로 체결될 우려가 있기 때문에 이때의 피보험이익은 보험계약의 목적으로 보다는 단지 보험계약의 합리성을 사회적으로 승인받고 그 보험계약이 선량한 풍속에 반하지 않는다고 하는 정책적 의미로 요구되는 것에 불과하다고 본다. 그러므로 상대설이 나오게 된 이유는 절대설에서 설명할 수 없었던 보상원칙의 예외현상을 모순 없이 설명할 수 있게 되었다는 점에 그 의의를 두고 있다.

부채가 증가할 이익을 말하며 여기에는 책임 이익과 비용이익 등이 있고 이러한 이익은 양도가 불가능한 이익이다.

③ 수정절대설

수정절대설은 기본적으로는 절대설의 입장에 서서 종래 절대설이 설명할 수 없는 보상원칙의 예외현상에 대한 설명이 가능하도록 절대설을 수정하여야 한다는 견해이다. 이 설은 과거 절대설이 해결하지 못했던 예외현상을 크게 두 가지로 나누고 여기에 각각 해결의 방법을 제시하고 있다. 첫째로는 보험사고의 발생에 의하여 입은 실제의 손해액과 손해보상으로서 지급되는 보험금과의 사이에 양적차이가 발생하는 경우를 들고 있다. 예컨대 기평가보험에 있어서 피보험이익인 보험가액과 이에 대한 보험금액과의 차이, 이로 인한 사고발생 시 지급되는 보험금과의 불일치, 또는 신가보험에 있어서 보험가액과 사고발생 시 지급되는 보험금의 불일치 또는 화재보험에 있어서 임시생계비의 지급 등이 이에 해당된다. 이 경우 실손을 초과하는 부분의 피보험이익에 대하여는 약관의 신축성을 인정하여 이를 조화롭게 해석하자는 것이다. 이 설은 기평가보험의 보험금액이 보험가액을 초과하는 경우 그 초과부분에 대하여는 피보험이익이 없음은 분명하나 그럼에도 보험계약이 존속하게 되는 것은 보험자와 보험계약자간의 약속에 의한 것이고 이것은 재화의 속성(가격변동)에 따라 발생되는 어쩔 수 없는 융통성에 기인한 것이라고 해석하고 있다. 따라서 상법은 이러한 보험가액과 보험금액의 차이가 현저할 경우에는 보험금액과 보험료를 감액할 수 있도록 함으로써 이 문제를 해결하도록 한다는 것이다.

④ 사견

절대설은 피보험이익의 절대성을 인정하고 만약 그것이 없는 보험계약은 무효로 인정하므로 피보험이익은 절대적 지위를 가진다는 입장이다. 따라서 이 학설의 입장에서 피보험이익은 보험계약의 시작부터 계약이 끝날 때까지 그대로 존속해야 하고 보험가액에 대한 보험금액은 같거나 적어야 하며 조금이라도 큰 경우의 초과보험을 인정할 수 없다는 입장이다. 그러므로 이 설은 보험계약에 있어 지나친 경직성을 가져 기평가보험의 보험금액이 피보험이익(보험가액)을 초과하는 경우에 있어서 그것이 유효한 이유의 설명이 곤란하다. 또한 확정손해가 발생하지 않았음에도 보험금을 지급하는 경우(보험위부)처럼 손해라 볼 수 없는 예외의 현상을 적절히 설명하지 못한다. 또한 이설은 수많은 보험이 탄생하고 있는 오늘의 시대적 상황에 적절하게 대처할 수 없는(융통성의 부재)어려움이 있다. 한편 상대설은 보험계약의 목적을 조건부금전급부계약으로 보아 피보험이익을 단순히 도박계약을 방지하기 위한 소극적인 유효조건이라고 해석하면서 피보험이익이 보험계약의 목적으로써 절대적인 것이라면 그것은 언제나 절대적인 지위를 가져야 하나 그렇지 못한 경우(상법 644조 후단 및 669조-672조)가 있으므로 피보험이익의 지위는 절대적일 수 없다는 것이다. 생각해보면 상법 제644조 후단(보험사고의 객관적 확정의 효과) 및 상법669조-672조에 의한 피보험이익의 효력에 대한 잠정적 불일치의 문제[42]는 보험계약의 선의의 당사자를 보호하고자 하는 예외규정으로 보아야지 그것이 피보험이익이 없는 보험계약을 인정하려는 것은 아니라고 보아야 할 것이다.

만약 보험계약에 있어서 피보험이익이 없는 보험계약을 인정한다면 그것은 도박보험을 인정하는 것이고 도박보험을 인정한다면 그것은 보험본래의 기능을 상실하는 것이다. 따라서 보험계약에 있어서 피보험이익의 지위는 반드시 인정해야 하나 절대설을 지나치게 강조하여 보험사업의 경직성을 가져오게 해서는 안 될 것이다. 따라서 절대설의 문제점을 해결하고 손해보험의 전반은 물론 책임보험의 문제도 해결할 수 있는 수정절대설에 동의한다.

(6) 피보험이익의 요건

① 적법한 이익

피보험이익은 사회가 인정할 수 있는 적법하고 타당한 이익이어야 한다. 따라서 피보험이익은 선량한 풍속 기타 사회질서에 반하지 않는 이익 또는 가치이어야 하며 또 특정한 법률에 의하여 자유로운 유통이나 사용을 금하고 있지 않는 이익이어야 한다. 따라서 법률상 수입이 금지된 밀수품 또는 마약 등의 판매에 의한 희망이익이나 밀수품의 적하보험계약의 피보험이익 등은 사회가 인정할 수 없는 보험가입 불가능한 것이므로 이러한 피보험이익을 보험계약의 목적으로 부보한 보험계약은 무효이다. 또 범죄조직의 결성이나 또는 범죄행위 등으로 인한 배상책임 또는 벌금의 지급[43] 등에 관한 피보험이익을 인정해서는 안 되며 이러한 것을 보장하는 보 험상품의 개발도 허용해서는 안 될 것이다.

② 경제적인 이익

보험제도는 우연한 사고로 인하여 어떤 사람이 입을 손해에 대한 보상을 그 기능으로 하기 때문에 보험보호의 목적인 피보험이익은 재산적 또는 경제적 이익이어야 한다. 우리 상법 668조에서 보험계약은 금전으로 산정할 수 있는 이익에 한하여 보험계약의 목적으로 할 수 있다고 규정하고 있다. 그러므로 피보험이익이 재산적 가치 또는 경제적 가치라고 말하는 것은 피보험이익이 어떤 사람의 재산적 또는 경제적 가치로 평가할 수 있는 이익이어야 한다는 것이다. 그러므로 종교, 도덕, 감정상의 이익과 같은 것은 피보험이익으로 할 수 없다. 예컨대 특별한 가보(家寶) 족보 등과 같은 유품을 조상이 남긴 경우 그 자손에게는 가문의 가보로써 대단히 소중하고 귀한 것일지

42) 보험사고가 이미 발생되어 피보험이익이 현실적으로 존재하지 않는 계약에 대하여 보험계약을 인정하고 보험금을 지급함은 절대설의 입장에서는 타당하지 않다고 보는 문제.

43) 책임보험에 있어서 그 배상책임의 범위는 원칙적으로 민사책임에 한정해야 할 것이며 형사책임까지 확장하여 보험의 혜택을 받도록 함은 보험의 본질적인 기능에 맞지 않다.

라도 객관적으로 시장에서 경제적 가치가 없다면 이것은 보험계약의 목적인 피보험이익으로써 가치가 인정될 수 없는 것이다. 그러므로 피보험이익은 주관적 이익[44]과 객관적 이익[45] 모두를 충족할 수 있는 경제적 이익이어야 한다.

또한 피보험이익은 보험계약체결 시 존재해야 하나 만약 그렇지 아니한 경우에는 최소한 보험사고 발생 시까지는 존재해야 한다. 대체적으로 적극적 재산보험에 있어서는 보험계약 체결 시 존재하며 소극적 재산보험인 책임보험이나 비용보험의 경우에는 이것이 보험사고 발생 시 나타나게 된다. 그러나 희망이익보험에 있어서는 보험계약 체결 시에도 나타나지 않고 사고발생 시에도 나타나지 않는 경우가 있는데, 이것은 미래의 예상이익에 대하여 이를 상실할 경우 이 상실이익을 피보험이익으로 보험계약이 체결되었기 때문이다.

③ 확정(평가)가능한 이익

피보험이익은 보험계약 체결 시 그 경제적 가치가 이미 평가된 것이거나 적어도 보험사고 발생 시까지는 평가(확정)될 수 있어야 한다. 그 이유는 확정될 수 없는 이익은 보험사고 시 피보험자의 손해를 확정할 수 없을 뿐만 아니라 그 손해에 대한 보상이 불가능하기 때문이다. 그러나 그것은 보험계약 성립 시 반드시 확정되어야 하는 것은 아니고 보험사고 발생 시까지 이를 확정할 수 있으면 족하다. 따라서 책임보험이나 비용보험 등의 소극적 보험에 있어서 피보험이익은 보험계약 체결 시에는 나타나지 않으나 사고가 발생되면 그 때 구체적으로 나타나게 된다.[46] 따라서 피보험이익은 보험계약 체결을 기준으로 하여 과거부터 있었던 것 그리고 현존하는 것, 장래에 확정될 수 있는 것으로 나눌 수 있다. 과거부터 있었던 것과 현존하는 경우란 보험계약 성립의 시점에 피보험이익이 이미 있있거나 현존하는 것을 말하며 장래에 확정될 수 있는 것이란 책임보험이나 비용보험과 같은 소극적 재산보험의 경우 보험계약 체결 시에는 나타나지 않다가 보험사고가 발생하면 구체적으로 나타나는 경우가 여기에 속한다.

(7) 피보험이익의 기능(효용)

① 보험자의 책임범위의 결정기능

보험계약은 손해보상계약으로써 보험사고에 의한 손해보상의 계약을 본질적인 내

44) 주관적 이익이란 보험계약자, 피보험자가 자기 자신의 감정이나 성격, 경험, 성향, 또는 보험의 목적과의 관계에 의하여 결정하는 객관하 되지 아니한 이익 즉, 자기 자신만의 주관적인 평가이익(가치)을 말한다.

45) 객관적 이익이란 일반적이고 보편적인 객관적 이익으로서 시장가치로서 평가된 이익(가치)을 말한다.

46) '피보험이익의 요건과 지위'의 각주 11 참조.

용으로 하는 유상계약이지만 보험자가 부담하는 보험금채무는 현실적인 것이 아니고 장래에 발생할지도 모르는 우연한 사고에 달려있다는 점에서 사행계약성을 가진다. 그러므로 보험자는 보험사고가 발생한 경우에 피보험이익의 범위 내에서 피보험자가 입은 손해를 보상하여줄 책임을 지는데 이 책임은 피보험자의 피보험이익을 한도로 한다. 다시 말하면 보험자는 피보험자가 보험계약상에서 가지는 피보험이익의 범위 안에서 입증할 수 있는 손실을 한계로 하여 책임을 지게 된다. 그러므로 피보험이익은 바로 보험자의 책임범위를 결정하는 표준이 된다.

② 도박보험·초과보험 등의 방지기능

도박과 보험은 모두가 다 같이 사행성을 가진 점에서 비슷하다. 그러나 도박은 승패를 걸고 패한 경우 금전적인 이익을 얻을 수 없으나 보험은 보험사고의 경우 금전적인 이익을 가지는 점에서 양자의 차이가 있다. 따라서 보험은 피보험이익을 전제로 하고 또한 이익을 추구하는 수단으로 이용되는 것이 아니기 때문에 도박과 다르다. 따라서 보험에 있어서 피보험이익이 필요한 이유는 바로 이러한 도박성을 배제하고 초과보험이나 중복보험 등을 억제할 수 있도록 하기 위함이다. 영국의 해상보험법 제4조 제1항은 도박으로 하는 일체의 해상보험계약은 무효이다. 라고 규정하고 동조 제2항 제1호에서 피보험자가 본법에 정하는 피보험이익을 가지지 아니하거나 또는 이와 같은 이익의 취득을 기대하지 아니하고 체결한 보험계약은 도박을 위한 것으로 본다고 규정함으로써 보험계약상 피보험이익을 그 요건으로 하여 도박보험을 방지하려고 하였다.[47] 또 우리 상법 제668조에서 피보험이익이란 금전으로 산정할 수 있는 이익

---

47) 최근 영국에서는 피보험이익의 문제를 해상보험 이외의 손해보험의 경우에는 이를 폐지하여 피보험이익이 존재하지 않는 보험계약의 체결이 가능하도록 하고 있다는 연구가 있다.(한창희, 전게서, 332면 참조)만약 이것이 사실이라면 이러한 이유는 다양한 파생상품의 등장으로 인한 파생상품의 유통에 대한 위험을 보험으로 해결하려는 시도가 아닌가 하는 의문을 가져본다. 이것은 지난 2007-2008년에 발생된 서브프라임 모기지 사태 시 AIG보험회사가 판매한 CDS(Credit Default Swap= 유사 지급보증보험)의 판매를 통해 이미 시도된바 있다.
오늘날 급변하는 금융시장에서 파생상품의 종류와 수는 헤아릴 수 없이 많이 생산되고 있다. 그러나 이러한 파생상품의 유통에 대한 위험을 합리적으로 처리할 수 있는 방법은 아직 없다. 따라서 현재로서는 그러한 위험을 해결할 수 있는 방안이 마련되지 않은 상황에서 이를 보험으로 처리하려고 할 경우 피보험이익이라는 문제가 가로 막게 되는데 이러한 문제를 해결하기 위하여 피보험이익 문제를 폐지하도록 한 것이 아니냐 하는 것이 저자의 생각이다. 그런데 이 문제는 이미 서브프라임 모기지 사태의 심각성으로 인하여 CDS(Credit Default Swap= 유사지급보증보험)등의 파생상품의 문제점을 알게 되었기에 향후 이 문제를 어떻게 이끌고 나갈지에 대하여는 두고 보아야 할 것이나 만약 영국의 보험법에서 피보험이익을 한시적으로 또는 부분적으로 폐지하는 보험 상품을 인정한다하더라도 보험법 전반에 있어 피보험이익을 폐지하는 것은 아니라고 보아야 할 것이다. 그것은 바로 영국의 경우 오랜 세월동안 생명보험이나 해상보험 등에서 피보험이익을 인정해야 할 당위성을 많은 경험을 통해 체득해왔고 이것이 전통적으로 지배하고 있기 때문이다. 그리고 보험에 있어 피보험이익이 존재하지 않는 보험을 인정함은 도박보

으로 하고 이러한 이익을 보험계약의 목적인 피보험이익으로 하면서 이러한 피보험이익이 금전으로 산정될 수 없거나 또는 보험가액이 보험금액을 현저하게 초과하는 초과보험에 관하여 그것이 보험계약자의 사기로 인한 경우에는 이를 무효로 하도록 하였다. 따라서 보험계약에 있어서 피보험이익은 이러한 도박보험·초과보험 등을 방지토록 하는데 큰 역할을 하고 있다.

③ 도덕적 위험초래의 방지기능

보험이란 원래 사행계약으로서 악용될 수도 있는 위험을 갖고 있다. 그러므로 보험계약은 신의성실의 원칙 또는 최대 선의를 바탕으로 이루어지는데 이러한 신의성실이나 최대 선의에 따른 약속이 지켜지지 않고 보험계약자나 피보험자가 고의적인 보험사고를 발생시킨다면 보험은 범죄를 유발하는 사회악을 탄생시키게 된다. 그러므로 피보험이익의 존재는 보험의 도박화를 방지함은 물론 도덕적 위험을 방지할 수 있게 하는 것이다. 이것은 바로 피보험자는 보험계약상의 피보험이익을 가지고 있어야 하며 그가 받는 보험금은 그 자신이 입은 손해액 이상으로 보상을 받을 수 없게 함(손해보험의 경우)으로서 인위적인 도덕적 위험초래를 방지할 수 있게 한다.

④ 보험계약의 동일성을 구별하는 표준(피보험이익이 다를 경우 복수 보험계약의 성립 기능)

보험계약의 동일성을 구별하는 표준은 보험에 가입된 보험의 목적(보험의 객체)이 되는 재산이 아니라 그 재산에서 파생되는 피보험이익이다. 그러므로 동일한 보험목적물에 대하여도 피보험자가 동일인[48] 또는 다수인[49]인 경우 그 경제적 이해관계가 다름에

험을 인정하는 것으로 이것은 보험의 기본원리에 반하기 때문이다. 아무튼 영국이 앞에서 기술한바와 같이 보험법에서 피보험이익을 부분적 또는 한시적으로 폐지하고 도박보험과 같은 보험을 편법으로 또는 비정상적으로 인정한다 하더라도 그것은 극히 한정된 분야(파생상품의 지급보증 보험이나 과거 커티샥 회사와 로이즈보험사와의 사이에서 계약이 체결된 괴수보험(네스호에 사는 괴물을 포획하는 자에게 현상금을 지급하기로 한 괴물(괴수보험이라고도 함)보험) 등의 도박보험계약에 한하여 예외적으로 인정 하는 것이지 보험전체의 틀에서는 피보험이익의 기본원리는 그대로 변함이 없을 것으로 본다. 또 호주의 보험계약법 제16조에서 보험계약 시 피보험자가 보험의 목적에 대하여 피보험이익을 가지지 않았다는 이유로 그 계약을 무효로 하는 것은 아니라고 규정해 놓고(이 경우의 피보험이익은 보험계약 체결 후 피보험이익을 가질 수 있음을 예상한 것으로 해석 됨. 즉 희망이익보험이나 책임보험, 비용보험 등의 경우를 예상한 조항으로 해석해야 할 것임) 또 17조에서 보험사고가 발생하여 피보험자에게 손해가 발생된 경우 그것이 법률상의 피보험이익이 아니라고 하여 보험자가 면책으로 하지 못한다고 규정한 것(사실상의 이익도 포함된다고 해석 됨)과 또 피보험이익이 폐지되더라도 사고 발생 시에 피보험이익을 가지지 않은 경우에는 그 계약은 게임이나 도박으로 보아 무효이다(그 이유는 사고 발생 시 피보험자에게는 반드시 손해가 발생되는 피보험이익을 가져야하며 그것이 없다면 그것은 도박으로 봄)라고 규정한 것은 여전히 피보험이익을 그대로 인정하고 있는 것이다.

48) 피보험자가 동일인인 경우에도 보험의 목적에 대한 피보험이익이 다른 경우(즉 소유이익과 수

따라 각각 독립한 보험계약을 체결할 수 있다. 예컨대 특정한 건물에 대하여 소유권자와 저당권자는 각각 별개의 피보험이익을 가지므로 독립하여 보험계약을 체결할 수 있는 것이다. 따라서 보험계약을 체결함에 있어서는 그 목적물에 관한 피보험이익의 종류에 대하여 합의를 하지 않으면 안 된다. 만일 이 경우 피보험이익의 종류에 관하여 명백한 합의가 없이 단순히 어떤 목적물을 보험에 붙인다고만 할 때에는 소유권자로서의 이익을 보험에 붙인 것으로 추정한다. 따라서 보험계약이 동일하다고 하는 것은 동일한 목적물에 관하여 피보험이익과 보험사고가 동일한 경우에 그 보험계약은 동일한 것이며 동일한 보험목적물일지라도 그 피보험이익이 다를 경우 다른 보험계약이 되는 것이다.

⑤ 보험가액의 평가기능

보험가액이란 피보험자의 피보험이익을 경제적으로 평가한 가치를 말하며 그것은 바로 보험계약자가 보험에 가입할 수 있는 보험목적물의 최고한도액을 말한다. 다시 말하면 보험가액이란 피보험자가 보험의 목적물에 대하여 가지는 자기의 피보험이익을 평가한 전체가액을 말하며 이것은 피보험자의 보험가입 가능한 최고한도액이다. 그런데 손해보험은 보험사고로 인한 보험계약상의 손해를 보상하는 것을 본질적인 내용으로 하기 때문에 피보험자에게 어떤 이익을 주려는 것이 아니므로 손해보험에 있어서는 피보험이익평가액 이상으로 부보(보험가입)할 수 없다. 이것은 우리나라 보험법 제671조(미평가보험)에서도 보험자의 보상액은 보험사고 발생 시의 피보험이익인 보험가액에 따라서 결정된다고 함으로써 피보험이익은 보험가액의 평가기준이 되는 것으로 되어 있다.

3) 보험가액

(1) 보험가액의 의의

보험가액이란 보험목적물의 현재의 가치의 평가액(소유이익의 경우)으로서 보험에 가입할 수 있는 최고한도액이며 피보험이익의 금전적 평가액을 말한다. 이러한 보험가액은 원칙적으로 보험의 목적인 물건의 가액으로서 언제나 일정한 것은 아니고 경기의 변동에 따라 수시로 변동하는 피보험이익의 가액이고 손해보험 가운데서도 책임보험과 같은 소극적 재산보험에 있어서는 보험가액이란 관념은 없다. 그러므로 보험가액은 피보험자가 보험의 목적물에 대하여 가지는 피보험이익의 평가액으로써 이것은 전부보험의 경우 보험자의 보상책임의 법률상의 최고한도를 말한다. 그리하여 보험가액은 손해액산

익이익 또는 담보이익 등에 따라 피보험이익이 다른 경우)에는 동일한 보험의 목적에 복수의 보험계약이 체결될 수 있다.

49) 피보험자가 다수인인 경우(동일한 보험의 목적에 여러 사람의 권리자 "소유자, 사용자, 수익자, 담보권자"가 존재하는 경우 그 피보험이익의 수(권리자의 수)만큼 각각 다른 보험계약이 체결될 수 있다.

정의 기초가 되는 동시에 보험자의 구체적인 보상액을 결정하는데 중요한 역할을 한다.

(2) 보험가액의 평가

보험가액은 당해 보험계약에 있어서 보험자의 보상한도이며 동시에 그 보험계약의 피보험 이익으로써 보험료의 산정기준이 되므로 이는 객관적으로 결정할 필요가 있다. 보험가액은 동·부동산 등 유체물의 객관적 가치이므로 고정·불변일 수 없다. 따라서 상법은 보험계약 당사자 간의 관계를 고려하여 두 가지 평가방법을 인정하고 있다.[50]

① 기평가보험

㉮ 기평가보험의 의의

기평가보험이란 보험계약 당사자 간에 보험가액을 미리 협의한 협정보험가액으로 체결한 보험을 말한다. 당사자 간에 보험가액을 정하지 않고 계약하는 미평가보험에 반대되는 개념이다. 이러한 기평가보험을 이용하는 이유는 선박보험·적하보험·운송보험과 같이 사고장소가 고정되어 있지 않아 보험가액의 평가가 어렵거나 보험가액 평가와 관련하여 발생할 수 있는 다툼을 미연에 방지하기 위하여 또한 보험가액 평가에 소요되는 시간과 경비를 절약하고 신속한 보상을 하기 위하여 사용되는 것이다. 이러한 보험목적물의 협정보험가액이 기재된 보험증권을 기평가보험증권이라 한다.

㉯ 기평가보험의 효과

보험계약 당사자 사이에 합의된 기평가보험의 보험가액은 사고발생 시의 가액으로 추정하고 그 가액이 사고발생 시의 가액을 현저하게 초과할 때에는 사고발생 시의 가액을 보험가액으로 한다(이익금지의 원칙). 여기에서 현저하게 초과함의 입증책임은 보험자가 지며 그것은 거래의 통념 또는 객관적인 표준에 따라 결정된다. 이 경우(보험가액을 정하는 경우) 보험계약자에게 사기의 목적이 있을 때에는 그 계약 전체가 무효로 된다고 풀이한다(상법 669조 4항). 이와 같이 상법은 기평가보험의 경우 보험사고 발생 시의 가액을 현저하게 초과할 때에 보험가액의 감액을 인정하고 있으나 실제로는 그 보험가액의 평가가 공정하게 이루어진 경우에는 확정적 효력을 인정하고 사기 등의 방법으로 이루어진 때에는 그 보험계약은 무효로 하고 있다.

② 미평가보험

㉮ 미평가보험의 의의

미평가보험이란 보험계약 체결 당시 당사자 사이에 보험목적물의 가액(피보험이익)

50) 김성태, 보험법강론, 192면 참조.

의 평가를 하지 아니한 보험이다. 이러한 미평가보험은 보험계약의 당사자 사이에 보험가액에 대한 아무런 합의가 이루어지지 아니하였기 때문에 보험사고 발생 시 보험목적물의 가액(피보험이익)의 평가에 대하여 여러 가지 분쟁의 문제가 발생될 수 있다. 예를 들면 보험의 목적물이 이동되는 것(선박, 비행기, 운송물 등)인 경우 그 평가의 시기와 장소 뿐 아니라 그 평가기준을 피보험자의 주관적 가액으로 할 것이냐 아니면 객관적 가액에 따를 것이냐 하는 문제가 생기게 된다. 이에 대한 일반원칙과 특칙은 다음과 같다.

㈏ 보험가액산정의 일반원칙

당사자 사이에 보험가액을 정하지 아니한 때에는 사고발생 시의 가액을 보험가액으로 한다(상법 671조)고 규정하여 미평가보험의 보험가액의 산정은 보험사고 발생 시의 가액을 기준으로 하도록 하고 있다. 그러나 보험사고가 발생하기 전 초과보험·중복보험 등의 문제가 발생하는 때의 보험가액을 어떻게 산정할 것인지에 대하여는 이를 일률적으로 규정할 수 없는 문제가 있다. 상법은 미평가보험의 경우 보험가액산정의 시점만을 정하고 있어 그 평가의 장소 등이 문제될 수 있는데 이러한 문제는 아래의 특칙에 의해 해결토록 하고 있다.

㈐ 보험가액산정에 대한 특칙

보험가액의 산정은 앞에서 기술된 일반원칙에 따르는 경우가 대부분이나 보험의 목적물이 이동하는 보험(운송보험, 수출보험 등)의 목적물에 보험사고가 발생한 경우 보험가액산정의 때와 곳을 결정하기가 어려운 보험이 있다. 이러한 경우 법은 평가가 쉬운 특정시점의 보험가액을 표준으로 하여 이를 전 보험기간에 걸쳐서 인정토록 하고 있는데 이를 보험가액산정에 대한특칙이라고 하며 이것을 다른 말로 보험가액불변경주의라고도 한다. 상법 제689조에서 운송보험에 있어서 보험가액은 그 물건의 발송한 때와 곳의 가액과 도착지까지의 운임 기타의 비용을 보험가액으로 한다고 하고 또 상법 제696조에서 선박보험에 있어서는 보험자의 책임이 개시될 때의 선박가액을 보험가액으로 한다고 하고, 상법 제697조에서 적하의 보험에 있어서는 선적한 때와 곳의 가액과 선적 및 보험에 관한 비용을 합산하여 이를 보험가액으로 한다는 규정 등이 이에 속한다. 아울러 상법 제698조에서 적하의 도착으로 인하여 얻을 이익 또는 보수의 보험에 있어서 계약으로 보험가액을 정하지 아니한 때에는 보험금액을 보험가액으로 한 것으로 추정한다는 규정도 보험가액산정에 대한 특칙으로 해석할 수 있다.

4) 보험금액

(1) 보험금액의 의의

보험금액이란 보험계약자가 보험가액의 범위 내에서 보험에 가입하는 금액을 말한다. 즉, 이것은 보험자가 보상할 금액의 최고한도로써 보험계약자가 보험에 가입하는 금액을 말한다.

(2) 보험금액협정의 필요성

보험계약 체결 시 보험계약의 당사자가 보험금액을 협정하는 것은 보험계약을 체결할 때 보험자의 보험금급여의무의 한도를 결정하기 위함은 물론 보험료의 산출을 결정하기 위함이다. 또 보험계약자는 보험료의 절약을 위하여 일부보험에 붙이려고 할 때가 있으며 이것이 보험금액을 협정하는 또 하나의 이유이다(상법 674조 참조).

(3) 보험사고의 발생에 따른 보험금액의 역할

① 기평가보험의 경우

㉮ 전손의 경우

보험사고가 발생하여 보험의 목적에 전손이 생긴 때에는 보험금액의 전액을 지급하게 되고 이때에는 보험의 목적의 멸실로 인하여 보험계약이 종료하게 된다.

㉯ 분손의 경우

이 경우에는 보험금액의 일부를 보험금으로 지급한다. 그리고 나머지 보험기간에 대한 잔존보험금액에 대하여는 잔존보험가액주의와 보험금액전액주의로 나누어지는데 잔존보험가액주의(체감주의)는 잔존보험금액을 손해가 생긴 나머지 보험기간에 대한 보험금액으로 하는 것을 말하고 보험금액전액주의(자동복원주의)란 분손의 경우에도 약관에 의하여 원래의 보험금액을 나머지 보험기간에 그대로 인정하는 것을 말한다. 현재 우리나라 화재보험보통약관에서는 잔존보험가액주의를 취하고 있다(화재보험보통약관 25조 참조).

② 미평가보험

보험가액을 미리 정하지 아니한 미평가보험의 계약에서 보험사고가 발생하여 보험금을 지급하는 경우에는 보험가액은 사고발생 시의 가액을 기준으로 산정하여야 하고 그에 따라 「보험금 = 손해액×보험금액/보험가액」의 방식에 의해 산정된다. 그리고 미평가보험의 한 형태인 책임보험에서는 보험사고가 발생하여 보험금이 지급되어도 보험계약은 종료하지 않는 것이 원칙이며 보험금액도 원래의 그것이 보험기간 중 그대로 존속한다.

5) 보험가액과 보험금액과의 관계

(1) 서설

앞에서 기술한 바와 같이 보험가액(Insurable value)이란 피보험자가 보험의 목적에 대하여 가지는 경제적 가치의 평가액 즉, 보험목적물의 재산적 가치의 평가액을 말한다. 이것은 보험계약자가 보험에 가입할 수 있는 최고의 한도액을 말하며 이 금액 이상으로 보험에 가입할 수 없다. 예를 든다면 시가 5억원의 건물이 화재보험에 가입하려 할 경우 이 건물의 보험가액은 5억원이 되는 것이다. 따라서 이 건물의 소유자는 5억원의 피보험이익을 가지는데 이러한 피보험이익(보험에 가입할 수 있는 경제적 이익 또는 가치)이 보험가액이다.[51] 손해보험에 있어서 보험금의 지급은 보험금 = 「손해액×보험금액/보험가액」에 의해 산정되고 이 경우 보험금액은 보험가액의 범위 내에서 제한하고 있는데 그 이유는 보험가액을 초과하는 보험금액을 인정할 수 없기 때문이다. 따라서 보험가액은 보험계약자가 보험에 가입할 수 있는 최대한의 금액이며 법률상 보험자의 보상책임에 대한 최고한도(전부보험의 경우)를 나타내는 것이다. 이러한 보험가액은 보험기간 중 언제나 일정한 것은 아니고 시간의 경과 또는 장소의 이동(보험의 목적물이 이동되는 경우의 운송보험이나 수출(적하)보험 등의 경우)에 따라 수시로 변동되기 때문에 그에 따라 보험가액의 변동이 생길 수 있는데 이를 보험가액가변주의라 한다. 그러므로 손해보험은 피보험자가 입은 손해의 보상을 목적으로 하는 한 보험자가 보상해야 할 손해액은 원칙적으로 손해가 발생한 때와 곳(장소)에 있어서의 보험가액에 따라 결정되도록 하고 있다. 그러나 해상보험이나 운송보험과 같이 보험목적물인 선박이나 화물이 광범위하게 이동하는 보험에서는 손해발생의 때와 장소에 있어서의 보험가액을 산정하는 것이 곤란한 경우가 있을 뿐만 아니라 손해발생의 때와 장소 그 자체가 불확정한 경우도 있을 수 있다. 따라서 우리 상법은 선박보험에 있어서는 보험자의 책임이 개시될 때의 선박가액[52]을 보험가액으로 하고 적

---

51) 만약 이 건물에 소유자인 갑이 을」과의 저당권계약의 설정에 의해 3억원의 저당권을 설정하고 또 「병」과의 임대차 계약에 의해 전세금 2억원을 설정한 경우 갑의 5억원과 을의 3억원 그리고 병의 2억원이 각각 별도의 피보험이익으로 인정되어 3개의 보험계약(예를 든다면 화재보험계약)이 성립될 수 있다. 그러나 만약 이 건물에 화재가 발생하여 보험금을 갑에게 5억원, 을에게 3억원, 병에게 2억원을 지급하게 되는 경우에는 을의 갑에 대한 대출금 반환청구권 3억원과 병의 전세금 반환청구권 2억원은 보험자 청구권 대위(민법상의 구상권 원리와 동일한 효력을 발생케 하는 권리)에 의해 보험회사에 귀속하게 된다.

52) 선박보험에 있어서 보험가액은 보험자의 책임이 개시될 때의 선박가액을 보험가액으로 한다고

하보험에 있어서는 적하가 선적된 때와 곳의 가액을 보험가액으로 한다는 보험가액불변경주의를 규정하고 있다(상법 696조, 697조). 따라서 이동하는 보험의 목적물에 대한 보험가액은 보험가액불변경주의를 이용하도록 하여 보험가액 산정의 어려움을 피하게 하였다. 그런데 여기에서 하나의 문제가 있다면 그것은 바로 선박보험에 있어서 보험가액은 보험자의 책임이 개시될 때의 선박가액을 보험가액으로 한다고 규정했을 뿐 그 가액을 산정하는 장소의 문제가 불분명하다. 따라서 선박보험의 보험가액도 보험자의 책임이 개시될 때의 선박소유자의 장부상의 가액으로 한다거나 또는 선박 소유자의 시장가액으로 한다는 등의 명확한 기준이 필요하다고 보아진다.

또 보험가액을 정하는 경우를 살펴보면 실제 거래에서는 보험계약 체결 시에 당사자 간에 보험가액을 협정하는 경우가 많은데 이렇게 계약당사자가 협정한 보험가액을 기평가보험가액(협정보험가액)이라 하고 그렇지 않은 보험가액을 미평가보험이라 하며 또 보험가액이 평가된 보험계약을 기평가보험계약, 그렇지 않은 보험계약을 미평가보험계약이라 한다.

한편 보험금액이란 실제로 보험계약자가 보험에 가입하는 금액을 말하며 이것은 손해발생 시 보험자가 부담하는 보상책임의 최고한도액이다. 이와 같이 보험금액을 정하는 이유는 계약체결 시 보험금액을 정하지 않으면 보험료의 산출이 불가능하며 보험사고 발생시 보험금의 지급이 곤란하기 때문이다. 그러므로 보험가액과 보험금액을 정하는 것은 보험계약체결 시 보험료의 산출과 보험사고 시 보험금의 지급을 확정하기 위한 것이다. 오늘날 보험실무계에서는 보험계약자가 보험료 절감 등을 이유로 보험가액의 일부만을 보험금액으로 하는 일부보험이 많으나 보험사고 시 피보험자의 완전한 보상을 위해서는 전부보험이 필요한 것이다.

① 전부보험

전부보험이란 보험가액과 보험금액이 일치하는 경우의 보험을 말하며 이 경우 보험자는 전손과 분손을 불문하고 발생한 손해의 전부를 보상하여야 한다. 그리고 동일한 보험의 목적, 동일한 피보험이익, 동일한 위험, 그리고 동일기간에 대하여 복수의 보험자에 의하여 보험계약이 체결되고 보험금액과 보험가액이 일치하는 보험도 전부보험의 일종이지만 이러한 보험은 일반적으로 공동보험이라고 부른다.

② 일부보험

일부보험이란 보험금액이 보험가액에 미달한 경우의 보험을 말한다. 따라서 일부보

규정했을 뿐 그 가액을 산정하는 장소의 문제가 불분명함으로 이에 대한 명확한 입법이 필요하다고 생각된다.

험의 경우에는 당연히 무보험부분이 발생하며 이 부분은 피보험자의 자기부담이나 또는 다른 보험자에게 부보 해야 한다. 일부보험이 발생하는 사유로서는 예를 들면 계약체결 당초부터 보험계약자에 의해서 의식적으로 보험료를 절감하기 위한 방편으로 사용되는 경우, 계약체결 후에 돌연한 물가폭등 때문에 자연적으로 보험금액이 보험가액에 미달하는 경우 등이 있다. 일부보험의 경우에 보험자의 부담은 보험금액의 보험가액에 대한 비율에 의하여 정해진다(상법 674조). 즉, 보험가액에 대한 보험금액의 비율에 손해액을 곱하여 얻은 금액이 보험자가 부담하는 보험금이 된다. 따라서 보험금 = 「손해액×보험금액/보험가액」이 되는 것이다. 이와 같은 보험자의 보험금산정의 방법을 비례부담의 원칙이라 한다. 그리고 일부보험의 경우라 할지라도 당사자 사이의 특약에 의해 보험금액의 한도 내에서 보험자가 손해액의 전부를 지급할 것을 약정하는 보험계약도 있다(상법 674조). 이와 같은 보험을 제1차 위험보험 또는 실손보상계약이라 하며 이 경우의 보험요율은 통상의 보험계약보다는 높게 책정 된다.

㉮ 제1차 위험보험(실손보상보험)

일부보험의 경우에도 당사자의 특약으로 보험자는 보험금액의 범위 내에서 손해액의 전액을 지급하는 실손보상계약(제1차 위험보험)을 약정할 수 있다(상법 674조). 이러한 실손보상계약의 예를 들면 보험가액 1억원의 물건에 대하여 보험금액 5천만원으로 한 일부보험에 있어서 보험사고로 그 물건의 50%인 5천만원의 손해가 생겼을 경우에는 비례부담의 원칙에 따르면 보험자는 피보험자에게 손해액 5,000만원×5,000만원/1억원=2,500만원」 즉, 2,500만원을 보험금으로 지급하게 되나 제1차 위험보험의 특약이 있는 경우에는 실제 입은 손해액 5,000만원을 보험금으로 지급해야 하는 것이다.

㉯ 비율보험(부보비율조건부실손보상보험)

보험금액이 보험가액의 일정비율 이상인 경우 손해액 전액을 보험금으로 지급하는 보험을 비율보험이라 한다. 이것은 예를 들면 보험가액이 1억원이고 80%의 비율보험이 이루어진 경우 8천만원까지의 손실은 완전히 보상받을 수 있게 된다. 우리나라 화재보험계약은 대체적으로 이러한 비율보험을 사용하고 있는데 보험금액이 보험가액의 80% 해당액과 같거나 클 때에는 보험금액을 한도로 손해액 전액을 보상하고, 그러나 보험금액이 보험가액보다 클 때에는 보험가액의 한도로 보상하며 보험금액이 보험가액의 80% 해당액보다 작을 때에는 보험금액을 한도로 보험금을 지급한다. 따라서 보험금산정방식은 보험금 = 「손해액×보험금액/보험가액의 80% 해당액」의 산식에 의해 산출된다(화재보험보통약관 18조 지급보험금의 계산).

③ 초과보험

초과보험이란 보험금액이 보험가액을 초과하는 경우의 보험을 말한다. 초과보험을 그대로 인정한다면 보험사고의 발생에 의해 피보험자가 실손해액 이상의 이득을 얻기 위해 고의로 손해를 일으키거나 보험계약이 불법적인 도박적 행위로 악용될 수 있기 때문에 각국에서는 초과보험에 관하여 일정한 규제를 가하고 있다. 초과보험의 효력에 관하여는 초과부분을 당연히 무효로 하는 객관주의(일본 등)와 보험계약자의 선의·악의에 따라 선의의 경우에는 당사자의 보험금액과 보험료의 감액청구권을 인정하고, 악의의 경우에는 보험계약 자체를 무효로 하는 주관주의(독일, 프랑스, 우리나라 등)로 구분된다. 우리 상법은 보험금액이 보험가액을 현저하게 초과한 때 또는 그 계약이 보험계약자의 사기로 인하여 체결된 때에는 그 계약을 무효로 한다고 규정하고 있고 이러한 초과보험이 당사자의 의도와는 관계없이 생겨나는 단순한 경우, 예를 들면 보험기간 중에 보험목적물의 시세의 변동(가격의 하락)등에 의해 보험가액이 현저하게 감소한 경우에는 보험계약자는 보험자에게 보험료의 감액을 보험자는 보험계약자에게 보험금액의 감액을 청구할 수 있다. 그러나 보험료의 감액은 장래에 대해서만 그 효력이 있으므로 이미 납입된 보험료의 감액반환은 청구할 수 없다.

④ 중복보험

중복보험이란 동일한 보험의 목적과 동일한 피보험이익, 동일한 위험, 동일 기간에 내하여 복수의 보험자에 의하여 보험계약이 체결되고 보험금액이 보험가액을 초과하는 경우의 보험을 말한다. 예를 들면 보험가액 1억원의 화물을 A보험자에게 보험금액 7천만원, B보험자에게 보험금액 8천만원으로 보험에 가입한 경우를 말한다. 이 경우 보험목적물의 보험가액은 1억원이지만 실제 보험에 가입한 보험금액은 1억 5천만원이 되므로 5천만원 만큼 초과된 보험이 복수의 보험계약으로 이루어졌으므로 이것은 중복보험이 되는 것이다. 그런데 이러한 중복보험은 복수의 계약이 완전하고 전면적으로 중복될 필요는 없고 일부 중복되어도 성립한다. 예를 들면 화물의 수출업자가 화물을 자신의 창고로부터 수입업자의 창고까지 운송하는데 대하여 해상보험에 가입한 경우에 수입업자도 그 화물을 양륙항(도착항)에서 자신의 창고까지 운송보험에 가입한 때에는 육상운송위험에 대하여 중복보험이 발생한다. 그러나 동일한 보험목적물에 복수의 보험계약이 존재할 경우라도 피보험이익이 다른 경우에는 중복보험이라고 할 수 없다. 예를 들면 창고에 보관중인 화물에 대하여 화주가 부보하고 그것과는 별도로 창고업자가 화주에 대한 책임을 보험에 부보한 경우에는 중복보험은 존재하지 않는다. 따라서 만약 이 경우에 화물이 손해를 입어 화주의 보험자가 보험금을 지급하였을 때에는 그 보험자는 창고업자의 보험자에게 대위권을 청구할 수 있다. 그런데 중복보험은 복수의 보험계약이 동일한 피보험이익을 대상으로 하여 수 개의 보험계약이 체결되고 그 수 개의 보험계약의 보험금액의 합이 보험가액을 초과한 경우 각 보험사업자의 보험금의 지급에 대하여 여러 가지 문제가 발생한다. 중복보험의 경우 이러한 문제에 대해 보험자가 손해를 보상하는 방법에는 우선책임주의, 비례책임주의, 연대책임주의 등이 있다.

㉮ 우선책임주의

우선책임주의란 보험계약 성립의 순서에 따라서 보상하는 방법으로 선순위 계약의 보험자가 먼저 보상하고 그 보상액이 손해액에 달하지 않는 경우에만 그 부족액의 범위 내에서 후순위 보험자가 보험금을 지급하는 방법이다. 그러나 예정보험이나 포괄보험의 계약에서 중복보험의 경우가 발생한 경우 어느 보험계약이 선순위인지를 명확하게 결정하는 것이 곤란한 경우가 있는데 이러한 경우를 대비하여 보험금을 산정하는 방법에는 동시중복보험이냐 이시중복보험이냐에 따라 달라지게 해 놓았다. 즉, 동시중복보험인 경우에는 각 보험자의 부담은 각 보험금액의 합계 즉, 총보험금액의 비율에 따라 결정된다. 따라서 이 경우에는 보험금의 산출 방법이 실제 비례보상주의와 같게 된다. 이시중복보험인 경우에는 먼저 보험계약을 맺은 보험자가 우선적으로 보상하고 뒤에 체결한 보험자는 그 부족부분에 대하여만 부담하게 된다.

㉯ 비례보상책임주의

비례보상책임주의란 보험계약의 순서와 관계없이 중복보험을 구성하는 모든 보험계약을 유효한 것으로 인정하고 발생한 손해에 대한 보상을 각 보험자가 각각 자신이 인수한 보험금액에 비례해서 부담하는 방법이다. 즉, 보험금액 총액이 보험가액을 초과한 경우에는 그 초과부분은 각 보험계약의 보험금액에 비례하여 무효로 하고 잔액에 대해서 비율에 따라 보상하는 방법이다. 비례책임주의가 연대책임주의와 다른 점은 연대책임주의에서와 같이 피보험자가 선택적으로 손해액에 도달할 때까지 보험자에게 손해보상을 청구할 수 있는 것이 아니고 각 보험자의 분담책임액을 미리 산정해서 각 보험자에 대하여 그 분담책임액에 대한 청구권만을 인정하고 있다는 점이다.

㉰ 연대책임주의

연대책임주의는 복수의 보험계약이 체결된 경우 각각의 보험계약은 전부 유효할 뿐만 아니라 각 보험자는 보험금액을 한도로 연대책임을 진다. 따라서 연대책임을 지는 경우 보험계약자는 어떤 보험자에게도 보험금의 지급을 청구할 수 있으며 어떤 보험자가 그 책임액을 지급할 수 없는 경우(보험회사의 파산의 경우 등)에는 그 미지급 부분을 다른 보험자가 지급해야 한다. 이 경우 자기의 부담액을 초과하여 보험금을 지급한 보험자는 다른 보험자에 대하여 자기가 대신 지급한 부분에 대하여 구상권을 행사할 수 있다.

㉱ 연대비례보상책임주의

우리 상법은 중복보험에 대하여 연대비례보상책임주의를 취하고 있다. 이것은 복수의 보험계약이 체결된 경우 이것이 동시계약이냐 또는 이시계약이냐를 불문하고 각 보험자로 하여금 각자의 보험금액의 한도 내에서 연대책임을 지게하며 이때 각 보험자의 보상책임은 각자의 보험금액의 비율에 따르도록 하고 있다. 따라서 우리상법은 중복보험의 경우 1차적으로는 비례보상책임주의에 의해 각자의 보험금액의 비율에 따라 보험금을 지급하도록 하고 그것이 문제가 있는 경우에는 2차적으로 연대책임주의를 적용하도록 하고 있는 것이다.

⑤ 중복보험과 관련사항

㉮ 보험자 1인에 대한 권리의 포기

중복보험의 경우에 보험자 1인에 대한 권리의 포기는 다른 보험자의 권리·의무에 영향을 미치지 아니한다(상법 673조). 이것은 피보험자가 어떤 특정한 보험자와 통모(고의적으로 짜고 하는 행위)하여 다른 보험자를 해치는 것을 방지하기 위한 것이다. 따라서 다른 보험자는 그 특정보험자가 보험금 지급의무를 부담하지 않고 이탈하는 경우 그에 따라 증가되는 자기의 부담 부분을 지급할 의무가 없도록 한 것이다.

㉯ 보험계약자의 통지의무

동일한 보험계약의 목적(피보험이익)과 동일한 사고에 관하여 여러 개의 보험계약을 체결하는 경우 보험계약자와 피보험자는 각 보험자에 대하여 그 내용을 통지[53]하여야 한다(상법 672조의 2). 그리고 보험계약자나 피보험자가 이러한 통지 등의 내용을 알리지 아니하거나 거짓으로 알린 경우에는 보험자는 그 사실을 안 날로부터 1개월 계약체결일로부터 3년 이내에 한하여 계약을 체결할 수 있다.그러나 보험자가 각 보험계약이 체결 될 당시에 그 사실을 이미 알았거나 중대한 과실로 알지 못한 때에는 그러하지 아니하다. 이것은 각 보험자에게 연대책임을 지우는 이해관계가 있기 때

53) 동일한 보험계약의 목적(피보험이익)과 동일한 사고에 관하여 수개의 보험계약을 체결하는 경우에는 보험계약자는 각보험자에 대하여 각 보험계약의 내용을 통지해야 한다는 규정은 고지 또는 통지해야 한다. 라고 수정함이 옳다고 보아지는데 그 이유는 통지의 경우와 고지의 경우로 나누어질 수 있기 때문이다. 그것은 동시중복보험일 경우에는 통지의무만 존재하나 이시중복보험인 경우에는 고지의무와 통지의무가 모두 존재하기 때문이다.

문이다. 그런데 상법 제672조의 2에는 이 부분을 통지하여야 한다고만 규정하고 고지의 내용은 없다. 그러나 중복보험이 체결되는 경우 그것이 동시중복보험인 경우에는 계약 후 통지하면 되겠지만 이시중복보험인 경우에는 선순위 보험자에게는 고지해야 하고 후순위 보험자에게는 통지해야 할 것이다.

㉰ 보험료의 감액과 보험금액의 감액

중복보험에 있어서 보험금액의 총액이 보험가액을 현저하게 초과하는 경우에는 보험자 또는 보험계약자는 보험료와 보험금액의 감액을 청구할 수 있다. 그러나 보험료의 감액은 장래에 대해서만 그 효력이 있으므로 미경과보험료 부분에 대하여만 감액을 청구할 수 있다(상법 669조 1항).

㉱ 보험계약자의 사기로 인한 경우

중복보험계약이 보험계약자의 사기로 인하여 체결된 경우에는 그 계약은 무효이고 보험계약자는 각 보험자가 그 사실을 안 때까지의 보험료를 지급하여야 한다(655조의 2). 이것은 보험계약자가 사기에 의한 보험계약을 체결한 경우 이러한 보험계약을 보호할 필요가 없기 때문이다.

(5) 병존보험(중복보험이 아닌 둘 이상의 보험계약)

병존보험이란 동일한 보험목적물에 대하여 보험사고, 피보험이익 및 보험기간이 공통되는 수 개의 보험계약이 체결되는 경우 보험금액의 총액이 보험가액을 초과하지 않는 보험을 말한다. 이 경우에도 보험계약자는 각 보험자에 대하여 각 보험계약의 내용을 고지, 또는 통지하여야 하는데(상법 672조의 2) 그 이유는 위의 중복보험계약과 같이 각 보험자는 위험관리상 서로 이해관계가 있기 때문이다. 그러나 병존보험의 경우에는 중복보험의 경우와는 달리 비례보상원칙은 적용되지 않고 상법 제676조에 의하여 보상할 손해액을 산정한다.

제2절 보험사고의 발생

1. 서설

손해보험계약은 당사자의 일방(보험자)이 우연히 발생한 일정한 사고로 인하여 피보험자의 재산상의 손해를 보상할 것을 약정하고 상대방(보험계약자)이 이에 대하여 보수(보험료)를 지급할 것을 약정하는 계약이다. 특히 여기에 손해보험계약의 효과로서 보험자는 피보험자의 재산상의 손해를 보상할 책임을 지고 보험계약자와 피보험자는 고지의무, 통지의무(위험증가의 통지의무, 사고발생의 통지의무), 위험유지의무, 손해방지 및 경감의무 등을 지며 보험계약자는 보험료지급의무를 지게 된다. 또 보험사고가 발생한 때에는 보험계약자 또는 피보험자는 보험사고 발생의 통지의무를 져야 하며(상법 657조) 보험계약자와 피보험자는 손해의 방지와 경감을 위하여 노력하여야 한다. 또 보험자가 보험금을 지급한 경우에 보험계약자 또는 피보험자가 가진 보험의 목적이나 제3자에 대한 권리는 법률상 보험자에게 대위된다.

2. 보험자의 손해보상의무

1) 손해보상의무의 뜻

손해보험계약은 손해보상계약으로서 보험계약자가 보험자와 계약을 체결하고 제1회 보험료를 납입하고 보험계약상의 의무를 다한 후 보험기간 안에 보험사고가 발생하면 보험자는 피보험자의 재산상의 손해를 보상할 의무가 있다. 이것을 보험자의 손해보상의 의무(보험금지급의무)라고 한다.

2) 손해보상책임의 요건

(1) 보험사고의 발생일 것

보험사고는 보험기간 안에 발생해야 한다. 그리고 보험기간 안에 발생한 사고는 그로 인한 손해가 그 기간 후에 생겼더라도 보험자는 그에 대한 보상책임을 져야 한다. (위험설의 입장) 여기서 보험사고라 함은 보험계약에서 정한 우연한 사고로써 다른 약정이 없는 한 보험자가 최초의 보험료(제1회 보험료)를 지급받은 때로부터 보험기간 동안에 생긴 것이어야 한다(상법 656조). 단, 보험자가 보험계약자로부터 보험계약의 청약과 함께 보험료의 전부 또는 일부의 지급을 받은 때에는 그 청약을 거절할 사유가 없는 한 승낙 전에 생긴 사고에 대하여도 보험금을 지급해야 한다(상법 638조의 2의 3항). 또한 소급보험의 경우에 보험계약 당사자와 피보험자가 그 계약체결 당시 이미 보험사고가 발생되었다는 객관적인 사실을 알지 못한 경우에는 보험자는 그 책임개시시기로 정한 때로부터 생긴 사고에 대하여 보상책임을 져야한다(상법 643조, 644조). 그리고 보험사고가 보험기간 안에 발생하고 그로 인한 손해가 보험기간 뒤에 확정되어도 보험사고로 인정된다. 이것은 위험설을 입장이나 이에 대한 학설은 다음과 같다.

㉮ 위험설

이 설은 보험기간 내에 사고가 발생하고 그로 인한 손해가 보험기간 뒤에 확정되어도 보험자의 책임이 인정되는 설이다.

㉯ 이재설

이 설은 보험기간 내에 사고와 손해가 발생하고 그것이 연결되어 보험기간 종료 후 손해가 발생한 것도 보험자가 책임을 지는 설이다.

㉰ 손해설

이 설은 보험자는 보험기간 내에 발생한 사고에 대한 손해만을 책임을 지는 설이다. 이설은 피보험자에게 제일 불리한 학설이다.

(2) 재산상의 손해일 것

보험자의 손해보상책임은 피보험자의 재산상의 손해 즉, 피보험자가 보험사고로 인해 상실한 경제적 손해를 보상하는 것을 말한다. 따라서 피보험자의 정신적 손해 또는 보험자의 면책사유에 해당되는 손해는 이에 포함되지 아니한다. 또 소손해 면책조항[54] 또는 공제면책조항[55]에 해당되는 손해나 보험사고로 인하여 상실된 피보험자가 얻을 이익이나 보수 등도 보험계약상 다른 약정이 없는 한 보상할 손해액에 산입되지 아니한다.

(3) 보험사고와 손해와의 인과관계가 있을 것

손해보험계약에서 보험자는 보험계약에 정한 보험사고로 입은 피보험자의 재산상의 손해를 보상할 책임을 진다. 이 경우 보험사고와 손해와의 사이에는 상당인과관계가 있어야 한다. 여기에서 상당인과관계란 어떤 행위에서 그러한 결과가 생기는 것이

---

54) 소손해 면책이란 보험사고가 발생하여 손해가 발생된 경우 일정액 또는 일정률 이하의 손해는 보상하지 않는다는 것을 말한다. 여기에는 전액보상주의와 초과보상주의로 나뉘는데 전액보상주의는 일정액(예; 5만원) 이하의 손해에 대하여는 보상하지 않으나 일정액(5만원) 이상의 손해에 대하여는 그 전액을 보상하는 주의를 말한다. 예를 든다면 손해액이 10만원인 경우 10만원 전액을 보상하는 것이다. 반면에 초과보상주의는 일정액 이하에 대하여 보상하지 않음은 전액보상주의와 같으나 일정액 이상의 손해에 대하여는 일정액(5만원)을 공제하고 그 나머지 초과부분에 대하여만 보상하는 것을 말한다. 예를 들면 10만원의 손해가 발생된 경우 일정액 5만원을 공제하고 5만원만 보상하는 경우를 말한다.

55) 공제면책조항이라 함은 보험사고가 발생하여 손해가 발생한 경우 일정액 이하는 공제하기로 합의한 조항을 말한다. 이것은 손해액이 일정한 금액 이하인 때에는 보상하지 아니하고 그 금액을 초과한 때에도 그 금액을 공제한 후 보상하는 제도이다. 자동차종합보험 자기차량손해에서 전손해인 경우를 제외하고는 5만원을 공제하는 것이 이에 해당된다.

경험상 통상적으로 인정되는 경우 이를 인과관계가 있다고 하고 그러한 결과와 선행 행위를 인과관계라고 하는데 이러한 인과관계는 상당해야 한다는 것이다. 따라서 보험사고로 인해서 손해가 발생된 경우에는 반드시 그 사고는 보험약관상 보험사고로 인정할 수 있는 사고여야 하며 그러한 사고와 손해와의 사이에는 상당한 인과관계가 있어야 하는 것이다.

① 사고발생 후의 목적 멸실과 보상책임

보험의 목적에 관하여 보험자가 부담할 손해(보험사고)가 생긴 경우에는 그 후 그 목적이 보험자가 부담하지 아니하는 보험사고의 발생으로 인하여 멸실된 때에도 보험자는 이미 생긴 손해를 보상할 책임을 면하지 못한다(상법 675조). 예컨대, 화재보험에 가입한 가옥이 화재가 발생하여 그 건물의 50%를 소실시킨 도중 홍수가 발생하여 그 가옥을 전부 유실시킨 경우에도 보험자는 이미 발생한 보험목적물의 화재로 인한 50%의 보험금은 지급해야 하는 것이다. 그러나 홍수로 인한 50%의 손해에 대하여는 보험사고(화재)와 손해와의 인과관계가 없으므로 보험금은 지급되지 아니한다.

② 적하의 매각으로 인한 손해의 보상

항해 도중 불가항력으로 인하여 보험의 목적인 적하를 매각한 때에는 그 매각에 의하여 얻은 대가에서 운임 및 기타비용을 빼고 보험가액과의 차액을 손해액으로 한다(상법 709조). 예를 들면 보험목적물의 가액이 10억원인 수출품이 항해도중 불가항력의 태풍을 만나 보험의 목적물을 불가피하게 중도에서 5억원에 매도하였고 이 보험목적물의 운임과 보험료가 1,000만원이었다면 보험금 = 「10억원 − 4억9,000만원 = 5억1,000만원」이 되는 것이다.

(4) 면책사유에 해당되지 않는 사고일 것

보험사고가 법정 또는 약정한 보험기간 내에 발생하였다 하더라도 면책사유에 해당한 때에는 보험자는 책임을 지지 않는다. 면책사유에는 상법 제659조 보험계약자등의 고의 또는 중과실에 의한 사고, 상법 제660조 전쟁 기타 변란으로 인한 사고가 있고 손해보험 특유의 면책사유로는 상법 제678조에서 보험의 목적의 성질 또는 하자 또는 자연소모로 인한 손해에 대하여는 보험자는 책임을 지지 않는다고 규정하고 있다. 그런데 보험자의 면책사유에 있어서 보험계약자·피보험자의 고의나 중대한 과실이 면책되지만 단, 예외적으로 생명보험에 있어서 중대한 과실은 면책되지 아니하며(상법 제732조의 2) 또 생명보험에 있어서는 피보험자의 자살(고의사고)에 대하여도 보험계약 체결 후 2년이 경과한 경우에는 면책되지 않고 부책으로 하여 보험금을 지급하고 있다(생명보험표준약관 17조). 그러나 최근 우리나라에서 자살률이 증가하는 관계로 인하여 보험계약 체결 후 2년의 면책기간을 3년으로 늘리려는 움직임이 일고 있고 독일이나 일본 등에서 이 기간을 3년으로 하는 사례가 있으므로 향후 이 문제는 두고 보아야 할 일이다. 한편 또 다른 면책사유로서 상법 제678조의 손해보험 특유의 면책사유로는 보험목적의 성질, 하자, 자연소모로 인한 손해는 면책되도록 해 놓았는데 여기에서 보험목적의 성질에 의한 손해란 육류의 부패, 유정의 증발 등을 말하며, 보험목적의 하자란 포장의 불비로 인한 내용물의 파손, 그리고 보험목적의 자연소모란 용기의 흡수, 휘발로 인한 감량 등을 말하는 것이다.

2) 손해보상

(1) 손해액의 산정

손해보험에 있어서는 인보험의 경우와는 달리 피보험자의 실질적인 손해를 보상하는 것이므로 정확한 손해액의 산정이 필요하다. 일반적으로 보험자가 보상할 손해액은 그 손해가 발생한 때와 곳의 가액에 의하여 산정하며(상법 676조 1항), 손해의 산정에 관한 비용은 보험자가 부담토록 하고 있다(상법 676조 2항).

(2) 손해액의 산정에 대한 예외(상법676조 1항의 예외)

① 기평가보험의 산정

기평가보험의 경우에는 협정된 보험가액이 사고발생시의 가액을 현저하게 초과하지 않는 한 협정보험가액을 기초로 손해액을 산정한다. 이것은 보험계약 당사자들의 협의에 의해서 보험가액을 이미 산정해놓았기 때문이다.

② 운송보험·해상보험의 손해액 산정

보험가액불변경주의가 인정되는 운송보험(상법 689조)·해상보험(상법 696조~698조)의 경우에는 법정가액(책임개시시점가액)에 따라 손해액을 산정한다. 따라서 운송보험에 있어서 운송물의 가액은 운송물의 발송지, 발송시의 가액과 도착지까지의 운임, 기타의 비용을 보험가액으로 하며(상법 689조) 또, 선박보험에 있어서 선박의 가액은 보험자의 책임이 개시될 때의 선박가액을 보험가액으로 한다(상법 696조)고 규정하고 있다. 그런데 선박보험에서 보험가액의 산정은 보험자의 책임이 개시 될 때의 선박가액이라 해놓고 그 가액이 어느 장소를 기준으로 하는 것인지의 의문이 있다. 따라서 이에 대하여는 선박보험의 보험가액은 보험자의 책임이 개시될 때의 선주 주소지의 시장가액으로 한다든지 아니면 보험계약자의 장부가액으로 한다든지 구체적인 기준이 필요하다[56]고 생각된다. 또 선박보험에 있어서도 보험료 등의 비용이 보험가액에 포함되는지에 대하여도 명확히 할 필요가 있는데 이에 대하여는 특약이 없는 한 포함되지 않는다고 보고 있다.[57] 또 적하보험에 있어서 적하보험의 가액은 적하가 선적된 때와 곳의 가액과 선적 및 보험에 관한 비용을 보험가액으로 한다(상법 697조).

③ 신가보험의 산정

신가보험의 경우에 있어서는 그 목적물의 재조달가액으로 손해액을 산정할 수 있다(상법 676조 1항). 이러한 신가보험을 인정하는 이유는 보험목적물의 시가를 기준으로 하여 보험에 가입하는 경우 중고품 등은 신제품의 가격과 많은 차이가 있으므로 사고가 났을 때 보험금을 수령하더라도 동일한 보험의 목적을 조달할 수 없는 경우가 많다. 이러한 문제를 막기 위한 신가보험은 신가보험의 보상원칙(재조달가액으로 손해액을 산정하는 원칙)에 따라 신제품의 구입비를 보험금으로 지급하는 것을 말하는데 이것은 미국, 유럽 등지에서 1922년부터 신설된 보험이다.

④ 상실이익 등의 불산입

보험사고로 인한 손해액의 산정은 보험목적물의 직접손해에 대한 것에 한하며 보험목적물에 대한 피보험자의 이익이나 보수 등은 당사자 간에 다른 약정이 없으면 보험자가 보상할 손해액에 산입하지 아니한다. 즉, 희망이익 등은 별도의 피보험이익으로 인정하여 별도의 보험계약으로 가입하지 않는 한 보험자가 보상할 손해액에서 제외된다.

(2) 손해보상의 방법

보험사고로 인하여 보험금을 지급하는 경우 그 지급의 방법은 특별한 규정이 없으나 금전으로 하는 것이 원칙이다. 단, 약관에 의하여 손해의 전부 또는 일부를 현물로 보상하는 경우도 있다. 이러한 현물보상은 유리보험, 자동차보험의 차량손해(신차를 구입할 수 있는 전부보험, 또는 신가보험의 가입 시) 등에서 가능하다.

(3) 손해보상의 범위

보험자의 손해보상의 범위는 원칙적으로 개별적인 보험계약에서 정한 보험금액의 범위 내에서 피보험자가 보험사고로 입은 실제손해액이다. 그러나 이에 대한 예외로 손해방지 및 경감의 비용은 보험금액을 초과한 경우에도 이를 따로 보상하여야 한다(상법 680조 1항). 그런데 손해보상의 범위는 보험금액과 보험가액과의 관계에 따라 달라지는데 그 내용은 다음과 같다.

---

56) 선박은 해상기업의 용구로 사용되므로 다른 특별한 사정이 없는 한 영업용 고정자산의 평가방법에 따라야 한다는 주장이 있다. 양승규, 전게서, 301면; 이은섭, 전게서, 181면.

57) 이은섭, 해상보험론, 신영사, 1994, 181면 참조.

① 전부보험인 경우

보험금액이 보험가액과 일치하는 전부보험인 경우에는 전손과 분손에서 보험자가 지급할 보상액의 범위는 다음과 같다. 즉, 전손인 경우에는 약정한 보험금액의 전액이고, 분손인 경우에는 원칙적으로 실손액(보험가액-잔존가액)이나 예외적으로 당사자 간의 특약에 의한 신가보험의 경우는 신품조달가액이 보상액이 된다.

② 초과보험·중복보험인 경우

초과보험·중복보험의 개념은 이미 앞에서 살펴본 바와 같이 보험금액이 보험가액을 현저하게 초과한 보험을 말하는데 이러한 보험의 경우 전손과 분손에서 보험자가 지급할 보상액의 범위는 다음과 같다. 즉, 초과보험의 경우 보험자가 지급할 보상액의 범위는 전손인 경우에는 보험가액을 한도로 하고, 분손인 경우에는 실손해액이다. 중복보험의 경우 각 보험자가 지급할 보상액의 범위는 중복보험에 관한 설명에서 기술한 바와 같이 각 보험자는 각자의 보험금액의 한도에서 연대책임이 있으며 이 경우에는 각 보험자는 각자의 보험금액의 비율에 따라 보상할 책임이 있다(상법 672조 1항). 예를 들면 보험가액 1억원의 건물에 대하여 보험자 '갑'과의 보험계약에서 7천만원, 보험자 '을'과의 보험계약에서 5천만원을 각각 보험금액으로 한 중복보험계약을 체결하였다고 하면 보험의 목적이 전부 멸실된 경우에는 각 보험자의 책임은 다음과 같다. 비례보상주의에 의하여 '갑'은 5,833만원(1억원×7,000만원/1억 2천만원), '을'은 4,167만원(1억원×5,000만원/1억 2천만원)의 보상책임을 각각 부담한다. 그런데 이 때 갑 또는 을이 이러한 자기의 보상책임을 이행하지 않는 경우에는 연대책임주의에 의하여 '갑'은 7,000만원, '을'은 5,000만원을 한도로 하여 보상책임을 져야 한다. 그런데 만약 보험의 목적이 절반만 멸실되어 실제의 손해액이 5,000만원인 경우에는 비례보상주의에 의하여 '갑'은 2,916만원, '을'은 2,084만원의 보상책임을 부담하나 어떤 보험자가 자기의 보상책임을 이행하지 못하는 경우에는 연대책임주의에 의하여 '갑'은 3,500만원(을 회사의 보험금 부지급의 경우) '을'은 2,500만원(갑회사의 보험금 부지급의 경우)을 한도로 하여 보상책임을 부담한다. 이 경우 각 보험자가 자기의 보상책임을 이행하지 않는 경우란 보험회사의 파산에 의해 보험금의 지급이 불가하거나 또는 기타의 사유로 인하여 보험금의 지급이 불가한 경우가 이에 해당되며 이 경우 자기부담액을 초과하여 지급한 보험자(타 보험회사의 지급분분을 지급한 회사)는 이에 대하여 타 회사에 구상권을 행사할 수 있으나 만약 그 회사가 파산 되었다면 그 채권은 부실채권이 될 것이다.

(4) 손해보상의 이행

① 이행시기

보험자의 손해보상의무는 보험사고에 의하여 손해가 발생한 때에 구체화된다. 그 이행기에 관하여는 당사자 간에 약정기간이 있는 경우에는 그 기간 내에 지급하여야 하고 약정기간이 없는 경우에는 보험사고의 발생통지를 받은 후 지체 없이 보험자가 지급할 보험금을 산정하고 그 금액이 정하여진 날로부터 10일 내에 이행하여야 한다(상법 제658조).

② 이행장소

보험약관에 정함이 있으면 그에 의하고, 약관에도 없고 관습도 없는 경우에는 채권자인 피보험자의 영업소 또는 주소지에서 행하여야 할 것이다(민법 467조). 그러나 실제 거래계에서는 채무자인 보험자의 영업소에서 보험금을 지급하고 있다.

(5) 소멸시효

보험자의 보험금지급의무는 3년의 시효로 소멸한다(상법 662조). 이 경우에 소멸시효의 기산점은 일반적으로는 보험사고가 발생한 때로부터 시작한다고 볼 수도 있으나 통설은 사고의 통지를 받은 보험자가 보험금의 산정을 종료하고 보험금이 확정된 후 보험금 지급 유예기간 10일이 경과한 다음날부터 기산한다고 본다.[58]

(6) 손해보상의무의 면제(보험금청구권의 상실)

① 보험계약사 또는 피보험자의 각종 의무위반

손해보험계약에서 보험사고로 피보험자가 재산상의 손해를 입었다 하더라도 보험계약자 또는 피보험자가 고지의무 위반(제651조), 위험변경증가의 통지의무 위반(652조), 위험변경증가의 금지의무(위험유지의무)(653조) 등을 위반한 경우에 보험자는 보험사고 이후에도 그 보험계약을 해지할 수 있고, 따라서 보험자의 보험금지급책임은 면제되어(상법 655조) 피보험자는 보험금청구권을 행사할 수 없다.

3. 보험계약자와 피보험자의 손해방지 및 경감의무

1) 서설

보험계약자 등의 의무로는 보험료지급의무(상법 639조) 고지의무(상법 651조), 통지

58) 양승규, 전게서, 147면; 서울고판 1976. 6.25.선고 76나 1016판결.

의무(상법 652조), 등을 들 수 있으나 이 밖의 손해보험계약에 있어서 보험계약자 등의 특수한 의무로써 손해방지 및 경감의 의무 등이 있다. 여기서는 고지의무 등은 앞에서 이미 다루었으므로 생략하고 손해방지의무에 관하여 살펴보기로 한다.

2) 손해방지 및 경감의무

(1) 손해방지 및 경감의무의 의의

보험계약자와 피보험자는 보험사고가 발생한 때에 적극적으로 손해의 방지와 경감을 위하여 노력하여야 한다(상법 680조 1항). 이것이 이른바 보험계약자 등의 손해방지 및 경감의무이다. 이 의무는 이미 보험사고가 발생한 후라 할지라도 이를 적극적으로 방지하고 경감할 의무를 부담하는 것인데, 그 이유는 보험계약자 또는 피보험자가 이미 보험사고가 발생한 후에 고의 또는 중대한 과실로 손해의 방지에 노력하지 아니하고 그로 인한 보험자의 부담을 증가시키는 것은 부작위에 의한 손해의 확장이라 볼 수 있기 때문이다. 그러므로 보험계약자 등의 이러한 손해방지의무는 보험사고 발생 전의 고지의무, 통지의무와 같은 의무와 함께 보험사고의 우연성과 신의성실의 원칙, 나아가서는 손해방지에 노력하여야 할 공익상의 요청에 의하여 인정되는 것이다. 그러므로 손해방지 및 경감의무를 인정하는 이유는 손해액에 따라 보험금을 지급하는 보험자에 대한 보험계약자와 피보험자가 지켜야 할 신의성실의 요청(민법 2조 1항)에 부응하고 공익보호라는 점에서 국민경제적으로도 유익한 것이기 때문에 인정하는 것이다.

(2) 손해방지 및 경감의무의 법적성질

손해방지 및 경감의무는 계약당사자인 보험계약자뿐만 아니라 제3자인 피보험자도 부담하는 의무이므로 계약에 의한 의무가 아니고 보험계약의 사행계약적 성질에 비추어 보험의 목적에 대한 관리자이며 보험계약상의 이익을 받는 보험계약자 또는 피보험자에게 형평의 견지에서 법이 특히 인정한 의무라고 본다.[59] 따라서 이 의무는 보험계약자가 이 의무를 위반하여 보험자가 손해를 입은 경우에는 보험자는 보험계약자 등에게 손해배상청구를 하거나 손해보상액인 보험금에서 증가된 손해액에 대한 것을 공제할 수 있으므로 이 의무는 간접의무가 아니라 법적의무로 본다.

(3) 손해방지 및 경감의무의 내용

손해방지 및 경감의무는 손해의 발생이나 확대의 방지를 위하여 노력할 것을 내용

59) 정희철·정찬영 공저, 상법원론 下, 556면 참조.

으로 하고 있다. 따라서 손해의 방지·경감의무는 보험자가 보상하게 될 보험금의 지급에 따른 손해의 발생이나 확대를 방지하거나 손해를 경감할 목적으로 하는 행위이다. 따라서 보험계약자나 피보험자는 보험사고가 발생한 경우 그 사고로 인한 손해를 방지하고 줄이기 위하여 노력하여야 하며(상법 제680조 제1항) 보험계약자나 피보험자가 제1항의 의무를 고의 또는 중대한 과실로 위반한 경우에는 보험자는 그 의무가 이행 되었더라면 방지하거나 줄일 수 있었던 손해액을 보상액에서 공제할 수 있다(제680조 제2항). 따라서 보험에 가입한 보험의 목적물은 항상 사고가 발생하지 않도록 주의를 기울여야 함은 물론 사고발생 시에는 손해가 증가되지 않도록 최선을 다해 노력해야 할 것이다. 일반적으로 손해보험계약에서 보험의 목적물에 대한 피보험이익을 가지는 자는 피보험자이므로 피보험자가 손해방지의무를 지는 것은 당연하다. 그러나 타인을 위한 손해보험계약에서 보험계약자도 이 의무를 지는가에 대하여는 대체적으로 모두가 동의하고 있다. 따라서 피보험자나 보험계약자는 모두 손해방지 및 경감의무를 진다고 본다. 또한 손해방지 및 경감의무의 정도는 보험사고의 종류, 보험사고 발생 당시에 있어서 보험계약자 등의 상황 등을 참작하여 결정하여야 할 문제이고 이를 일률적으로 정할 수는 없다고 할 것이다. 그러나 손해방지 및 경감의 의무를 어느 정도의 수준으로 할 것인지에 대하여는 대체적으로 보험계약자 또는 피보험자가 신의성실의 원칙에 따라 자신의 일을 처리하는 정도의 주의를 기울이면 된다고 보며 또 의무자가 손해방지 및 경감의 의무를 수행하기 위하여 최선을 다해 노력을 한 이상 그 결과 손해방지 및 경감의 효과의 여부에는 관계없이 의무는 이행한 것으로 본다.

(4) 손해방지 및 경감의무 발생의 시기

보험계약자와 피보험자의 손해방지 및 경감의무는 보험사고의 발생을 전제로 하는 것이므로 보험사고가 발생한 때에 생기는 것으로 풀이하는 견해가 통설이다. 그러나 이에 대하여 보험의 목적에 보험사고가 발생한 것은 아니나 그것이 불가피한 때, 가령 옆집에 화재가 발생하여 보험의 목적에 화재가 발생할 위험이 생기거나 또는 그 보험의 목적을 수용하고 있는 건물에 화재사고가 발생된 경우 그 시점에서 손해방지의무가 생긴다고 풀이하는 입장이 있다.[60] 이런 경우에는 보험사고 전이라 할지라도 사실상 보험사고와 같게 볼 수 있는 상태가 생겼을 때에는 그 때부터 피보험자의 손해방지의무는 생긴다고 보는 것이 옳다는 견해[61]가 있는데 이에 동의한다.

60) 石田滿, 전게서, 175면 참조.

61) 양승규, 보험법, 삼지원, 232면 참조.

(5) 손해방지 및 경감비용

보험계약자와 피보험자는 손해방지와 경감을 위하여 노력하여야 한다. 그리고 이를 위하여 필요 또는 유익하였던 비용과 보상액(보험금)이 보험금액을 초과한 경우라도 보험자는 이를 부담하여야 한다(상법 제680조). 이러한 규정의 입법취지는 손해방지 및 경감의 의무를 수행하기 위하여 사용한 손해방지비용과 보상액의 총액이 보험금액을 초과하는 경우라도 이를 보험자가 부담하는 것은 신의성실이 요구되는 보험계약에 있어서 보험계약자 등의 손해방지활동을 장려하고 공익상으로 필요하다고 보기 때문이다.

① 일부보험의 경우

보험가액의 일부를 보험에 붙인 일부보험의 경우에는 그 비용은 보험금액의 보험가액에 대한 비율에 따라 보험자가 이를 부담하고, 나머지 부분에 대하여는 의무자(피보험자 또는 보험계약자)가 부담한다(상법 674조의 유추해석).

② 보험자 비용상환의무 배제특약의 효과

보험자가 손해방지와 경감비용을 부담하지 않는다고 하는 약관의 조항은 공익에 관한 규정과 상법 제680조에 위반되므로 그 효력이 없다는 것이 다수설이다.[62]

(6) 손해방지의무의 범위

손해방지의무는 손해의 발생을 방지할 뿐 아니라 발생한 손해의 확대를 방지하는 행위도 포함된다. 또 그것은 직접적인 것이든 간접적인 것이든 묻지 않는데 가령, 화재가 발생하여 보험의 목적을 안전한 곳으로 대피시키거나 불을 꺼서 손해의 확대를 막는 것은 전자에 속하고, 피보험자가 보험사고와 관련하여 제3자에 대하여 가지는 청구권을 확보하고 보험자의 대위권(상법 682조)의 행사를 용이하게 하는 행위 등은 후자에 속한다.[63] 또한 손해방지행위의 정도는 보험사고의 종류, 상태와 사고발생 당시에 있어서 보험계약자 등의 상태를 참작하여 결정할 문제이고 이를 일률적으로 정할 수는 없다고 본다. 대체적으로 손해방지의무의 이행은 보험계약자 또는 피보험자가 신의칙에 따라 자신의 일을 처리하는 정도의 주의를 기울이면 되는 것으로 풀이한다. 그리고 보험계약자 또는 피보험자는 보험자의 지시를 받아 그에 따라야 할 경우가 있는데 구 보험법은 이에 관한 규정을 두고 있지는 않았으나 개정보험법은 보험자

62) 양승규, 보험법, 삼지원, 235면; 서돈각, 정완용, 전게서, 417면; 손주찬, 전게서, 586면; 최기원, 전게서, 267면 참조.

63) 양승규, 보험법, 삼지원, 233면 참조.

가 손해의 방지 및 경감에 대한 지시를 하고 보험계약자와 피보험자가 그에 따른 경우에는 그 비용과 보상액(보험금으로 표기함이 옳다고 생각됨)이 보험금(보험금액으로 표기함이 옳다고 생각됨)을 초과하더라도 보험자가 부담하도록 한다고 규정해 놓았다.

(7) 손해방지의무위반의 효과

손해방지의무위반의 효과에 관하여는 상법에는 특별한 규정이 없으나 학설은 다음과 같이 나누어져 있다.

제1설

이 설은 보험계약자와 피보험자의 경과실의 경우에는 불이익을 줄 수 없고, 고의 또는 중과실일 경우에만 보험자는 보험금으로부터 손해방지 또는 경감할 수 있었을 손해의 액 즉, 손해방지 및 경감의 의무를 위반함으로 인하여 증가된 손해액을 공제할 수 있다는 견해이다.[64)]

제2설

이 설은 보험계약자와 피보험자가 고의 또는 중과실로 인하여 손해방지 및 경감의무를 위반한 경우에는 보험자는 이와 상당인과관계가 있는 손해의 배상청구를 할 수 있고 또 상계를 하여 지급할 보험금으로부터 손해방지 또는 경감할 수 있었을 손해의 액을 공제할 수 있다는 견해이다.[65)]

제3설

이 설은 보험계약자와 피보험자에게 경과실이 있는 경우와 고의 또는 중과실이 있는 경우로 나누어 전자의 경우에는 손해배상을 청구하거나 또는 지급할 보험금에서 손해방지 또는 경감할 수 있었을 손해의 액을 공제할 수 있으나 후자의 경우에는 보험자는 손해보상의무(보험금지급의무) 자체를 면하되 다만, 중과실이 있는 경우에는 그 손해의 정도가 의무를 이행하였더라도 동일하였을 경우는 예외로 본다는 견해[66)]인데, 이 견해는 손해방지 및 경감의무는 신의성실의 원칙에 기하여 보험단체의 이익뿐만 아니라 공익보호라는 입법취지에서 이와 같이 해석하는 것이 정당하다고 보는 견해이다. 생각건대, 손해방지 및 경감의 의무란 보험사고로 인한 손해의 발생을 방지

---

64) 최준선, 보험법·해상법, 삼영사, 제2판 191면; 손주찬, 상법 下, 593면; 서돈각·정완용, 상법 下, 417면 참조.

65) 최준선, 전게서, 191면; 양승규, 전게서, 234면; 정동윤, 상법 下, 570면 참조.

66) 최기원, 상법학신론 下, 2004, 689면 참조.

하거나 또는 손해의 확대를 방지해야 할 의무를 말한다. 따라서 보험계약자와 피보험자가 손해방지 및 경감의 의무의 이행을 불이행한 것이 고의 또는 중과실의 경우라면 보험자는 그 의무자의 부작위에 대한 채무불이행으로 보아 이와 상당인과관계가 있는 손해의 배상을 청구하거나 또는 보험금에서 손해방지 또는 경감할 수 있었을 손해 즉, 손해방지 및 경감의무를 위반함으로 인하여 증가된 손해를 상계 처리할 수 있다고 보는 제2설이 옳다고 생각된다. 그리고 손해방지 및 경감의무위반사실 및 보험계약자와 피보험자의 고의 또는 중과실에 대한 입증책임은 보험자가 진다.

제3절 보험자대위

1. 총설

1) 보험자대위의 개념

보험자대위란 보험사고로 인하여 보험자(보험회사)가 피보험자에게 보험금을 지급한 때에는 보험계약자 또는 피보험자가 보험의 목적에 대하여 가지는 권리 및 제3자에 대하여 가지는 권리를 보험계약자 또는 피보험자에 대신하여 법률상 당연히 취득하게 되는데 이를 보험자대위라 하고 이러한 권리를 보험자 대위권이라 한다.

2) 보험자대위의 근거

상법 제682조에서 보험자대위에 관한 규정을 둔 이유는 보험사고로 인하여 피보험자가 보험자로부터 보험금을 지급받은 후에도 보험목적물에 존재하는 잔존물의 경제적인 가치를 그대로 보유하거나 제3자에 대한 손해배상청구권을 보유·행사하게 하는 것은 피보험자에게 손해의 보상을 넘게 하는 것으로 이는 이중(二重)의 이익을 주는 결과가 되어 손해보험제도의 원칙에 반하고, 또 배상의무자인 제3자가 피보험자의 보험금수령으로 인하여 그 책임을 면하는 것도 불합리하므로 이를 제거하여 보험자에게 그 이익을 귀속시키는데 있다. 보험자대위를 인정하는 근거에 관하여는 다음과 같은 학설이 있다.

① 정책설

보험자 대위의 근거를 정책적인 입장에서 찾는 것은 피보험자에 의한 보험사고의 유발이나 도박 등의 부정행위에 이용될 위험을 방지하기 위한 정책적인 이유에 근거

를 둔다고 보는 설이다.[67]

② 이익 방지설(손해보상계약성에서 찾는 입장)

보험자대위의 근거를 손해보상계약성에서 찾는 입장으로서 여기에서 보험자 대위를 인정하는 것은 보험의 본질을 손해보상계약이라고 전제하고 사고 발생 시 보험자의 보험금 지급은 피보험자에게 어떤 이익을 주려는 것이 아니라 피보험자가 잃은 손해의 보상만을 목적으로 한다는 점에서 당연히 보험자대위가 인정되어야 한다는 입장이다. 이 설은 피보험자의 이중의 이득을 방지하기 위한 제도라고 하는 설로써 이 설이 우리나라의 다수설이다.[68]

③ 기술설

이 설은 보험사고로 인하여 보험금을 지급하려는 경우에 그 사고로 인한 잔존물 또는 변형물이 있는 경우에 그 잔존물의 가액을 보상할 금액(보험금)에서 공제해야 하는데 그것이 기술적으로 용이하지 않고 이 경우 보험자와 피보험자는 이러한 문제로 인하여 분쟁이 일어날 수 있는데 이러한 문제를 기술적으로 해결하기 위하여 보험자대위는 인정된다고 보는 학설이다.

④ 사견

보험자대위는 손해보험계약의 손해보상성 즉, 이득금지의 원칙과 관련하여 생겨난 것으로서 이것은 손해보험계약의 성질 즉 「손해보상성」에서 그 근거를 찾는 이익방지설이 타당하다고 생각한다.

3) 보험자대위의 법적성질

보험자 대위는 보험의 목적에 사고가 발생하고 보험자가 보험금을 지급한 경우 보험계약자와 피보험자가 보험의 목적과 제3자에 대하여 가졌던 권리는 보험자에게 이전 되는데 이러한 권리의 이전은 법률상 당연히 취득되므로 당사자 사이의 의사표시를 요하지 않는 특성을 가진다. 따라서 이는 민법상의 손해배상자의 대위(민법 399조)와 유사한 것으로서 이것은 원칙적으로 손해보험의 경우에만 인정된다. 따라서 보험자대위는 잔존물에 대한 권리의 이전의 경우에는 인도 또는 등기를 요하는 물권변동의 절차를 밟지 않고도 보험사는 당연히 그 권리를 주장할 수 있고, 또 제3자에 대한 권리의 이전도 지명채권양도의 대항요건(민법 450조)의 절차를 거치지 아니하고 채무

67) 양승규, 앞의 책, 237면 참조.

68) 양승규, 보험법, 삼지원, 237면.

자 그 밖의 제3자에게 대항할 수 있다. 다만, 제3자에 대한 보험자대위에 있어서는 보험자가 보험금의 일부를 지급한 경우에도 일부대위가 인정되는 점에서 보험의 목적에 대한 대위와 다르고, 또 보험자의 대위권은 피보험자가 제3자에 대하여 가지는 권리를 전제로 하므로 그 피보험자의 권리에 의하여 제한을 받게 된다.

4) 보험자대위의 적용범위

보험자대위는 원칙적으로 손해보험의 경우에만 인정된다. 그러나 상해보험의 경우에서도 당사자 간의 약정이 있는 때에는 피보험자의 권리를 해하지 않는 범위에서 보험자의 대위를 인정하고 있다(상법 729조).

2. 보험자대위의 종류

보험자대위에는 보험자가 대위·취득하는 권리의 종류에 따라 잔존물대위와 청구권대위 두 가지가 있다. 잔존물대위는 다른 말로 보험목적물대위 라고도 하며 이것은 피보험자가 보험의 목적에 대하여 가지는 권리를 취득하는 경우로써 이를 잔존물대위 또는 보험목적물대위라 한다(상법 681조). 또, 청구권대위란 보험계약자 또는 피보험자가 제3자에 대하여 가지는 권리를 보험자가 대위·취득하는 경우를 말하는데 이를 청구권대위라 한다(상법 682조).

1) 잔존물대위(보험목적물대위)

(1) 의의

보험의 목적 전부가 멸실한 경우에 보험금액을 전부 보험금으로 지급한 보험자는 그 목적에 대한 피보험자의 권리를 취득한다(상법 681조 1항). 예컨대, 화재보험에 있어서 전손이 생겨서 보험자가 보험금 전액을 지급한 경우에 보험목적물에 잔존하는 경제적 가치가 있는 잔존물에 대한 소유권을 보험자가 취득하는 경우가 이것이다. 보험가액의 일부를 보험에 붙인 경우(일부보험)에는 보험자가 취득한 권리는 보험금액의 보험가액에 대한 비율에 따라 이 권리를 대위·취득한다(상법 681조).

(2) 보험위부와의 구별

잔존물대위는 보험위부(상법 710조)와 유사한 제도라고 할 수 있으나 보험위부는 보험목적물에 대한 권리의 이전이 피보험자의 의사표시의 효과(형성권)로써 생기는데 비하여 잔존물대위는 법률상 당연히 그 권리의 이전이 이루어지고 보험위부의 경우에는 위부된 목적물(선박 또는 적하)의 가액이 피보험자에게 지급한 보험금을 초과한 때에도 여전히 보험자의 소유가 되지만 잔존물대위는 보험자가 피보험자에게 지급한 보험금 이상으로 대위·취득할 수 없다는 점 등이 다르다.

(3) 잔존물대위의 요건

① 보험목적의 전부멸실

보험의 목적의 전부멸실 즉, 전손되어야 한다. 분손의 경우에는 통상 수리비가 지급되는 것이므로 잔존물대위가 인정될 여지가 없다. 그런데 그 전손의 개념은 반드시 명백한 것은 아니고 보험의 목적의 성질과 관련하여 본래의 경제적 가치를 유지하고 있느냐 그렇지 않느냐에 따라 판단할 수 있는 문제로써 이것은 결국 그 잔존물이 회복능력과 회복가치를 가지고 있느냐 없느냐에 따라 판단될 문제이다. 다시 말하면 보험의 목적이 그 모든 가치에 대하여 상당한 비율에 해당하는 비용을 들여 정상적인 재산이나 또는 정상적인 물건으로 돌릴 수 있는 경우에는 분손이고, 잔존물의 일부가 남아있다 하더라도 그것이 경제적인 관념으로 보아 이용이 어렵거나 그 가치가 없는 경우에는 전손으로 다루어야 한다. 따라서 당사자 사이에 특약에 의해서 전손에 가까운 손해, 가령 그 목적의 80% 이상의 손해를 전손으로 볼 것을 정한 경우 80%이상의 손해가 생기면 이를 전부멸실로 보아야 할 것이다.[69]

② 보험금의 전부지급

잔존물 대위에 있어서 보험사의 권리의 취득은 보험의 목적이 전손이고 보험자가 보험금의 전부를 지급한 때에만 인정된다. 따라서 일부분만 지급한 때에는 그 지급부분에 대해서 권리가 이전되는 것은 아니다. 초과보험(선의의 초과보험)의 경우 초과부분은 제외되고 보험자가 손해방지 및 경감비용(상법 680조)이나 손해액의 산정에 관한 비용(상법 676조 2항)을 부담하는 때에는 보험금 이외에 이 비용도 지급한 경우에 대위권을 취득한다.

③ 잔존물 대위권 포기특약

잔존물대위는 피보험자의 이중이득을 방지하면서 보험자의 이익을 도모하기 위한 것이지만 잔존물취득에 따른 법률적 의무의 발생으로 오히려 보험자에게 불이익을 가져올 것이라는 판단이 되는 경우에는 잔존물에 대한 권리를 포기할 수 있다. 따라서 보험자의 잔존물대위권을 부인하는 약정을 할 수 있다. 예를 들면 선박보험의 경우 항로를 방해하는 선체의 잔해제거의무 또는 자동차보험의 경우 자동차사고로 인한 자동차의 잔해를 제거할 의무가 있는데 이러한 의무를 수행하는 비용이 잔존물의 가치

69) 양승규, 전게서, 241면; 화재보험보통약관 제18조 참조.

보다 큰 경우에는 오히려 잔존물대위권을 취득하는 것이 보험자에게 불이익하게 되므로 이런 경우에는 잔존물의 대위권을 포기할 수 있다.

(4) 잔존물대위의 효과

① 보험의 목적에 대한 권리의 이전

보험자대위는 법률규정에 의하여 보험자가 당연히 취득하는 권리이므로 보험자가 잔존물에 대한 소유권을 취득함에 있어 당사자 간의 의사표시나 잔존물에 대한 권리 이전의 절차나 대항요건을 요하지 아니한다. 따라서 보험금의 전부를 지급한 보험자는 보험목적의 잔존물에 대한 물권변동의 절차 없이 그 잔존물에 대하여 가지는 피보험자의 모든 권리가 보험자에게 이전된다.

② 이전되는 권리의 범위

보험자의 잔존물에 대하여 갖게 되는 권리는 잔존물에 대한 모든 권리이다. 또한 일부보험의 경우에 보험자가 취득할 권리는 보험금액의 보험가액에 대한 비율에 따라 정하게 된다. 그리고 만약 피보험자가 보험금을 지급받은 후 잔존물을 처분한 경우에는 그에 대한 손해배상책임을 져야 한다.

③ 권리이전의 시기

보험자의 보험의 목적에 대한 대위권의 취득 시기는 보험금과 기타 비용(손해방지 및 경감비용 등)을 모두 지급한 때이다.

④ 피보험자의 협조의무

피보험자는 보험금의 지급을 받아 보험의 목적에 대한 권리가 보험자에게 이전된 후에는 그 목적물을 임의로 처분할 수 없을 뿐만 아니라 보험자가 잔존물대위권을 행사할 수 있게 하는데 적절한 조치를 취함은 물론 그 권리의 행사가 원활하게 이루어질 수 있도록 협조해야 한다.

(5) 잔존물에 대한 의무의 귀속

선박보험의 경우 항로를 방해하는 선체의 잔해제거의무 또는 자동차보험의 경우 자동차사고로 인한 자동차의 잔해를 제거할 의무가 있다. 이것은 원활한 통행의 소통을 위해서 필요한 것이며 이러한 의무는 보험자에게 있다. 그러나 이런 잔존물제거의무를 지지 않기 위하여 잔존물대위권의 포기특약이 있는 것이다.

2) 청구권대위(제3자에 대한 보험자대위)

(1) 청구권대위의 개념

보험사고로 인한 손해가 제3자의 행위로 인하여 생긴 경우에 보험금을 지급한 보험자는 그 지급한 금액(보험금)의 한도에서 제3자에 대한 보험계약자 또는 피보험자의 권리를 취득한다. 그러나 보험자가 보상할 보험금의 일부를 지급한 때에는 피보험자의 권리를 해하지 아니하는 범위 내에서 그 권리를 행사할 수 있다(상법 682조). 이러한 청구권대위를 인정하는 이유는 보험사고가 제3자의 행위로 인하여 생긴 경우에 피보험자는 보험금청구권과 제3자에 대한 손해배상청구권을 동시에 취득하게 된다. 그러나 이 두 가지 청구권을 동시에 인정할 경우에는 피보험자는 이중의 이득을 취하게 된다. 그러므로 이러한 이중의 이득을 보게 되는 것을 방지하고 또, 보험자가 보험금을 지급함으로써 사고에 대한 배상책임이 있는 제3자는 자기의 손해배상책임을 면하게 될 수도 있는데 이러한 제3자의 손해배상책임을 면하는 것을 방지하기 위한 것으로서 청구권대위는 인정되는 것이다.

(2) 청구권대위의 요건

보험자가 제3자에 대한 청구권대위를 취득하려면 손해가 제3자의 행위로 인하여 생기고 보험자가 보험금을 지급하여야 한다(상법 682조).

① 제3자의 행위로 인한 손해의 발생

청구권대위가 발생되기 위해서는 손해가 제3자의 행위로 인하여 생기고 보험계약자나 피보험자가 그 제3자에 대하여 손해배상청구권의 권리를 가진 경우라야 한다. 본래 보험계약법상의 제3자란 보험계약의 당사자인 보험자와 보험계약자를 제외한 사람을 제3자로 보지만 여기에서는 보험금의 수령에 따른 당사자를 보험자와 피보험자로 보고 보험자와 피보험자를 제외한 사람을 제3자로 보고 있다. 따라서 청구권대위가 성립하기 위해서는 피보험자 이외의 사람의 행위로 손해가 발생됨을 전제하고 있다.

㉮ 제3자의 범위

여기서 제3자란 보험자와 피보험자 즉, 보험금수령의 당사자가 아닌 자를 제3자로 본다. 그러나 여기에서 보험계약의 당사자인 보험계약자와 피보험자의 가족을 제3자로 볼 것인지에 대하여는 다음과 같은 이론이 있다.

㉠ 타인을 위한 보험에서의 보험계약자

타인을 위한 보험계약에서의 보험계약자가 제3자에 해당하는지의 여부에 관하여는 제3자설과 비 제3자설로 나누어진다.

ⓐ 제3자설

타인을 위한 보험계약에서 보험계약자는 피보험이익의 주체가 아니므로 제3자와 구분할 이유가 없다는 설로써 이 설에 의하면 보험계약자가 고의 또는 중과실로 인하여 보험의 목적에 사고를 발생한 경우 보험자는 피보험자에게 보험금을 지급하고 보험계약자에게 청구권대위를 행사할 수 있다고 보는 설이다.

ⓑ 비 제3자설

이 설은 타인을 위한 보험계약에서 보험계약자는 제3자로 볼 수 없다는 주장으로서 보험계약자는 계약당사자로서 보험료 납입의 의무자임은 물론 고지의무, 통지의무 위험유지의무 등의 의무를 지는 자인데 이러한 자를 제3자로 보는 것은 적절하지 않다고 보는 학설이다. 이 설에 의하면 보험계약자는 제3자가 아니므로 청구권대위가 성립되지 아니한다. 그 근거는 보험계약자는 보험료의 지급의무를 비롯한 각종의 의무를 지는 점, 또 보험계약자의 고의 또는 중과실에 의한 보험사고는 보험계약법이나 약관에 의해 보험자가 면책된다는 점 등으로 보아 보험계약자는 보험계약의 당사자로써 제3자로 볼 수 없다는 설이다.

ⓒ 사견

비 제3자설에 동의한다. 그 이유는 보험계약자는 보험계약의 당사자로서 보험료를 납입하고 보험계약의 주체가 되는 자이므로 제3자에 포함될 수 없다고 보아야 할 것이다. 그 이유는 앞서 기술한 바와 같이 보험계약자는 보험계약상의 각종의 의무를 진다는 점과 보험계약자의 고의 또는 중과실로 보험사고가 발생한 때에는 보험자는 면책된다는 점, 보험계약자가 책임보험계약을 체결한 때에는 전혀 제3자의 문제가 발생되지 않는다는 점, 그리고 상법 제639조 2항 단서는 타인을 위한 손해보험계약의 경우, 보험계약자가 그 타인에게 보험사고의 발생으로 생긴 손해의 배상을 한 때에는 보험계약자는 그 타인의 권리를 해하지 아니하는 범위 안에서 보험자에게 보험금의 지급을 청구할 수 있도록 정하고 있는 것은 간접적으로 보험계약자에 대한 보험자의 대위권을 배제한 것으로 볼 수 있으므로 보험계약자를 제3자로 보는 것은 적절하지 않다.

㉡ 피보험자의 가족

보험사고가 피보험자의 가족에 의하여 발생된 경우 보험자는 피보험자에게 보험금을 지급하고 피보험자의 가족에게 청구권대위를 행사할 수 있느냐 하는 문제가 발생된다. 일반적으로 피보험자의 가족이 보험금을 수령할 목적으로 고의에 의한 보험사고를 발생시킨 경우에는 보험약관에 의해 면책됨이 일반적이다. 따라서 면책의 경우에는 청구권 대위의 문제는 발생되지 않는다. 그러나 피보험자의 가족이 과실(중과실은 물론 경과실 포함)에 의한 보험사고를 발생시킨 경우에 피보험자에게 보험금은 지급되어야 하나 그 가족에게 대위권을 행사할 수 있느냐?에 대하여 소수견해[70]는 피보험자의 가족도 청구권대위의 객체가 될 수 있다는 견해가 있다. 그 이유는 이들을 제3자에서 제외한다는 법 규정이 없고 향후 이들을 제외하는 것이 입법론으로 옳을지는 몰라도 현행법의 해석상으로는 피보험자의 동거가족이라고 해서 제3자에 포함 되지 않는다고 보기 어렵다는 근거이다. 그러나 통설[71]과 판례[72]는 이들을 제3자로 보지 않는다. 즉 피보험자의 가족은 보험자 대위권의 객체가 될 수 없다고 본다. 왜냐하면 보험자 대위권을 인정 하는 이유는 보험사고가 제3자의 행위에 의해 발생 된 경우 보험자가 피보험자에게 보험금을 지급하면 피보험자가 가진 제3자에 대한 손해배상청구권은 보험자에게 대위토록 하여 피보험자의 이익의 금지(2중의 이익 취득금지)를 막는데 목적이 있다고 보는데 만약 피보험자의 가족이 보험사고를 발생시킨 경우 피보험자는 그 가족에게 배상청구권을 행사할 수 없으며 만약 이를 행사할 경우에는 보험금의 지급을 받지 못함으로 피보험자의 가족은 제3자에 포함될 수 없고 따라서 보험자 대위권의 객체가 될 수 없다는 것이다.

② 보험금의 지급

보험자의 청구권대위가 발생되기 위해서는 보험자가 피보험자의 손해를 보상한 후(보험금의 지급 후)여야 한다. 따라서 보험금의 지급이 있기 전에는 피보험자 등은 제3자에 대한 권리를 행사하거나 처분할 수 있다. 그러나 피보험자가 제3자에 대하여 손해배상청구권을 행사한 경우에는 다시 보험자에게 보험금지급을 청구할 수 없다. 그것은 바로 이중의 이득을 방지하기 위함이다. 또 청구권대위의 경우에는 잔존물대위와는 달리 보험자가 보상할 보험금의 일부를 지급한 때에도 청구권대위의 효력은 생긴다. 즉, 보험자가 보상할 보험금의 일부를 지급한 때에는 피보험자의 권리를 해

---

70) 채이식, 상법(Ⅳ), 2003, 565면.

71) 양승규, 전게서, 244면.

72) 대법원 2000.6.23.선고 2000다9116판결; 대법원2002.9.6 선고 2002다32547판결. 대법원판례 도 피보험자의 동거가족에 대하여는 청구권대위권이 발생되지 않는다고 판시하였다.

하지 아니하는 범위 내에서 그 권리를 행사할 수 있다(상법 682조).

(3) 청구권대위의 효과

① 보험자에 의한 권리의 취득(피보험자 권리의 이전)

보험자는 지급한 보험금의 한도에서 제3자에 대한 피보험자의 권리를 취득하지만 이 경우 피보험자에게 통지하거나 또는 승낙을 받을 필요는 없다. 따라서 제3자에 대한 보험자대위의 요건이 충족되면 피보험자에 대한 통지 또는 승낙을 요하지 아니하고 제3자에 대한 대항요건도 갖출 필요 없이 당연히 제3자에 대한 권리를 대위취득하게 된다.

② 권리이전의 시기 및 방법

권리의 이전 시기는 보험자의 보험금지급이 완료된 시기로 하며 권리의 이전범위는 보험자가 피보험자에게 지급한 보험금의 한도 내의 범위에 한하여 인정된다. 그러나 제3자는 피보험자에게도 과실이 있는 경우에는 보험자에게 피보험자에 대한 과실상계를 주장할 수 있다.

③ 권리이전의 효과

청구권대위는 보험자가 지급한 보험금의 지급에 의하여 권리이전의 효과가 생기며 이러한 권리이전의 효과가 생긴 경우에는 피보험자 등은 제3자에 대한 권리를 행사하거나 처분할 수 없다. 그리고 제3자에 대한 보험자대위에 의해 취득한 권리는 제3자의 불법행위나 또는 채무불이행에 의한 손해배상청구권으로 해석된다.

(4) 대위의 제한

① 제3자에 대한 손해배상청구액이 보험금보다 많은 경우

이 경우에는 보험자는 그가 지급한 한도 내에서 권리를 취득하며 피보험자 등은 아직 제3자에 대한 권리의 일부를 취득한다(상법 682조). 이것은 피보험자 등의 권리와 이익을 보호하기 위한 것이다. 다시 말하면 이것은 피보험자가 보험자로부터 보험금의 일부를 지급받았다 할지라도 완전한 손해의 보상이 되지 않기 때문에 그럴 경우 피보험자가 책임 있는 제3자에게 손해배상을 청구해야 하기 때문이다.

② 전부지급과 일부지급

상법 제682조 후단에는 보험자가 보상할 보험금의 일부를 지급한 때에는 피보험자의 권리를 침해하지 않는 범위에서 피보험자의 권리를 행사할 수 있다고 하여 피보험자의 권리에 대한 일부를 대위할 수 있도록 규정하고 있다. 그러나 보험금의 전부를 지급한 때에도 피보험자의 손해액이 완전히 보상되지 아니하는 경우, 즉 보험계약자 또는 피보험자의 제3자(가해자)에 대한 권리가 아직 남아있는 한 제3자에 대한 권리를 여전히 보유하게 된다. 예를 들면 1억원의 가옥을 보험금액 5,000만원에 가입하고 제3자의 과실로 전손이 발생 된 경우 보험자가 보험금의 일부3,000만원(보험금의 일부)을 지급한 경우 보험자는 제3자에 대하여 3,000만원의 청구권대위권이 발생하며 5,000만원(보험금의 전부)을 지급한 경우에는 5,000만원의 청구권 대위가 발생되는 것이다. 그리고 피보험자는 제3자인 가해자에 대하여 보험금의 일부(3,000만원 지급)를 받은 경우에는 7,000만원의 손해배상 청구권을 가지며 전부(5,000만원 지급)를 받은 경우에는 5,000만원의 손해배상 청구권을 가지게 되는 것이다.

(5) 일부보험

일부보험의 경우에는 보험자가 피보험자에게 손해의 일부를 지급한 때에는 그 지급한 금액의 한도 내에서 피보험자가 제3자에 대하여 가졌던 권리를 취득한다. 그런데 이 경우에는 잔존물대위규정과 같이 명문규정을 두고 있지 않기 때문에 논란이 있을 수 있다. 즉, 하나는 잔존물대위와 같이 보험금액의 보험가액에 대한 비율에 따라서 보험자가 권리를 행사할 수 있다는 상대설, 다음은 피보험자에게 우선권을 인정하고 보험자는 피보험자의 권리를 해하지 아니하는 범위 내에서 권리를 행사하여야 한다는 차액설, 또 하나는 절대설로서 지급한 보험금의 한도에서 전액을 대위행사 할 수 있다는 이론이 있다.[73] 예컨대 보험가액이 1억원인 가옥을 보험금액 6,000만원의 일부보험에 가입하고 제3자의 방화로 인하여 전손이 발생한 경우 피보험자는 제3자에 대하여 1억원의 손해배상청구권을 가졌으나 그 제3자의 자금력이 8,000만원 밖에 없다고 할 때 보험자가 6,000만원의 보험금을 지급하면 보험자가 제3자에 대하여 청구권대위권을 행사할 수 있는 금액은 얼마인가 하는 문제이다.

① 상대설(상대주의)

이 학설은 보험금액의 보험가액에 대한 비율에 대하여 제3자의 지급한도액에 대하여 보험자는 권리를 취득한다. 이는 상법 제681조(목적물대위)를 유추·적용한 이론이다. 따라서 보험자가 청구권 대위를 청구할 수 있는 금액은 「8,000만원×6,000만원/1억원」= 4,800만 따라서, 4,800만원을 보험자가 제3자에게 대위행사 할 수 있다.

② 차액설(손해액초과설)

이 설은 피보험자에게 손해배상청구권의 우선권을 인정하고 보험자는 이 피보험자

73) 이원돈·이천성 공저, 해설보험계약법, 대구대학교 출판부, 2011.

의 손해배상청구권 4,000만원을 해하지 아니하는 범위에서 대위권을 행사할 수 있다고 하는 설이다. 이것은 상법 제682조(청구권대위) 단서를 근거로 한 설인데 이에 의한 청구권 대위의 금액은 「8,000만원－4,000만원」= 4,000만원 따라서 보험자는 4,000만원의 청구권대위권을 행사 할 수 있다. 이 설은 피보험자의 손해를 완전하게 보상받을 수 있도록 하는 데 중점을 둔 설로서 이 학설이 통설로서 타당하다고 본다.

③ 절대설(한도주의 설)

보험자가 피보험자에게 6,000만원을 지급하면 보험자는 제3자에게 6,000만원에 대하여 청구권 대위권을 취득하고 피보험자는 제3자로부터 2,000만원의 손해배상청구권을 행사할 수 있다는 설이다. 이것은 상법 제682조 본문을 근거로 하는 이론인데 이 규정에 의할 경우 사고를 당한 피보험자는 완전한 손해배상을 받지 못하는 문제가 있다. 따라서 이 학설은 타당성이 부족하다.

3) 재보험자 대위

(1) 의의

재보험계약의 경우에는 보험금을 지급한 원보험자가 피보험자 등의 제3자에 대한 권리를 1차적으로 대위취득하고 재보험자는 원보험자에게 재보험금을 지급한 경우 그 지급한 한도 내에서 다시 원보험자의 권리를 2차적으로 대위취득하게 된다. 그러나 제3자에 대한 권리의 행사(청구권대위의 권리행사)는 재보험자가 직접 하지 아니하고 원보험자가 자기명의로 재보험자의 수탁자로서의 지위에서 행사하여 제3자로부터 회수한 금액을 재보험자에게 교부하는 방법에 의하는 것을 말한다.

(2) 재보험자의 대위에 관한 상관습

재보험자는 보험금지급으로 원수보험자(원보험자)의 책임을 면책시켜주어도 그 원보험자의 제3자에 대한 청구권을 대위할 수 없고 다만 원수보험자가 그 권리(보험자대위권)의 행사로써 얻은 금액(대위권행사에 의해 얻은 금액)을 재보험계약에 따라 분할하여 줄 것을 청구할 수 있는데 여기에는 다음과 같은 방법으로 처리하고 있다.

① 신탁양도에 의한 원수보험자의 대위권행사

재보험자가 원보험자에게 보험금을 지급한 경우 그는 원보험자가 가진 보험자대위권을 승계 취득할 수 있고 따라서 재보험자는 승계 취득된 보험자대위권을 제3자에게 행사할 수 있지만 실제로는 이를 승계 취득하여 직접 행사하지 않고 원보험자에게 이를 신탁하여 원보험자가 재보험자 대신 대위권을 행사토록 하는 것이다. 따라서 원수보험자가 재보험자의 대위권을 자신의 명의로 행사하도록 하는 것은 원수보험자가 재보험자의 수탁자로서의 지위를 인정한 상관습에서 유래하고 있다. 이러한 원보험자에게 재보험자의 수탁자로써의 지위를 인정한 것은 재보험계약의 보험사고도 원보험계약의 보험사고를 전제로 함으로 재보험자 대신 원보험자가 그 대위권을 행사하도록 하는 것이 합리적이라고 보기 때문이다.

② **대부형식(Loan Form)**

이 방법은 재보험자가 원보험자에게 지급하는 보험금은 보험금이 아니라 대출금으로 처리한 후 추후 원보험자가 제3자에게 대위권을 행사하여 제3자에게 취득한 금액이 생길 경우 이를 반환(대출금의 반환)토록 하는 방법이다. 따라서 이 방법은 보험사고시 재보험자가 재보험금을 지급하지 않고 원수보험자에게 재보험금의 상당액을 대출하여 주고 원보험자로 하여금 제3자에 대한 보험자대위권을 행사시켜 원수보험자가 제3자로부터 회수한 대금(대위권행사로 인한 회수금액)의 범위 내에서 재보험자에게 위의 금액을 반환하도록 하는 것을 말한다. 이것은 보험자대위로 인한 소송에서 보험자인 회사가 원고로 되는 데에서 오는 불이익을 피하기 위하여 피보험자의 이름으로 제3자에 대한 손해배상청구소송을 제기하고자 할 때 이용되는 방법을 응용한 것이다.

제4절 손해보험계약의 변경·소멸

1. 피보험이익의 소멸

피보험이익의 소멸이란 보험계약 당시에 피보험자가 보험에 가입된 피보험 이익을 완전히 잃게 되는 것을 말한다. 가령 화재보험의 경우 보험의 목적이 홍수로 유실되거나 또는 건물이 철거되어 없어진 때에는 피보험자는 보험계약상의 피보험이익을 상실하게 되므로 보험계약은 종료한다. 그런데 만약 보험자의 책임개시 전에 피보험이익이 소멸된 경우에는 보험계약자와 피보험자가 선의이며 중대한 과실이 없는 때에는 보험자는 보험료의 전부 또는 일부를 보험계약자에게 반환하여야 한다(상법 제648조). 그러나 책임이 개시된 후 피보험이익이 소멸된 경우에는 보험자는 그 때(책임이 개시된 후 부터 피보험이익이 소멸되어 계약을 종료한 때)까지의 보험기간에 대한 보험료를 지급받을 수 있다.

2. 보험목적의 양도

1) 서언

물(재산)보험에 있어서 피보험이익은 보험의 목적이라는 물적 요소와 피보험자라는 인적요소가 결부되어 있다. 따라서 가령 보험의 목적이라는 물적 요소만을 양도하는 경우 보험계약관계는 어떠한 변동을 가져오는가 하는 문제가 생긴다. 상법 제679조 제1항은 「피보험자가 보험의 목적을 양도한 경우 양수인은 보험계약상의 권리와 의무를 승계한 것으로 추정한다」고 규정하고 있고, 제2항에서 양도인 또는 양수인은 보험자에 대하여 지체 없이 이를 통지하도록 하고 있다.

2) 보험목적의 양도의 뜻

보험의 목적의 양도란 피보험자가 보험계약의 대상으로 되어 있는 보험의 목적물을 자기의 의사표시에 의하여 타인에게 양도하는 것을 말한다. 그러므로 피보험자의 사망에 의한 상속이나 회사의 합병과 같이 보험계약상의 권리 의무가 포괄적으로 승계되는 경우는 이에 포함되지 않는다.

3) 보험목적의 양도를 인정하는 이유

보험의 목적이 양도되면 원칙적으로 기존의 보험관계는 종료되며, 그 결과 새로운 보험계약을 체결할 때까지는 그 목적물이 일시적으로 무보험 상태에 놓이게 되므로 이들의 불이익을 피하기 위하여 실무계에서는 계약관계를 소멸시키지 않고 양수인이 그 계약의 권리와 의무를 승계하는 것을 인정하고 있다.

4) 보험목적의 양도와 권리·의무승계의 요건

(1) 양도 당시 보험계약관계가 있을 것

보험의 목적이 양도될 때에 양도인과 보험자 사이에는 명확한 보험계약관계가 있어야 하고 그것은 법률적으로 결함이 없는 것임을 요한다. 따라서 보험계약의 해지, 또는 무효 등의 사유가 없어야 한다.

(2) 보험의 목적이 물건일 것

보험의 목적은 물건이어야 한다. 여기서 물건이란 동산, 부동산, 유가증권 등을 묻지 않으나 그것은 특정 또는 개별화 되어 있어야 한다. 따라서 집합보험의 일부분이 양도된 경우에는 이를 보험의 목적의 양도라 할 수 없다. 그리고 선박과 자동차의 경우에는 보험목적의 양도가 있더라도 특별히 약관에 의해 보험자의 동의 또는 승낙을 요하도록 하고 있기에 보험목적의 양도에 대한 일반론적인 이론과는 부분적으로 차이가 있다.

(3) 보험의 목적이 양도되었을 것

보험목적의 양도가 이루어지기 위해서는 보험 목적의 물권적 변동이 있어야 한다. 따라서 보험의 목적에 채권계약만이 발생한 경우, 예를 들면 보험 목적물의 매매계약이 일어났으나 아직 소유권 이전 등기가 되지 않은 경우 혹은 임대차계약이 발생된 경우 등의 채권계약만으로는 보험의 목적의 양도라 할 수 없다. 따라서 보험목적의 양도는 물권의 변동 즉 반드시 소유권의 변경을 조건으로 하는 것이다.

5) 보험목적의 양도효과

(1) 보험계약상의 권리·의무의 이전

피보험자가 보험의 목적을 양도한 때에는 동시에 보험계약상의 권리와 의무가 양수인에게 승계되므로 반대의 입증이 없는 한 양수인이 피보험자의 지위를 차지하게 된다. 따라서 양수인은 보험사고가 발생한 때 보험금청구권을 가지며, 위험변경증가의 통지의무(652조), 위험유지의무(653조), 보험사고발생의 통지의무(657조) 및 손해방지 및 경감의무(680조)를 지게 된다.

(2) 보험목적양도의 통지의무

상법은 「보험목적의 양도가 있는 경우에 그의 양도인 또는 양수인은 보험자에 대하여 지체 없이 그 사실을 통지하여야 한다」고 규정하고 있다. 이러한 통지의 방법에는 제한이 없고, 또 통지의무자는 양도인 또는 양수인인 점에서 지명채권양도의 통지자가 양도인인 점과 구별된다. 여기에서 보험목적양도의 법적성질을 양도인 또는 양수인의 통지를 보험자 기타 제3자에 대한 대항요건으로 보는 견해(대항요건 필요설), 대항요건은 아니며 단순히 보험자의 보호를 위한 규정으로 보는 견해(대항요건 불요설)로 나뉘어 있다.

① **대항요건 필요설** : 보험계약상의 권리와 의무의 이전을 보험자와 보험금청구권 양도인 또는 질권자 등 제3자에게 대항하기 위해서는 민법 제450조를 유추적용하여 그 대항요건(통지의무 필요)을 갖추어야 한다는 설이다.

② **대항요건 불요설** : 보험의 목적의 양도에 따른 권리와 의무의 이전은 양도당사자에 그치는 것이 아니라 대항요건을 갖출 필요 없이 당연히 보험자 그 밖의 제3

자에게 대항할 수 있다는 설이다. 상법 제679조에 충실한 설은 대항요건 필요설이나 현재로서 이들에 대한 통설은 없는 듯 하며 보험상품의 종류에 따라 약간의 차이가 있다고 보아진다.

(3) 통지의무위반의 효과(해석)

통지의무위반의 효과에 대하여는 상법이 규정하고 있지 않으나, 앞에서 본 바와 같이 통지의무의 성질을 대항요건으로 보느냐 그렇지 않게 보느냐에 따라서 그 효과가 다르다.

우리 대법원판례는 상법의 제679조 2항의 해석보다는 약관의 해석에 의하여 판시하고 있다. 따라서 화재보험의 경우 보험목적의 양도에 따른 통지의무를 위반하였다 하더라도 그로 인해 현저한 위험의 변경 또는 증가가 없었다면 화재보험 보통약관상의 해지사유가 되지 않으므로 보험자는 보험금지급의무를 부담한다고 판시하고 있다.[74]

한편 자동차보험의 경우에는 상법 제679조 및 제726조의 4의 규정보다 강화한 자동차 종합보험약관의 규정은 유효하고 따라서 동약관의 규정에 위반한 보험목적(자동차)의 양도는 보험계약상의 권리·의무가 승계되지 않으므로 보험자는 보험금지급의무를 면한다고 판시하고 있다.

또 다른 한편으로 해상적하보험과 같이 보험의 목적이 선하증권의 양도로 이전되는 것이 전제되어 있는 무기명식 또는 지시식 보험증권이 발행되었거나 법률상 당연한 지시증권으로 보는 상관습이 있는 경우에는 보험자에 대한 양도의 통지는 필요치 않고 보험증권의 배서만 있으면 족하다. 이 경우에 있어서 보험증권은 유가증권성이 인정되는 경우이다.

74) 대판1996.7.26선고 95다52505판결

제 4 장

손해보험각론

제1절 화재보험

1. 화재보험계약의 뜻

화재보험계약은 화재로 인하여 생긴 손해를 보상하기로 하는 손해보험계약이다(상법 683조). 화재보험은 화재발생시의 재난구조와 피해보상에 기여함은 물론 각종 건물의 화재예방의 내화설비를 촉진함으로써 국가와 국민의 재산을 보호한다. 화재보험은 육상의 재해에 관한 보험으로써 손해의 보상이라는 직접적인 이익뿐만 아니라 기타 경제적으로 중요한 의미가 있는 보험이다. 화재보험계약에서 보험사고인 화재라는 개념에 대해서는 정확한 정의를 내리기는 어려우나 일반적으로 사회통념상 보통 말하는 화재로 볼 수 있는 성질과 규모의 연소력을 가진 연소작용으로 인한 재해라고 해석하는 것이 통설이다. 또한 화재보험에 있어 보험의 목적은 동산이든 부동산이든 불문하나 반드시 유체물이여야 한다. 따라서 화재보험은 화재를 보험사고로 보험의 목적인 유체물에 생긴 손해를 보상하는 손해보험계약이며 만약 여러 가지 위험을 종합적으로 담보하여 그 가운데 화재로 인한 손해를 포함시키고 있는 것은 화재보험이라 할 수 없다.

2. 화재보험계약의 요소

1) 보험사고

화재보험계약은 화재로 인하여 생긴 손해를 보상하기 위한 손해보험계약이므로 보험사고는 화재이다. 화재란 통상의 용법에 의하지 않고 독립성을 가진 연소작용으로 인한 재해 또는 사회통념상 화재로 볼 수 있는 성질과 규모를 가진 화력의 연소작용이다. 따라서 연소작용에 의하지 아니한 열의 작용이나 백열물질의 접촉으로 인한 것은 포함하지 않는다.

2) 보험의 목적

화재보험에서 담보 가능한 보험의 목적은 건물과 동산 등의 유체물에 한정한다. 동산에는 가재도구·집기·비품, 재고자산 등이 포함되며 재고자산에는 원자재, 반제품, 상품, 제품 등이 포함된다. 그리고 상법은 화재보험의 목적으로 건물과 동산을 들고 있지만 그 밖에도 불에 탈 수 있는 다리, 임목, 삼림, 원료, 가구 등 유체물은 보험의 목적이 될 수 있다. 일반적으로 자동차는 자동차보험차량손해에서, 선박은 선박보험에서, 항공기는 항공기보험에서 담보하기 때문에 화재보험의 담보대상에서 제외된다. 특히 동산의 경우 귀중품 등에 관해서는 그것을 둔 장소의 상태와 용도를 보험증권에 기재하여야 한다(상법685조2). 이는 당사자 사이의 다툼을 막고 도덕적 위험을 방지하기 위함이다.

3) 피보험이익

피보험이익은 보험사고와 관련하여 보험의 목적에 대하여 피보험자가 가지는 경제적 이익이다. 따라서 화재보험계약에 있어서 피보험이익은 보험목적의 소유자로서의 피보험이익과 임차인으로서의 피보험이익 그리고 저당권자로서의 피보험이익 등이 있다. 만약 피보험이익의 내용이 명확하지 않은 경우 소유자의 이익을 보험계약의 목적으로 하는 것으로 본다.

3. 화재보험증권

보험자는 보험계약이 성립한 때에는 지체 없이 보험증권을 작성하여 보험계약자에게 교부하여야 한다(640조). 화재보험증권에는 상법 제666조에 게기한 사항 외에, ① 건물을 보험의 목적으로 한 때에 그 소재지, 구조와 용도(건물보험), ② 동산을 보험의 목적으로 한 때에는 그 존치한 장소의 상태와 용도(동산보험), ③ 보험가액을 정한 때에는 그 가액을 기재하여야 한다. 그런데 이러한 내용들을 보험증권에 기재하도록 하는 것은 보험사고 발생 후 보험의 목적에 포함되어 있었느냐의 여부와 보험가액에 관하여 당사자 간의 분쟁이 일어날 가능성뿐만 아니라 도덕적 위험의 방지를 위함이라 해석된다.

4. 화재보험자의 손해보상책임

1) 위험보편의 원칙적용

(1)위험보편의 원칙의 의미

이 원칙은 담보위험의 원인인 선행위험이 면책위험이 아닌 한 담보위험의 후행위험이 무엇이든 상관없이 담보위험으로 인한 손해 및 담보위험의 후행위험으로 인한 여러 가지 손해를 보험자가 보상한다는 원칙이다. 따라서 이 원칙에 의하면 ① 선행 위험이 면책위험인 경우에는 후행위험이 무엇이든 관계없이 면책이다. ② 선행위험이 담보위험이면 후행위험이 무엇이든 관계없이 부책이다. 즉 선행위험이 담보위험이면 후행위험이 어떤 것이든 부책이다. ③ 선행위험이 비담보위험이면 비담보위험으로 인한 당해 손해는 보상하지 아니하지만, 비담보위험의 후행위험으로 오는 담보위험으로 인한 손해는 보상한다.

(2) 위험보편의 원칙의 존재이유

위험보편의 원칙을 인정케 하는 이유는 상당인과관계에 있는 위험이 복수로 존재하고 선행위험사고의 자연적인 진행과정에 의하여 후행위험사고가 야기된 관계에 있고 또 담보위험사고, 비 담보위험사고, 면책위험사고가 혼재되어 있는 경우 이러한 문제를 해결하기 위하여 위험보편의 원칙을 적용한다. 따라서 담보위험사고가 면책위험사고의 결과로 발생하였을 때[1] 이 모든 손해를 면책위험사고 때문에 발생한 것으로 보아 전 손해를 면책한다. 그러나 담보위험의 사고가 먼저 발생하고 그로 인한 결과로 후행위험의 사고가 발생된 경우[2] 후행하는 사고들은 담보위험사고의 결과로 발생한 것이기 때문에 모두 담보위험사고로 보아 부책으로 하는 것이다.

---

1) 이 경우는 화재보험에서 폭발을 면책위험으로 한 경우 폭발이 선행되고 그로 인한 화재가 발생된 경우가 이에 해당된다.

2) 이 경우는 화재가 먼저 발생하고 이 화재로 인하여 폭발이 발생한 경우가 이에 해당된다.

① 위험보편의 원칙의 적용사례

㉠ 상해와 질병의 경합

상해보험에서 상해는 담보위험이고 질병은 비담보위험이다.

ⓐ 담보위험이 선행된 경우

선행된 상해로 인하여 질병이 후행하고 질병으로 사망한 경우 담보위험으로 인하여 비담보위험이 후행하였기 때문에 이는 모두 담보위험의 결과로 보아 상해보험에서 보상을 한다.

ⓑ 비담보위험이 선행된 경우

비담보위험인 질병으로 인하여 담보위험인 상해가 온 경우 비담보위험인 질병으로 인한 손해는 보상하지 아니하지만, 담보위험인 상해로 인한 손해는 보상한다. 예를 들면 질병으로 인하여 넘어지면서 머리가 바위와 충격되면서 상해로 사망한 경우 사망의 결정적 영향이 상해에 있기 때문에 상해보험에서 보상한다.

반면 뇌출혈로 인하여 넘어지면서 머리가 바위에 충돌하였으나 사망의 원인이 전부 뇌출혈인 질병으로 판단되고 상해가 사망에 영향을 전혀 미치지 아니하였다면 사망의 원인은 뇌출혈인 질병으로 인한 사망으로 보아 상해보험에서 보상하지 아니한다. 그러나 질병과 상해가 모두 사망에 영향을 미쳤다면 상해와 사망과의 상당인과관계의 정도에 따라 상해보험에서 보상을 해야 할 것이다.

② 위험보편의 원칙의 적용예외

위험보편의 원칙을 적용하려면 폭발을 면책위험으로 하느냐 비 담보위험으로 하느냐에 따라 법리의 해석은 달라진다고 보아진다. 면책으로 할 경우 위험보편의 원칙을 적용하면 선행위험이 폭발인 경우 그로 인한 화재의 손해는 면책되어야 할 것이고 폭발을 비 담보위험으로 해석할 경우에는 폭발로 인한 직접적인 손해는 면책이나 그로 인한 간접의 화재손해는 부책으로 할 수 있을 것이다. 그런데 현재 우리나라 화재보험의 경우 주택화재보험에서는 폭발을 보상하는 손해로 규정하고 있으나 일반화재보험에서는 이를 보상하지 않는 손해로 규정해 놓고 단 폭발로 인한 간접적인 화재손해는 보상한다고 해 놓았다. 또 화재보험 보통약관 제7조에서는 화재로 생긴 것이든 아니든 폭발의 사고는 보상하지 않는다고 규정하면서 단, 폭발로 인한 결과의 화재로 인한 손해는 보상한다고 규정해 놓았다. 이에 대하여 만약 화재보험의 폭발을 비담보(혹은 부담보)위험[3]으로 보고 위험보편의 원칙을 적용할 경우에는 폭발로 인한 직접

3) 현재 주택화재보험에서 폭발은 부책으로 하고 있으나 일반화재보험에서는 이를 면책위험으로

손해는 보상하지 않으나, 그 후행으로 오는 화재로 인한 손해는 보상할 수 있도록 함이 옳을 것이고 만약 이를 면책위험으로 하여 이 원칙을 적용할 경우에는 화재로 인한 손해도 보상해서는 안 될 것이다(이 원칙의 ①적용 됨). 현재 우리나라 주택화재보험에서는 폭발을 부책으로 하고 있으나 일반화재보험에서는 이를 담보하지 않고, 폭발이 선행위험(선행사건)인 경우 그로 인한 직접손해는 보상에서 제외하나 그로인한 간접손해(화재손해)는 보상토록하고 있다. 그러나 화재로 인한 폭발 손해(화재로 인한 폭발손해)는 보상하지 않고 있는데 전자는 위험보편의 원칙이 적용되고 있으나, 후자는 위험보편의 원칙이 적용되지 않은 것이다. 그 이유는 통상적인 화재에 따른 보험료를 가지고는 거대 손해인 폭발로 인한 손해까지 담보할 경우 수지상등의 원칙이 깨어지게 되므로 폭발을 특약으로 담보한 경우에 한하여 보상한다는 것이다.[4)]

2) 화재보험자의 면책사유

(1) 상법상의 면책사유

① 보험계약자 또는 피보험자의 고의 또는 중대한 과실에 의한 사고(손해)(659조)
② 전쟁 기타 변란으로 인한 사고(손해)(660조)
③ 보험목적의 성질, 瑕疵(하자-결함), 자연소모로 인한 사고(손해)(678조)

(2) 약관상의 면책사유

① 보험계약자, 피보험자 또는 이들의 법정대리인의 고의 또는 중대한 과실로 인한 손해
② 피보험자가 보험금을 받을 수 있도록 피보험자와 세대를 같이하는 친족 및 고용인이 고의로 일으킨 손해
③ 화재가 났을 때 도난 또는 분실로 생긴 손해
④ 보험의 목적이 발효, 자연발열 또는 자연발화로 생긴 손해
⑤ 파열 또는 목발로 생긴 손해
⑥ 전기적 사고로 인한 손해
⑦ 지진, 분화 또는 전쟁 등으로 생긴 손해
⑧ 핵연료물질 또는 핵연료물질에 의하여 오염된 물질, 방사성·폭발성 그 밖의 유해한 특성에 의한 사고로 생긴 손해
⑨ 핵연료물질 이외의 방사선조사 또는 방사능오염으로 인한 손해

하고 있음. 따라서 일반화재보험에서 폭발의 사고를 담보하기 위해서는 폭발손해의 담보를 보장하는 특약에 가입해야 한다.

4) 오세창, 보험계약법, 고시아카데미, 2011년, 332면 참조.

⑩ 건물이 점유되고 있지 않을 때 생긴 손해

3) 화재보험자의 손해보상범위

(1) 화재와 상당인과관계 있는 손해

화재와 손해 사이에는 상당한 인과관계가 있어야 한다. 여기서 어떠한 손해가 화재와 상당한 인과관계가 있느냐는 구체적인 경우를 따져 판단할 사실문제이다. 따라서 가령 화재가 발생한 때 일단 안전한 곳에 대피시켜 놓은 물건이 도난당하였을 경우 보험자는 그에 대한 책임을 지지 않는다.

(2) 소방 등의 조치로 인한 손해

상법은 소방 또는 손해의 감소에 필요한 조치로 인하여 보험의 목적에 생긴 손해에 대해서도 보험자의 손해를 인정하고 있다(684조).

5. 집합보험

1) 의의

(1) 동산보험에 있어서는 개개의 물건을 보험에 들 수도 있으나 여러 개의 물건을 일괄하여 보험에 드는 일이 많다. 가령 주택화재보험계약의 경우 보험계약자가 그 집에 있는 가구, 집기 등을 통틀어 보험에 들거나 공장에 수용하고 있는 제품, 반제품, 원료 등을 일괄하여 보험에 드는 것이 그러하다. 이와 같이 물건을 일괄하여 담보한 보험을 집합보험이라 한다. 여기에는 특정보험과 총괄보험으로 나누어진다.[5)]

(2) 이러한 집합보험은 가재도구, 상품, 원자재 등을 하나하나 따로 보험의 목적으로 하는 것이 번잡하고 같은 위험에 놓여 있는 이들 물건을 일괄하여 하나의 보험계약에 의하여 처리하는 것이 보다 편리하다는 점에서 인정된다.

(3) 집합보험의 목적이 되고 있는 여러 개의 물건 가운데 일부에 대한 고지의무 위반이 있는 경우 이를 어떻게 처리할 것인지에 대하여 문제가 될 수 있다. 이러한 경우 보험자는 나머지 부분에 대하여도 동일한 조건으로 그 부분 만에 대한 보험계약을 체결하지 아니하였으리라는 사정이 있는 때가 아니면 고지의무 위반이 있는 물건에 대한 부분만의 보험계약을 해지 할 수 있고 나머지 부분에 대

---

5) 특정보험이란 운송 중에 있는 화물, 집안의 살림살이와 같이 보험의 목적이 특정되어 있는 것을 담보하는 것을 말하며, 총괄보험이란 창고에 들어 있는 물건이나 가게의 상품과 같이 보험의 목적이 특정되어 있지 아니하고 수시로 교체되는 것을 예정하고 있는 것을 말한다.

해서는 그 효력이 있다고 풀이하며 또 통지의무 위반에 대하여도 동일하게 풀이한다.[6] 따라서 이러한 경우에는 그 상황에 따라 보험계약을 해지하거나 추가 보험료의 증액을 요청할 수 있다.

(4) 집합보험은 화재보험 이외에도 운송보험, 해상적하보험 등 다른 물건보험에도 있을 수 있고, 인보험에도 이를 적용할 경우 단체보험이 이에 해당한다고 볼 수 있다.

2) 타인을 위한 보험계약의 성립

(1) 집합된 물건을 일괄하여 보험의 목적으로 한 때에는 피보험자의 가족과 사용인의 물건도 이를 포함한 것으로 하고 그 보험은 그 가족 또는 사용인을 위해서도 체결한 것으로 본다(686조).

(2) 따라서 집합보험의 경우에 피보험자의 가족이나 피보험자와의 관계로 그 보험의 효력이 미치는 장소에서 일에 종사하고 있는 사용인은 그들의 소유에 속하는 물건이 화재로 말미암아 손상된 때에는 당연히 보험자에게 그 손해의 보상을 청구할 수 있다(639조 1항).

(3) 특히 보험증권에 기재되지 아니하면 보험의 목적에서 제외하고 있는 물건은 그것이 명시되지 않는 한 보험보호를 받을 수 없다(약관 5조 1항).

3) 총괄보험

(1) 집합된 물건을 일괄하여 보험의 목적으로 한 때에는 그 목적에 속한 물건이 보험기간 중에 수시로 교체된 경우에도 사고발생 시에 현존하는 물건은 보험의 목적에 포함된 것으로 한다(687조).

(2) 총괄보험은 예정보험의 형태로 이루어지며 그 물건이 비록 피보험자의 소유에 속한다 하더라도 집합된 물건에서 완전히 분리되었을 때 또는 재3자에게 양도된 때에는 보험의 목적에서 제외된다.

6) 양승규, 전게서, 280면.

제2절 운송보험

1. 운송보험계약의 뜻

운송보험계약이란 육상운송의 목적인 운송물에 관하여 그 운송에 관한 사고로 인하여 생길 손해의 보상을 목적으로 하는 손해보험계약이다(상법688조). 광의의 운송에는 해상운송과 항공운송도 포함되나 상법상 물건운송이라고 할 때에는 육상 또는 호천이나 항만에서의 물건의 운송에 국한하고 있어(125조) 해상운송이나 항공운송은 제외된다. 그러나 실거래에서는 적하해상보험약관의 운송약관(door to door)에 의하여 적하의 집하장에서부터 선적항과 양륙항을 거쳐 최종창고에 이르기까지의 내륙운송 중에 생긴 사고에 대해서도 담보하고 있는데 이것은 오늘날 컨테이너의 발달로 복합운송이 이루어지고 있기 때문이다. 이럴 경우 적하해상보험은 해상운송 뿐만 아니라 육상운송 중의 적하위험도 담보하는 점에서 운송보험이 담보하는 위험과 중복되는 위험이 존재한다.

2. 운송보험계약의 요소

1) 보험의 목적

운송보험의 목적은 운송물이고, 운송에 이용되는 용구자체, 가령 기차나 자동차는 운송보험의 목적이 아니다. 또한 운송보험의 목적은 운송되는 물건에 한하며 사람의 신체나 생명은 운송보험의 목적이 될 수 없다.

2) 보험사고

운송보험의 보험사고는 육상운송 중에 운송물에 생길 수 있는 일체의 사고이다. 따라서 운송수단의 충돌이나 탈선 또는 전복 등 운송의 고유한 위험 뿐 아니라 적재나 운반 그리고 하역작업 중의 위험과 도난이나 화재 등의 모든 위험이 포함된다. 따라서 운송보험의 보험사고는 철도 또는 도로 등 육상운송 중에 운송물에 생길 수 있는 모든 사고로서 자동차의 충돌, 추락, 전복 등 운송의 고유한 사고로 인한 운송물의 멸실, 훼손뿐만 아니라 짐을 싣고 내리는 중에 일어난 사고 또는 화재, 폭발, 도난, 수해 기타의 모든 사고를 포함한다.

3) 피보험이익

운송보험의 피보험이익은 운송물에 대하여 가지는 피보험자의 소유이익, 운송물의 도착으로 얻을 희망이익, 운송인이 운송 중의 사고로 운임을 받지 못하는 경우에 있어서의 운임손해(운임보험), 운송인이 송하인 또는 수하인에게 손해배상책임을 지게 되는 경우의 손해(책임보험)도 피보험이익이 될 수 있다.

4) 보험가액

운송보험의 경우 보험계약의 당사자 사이에 보험가액에 대한 합의가 있으면 그에 의한다(상법670조). 그러나 일반적인 물건보험에서의 보험자가 보상할 손해액은 그 손해가 발생한 때와 곳의 가액에 따라서 산정하는데(676조) 운송보험의 경우 합의가 없으면 보험가액불변경주의에 따라 발송한 때와 곳의 가액과 도착지까지의 운임 기타의 비용의 합계액을 보험가액으로 한다. 운송보험의 경우 보통 보험기간이 단기이고 운송 도중의 사고로 인한 손해가 생긴 때와 가격을 정하기 어렵다는 점에서 이같이 규정한 것이다. 그리고 상법은 발송지주의를 채용한다. 그러나 운송물의 도착으로 받을 이익인 희망이익은 당사자 간의 약정이 있는 경우에 한하여 보험가액에 산입할 수 있다(689조). 이는 희망이익이 그 자체로써 피보험이익이 될 수 있으므로 약정에 의하여 보험가액에 산입할 수 있도록 하였다. 희망이익은 운송물이 목적지에 도착하여 매각함으로써 얻을 수 있는 이익이므로 그 보험가액은 도착지의 예정가격에서 그 운송물의 발송지가액과 운임 기타 비용을 공제하여 계산하게 된다.[7]

5) 보험기간

운송보험의 보험기간은 운송인이 운송물을 수령한 때로부터 수하인에게 인도할 때까지를 보험기간으로 한다. 운송보험은 운송인이 운송물을 점유하고 보관하는 동안의 위험을 담보하는 것으로서 운송인의 사정으로 운송이 일시 중단된 경우에도 보험기간에 포함되고 운송계약이 종료하더라도 운송물을 인도할 때까지 생긴 손해에 대하여는 보험자가 책임을 져야 한다. 따라서 운송보험에 있어 보험기간은 운송인이 운송물을 수령한 때로부터 이것을 수하인에게 인도할 때까지를 보험기간으로 하고 있다(688조).

3. 운송보험증권

운송보험증권에는 일반적인 손해보험증권의 기재사항(666조) 이외에도 운송의 노순

---

7) 장덕조, 보험법, 276면 참조.

과 방법, 운송인의 주소와 성명 또는 상호 운송물의 수령과 인도의 장소, 운송기간을 정한 때에는 그 기간, 보험가액을 정한 때에는 그 가액을 기재하여야 한다(690조). 또 보험계약자와 피보험자가 다를 경우 가령 송하인이 수하인을 위하여 보험계약을 체결할 때에는 보험증권에 그러한 사실도 기재하여야 한다.

4. 운송보험자의 손해보상책임

1) 운송보험자의 손해액의 산정

일반적으로 물건보험에서 보험자가 보상할 손해액은 그 손해가 발생한 때와 곳의 가액에 따라 산정하는데(676조), 운송물의 보험가액은 당사자 사이에 합의하에 보험증권에 기재되지 아니한 보험가액불변경주의에 따르므로 보험사고가 발생한 때와 곳을 가리지 아니하고 그 보험가액을 기준으로 손해액을 산정하여야 한다. 그러나 운송물의 멸실, 훼손으로 말미암아 지급을 요하지 아니하는 운임 그 밖의 비용은 그 보험가액에서 공제하여야 한다(137조 4항 참조).

2) 운송보험자의 면책사유

(1) 법정면책사유

운송보험에 있어서 보험자의 면책사유로는 보험계약자 등의 고의 또는 중대한 과실에 의한 사고(상법659조)와 상법 제660조 전쟁 기타 변란으로 인한 사고, 제678조 보험목적의 고유한 성질 또는 하자로 인한 사고는 손해보험전체의 면책사유로서 운송보험에서도 당연히 면책된다. 그러나 운송보험만의 특수한 면책사유가 있는데 그것은 바로 송하인 또는 수하인의 고의 또는 중대한 과실로 인하여 발생한 사고이다. 여기서 송하인이나 수하인은 보험계약자 또는 피보험자가 아니므로 이들이 일으킨 손해에 대하여 면책함은 보험의 기본원리[8]에 반하지 않는가? 라는 의문이 생길 수 있으나 송하인이나 수하인은 운송계약상의 일정한 권리와 의무를 가지므로 이들의 고의나 중과실로 인한 보험사고의 발생은 보험자의 면책사유로 한 것이다.

(2) 약관상의 면책사유

운송보험약관은 위 법정면책사유 이외에도 여러 형태의 약정면책사유를 규정하고 있다. ① 운송지연 ② 핵연료물질 또는 핵연료물질에 의해서 오염된 물질, 방사능, 폭

8) 면책은 보험계약자와 피보험자 그리고 보험수익자에 한하여 면책할 수 있다는 상법 제659조의 규정을 말함.

발성 그 밖의 해로운 특성 또는 이들의 특성에 의한 사고 ③ 방사선 조사 또는 방사능 오염으로 인한 손해 ④ 동맹파업, 태업, 작업장폐쇄, 쟁의행위, 폭동, 소요 또는 이와 비슷한 사건 ⑤ 억류, 압류 또는 이와 비슷한 행위 ⑥ 지진, 분화 또는 이와 비슷한 사고 ⑦ 보험의 목적이 무개화차에 적재되거나 야적된 사고 등이 약관상의 면책사유이다.

5. 운송의 변경과 보험계약의 효력

운송보험계약은 다른 약정이 없으면 운송의 필요에 의하여 일시 운송을 중지하거나 운송의 노순 또는 방법을 변경한 경우에도 그 효력을 잃지 않는다. 이는 항해 변경 시 보험자가 면책되는 해상보험과는 구별되는 것이다. 육상운송보험에서는 보험자는 그 운송과 관련되는 모든 위험을 담보하는 것이고 필요에 따라서는 운송의 일시적 중지나 노순의 변경 등이 생겨날 수 있으므로 상법은 그 경우에도 보험계약의 효력을 그대로 인정한 것이다. 하지만 그것이 보험계약자나 피보험자의 고의 또는 중대한 과실로 인한 것이고 그로 말미암아 위험이 현저하게 증가된 경우 보험자는 계약을 해지할 수 있다(653조).

제3절 해상보험

1. 총설

1) 해상보험계약의 뜻

근대보험의 효시로서 가장 오래된 해상보험은 해상사업에 관한 사고로 인하여 선박, 적하, 운임 등에 생긴 손해를 보상하는 것을 목적으로 하는 손해보험을 말한다. 특히 해상보험은 항해에 관한 사고 즉 해상위험을 기초로 하지만 해상적하보험에서는 약관(운송약관)에 의해 해상에서의 위험뿐만 아니라 항해에 관계되는 내수 또는 창고까지의 육상위험도 담보하는 경우도 있다. 이 경우에는 해상보험에 관한 규정은 해상의 위험 이외의 위험에 대해서도 준용되고 그만큼 해상보험에서 담보하는 위험의 범위는 확상되었다. 오늘날 국제무역의 대부분은 해상운송을 통해 이루어지기 때문에 해상보험은 중요한 기업보험으로 자리 잡고 있다. 또한 국제무역거래에 있어서 대금결제와 관련하여 내수인의 거래은행이 발행하는 상업신용장은 그 발생조건의 하나로 해상보험증권의 제출을 요구하고 있으므로 국제무역거래에서도 해상보험계약은 중요한 위치를 차지하고 있다.

2) 해상보험계약의 법적 규제

(1) 해상보험은 해상사업을 성격상 국제적 성격이 강하며 영국의 해상보험법과 약관, 관습으로부터 강한 영향을 받고 있다. 따라서 국제매매에 있어서 해상적하보험의 경우 영국의 런던보험협회의 협회적하보험약관(Institute Cargo Clauses)에 의하여 계약이 이루어지고 있다.

(2) 이 약관에는 "이 보험계약상의 모든 책임의 문제는 영국의 법과 관습을 따른다"는 준거법조항을 두고 있으며, 판례는 이 준거법조항의 효력을 인정하고 있다.

(3) 영국해상보험법은 해상보험에 관한 가장 중요한 법전의 하나가 되고 있다.

2. 해상보험의 종류

1) 피보험이익에 의한 분류

(1) 선박보험

선박보험이란 보험의 목적인 선박의 소유자가 가지는 피보험이익에 관한 보험이다. 특히 선박보험은 보험의 목적인 선박의 소유자로서의 피보험이익에 관한 보험으로서 선박보험의 대상은 선체 외에 선박의 속구, 연료, 양식, 기타 항해에 필요한 모든 물건은 보험의 목적에 포함된 것으로 한다. 건조중인 선박은 상법상의 선박에 해당되지 않으나 고정시킨 이후에는 선박으로 인정된다.[9] 해상법 제742조에서 선박의 속구목록에 기재된 물건은 선박의 종물로 추정토록 하고 있다.

(2) 적하보험

적하보험이란 선박에 의하여 수송되는 해상운송물에 대한 소유자이익을 피보험이익으로 하는 보험이다. 즉 위험으로 인한 손해가 생기면 보험을 인수한 보험회사가 그 손해를 미리 정해진 방법과 범위 안에서 보상한다. 적하는 해상운송의 객체가 될 수 있는 것으로서 경제적 가치가 있어야 하며 살아있는 동물도 적하가 될 수 있다. 그러나 연료, 식료품, 여객의 휴대품 등 운송이외의 목적인 물건은 적하의 범위에서 제외된다.

---

9) 양승규·한창희, 해상보험법, 2007, 29면.

(3) 운임보험

운임보험이란 운송인의 운임에 대한 보험이다. 운송인은 화물을 계약대로 운송한 경우에 운임을 청구할 수 있는데 운송물의 전부 또는 일부가 해상위험으로 인해 멸실한 때에는 그 운임을 청구할 수 없게 된다. 여기에서 운송인이 해상위험으로 인해 받을 수 없게 된 운임을 피보험이익으로 한 보험을 운임보험이라 한다. 즉 선박회사가 운송물을 운송한 후 송하인 또는 수하인으로부터 운임을 받을 조건으로 해상운송계약을 체결하였다면 해상운송인인 선박회사는 운임에 대한 피보험이익을 가진다. 그런데 만약 항해 중 사고로 항해가 중단된 경우에는 선박회사가 계약운임을 받을 수 없게 된다. 또 그 이후의 항해에 대하여도 이미 운송계약이 체결되었다면 이번의 사고로 운송이 불가능하게 되어 예정된 운임을 받을 수 없다. 이와 같은 선박회사의 운임을 피보험이익으로 하여 사고발생시 받지 못하는 운임을 담보하기 위하여 이용되는 것이 운임보험이다.

(4) 희망이익보험

희망이익보험이란 보험의 목적인 적하가 목적지에 무사히 도착하여 내수인 또는 수하인이 이를 매각하거나 중개인, 운송주선인, 위탁매매인 등이 중개를 함으로서 얻을 수 있는 고수 등 기대되는 이익을 부보한 것을 희망이익보험이라 한다. 희망이익은 적하가 목적지에 무사히 도착하면 수하인이 얻으리라고 기대되는 이익을 말하며 이러한 희망이익에 관한 보험을 말한다. 즉 보힘금이 일정하세 정해져있는 것이 아니라 운송물에 따라서 달라진다. 때문에 이러한 의미에서 운송물의 도착으로 인해 얻을 가능성이 있는 이익에 대한 보상을 담보하는 보험이라고 할 수 있다.

(5) 신비보험

선비보험이란 선박의 운항에 요구되는 일반적인 경비의 총칭이다. 선비란 식료, 연료 등 선박의 운항에 소요되는 비용의 총칭인데, 이러한 것들은 선박이 침몰 등으로 말미암아 전손에 이르렀을 경우, 선박과 함께 소멸되므로 선박과 마찬가지로 보험의 대상으로 되는 것으로 선박의 의장 기타 선박의 운항에 요하는 모든 비용에 대하여 가지는 피보험이익에 관한 보험이다.

2) 보험기간에 의한 분류

(1) 항해보험

항해보험이란 선박보험보다는 적하보험에 많이 이용되는 것으로서 특정한 항해를 기준으로 하여 이를 보험기간으로 정하는 보험이다. 따라서 보험의 시기는 원칙적으로 배가 선적항으로부터 출발하기 위하여 닻을 올리고 밧줄을 푸는 작업을 착수한 때이며, 종기는 도착항에서 화물이 안전하게 양륙되었을 때이다.

(2) 기간보험

기간보험이란 선박보험에 많이 이용되는 것으로서 당사자가 정한 일정한 기간 동안을 보험자의 책임기간으로 하는 보험이다. 즉 언제부터(보험시작일) 언제까지(보험종료일)로 정해지는 보험으로 종류로는 화재보험, 자동차보험, 생명보험 등이 기간보험에 해당한다.

(3) 혼합보험

혼합보험이란 일정한 기간과 특정한 항해를 기준으로 하여 보험기간을 정하는 보험이다. 예를 들어 인천에서 뉴욕까지 20일로 보험기간을 정하는 것으로서 주로 선박보험에서 이용되지만 실무상 그 사용에는 그리 많지 않다. 이것은 두 가지 이상의 보험보장을 조합하여 하나로 계약하는 보험을 의미하는 것으로 해상보험에서 특정 항해구간과 특정 항해기간의 2가지 기준을 동시에 보험기간으로 규정하고 있는 보험을 가리킨다.

3) 예정보험

(1) 서언

① 예정보험의 뜻

예정보험이란 계약체결 당시에 보험계약의 주요 원칙에 대해서만 일단 합의를 하고 적하물의 종류나 이를 적재할 선박, 보험금액 등 보험증권에 기재해야 할 보험계약 내용의 일부가 확정되지 않은 보험계약을 말한다.[10)]

② 예정보험의 효용

㉮ 해상적하보험에서 하물을 실을 선박 또는 하물의 수량이나 가격이 확정되지 아니한 경우에는 보험계약의 내용이 확정되기를 기다려서 보험계약을 맺는 것은 여러 가지 불편이 따를 수 있다. 여기에서 보험계약자는 앞으로 확정될 피보험이익에 대하여 미리 보험계약을 맺고 그것이 확정되는 대로 보험보호를 받을 수 있는 예정보험이 필요하다.

---

10) 박세민, 보험법, 박영사, 2014, 517면.

㉯ 특히 계속적인 해외무역에 종사하는 상인들은 하물을 운송할 때 마다 개별적으로 보험에 드는 것은 매우 불편하여 하물의 종류, 항로, 조건 등을 미리 정하여 그 범주에 들어가는 모든 적하를 보험에 든다는 뜻을 약정하는 장기적하보험약관 형식의 예정보험을 이용하기도 한다.

㉰ 이러한 예정보험은 해상보험뿐만 아니라 운송보험, 재보험 등에서 많이 이용되고 있으며, 또 화재보험의 경우에도 총괄보험의 경우에 이용된다.

③ 예정보험의 성질

예정보험은 보험계약이 이미 성립한 것으로서 보험계약자는 미확정된 부분이 확정된 때에 보험자에게 이를 통지할 의무를 부담하고 통지에 의하여 계약의 내용이 확정될 따름이다. 그러므로 예정보험은 그 불확정한 사항이 확정된 때에 보험자가 당연히 위험을 담보하는 것으로서 보험계약의 예약이 아니고 독립된 계약이다.

(2) 선박미확정의 적하예정보험

① 적하예정보험의 뜻

적하보험계약을 체결한 당시에 하물을 적재할 선박이 확정되지 않은 보험을 예정보험이라 한다. 이것은 보험계약 체결지와 선적지가 다른 경우 또는 체결시점과 선적시점이 다른 경우에 선박만을 지정하지 않은 채 적하보험계약을 체결할 수 있도록 함으로서 무보험상태를 방지하기 위해 이용하고 있다. 종래에는 선박미확정의 예정보험에 관해서만 규정하고 있었으나, 개정상법에서는 선박미확정의 경우뿐만 아니라 적하미확정의 예정보험까지도 포함하여 그 범위를 확대하였다. 그렇다고 종래에 적하예정보험이 인정되지 않았던 것은 아니고 약관에 의해서 적하예정보험계약이 체결되고 있었다.

② 적하예정보험계약의 체결

선박미확정의 적하예정보험은 보험계약의 체결장소와 선적지가 다르거나 또는 선적시가 보험계약 체결 시와 동일하지 않는 경우에도 선박만을 지정하지 아니하고 유효한 계약을 체결하게 함으로써 보험계약자의 무보험으로 인한 위험을 없애고 또 현재적 상업의 수요에도 적응시키는 제도이다.

③ 적하예정보험계약의 효과

㉮ **선박확정의 통지의무** : 하물을 적재할 선박이 미확정된 상태에서 보험계약을 체결한 후 보험계약자 또는 피보험자가 당해 하물이 선적되었음을 안 때에는 지체없이 보험자에 대하여 그 선박의 명칭, 국적과 하물의 종류, 수량, 가액의 통지를 발송하여야 한다(704조 1항). 이 통지의무는 예정보험이라는 보험계약이 성

립된 이후에 요구되는 계약상의 의무로서, 의무위반으로 인해 손해배상책임을 부담하는 것은 아니므로 간접 의무적 성격을 갖는다.[11]

㉯ **통지의무해태의 효과** : 간접 의무적 성격을 가지는 통지의무를 위반한 경우에 통설은 손해배상책임을 부과하지는 않는다. 보험계약자 등이 통지의무를 위반한 때에 보험자는 그 사실을 안 날로부터 1월내에 계약을 해지할 수 있다. 종래에는 보험계약자 또는 피보험자가 통지의무를 해태한 때에는 보험계약은 그 효력을 상실한다고 규정하고 있었다. 그러나 보험계약이 통지의무의 해태로 당연히 실효가 되면 보험자는 보험금액의 지급의무를 면하므로 유리하지만 보험계약자에게는 가혹한 결과가 초래된다고 할 수 있다. 그리하여 개정상법에서는 보험계약자 또는 피보험자가 통지의무를 해태한 때에는 보험자는 그 사실을 안 날로부터 1월내에 계약을 해지할 수 있다고 규정함으로써 종래 계약의 실효로 인한 보험계약자가 불이익을 받는 것을 시정하였다.

3. 해상보험계약의 요소

1) 보험의 목적

해상보험의 목적은 해상사업에 관한 위험으로 손해를 입을 가능성이 있는 재산으로서 해상보험계약의 피보험이익과 관련이 있다. 단일물이나 집합물과 같은 물건뿐만 아니라 채권과 같은 재산권도 보험의 목적이 된다.[12] 운송용구인 선박(696조), 적하(697조), 희망이익(698조), 운임(706조 1호), 선비 등이 모두 해상보험계약의 목적이다. 이 점에서 운송물만이 목적이 되는 육상운송보험과 다르다(688조). 항해 중 발생한 여객의 인적손해는 별도의 상해보험에서 담보해야 하는 것으로서 여객은 해상보험의 목적이 되지는 않는다.[13]

2) 보험사고

(1) 해상보험자는 해상사업에 관한 사고로 인하여 생긴 손해를 보상할 책임이 있다고 정함으로서 보험사고의 종류를 조문에 열거하는 방식을 취하지 않고 포괄적으로 해상사업에 관하여 발생하는 모든 사고를 보험사고로 정하고 있다. 따라

11) 김성태, 보험법강론, 2001, 559면; 양승규, 보험법(제5판), 2004, 296면; 최준선, 보험법·해상법(제3판), 2008, 247면; 정찬형, 상법강의(하)(제11판), 2009, 672면; 정동윤, 상법(하)(제3판), 2008, 637면.

12) 박세민, 전게서, 521면 참조.

13) 정찬형, 전게서, 653면; 임용수, 보험법, 2006, 341-342면; 양승규, 전게서, 298면; 최준선, 전게서, 235면; 정동윤, 상법(하)(제3판), 2008, 625면.

서 상법은 해상보험의 보험사고를 포괄책임주의에 입각하여 해상사업에 관한 사고라고 규정하고 있다. 해상사업에 관한 사고란 해상사업에 고유한 사고뿐만 아니라, 해상사업에 부수하는 육상위험도 포함한다.

(2) 영국해상보험법 제3조2항(c)은 해상위험이라 함은 해상항해에 기인하거나 그에 부수하여 생기는 위험, 즉 해상고유의 위험, 화재, 전쟁위험, 해적, 표도, 강도, 포획, 나포, 억류, 군주와 인민의 억지, 투하, 선원의 악행 및 이와 비슷하거나 또는 보험 증권에 기재된 그 밖의 모든 위험을 뜻한다고 하고 있다.

3) 보험기간

보험기간이란 보험자가 손해보상의 책임을 부담하여야 하는 보험사고발생의 시간적 한계이다. 보험자의 위험부담책임이 시작되어 종료될 때까지의 기간으로서 이를 책임기간 또는 위험기간이라고도 한다.

(1) 항해보험

① 항해단위로 한 선박보험의 경우에는 보험자의 책임은 하물 또는 저하의 선적에 착수한 때에 개시하고 또 하물 또는 저하의 선적에 착수한 후에 보험계약을 체결한 때에는 그 계약이 성립한 때에 개시한다(699조1항, 3항).

② 그리고 이 경우 보험자의 책임은 도착항에서 하물 또는 저하를 양육한 때에 끝닌다. 다민 그 양육이 불가항력으로 인하지 읺고 지연된 때에는 그 앙육이 보동 종료될 때에 끝나는 것으로 한다(700조).

(2) 적하보험

① 항해단위로 적하를 보험에 붙인 경우에는 보험기간은 하물의 선적에 착수한 때에 개시한다. 하물 또는 저하의 선적에 착수한 후에 보험계약이 체결된 경우에는 보험기간은 계약 성립 시에 개시한다. 한편 양륙항 또는 도착지에서 화물을 인도한 때가 보험기간의 종료시점이 된다. 다시 말하면 하물보험의 경우에는 보험자의 책임은 그 하물의 선적에 착수한 때에, 또 이미 하물의 선적에 착수한 후에 보험계약을 체결한 때에는 그 계약이 성립한 때에 개시되고(699조2항,3항),

② 다만 그 양육이 불가항력으로 인하지 않고 지연된 때에는 그 양육이 보통 종료될 때에 끝나는 것으로 한다(700조).

③ 그러나 오늘날 적하보험의 경우 특약에 의하여 선적지의 창고 또는 보관 장소를 떠날 때에 개시하여 수하인의 최종창고에서 하물을 인도한 때에 보험기간이 끝나는 것으로 하는 것이 거래의 실정이다. 이 경우에는 보험자의 책임은 출하지

에서 하물의 운송에 착수한 때에 개시하고(699조 2항 단서), 도착지에 하물을 인도한 때에 끝난다.

4) 보험가액

실무상 해상보험은 거의 기평가 보험형식으로 부보 된다. 당사자 간에 보험가액을 미리 정한 때에는 그 가액은 사고 발생 시의 가액으로 정한 것으로 추정하며 다만 그 협정가액이 사고 발생 시의 실제가액을 현저하게 초과한 때에는 사고 발생 시의 가액을 보험가액으로 한다(상법670조). 따라서 해상보험에 있어 보험가액은 기평가보험에 있어서는 당사자 간에 미리 정한 금액이 되고 미 평가 보험계약에서의 보험가액은 일정한 시점의 가액을 기준으로 하는 보험가액불변경주의에 따르고 있다.

(1) 선박보험

① 선박보험에서는 보험자의 책임이 개시될 때의 선박가액을 보험가액으로 한다. 이 때 선박의 속구, 연료, 식량 기타 항해에 필요한 모든 물건은 보험의 목적에 포함된 것으로 해석하여 이들의 가액도 보험가액에 포함된다.

② 그러므로 선박소유자의 피보험이익의 평가에 있어서는 기간보험인 경우에는 그 계약에서 정한 보험기간이 시작되는 때이고, 항해보험의 경우에는 하물 또는 저하의 선적에 착수한 때(699조1항)를 기준으로 한다.

(2) 적하보험

적하보험의 보험가액은 선적한 때와 곳의 적하의 가액과 선적 및 보험에 관한 비용으로 한다(697조). 적하는 대부분의 경우 상품이기 때문에 그 보험가액은 그 시장가격에 의하여 산정할 수가 있으며, 시장가격이 존재하지 않는 적하의 경우에는 그 획득가액은 감정인의 평가 등 적당한 방법으로 결정되어야 할 것이다. 적하의 보험가액은 선적한 때와 곳에서 피보험자가 적하를 획득하는 데 필요한 가격이다.

(3) 운임보험

운송보험에서는 보험가액 산정 시 도착지까지의 운임을 포함하는데 반해 적하보험에 있어서는 적하의 보험가액 산정에서 운임을 포함시키지 않으므로 별도의 운임보험을 체결할 수 없다. 일반적으로 상법은 운임보험의 보험가액에 대해서는 규정한 바 없지만 운임보험에 있어서는 선지급운임이든 착급운임이든 그 보험가액은 피보험자가 그 운송에서 받을 수 있는 운임의 총액에 보험에 관한 비용을 합친 금액이다. 운임수익이익의 보험가액은 계약운임액으로부터 이것의 취득을 위해 소요된 선비, 즉 운임의 생산비를 공제함으로써 산정된다. 그러나 이것의 정확한 산정이 곤란하기 때문에 각국의 법률은 편의를 위한 규정을 마련하여 총운임의 일정비율을 순운임액으로 추정하고 있다.

(4) 희망이익보험

적하의 도착으로 인하여 얻을 이익 또는 보수를 보험에 붙인 경우에 있어서 계약에서 별도로 보험가액을 정하지 아니한 때는 보험금액을 보험가액으로 한 것으로 추정한다. 희망이익의 보험가액은 협정보험가액으로서 당사자 간의 협정에 의하여 정해지는 것이 일반적이지만 보험가액이 협정되지 않는 경우를 고려하여 상법은 보험금액을 보험가액으로 추정하고 있다. 희망이익은 적하의 도착으로 얻을 이익 또는 보수이고, 그 이익은 적하의 가액의 일정한 비율에 따라 정하여 적하보험에 부수하여 함께 보험에 붙이는 것이 일반적이다.

4. 해상보험증권

해상보험증권(Marine Insurance Policy)이란 보험계약의 성립 및 그 내용을 명백히 기재하여 보험계약을 증명하는 배서 내지 인도에 의하여 양도되는 증권을 말한다. 해상보험증권은 피보험자(insured), 보험자(underwriter; insurer), 피보험목적물, 담보위험, 보험가액, 부보금액(보험금액), 위험의 시기와 종기, 피보험자에 대한 손해배상의 약속 등 보험계약의 내용에 관한 증거로서 보험자가 피보험자에게 교부하는 증서를 말한다. 해상보험증권에는 상법 제666조에 게기한 사항 이외에 ① 선박보험에서는 선박의 명칭·국적과 종류 및 항해의 범위, ② 적하보험에서는 선박의 명칭·국적과 종류·선적항·양륙항 및 출하지와 도착지를 정한 때에는 그 지명, ③ 보험가액을 정한 때에는 그 가액을 기재하여야 한다(695조).

5. 해상보험자의 손해보상책임

1) 보상하는 손해

해상보험자는 보험기간 중 해상사업에 관한 사고로 보험의 목적에 생긴 피보험자의 손해를 보상할 책임을 진다(693조). 그 보상은 보험계약에서 정한 보험가액을 한도로 하여 피보험자가 입은 손해는 보험사고와 상당인과관계가 있어야 하는데 다른 약정이 없는 한 피보험위험을 근인으로 하여 생긴 손해라고 풀이한다(MIA55조1항). 보험사고로 생긴 손해는 보험에 붙인 피보험이익에 직접적으로 생긴 직접손해를 보상할 책임을 지고 간접손해에 대해서는 그 책임을 지지 않는 것이 원칙이다. 그러나 해상보험계약에서는 공동해손으로 인한 손해 등 일정한 손해에 대해서는 보험자의 보상책임이 있다.

(1) 공동해손[14]으로 인한 손해

① 공동해손으로 인한 직접손해

㉮ 선박과 적하의 공동위험을 면하기 위하여 이루어지는 선장의 공동해손처분행위로 인하여 피보험자가 손해를 입은 경우 보험자는 그 손해를 보상하여 주고 공동해손분담의무자에 대하여 피보험자가 가지는 공동해손분담청구권을 대위하여 행사할 수 있다(682조). 보험자는 피보험자가 지급할 공동해손의 분담액을 보상할 책임이 있다(694조). 그러나 보험목적의 공동해손분담가액이 보험가액을 초과할 때에는 그 초과액에 대한 분담액은 보상하지 아니한다.

㉯ 공동해손으로 인한 손해는 그 위험이 끝난 때에 정산하게 되는데 그 정산은 항해가 종료한 곳의 법률과 관습에 따른다. 다만 운송계약에 요크안트워프규칙에 의한다고 규정된 경우에는 그 규칙에 따른다.

② 공동해손분담액

㉮ 공동해손은 그 위험을 면한 선박 또는 적하의 가액과 운임의 반액과 공동해손의 액과의 비율에 따라 각 이해관계인이 이를 분담한다. 이를 공동해손분담액이라고 한다.

㉯ 피보험자가 선장의 공동해손처분에 의하여 공동해손분담의무를 부담하는 것은 목적물에 대하여 직접 입은 손해가 아니고 하나의 간접손해이다. 그러나 상법은 피보험자가 지급할 공동해손분담액에 대하여도 보험자의 보상책임을 인정하고, 다만 보험의 목적의 공동해손분담가액이 보험가액을 초과할 때에는 그 초과액에 대한 분담액은 보상하지 않도록 하고 있다(694조).

㉰ 그리고 일부보험의 경우에는 보험자의 부담액은 보험금액의 보험가액에 대한 비율에 따라 정한다(674조).

(2) 해난구조료

① 해난구조에는 당사자 사이에 구조계약이 있는 경우와 아무런 계약이 없는 경우가 있다. 후자를 좁은 의미의 해난구조라 하며 상법에서는 이 뜻으로 사용한다.

---

14) 공동해손이라 함은, 선장이 선박과 적하의 공동위험을 면하기 위하여 선박이나 적하에 대한 처분으로 인하여 생긴 손해와 비용(832조) 또는 이러한 손해와 비용을 이해관계인에게 분담시키려는 제도를 말한다.

② 선박 또는 적하가 어떠한 수면에서 위난에 부딪혔을 때 제3자가 아무런 의무 없이 구조한 때에는 그 결과에 대하여 상당한 보수를 청구할 수 있다(849조). 여기서 해난구조자가 구조된 선박 또는 적하의 이해관계인에게 청구하는 보수가 해난구조료이다.
③ 이 구조료는 당사자의 합의가 이루어지지 아니한 때에는 법원이 당사자의 청구에 의하여 위난의 정도, 구조의 노력, 비용과 구조의 효과 등 모든 사정을 참작하여 그 액을 정하고 구조된 목적물의 가액을 초과하지 못하는 것이 원칙이다(850-852조).
④ 보험자는 피보험자가 보험사고로 인하여 발생하는 손해를 방지하기 위하여 지급할 구조료를 보상할 책임이 있다. 그러나 보험의 목적물의 구조료분담가액이 보험가액을 초과할 때에는 그 초과액에 대한 분담액은 보상하지 아니한다(694의 2).

(3) 특별비용

① 보험의 목적의 안전이나 보존을 위하여 지급할 특별비용도 보험사고와 관련하여 생긴 비용이라 할 수 있으므로 보험자는 그러한 특별비용을 보험금액의 한도 내에서 보상할 책임을 진다(694의 3).
② 특별비용이라 함은, 가령 보험의 목적인 선박이 사고로 파손된 경우에 그 선박을 수선할 수 있는 항구로 회항하거나 예인하는데 드는 비용이라든지, 하물을 실은 선박이 사고로 항해를 할 수 없게 된 경우에 목적지까지 하물을 수송하기 위한 양륙 또는 보관이나 환적비용을 들 수 있다.

(4) 선박충돌로 인한 손해

① 선박의 충돌로 말미암아 보험의 목적에 생긴 피보험자의 직접손해에 대해서는 보험자가 보상책임을 지게 되나 이로 말미암아 생긴 피보험자의 손해배상의무에 대해서는 법에 특별한 규정이 없으므로, 이것을 포함하는 특약이 없는 한 보험자의 책임은 없다
② 이에 따라 해상보험약관에서는 이른바 충돌약관(collision clause or running down clause)을 두어 피보험자의 선박충돌로 인한 손해배상책임을 담보하고 있는 것이 일반적이다.

2) 해상보험자의 손해보상범위

(1) 서언

해상보험자의 손해보상책임은 보험계약에서 정해진 바에 따라 보험가액의 한도 내

에서 보험금액의 범위에서 이루어지며, 이 경우 손해방지비용(680조)과 손해산정비용(676조)은 따로 부담하게 된다. 손해는 전손과 분손으로 나누어진다. 전손이란 보험목적물의 전체가 멸실 되어 발생한 손해를 뜻하며 분손이란 보험이 부보된 화물(피보험목적물)의 일부에만 손해가 발생하였을 경우를 의미한다.

(2) 전손의 경우

① 피보험이익의 전부가 손해를 입은 경우를 말한다. 전부보험의 경우에는 보험가액의 전액이 보험자가 보상할 손해액이 되고 기타 손해방지비용이나 손해산정비용 등도 보상하여야 한다. 또한 상법에 의하면 선박의 존부가 2월간 분명하지 아니한 때에는 그 선박의 행방이 불명한 것으로 하고 이 경우는 전손으로 추정한다.[15] 보험기간 중의 보험사고로 피보험이익의 전부가 손해를 입은 때에는 선박보험이든 적하보험이든 보험가액의 전액이 손해액이며 그 보험가액을 한도로 보험금액의 범위에서 손해를 보상하여야 한다.

② 선박의 존부가 2월간 분명하지 아니한 때에는 그 선박의 행방이 불명한 것으로 보고 이 경우에는 전손으로 추정하고 있기 때문에(711조) 보험자는 피보험자에게 전손으로 인한 손해를 보상하여야 한다.

③ 분손부담보조건의 적하보험계약에서 하물이 선박과 함께 행방불명인 경우에도 그 적하는 전손으로 보아야 하고 그 전손은 다른 특정한 사정이 없는 한 일단 부보위험인 해상위험으로 인한 것으로 추정하여 보험자는 그 보상책임을 진다.

(3) 분손의 경우

피보험이익의 일부가 멸실된 경우 또는 보험목적의 일부가 멸실·훼손된 경우로서 선박보험과 적하보험에 따라 다르다.

① 선박의 분손

㉮ 훼손의 전부수선

선박의 일부가 훼손되어 그 훼손된 부분의 전부를 수선한 경우에는 보험자는 수선에 따른 비용을 1회의 사고에 대하여 보험금액을 한도로 보상할 책임이 있다(707조의2 1항).

㉯ 훼손의 일부수선

선박의 일부가 훼손되어 그 훼손된 부분의 일부를 수선한 경우에는 보험자는 수선

15) 장덕조, 전게서, 291면.

에 따르는 비용과 수선하지 아니함으로써 생긴 감가액을 보상할 책임이 있다(707조의2 2항).

㉰ 훼손의 불수선

선박의 일부가 훼손되었으나 이를 수선하지 아니한 경우에는 보험자는 그로 인한 감가액을 보상할 책임이 있다(707조의2 3항).

② 적하의 분손

㉮ 보험의 목적인 적하가 훼손되어 양륙항에 도착한 때에는 보험자는 훼손된 상태의 가액과 훼손되지 아니한 상태의 가액과의 비율에 따라 보험가액의 일부에 대한 손해를 보상할 책임이 있다(708조).

㉯ 도착지에서 정상가격이 10,000원이고, 훼손가격이 6,000원이라면 그 감가액은 4,000원으로서 감가율은 40%가 된다. 여기에서 그 선적지에서의 보험가액이 10,000원인 때에는 보험자의 손해보상액은 4,000원이 되나, 보험가액이 9,000원인 때에는 「$9{,}000 \times \frac{40}{100} = 3{,}600$원」을 보상하게 된다.[16]

㉰ 보험가액의 일부를 보험에 붙인 경우에는 보험자는 보험금액의 보험가액에 대한 비율에 따라 보상할 책임을 진다. 그러나 당사자 간에 다른 약정이 있는 때에는 보험자는 보험금액의 한도 내에서 그 손해를 보상할 책임을 진다(674조).

③ 적하를 매각한 경우

㉮ 항해의 도중에 불가항력으로 보험의 목적인 적하를 매각한 때에는 보험자는 그 매각에 의하여 얻은 대금 중에서 운임 기타 필요한 비용을 공제한 금액과 보험가액과의 차액을 보상하여야 한다(709조 1항).

㉯ 이 경우에는 적하 자체가 훼손된 것은 아니지만 불가항력[17]으로 인한 적하의 매각가액이 보통 통상가액보다 저렴한 것을 고려하여 그 차액을 훼손손해에 준하여 취급한 것이다.

㉰ 적하를 매각한 경우에 보험자는 전부보험의 경우에는 그 차액의 일부를 전부 보상하고, 일부보험의 경우에는 그 차액에 보험금액의 보험가액에 대한 비율을 곱한 금액을 보상하여야 한다.

㉱ 불가항력으로 적하를 매각한 경우에 적하의 매수인이 대금을 지급하지 아니한

16) 양승규, 전게서, 313면.

17) 여기서 불가항력이란 선장의 적하처분권이 인정되는 경우, 즉 선박수선료, 해난구조료 기 타 항해의 계속에 필요한 비용의 지급을 위하여 적하를 매각한 경우(774조1항3호)가 이에 해당된다.

때에는 보험자가 그 금액을 지급하여야 하며, 그 금액을 지급한 때에는 피보험자의 매수인에 대한 권리를 취득한다(709조 2항).

④ 운임의 분손

㉮ 운송물의 전부 또는 일부가 송하인의 책임없는 사유로 멸실한 때에 운송인은 그 운임을 청구하지 못한다. 그러나 선박의 침몰 또는 멸실 등으로 운송계약이 종료하거나 법정사유로 운송계약이 해제된 때에 운송의 비율에 따라 현존하는 운송물의 가액의 한도에서 운임을 청구할 수 있다. 이 경우 해상운송인은 운임의 일부만을 송하인으로부터 지급받게 되므로 운임의 분손이 생기는데 이러한 운임의 분손이 있는 경우에 보험자는 피보험자가 상실한 운임의 총액에 대한 비율에 따라 보상하여야 한다.[18] 운임은 해상운송인이 운송의 대가로서 받는 것으로, 운송물의 전부 또는 일부가 송하인의 책임 없는 사유로 멸실한 때에는 그 운임을 청구하지 못한다(134조). 또 선박의 침몰 등으로 운송계약이 종료되거나 법정사유로 운송계약이 해지된 때에는 운송의 비율에 따라 현존하는 운송물의 가액의 한도에서 운임을 청구할 수 있다(810조2항).

㉯ 이에 따라 운임보험에 있어서도 피보험자인 해상운송인이 운임의 일부만을 지급받을 수 있는 경우에는 운임의 분손이 생기게 된다. 운임보험에 있어서 보험가액은 운임의 총액이 되므로 운임의 분손이 있는 경우에 보험자는 피보험자가 잃은 운임의 총액에 대한 비율에 따라 보상하게 된다(MIA 70조).

(4) 약관에 의한 보상책임의 범위

① S.G약관에 의한 보상책임

㉮ **전손만의 담보(TLO)** : 이것은 현실전손이든 추정전손이든지를 묻지 않고 보험의 목적이 전손이 된 경우에만 보험자가 보상책임을 지고 공동해손, 단독해손, 손해방지비용 기타 전손 이외의 모든 손해와 비용에 대해서는 책임을 지지 않는 조건이다.

㉯ **분손부담보(FPA)** : 적하보험의 경우에 전손 또는 공동해손에 의한 손해, 구조비, 손해방지비용에 대해서만 보상책임을 부담하고 적하의 일부만에 대한 손해 즉 단독해손에 대해서는 책임을 지지 않는 것이다. 선박보험의 경우에도 대체적으로 같은 취지로 해석된다. 다만 약관에서 선박의 침몰, 화재, 좌초, 충돌로 인한 손해에 대하여는 단독해손이라도 보험자의 보상책임을 인정하는 경우가 있다.[19]

---

18) 박세민, 전게서, 540면.

19) 최기원, 전게서, 407면; 정동윤, 상법(하)(제3판), 2008, 634면; 양승규, 전게서, 316면; 최준선,

이것은 전손 이외에는 원칙으로 공동해손에 대하여만 보험자가 책임을 지고, 단독해손 즉 선박 또는 적하의 일방만에 생긴 분손에 관하여 책임을 지지 않는 조건이다. 유손(濡損) 의도가 희박한 석탄·광석·광물 등의 부보에 이용된다. 분손을 담보하는 분손담보(W/A)와 전위험을 담보하는 전위험담보(A/R)의 상대개념이다.

㉰ **분손담보(WA)** : 분손담보는 상법과 약관에 의한 면책사유에 속하는 손해 이외의 모든 손해에 대하여 보상책임을 부담하는 것이다. 즉 전손뿐만 아니라 공동해손이든 단독해손이든 묻지 않고 분손에 대해서도 보험자가 보상책임을 부담한다. 모든 손해를 보상하게 되므로 일반적으로 보험료는 고액이다. 이것은 대체적으로 적하보험에서 이용되었는데 분손은 보험증권에 기재된 일정률 미만인 경우에는 보상하지 아니한다. 보상대상 위험의 범위를 FPA조건에서 지진, 낙뢰, 갑판유실, 해수침손 등으로 확대한 것이며 또한 손상의 정도가 목적물의 일부에 대하여 일어난 경우에도 보상하고 있다. 신약관에서는 ICC(B)로 표시하고 있다.

② 협회약관에 의한 보상책임

㉮ **선박보험** : 협회기간선박보험약관 제6조는 해상, 하천, 호수 또는 그 밖의 可航水域의 고유의 위험을 비롯한 각종의 위험을 열거하고 이 보험은 그로 말미암아 생긴 보험의 목적의 멸실 또는 훼손을 보상한다라고 규정하고 있다.[20]

㉯ **적하보험** : 협회적하보험약관은 A, B, C의 세 가지로 나누어지고 있다. 구적하보험약관은 전위험담보약관(A.R.), 분손부담보약관(F.P.A.) 및 분손담보약관(W.A.)의 세 가지로 나누어져 있었는데 새로운 약관에서는 분손부담보약관의 분손담보약관에 의하여 규정된 담보조건의 사용을 중지하고 그 담보범위를 확대하였다. 그리하여 신약관은 전위험담보약관의 담보조건을 그대로 사용하여 면책사유가 없는 한 해상위험으로 인한 보험의 목적의 멸실 또는 손상을 모두 담보하고 있다.[21]

3) 해상보험자의 면책사유

(1) 법정면책사유

① 선박의 감항능력의 결핍으로 생긴 손해

선박의 감항능력이란 선박이 발항당시 안전하게 항해를 할 수 있는 필요한 준비를

전게서, 241면.

20) 양승규, 전게서, 316면 참조.

21) 양승규, 전게서, 316면 참조.

해야 하고 필요한 서류를 비치하여 선박이 항해를 할 수 있는 능력을 말한다. 여기에는 선박의 선체, 기관, 속구, 등이 발항당시 통상적인 해상위험을 감당할 수 있는 능력을 갖추고 있어야 하는데 이러한 능력을 갖추지 아니한 상태에서 발생하는 사고는 면책된다는 뜻이다.

② 용선자·송하인·수하인의 고의·중과실로 생긴 손해

용선자란 선박을 선주(shipowner)로부터 빌어 자기 혹은 타인을 위하여 화물운송을 하는 자를 용선자라 하는데 이러한 용선자나 송하인(물건을 보내는 사람) 또는 수하인(물건을 받는 사람)의 고의, 중과실에 의한 손해는 면책된다.

③ 항해 중의 통상비용

항해중의 통상비용이란 도선료, 입항료, 등대료, 검역료, 기타 선박 또는 적하에 관한 항해중의 통상비용에 대해 보험자는 면책이다. 이러한 비용은 운임에서 지급되는 비용으로 해석되며 항해에 있어서 당연히 그 지출이 예상되는 것으로서 우연성이 없다는 이유에서 보험자의 면책으로 정해진 것이다. 그러나 일반적·통상적으로 예상할 수 없는 사고로 인해 불가피하게 이로를 함으로서 생긴 입항료나 등대료는 보험자가 보상해야 한다.[22] 운임에 포함되어있기 때문에 면책된다. 그러나 이러한 항해중의 비용도 특별한 사고, 예컨대 태풍을 피하기 위하여 부득이 피난이 필요하여 예정에 없는 항구에 피항함으로서 지급된 경우에는 이를 담보해야한다.

④ 소손해면책조항에 포함된 손해는 면책으로 한다.

(2) 약정면책사유

① 선박보험약관의 면책사유

약관 상 면책사유는 다음과 같다.

㉠ 전쟁, 폭동 또는 이와 비슷한 사변이나 변란 동맹파업, 폐업, 작업장 폐쇄 등의 쟁의행위

㉡ 수뢰 또는 그 밖의 폭발물의 폭발이나 총탄과의 접촉

㉢ 습격, 나포, 포획, 억류, 압류 또는 해적행위

㉣ 핵연료물질 또는 핵연료물질에 의해서 오염된 물질, 방사성, 폭발성 그 밖의 유해한 특성 또는 이들의 특성에 의한 사고로 인한 손해

㉤ 위 ㉣이외의 방사선 조사(照射) 또는 방사능 오염으로 생긴 손해

22) 박세민, 전게서, 549면; 양승규, 전게서, 319면; 정동윤, 상법(하)(제3판), 2008, 634면.

ⓑ 보험계약자, 피보험자 또는 이들의 대리인이나 사용인의 고의 또는 중대한 과실로 생긴 손해

② 협회기간선박보험약관의 면책사유

㉠ **전쟁면책** : 전쟁내란, 혁명, 폭동 또는 기뢰, 어뢰 인한 손해 및 포획과 억류에 대한 행동 등으로 인하여 생기는 손해

㉡ **동맹파업면책** : 동맹파업자, 작업장이 폐쇄된 근로자 또는 노동쟁의, 폭동 또는 소요에 가담한 자 그리고 테러리스트 또는 어떠한 정치적 동기로 행위한 자에 의하여 생긴 손해

㉢ **해의(害意)행위면책** : 폭발물의 폭발, 전쟁무기로 생긴 멸실, 손상, 책임 또는 비용이 해의로 또는 정치적 동기로 행위한 자에 의하여 일어난 손해

㉣ **원자력면책** : 원자 또는 원자핵의 분열, 융합 또는 다른 유사한 반응 또는 방사능이나 방사성 물질을 사용한 병기 및 핵분열 또는 융합을 응용한 전쟁무기로 인한 멸실. 그 밖의 유해한 특성 또는 이들의 특성에 의한 사고에 의하여 생긴 손해

③ 협회적하보험약관의 면책사유

㉠ 피보험자의 고의적 위법행위에 기인한 멸실, 손상 또는 비용

㉡ 보험목적의 통상의 누손, 중량 또는 용적 상의 통상의 손실 및 통상의 마모

㉢ 보험목적의 포장 또는 준비의 불완전 또는 부적합으로 인하여 발생한 멸실, 손상 또는 비용

㉣ 보험목적의 고유의 하자 또는 성질로 인하여 발생한 손해

㉤ 지연이 피보험위험으로 인하여 발생된 경우 일지라도 지연을 근인으로 하여 발생한 멸실, 손상 또는 비용

ⓑ 선박소유자, 선박관리인, 용선자 또는 운항자의 직업불능 또는 재정상의 채무불이행으로부터 생긴 멸실손상 또는 비용

ⓢ 어떠한 자의 악의있는 행위에 의하여 보험의 목적의 전부 또는 일부에 해당하는 고의적인 손상 또는 고의적인 파괴

ⓞ 원자력 또는 핵의 분열 및 또는 융합 또는 기타 이와 유사한 반응 또는 방사능이나 방사성 물질을 응용한 무기의 사용으로 인하여 발생한 멸실, 손상 또는 비용[23)]

---

23) 양승규, 전게서, 322면 참조.

6. 해상보험계약에서의 위험의 변경

1) 서언

보험기간 중에 보험계약자, 피보험자 또는 보험수익자의 고의 또는 중대한 과실로 인하여 사고발생의 위험이 현저하게 변경 또는 증가된 때에는 보험자는 그 사실을 안 날부터 1월내에 보험료의 증액을 청구하거나 계약을 해지할 수 있다(653조).

2) 항해의 변경

(1) 항해변경의 뜻

① 항해는 보험계약에서 정한 발항항에서 도착항까지의 계약상의 항해를 의미하므로 항해의 변경이란 바로 그 발항항 또는 도착항을 바꾸는 것이다.

② 영국해상보험법은 항해의 변경은 위험개시 후 선박의 도착항을 임의로 변경한 것을 가리키고(45조1항), 보험계약에서 정하여진 발항항 또는 도착항이 있는 경우에 발항항에서 선박이 출항하지 아니하거나 다른 도착항을 향하여 출항하였을 때에는 보험자의 책임은 개시하지 아니한다(43조, 44조).

③ 선하증권에 반대의 특약이 없는 한 항해가 임의로 변경되게 되면 그 계약은 무효로 된다. 더욱이 이 변경은 본선의 책임자가 그 결의를 명백히 했을 때부터 그 보험계약은 효력을 상실하게 될 뿐만 아니라 이에 보험자는 면책된다.

(2) 발항항·도착항의 변경

선박이 보험계약에서 정하여진 발항항이 아닌 다른 항에서 출항한 때 또는 도착항이 아닌 다른 항을 향하여 출항한 때에는 보험자는 책임을 지지 않는다(상701조1항, 2항).

(3) 책임개시 후의 항해의 변경

보험자의 책임이 개시된 후에 보험계약에서 정하여진 도착항이 변경된 경우에는 보험자는 그 항해의 변경이 결정된 때로부터 책임을 지지 아니한다(상법 701조 3항).

(4) 항해변경의 합의가 있는 경우

그 계약의 조건에 따라 보험자는 그 항해변경 후의 사고에 대하여 보상책임을 진다(협회적하보험약관 10조).

(5) 입증책임

피보험자가 보험자에 대하여 손해보상책임을 묻기 위해서는 그 항해의 변경이 자신

의 책임 있는 사유로 말미암은 것이 아님을 입증하여야 한다.[24)]

3) 선박의 변경

(1) 선박변경의 뜻

선박의 변경은 보험계약에서 정하여진 선박이 다른 선박으로 변경되는 것을 의미한다. 선박의 변경은 주로 적하보험, 희망이익보험 및 운임보험에서 보험의 목적인 적하를 운송하는 선박을 변경하는 경우 문제가 될 수 있다.

(2) 선박변경의 효과

적하보험에서 보험계약자 또는 피보험자의 책임 있는 사유로 선박을 변경한 때에는 보험자는 그 변경 후의 사고에 대하여 책임을 지지 아니한다(상법 703조). 선박은 해상보험에 있어서 중요한 요소로서 그 개성이 중시된다. 이 원칙은 보험증권에 기재된 선박보다 규모가 더 크고 더 강한 선박으로서의 경우에도 적용된다고 해석된다. 다만 선박의 변경이 항해중의 사고로 인한 운항불능으로 인해 다른 선박에 환적하여 적하를 운송한 경우에는 선박의 변경 후의 사고에 대해서도 보험자는 보상책임을 부담한다.[25)]

(3) 환적약관과 선박의 변경

해상운송인이 환적약관에 따라 원래 지정된 선박 이외의 선박에 의하여 적하를 운송한 경우에 보험자는 선박의 변경을 이유로 보험계약상의 책임을 거부할 수 있다. 그러나 보험계약에서 보험자가 운송계약상의 환적약관의 고지를 받고 그 위험을 인수하였거나 운송약관에 따른 위험을 담보하는 뜻의 특약을 한 때에는 그로 인한 선박의 변경에 대하여 보험자는 면책을 주장할 수 없다.

(4) 입증책임

피보험자가 보험자에 대하여 보험사고로 인한 손해의 보상을 청구하기 위해서는 그 선박의 변경이 피보험자의 귀책사유로 말미암은 것이 아님을 입증하여야 한다.

4) 선장의 변경

(1) 선장의 변경은 보험증권에 선장의 이름이 기재된 경우에 다른 선장으로 바꾸는

24) 양승규, 전게서, 327면.
25) 양승규, 전게서, 328면.

것을 말한다.

(2) 선박보험이나 적하보험 등 해상보험에 있어서는 선박의 개성은 중시되나 유사한 경험 및 자격을 갖춘 선장들 사이에서는 선장이 누구냐는 별로 상관하지 않는다. 하지만 현저히 경험 또는 기량 등의 차가 있는 자로 변경 된 경우는 감항능력결여문제로 해석될 여지가 있다.

5) 위험의 현저한 증가·변경

(1) 위험의 변경·증가와 상법의 규제

상법은 보험계약의 기본원칙으로서 보험기간 중에 보험계약자 또는 피보험자는 그의 책임 있는 사유로 말미암은 것이 아닌 위험의 현저한 변경 또는 증가의 사실을 안 때에는 보험자에 대한 통지의무를 지고(652조), 또 그것이 보험계약자 등의 고의 또는 중대한 과실로 말미암은 때에는 보험자의 계약해지권을 인정하고 있다(653조).

(2) 피보험자의 귀책사유로 인한 위험의 변경·증가

① 발항 또는 항해의 지연

피보험자가 정당한 사유 없이 발항 또는 항해를 지연한때에는 보험자는 발항 또는 항해를 지체한 이후의 사고에 대하여 책임을 지지 않는다(702조).

② 이로

선박이 정당한 사유 없이 정하여진 항로를 이탈한 경우에는 보험자는 그때부터 책임을 지지 아니한다. 선박이 손해발생 전에 원항로로 돌아온 경우에도 같다(701조의2 단서).

③ 보험사고와 인과관계의 흠결

피보험자가 정당한 사유 없이 발항, 항해를 지연시켰거나 항로를 이탈한 경우에 그러한 사유가 보험사고의 발생에 영향을 미치지 아니하였음이 증명된 때에는 보험자는 면책을 주장할 수 없다(655조 단서).

(3) 정당한 사유로 인한 위험의 변경·증가

① 보험증권상의 특약에 의하여 인정된 경우
② 선장 및 그의 피용인이 억제할 수 없는 사정으로 인하여 생긴 경우
③ 명시적 또는 묵시적 담보를 충족시키기 위하여 합리적으로 필요한 경우
④ 선박 또는 보험의 목적의 안전을 위하여 합리적으로 필요한 경우

⑤ 인명구조를 위하여 또는 인명이 위험에 빠질 염려가 있는 조난선을 구조하기 위한 경우
⑥ 배에 타고 있는 사람의 내과 또는 외과치료를 위하여 합리적으로 필요한 경우
⑦ 선장 또는 해원의 악행이 보험사고의 하나로 되어 있는 경우에 그러한 악행으로 생긴 경우

6) 선박의 양도 등의 효과

선박보험의 경우에는 보험자의 동의 없이 피보험자가 선박의 양도, 선급의 변경 또는 선박을 새로운 관리로 옮긴 때에는 보험계약은 종료한다(703조의 2). 이것은 선박보험계약에서 피보험자와 선박의 관계를 대단히 중시하고 있는 거래의 실정에 따른 것이다.

7. 보험위부

1) 총설

(1) 보험위부의 뜻

보험위부라 함은 보험의 목적이 전부 멸실한 것과 동일시할 수 있는 일정한 사유가 있는 경우에 피보험자가 그 보험의 목적에 대한 모든 권리를 보험자에게 위부(권리의 이전)하고 보험자에 대하여 보험금의 전부를 청구할 수 있는 해상보험상의 특유한 제도이다.

이것은 보험사고로 인한 선박의 손상이 너무나 커서 선박가액보다 더 많은 비용을 들이지 아니하고는 항해를 계속하는데 필요한 수선을 할 수 없는 경우에는 피보험자는 그 비용을 들여야 할 의무를 지지 아니하고 임의로 그것을 위부하고 그 손해를 전손으로 다룰 수 있게 된다. 즉, 보험의 목적이 전부 멸실한 것과 동일시할 수 있는 일정한 경우, 또는 전부멸실 하였으나 그 증명 또는 계산이 곤란한 때에 피보험자가 보험의 목적에 대한 모든 권리를 보험자에게 취득시키고, 보험자에게 보험금액의 전부의 지급을 청구할 수 있는 제도이다.

상법은 해상보험의 보험위부에 관하여 제 710조 이하에서 비교적 상세한 규정을 두고 있다. 보험위부도 보험자의 보험금 지급사유이기도 하지만, 이 제도는 해상보험 특유의 제도이다.

(2) 보험위부의 효용

보험위부는 해상보험 특유의 제도로서 일방적인 손해보험의 원리면에서 볼 때에는

예외적이라 할 수 있다. 보험위부제도를 만든 이유는 추정전손 개념이 해상보험에 특유하게 존재하는 것과 연관성이 있다. 일반적인 손해보험의 원리상으로 볼 때 피보험이익의 전부 또는 일부의 멸실 등을 피보험자가 증명해야만 손해의 보상을 받을 수 있다. 그러나 해상사고의 경우에는 보험의 목적이 피보험자의 지배 또는 관리를 벗어나 있음으로 손해의 산정 또는 입증이 쉽지 않다는 특성이 있다. 그러므로 피보험자의 편의를 위해 현실적으로 전손이 아닌데도 불구하고 경제적으로 전손과 동일하게 볼 수 있는 경우 또는 전손으로 되는 것이 거의 확실하지만 입증이 어려운 해상보험의 특수한 환경을 고려하여 일정한 사정이 발생한 경우 법률상 전손과 동일시하여 손해의 발생 사실에 대한 증명이나 손해액 산정절차를 생략하고 보험위부를 인정하고 있는 것이다.

(3) 보험위부의 연혁

① **추정주의** : 선박이 행방불명이 된 경우 전손으로 추정하고 보험자는 피보험자에게 보험금 전액을 지급하지만 만약 뒤에 피보험자가 보험의 목적에 대한 권리를 회복한 경우에는 보험금을 반환해야 하는 주의(제도)로서 그럴 경우 보험금을 수령한 피보험자는 보험금 반환에 대한 불안으로 인하여 보험금을 사용할 수 없는 문제가 있었다.

② **위부주의** : 위의 추정주의의 문제점을 해결하기 위하여 위부주의가 탄생되었고 이러한 것은 16세기경에 확립되었다.

(4) 보험위부의 법적성질

보험위부는 불요식의 법률행위이고 보험자의 승낙을 필요로 하지 않는 단독행위로서 피보험자의 일방적 의사표시에 의하여 일정한 법적 효과를 가져 오는 것이므로 형성권의 일종이다. 또한 위부 후에는 임의로 이를 철회하지 못한다.

2) 보험위부의 원인

(1) 선박·적하의 점유상실

피보험자가 보험사고로 인하여 자기의 선박 또는 적하의 점유를 상실하여 이를 회복할 가능성이 없거나 회복하기 위한 비용이 회복하였을 때의 가액을 초과하리라고 예상될 때에는 이를 위부할 수 있다(상법 710조 1호).

(2) 선박의 수선비용이 과다할 때

선박이 보험사고로 인하여 심하게 훼손되어 이를 수선하기 위한 비용이 수선하였을 때의 가액을 초과하리라고 예상될 경우에 피보험자는 그 선박을 위부할 수 있다(상법 710조 2호).

(3) 적하의 수선비용·운송비용이 과다한 때

적하가 보험사고로 인하여 심하게 훼손되어 이를 수선하기 위한 비용과 그 적하를 목적지까지 운송하기 위한 비용과의 합계액이 도착하는 때의 적하의 가액을 초과하리라고 예상될 경우에는 피보험자는 그 적하를 위부할 수 있다(상법 710조 3호).

3) 보험위부의 요건

(1) 보험위부의 통지

① 통지의 시기

피보험자가 위부를 하고자 할 때에는 상당한 기간 내에 보험자에게 통지하여야 한다(713조). 상당한 기간이라 함은 피보험자가 위부의 원인을 증명하고 위부권을 행사할 수 있는 합리적인 기간이다.[26]

② 통지의 방법

위부의 통지에 관하여 상법은 명문을 두고 있지 않지만, 위부의 통지는 해상보험에 있어서 피보험자가 보험의 목적에 대하여 가지는 이익을 위부하고 보험자에게 보험금의 지급을 청구하는 행위이므로 일정한 서식으로 하는 것이 일반적이다. 현재 실무상으로 서면에 의해 위부통지를 하고 있다.[27]

③ 통지해태의 효과

피보험자가 위부의 원인이 생긴 이후에 상당한 기간 내에 보험자에게 위부의 통지를 발송하지 않으면 피보험자는 위부권을 잃게 된다.[28]

(2) 보험위부의 무조건성

위부는 무조건이어야 한다(714조 1항). 보험위부의 취지가 손해의 입증과 손해액 산정과정을 생략하면서 해상보험계약의 당사자 간의 법률관계를 신속하게 처리하고 종료하려는 것이므로 위부권을 행사하면서 여기에 조건이나 기한을 붙일 수는 없는 것이다.[29] 다시 말하면 보험위부는 피보험자가 보험목적에 대해 가지는 모든 이익을 보

26) 양승규, 전게서, 340면.
27) 양승규, 전게서, 340면.
28) 양승규, 전게서, 340면.

험자에게 이전시키는 것이기에 피보험자가 위부를 할 때 조건기한부로 해선 안 된다.

(3) 보험위부의 범위

보험위부는 보험의 목적의 전부에 대하여 이를 하여야 한다. 그러나 위부의 원인이 그 일부에 대하여 생긴 때에는 그 부분에 대하여서만 이를 할 수 있다(714조 2항 본문).

(4) 보험의 목적에 관한 사항의 통지

피보험자는 위부를 함에 있어서는 보험자에게 보험의 목적에 관한 다른 보험계약과 그 부담에 속한 채무의 유무와 그 종류 및 내용을 통지하여야 한다(715조 1항). 이것은 보험자로 하여금 중복보험 여부에 대해 알게 하고 담보물권자의 권리행사에 대해 보험자가 대비할 수 있도록 하기 위함이다.

4) 보험위부의 승인·불승인

(1) 보험위부의 승인·불승인의 개념

보험위부권의 법적성질은 형성권으로서 위부의 통지가 보험자에게 도달하면 그 효과가 발생한다. 따라서 상법 제716조와 제717조는 위부에 대한 보험자의 승인, 불승인을 규정하고 있는데 이는 위부에 대한 승낙의 의미로 해석해서는 안 된다. 피보험자의 위부권 행사는 불요식의 단독행위이므로 피보험자의 일방적 의사표시로서 위부의 효과가 생기는 것이다. 즉 보험자의 승인은 위부통지의 효력발생요건이 아니라 위부의 원인에 대한 증명을 추가로 요구하느냐 않느냐의 문제이다.[30)]

(2) 보험위부의 승인

보험자가 위부를 승인한다는 것은 손해에 대한 자신의 책임 및 피보험자의 위부통지가 유효하다는 것을 인정하는 것이다. 보험자가 위부를 승인한 후에는 그 위부에 대하여 일체의 이의를 하지 못한다(상법716조). 따라서 보험자가 위부를 승인하게 되면 피보험자가 warranty를 위반했다 하더라도 보험자는 이를 이유로 책임을 면할 수 없다.

(3) 보험위부의 불승인

보험자가 위부통지에 나타난 사실에 대하여 이의를 하면서 위부를 승인하지 아니한 때에는 피보험자는 구체적으로 위부의 원인을 증명하여야만 보험금의 지급을 청구할 수 있다(상법717조).

29) 박세민, 전게서, 564면.

30) 최준선, 전게서 251면; 박세민, 전게서, 566면.

5) 보험위부의 포기

위부권을 행사할 것인지의 문제는 피보험자가 결정하게 되므로 피보험자는 위부를 포기할 수 있다. 보험법은 이에 관한 규정을 두고 있지 않다. 그런데 일정한 행위가 피보험자의 위부의 포기 또는 보험자의 수락으로 간주될 여지가 있기 때문에 이에 관한 분쟁을 방지하기 위해 실무상으로는 위부포기약관을 두고 있다.[31]

6) 보험위부의 효과

(1) 서언

보험위부가 이루어지면 피보험자의 보험금청구권과 보험자에게 보험목적의 권리이전이라는 두 가지 효과가 생긴다. 이러한 효과는 모두 피보험자의 위부의 의사표시에 의한 효과라고 보아야 할 것이다. 그 이유는 피보험자가 위부의 의사표시를 보험자에게 행할 경우 보험의 목적에 관한 모든 권리를 보험자에게 이전한다는 의사 이외에 궁극적으로는 자기 자신이 보험자에게 보험금 전액을 청구하려는 의사가 담겨져 있다고 해석함이 타당하기 때문이다.[32]

(2) 피보험자의 권리와 의무

① 피보험자의 보험금청구권

㉮ 피보험자는 보험의 목적을 위부한 때에는 보험금의 전부를 청구할 수 있다(710조). 추정전손이 성립하면 구체적으로 손해액에 대한 입증이 없어도 보험자는 보험금의 전액을 지급할 책임을 진다. 위부의 통지가 정당하게 행하여진 경우에는 피보험자의 권리는 보험자가 위부의 승낙을 거부하였다는 사실에 의하여 침해받지 아니한다(영국해상보험법 62조 4항).

㉯ 위부의 원인이 보험의 목적의 일부에 대하여 생긴 경우 이를 위부한 때(714조 2항 단서)에는 그 부분에 대한 보험금의 전부를 청구할 수 있다. 따라서 위부의 원인이 보험의 목적의 일부에 대하여 생긴 때에는 그 목적의 일부분에 대하여서만 위부를 할 수 있다. 일부보험의 경우에는 위부를 함에 있어서도 보험금액의 보험가액에 대한 비율에 따라서만 할 수 있다.

---

31) 서헌제, 상법강의(하), 2002, 191면.

32) 양승규, 전게서, 343면; 서돈각·정완용, 상법강의(하)(제4전정판), 1996, 457면; 이에 대해 최기원, 보험법(제3판), 2002, 423면과 김성태, 전게서, 576면은 법률상의 효과와 의사표시상의 효과로 나누어 설명하고 있다.

② 피보험자의 의무

피보험자의 위부의 의사표시가 보험자에게 도달한 시점에 보험의 목적에 관한 피보험자의 모든 권리는 보험자에게 이전하므로 피보험자가 보험위부를 한 때에는 보험금을 수령했는가의 여부를 불문하고 보험의 목적에 관한 모든 서류를 보험자에게 교부하여야 할 의무가 있다(718조2항). 이러한 서류로는 선박국적증명서, 등기증서, 임대차나 담보권설정의 계약서 등을 예로 들 수 있다. 보험위부로 인해 보험의 목적에 대한 권리를 취득한 보험자는 피보험자에게 이러한 서류를 교부하여 줄 것을 청구할 수 있다. 보험자가 보험위부로 인해 보험의 목적에 관한 모든 권리를 취득한 후 그 행사를 용이하도록 하기 위함이다. 물론 서류교부의무는 위부의 효과일 뿐 요건이 아니기 때문에 서류교부의무의 해태가 위부의 효력에 영향을 미치는 것은 아니다. 보험위부를 한 후에도 피보험자는 보험의 목적에 관해 손해방지·경감의무를 부담하며 그 비용을 보험자에게 청구할 수 있다.[33]

③ 보험자의 권리

㉮ 권리이전의 범위

위부로 인해 보험자는 보험의 목적에 대해 피보험자가 가지는 모든 권리를 취득한다. 보험가액의 일부를 보험에 붙인 경우에는 보험금액의 보험가액에 대한 비율로 보험의 목적에 대한 권리를 취득하게 된다. 상법상 위부에 의하여 보험자에게 이전하는 권리는 보험의 목적에 관한 피보험자의 모든 권리이다. 여기서 모든 권리 가운데는 보험의 목적물이 현존하거나 또는 잔존물이 있을 때 이에 관한 소유권, 그 밖에 보험의 목적에 관하여 피보험자가 가지고 있는 직접의 권리를 포함하는 것은 명백하다. 그러나 위부의 원인인 손해가 제3자의 행위에 의하여 생긴 경우에 피보험자가 제3자에 대하여 취득하는 권리 가령 선박의 충돌에 의한 손해배상청구권 또는 공동해손 분담청구권이 이에 포함되느냐에 관하여는 학설이 나뉘고 있다. 즉, 위의 제3자에 대한 권리가 모두 포함된다는 적극설과 피보험자가 제3자에 대하여 가지는 권리는 위부에 의하여 이전하는 것이 아니고 보험자가 보험금을 지급한 때에 보험자대위에 관한 일반규정에 의하여 이전하는 것이라고 주장하는 소극설이 그것이다. 생각해보면 보험위부는 보험의 목적물에 관한 완전한 손해의 보상을 손해의 증명 없이 받고자 하는 특유한 제도이므로 보험자는 위부된 물건에 한하여 피보험자와 동일한 지위에 서서 피보험자가 제3자에 대하여 가지는 권리도 취득한다고 풀이하는 것이 옳다고 본다.

---

33) 최준선, 전게서, 252면; 양승규, 전게서, 344면; 정찬형, 전게서, 670면; 임용수, 보험법, 2006, 369면; 정동윤, 전게서, 641면.

㉯ 권리이전의 시기

보험위부의 권리이전의 시기에 대하여는 별도의 규정은 없다. 해석상 피보험자의 위부의 의사표시가 보험자에게 도달한 때에 보험의 목적에 대해 피보험자가 가지는 모든 권리가 보험자에게 이전된다고 해석된다(통설).

(3) 보험의 목적에 부수하는 부담과 보험자의 지위

① 보험위부가 있게 되면 보험의 목적에 설정되어 있는 담보물권과 같은 부담 및 침몰된 선박을 제거해야 할 공법상 또는 사법상의 의무까지도 소유권과 함께 보험자에게 이전하게 된다. 가령 파손된 선박이 다른 선박의 항해를 방해하고 있는 경우에 그 선박을 위부 하였을 때 보험자가 그것을 제거할 의무를 지느냐 하는 문제가 있다.

② 피보험자가 위부권을 행사할 경우에 보험자는 보험의 목적에 관한 정보를 입수하여 그 소유권을 행사하는 것이 바람직하지 아니하다고 인정되는 때에는 보험의 목적에 대한 권리를 포기함으로써 그에 따르는 의무도 면한다고 풀이한다.

제4절 책임보험

1. 총설

1) 책임보험계약의 의의

책임보험계약이란, 피보험자가 보험기간 중의 사고로 인하여 제3자에게 손해배상책임을 질 경우에 보험자가 이로 인한 손해를 보상할 것을 목적으로 하는 손해보험계약이다(719조).

2) 책임보험의 성질

(1) 손해보험성

책임보험은 보험자가 피보험자의 제3자에 대한 배상책임으로 인한 손해의 보상을 목적으로 하는 보험이므로 손해보험에 속한다.

(2) 재산보험성

책임보험은 피보험자가 타인의 생명·신체 또는 재산에 대하여 가한 손해를 자기의 모든 재산으로써 배상하는 책임을 담보하는 보험이므로 재산보험에 속한다. 그런데 이러한 재산보험에는 적극적 재산보험과 소극적 재산보험[34]으로 나눌 수 있고 책임보험은 소극적 재산보험에 속한다.

(3) 소극보험성(소극적재산 보험성)

책임보험은 특정재산에 대한 피보험자의 손해를 보상하는 것이 아니고 피보험자가 제3자에 대하여 배상책임을 짐으로써 일어난 손해(배상책임)를 보상하는 것을 목적으로 하므로 소극보험의 성질을 갖는다.

2. 책임보험의 종류

1) 배상책임의 객체에 따른 분류

(1) 대인배상책임보험

대인배상책임보험이란 피보험자가 타인의 생명, 신체에 손해를 가한 경우 이러한 타인에 대한 손해배상 책임을 짐으로서 입게 되는 손해를 보상하는 보험 이다. 여기에는 자동차손해배상책임보험 대인Ⅰ편과 자동차종합보험편의 대인Ⅱ편, 의사, 약사 등의 배상책임보험이 이에 속한다.

(2) 대물배상책임보험

피보험자가 타인의 물건 그 밖의 재산상의 손해에 대한 배상책임을 지게 되므로서 입은 손해를 보상하는 책임보험이다. 여기에는 자동차보험의 대물 배상책임보험, 선박보험의 충돌책임보험 등이 이에 속한다.

2) 피보험자의 대상에 따른 분류

(1) 영업책임보험

영업책임보험은 피보험자의 영업으로 인하여 타인에게 배상책임을 짐으로서 입은 손해를 보상하는 책임보험을 말한다. 여기에는 넓은 의미의 영업자(자영업자, 사업자) 손해배상책임보험은 모두 이에 속한다.

---

34) 적극적 재산보험이란 소유이익, 사용이익, 담보이익 등의 피보험이익을 보험에 가입한 보험을 말하며 소극적 재산보험이란 책임이익, 비용이익 등의 피보험이익을 보험에 가입한 보험을 말한다.

(2) 전문 직업인 배상책임보험

일정한 직업에 종사하는 사람이 피보험자로서 그 직업과 관련하여 타인에게 손해배상책임을 짐으로서 입은 손해를 보상하는 책임보험이다. 여기에는 의사, 변호사, 약사, 건축사, 공인회계사, 세무사 등의 손해배상책임보험이 이에 속한다.

(3) 개인책임보험

피보험자가 개인적인 책임으로 타인에게 손해배상책임을 짐으로서 입은 손해를 보상하는 책임보험이다. 여기에는 임차인책임보험, 가정용자동차손해배상책임보험 등이 이에 속한다.

3) 보험금액한도액의 유무에 따른 분류

(1) 유한배상책임보험

피해자 1인 또는 사고를 기준으로 보험자의 보상책임한도액이 정해진 책임보험 이다. 여기에는 자동차종합보험의 대물배상책임보험 등이 이에 속한다.

(2) 무한배상책임보험

피보험자가 일정한 사고로 말미암아 제3자에게 손해배상책임을 짐으로서 입은 모든 손해를 보상하는 책임보험이다. 이에는 자동차종합보험의 대인배상책임보험 등이 이에 속한다.

4) 보험가입의 강제성 여부에 따른 분류

(1) 임의책임보험

법률상 가입이 강제되지 아니한 책임보험을 말한다. 여기에는 자동차 종합보험, 전문직업인 배상책임보험, 생산자 배상책임보험 등이 있다.

(2) 강제책임보험

법률상 보험가입이 강제되어 있는 책임보험을 말한다. 이를 의무 책임보험이라고도 한다. 여기에는 자동차손해배상책임보험, 산업재해보상보험, 신체손해배상특약부 화재보험, 가스배상책임보험 등이 있다.

3. 책임보험의 기능

1) 피보험자의 보호기능

책임보험은 피보험자가 보험사고로 인하여 제3자에게 손해배상책임을 짐으로서 생기는 재산상의 손해를 보상받기 위하여 보험에 가입하는 것이므로 피보험자의 보호기능을 한다. 그리하여 기업주 자동차운전자 가스사업자 등 피보험자는 그 사고발생의 개연율에 따라 적은보험료로서 타인에게 지게 될 손해배상책임을 보험자에게 전과함으로서 경제생활에 안정을 기할 수 있고 일시에 거액의 배상에 따른 가해자(기업)의 파멸을 방지할 수 있다.

2) 피해자의 보호기능

(1) 가해자의 배상자력의 보충에 의한 피해자 보호

배상책임자인 피보험자의 무자력을 보험에 의하여 보충함으로서 피해자의 재산상 구제를 신속 확실하게 하는 기능을 한다. 오늘날 이와 같은 책임보험의 사회보장적 구제 기능이 중요시 되고 있다. 그리하여 민사상 무과실책임주의와 연결된 강제책임보험이 발달되고 있다. 자동차사고(자백법), 원자력사고(원자력손해배상법) 등이 그러하며 최근에는 제조물책임(생산물 배상책임보험), 의료과실분야에 있어서도 이와 유사한 입법론(전문 직업인배상책임보험)이 제기되고 있다.

3) 민사책임과 책임보험

책임보험은 원칙적으로 민사상의 손해를 보상하는 데 그쳐야 하며 형사상의 책임을 전과하는데 사용 되어서는 안 됨이 원칙이다. 그런 입장에서 볼 때 현재 운전자보험의 벌금 등을 전보(塡補)하는 문제는 보험의 기본원리에 반하는 문제로서 이러한 것은 향후 검토가 필요한 문제이다.

4. 책임보험계약의 요소

1) 책임보험의 목적

책임보험에 있어서 보험의 목적이 무엇이냐에 대하여는 전재산설(지금까지의 통설)과 배상책임설로 나누어 설명되어 왔다. 전재산설은 책임보험의 목적이 피보험자의 전 재산이라는 입장이고 배상책임설은 피보험자의 배상책임이라는 입장이다. 만약 전재산이 책임보험의 목적이라면 피보험자의 전재산에 보험사고가 발생할 경우, 그 중에서도 특히 중요한 적극적 재산에 사고가 발생할 경우 보험금(책임보험금)이 지급되어야 한다. 그러나 실제 피보험자의 적극적 재산에 사고가 발생하는 경우 책임보험의 보험금은 지급되지 않는다. 따라서 피보험자의 전 재산이 책임보험의 목적이라는 전 재산설은 타당하지 않다. 다음으로 피보험자의 배상책임이 보험의 목적이라는 배상책임설은 보험의 목적과 보험계약의 목적이 모두 배상책임이 되어 2중으로 중복되는 문제가 발생된다. 왜냐하면 책임보험의 목적이 배상책임이라고 할 경우 보험계약의 목적인 피보험이익도 배상책임이 되어 결국 배상책임을 보험의 목적과 보험계약의 목적으로 함께 사용하는 문제가 생긴다. 생각해보면 보험의 목적이란 보험사고의 객체로서 구체적인 실체(물건이나 사람)[35]이어야 하는데 보험의 목적에 발생한 사고로 인한 결과로서의 책임을 보험의 목적으로 하는 것은 문제가 있다. 왜냐하면 책임이란 책임보험의 목적에 사고가 발생하고 그 사고로 인한 결과가 책임이지 책임자체가 보험의 목적이라고는 할 수 없기 때문이다. 따라서 배상책임 역시 책임보험의 목적으로 보기는 어렵다. 그렇다면 책임보험의 목적은 무엇일까? 저자는 책임보험의 목적이 되기 위한 전제조건은 다음과 같은 조건이 충족되어야 한다고 생각한다.[36] 첫째, 책임보험의 목적은 책임보험에 가입되는 구체적인 객체 즉 보험에 가입되는 대상으로서 구체적인 물건[37] 또는 사람)[38]으로서 이것(객체=보험의 목적)에 사고가 발생되면 보험금이 지급되어야 한다. 둘째, 이것은 유형의 물건 또는 사람으로서 피보험이익이 잉태되는 실체이어야 한다. 따라서 책임보험의 목적이 되기 위해서는 이러한 조건을 충족시켜야 하는 바 그런 측면에서 책임보험의 목적이란 「책임보험 사고가 발생될 경우 이로 인하여 손해가 발생되는 물건(대물배상책임보험의 경우) 또는 사람(대인배상책임보험)이 책임보험의 목적」이라고 보아야 할 것이다.[39] 그 이유는 보험의 목적이란

35) 물보험의 경우에는 물건이 인보험의 경우에는 사람이 보험의 목적이 된다.

36) 이것은 책임보험뿐만 아니라 물 보험이나 인 보험의 경우도 마찬가지이다.

37) 물 보험의 경우에 있어서 보험의 목적은 보험사고가 발생되는 물건이 보험의 목적이 됨은 당연하다. 마찬가지로 책임보험에 있어서도 대물배상책임보험에 있어서 보험의 목적은 보험사고가 발생되는 당해 물건이 책임보험의 목적이 된다.

38) 대인배상책임보험의 목적은 사람 즉, 보험사고가 발생되는 사람이 보험의 목적이며 대물배상책임보험에 있어서도 보험의 목적은 보험사고가 발생되는 당해 물건이 보험의 목적이 된다. 따라서 책임보험의 경우 보험사고가 발생되는 그 물건(대물배상책임보험) 또는 사람(대인배상책임보험)이 보험의 목적이 되는 것이다.

39) 이 경우에 있어서 책임보험의 목적은 보험계약체결 시 확정되는 경우와 그렇지 않는 경우로 나누어지는데 전자의 경우는 창고업자의 손해배상책임보험 즉 보관자의 보관물에 대한 손해배상책임보험이나 운송업자의 운송물에 대한 손해배상책임보험 등은 이에 속한다. 그러나 후자의 경우에는 보험계약 체결 시 보험의 목적은 확정될 수 없는 것으로 그것은 어떤 물건에 사고가 발생될지 또는 어떤 사람에게 사고가 발생될지 모르는 경우가 이에 해당된다. 이러한 경우의 책임보험은 자동차 보험에 있어서 대인배상책임보험, 대물배상책임보험, 원자력보험에 있어서

보험사고의 객체로서 여기에 사고가 발생하고 여기에 손해가 발생되며 그럴 경우 보험금이 지급되는 대상이어야 하기 때문이다.

2) 책임보험의 피보험이익

(1) 서언

책임보험은 손해보험에 속하고 있으나 물건보험과는 달리 보험계약 체결 시 금전으로 산정할 수 있는 피보험이익이 확정되어 있는 것은 아니므로 피보험이익의 개념을 인정할 수 있느냐 하는 문제가 발생되는데 여기에는 긍정설과 부정설로 나뉘고 긍정설에는 책임이익설이 있다.

(2) 긍정설

책임보험계약에서의 피보험이익은 피보험자가 제3자에 대한 재산적 급여를 하는 책임을 부담할 사실(보험사고로 인한 손해의 발생)이 발생하지 아니하는 것에 대하여 가지는 경제적 이익 또는 피보험자의 전 재산에 대하여 재산의 감소를 가져오는 사고가 발생하지 아니함으로써 피보험자가 가지는 경제적 이익이라고 보는 설이다.

(3) 부정설

제3자에 대하여 책임을 지게 될 사고로 인한 부담액은 피보험자의 재산액을 초과하는 경우도 있으므로 피보험자가 그 전 재산에 대하여 가지는 이익이 피보험이익이라는 종전의 통설은 성립할 수 없고 따라서 이러한 뜻의 피보험이익은 책임보험에 있어서 논할 필요가 없다고 보는 견해이다.

(4) 책임이익설

책임보험에 있어서 피보험이익이란 피보험자가 제3자의 손해를 배상해야할 사고가

제3자 손해 배상책임보험, 유선 및 도선업자의 제3자 배상책임보험 등이 이에 속한다. 이러한 보험에 있어서 보험의 목적은 보험계약 체결 시에는 대체적으로 나타나지도 않고 확정되지도 않는다. 그것은 책임보험의 피보험자나 그의 대리인이 사고를 발생시킬 경우 즉 사고를 발생시키는 그 순간 사고가 발생되는 그 물건 또는 그 사람이 책임보험의 목적이 되는 것이며 이에 따라 발생되는 피보험자의 배상책임이 피보험이익이 되는 것이다. 따라서 책임보험에 있어서 보험의 목적은 보험사고 발생 시 사고가 발생되는 당해 물건 또는 당해 사람으로서 이것이 보험사고의 객체이다.(저자는 책임보험에 있어서 보험의 목적을 보험사고가 발생되는 당해 물건 또는 당해 사람으로 보고 이를 보험사고의 객체라 하고 이러한 이론을 보험사고 객체설이라 칭하기로 한다) 그러므로 책임보험에 있어서 보험의 목적은 앞에서 설명한 것과 같이 보험계약 체결 시 보험의 목적이 확정되는 경우와 그렇지 않은 경우로 나누어지는데 후자의 경우는 이러한 미지(未知)의 사람 또는 물건을 책임보험의 목적으로 하여 보험계약을 체결하는 것이다.

생길 경우 이러한 손해를 배상해야 하는데 책임보험에 가입할 경우 이를 보험자가 대신 보상해 줌으로써 피보험자는 그러한 배상책임을 면하게 되는 이익 즉 책임이익이 책임보험의 피보험이익이라는 주장이다. 따라서 책임보험의 목적이란 앞서 설명한 바와 같이 책임보험에 가입되는 미지의 보험사고의 객체(대상)이며 피보험이익(보험계약의 목적)은 이러한 보험사고의 객체(보험의 목적)에 사고가 발생하고 여기에 손해가 발생한 경우 책임보험의 가입으로 인하여 그 책임을 면탈케 되는 책임이익이 피보험이익으로 보는 것이다. 이설이 통설이며 이에 동의한다.

3) 보험사고

(1) 손해사고설

이것은 피보험자가 제3자에 대하여 배상책임을 지게 되는 원인이 되는 사고가 발생한 것을 보험사고로 보는 입장이다.

(2) 손해배상청구설

이것은 피보험자가 피해자인 제3자로부터 일정한 사고를 원인으로 배상청구를 받은 것을 보험사고로 보는 입장이다.

(3) 책임부담설

이것은 피보험자가 법률상의 배상책임을 부담한 것을 보험사고로 보는 입장이다. 상법 제719조는 「보험기간 중의 사고로 인하여 제3자에게 배상할 책임을 진 경우」라고 규정하여 이 설을 전제로 하고 있다.

(4) 채무확정설

이것은 피보험자가 제3자에 대하여 부담할 채무가 확정된 것을 보험사고로 보는 입장이다. 상법 제723조1항은 「피보험자가 제3자에 대하여 변제, 승인, 화해 또는 재판으로 인하여 채무가 확정된 때에는 지체 없이 보험자에게 그 통지를 발송하여야 한다」고 규정하여 이 설을 전제로 하고 있다.

(5) 배상의무이행설

이것은 피보험자가 피해자에게 손해배상의무를 이행한 것을 보험사고로 보는 입장이다. 상법 제724조1항은 「보험자는 피해자인 제3자가 그 배상을 받기 전에는 보험금의 전부 또는 일부를 피보험자에게 지급하지 못 한다」고 규정하여 피보험자의 배상의무이행을 보험금지급의 전제조건으로 하고 있다.

(6) 사견

보험사고는 보험자가 보험금 기타 급여를 지급할 것을 약정하는 우연하게 발생하는 일정한 사고를 말한다. 따라서 손해사고설에 동의한다. 보험에 있어서 사고가 발생된 때와 손해가 발생된 때 그리고 책임보험에 있어서 책임이 개시되는 때는 각각 다를 수 있다. 여기에서 보험사고란 보험계약(보험약관) 상의 사고를 말하는 것으로 이것은 피보험자가 제3자에 대하여 배상책임을 지게 되는 원인이 되는 사고가 발생한 것을 보험사고로 보는 손해사고설이 타당하다고 생각된다.

4) 피보험자의 손해배상책임

책임보험은 피보험자의 제3자에 대한 배상책임을 전제로 하여 성립하는 보험계약이므로 책임보험의 중심을 이루는 것은 바로 피보험자의 제3자에 대한 손해배상책임이다.

5. 책임보험계약의 효과

1) 보험자의 의무

(1) 손해보상의무

① 손해보상책임의 요건

㉮ 손해사고의 발생

책임보험에서 피보험자의 손해배상 의무가 발생되기 위해서는 첫째로 보험사고가 발생하고 둘째로 손해가 발생해야 하며 셋째로 사고와 손해사이에 인과 관계가 있어야 한다.

㉯ 피보험자의 피해자에 대한 책임

피보험자의 손해보상의무가 발생되기 위해서는 피해자에 대한 피보험자의 책임이 있어야 하며 이것이 구체화되기 위해서는 피해자의 손해에 대한 피보험자의 채무의 확정 등이 필요하다.

② 면책사유

㉮ 법정면책

㉠ 보험계약자 또는 피보험자의 고의 또는 중대한 과실로 생긴 사고로 인한 배상책임(659조)

ⓒ 전쟁, 기타 변란으로 인한 사고에 의한 손해의 배상책임 (660조)

㉯ 약정면책

보험약관에서 정한 면책사유로 생긴 사고로 인한 배상책임에 대해서는 책임을 지지 아니한다. 다만, 책임보험의 경우 특히 피해자보호를 위하여 보험계약자 또는 피보험자의 고의만을 면책사유로 하고 중대한 과실로 생긴 손해배상책임에 대하여는 보험자의 보상책임을 인정하고 있다.

③ 손해보상책임의 범위

유한책임보험과 무한책임보험에 따라 차이가 있다.

유한책임보험이란 보험사고에 대하여 보험자가 지급할 보험금의 한도액이 한정 되어 있는 것을 말하고 무한책임보험이란 보험자의 손해배상책임의 한도액이 한정 되어 있지 않는 보험을 말한다. 전자의 예로는 자동차손해배상종합보험의 대물배상책임보험이 이에 속하고 후자는 자동차종합보험의 대인배상책임보험이 이에 속한다.

④ 보험금지급과 보상시기

㉮ 책임보험계약에서 피보험자의 피해자인 제3자에 대한 손해배상액이 확정될 때까지는 보험자의 보험금지급의무의 이행기는 도래하지 아니한다.

㉯ 책임보험계약에 있어서 보험금의 지급은 피보험자의 채무확정의 통지를 받은 날로부터 10일 안에 보험금을 지급하여야 한다(723조2항).

㉰ 그러나 보험자는 피보험자가 보험금을 청구한 경우에 피해자인 제3자가 손해배상을 받기 전에는 피보험자에게 보험금을 지급하시 못한다(724조1항).

⑤ 공동불법행위로 생긴 사고의 경우

㉮ 피보험자의 책임 있는 사고로 생긴 제3자의 손해가 공동불법행위로 말미암은 때에는 그 피보험자와 다른 불법행위자와 연대하여 그 손해를 배상할 책임이 있다(민760조).

㉯ 공동불법행위자의 1인이 모든 손해를 배상한 경우에는 다른 불법행위자의 피해자에 대한 손해배상책임은 면제된다. 그러나 손해배상을 한 자는 다른 불법 행위자에 대하여 그가 부담하여야 할 책임의 비율에 따라 구상권을 행사할 수 있다(민425조).

⑥ 수개의 책임보험이 있는 경우

피보험자가 동일한 사고로 제3자에게 배상책임을 짐으로써 입은 손해를 보상하는 수개의 책임보험계약이 동시 또는 순차로 체결된 경우에 그 보험금의 총액이 피보험자의 제3자에 대한 손해배상액을 초과하는 때에는 제672조와 제673조를 준용한다.

(2) 방어의무

① 의의 및 근거

㉮ 방어의무라 함은 피해자인 제3자가 보험계약에서 정한 사고로 인적 손해 또는 물적 손해를 입고 피보험자를 상대로 소를 제기한 경우에 보험자가 이를 방어하여야 할 의무를 말한다.

㉯ 이것은 책임보험의 방어의무 즉, 피보험자의 권리보호기능에서 나온 것이다.

② 방어의무위반과 그 효과

㉮ 보험자는 피보험자의 협조를 얻어 그 방어의무를 수행할 수 있으며 보험자로서 기울일 수 있는 통상의 주의의무로서 그 의무를 이행하여야 한다.

㉯ 보험자가 중요한 증거를 찾아내지 못하였거나 적절한 방어방법을 찾지 못하거나 답변 또는 항소를 적당한 시기에 하지 못한 것은 그 주의의무를 게을리 한 것으로 된다.

㉰ 그리고 보험자가 피해자의 피보험자에 대한 손해배상청구의 원인이 막연히 면책사유에 해당한다는 이유로 그 소송수행을 하지 아니한 경우에도 그것은 방어의무위반이 될 수 있다.

㉱ 보험자가 통상의 주의를 다하지 아니하고 그 방어의무를 게을리 함으로써 피보험자의 손해배상액이 가중된 때에는 그 가중된 손해에 대하여도 보험자는 보상책임을 진다.

2) 피보험자의 의무

(1) 통지의무

보험자가 피보험자로 부터 손해사고의 발생통지를 받고 피해자의 배상청구에 직접 개입하여 해결 짓거나 피보험자를 대행하거나 또는 직접 응소하여 그 사실을 알고 있는 때에는 통지할 필요가 없다.

① 배상청구통지의무

피보험자가 보험기간 중의 사고로 제3자로부터 배상의 청구를 받은 때에는 지체 없이 보험자에게 그 통지를 발송하여야 한다(722조).

② 채무확정통지의무

피보험자가 제3자에 대하여 변제, 승인, 화해 또는 재판으로 인하여 채무가 확정된 때에는 지체 없이 보험자에게 그 통지를 발송하여야 한다(723조1항).

(2) 보험자에 대한 협조의무

① 의의

책임보험계약에서 보험자에 대한 피보험자의 협조의무란 피보험자가 보험사고로 말미암아 제3자에게 배상책임을 지는 경우에 그 분쟁의 해결에 보험자와 협조하여야 할 것이 요구되는 의무이다.

② 법적 성질

보험계약상의 의무이기는 하나 법적 강제가 수반되는 진정한 의무는 아니고 고지의무, 통지의무 등 일련의 부수적 의무와 마찬가지로 간접의무라고 보는 것이 통설이다. 그러나 이에 대한 다른 견해로는 이 의무를 위반할 경우 피보험자는 보험자에 대하여 보험계약에 따른 보상(보험금 등)을 청구할 수 없고 또 보험자에 대한 손해배상의 의무를 져야한다는 측면에서 볼 때 이 의무는 법적의무로 봄이 타당하다고 보아진다.

③ 협조의무의 요건

㉮ 협주의무의 발생 시기

보험사고의 발생과 더불어 발생한다.

㉯ 협조의무의 내용

피해자의 배상청구의 원인이 되는 사실조사에 관한 협조, 제3자의 보험자에 대한 청구를 방어하는데 대한 협조 등.

㉰ 협조의무이행과 비용부담

피보험자가 협조의무이행을 위하여 들인 필요하고 유익한 비용은 보험자가 부담한다.

④ 협조의무위반의 효과

피보험자의 중대한 협조의무위반으로 보험자의 권리를 침해한 때에는 피보험자는 보험자에 대하여 보험계약에 따른 보상을 청구할 수 없다.

3) 보험자와 제3자와의 관계

(1) 서언

① 책임보험은 피보험자를 위한 보험으로서 피해자에게 보험금청구권을 인정하는 타인을 위한 보험이 아니므로 피해자인 제3자로서는 그 계약은 타인 사이의 계약에 지나지 않는다.

② 그러나 책임보험계약에서 보험자의 보험금지급은 경제적으로는 피해자인 제3자에게 귀속하게 되는 것이므로 피해자는 직접이든 간접이든 보험자와 일정한 관계를 유지하게 된다.

(2) 피해자의 보험금 직접청구권

① 직접청구권의 뜻

책임보험계약에서 보험사고로 인한 피보험자의 손해배상책임이 생겼을 때 피해자가 보험자에게 직접 보험금을 청구할 수 있도록 허용하고 있는데 이를 피해자 직접청구권이라 하며(724조 2항) 여기에는 보험금청구권설과 손해배상청구권설로 나누어 설명되고 있다.

② 직접청구권의 성질

㉮ 보험금청구권설

피해자의 보험금 직접청구권은 법률의 규정에 의하여 피해자에게 인정된 권리라는 견해이다. 이것은 보험자는 보험계약자로부터 약속한 보험료를 받고 피보험자의 손해를 보상할 것을 약속한 것이지 피보험자의 채무를 인수하는 것이 아니라는 것이며 또 만약 손해배상청구권으로 이해하는 경우 피보험자의 고의로 인한 사고는 면책됨에도 불구하고 보험자가 보상책임을 면할 수 없게 되는 모순이 생기는 점 등을 근거로 하고 있다. 이 설에 의하면 직접청구권은 피보험자의 보험금 청구권을 법률에 의하여 피해자가 직접 청구하는 것이지 손해의 배상을 청구하는 것이 아니라는 것이다.[40] 따라서 이 설에 의하면 직접청구권의 소멸시효는 보험금 청구권과 같이 2년이 된다.

㉯ 손해배상청구권설

책임보험에서 보험자는 피보험자의 피해자에 대한 채무를 인수하여 그 손해배상책임을 지는 것이라는 설로서 이것이 통설이며 판례의 입장이다. 이설은 책임보험계약에 있어 피해자의 직접청구권은 보험자가 피보험자의 피해자에 대한 손해배상채무를

40) 양승규, 전게서 377면.

병존적으로 인수한 것으로서 이것은 피해자가 보험자에 대하여 가지는 손해배상청구권이지 피보험자의 보험자에 대한 보험금 청구권의 변형이 아니라는 것이다. 따라서 상법 제724조 제2항에 의하여 피해자에게 인정된 직접청구권의 법적 성질은 보험자가 피보험자의 피해 또는 제3자에 대한 손해배상채무를 병존적으로 인수한 것으로서 이것은 피해자가 보험자에 대하여 가지는 손해배상 청구권이지 피보험자의 보험금 청구권의 변형 내지 이에 준하는 권리가 아니라고 하는 견해이다.[41]

㉰ 사견

피해자 직접청구권을 인정하는 이유는 가해자에 대한 손해배상을 충분히 받지 못할 가능성이 있는 피해자를 보호함에 그 목적이 있다고 할 것이다. 이것은 바로 피해자가 계약당사자가 아니라는 이유만으로 직접 보험자에 대하여 보험금의 지급을 청구할 수 없도록 하고 또한 소권(訴權)도 없다면 피해자의 보호는 문제가 될 수 있다. 왜냐하면, 피보험자만이 보험금의 청구권을 갖는다면 피보험자가 보험금을 수령하여 다른 목적에 사용하거나 피보험자의 채권자가 피보험자가 갖는 보험금청구권을 양수 받거나 또는 질권 등을 설정하여 사실상 보험보호의 객체라고 할 수 있는 피해자는 배상을 받지 못하는 결과가 생기기 때문이다. 따라서 현행법상 자동차 손해배상보장법, 화재로 인한 재해보상과 보험가입에 관한 법률, 산업재해보상보험법, 원자력 손해배상보장법 등 강제보험의 영역은 물론 임의보험에서도 상법 제724조 제2항과 상법 제725조에서 피해자 직접청구권을 인정하여 피해자를 보호하고 있다.

그런데 피해자 직접청구권의 법적 성질을 손해배상청구권으로 볼 것이냐 아니면 보험금청구 권[42]으로 볼 것이냐에 대해서 통설은 손해배상청구권으로 보고 있고[43] 판례도 그렇게 보고 있다.[44] 생각해 보면 피해자 입장에서는 손해배상청구권과 보험금청구권의 2가지 중 자 기에게 유리한 쪽으로 주장할 수 있다고 생각된다. 하지만 그 어떤 설을 택하더라도 소멸시효 이외에는 그 효력에 별 차이점은 없다.[45] 하지만 자세히 생각해 보면 피해자직접청구권이란 책임보험이라는 보험계약의 결과에 의해 탄생된 것으로 볼 때 이를 보험금청구권으로 봄이 보험계약의 법리에 더욱 합당한 것이 아닌가 생각된다.

41) 손주찬, 商法(下), 博英社, 1997, p.640.
42) 양승규 교수님은 이를 보험금청구권으로 보고 있다. 양승규, 전게서, 377면 참조.
43) 장덕조, 전게서, 328면; 한창희, 전게서, 462면, 참조
44) 대법원2006. 4.13. 선고 2005다77305판결; 대법원1999. 2. 12.선고 98다 44956판결.
45) 보험금 청구권으로 볼 경우 소멸시효는 3년이며 손해배상청구권으로 볼 경우 10년(민사채권)이 된다.

③ 직접청구권의 근거

㉮ 책임보험의 본래의 성격에 두는 설

책임보험이란 본래 피해자의 보호를 위한 것으로 가해자인 피보험자의 보호는 피해자 만족의 반사적 효과에 지나지 않으며 피해자는 책임보험의 제 1차적 피보험자라고 해석하여 피해자직접청구권의 근거를 두는 입장이다.

㉯ 법규정의 효과라고 풀이하는 설

피해자 직접청구권의 근거는 책임보험의 법률규정(상법 제724조 제2항)에 의한 효과로서 발생된다는 입장으로서 이설에 동의한다.

㉰ 계약당사자의 의사표시에 의한 효과라고 풀이하는 설

피해자 직접청구권의 근거는 보험계약 당사자의 의사표시에 의하여 발생되는 것으로 보는 입장이다.

④ 직접청구권의 행사

㉮ 피해자의 손해

피해자의 직접청구권의행사로 인한 보험금청구권, 또는 손해보상청구권의 권리행사의 범위는 피보험자가 책임을 져야할 손해로서 이것은 보험계약 당사자 간에 협정된 손해의 범위내로 해야 할 것이다.

㉯ 보험금의 한도

피해자직접청구권의 권리의 한도(보험금청구권의 한도)는 그 책임보험계약에서 정해진 한도로 한다. 즉 무한책임보험이냐 유한책임보험이냐에 따라 무한 책임보험계약의 경우에는 피해자의 모든 손해를 보상해야 하고 유한책임보험 계약의 경우에는 그 계약상의 보험금액의 한도에서 보상해야 한다.

㉰ 피보험자에 대한 통지

피해자직접청구권에 의해 보험금의 지급을 청구 받은 보험자는 그 사실을 지체없이 피보험자에게 통지하고 그(피보험자)의 협조를 얻어 보험금의 지급을 처리해야 한다.

㉱ 피보험자의 협조의무

피해자직접청구권에 의해 보험금의 지급을 요청받은 보험자는 피보험자에게 필요한 서류, 증거의 제출, 증언, 증인, 등의 협조를 요구할 수 있고 이때 피보험자는 협조하여야 한다.

㉲ 보험자의 항변권

피해자 직접청구권은 책임보험계약에 근거하여 피보험자의 권리에 바탕을 두고 있다. 따라서 보험자는 피보험자, 또는 보험계약자가 피해자에 대한 항변권이 있는 경우 이에 따라 대항할 수도 있다. 그러나 자동차 손해배상책임보험과 같은 경우 피보험자의 중대한 과실로 인한 사고의 경우에도 보험자가 부책 되는 경우와 같은 예외적인 경우도 있음을 알아야 할 것이다.

⑤ **소멸시효**

보험금청구권은 3년의 시효로 소멸한다. 피해자가 직접보험금을 청구하는 경우에도 그 청구권은 보험사고로 인하여 손해가 확정된 시점 즉 가해자인 피보험자와 피해자인 제3자 사이에 채무가 확정된 시점으로부터 3년이 경과하면 시효로 인하여 소멸한다.

6. 영업책임보험

1) 의의

영업책임보험이라 함은 피보험자가 경영하는 사업과 관련하여 생겨나는 사고로 제3자에게 배상책임을 짐으로써 입은 손해를 보상하기로 하는 책임보험이다. 여기에서 사업이란 반드시 영리의 목적이 있어야하는 것은 아니며 피보험자가 인적·물적 시설을 갖추어 영리하는 경제활동을 의미하는 것으로 볼 수 있다.

2) 보험의 목적범위의 확대

책임보험의 목적을 피보험자의 배상책임이라고 할 때에 영업책임보험에서는 피보험자의 배상책임 이외에 피보험자를 도와 그 영업에 관여하고 있는 대리인 또는 그 사업감독자의 제3자에 대한 책임도 보험의 목적에 포함된 것으로 한다(721조). 영업책임보험에 있어서 피보험자의 대리인 또는 사업감독자의 제3자에 대한 책임은 피보험자가 영위하는 사업과 관련하여 발생한 것으로 제한되며 사업과 관련 없이 제3자에게 가한 손해에 대해서는 보험자는 보상책임이 없다.

3) 영업책임보험의 효용

영업책임보험은 영업주의 사업과 관련하여 생겨나는 각종 위험으로 말미암은 제3자에 대한 배상책임을 보험자에게 전가함으로써 기업유지의 안전을 꾀하고 나아가서는 사업주, 그의 대리인, 사업감독자 및 피해자인 제3자의 이익을 조정하여 합리적인 분쟁해결에 도움을 준다.

7. 보관자의 책임보험

1) 의의

보관자의 책임보험이라 함은 임차인, 창고업자, 기타 타인의 물건을 보관하는 자가 보험기간 중에 그 목적물의 멸실, 훼손 등으로 말미암아 지게 될 손해배상책임을 담보하기 위하여 그 보관 중인 물건을 보험에 붙인 책임보험이다(725조).

2) 보관자의 책임보험의 요건

(1) 피보험자

① 보험계약자 또는 피보험자는 물건의 보관자(창고업자)이고 그 물건의 소유자(임치인)를 피보험자로 하는 것이 아니다.

② 물건의 보관자라 함은 임차료를 내고 타인의 물건을 사용·수익하는 임차인(창고를 임차한 창고업자)이든 보관료를 받고 타인의 물건을 보관하는 창고업자이든 묻지 아니한다.

(2) 보험의 목적과 사고

① 보관자의 책임보험은 물건의 보관자가 그 물건의 멸실·훼손으로 말미암아 그 소유자에게 지게 될 손해배상책임을 보험의 목적으로 한다.

② 보험자가 보상책임을 지게 되는 사고의 원인은 화재로 한정하든 도난 그 밖의 사고를 포함하든 보험계약에서 정할 수 있다.

3) 보관자의 책임보험의 효과

(1) 소유자의 권리취득

보관자의 책임보험계약의 효과로서 보험사고가 발생하면 물건의 소유자는 보험자에 대하여 직접 그 손해의 보상을 청구할 수 있다(725조). 그런데 책임보험에서 피해자의 직접청구권이 명문화 되어 있어 이 규정은 존재의의가 없다. 피해자에 해당하는 소유자는 상법 제724조 제2항에 의하여 보험자에 대하여 직접청구권을 행사할 수 있기 때문이다.[46]

46) 장덕조, 전게서, 341면.

(2) 보관자의 손해보상청구권과 소유자의 권리와의 관계

① 보관자의 책임보험은 보관자를 피보험자로 하는 보험으로서 보험사고가 생긴 때에 보관자도 보험금청구권을 가지나 상법은 소유자에게 직접 보험자에 대한 권리를 인정하고 있다(725조). 따라서 보관자의 책임보험에서는 물건의 소유자의 보험금청구권과 피보험자인 보관자의 손해보상청구권이 병존하게 된다.

② 피보험자인 보관자는 소유자에 대한 손해배상책임을 이행하기 전에는 보험자로부터 보험금의 지급을 받을 수 없으므로(724조1항) 보관자와 소유자가 동시에 보험금지급을 청구한 때에는 후자의 권리가 우선하게 된다.

(3) 책임보험과 소유자 자신의 보험과의 관계

① 보관자의 책임보험 이외에 물건의 소유자는 타인이 보관하는 동일한 물건에 대하여 자기의 소유권을 피보험이익으로 하여 보험계약을 체결할 수 있다.

② 가령 보관자의 책임보험의 대상인 물건을 소유자가 화재보험에 붙인 경우에는 두 건의 보험은 피보험이익이 다르므로 중복보험이 아니고 그 물건이 화재로 손해가 생긴 때에는 그 소유자는 두 보험계약으로 인한 청구권을 함께 가진다.

③ 그러나 손해보험계약이 보험사고로 인하여 이중의 이득을 주려는 것이 아니므로 그 소유자는 일방에서 손해의 보상을 받으면 다른 보험자에 대한 청구권을 잃게 된다.

8. 재보험

1) 총설

(1) 재보험계약의 뜻

어떤 보험자가 인수한 보험계약상의 책임의 전부 또는 일부를 다른 보험자에게 인수시키는 보험계약을 말한다. 재보험계약은 원보험계약으로 인수된 특정위험으로 인한 손실을 원보험계약의 피보험자에게 직접 보상하여 주기 위한 것이 아니라 원보험자가 인수한 위험으로 인한 손실이나 책임에 대하여 재보험자가 그 원보험자에게 보상하여 주기 위한 보험이다. 이런 의미에서 재보험계약은 원수보험계약과는 전혀 다른 독립된 계약이고 원보험계약자는 이에 대하여 아무런 이해관계를 가지지 않는다. 따라서 재보험계약은 원보험계약과는 완전히 독립된 계약이며 원보험자의 책임에 관한 계약이다.

(2) 재보험의 기능

① 위험의 양적 분산기능

재보험은 원보험자가 인수한 위험을 분산시킴으로서 한 보험자(원보험자)로서는 부담할 수 없는 위험을 분산할 수 있도록 한다.

② 위험의 질적 분산기능

원보험자가 위험이 높은 보험의 목적물을 인수한 경우 재 보험자에게 위험을 분산시켜 한 보험자로서는 부담할 수 없는 거대한 위험을 인수할 수 있도록 한다.

③ 위험의 장소적 분산기능

원보험자가 장소적으로 편중된 다수의 위험을 인수한 경우 재보험에 가입하여 이를 공간적으로 분산시킬 수 있도록 한다.

(3) 재보험의 법적 성질

① 조합계약설

재보험계약의 당사자는 위험의 분산과 이익의 분배를 공동의 목적으로 하는 조합 계약을 맺은 것이라는 설

② 보험계약설

원보험자가 재보험자에게 위험을 전가하기 위한 특약도 엄격한 의미에서 보험계약이라고 보는 설

③ 병존설

재보험계약은 조합계약의 성질과 보험계약의 성질을 동시에 가지고 양자는 병존한다고 보는 설

2) 재보험의 종류

(1) 전부재보험과 일부재보험

① 전부재보험

원보험자가 인수한 위험의 전부를 재보험에 붙이는 경우를 말한다.

② 일부재보험

인수한 위험의 일부만을 재보험에 붙이는 경우를 말한다.

(2) 비례적 재보험과 비 비례적 재보험

① 비례적 재보험

원보험계약 보험금액의 일정 비율을 재보험에 붙이는 것으로 원보험자와 재보험자 사이에 각각의 재보험비율을 정하여 원보험 계약자로부터 수령한 보험금액의 일정비율을 나누어 재보험에 붙이는 방법이다.

㉮ 비율재보험

원보험자와 재보험자 사이에 고정된 비율에 따라서 재보험을 붙이는 방식이다.

㉯ 보유초과재보험

원보험자가 일정한 보유액을 정하고 그를 초과하는 보험금액에 대하여 재보험에 붙이는 방식이다. 이것은 원보험자와 재보험자간의 사전계약에 의해 일정한 금액을 넘는 부분에 대하여 재보험되도록 하고 재보험자의 부담이 클 경우에는 여러 재보험자를 상대로 제1보유 초과 재보험, 제2보유초과 재보험으로 분할하여 재보험이 이루어지도록 하는 방식이다.

㉰ 비율초과재보험

양자를 혼합하여 원보험자가 인수한 보험금액 전부에 대하여 일정한 비율을 재보험자에게 인수하게 하고 그 잔여금액이 원보험사의 최고보유액을 초과하는 경우에 그 초과액을 재보험에 붙이는 방식이다.

② 비 비례적 재보험

원보험자가 인수한 위험에 대한 재보험자의 인수비율을 정하지 않고 원보험계약과는 다른 조건에 따르는 재보험방식이다. 즉 원보험자는 일정액 이하의 보험만 인수하고 그 이상의 보험은 모두 재보험에 붙이는 방법으로서 여기에는 초과손해재보험[47] 초과손해율재보험[48] 등으로 나누어진다.

47) 원수보험에 생긴 손해에 대해서 원수보험자의 보유손해액이 어느 수준에 이를 때까지는 원수보험자가 일체 부담하고, 손해가 이것을 초과한 경우에 그 초과손해만을 재보험자가 부담한다는 재보험방식. 대표적인 것으로는 초과손해액 재보험과 초과손해율 재보험이 있다.

48) 원보험자의 연간손해보상액이 연간수입보험료의 일정비율을 초과할 때 그 초과부분을 재보험자가 보상하는 조건의 재보험이다.

(3) 임의재보험과 특약재보험

① 임의재보험

원보험자가 인수한 개개의 위험에 대하여 재보험에 붙이는 것을 말한다.

② 특약재보험

원보험자가 일정기간 안에 인수한 모든 원보험에 관하여 재보험관계를 성립시키기 위하여 하나의 재보험계약을 체결하고 그 특약에 해당하는 원보험계약이 성립되면 자동적으로 재보험에 붙여지는 경우를 말한다.

3) 재보험의 법률관계

재보험계약관계에 대하여 우리 상법은 2개의 원칙적 조항(726조, 661조)만을 두고 있으므로 그 구체적인 법률관계는 당사자의 합의에 의한 재보험특약과 거래의 관행에 따라 정하여진다.

(1) 책임보험원칙의 준용

재보험은 구조적으로 책임보험과 비슷한 성질을 띠고 있으므로 재보험의 법률관계에서는 책임보험에 관한 규정이 준용된다.

(2) 재보험자와 원보험자의 관계

① 재보험자의 의무

㉮ 재보험자의 책임의 발생시기

재보험의 보험사고의 시기에 관해서는 원보험 사고발생시설, 원보험자 책임부담설, 원보험자의 현실적 지급설 등이 대립하고 있다. 그러나 원보험자 책임부담설은 원보험자가 실제로 부담하는 책임 이상의 보상을 받게 되는 문제가 있고 원보험자의 현실적 지급설에 따르면 원보험자가 파산 등 지급불능이 되거나 그 의무를 이행하지 아니할 때 불합리한 결과를 초래하게 되므로 문제가 된다. 따라서 원보험 사고발생시설이 타당하다.[49]

㉯ 손해보상책임의 범위

재보험자의 손해보상책임의 범위는 보험의 일반원칙에 따르는 외에 그 대상이 되는 위험의 종류, 지역, 수량에 따라 당사자의 합의에 의하여 제한되는 것이 보통이다. 그리하여 당사자 사이의 특약에 반영되어 재보험자는 원보험자의 운명과 처리에 따른다

49) 양승규, 전게서, 391면 참조.

는 운명추종의 원칙은 계약상 규정이 없는 경우에도 적용되는 것이 재보험의 원칙이다. 그러므로 재보험계약에서 나타나는 전형적인 운명추종조항은 「재보험자의 책임은 모든 경우에 있어서 원보험자의 책임에 따른다」고 보고 있다.

② 원보험자의 의무

원보험자의 가장 중요한 의무는 재보험료 지급의무이지만 그 이외에 재보험에 의하여 인수되는 위험에 대한 고지의무, 통지의무, 위험의 전부를 인수한다는 특약이 없는 한 그 일부를 원보험자의 보유분으로 보유해야 한다는 자기보유의무, 사무처리의무 및 그에 따른 정보제공의무 등이 있다.

(3) 원보험자계약자와 재보험자와의 관계

① 원보험계약과 재보험계약의 독립성

원보험계약과 재보험계약은 법률상 독립된 별개의 계약이므로 한 쪽의 관계가 다른 쪽의 관계에 영향을 미치지 아니한다(661조 후단).

② 원보험계약자 등의 재보험자에 대한 권리의무

원보험계약과 재보험계약은 독립한 계약이므로 원보험계약의 보험계약자 또는 피보험자나 보험수익자는 재보험자에 대하여 직접적인 권리를 가지지 않으며, 원보험자의 보험금지급채무 불이행을 이유로 재보험자에 대하여 재보험금의 지급을 청구할 수 없다고 보는 것이 일반적이다.

제5절 자동차보험

1. 자동차보험의 의의

자동차보험이라 함은 자동차를 소유, 사용 또는 관리하는 동안에 발생한 사고로 인하여 생긴 손해를 보상할 것을 내용으로 하는 손해보험계약이다. 따라서 자동차 보험은 피보험자가 자동차를 소유하는 동안 생긴 사고로 피보험자 자신이 입은 손해를 보상받는 차량보험, 자기신체사고보험, 그리고 자동차 사고와 관련하여 제3자에게 배상책임을 지는 자동차 사고배상책임보험으로 구성되는데 여기에는 자동차 손해배상 책임보험과 자동차 종합보험으로 나누어져 있다. 아래에서는 자동차보험의 주요 요점을 간추려서 정리한다.

2. 자동차보험의 기능

1) 사회적 기능

① 피해자 보호

자동차사고로 인한 인적손해·물적손해를 입은 피해자에 대하여 약관이 정하는 보험금액 한도 내에서 보상함으로서 피해자를 보호하고 있다.

② 사고예방적 기능

자동차보험료를 우량 피보험자는 할인해주고 사고가 많은 불량 피보험자에 대해서는 할증제를 실시함으로서 사고예방적 기능을 수행하고 있다.

③ 개인과 기업의 안정

배상책임담보, 운전자보험, 차량손해보험 등의 여러 가지 사고를 담보하여 위험의 부담과 분산을 통하여 개인생활의 안정을 지켜주고 기업에 대해서는 경영의 안정을 유지시켜주는 역할을 담당한다. 또한 자동차보험의 자동차사고로 인한 손해배상을 둘러싼 가해자·피해자간의 분쟁을 완화 또는 조정하는 등의 사회적 안정도 도모하고 있다.

2) 경제적 기능

① 산업자본의 형성

다수의 가입자에 의하여 갹출된 보험료는 준비금형식으로 형성되어 산업자본을 형성하고 있다.

② 자동차소유자의 경제적 보호

소액의 보험료지불을 통하여 우발적 사고로 인한 제3자에 대한 배상책임, 자기신체사고, 자기 차량 등의 크고 불확실한 장래의 경제적 손실에 대한 보상을 받음으로서 피보험자를 경제적 파탄에서 보호해 준다.

3. 자동차보험의 종류

1) 보험자가 담보하는 위험의 형태에 따라

① 대인배상책임보험

보험자가 자동차운행 또는 소유, 사용, 관리 중에 제3자의 신체를 사상(死傷)하므로 인하여 피보험자가 제3자에게 배상책임을 짐으로서 입은 손해를 보험자가 보상하는 책임보험이다. 대인배상Ⅰ(자동차 손해배상책임보험)[50] 과 대인배상Ⅱ(종합보험)[51]로 나누어져 있다.

② 대물배상책임보험

피보험자가 자동차사고로 타인의 재물을 멸실, 훼손하여 그 타인에게 생긴 손해에 대하여 법률상 손해배상책임을 짐으로서 입은 손해를 보험자가 보상하는 책임보험이다.(자동차종합보험에서 보상한다) 대물배상책임보험의 의무보험은 1천만원으로 하고 그로부터 2천만원, 3천만원, 1억에서 10억(최고한도액)까지 이다.

③ 자기차량손해

자동차의 충돌, 접촉, 추락, 전복, 도난, 기타 유사한 사고로 인하여 피보험자자동차에 생긴 직접손해를 보험자가 보상하는 보험이다(종합보험에서 보상한다).

④ 자기 신체사고

피보험자가 피보험자동차의 사고로 인하여 상해를 입었을 때 보험자가 일정한 보험금을 지급하는 보험이다. 인보험의 일종으로서 상해보험에 속하나 보험자대위는 인정되지 않는다. 피해자 1인당 보상한도는 보험금액에 따라 달라지며 종합보험에서 보상한다.

⑤ 무보험자동차에 의한 상해보험

이 보험은 자동차손해배상책임보험에 가입하지 아니한 자동차의 사고로 손해를 입은 피보험자를 보호하기 위한 보험이다. 이것은 무보험차보유자이 책임 있는 사유로 손해를 입은 피보험자가 무보험차보유자를 상대로 효율적으로 손해배상 청구권을 행사할 수 없게 됨으로써 입은 손해를 보상하기로 하는 보험이다. 이 보험은 미국에서 탄생하여 우리나라에는 1992년 12월에 도입된 보험으로서 보상한도는 피보험자 1인당 2억원의 범위 내에서 종합보험에서 보상한다.

---

50) 피보험자가 피보험자동차를 소유, 사용, 관리하는 동안에 생긴 피보험자동차사고로 인하여 남을 죽게 하거나 다치게 한 때 법률상 손해배상책임을 짐으로써 입은 피보험자의 손해를 보상하는 보험이다. 자동차손해배상보장법에 의한 의무보험(강제보험)으로 자배책보험 또는 책임보험이라 부르기도 한다.

51) 피보험자가 피보험자동차를 소유, 사용, 관리하는 동안에 생긴 피보험자동차의 사고로 인하여 남을 죽게 하거나 다치게 한 때 법률상 손해배상책임을 짐으로써 입은 대인배상Ⅰ을 초과하는 피보험자의 손해를 보상하는 보험이다. 보상한도는 무한보상이다.

2) 보험가입의 강제성여부에 따라

(1) 강제 배상책임보험

① 의의

자동차손해배상보장법에 의하여 그 가입이 강제되는 책임보험이다. 즉 피보험자가 자동차의 운행으로 인하여 남을 죽게 하거나 다치게 하여 자동차손해배상보장법 등에 의한 손해배상책임을 짐으로서 입은 손해를 약관에 따라 보상하여 주는 책임보험이다(자동차손해배상책임보험약관 1조).

(2) 임의배상책임보험

① 의의

보험가입이 강제되지 않는 보험으로서 자동차종합보험, 외화표시자동차보험, 자동차취급업자종합보험 등이 이에 속한다.

4. 자동차손해배상책임보험(대인배상 I)

1) 자동차 손해배상책임보험(대인배상 I)의 의의

자동차손해배상책임보험(대인배상 I)은 자배법에 의해 가입이 강제되는 의무책임보험이다. 대인배상 I 이란 자동차보유자 등 피보험자가 보험증권에 기재된 피보험자동차를 소유·사용·관리하는 동안 피보험자동차사고로 타인을 죽게 하거나 다치게 하여 자배법 제3조의 운행자책임을 부담함으로서 입게 되는 손해를 자배법 시행령에서 정한 액수(사망 및 후유장애의 경우 1억원, 부상의 경우 2천만원 범위 내)를 한도로 보험자가 보상해주는 의무유한배상책임보험이다. 이 보험은 가입이 강제되고 있으므로 보험자 역시 대통령령으로 정하는 사유 이외에는 계약의 체결을 거부할 수 없다. 특히 이 보험은 강제보험으로써 사회보험적 기능을 하지만 건강보험이나 산재보험과는 달리 그 운영은 국가가 담당하지 않고 민영보험사업자가 담당하고 있다.

2) 대인배상 I 의 배상책임의 주체(운행자)

(1) 자배법 제3조의 운행자책임

① 운행자 개념

자배법상의 배상책임의 주체인 운행자란 자동차관리법의 적용을 받은 자동차와 건설기계관리법의 적용을 받는 건설기계를 자기의 점유·지배하에 두고 자기를 위하여 사용하는 자를 말한다. 여기서 운행자의 개념은 자동차의 소유자 또는 자동차의 임차인, 자동차의 위탁판매업자, 자동차의 정비업자, 보관업자 등 정당하게 사용할 권한을 가진 자보다도 더 넓은 개념으로써 절취운전자 또는 무단운전자 등 정당한 권한없이 자동차를 사용하는 자까지도 포함하는 광의의 개념이다. 절취운전자는 자동차를 정당하게 사용할 권리가 없지만 불법영득의 의사를 가지고 자동차를 운행하기 때문에 자기를 위하여 자동차를 운행하는 자이며 따라서 자배법 제3조에 의한 배상책임의 귀속주체가 되는 것이다.

(2) 운행자성이 문제 되는 경우

① 무단운전

무단운전이란 자동차 보유자와 고용관계 또는 친·인척 관계가 있는 사람이 자동차 보유자의 승낙 없이 그 자동차를 운전한 경우이다. 이 경우 무단운전자가 운행자책임을 지는 것은 당연하나 자동차보유자의 운행자책임을 인정할 것인지가 문제된다. 자동차보유자의 운행지배와 운행이익의 상실여부는 평소의 자동차나 그 열쇠의 보관 및 관리상태, 소유자의 의사와 관계없이 운행이 가능하게 된 경위, 소유자와 운전자와의 인적관계, 운전자의 차량반환의사의 유무, 무단운행 후 소유자의 사후승낙 가능성, 무단운전에 대한 피해자의 인식유무 등 객관적이고 외형적인 여러 사정을 사회통념에 따라 종합적으로 평가하여 판단하여야 한다. 판례에 의하면 대체로 신분관계가 가까울수록 차량이나 열쇠의 보관이나 관리상태가 허술할수록 자동차보유자의 운행자책임을 인정할 가능성은 높아진다.

② 절취운전

절취운전이란 차량의 보유자와 아무런 관계가 없는 제3자가 차량을 절취하여 운전한 것, 다시 말하여 차량보유자와 아무런 고용 또는 친·인척관계가 없는 제3자가 보유자의 승낙이 없음은 물론 반환할 의사도 없이 무단으로 운전된 경우이다. 절취운전자는 자동차 운행에 관하여 정당한 권리가 없음은 물론 자배법상 보유자도 아니지만 그는 불법영득의 의사로 자동차를 운행함으로써 결국 자기를 위하여 자동차를 운행하는 자가 되며 그 결과 자배법상의 배상책임의 주체가 된다. 그러나 자배법상의 운행자책임을 묻는 절취운전은 형법상의 절도죄 성립여부와는 별도의 문제이다. 대법원은 대체적으로 절취운전의 경우 자동차보유자는 원칙적으로 자동차를 절취 당하였을 때 운행지배와 운행이익을 잃어버렸다고 보아야 할 것이고 다만 예외적으로 자동차보유자의 차량이나 시동열쇠 관리상의 과실이 중대하여 객관적으로 볼 때에 자동차보유자가 절취운전을 용인하였다고 평가할 수 있을 정도가 되고 또한 절취운전 중 사고가 일어난 시간과 장소를 비추어 볼 때 자동차보유자의 운행지배와 운행이익이 잔존하고 있다고 평가할 수 있는 때에 한하여 자동차를 절취당한 자동차보유자에게 운행자성을 인정할 수 있다고 판시하고 있다.[52]

③ 명의대여

자동차 등의 등록원부상의 등록명의를 타인에게 유상 또는 무상으로 대여한 경우 실질적인 소유권과 사용권을 갖지 않은 자가 단지 소유명의만 가지고 있다고 하여 곧바로 그에게 운행자책임을 인정하지는 않고 사업협동관계 내지 지휘감독관계 등 실질관계를 따져 사회통념상 명의대여자가 자동차 등에 대하여 운행지배 및 운행이익을 가지고 있음이 인정되는 여부에 따라 판단해야 될 문제이다. 그런데 실질적인 소유자가 운행 중 사고를 야기한 때에는 등록원부 상의 소유명의자에게도 광범위하게 운행자책임을 인정하고 있다.[53]

④ 차량임대차와 사용대차

자동차의 임대차나 사용대차일 경우에는 특정의 사정이 없는 한 임차인이나 차주가 임차한 자동차에 대하여 현실적으로 운행을 지배하여 그 운행이익을 가지는 자라고 해석한다. 또한 사용대차의 대주의 경우에도 일반적으로 자동차보유자인 대주와 차주와의 사이에는 가족, 친구, 피용인 등의 밀접한 인적관계가 있는 것이 보통이고 그 사용목적이 제한적이고 대여기간도 단기간이여서 특별한 사정이 없는 한 대주에게도 운행자책임을 인정하고 있다.

⑤ 대리운전

자동차 대리운전의 경우 원칙적으로 자동차소유자가 운행자로서의 책임이 있다. 판례는 대리운전계약을 체결한 경우 자동차소유자의 운행자로서의 사회적 책임이 대리운전업자에게 객관적·외부적으로 이전된다는 점에 관한 사회일반의 인식이 형성되었다고 보기 어렵고 소유자는 대리운전계약을 체결하는 과정에서 대리운전자의 보험가입여부와 운전경력을 확인하여 그에게 자동차의 운전을 맡기는 것이 합당한지에 대하여 결정할 수 있는 기회가 부여되어 있다고 보아 자동차소유자에게 운행자성을 인정하고 있다. 다만, 특별한 사정이 있는 경우에 한하여 자동차소유자의 운행자성을 부인한 판례도 있다.[54]

52) 박세민, 전게서, 679면 참조.
53) 장덕조, 전게서, 380면 참조.
54) 장덕조, 전게서, 381면 참조.

⑥ 정비, 세차, 수리, 보관 등

일반적으로 자동차정비업자, 세차업자, 주차장업자 또는 주유업자 등은 각각 계약에 기초하여 위탁받은 목적 하에서 차량을 사용·관리할 수 있으므로 그 범위 내에서는 운행자책임을 인정할 수 있다. 차량소유자가 세차의 목적으로 세차장에 자동차를 맡김에 있어서 세차의 필요와 편의에 따른 세차장의 요구에 의하여 자동차 열쇠를 그대로 끼워둔 것을 세차장의 종업원이 차량소유자 모르게 운행하다가 사고가 발생한 경우에 세차를 의뢰하는 것은 세차작업의 완료를 목적으로 하는 도급계약관계이며 특별한 사정이 없는 한 차량소유자에게 운행자책임을 묻기는 어렵다. 따라서 자동차정비업자, 세차업자, 주차장업자 또는 주유업자 등은 그들이 각각 위탁받은 목적 하에서 차량을 사용·관리할 수 있으므로 그 범위 내에서는 운행자책임을 져야할 것이다.

(3) 운행의 개념

자배법상의 운행이라 함은 사람 또는 물건의 운송여부에 관계없이 자동차를 그 용법에 따라 사용 또는 관리하는 것을 말한다(자배법2조2호). 자배법상의 운행이란 도로교통법상의 운전보다 넓은 개념[55] 으로서 학설과 판례는 다음과 같이 판단한다.

① 학설 및 판례

개정 전 자배법 제2조 제2호에서는 자동차의 운행이란 사람 또는 물건의 운송여부에 관계없이 자동차를 당해장치의 용법에 따라 사용하는 것을 말한다고 규정했고 당해장치의 의미를 규명하려는 대표적인 학설로는 원동기설, 주행장치설, 고유장치설 및 차고출입설 등이 있다. 원동기설이란 자동자손해배상보상법 제2조 제2호에서의 자동차의 당해장치를 원동기장치로 보아 운행이란 당해장치인 원동기의 용법에 의해 육상을 이동하는 것이라 본 것이며, 주행장치설은 운행의 범위를 원동기의 작동뿐만 아니라 주행장치의 조종에 의한 이동까지를 포함한다고 보는 견해이며 다음으로 고유장치설은 자동차의 용도에 따라 구조상 설비된 각종의 고정장치를 각각의 목적에 따라 사용하는 것을 운행이라 보는 것이다. 즉 자동차의 당해장치란 자동차에 필요한 전 장치를 의미하는 것으로 원동기 내지 주행장치 이외에도 자동차의 용도에 따라 그 구조상 설비되어 있는 각종 고유의 고정장치를 모두 포함하는 것으로 보는데 이것이 다수의 견해이다. 다음으로 차고출입설은 자동차가 차고를 나와 다시 차고로 돌아갈 때까지 주·정차를 포함한 모든 운전행위를 운행으로 보고 있다. 이에 따르면 자동차가 주행·주차 또는 정차 및 적하물의 적재 또는 하역에 이르기까지 모든 시간이 운행 중인 것으로 파악하여 도로상의 자동차가 그 쓰임새에 따라 존재한다면 이는 운행으로

55) 최준선, 전게서, 285면 참조.

보는 설이다. 판례는 고유장치설의 입장이다.

3) 자동차손해배상책임보험(대인 I)의 특징

(1) 강제책임보험

자동차손해보상책임보험은 강제보험으로써 자동차사고로 인한 피해자인 제3자의 사망 또는 상해에 대한 피보험자의 배상책임을 담보하는 보험을 말한다.[56] 자동차손해배상책임보험에 있어서는 자동차보유자의 보험가액이 강제되어 있으므로 보험계약 체결의 일반원칙이 그대로 적용될 수 없고 법률상 보험자의 계약강제가 수반된다. 따라서 자배법 제20조는 자동차손해배상책임보험을 의무적으로 가입토록 하며 만약 의무보험에 가입하지 않은 자동차의 발견 시에는 시장·군수·구청장에 의해 자동차의 등록번호판이 영치될 수 있고 그 경우 자동차 소유자의 성명·주소, 자동차의 종류·등록번호 및 영치 일시 등이 적힌 영치의 통보를 받게 된다. 그런 후 자동차보유자가 의무보험에 가입하면 영치는 해제되며 또 등록번호판을 부착하지 않은 자동차를 운행하는 경우에는 30만원의 과태료를 부과 받게 된다. 그리고 만약 의무보험에 가입되지 않은 자동차를 운행한 자동차보유자는 1년 이하의 징역 또는 500만원 이하의 벌금에 처하게 된다. 또한 보험자도 자동차보유자가 책임보험 등에 가입하고자 할 때에는 대통령령이 정하는 사유[57]가 있는 경우 외에는 계약의 체결을 거부하지 못한다. 따라서 자동차손해배상책임보험은 보험회사의 계약인수를 의무화 하는 보험으로서 조건부 무과실책임보험이며 보험계약자 피보험자의 고의적인 사고를 제외하고는 모두 부책으로 하고 있다.

(2) 피해자의 직접청구권

피해자의 직접청구권(가불금청구권)의 인정 자동차 손해배상책임보험은 정부의 손해배상보장사업에 대한 손해보상청구권(직접청구권)이 인정되는 보험으로서 이러한 직접청구권에 대하여는 압류 또는 양도가 금지되는 보험이다.

---

56) 책임보험은 2003년까지는 대인배상책임보험에 한정하였으나 2003년 자배법이 개정됨으로 인하여 대물배상책임(1,000만원)에 대해서도 강제보험을 도입하였다.

57) 보험자가 보험인수를 거절할 수 있는 사유란 다음과 같다.
- ㉮ 자동차관리법 또는 건설기계관리법에 의한 검사를 받지 아니한 자동차에 대한 청약이 있는 경우
- ㉯ 여객자동차운수사업법, 화물자동차운수사업법 및 건설기계관리법 기타 법령에 의하여 운행이 정지 되거나 금지된 자동차에 대한 청약이 있는 경우
- ㉰ 청약자가 청약 당시 사고발생의 위험에 관하여 중요한 사항을 고지하지 아니하거나 부실한 고지를 한 것이 명백한 경우

(3) 피해자 1인당 한도액

피해자 1인당 한도액은 있으나 1사고당 한도액은 없는 보험이다. 최저보험금 제(사망보험금 1억, 상해보험금 2000만원 내)가 실시되는 보험이다.

(4) 사회보험성

자동차손해배상책임보험은 자동차사고로 인한 사회적 위험을 분산시켜 피해자를 보호하여 사회보장제도의 확립을 꾀하고 있다.

4) 자동차 손해배상책임보험의 손해보상책임

(1) 보상책임의 요건

① 자동차의 운행으로 인한 타인의 사상(死傷)

자동차손해배상책임보험에서 보험자가 보상책임을 지게 되는 것은 자동차의 운행으로 말미암아 다른 사람을 사망하게 하거나 부상하게 한 경우 그 손해를 배상할 책임을 져야한다.

② 피보험자의 제3자에 대한 배상책임

자동차손해배상책임보험에서의 보험자의 보상책임은 피보험자가 자기를 위하여 자동차를 운행하다가 생긴 제3자의 인적손해에 대하여 자배법상 손해배상책임을 지는 것이 그 전제가 된다. 여기서 자기를 위한 자동차의 운행이란 그 차량의 운행지배와 운행이익을 가지고 운행하는 것으로 자동차 보유자의 의사에 따라 운행하는 경우는 물론 그의 관련성을 갖는 운행 및 외관상 보유자의 운행과 같게 볼 수 있는 경우도 포함한다.[58]

㉮ 제3자의 범위와 그 지위

㉠ 제3자(타인)의 범위

자동차손해배상책임보험에서 제3자라 함은 자동차의 운행으로 사망 또는 부상을 입은 피해자 또는 그의 상속인으로서 피보험자에게 손해배상청구를 할 수 있는 사람을 말한다.

ⓐ 운행자의 배우자 및 직계존비속

자배책보험약관의 면책사유는 단지 고의만을 예시하고 있음에도 불구하고 그동안

---

58) 양승규, 전게서, 404면 참조.

자배책보상실무에서는 운행자의 배우자 및 직계존비속은 비록 자배법상 타인에 해당한다고 할지라도 경제적 귀속주체가 동일하여 손해배상이행의 효과가 없음을 이유로 보상대상에서 제외하여 왔다. 그러나 최근 보험 분쟁심의와 판례 등의 결과에 따라 운행자의 배우자 및 직계존비속은 당해 운행에 있어서 누구의 운행지배가 더 직접적·현재적·구체적인가를 판단하여 진정공동운행자 또는 전부적공동운행자에 해당하지 않는 이상 타인으로 인정하고 있다. 따라서 근친자인 피해자가 보험자에게 피해자직접청구권을 행사하여 보상을 요구하게 되면 보험자는 보험금을 지급해야 한다. 다만 근친자의 타인성은 상대적·비율적으로 감소한다는 이론적 바탕위에 사고차량에 동승한 근친자의 경우에는 일반적인 호의동승자에게 적용되는 감액비율보다 높게 적용하고 있다. 또한 손해배상의무자가 피해자의 상속인이 되는 경우처럼 민법 제507조의 혼동에 의해 그 손해배상청구권이 소멸되는 경우 그 범위 내에서 보험자의 보상책임도 발생하지 않는다 하여 지급보험금의 산정 시 이를 공제하여 산정하고 있다.

ⓑ 호의동승자

호의동승이란 대가의 지급 없이 타인의 자동차에 호의로 동승하는 것을 말하는데 이러한 호의동승자가 사고를 당한 경우에 그에게 운행자성(운행이익과 운행지배)이 인정되는가 하는 문제가 있다. 만약 이것이 인정된다면 차량의 운행자의 책임이 면책될 수 있는가의 문제가 발생하게 되는데 이에 대하여 상법과 자배법에는 명문의 규정이 없다. 차량의 운행자가 아무런 대가를 받음이 없이 동승자의 편의와 이익을 위해서 동승을 제공하고 동승자로서도 그 자신의 편의와 이익을 위해서 이를 제공받은 경우에는 동승자에게도 자배법상 타인에 해당되어 보호받을 수 있으며 다만 과실상계의 문제는 별도로 남는다고 보아야 할 것이다.[59]

ⓒ 공동운행자

공동운행자란 동일한 자동차가 복수의 사람에 의하여 운영되고 있는 경우에 이런 복수의 사람을 공동운행자라고 한다. 여기에는 그 형태에 따라 크게 진정공동운행자[60] 부분적 공동운행자[61] 절충적 공동운행자[62] 중첩적 공동운행자[63]로 나누어진다.

---

59) 박세민, 보험법, 제2판, 박영사, 696면.

60) 진정 공동운행자란 단일의 공동 목적을 위해 자동차를 운행하고 그 경비도 공동으로 부담하는 경우인데 사업상의 동업자 관계, 공동임차인 등이 이에 해당하고 타인성은 부인된다.

61) 부분적 공동운행자란 수인이 자동차를 공유하고 그 경비도 부담하고 있지만 구체적인 운행은 그 수인 중 1인을 위한 것으로 격일제 차량을 사용하는 경우를 들 수 있다. 구체적 운행에 참여하지 않고 있는 운행자는 타인성이 인정된다.

62) 절충적 공동운행자란 수인 중 1인이 자동차를 보유하고 그 경비도 혼자서 부담하고 있으나 다른 사람이 소유자의 신분상 또는 계약상에 의하여 수시로 자기목적을 위하여 자동차를 운행하

㉡ 제3자(타인)의 지위

자동차손해배상책임보험의 피보험자는 자동차의 보유자 또는 운전자이므로 자동차 사고로 인한 피해자인 제3자는 피보험자인 자동차의 보유자 또는 운전자에게 손해의 배상을 청구할 수 있으나 책임보험제도로 인하여 피해자는 보험금의 한도에서 보험금 청구권을 가진다(상법 제724조 제2항). 따라서 자동차손해배상책임보험에 있어서 피해자는 비록 보험계약의 당사자는 아니지만 자동차의 운행으로 인한 사상(死傷)이 자신의 고의로 인한 것이 아닌 한 보험자에 대하여 직접보험금의 지급을 청구할 수 있고 이 청구권에 대하여는 압류 또는 양도를 금지하도록 하고 있다.

㉯ 자동차의 운행과 사고사이의 상당인과관계

자동차의 운행 중에 일어난 사고라고 하여 모두 자배법에 의한 손해배상책임을 지는 것이 아니라 자동차의 운행과 피해자의 사망 또는 부상 사이에 상당 인과관계가 있는 경우에 한하여 운행자가 책임을 진다. 따라서 보험자는 타인의 사망 또는 부상이 보험에 든 자동차의 운행과 상당인과관계를 가지고 피보험자가 제3자인 피해자에게 배상책임을 지는 경우에 그 보상책임을 지게 된다. 그러므로 자동차의 운행 중에 생긴 사고라 하더라도 그것이 자동차의 운행과 상당인과관계가 없는 경우에는 보험자의 보상책임은 발생되지 않는다.

5) 자동차 손해배상책임보험(대인배상Ⅰ)의 면책사유

(1) 승객이 아닌 자의 사상(死傷)

운행자는 운행으로 인해 승객이 아닌 자가 사망하거나 부상한 경우에는 첫째, 운행자 및 운전자가 자동차의 운행에 관하여 주의를 게을리 하지 아니하고 둘째, 피해자 또는 자기 및 운전자 이외의 제3자에게 고의과실이 있으며 셋째, 자동차의 구조상의 결함 또는 기능에 장애가 없었다는 것을 증명한 때에는 면책된다.

(2) 피해자가 승객인 경우

보험자는 승객이 고의나 자살행위로 사망하거나 부상하였음을 입증한 경우에는 면

는 경우를 말한다. 예컨대 남편 또는 세대주의 자동차를 그의 아내나 그의 가족이 수시로 운행하는 가족차(Family Car)가 이에 해당한다. 특수한 신분관계가 어떠냐에 따라 타인성의 유무가 판단된다.

63) 중첩적 공동운행자란 자동차에 대한 운행지배가 수인에 의하여 수직적으로 중복되는 경우를 말한다. 렌트카 업자와 임차인의 관계가 그 예가 될 수 있다. 타인성 인정여부는 구체적인 경우에 있어서 운행지배가 완전히 임차인에게 이전 되었는가에 따라 결정된다.

책된다(자동차손해배상보장법3조2호). 그런데 실무상으로는 승객에 대한 면책사유가 인정되는 일은 거의 없어 피보험자의 과실유무를 따지지 않는 일종의 무과실책임을 인정하고 있다. 여기에서 승객의 고의 또는 자살행위는 그 행위가 승객 스스로의 자유로운 의사결정에 의하여 의식적으로 이루어진 경우에만 면책행위로서 인정할 수 있다. 자동차의 운행 중 승객의 인적손해가 생긴 경우 그것이 운행자에게 아무런 과실이 없고 제3자의 불법행위로 말미암은 것이라 하더라도 자동차손해배상보장법 제3조2호에 의하여 운행자는 승객에 대하여 손해배상책임을 지게 되어 운행자의 무과실책임을 인정하게 된다.

(3) 약관상 면책사유

대인배상Ⅰ에서의 약관상 면책사유로는 보험계약자 또는 피보험자의 고의로 인한 손해만을 면책사유로 하고 그 외의 약관상 면책사유는 거의 없다. 위에서 본 바와 같이 피해자 보호를 위하여 거의 무과실책임을 인정하고 있기 때문이다.

6) 보험금 지급과 소멸시효

자동차사고로 인하여 사상된 피해자 또는 그의 유족은 자배법 시행령 제6조의 규정에 따라 보험자에게 보험금청구서를 제출할 수 있고 이 경우 보험자는 보험계약자(피보험자)에게 그 사실을 통지하고 보험계약자의 의견을 청취한 후 보험금을 지급하여야한다. 이 경우 그 손해액이 확정되지 아니한 경우 피해자는 가불금을 청구할 수 있으며 이때 보험자는 지체 없이 그 청구한 금액을 지급하여야한다. 이러한 보험금 지급청구권의 소멸시효는 자동차의 운행으로 사고가 발생하고 그 보험금이 확정된 날로부터 3년(상법 제652조)이 경과하면 시효로 인하여 소멸된다.

5. 대물배상Ⅰ(자동차 손해배상책임보험의 대물배상)

자동차 손해배상책임보험의 대물배상Ⅰ은 본래 2003년 까지는 임의 보험으로 있었으나 2003년 자배법 개정으로 인해 대물배상책임보험에 대해서도 의무보험화하여 강제보험이 되었다. 그에 따른 보상한도(보험)금액은 현재1,000만원으로 하고 있으며 그 범위를 초과하는 손해에 대하여는 자동차종합보험의 대물편(대물Ⅱ)에서 담보하고 있다. 과거의 자동차 손해배상보장법을 살펴보면 이 법은 자동차의 운행으로 사람이 사망하거나 부상한 경우에 손해배상을 보장하는 제도를 확립하여 피해자를 보호하고, 자동차사고로 인한 사회적 손실을 방지함으로써 자동차운송의 건전한 발전을 촉진함을 목적으로 한다고 규정하였으나 자배법이 개정되면서 개정된 자배법에서는 이 법은 자동차의 운행으로 사람이 사망하거나 부상한 경우 및 재물이 멸실 또는 훼손된 때에 손해배상을 보장하는 제도를 확립하여 피해자를 보호하고, 자동차사고로 인한 사회적 손실을 방지함으로써 자동차운송의 건전한 발전을 촉진함을 목적으로 한다고 하여 재물의 멸실 또는 훼손의 경우에도 자동차 손해배상보장법상의 보호를 받도록 하고 있다.

6. 자동차손해배상보장사업

자동차손해배상책임보험은 자동차의 운행으로 사망 또는 부상을 입은 피해자보호에 그 중점을 두고 있다. 그러나 자동차의 운행으로 사상을 입은 피해자가 자동차사고를 발생시킨 가해자를 확인할 수 없는 경우에는 피해자는 손해배상금의 지급을 청구할 수 없게 된다. 이러한 피해자를 보호하기 위한 장치가 요구되는데 이를 위하여 정부는 자동차손해배상보장사업을 하고 있다. 보장사업의 주체는 정부이고 국토교통부장관이 그 업무를 관장한다. 정부는 가해자가 뺑소니를 침으로 인하여 그 가해자를 알 수 없거나 또는 자동차손해배상책임보험이나 자동차책임공제에 들지 아니한 경우 피해자의 청구에 따라 책임보험금의 한도 내에서 그가 입은 손해를 보상하도록 하고 있는데 이것이 자동차손해배상보장사업이다. 이 보장사업은 자동차의 운행으로 인한 사고의 피해자가 아무런 구제를 받을 수 없는 경우 책임보험금의 한도에서 보상하는 것이므로 피해자가 국가배상법, 산업재해보상보험법 등에 의하여 손해배상을 받거나 손해배상책임자로부터 그 손해의 배상을 받은 때에는 정부는 그가 배상받은 금액의 범위 안에서 그 보상책임을 면한다(자배법 28조).[64]

7. 자동차 종합보험

1) 서언

(1) 의의

자동차 종합보험이라 함은 자동차 의무배상책임보험인 대인배상 I (보험금 1억원)과 대물배상 I (1천만원)을 초과하는 보험사고에 대한 손해를 배상하기위한 임의배상책임보험으로서의 대인 II 와 대물 II[65] 그리고 자기차량보험(자차보험)과 자기신체사고(자손사고) 및 무보험차 상해보험을 통틀어 이를 자동차 종합보험이라고 한다.

---

64) 양승규, 보험법 제5판, 삼지원, 2005, 408면.

65)여기에서 의무보험인 대물보험(1천만원)을 편의상 대물배상 I 으로 표기하고 이를 초과하는 부분에 대한 보험을 대물 II 로 표기하기로 한다.

(2) 자동차종합보험의 특징

자동차종합보험은 개인용, 업무용 및 영업용으로 구분되어 있으며 특히 배상책임은 대인배상Ⅱ 및 대물배상Ⅱ로 나누어져 있고 그 외 자차보험과 자기신체사고 및 무보험차 상해보험으로 이루어져 있다. 특히 대인배상Ⅱ와 대물배상Ⅱ의 보험자는 피보험자가 제3자에게 손해배상책임을 짐으로써 입은 손해 가운데 자동차손해배상책임보험(대인Ⅰ과 대물Ⅰ)에서 담보하고 있는 금액을 초과하는 손해를 보상하는 보험을 말한다. 2003년까지는 대물배상책임보험은 의무보험이 아닌 임의 보험이었으나 2003년 자배법 개정 이후 대물배상책임보험에 대해서도 일정부분(1,000만원)강제(의무)보험을 도입하면서 사실상 대물배상보험도 대물Ⅰ과 대물Ⅱ로 나누어지게 되었는데 여기에서 대물Ⅱ가 대인Ⅱ와 함께 종합보험으로 된 것이다. 그리하여 개인용자동차 종합보험에 있어서 대인배상Ⅱ는 1인당 5000만원, 1억원, 2억원, 3억원 무한배상으로 되어 있으나 대체적으로 거의 대부분 무한으로 가입하고 있고 또 대물배상책임은 개인용, 업무용, 영업용으로 나누어 놓고 보상한도는 2천만원, 3천만원, 5천만원, 1억원, 2억원, 3억원 등으로 해 놓고 있다.

2) 임의배상 책임보험

(1) 대인배상Ⅱ

① 의의

자동차사고의 인적손해는 미리 그 정도를 예측할 수 없다. 인적피해가 예상 외로 커지면 보상한도가 제한되어있는 의무배상책임보험만으로는 자동차사고 피해자에 대한 충분한 보험보호를 기하기 어렵다. 따라서 이 점을 보완하기 위하여 강제책임보험에 의하여 보상되지 않는 부분에 대한 운행자의 배상자력확보를 위하여 임의책임보험이 필요하다. 따라서 대인Ⅱ는 보험기간 중 피보험자가 피보험자동차의 소유·사용·관리 중에 발생한 피보험자동차사고로 말미암아 타인이 사망하거나 상해를 입어 과실 있는 피보험자가 피해자에게 법률상 손해보상책임을 짐으로서 입은 손해 중 대인배상Ⅰ로 지급되는 금액을 넘는 손해에 대하여 그 초과손해를 보상하는 보험을 말한다.

② 형사책임의 면제

보험제도는 본래 민사책임에 대하여 그 손해를 보상하는 제도이지 형사책임에 대한 책임을 면탈하는 제도는 아니다. 그러나 특별히 자동차보험 대인배상Ⅱ에서는 피보험자가 무한배상책임보험에 가입하여 피해자에 대한 확실한 피해자보상대책을 마련한 피보험자에 대해서는 정책적으로 일정한 요건 하에 형사책임을 면제하고 있으므로 통상 대인무한책임보험(대인Ⅱ)에 가입하여 형사책임을 면하고 있다.

③ 면책사유

임의배상책임보험에 있어서 실무상 문제되는 약관상의 면책사유는 다음과 같다.

㉮ 무면허운전면책

무면허운전이란 도로교통법상의 운전면허를 취득하지 아니하고 자동차를 운전하는 것을 말한다. 운전자의 운전면허가 정지되거나 취소된 경우에도 무면허운전에 해당한다. 무면허운전은 운전능력과는 무관하다. 또한 무면허운전면책조항은 사고발생의 원인이 무면허운전에 있음을 이유로 한 것이 아니라 사고발생 시에 무면허운전중이였다는 법규위반사항을 중시하여 이를 보험자의 보험대상에서 제외하는 사유로 규정한 것이므로 운전자가 무면허운전의 사실을 인식하지 못하는 경우에도 면책약관상의 무면허운전에 해당한다.

㉯ 음주운전면책

자동차종합보험약관은 음주로 인한 면책은 무면허와 달리 취급한다. 피보험자 본인이 음주운전을 하였거나 기명피보험자의 명시적 또는 묵시적 승인 하에서 피보험자동차의 운전자가 음주운전을 하였을 때에 생긴 사고로 인한 손해 중 2백만원(대인사고)과 5십만원(대물사고)이 면책된다.

㉰ 업무상재해면책

업무상재해면책이라 함은 재해가 업무상 자동차사고로 인해 발생하고 그 피해자가 피보험자에 고용되어 있는 근로자인 경우에는 산업재해보상보험과 자동차보험 중 대인배상책임보험의 문제가 함께 발생한다. 과거 업무상재해면책조항의 효력에 관하여는 유효설과 무효설, 제한적 무효설 등의 학설이 대립되어 왔다.

㉠ 유효설

업무상 재해로 인한 교통사고에 대하여는 이를 보상하기 위한 산재보험이 사회보험으로 영위되고 있기 때문에 자동차보험이 이를 보험사고범위에서 제외하여 인수하지 아니한 것이므로 자동차종합보험에서 업무상 재해를 보험사고로 인수하였음을 전제로 하는 약관규제법 위반여부는 문제되지 않는다는 견해이나. 또한 업무상의 재해로 인한 자동차사고는 통상적인 자동차의 운행으로 인한 사고와는 그 위험도가 높아 구별되기 때문에 산재보험특별약관 등으로 보상되어야 하는 것이지 자동차종합보험에서 담보할 성질의 것이 아니라고 보는 설이다.[66]

㉡ 무효설

업무상 자동차사고의 피해자인 피용자는 자동차의 운행을 지배하는 지위에 있는 것도 아니고 자동차사고와 업무수행 사이에 직접적인 관계가 있는 것도 아닌데 단지 피해자가 우연히 다른 보상을 일부 받을 수 있다는 사유만으로 보험회사에 면책을 인정하는 것은 자동차사고에 기인하는 민사상 불법행위책임을 보장하는 자동차종합보험약관의 취지에 어긋난다. 또, 산업재해보상보험은 사용자가 근로자의 업무상 재해로 인한 손해를 전보할 능력이 없는 경우에 대비하여 근로자를 보호하기 위하여 필요한 최소한의 금액을 지급하는 제도인데 산업재해보험제도가 있다하여 근로자의 업무상 자동차사고로 인한 손해가 자동차종합보험의 담보위험에서 제외되었다고 풀이하는 것은 근로자를 보호하려고 생긴 제도가 오히려 근로자에게 피해를 주는 결과가 된다.[67]

㉢ 제한적 무효설

무효설을 따르되 그 무효사유의 이유 등이 대부분 자동차종합보험은 무한책임을 지는 점에 근거하고 있음에 비추어 업무상재해면책조항을 전면적으로 무효라고 볼 필요는 없고 피해자가 수령 또는 수령 가능한 산재보험금 범위 내에서만 보험회사가 면책되고 그 범위를 넘는 부분에 관하여는 위의 면책조항을 무효로 보아 보험회사의 책임을 인정해야 한다는 견해[68]이다. 이 설이 타당하다고 보아지며 동의한다.

㉣ 유상운송면책

보험자는 요금이나 대가를 목적으로 하여 반복적으로 피보험자동차를 사용하거나 대여한 때에 생긴 손해에 대하여는 책임을 지지 아니한다. 다만 1개월 이상의 기간을 정한 임대차계약에 의하여 임차인이 대가를 받지 아니하고 피보험자동차를 전속적으로 사용하는 경우에는 책임을 지고 보상한다. 그러나 임차인이 피보험자동차를 요금이나 대가를 목적으로 반복적으로 사용하는 경우는 보상하지 아니하는데 그러한 이유는 자동차는 개인용, 업무용 및 영업용으로 나누어 각각의 담보위험과 보험료율을 달리하고 있는데 그 이유는 자동차의 용도에 따라 사고위험이 다르기 때문이다.

㉤ 가족면책

자동차종합보험약관 대인배상Ⅱ는 기명피보험자와 그 부모, 배우자 및 자녀, 그리고 운전피보험자와 그 부모, 배우자 및 자녀, 승낙피보험자 및 그 부모, 배우자 및 자

66) 장덕조, 전게서, 395면.
67) 장덕조, 전게서, 395면.
68) 장덕조, 전게서, 395면.

녀 등의 사고에 대하여는 보상하지 않는다는 규정을 두고 있다. 판례는 이러한 면책사유에 대하여 가족 간에는 그 가정 내에서 처리하는 것이 보통이고 또한 별도의 자손사고보험으로 보상한다는 점에서 유효하다고 본다.

(2) 대물배상II(대물 임의 배상책임보험)

① 의의

피보험자가 자동차사고로 타인의 재물을 멸실 또는 훼손하여 그 타인에게 생긴 직접손해에 대하여 법률상 손해배상책임을 부담함으로써 입은 손해를 보험자가 보상하는 책임보험이다. 여기에서 피보험자의 손해배상책임은 민법상의 불법행위에 의한 손해배상책임을 말한다.

② 면책사유

대물배상책임보험Ⅱ의 면책사유는 대인배상책임보험Ⅱ와 거의 유사하다. 대인배상Ⅱ와 비교해보면 첫째, 무면허운전면책은 동일하고 음주운전면책도 동일하나 자기부담금이 5십만원(대인Ⅱ는 200만원) 으로 되어있고 둘째, 업무상재해면책사유가 대물배상책임에는 존재하지 않으며 셋째, 유상운송면책도 동일하고 가족 등의 경우에는 피보험자 또는 그 부모, 배우자 및 자녀가 소유·사용 또는 관리하는 재물에 생긴 손해와 피보험자가 사용자의 업무에 종사하고 있을 때 피보험자의 사용자가 소유·사용 또는 관리하는 재물에 생긴 손해, 피보험자동차에 싣고 있거나 운송중인 물품에 생긴 손해, 서화, 골동품, 조각물, 기타 미술품과 탑승자와 통행인의 의류나 소지품에 생긴 손해 등은 면책규정으로 해 놓았다.[69]

(3) 자차보험(자기차량보험)

① 의의

자기차량손해보험이란 피보험자가 피보험자동차를 소유, 사용, 관리하는 동안에 우연한 사고로 피보험자동차와 피보험자동차에 통상 붙어있거나 장치되어 있는 부속품 및 부속기계장치에 직접적인 물적손해가 발생한 경우 보험가입 한도 즉 보험금액 내에서 보험자가 피보험자의 손해를 보상하는 물건보험이다.

② 피보험자

자기차량손해보험에 있어서 피보험자는 피보험자동차의 소유자라고 말할 수 있는데 약관에서는 자기차량손해보험에 있어서 피보험자는 보험증권에 기재된 기명피보

---

69) 장덕조, 전게서, 399면.

험자라고 제한하여 규정하고 있다.

③ **면책사유**

자기차량손해에 있어 면책사유에 대해서는 자동차보험표준약관 제27조에서 정하고 있다. 그 내용을 살펴보면 보험계약자, 기명피보험자, 30일을 초과하는 기간을 정한 임대차계약에 의해 피보험자동차를 빌린 임차인, 기명피보험자와 같이 살거나 생계를 같이하는 친족이 무면허운전, 음주운전 또는 마약, 약물의 흡입으로 인한 운전을 하였을 때에 생긴 손해를 면책사유로 하고 있다.

(4) 자기신체사고보험(자손보험)

① **의의**

자기신체사고보험이란 피보험자 자신이 피보험자동차를 소유, 사용, 관리 또는 운전하는 동안에 생긴 우연한 사고로 인하여 죽거나 다친 때에 그로 인한 손해에 대하여 보험자가 책임을 지는 보험을 말한다. 여기에는 사망보험금, 부상보험금, 후유장해보험금 등이 있고 보험금은 보험계약 시 보험자와 합의한 보험가입금액 한도 내에서 지급하고 있다. 피보험자가 피보험차량의 운행 중 자동차사고로 상해를 입었을 때 그 사고가 자신의 과실에 의한 단독사고이거나 가해자가 있더라도 가해자 측이 무보험 또는 무자력 등으로 인하여 결국 대인배상책임보험이 적용되지 않는 사고가 발생하여 피해자나 그 가족이 구제받지 못하는 경우를 대비한 보험이다.

② **법적성질**

이 보험은 피보험자의 상해를 보험사고로 하고 그 원인을 자동차사고로 한정하는 것으로 그 성질은 인보험의 상해보험에 속한다. 따라서 보험가액은 없고 보험금액만 존재하는 보험으로서 보험금에는 사망보험금, 부상보험금 및 후유장해보험금으로 나뉜다. 사망과 후유장해의 경우에는 정액보험이므로 손해보험적 성격이 없이 인보험의 성격만을 그대로 보여주고 있다.

③ **피보험자**

자기신체사고보험의 피보험자의 범위는 대인배상Ⅱ 또는 대물배상책임보험과 비교해 볼 때 보다 넓은 범위로 확대되고 있는데 여기에서 피보험자의 범위는 피보험자, 피보험자의 부모, 배우자 및 자녀이다.

④ **면책사유**

자기신체사고보험에 있어서 면책사유에는 자동차보험표준약관 제14조에서 정하고 있다. 과거 피보험자가 무면허음주운전을 하던 중 그 운전자가 상해를 입은 때에 생긴 손해는 보상하지 아니한다는 무면허·음주운전 면책사유가 있었으나 판례는 일관되게 무효를 선언하였고 이에 따라 위 면책조항은 삭제되었다. 그 근거에 대하여는 인보험에 있어서는 고의만 면책사유로 되어있고 중과실은 부책으로 하기 때문이다. 따라서 보험약관이 만약 무면허운전이나 음주운전을 면책으로 할 경우 이는 상법 제663조에 반하여 무효로 될 것이다.

(5) 무보험자동차에 의한 상해보험

① 의의

자동차 보험에 있어서 무보험자동차라 함은 피보험자를 사망시키거나 다치게 한 자동차가, 자동차보험대인배상Ⅱ나 공제계약에 가입되어 있지 않는 자동차를 말한다. 따라서 무보험자동차에 의한 상해보험이란 보험계약자 및 피보험자의 가족 등이 운전하던 중 무보험차량 또는 뺑소니차량 등 보유자를 알 수 없는 자동차에 의해 사망하거나 상해를 입은 경우 그로 인한 손해에 대해 자기의 보험자(피보험자 자신이 보험에 가입한 보험회사)로부터 상해보상을 받는 보험을 말한다. 이 보험의 법적성질에 대하여 판례는 손해보험으로서의 성질과 함께 상해보험으로 파악한다고 하지만 이에 대하여는 검토의 여지가 있다.[70] 왜냐하면 무보험자동차에 의한 상해보험은 보험의 목적이 사람으로서 먼저 인보험에 속하는 보험이며 피보험자가 사망한 경우 이를 손해보험으로 보는 것은 문제가 있다고 생각되므로 이는 인보험의 상해보험으로 봄이 타당하다고 보아진다.[71]

② 무보험자동차

자동차보험약관의 무보험자동차라 함은 피보험자를 사망시키거나 다치게 한 자동차로서 첫째, 자동차보험대인배상Ⅱ나 공제계약이 없는 자동차 둘째, 자동차보험대인배상Ⅱ나 공제계약에 가입했으나 보상받지 못하는 경우에 해당하는 자동차(상대자동

70) 장덕조, 전게서, 401면.

71) 자동차 보험에 있어서 보험의 종류를 보험의 목적을 중심으로 하여 분류해보면 대인 Ⅰ과 대인 Ⅱ는 보험사고가 발생하는 보험의 목적은 사람이고 피보험자의 피보험이익은 책임이익이다. 따라서 책임보험을 손해보험으로 볼 경우 이것은 손해보험으로서의 상해보험으로 볼 수도 있다. 그러나 보험의 목적을 중요시하게 보고 해석할 경우에는 이것은 인보험의 상해보험으로 보아야 할 것이다. 그리고 또 대물보험Ⅰ과 Ⅱ는 전형적인 물 보험으로서 손해보험이며 자차보험도 물 보험으로서 손해보험이나 자기신체사고보험이나 무보험차 상해보험은 인보험의 상해보험으로 봄이 타당하다고 보아진다. 왜냐하면 자기신체사고보험이나 무 보험차 상해보험에서 보험가액을 산출할 수 없음은 물론 피보험자의 사망 시 손해보상의 원칙(실손보상의 원칙)이 적용될 수 없기 때문이다. 따라서 이것은 손해보험으로 보아서는 안 된다고 보아야 할 것이다.

차가 대인배상Ⅱ 등에 가입했어도 보험자의 책임이 면책되는 경우) 셋째, 본 약관에서 보상될 수 있는 금액보다 보상한도가 낮은 자동차보험의 대인배상Ⅱ나 공제계약이 적용되는 자동차를 말하며 다만 피보험자를 죽게 하거나 다치게 한 자동차가 두 대 이상인 경우에는 각각의 자동차에 적용되는 자동차보험의 대인배상Ⅱ 또는 공제계약에서 보상되는 금액의 합계액이 본 약관에서 보상될 수 있는 금액보다 낮은 경우에 한하는 그 각각의 자동차를 무보험자동차로 본다. 넷째, 피보험자를 죽게 하거나 다치게 한 자가 명백히 밝혀지지 않은 경우에 그 자동차 등을 말한다.[72]

③ 법적성질

무보험자동차에 의한 상해보험을 손해보험으로서의 성질과 상해보험으로서의 성질을 모두 갖고 있는 손해보험형 상해보험으로 보는 견해가 있다.[73] 그런데 그것이 피보험자의 생명 또는 신체에 대한 사고를 대상으로 하므로 상해보험으로서의 성격을 가지고 있는 것은 분명하다. 그러나 보험의 목적 편에서 볼 경우, 이것은 보험의 목적인 피보험자는 사람이므로 인보험에 속한다고 볼 수도 있다. 따라서 이를 손해보험형 상해보험으로 볼 것이냐 인보험의 상해보험으로 볼 것이냐에 대하여는 견해가 다를 수 있다. 상해보험을 손해보험으로 볼 경우에는 손해보험형 상해보험으로 볼 수도 있다. 그러나 손해보험이란 본래 물보험과 관련된 보험으로서 여기에는 손해보상의 원칙(실손보상의 원칙)이 적용되는 보험을 예견하고 있다. 따라서 보험의 목적이 사람이 되는 무보험자동차 상해보험이나 자기신체사고보험은 실손보상이나 보험가액 등을 관련시키는 것은 거리가 있다고 보아진다. 물론 상해보험을 생각할 때 실손보상은 어느 정도 인정 할 수 있는 부분이 있으나 보험가액을 따지는 것은 불가하다. 그러므로 보험가액을 논할 수 없는 이러한 보험을 손해보험으로 분류하기는 무리가 있다. 따라서 무보험자동차 상해보험이나 자기신체사고보험은 손해보험으로 볼 것이 아니라 인보험으로 보아야 하고 따라서 인보험의 상해보험으로 봄이 타당하다고 생각된다. 아울러 자동차보험은 보험의 목적이 물(적극적 재산)과 책임(소극적 재산)과 인(人)이 혼합되어 있는 혼합보험으로서 인보험과 물(손해보험)보험이 혼재되어 있다고 보아야 할 것이다.

④ 피보험자의 범위

무보험자동차에 의한 상해보험의 피보험자의 범위에는 ㉮ 기명피보험자 및 기명피보험자의 배우자(피보험자동차에 탑승 중이었는지의 여부를 불문한다), ㉯ 기명피보

72) 박세민, 전게서, 743면.

73) 대법원 2003.12.26.선고 2002다61958 판결; 대법원 2000.2.11선고. 99다50699 판결; 박세민, 전게서 396면.

험자 또는 그 배우자의 부모 및 자녀(피보험자동차에 탑승 중이었는지의 여부를 불문한다), ㉰ 피보험자동차에 탑승중인 경우로 기명피보험자의 승낙을 얻어 피보험자동차를 사용 또는 관리중인 자, 다만 자동차정비업, 주차장업, 급유업, 세차업, 자동차판매업, 자동차탁송업 등 자동차를 취급하는 것을 업으로 하는 자(이들의 피용자 및 이들이 법인인 경우에는 그 이사와 감사를 포함한다)가 업무로서 위탁받은 피보험자동차를 사용·관리하는 경우에는 피보험자로 보지 않는다. ㉱ 위 각 피보험자를 위하여 피보험자동차를 운전 중인 자 다만, 자동차정비업, 주차장업, 급유업, 세차업, 자동차판매업, 자동차탁송업 등 자동차를 취급하는 것을 업으로 하는 자(이들의 피용자 및 이들이 법인인 경우에는 그 이사와 감사를 포함한다)업무로서 위탁받은 피보험자동차를 사용·관리하는 경우에는 피보험자로 보지 않는다. 한편, 무보험자동차에 의한 상해담보도 실손보상주의를 채택하고 있기 때문에 위에서 언급한 피보험자가 입은 손해에 대하여 피보험자동차가 가입한 자동차보험의 대인배상Ⅱ에 의하여 보상을 받을 수 있는 때에는 이들을 무보험자동차에 의한 상해의 피보험자로 보지 않는다.[74]

⑤ 보험자의 보상책임

피보험자가 무보험자동차에 의한 사고로 사망하거나 부상하여 입은 손해액이 일정금액을 초과하는 경우에 그 초과액에 대하여 배상의무자의 배상책임을 전제로 하여 피보험자가 가입한 자동차보험대인배상Ⅱ의 보험금액 범위 내에서 동 기준에 따라 산출되는 금액을 보험자가 부담하는 것이다. 이 때 지급하는 보험금은 피보험자 1인당 현재 2억원을 한도로 하고 있다. 이 보험에 가입하기 위해서는 가입자가 개인이어야 하며 동일한 보험증권에 대인배상Ⅰ, 대인배상Ⅱ, 대물배상 및 자기신체사고보험을 모두 체결해야 한다.

⑥ 면책약관

무보험자동차에 의한 상해보험의 면책사유에 대해서는 자동차보험표준약관 제23조에 규정되어 있다. 주요면책사항을 보면 ㉮ 보험계약자의 고의로 인한 손해, ㉯ 피보험자의 고의로 그 본인이 상해를 입은 때, ㉰ 상해가 보험금을 받을 자의 고의로 생긴 때는 그 사람이 받을 수 있는 금액, ㉱ 피보험자가 피보험자동차가 아닌 자동차를 영리를 목적으로 요금이나 대가를 받고 운전하던 중 생긴 사고로 인한 손해, ㉲ 상해를 입은 피보험자의 부모, 배우자, 자녀 또는 피보험자가 사용자의 업무에 종사하고 있을 때 피보험자의 사용자 또는 피보험자의 사용자의 업무에 종사중인 다른 피용자에 해당하는 사람이 배상의무자의 경우에 보험자는 면책된다.

74) 박세민, 전게서, 745면.

8. 자동차보험증권의 기재사항

자동차보험계약이 성립하고 보험료의 전부 또는 일부가 지급된 때에는 보험자는 지체 없이 보험증권을 작성하여 피보험자에게 교부하여야 하며 그 기재사항은 자동차보험의 특수성에 따라 상법 제666조 이외에 다음과 같이 정해져 있다.

(1) 자동차소유자와 그 밖의 보유자의 성명과 생년월일 또는 상호

(2) 피보험자동차의 등록번호, 차량번호, 차형연식과 기계장치

(3) 차량가액을 정한 때에는 그 가액을 기재하여야 한다. 이같이 계정상품에 본 규정을 신설한 것은 거래실정에 부합하기 때문이다.

9. 자동차의 양도

1) 의의

자동차를 매매 또는 점유로 인하여 양도인이 양수인에게 소유권을 이전하는 것을 자동차의 양도라 하고 소유권의 이전은 등록하여야 그 효력이 생긴 자(자동차관리법 5조)

2) 보험계약의 승계

① 피보험자가 보험기간 중에 자동차를 양도한때에는 양수인은 보험자의 승낙을 얻은 경우에 한하여 보험계약으로 인하여 생긴 권리와 의무를 승계한다(상법 726조의 4). 이것은 물건보험의 목적의 양도(상법 679조)와는 달리 양수인이 자동차보험계약상의 권리와 의무를 승계하여 보호받기 위하여는 보험자에게 자동차에 양도에 관하여 통지하고 그 승낙을 받아야 하는 것을 뜻하는데 이는 자동차보험의 보험요율산출기준이 자동차기준에서 운전자중심으로 옮겨 가고 있으므로 자동차에 양도로 보험계약이 동시에 양수인에게 이전되는 것은 불합리하기 때문에 보험자에 승낙을 얻어 승계할 수 있도록 하고 있다.

② 보험자가 양수인으로부터 양수 사실을 통지받은 때에는 지체 없이 낙부를 통지하여야 하고 통지받은 날로부터 10일내에 낙부의 통지가 없는 때에는 승낙한 것으로 본다(상법 726조의 4). 이는 보험계약자의 불합리(무보험상태로 인한 적절한 보상을 받지 못할 경우를 방지하기 위하여 보험자의 승낙여부, 통지의무와 통지하지 않을 때 의제규정을 둔 것이다. 즉 상법 제53조와 같은 취지이다.

제6절 보증보험

1. 총설

1) 보증보험의 뜻

보증보험이라 함은 보험자가 보험료를 받고 채무자인 보험계약자가 채권자인 피보험자에게 계약상의 채무불이행 또는 법령상의 의무불이행으로 손해를 입힌 경우에 그 손해를 보상하는 것을 목적으로 하는 보험을 말한다. 특히 보증보험은 각종 거래에서 발생하는 신용의 위험을 감소시키기 위해 보험의 형식으로 하는 보증, 즉 보증과 보험이 혼합된 것으로 보증보험회사가 일정한 대가인 보험료를 받고 계약상의 채무불이행 또는 법령상의 의무불이행시 이를 보증하는 특수한 형태의 보험을 말한다.

2) 보증보험의 특수성

보증보험은 보통의 연대보증과도 성질상 다를 뿐만 아니라 미국의 bond나 일본의 보증약관과도 성질이 다르다. 특히 일반보험과는 여러 가지 측면에서 특수성을 가지며 일반보험과 구별되는 점은 다음과 같다.[75)]

(1) 보험계약의 당사자

일반손해보험계약의 계약당사자는 보험자와 보험계약자가 원칙이고 타인을 위한 보험계약일 경우에는 그 타인(피보험자)과 보험계약자는 이해관계가 일치하거나 동질적이지만 보증보험계약에 있어서는 타인(피보험자)은 보험계약당사자는 아니다. 보증보험계약에서는 반드시 제3자로서의 피보험자의 존재가 필요하며 계약 성립의 유효요건이다. 또한, 보험계약자와 별개의 인격이며 이해관계가 서로 상반된다. 다만 신원보증보험 등 몇 개의 종목에 있어서 예외인 경우가 있다.

(2) 보험사고발생의 인위성

보증보험의 보험사고는 불법행위 또는 채무와 의무의 불이행으로 발생되며 그 불법행위 또는 채무 등의 불이행은 보험계약자의 고의 또는 과실에 의하여 인위적으로 발생하게 되므로 보증보험회사의 손해방지를 위하여 이른바 채권보전조치를 취하게 된다. 채권보전조치는 인적, 물적 담보가 요구되는 때가 있다.

---

75) 이원돈·이천성 공저, 해설보험계약법, 대구대학교 출판부, 2011, 266면.

(3) 보험사고의 동시다발성

보증보험계약의 경우에는 채무불이행을 담보함으로서 특정종목에 보험사고가 발생하면 다른 종목까지도 동시에 사고가 발생하는 동시다발성이 있다. 따라서 보증보험은 보험계약자별로 현존하는 보험계약의 합계액(유효보험가입금액)의 집계를 필요로 한다.

(4) 보험사고 불발생의 전제

일반보험의 경우 보험료는 예정보험사고율을 기초로 하여 계산되기 때문에 그 예정했던 보험사고율에 대한 보험사고의 발생을 구조적으로 전제하고 있다. 그러나 보증보험의 경우 채권자와 채무자간의 거래에 있어서 채무자의 부족한 신용을 보증보험이 보증하는 기능을 갖고 있으므로 보증보험가입자의 보험사고를 전제하여서는 안 된다.

(5) 보증보험책임의 연대성

보증보험은 보증이란 형식을 통하여 행하여지는 보험사업이므로 기본적으로 상행위에 속한다. 따라서 보증보험회사는 채권자에 대하여 주 채무자와 함께 연대보증채무를 부담한다.

(6) 보험료의 성격

보증보험은 지급보험금에 대한 구상을 전제로 위험을 인수하기 때문에 보증보험의 보험료는 보증업무취급수수료의 성격을 지니고 있다. 따라서 보험료의 산출은 사고확률에 의하여 산출되기 보다는 은행금리나 지급보증료 등 금융비용의 일정율을 적용하는 경우가 많다.

(7) 보험자와 보험계약자의 해지권의 제한

보증보험계약의 채무담보적 기능에 비춰볼 때 채권·채무관계가 소멸하지 않는 한 채권자인 피보험자의 동의가 없으면 보험계약자가 보험계약을 임의로 해지할 수 없고 해지사유가 보험계약자에게만 귀책사유가 있다면 보험자도 임의로 해지할 수 없다. 이러한 이유는 보험계약자나 보험자가 상법상 인정되는 보험계약해지권을 행사하게 되면 피보험자에 대한 채권담보기능을 상실하게 되기 때문이다.

(8) 구상권 및 대위권

보증보험회사는 피보험자인 채권자에 대하여 자기의 채무(보험금지급의무)를 변제하고 주 채무자인 보험계약자에 대하여 구상권을 갖게 되며 채권자의 권리를 대위하는 대위권을 갖게 된다. 따라서 보증보험에 있어서 위험의 최종 담보자는 위험단체인 보증회사가 아니라 보험계약자인 주 채무자가 되는 것이다.

(9) 경기변동의 민감성

보증보험은 경기변동에 매우 민감하다. 불황이면 보험사고의 발생이 급속도로 증가하고 또한 악성보험계약의 청약이 증가된다. 그러나 호황인 경우에는 이와 반대의 상황이 일어난다. 따라서 위험선택에 있어서 금융기관의 경우와 같이 주 채무자의 성격, 능력, 자본, 환경, 담보 등을 기본으로 삼는다.

3) 보증보험의 효용

보증보험은 보험계약자인 채무자와 피보험자인 채권자에게 동시에 이익을 주고 있는데 채무자의 입장에서는 보증인을 세우기가 어려운 경우 또는 계약보증금을 현금으로 지급하여야 하는 경우의 어려움을 덜기 위하여 보증보험을 이용하는 것이 허다하다. 또 채권자의 입장에서도 채무자로 하여금 보증인을 세우도록 하는 것은 종국적으로 채권의 만족을 얻고자 하는데 있으나 채무자가 그 채무를 이행하지 아니할 때에는 보증인이 자력이 없거나 그 밖의 사정으로 보증채무의 이행을 기대할 수 없는 경우가 있게 된다. 여기에 공신력 있는 보증인의 출현이 요구되고 보증보험은 그것을 충족시켜 주는 것이라 할 수 있다.

2. 보증보험의 법적성질

1) 보증성

보증보험은 주 채무의 이행을 담보하는 채권 담보적 기능을 하고 있는 점에서 보증성을 가지고 있다. 즉, 보증보험은 주 채무의 이행이 없을 때에 보증보험자가 그 책임을 진다는 점에서 보증성을 가지며 따라서 보증보험은 민법의 보증에 관한 규정이 준용된다. 다만 민법상의 보증은 대가를 받지 아니하고 주 채무자의 종된 채무자로서 그 채무의 이행을 담보하는 것으로 주 채무에 대한 부종성 또는 보충성을 가지는 채무이나 보증보험의 보험자는 보험료라는 대가를 받고 그 보험을 인수하여 독립된 채무를 부담하고 만약 보험계약자의 채무불이행이 있을 때에 그 손해를 보상하는 책임을 진다는 데 그 차이가 있다.

2) 손해보험성

보증보험은 보험자가 보험계약자의 채무불이행으로 인한 피보험자의 손해를 보상하는 것을 내용으로 하므로 손해보험의 성질을 가진다. 또한 보증보험은 보험자가 보험료를 받고 채무자인 보험계약자가 채권자인 피보험자에게 계약상의 채무불이행 또는 법령상의 의무불이행으로 손해를 입힌 경우에 그 손해를 보상하는 것을 목적으로 하므로 '타인을 위한 보험'에 속한다. 즉 채무자가 보험계약자로서 보험료를 부담하고 채권자를 피보험자로 하여 가입하는 방식을 취한다. 이처럼 보증보험은 보험계약의 형식에서는 타인을 위한 보험으로 되어 있으나, 채무자인 보험계약자가 채권자에게 인적 또는 물적 담보를 제공하는 대신에 스스로의 이익을 위하여 보험에 가입하여 보험자로 하여금 일정한 사항에 관한 위험을 인수하여 그로부터 생기는 손해를 담보하도록 하는 일종의 손해담보계약의 형태를 취하고 있다는 점에서 '자기를 위한 보험과 타인을 위한 보험의 융합형태'라고 할 수 있다. 즉 보증보험계약은 민법상의 보증제도의 결함을 보충하기 위하여 합리적인 보험기술에 의하여 영위되는 것으로서, 보험계약자와 피보험자의 이익을 동시에 고려하는 특수보험형태라고 할 수 있다.

3) 타인을 위한 보험성

보증보험은 보험계약자인 채무자가 그 채무를 불이행 하거나 또는 그 밖의 사유로 채권자에게 입힌 손해를 보상하기 위하여 채권자를 피보험자로 하는 보험이므로 타인을 위한 보험에 속한다. 따라서 보증보험계약은 민법상의 제3자를 위한 계약(539조)의 법적 성질을 가진다.

3. 보증보험의 종류

보증보험의 종류에는 계약상의 채무이행을 수행하기 위한 보험과 법령상의 의무이행을 수행하기 위한 보험으로 나눌 수 있다. 이를 구체적으로 설명하면 여기에는 다음과 같은 보험이 있다.

1) 신원보증보험

이 보험은 보험계약자가 취업하여 재정보증을 필요로 하지만 적당한 보증인을 구할 수 없거나 또는 재정보증기간이 만료되어 재정보증서류를 갱신하여야 할 경우에 재정보증을 담보하는 보험이다.

2) 이행보증보험

이 보험은 건설공사계약, 납품계약 등 각종 계약에 따르는 채무의 불이행에 따른 손해를 보증하여 주는 보험으로서 여기에는 계약보증, 차액보증, 하자보증, 선금급지급에 대한 담보보증, 물품외상판매 대금에 대한 보증, 기타 각종 지급보장에 대한 보증 등이 있다.

3) 인·허가보증보험

이 보험은 인가, 허가, 면허, 승인, 특허, 등록 등의 출원자가 허가 관청에 예치하여야 할 각종 인허가보증금(예치금)에 대신하여 활용되는 보증보험이다.

4) 납세보증보험

납세보증보험이란 국세기본법 , 지방세법, 관세법 등 각종 세법에 의한 납세담보 제공의무자의 납세의무이행을 보증하는 보험으로서. 보상하는 손해는 보험계약자인 납세의무자 (보험계약자)가 납세의무를 이행하지 아니함으로써 국가 또는 지방자치단체(피보험자)가 입은 재산상의 손해를 보상하는 보험이다

5) 공탁보증보험

가압류, 가집행, 가처분신청 등 각종 민사사건을 신청함에 있어 권리자(피신청인)의 손해보전을 위해 법원이 담보 제공을 원할 경우 신청인(보험계약자)이 납부해야 할 공탁금액에 대신하여 활용되는 보증보험이다

6) 보석보증보험

형사 피고인의 보석을 위하여 국가에 보석보증금을 납부해야 하는 보석신청인(피고인의 가족 또는 법정 대리인 등)이 낭해 보석보증금을 대신하여 활용히는 보험이다.

7) 쇼핑몰보증보험

쇼핑몰 보증보험이란소비자가 인터넷 쇼핑몰에서 상품을 구매하고 대금을 결제한 후 상품을 인도받지 못하거나, 반품사유에 해당함에도 결제대금을 반환받지 못한 경우 소비자가 입는 피해를 보상받는 보험이다. 이 보험의 보험계약자는 쇼핑몰을 개설한 자이며 피보험자는 피해를 당한 소비자이다.

8) 리스보증보험

리스보증보험이란 리스회사로부터 리스계약에 의해 시설대여를 받는 리스이용자의 리스료 지급보증 등 리스계약에 따른 담보에 대신하여 활용되는 보험으로서 이 보험

은 리스물건 이용자(보험계약자)가 리스계약에서 정한 채무를 이행하지 아니함으로써 피보험자인 리스회사가 입은 손해를 보상하는 보험이다.

9) 교육훈련비보증보험

이 보험은 국내외 유학, 연수, 직업훈련 등 각종 교육훈련에 수반하여 발생하는 피교육자의 당해 교육훈련 비용 반환채무를 보증하는 보험으로서 이 보험은 피교육자가 교육훈련을 수료하지 못하거나 수료 후 의무근무 기간을 채우지 못하고 중도 퇴직하는 등 교육훈련에 따른 의무 또는 채무를 이행하지 못한 경우에 피보험자가 피교육자의 교육훈련을 위하여 직접 지출한 비용을 보상하는 보험이다

10) 경매, 공매보증보험

이 보험은 법원의 경매입찰에 참가하고자 하는 사람(응찰자)이 경매 입찰보증금을 납입하기 어려운 경우 사용하는 보험이다. 응찰자는 입찰에 앞서 입찰 보증금으로 현금을 사전에 집행관에게 제출해야 하는데, 이러한 현금을 대신하여 제출할 수 있는 것이 경매보증보험이다. 이 보험은 법원경매의 응찰자가 경매입찰에 참가하여 낙찰자로 결정되었음에도 불구하고 매수대금을 납부하지 않음으로써 법원이 배당금에 산입시켜야 할 금액을 충당하지 못할 경우 이를 보상하는 상품이다.

11) 설계감리보증보험

이 보험은 보험계약자인 설계 및 감리업자가 설계(감리용역 또는 건설 사업관리)업무를 수행함에 있어 고의 또는 과실로 피보험자인 발주청에 재산상의 손해를 발생하게 한 경우 보증금액을 한도로 하여 법률상의 배상책임 손해액을 보증하여 주는 보험이다.

12) 할부판매보증보험

이 보험은 상품구매자와 판매자간에 체결한 할부판매계약상의 할부금지급채무를 보증해 주는 보험으로서 상품구매자(보험계약자)가 할부판매계약에서 정한 할부대금 지급채무를 이행하지 아니함으로써 판매자(피보험자)가 입은 손해를 보상해 주는 보험이다.

13) 분양보증보험

이 보험은 분양사업자(보험계약자)가 상가, 오피스텔 등을 분양하고자 하는 경우에

분양보증보험에 가입함으로써 분양받는 자(피보험자)를 보호하고, 분양율을 제고함으로써 분양사업의 수익성을 추구할 수 있는 상품이며, 보험가입 후 분양사업자가 부도, 파산 등 분양계약을 이행할 수 없는 경우에 보증보험회사가 분양사업자를 대신하여 분양계약을 이행하거나 기 납부된 분양대금을 분양받을 자에게 반환하여 줌으로써 보증채무를 이행케 하는 보험이다.

14) 부품성능보증보험

이 보험은 부품·소재 제조업체가 납품한 부품·소재의 품질결함으로 인해 수요자(납품을 받은 자: 피보험자)가 입은 재산상의 손해를 보상하는 보험상품이다.

15) 전세금보장보증보험

이 보험은 주택 또는 점포의 임차인이 임대인으로부터 회수하여야 할 임차보증금을 보호받기 위하여 본인이 스스로 가입할 수 있는 상품이다. 이 보험은 임차인이 임차기간 중 해당 주택(또는 점포)이 경매되거나 임대차계약이 해지 또는 종료된 후 30일(상업용 점포는 60일)이 경과되었음에도 불구하고 임차보증금을 반환 받지 못함으로서 임차인이 입는 손해를 보상하는 보험이다. 이 보험은 보증보험이라기보다는 신용보험이라 함이 타당하다고 보아진다. 왜냐하면 보증보험은 타인을 위한 보험이어야 하나 이 보험은 자기를 위한 보험이기 때문이다.

16) 전자상거래(결제수단)보증보험

이 보험은 전자상거래 등에서의 소비자 보호에 관한법률 시행령 제9조에서 정한 전자결제수단[76]발행자가 결제수단이용약관에서 정한 대금상환채무를 이행하지 아니하거나 이행하지 못함으로써 결제수단 구매자 또는 권리자가 입은 손해를 보상하는 보증보험이다.

17) 주택관리사보증보험

이 보험은 아파트의 관리소장인 주택관리사가 관리사무소장으로 근무하는 동안 그의 고의 또는 과실로 인해 아파트 주민들이 입은 손해를 보장하는 상품이다. 이 보험은 주택관리사가 업무를 집행함에 있어서 또는 자기의 직무상의 지위를 이용하여 보험기간 중의 고의 또는 과실로 피보험자(아파트 주민)에게 입힌 재산상의 손해를 보상하는 보험이다.

---

76) 전자 결재 수단이란 전자화폐, 전자상품권, 선불카드, 가상석립섬수 등을 말한다.

18) 공공임대주택보증보험

이 보험은 민간건설공공임대주택 임대사업자가 임대주택 임차인을 위하여 임대기간 중 의무적으로 가입해야 하는 보증보험. 보험계약자인 임대사업자가 임대기간 중 부도발생, 임대차계약의 종료 등으로 임대보증금 반환사유가 발생하였음에도 임대보증금을 반환하지 아니함으로써 피보험자인 임차인이 입은 손해를 보상하는 보험이다.

19) 시공보증보험

이 보험은 주택재개발 및 주택재건축사업의 시공자로서 선정된 자가 도급 받은 공사의 계약상 의무를 이행하지 못하거나 의무이행을 하지 아니할 경우 보증기관이 시공자를 대신하여 계약이행을 부담하거나 보험금을 지급하는 방법으로 보증채무를 이행하는 보험이다.

20) 가맹사업보증보험

이 보험은 프렌차이즈 사업 등의 가맹점사업자가 가맹본부에 부담해야할 계약이행 보증금(상품대금 & 손해배상 채무)을 담보하는 가맹계약 전용 상품이다.

21) 품질보증보험(성능보증보험)

이 보험은 보험계약자가 품질인증제품을 피보험자에게 납품 한 이후, 그 제품의 품질저하로 발생하는 보험계약자의 주계약상 채무(품질회복을 위한 당해 제품의 수리 및 교체)을 담보하는 보험 상품이다.

22) 송환보증보험

선박소유자는 선원이 거주지 또는 선원근로계약의 체결지가 아닌 항구에서 하선하는 경우에 선원의 거주지 또는 선원근로계약의 체결 지 까지 송환하여야 의무를 보증하는 보험이다. 즉, 이 보험은 보험계약자인 선박소유자가 선박에 승선한 선원이 거주지 또는 선원근로계약의 체결지가 아닌 항구에서 하선하는 등 선원법에서 정한 송환사유가 발생한 경우에 선원을 송환하지 아니함으로써 피보험자(전국원양수산노동조합)가 부담하는 송환비용을 보상하는 보험이다.

23) 신원보증보험

신원보증보험이란 보험계약자의 신원보증을 위하여 사용하는 것으로써 보험계약자가 피보험자인 기업에 손해를 입힌 경우 이를 보증보험회사가 손해를 배상하는 보험이다.

다시 말하면 보험계약자가 피보험자인 회사에 손해를 입힌 경우 이러한 손해를 보증보험회사가 이를 보상하고 추후 보증보험회사는 보험계약자에게 구상권을 행사하는 보험을 말한다.

24) 신용보험

신용보험은 상품 또는 용역(대출포함)을 별도의 담보 없이 제공하는 기업(금융기관)이 외상구매자 또는 용역(대출포함)을 제공받는 자의 지급불능이나 이행지체로 인한 예상치 못한 손실을 보상받기 위하여 스스로 보험 계약자 겸 피보험자가 되어 가입하는 자기를 위한 보험이다. 보증보험은 타인을 위한 보험이지만 신용보험은 자기를 위한 보험이라는 점에서 그 차이가 있다.

4. 보증보험과 신용보험의 차이

(1) 보증보험은 타인을 위한 보험계약이나 신용보험은 자기를 위한 보험계약이다. 따라서 보증보험에 있어서 보험계약자는 채무자로서 채무자는 채권자를 위하여 보험에 가입하지만 신용보험에 있어서 보험계약자는 채권자인 자기 자신이다. 보증보험의 피보험자는 채권자이나 신용보험의 피보험자 역시 채권자이지만 보증보험은 앞서 설명한 바와 같이 타인을 위한 보험임에 반해서 신용보험은 자기를 위한 보험이다.

(2) 사고 발생 시 보상비율
보증보험은 전액 보상이나 신용보험은 50-90%의 범위 내에서 보상하도록 계약을 체결한다. 이것은 채권자의 정신적 해이(보험가입으로 인한 채권관리의 부주의)을 방지하기 위하여 인정하고 있으며 보험금 지급 후의 상법상의 청구권 대위(민법상의 구상권)는 양쪽 모두 인정된다.

5. 보증보험계약의 법률관계

1) 보증보험계약관계자

보증보험계약에서 보험계약자와 피보험자는 보험증권에 기재된 계약, 즉 주계약에서 채무자(의무자)와 채권자(권리자)로서 이해가 대립되는 당사자이다. 이에 따라 보험자는 보험계약자로부터 대가를 받고 피보험자인 채권자에 대한 채무이행을 보증하는 보증인과 비슷한 지위를 차지하고 있다는 점에서 일반 손해보험과는 다르다. 보증보험계약은 언제나 타인을 위한 보험계약의 형태를 취하여 보험자, 보험계약자, 피보험자의 존재를 요구하고 있다.

2) 보증보험의 목적

보증보험의 목적은 일반적인 물건보험의 경우와는 달리 채무자가 가지고 있는 채무가 보험의 목적이다. 즉, 신용보험의 목적이 채권이라고 볼 때 보증보험의 목적은 채무가 되는 것이다.

3) 보증보험자의 손해보상책임

(1) 보험사고의 발생

보험자는 보험기간 중에 생긴 보험사고로 말미암아 피보험자가 입은 재산상의 손해를 보상할 책임을 진다(665조). 보증보험은 보험계약자인 채무자가 계약의 내용에 따른 채무를 이행하지 않음으로써 피보험자인 채권자가 입은 손해를 보상하여 주는 것을 목적으로 하는 보험이므로 보험사고가 보험계약자의 채무불이행이라는 인위적인 사고라는 점에 특징이 있다.

(2) 면책사유

① 천재지변, 전쟁, 내란 기타 이와 비슷한 변란으로 생긴 손해
② 피보험자의 책임 있는 사유로 생긴 손해
③ 피보험자가 정당한 이유 없이 보험자의 손해조사에 협조하지 아니함으로써 증가된 손해

(3) 보험금의 지급

보험자는 피보험자가 보험사고의 발생사실을 통지하고 보험증권 또는 그 사본과 손해액을 증명하는 서류를 제출하고 보험금지급을 청구한 때에는 보험금지급에 필요한 조사를 마치면 곧 보험금을 지급하여야 한다.

4) 보증보험자의 대위와 구상

손해보험계약에서 손해가 제3자의 행위로 생긴 경우에 보험금을 지급한 보험자는 그 지급한 금액의 한도에서 제3자에 대한 보험계약자 또는 피보험자의 권리를 취득한다(682조). 보증보험의 경우도 예외는 아니다. 그러나 보증보험계약에서는 보험사고

가 보험계약자의 채무불이행이라는 사실에 의하여 생겨난다는 점에서 약간 문제가 있다. 보증보험약관에서「보험자가 보험금을 지급한 때에는 보험계약자에 대하여 구상권을 가지며, 피보험자의 이익을 해하지 않는 범위 안에서 피보험자가 보험계약자에 대하여 가지는 권리를 대위하여 가진다」고 규정하고 있다 그러나 보증보험자가 피보험자에게 보험금을 지급하고 보험계약자에게 구상권을 행사하는 것은 손해보험 일반에서 인정되는 보험자대위와는 달리 보증인으로서의 구상권이라고 보아야 할 것이다.

6. 보증보험계약의 해지와 실효

1) 서언

보증보험계약도 보험기간의 만료, 보험사고의 발생 등 보험계약의 소멸사유로 인하여 소멸하고 또 변경된다. 그러나 보증보험은 일반적인 보험계약과는 달리 채권의 담보기능을 하는 특수한 보험이므로 그 계약의 해지를 보험계약의 일반원리에 맡길 수는 없다. 이에 따라 보증보험약관은 그 계약의 효력상실조항을 두고 있다.

2) 보증보험계약해지권의 제한

(1) 보험자의 계약해지권의 제한

보험계약에서 보험계약자 또는 피보험자가 고지의무, 위험변경증가의 통지의무, 위험유지의무 등을 위반한 때에는 보험자는 그 보험계약을 해지할 수 있도록 하고 있으나 보증보험계약에 있어서 보험자는 피보험자에 대한 보험계약자의 채무이행을 보증하고 있는 것이므로 그 의무위반이 보험계약자에게만 있고 피보험자의 귀책사유가 없는 때에는 그 계약을 해지할 수 없도록 하고 있다.

(2) 보험계약자의 임의해지권의 제한

일반적인 보험계약에 있어서는 보험사고가 발생하기 전에는 보험계약자는 언제든지 계약의 전부 또는 일부를 해지할 수 있다. 그러나 보증보험에서는 보험계약자는 주 계약에서의 채무자이고 보험자는 채무의 보증인이다. 따라서 보험계약자가 보증보험계약을 체결하고 보험증권을 교부받아 채권자인 피보험자에게 인도한 때에는 주계약상의 채권·채무가 소멸되지 아니하는 한 보험계약자는 피보험자의 동의 없이 임의로 그 계약을 해지할 수 없다.

3) 보증보험계약의 실효

보증보험계약은 보험계약자와 피보험자 사이의 주 계약에 따른 보험계약자의 채무이행을 담보하고 있는 것이므로 주 계약에 관한 사항이 변경되었을 때에는 보험계약의 효력을 그대로 유지할 수는 없다. 그리하여 보험약관에서는 입찰일이 변경된 때 또는 피보험자가 변경된 때, 주 계약의 내용에 중대한 변경이 있었을 때에는 보험자의 서면에 의한 승인이 없는 한 보험계약의 효력이 상실된다고 규정하고 있다(입찰약관4조).

제 5 장

인보험

제1절 통칙

1. 총설

1) 인보험계약의 의의

인보험(人保險)은 보험자가 피보험자의 생명이나 신체의 불정확한 사고가 발생한 경우 일정한 금액, 기타의 급여를 지급할 것을 약정하고 보험계약자는 이에 대하여 보수를 지급할 것을 약정하는 보험이다(727조, 638조). 따라서 이 계약은 쌍무(雙務)·낙성(諾成)계약이다. 인보험은 사람의 생명이나 신체에 관한 것을 보험의 목적으로 하는 점에 있어서 손해보험과 차이가 있다. 상법은 인보험으로 생명보험과 상해보험, 질병보험으로 나누고 있으나(727조 이하) 이 밖에 교육보험·결혼보험·태아보험 등 그 유형은 많이 있다. 손해보험에 있어서는 피보험자가 보험사고로 인하여 이득을 취하는 것을 방지하기 위하여 보험목적에 관한 보험대위(681조)와 제3자에 대한 보험대위(保險代位 : 682조)를 인정하고 있으나 인보험에 있어서는 사람의 생명과 신체에 대한 사고를 보험사고로 하고 있으므로 보험수익자를 보호하는 뜻에서 제3자에 대한 보험대위를 금지하는 특칙을 두고 있다(792조). 그러므로 보험사고가 제3자의 행위로 발생하여 보험수익자가 제3자에 대한 손해배상청구권을 가진 경우라 하더라도 보험자는 이를 대위(代位)하여 행사할 수 없고 보험계약에 따라 보상책임을 져야 한다. 사망보험이나 상해보험이나 모두 부상에 따른 치료비, 장애에 따른 상실수익액에 해당하는 후유장해보험금, 사망에 따른 사망보험금이 있다. 사망보험은 자연사망, 재해사망, 질병사망, 일반사망 등 사망의 원인을 묻지 아니하고 보상하는 반면 상해보험은 우연하고 외래적이고 급격한 사고만을 담보한다는 점에서 특징이 있다. 또 질병보험은 사람의 질병으로 인하여 수술 등 사람의 신체에 발생하는 사고를 보험사고로 하는 보험이다.

2) 인보험의 특성

(1) 인보험의 목적과 보험사고

인보험의 목적은 사람이고 사람의 생명·신체에 관한 사고를 보험사고로 한다. 인보험에서의 상해와 질병사고는 발생여부 자체나 발생시기가 모두 불확정적인데 비해 사망사고의 경우에는 발생시기만이 불확정적이다.

(2) 정액보험과 부정액보험

① 정액보험

인보험은 특히 생명보험에 있어서는 사람의 생명·신체에 대한 금전적 평가는 있을 수 없다는 점에서 정액보험으로 영위되고 있다. 다만, 생명보험을 변액보험으로 영위하는 경우 지급되는 보험금은 정액이 아니고 보험자의 자산운용성과에 따라 변동될 수 있다. 손해보험에서의 보험금액은 지급하게 되는 보험금의 약정최고한도를 의미하는데 비해 인보험 특히 생명보험에서의 보험금액은 실제 지급해야 할 보험금을 의미하게 된다. 따라서 정액보험에서의 보험금액과 보험금은 그 가치가 동일하다.

② 부정액보험

상해보험이나 질병보험의 경우에는 상해의 정도나 치료일수에 따라 일정액의 급여를 하는 수도 있고 또 의료비 등 피보험자가 상해나 질병으로 인하여 입은 경제적인 손실을 보상하는 부정액보험의 경우도 있다.

(3) 피보험이익

① 피보험이익의 의의

보험계약에 있어서 피보험이익이란 보험계약의 목적으로서 손해보험에서는 이를 피보험자가 보험의 목적에 대하여 가지는 경제적 가치로 보고 있다. 그러나 인보험은 사람의 생명 또는 신체에 관한 보험이라는 점에서 이에 대한 금전적인 평가는 있을 수 없고 동시에 초과보험·중복보험 또는 일부보험이 인정되지 않으며 따라서 손해보험과는 달리 피보험이익의 관념을 인정할 수 없다고 한다. 그러나 인보험도 손해보험과 마찬가지로 보험제도의 본질적·궁극적 기능으로서 우연한 사고의 발생으로 말미암은 경제생활의 불안을 제거 또는 경감시킬 것을 목적으로 하고 있다는 점에서 피보험이익의 관념을 인정하자는 주장도 있다. 영미법에서는 피보험이익은 손해보험뿐만 아니라 인보험에서도 인정하고 있다.

② 사견

생명보험에 있어서 피보험이익이란 보험수익자(자기를 위한 보험계약에 있어서 보험계약자)가 피보험자의 생명 또는 신체에 대하여 가지는 이익 또는 가치를 말한다. 이것은 보험의 대상인 피보험자의 사망 또는 질병으로 인해 발생되는 보험수익자의 소극적 재산인 비용의 발생과 적극적 재산인 소득의 상실 등이 생명보험에 있어 피보험이익이 된다. 다시 말하면 이것은 보험수익자와 피보험자와의 혈연 또는 법률에 의하여 근친관계에 있는 사람들끼리의 애정 또는 부양관계에 의해 발생되는 실제적 이익 또는 피보험자의 사망·불구·상해에 의해서 보험수익자가 잃게 되는 경제적 이익 또는 가치를 의미한다. 물론 이것은 이익설의 입장에서 본 것이다. 그런데 손해보험에서는 보험계약 체결 시 피보험이익을 산출하여 보험가액을 산정할 수 있지만 생명보험에 있어서는 피보험이익인 인간생명의 가치를 일일이 산정한다는 것은 어려울 뿐만 아니라 이것은 윤리적인 측면에 있어서도 비도덕적이라 생각되기에 대륙법계 국가에서는 생명보험에 있어서 피보험이익 자체를 고려하지 않고 동의 주의를 취하고 있다. 그러나 사람의 생명에 대한 가치를 사람에 따라 각각 다르게 평가하여 경제적 가치를 산정하는 것은 쉬운 일은 아니지만 그렇다고 생명보험이라 하여 피보험이익이 없는 보험계약을 인정한다면 그것은 도박보험을 인정하는 결과가 되기 때문에 이것 또한 문제가 된다. 따라서 우리도 향후 생명보험계약에 있어 도덕적 위험의 방지는 물론 무능력자(15세 이하의 자, 심신상시자와 박약자)를 생명보험계약의 피보험자로 제외하는 이유와 또 만약 생명보험정산제도를 도입할 경우 이러한 도입에 따른 제반 문제를 이해하고 그러한 문제를 해결하기 위해서는 생명보험에 있어서 피보험이익의 문제를 깊이 있게 연구해야 할 필요가 있다고 생각한다.

2. 인보험증권

인보험증권에는 상법 제666조에 게기한 손해보험증권의 기재사항 이외에, ① 보험계약의 종류, ② 피보험자의 주소, 성명 및 생년월일을 기재하여야 한다(728조). 여기에 보험수익자는 계약당시에 정하지 않고 후에 정할 것으로 유보할 수도 있다(733조). 피보험자와 보험수익자에 대한 인적사항을 기재하도록 한 것은 보험사고의 객체가 되는 피보험자와 보험금 지급대상이 되는 보험수익자의 동일성을 입증하기 위함이며 특히 생명보험계약의 경우 피보험자의 연령에 따라 예정사망율이 달라지고 이는 보험료 산정의 중요한 자료가 되기 때문에 이를 기재토록 하는 것이다.

3. 인보험과 보험자대위

1) 보험자대위금지의 원칙

인보험에 있어서 보험자는 보험사고로 인하여 생긴 보험계약자 또는 피보험자의 제3자에 대한 권리를 대위하여 행사하지 못한다(729조 본문). 따라서 가령 사망보험의 피보험자가 제3자의 불법행위로 사망을 한 경우에도 그 가해자에 대하여 가지는 손해배상청구권은 보험자가 보험금을 지급한 뒤라 할지라도 취득하지 못한다.

2) 보험약관에 의한 대위의 허용

생명보험이나 상해보험에 있어서 보험자대위를 거부하는 이유는, 보험자의 책임이 계약에 의하여 고정되어 손해보상의 원칙에 따라 피보험자에게 책임을 지는 것은 아니라는 데 있다. 그러나 상해보험의 경우에는 가령 상해로 말미암아 소요되는 의료비와 약품대금을 지급하는 경우에는 일종의 손해보험의 성질을 가지고 있다는 점에서, 제3자의 행위로 인하여 보험사고가 발생한 때에는 보험금을 지급한 보험자에게 그 대위권을 인정해야할 필요가 있다고 보고 있다. 상해보험계약의 경우에 당사자 사이에 다른 약정이 있는 때에는 보험자는 피보험자의 권리를 해하지 않는 범위 안에서 그 권리를 대위 행사할 수 있다(729조 단서)고 규정하여 보험약관의 정함에 따라서는 상해보험자의 대위권을 인정할 수 있도록 하고 있다.

제2절 생명보험

1. 통설

1) 생명보험계약의 뜻

생명보험계약은 보험자가 보험계약자로부터 보험료를 받고 피보험자의 생명에 관한 보험사고가 생길 경우에 약정한 보험금을 지급하기로 하는 인보험 계약이다(730조). 생명보험은 사람의 생존과 사망을 보험사고로 하는 점에서 상해보험과는 다르며, 또 보험사고가 생기면 구체적으로 얼마의 손해가 생겼느냐를 따지지 않고 계약에서 정한 보험금을 지급하기로 하는 정액보험이라는 점에서 손해보험과는 다르다.

2) 생명보험의 기능

(1) 저축적 기능

보험계약자는 보험기간동안에 계약에서 정한 보험료를 보험자에게 지급하여야 하고 피보험자가 만기까지 생존하게 되면 보험자는 만기환급금을 지급하게 된다. 이것은 마치 보험계약자가 은행에 정기예금을 예치하였다가 만기에 그 예금을 인출하는 것과도 같은 생명보험의 저축적 기능이라 할 수 있다.

(2) 보장적 기능

피보험자가 보험기간동안 생존하거나 그 기간 안에 사망한 때에는 보험자는 보험수익자에게 약정한 보험금을 지급하여 경제생활의 안정을 꾀할 수 있도록 하는 보장적 기능을 수행하고 있다.

2. 생명보험의 종류

1) 보험사고에 따른 분류

(1) 사망보험

① 사망보험의 뜻

사망보험은 피보험자가 보험기간 중 장해 또는 사망[1] 시 보험금이 지급되는 전형적인 보장성보험으로서 정기보험, 종신보험, 정기부 종신보험 으로 구분된다.

정기보험은 약정한 보험계약 기간 중에 피보험자가 장해를 입거나 사망할 경우에 한하여 보험금이 지급되는 보험으로서 특정기간 중에만 보험의 보호가 필요한 경우에 이용된다. 한편 종신보험은 보험기간이 피보험자의 일생 동안에 걸쳐 있는 보험상품으로서 보험수익자가 반드시 보험금을 지급받게 된다는 점에서 정기보험과는 구별된다. 그리고 정기부 종신보험은 종신보험에 정기보험을 추가하여 조합시킨 보험이다.

여기서 사망은, ㉮ 실제적으로 피보험자가 사망한 경우, ㉯ 피보험자의 생사불명으로 실종선고를 받았거나(민27조), ㉰ 생사가 확인되지 아니한 피보험자를 재해로 인하여 사망한 것으로 정부기관이 인정하는 때(약관9조1항2호)를 포함한다. 그런데 15세 미

---

1) 사망보험에 있어서는 15세 미만자, 심신상실자 또는 심신박약자를 피보험자로 한 경우에는 그 보험계약은 무효로 하고 있다(732조). 이는 피보험자의 생명을 침탈하는 등의 사고를 방지하기 위함은 물론 자력으로 자기의 생명을 보호할 수 없는 무능력자를 보호하기 위함이다.

만 자, 심신상실자 또는 심신박약자의 사망을 보험사고로 한 보험계약은 무효로 한다(상법732조).

② **사망보험의 종류**

㉮ 종신보험

보험기간이 피보험자의 종신에 걸치는 것으로 피보험자의 사망 시 기를 묻지 않고 보험자의 보험금지급책임을 인정하는 보험

㉯ 정기보험

일정기간 안의 사망만을 보험사고로 하는 보험. 이 보험은 피보험자가 보험기간이 끝날 때까지 생존하고 있는 때에는 보험금의 지급이 없이 보험계약은 소멸된다.

(2) 생존보험

생존보험이란 피보험자가 보험기간이 끝날 때까지 생존한 때에 보험금을 지급하기로 하는 보험이다. 이 보험은 보험기간 만료일까지 피보험자의 생존을 조건으로 하므로 피보험자가 보험기간 안에 사망하면 보험자의 보험금지급책임은 없다.

(3) 생사혼합보험

생사혼합보험이란 사망보험과 생존보험이 결합된 것으로써 일정한 만기를 정하여 피보험자가 그 연령 까지 생존하는 경우 생존보험금을 지급하고 그 연령에 도달하기 전에 사망한 경우에는 사망보험금을 지급하는 생명보험의 일종이다. 사람의 사망 시기는 일정하지 아니 하므로 일정한 시기까지 피보험자의 사망을 보험사고로 한 경우에, 사고의 발생 없이 보험기간이 끝난 때에도 보험자의 보험금 지급책임을 인정한 양로보험이다(735조).

(4) 생잔보험

생잔보험이란 복수의 피보험자 중 특정한 1인(피보험자)이 사망한 경우 다른 1인의 생존을 조건으로 보험금을 지급하는 보험으로서 이것은 연생보험과 거의 같다.

2) 피보험자의 수에 따른 분류

(1) 개인보험

개인보험이란 피보험자 1인의 생존과 사망을 보험사고로 하는 생명보험으로서 단독보험이라고도 한다.

(2) 연생보험

연생보험이란 부부 또는 동업자와 같이 피보험자를 2인으로 하여 그 중의 1인이 사망하면 다른 1인이 보험금을 지급받도록 하는 계약이다. 그리고 2인 가운데 특정한 1인이 사망한 경우에 다른 1인이 생존할 것을 조건으로 보험금을 지급하는 보험을 생잔보험이라 한다.

(3) 단체보험

단체보험이란 직장이나 단체에 속하는 자를 포괄적으로 피보험자로 하여 생·사를 보험사고로 하는 생명보험이다. 단체보험은 그 단체의 대표자가 그 단체에 속하는 사람들의 일부 또는 전부를 피보험자로 하여 피용자의 복리를 위하여 생명보험계약을 체결하는 것이므로 타인을 위한 생명보험계약의 1 형태라 할 수 있다.

3) 피보험자의 표준체 여부에 따른 분류

(1) 표준체보험

표준체보험이란 피보험자가 보험계약의 체결에 있어서 아무런 결함이 없는 표준체인 경우 표준보험료에 의하여 체결되는 생명보험이다.

(2) 표준하체보험

표준하체보험이란 피보험자가 건강 등 결함이 있어 표준체로서는 보험에 들 수 없는 표준하체인 경우에는 보험계약자가 특별보험료를 지급하거나 보험금 삭감 등의 조건을 붙여 보험계약을 체결하는 생명보험이다.

4) 신체검사의 유무에 따른 분류

(1) 진단보험

진단보험이란 보험의(保險醫)가 피보험자의 신체검사를 실시하고 보험자가 보험의의 진단보고서를 토대로 보험인수를 하는 생명보험이다.

(2) 무진단보험

무진단보험이란 피보험자의 신체검사를 거치지 않고 체결하는 생명보험이다.

5) 보험금액의 지급방법에 따른 분류

(1) 일시금보험(자금보험)

일시금보험이란 보험사고가 발생한 때에 보험자가 보험금의 전부를 한꺼번에 지급하는 보험이다.

(2) 연금보험

연금보험이란 보험사고가 생긴 때에 보험금을 한꺼번에 지급하는 것이 아니라 약정에 따라 보험금을 연금으로 분할하여 지급하는 보험이다.

① 종신연금

종신연금이란 피보험자가 일정한 나이가 된 때로부터 사망할 때까지 매년 연금을 지급하는 보험을 말한다. 국민 연금 공무원연금 사립학교 교직원 연금, 군인 연금 등이 이에 속한다.

② 정기연금

정기연금이란 일정한 기간을 정하여 연금을 지급하는 보험이다. 통상 10년 또는 20년을 선택할 수 있으며, 적립된 금액을 확정된 기간 동안 연금으로 나누어 지급한다. 이에 반해 종신연금은 연금수혜자가 사망할 때까지 종신토록 연금을 지급한다.

(3) 변액생명보험

변액생명보험이란 1976년 미국에서 처음으로 실시한 보험으로서 보험자가 이 보험의 자산을 다른 보험자산과 구분하여 주로 주식·채권 등 유가증권에 투자하여 그 실적을 보험계약자에게 배분하여 줌으로써 생명보험의 인플레이션의 역작용을 상쇄하기 위하여 만든 보험이다. 대체적으로 생명보험은 장기보험으로서 10년, 20년 후에 약정된 보험금액의 가치가 그 기간 동안의 물가상승으로 인해 떨어져 보험계약자 측에 비해 실질적인 도움이 되지 않는 경우가 있고 이러한 면을 극복하기 위해서 변액생명보험이 생겼다.

6) 이익배당의 유무에 따른 분류

(1) 이익배당보험

이익배당보험은 보험료산정의 기초로서 예정사망율, 예정이율 및 예정사업비 등을 안정적으로 계산하고 사차익, 이차익 및 비차익 등 이익이 있을 때 이를 보험계약자에게 배당하기로 하는 보험(주로 장기생명보험에서 이용됨)이다.

(2) 무배당보험

무배당보험이란 배당이 예정되어 있지 않는 보험(단기생명보험 또는 보장성이 강한 생명보험에서 이용됨)으로서 보험료산정의 기초가 비교적 안정되어 있는 보험이다.

7) 추가담보보험

추가담보보험이란 생명보험계약에서 질병이나 상해사고를 담보하는 특약을 붙인 보험을 말한다.

3. 타인의 생명보험

1) 서언

(1) 타인의 생명보험의 뜻

타인의 생명보험이란 보험계약자가 자기 이외의 제3자를 피보험자로 하는 생명보험계약을 말한다. 이것은 바로 생명보험계약에서 보험계약당사자인 보험계약자 자신을 피보험자로 하는 보험을 자기의 생명보험이라 하고, 보험계약자가 자기 이외의 제3자를 피보험자로 하는 보험을 타인의 생명보험이라 한다. 다시 말해 타인의 생명보험이란 보험계약자가 자기 이외의 제3자를 피보험자로 한 생명보험계약으로서 예를 들면 남편이 아내를 피보험자로 하여 생명보험계약을 체결한 경우를 말한다. 반면에 보험계약자가 자신을 피보험자로 한 생명보험계약을 자기의 생명보험계약이라 한다.

(2) 타인의 생명보험의 제한

생명보험도 사행계약성을 가지고 있기 때문에, 타인의 사망을 무제한으로 인정할 경우, ㉠ 도박의 목적에 악용될 우려가 있고, ㉡ 고의로 피보험자의 생명을 해할 우려도 있다. 따라서 각국은 이에 대한 제한규정을 두고 있다.

① **피보험이익주의**

㉮ 생명보험에 있어서 피보험이익이란 보험수익자(자기를 위한 보험에 있어서 보험계약자)가 피보험자의 생명에 대하여 가지는 경제적 이익을 말하는데 생명보험에 있어서 보험수익자는 피보험자인 타인의 생사에 관하여 어떠한 이익을 가지는 자만이 그 보험계약을 체결할 수 있도록 하는 주의이다.

㉯ 영미에서는 생명보험에 있어서의 피보험이익의 관념을 인정하여 보험계약자(자기를 위한 보험에 있어서 보험수익자)가 피보험자에 대하여 어떤 이익을 가지지

아니하면 그 보험계약의 효력을 인정하지 않는 것이 원칙이다.

② **동의주의**

㉮ 동의주의란 보험계약자가 타인의 사망을 보험사고로 하는 보험계약을 체결하는 경우에는 피보험자인 타인의 동의를 얻어야 한다는 주의이다.

㉯ 독일, 프랑스, 우리나라, 스위스 등이 이 주의를 채택하고 있다.

③ **우리 상법의 태도**

우리 상법은 동의주의를 취하여 타인의 사망을 보험사고로 하는 보험에 있어서는 그 계약뿐 아니라 권리의 양도의 경우에도 피보험자의 동의를 요건으로 하고, 15세미만자, 심신상실자 및 심신박약자 등의 사망보험은 허용하고 있지 않다(732조).

2) 타인의 생명보험과 피보험자의 동의

(1) 피보험자의 동의를 요하는 경우

① **타인의 사망보험**

보험계약자가 타인의 사망을 보험사고로 하는 보험계약 체결 시에는 피보험자의 서면 동의를 얻어야 한다(731조1항). 타인의 사망보험 이외의 타인의 생사혼합보험의 경우에도 피보험자의 서면동의가 요구된다. 그러나 타인의 생존보험에서는 피보험자의 서면동의가 필요 없다. 또한 단체의 대표자가 취업규칙이나 단체협약에 의하여 일괄적으로 그 구성원을 피보험자로 하여 보험계약을 체결하는 단체보험의 경우도 개별적인 피보험자의 동의를 요하지 않는다(735조의 3 제1항).

② **보험계약으로 생긴 권리의 양도**

타인의 사망보험계약이 성립되어 보험수익자가 가지는 보험계약상의 권리, 즉 보험금청구권을 피보험자가 아닌 제3자에게 양도하는 경우에도 피보험자의 동의를 얻어야 한다(731조 2항).

③ **보험수익자의 지정·변경**

타인의 사망보험계약을 체결한 후 보험계약자가 보험수익자를 지정, 변경하는 경우에도 피보험자를 보험수익자로 하지 않는 한 피보험자의 동의를 얻어야 한다(734조 2항).

(2) 피보험자의 동의의 성질

타인의 생명보험에 있어서 피보험자의 동의는 그 보험계약에 이의가 없다는 것을 나타내는 피보험자의 의사표시이고 그 법적 성질은 준 법률행위이다. 따라서 당사자 사이의 특약으로도 배제할 수 없는 강행법적성질을 가진다.

(3) 피보험자의 동의의 상대방과 동의의 방식 및 시기

① 동의의 상대방

피보험자의 동의는 상대방 있는 일방적 의사표시이므로 계약당사자의 어느 쪽에 하든 상관없다. 그러므로 피보험자의 동의는 보험자나 보험계약자에 도달하면 그 효력이 생긴다.

② 동의의 방식

피보험자의 동의의 방식은 반드시 서면에 의한 명시적인 동의만이 효력이 있다(731조). 상법 제731조는 서면동의의 의사표시 상대방을 보험자와 보험계약자로 하고 있다. 피보험자가 그 의사표시를 보험계약자에게 한 경우 보험계약자는 그 사실을 보험자에게 입증해야 한다. 이 동의는 반드시 서면으로 하여야 하며 구두에 의한 동의나 추정적, 묵시적 동의는 효력이 없다.

③ 동의의 시기

동의의 시기는 보험계약 체결 시로 하고 있다(731조). 그리고 보험기간 중에 보험계약으로 인한 권리의 양도와 보험수익자의 지정·변경의 경우에도 그 행위가 있을 때에 피보험자의 동의가 이루어져야 한다. 통설은 피보험자의 서면동의의 법적성질을 계약의 성립요건이 아니라 계약의 효력발생요건으로 해석하고 있다. 따라서 이론적으로는 계약 체결 시에 서면동의를 얻지 못하여도 계약은 성립하며 계약 성립 후 에 행해지는 동의에 대해서도 그 효력은 인정되고 있다.

(4) 피보험자의 동의의 철회

피보험자가 한번 한 동의는 보험계약 성립 전에는 철회할 수 있으나 일단 동의에 의하여 그 계약이 효력이 생긴 때에는 그것을 임의로 철회할 수 없고 보험수익자와 보험계약자의 동의를 요한다.

(5) 피보험자의 동의와 능력

① 상법상 15세미만자, 심신상실자, 심신박약자의 사망을 보험사고로 한 보험계약은 무효로 한다. 다만, 시심신박약자가 보험계약을 체결하거나 제735조의3에 따른 단체보험의 피보험자가 될 때에 의사능력이 있는 경우에는 그러하지 아니하다(상법732조).

② 15세 이상의 미성년자의 사망보험의 경우에는 법정대리인의 동의를 얻어야 한다(민5조).

③ 법정대리인이 보험수익자 또는 보험계약자인 경우에는 미성년자와 이익이 상반되는 경우이므로 법원이 선임한 특별대리인의 동의를 필요로 한다.

(6) 타인의 상해보험계약

상해보험에 관하여는 상법 제732조에서 피보험자의 자격조항을 제외하고는 생명보험에 관한 조항을 준용한다고 하고 있다. 따라서 이를 준용할 경우 타인의 상해보험 역시 타인의 동의를 받아야 하는가가 문제되나 상해보험계약에서 피보험자의 동의는 받을 필요가 없다. 그 이유는 상해보험은 피보험자를 특정하지 아니하고 피보험자의 범위를 기명피보험자의 배우자 자녀와 같이 추상적으로 정의할 수 있으며 1세 미만이라도 피보험자가 될 수 있는데 의사능력이 없는 피보험자의 동의를 얻는다는 것은 비현실적이다. 따라서 실무에서는 보험계약자와 일정한 친족관계에 있는자를 피보험자로 한 경우 피보험자의 동의가 없는 경우라도 보험계약을 유효하게 하고 있다. 상해보험에서는 보험증권에 피보험자의 직무나 직위만을 기재할 수 있다. 그러나 보험계약자와 전혀 친족관계 등이 없는 타인을 피보험자로 보험계약을 체결하고 보험계약자를 보험수익자로 하는 상해보험계약은 무효로 보아야 할 것이다.

4. 타인을 위한 생명보험

1) 총설

(1) 타인을 위한 생명보험의 뜻

보험계약자가 자기를 보험수익자로 하는 보험계약을 자기를 위한 생명보험이라 하고, 보험계약자가 타인을 보험수익자로 하여 맺은 보험계약을 타인을 위한 생명보험이라 한다. 생명보험에서 피보험이익을 인정하지 않는 통설에 따르게 되면 피보험자와 아무런 관련이 없는 자라 할지라도 보험수익자로 지정될 수 있다. 보험수익자는 이러한 보험금청구권을 취득할 수 있음에도 불구하고 보험수익자가 그 권리를 포기한 때에는 보험금청구권은 보험계약자에게 돌아간다. 그런데 상법은 보험계약자에게 보험수익자의 지정·변경권을 주고 있기 때문에 그 범위 내에서 보험수익자의 지위에 변동을 가져올 수 있다. 그리하여 보험수익자의 권리는 변경권이 유보된 경우에는 양도할 수 없으며 또 보험수익자는 보험금청구권이 아닌 다른 권리인 보험증권교부청구권, 보험료반환청구권, 계약해지권 등을 갖지 않는다.

(2) 보험수익자의 권리

보험수익자는 생명보험계약법상의 이익을 받는 자로서 보험사고가 발생한 때에 보험자에 대하여 직접 보험금청구권을 행사할 수 있다. 그런데 보험수익자의 보험금청구권은 타인을 위한 생명보험계약의 효력에서 생겨나는 고유권이기 때문에 보험수익자가 지정되어 있는 때에는 비록 보험계약자 또는 피보험자의 재산상속인이라 하더라도 보험자에 대하여 보험금청구권을 행사할 수 없다. 또한 보험수익자는 보험금청구권을 포기할 수 있는데 보험수익자가 그 권리를 포기한 때에는 보험금청구권은 보험계약자에게 돌아간다.

2) 보험계약자의 보험수익자의 지정·변경

(1) 보험수익자의 지정·변경권의 뜻

상법은 생명보험계약이 장기간에 걸치는 계약이므로 보험계약자가 계약당시의 사정의 변경에 따라 보험수익자를 지정 또는 변경을 원하는 경우 이를 인정하고 있다(733조 1항).

(2) 보험수익자의 지정·변경권의 성질

보험수익자의 지정·변경권은 보험계약자가 보험자의 동의를 받지 않고 자유로이 행사할 수 있으므로 일종의 형성권이고, 상대방의 의사의 수령을 요하지 않는 단독(행위)권이다.

(3) 보험수익자의 지정·변경과 대항요건

① 보험수익자의 지정·변경

보험수익자의 지정·변경의 방법에 대해서는 별 제한이 없기 때문에 서면이든 구두이든 상관없다.

㉮ 보험수익자의 지정

보험계약자가 보험수익자를 지정하는 경우 구체적으로 보험수익자의 성명을 밝혀서 특정인을 지정하거나 또는 피보험자의 배우자 또는 상속인이라고 추상적으로 표시할 수도 있다. 또 보험계약자는 보험수익자를 1인으로 지정하든 수인으로 지정하든 상관이 없다.

㉯ 보험수익자의 변경

타인을 위한 생명보험계약에서 보험계약자는 보험수익자의 변경을 유보하였거나 보험수익자가 보험사고의 발생 전에 사망한 경우에는 임의로 그 변경을 할 수 있으나(733조2항, 3항), 그 밖의 경우에는 이미 지정된 보험수익자의 동의를 얻어서만 변경할 수 있다(민541조, 상649조 1항 단서).

② 대항요건

보험계약자가 보험계약체결 후에 보험수익자의 지정·변경권을 행사한 때에는 보험자에게 통지하여야 하고 만약 그 통지를 하지 않은 경우에는 보험자에게 대항할 수 없다(734조 1항).

(4) 보험수익자의 지정·변경과 그 지위

① 보험수익자의 지정·변경권을 유보한 경우

㉮ 보험계약자가 사망한 경우

보험계약자가 보험수익자의 지정권을 행사하지 아니하였으면 피보험자가 보험수익자로 되고, 변경권을 행사하지 아니하였으면 그 보험수익자의 지위는 그대로 확정된다(733조2항본문). 단 보험계약자가 사망한 경우 그 승계인이 그 지정·변경권을 행사할 수 있다는 약정이 있는 때에는 보험수익자의 지위는 그 승계인의 지정·변경권에 따른다(733조 3항 단서).

㉯ 권리행사 전에 보험사고가 발생한 경우

이 경우에는 피보험자의 상속인이 보험수익자로 되고(733조4항) 그 변경권을 행사하지 않은 때에는 보험수익자는 자신의 권리에 따라 보험자에 대한 보험금청구권을 가진다.

② 보험수익자의 지정·변경권을 유보하지 아니한 경우

㉮ 보험수익자가 사망한 경우

보험계약자는 보험수익자를 다시 지정할 수 있다(733조 3항 전단). 다만 보험계약자가 그 지정권을 행사하지 아니하고 사망하면 보험수익자의 상속인이 보험수익자로 된다. 그러나 이 경우 보험계약자의 승계인이 그 지정권을 가지는 것으로 하는 약정이 있는 때에는 그에 따른다.

㉯ 재 지정권행사 전에 보험사고가 발생한 경우

보험수익자가 사망한 후 보험계약자가 새로 보험수익자를 지정하지 아니한 동안에 보험사고가 발생한 때에는 보험금청구권은 보험수익자의 상속인에게 귀속한다.

(5) 보험수익자의 지정·변경의 시기와 피보험자의 동의

보험수익자의 지정 ·변경의 시기는 보험기간 중에는 언제든지 행사할 수 있으나 일단 보험사고가 나면 그 권리를 행사할 수 없다(733조4항). 또 보험계약자는 보험수익자의 지정·변경권을 행사할 수 있으나, 다만 그것이 타인의 사망보험의 경우에는 그 지정·변경권을 행사함에 있어서는 피보험자의 서면에 의한 동의를 반드시 얻어야 한다(734조2항, 731조1항).

5. 생명보험계약의 성립

1) 피보험자의 지정과 제한

생명보험계약에서 피보험자는 그 보험사고발생의 객체가 되는 자연인이다. 따라서 생명보험계약을 체결함에 있어서 피보험자가 누구인가는 처음부터 확정하여야 한다. 특히 타인을 위한 생명보험의 경우 그 타인의 동의를 받도록 하고 있다(732조). 사망보험의 악용으로 말미암은 도덕적 위험을 방지하기 위하여 15세 미만자, 심신상실자, 심신박약자의 사망을 보험사고 하는 보험계약은 무효로 하고 있다. 다만, 심신박약자가 보험계약을 체결하거나 제735조의3에 따른 단체보험의 피보험자가 될 때에 의사능력이 있는 경우에는 그러하지 아니하다(732조).

2) 피보험자의 신체검사

사망보험 또는 생사혼합보험에 있어서 보험금액을 표준으로 일정액 이상의 고액보험인 경우에는 보험계약자 등의 고지의무(651조) 외에 보험의(保險醫)를 통하여 피보험자의 신체검사를 거치도록 하고 있다. 피보험자가 보험의로부터 신체검사를 받는다고 하여 고지의무가 면제되는 것은 아니다. 진단보험의 경우 기왕증이나 현증 등에 관하여 고지하지 않거나 부실고지를 한 경우 보험자는 이를 이유로 보험계약을 해지할 수 있다(651조). 피보험자가 신체검사를 받기 전에 사망한 때에는 제1회 보험료를 납입하였다는 사유만으로 보험보호를 받을 수 없다.

3) 보험료와 보험금액

(1) 보헙료

생명보험의 보험료는 순(純)보험료와 부가(附加)보험료로 이루어지며, 순보험료는 다시 위험보험료와 저축보험료로 나누어진다. 전자는 보험금의 지급에 충당되고 후자는 만기적립금의 재원이 되며 부가보험료는 신계약비, 유지비, 집금비(수금비), 교통비, 통신비 등의 영업비에 충당된다. 생명보험의 보험료의 산출은 보험금액을 기준으로 하며, 위험률에 따라 보험료 기간을 단위로 하여 정해진다. 생명보험의 보험료지급방법에는 분납으로 하는 경우가 대부분이며 분납의 경우에는 매년 평균화한 일정액, 즉 평균보험료를 납입한다. 그런데 생명보험계약의 보험료는 나이에 따라 증가하는 자연보험료방식에 의하지 않고 보험기간을 통하여 동일보험료로 정하는 평준보험료방식을 취하고 있다.

(2) 보험금액

생명보험은 정액보험이고 보험가액의 관념이 없으므로 보험금액은 보험계약자의 개별적인 합의에 의하여 정한다.

4) 보험기간

보험기간은 보험자가 위험을 인수하여 보험사고의 발생에 대하여 책임을 지는 기간이다. 보험기간은 일반적으로 보험계약이 성립하여 보험자가 최초의 보험료를 받은 때로부터 개시한다(656조). 그러나 진단보험에 있어서는 건강진단을 끝냈을 때부터 그 책임이 개시된다(약관 2조 1항 단서).

5) 보험계약청약의 철회

보험계약은 보험계약자의 청약과 보험자의 승낙에 의하여 성립하는 것이고 보험계약자가 보험계약을 청약한 때에는 임의로 철회하지 못한다(민527조). 그러나 무진단보험의 경우 보험계약자는 보험자를 직접 상대하지 않고 생명보험모집인을 통해서 보험계약청약서를 교부하는 것이 일반적이기 때문에, 보험계약자가 일단 청약을 한 후에도 일정한 기간 동안 신중히 고려하여 청약의 의사표시를 철회할 수 있도록 하고 있다.

6. 생명보험자의 의무

1) 보험자의 보험금지급의무

(1) 지급방식

생명보험자는 보험기간 중에 피보험자의 생명에 관한 보험사고가 생길 경우에 약정한 보험금을 지급할 의무를 진다(730조). 보험자는 보험기간 종료 시까지 피보험자가 생존한 경우에는 사망보험의 보험자는 보험금지급의무가 없고 생존보험의 보험자는 보험금지급의무가 발생한다. 그러나 양로보험은 생사혼합보험이므로 이 경우에는 보험기간이 종료한 때 피보험자가 생존한 경우에도 보험금을 지급할 것을 약정할 수 있다(735조). 보험금의 지급방법은 일시금의 방법과 연금으로 분할하여 지급하는 방법이 있다.

(2) 생명보험자의 책임과 승낙 전 사고

① 보험자의 책임개시시기

보험자는 보험계약의 청약을 승낙하고 제1회 보험료를 받은 때부터 책임이 개시 된다(약관2조1항). 다만 보험거래의 실정과 관련하여 보험계약자가 보험계약이 성립하기 전에 제1회 보험료상당액을 지급하고 영수증을 교부받은 경우에는 그 때, 신체검사를 받아야 하는 진단보험의 경우에는 신체검사를 받은 때로부터 보험자의 책임이 개시된다.

② 승낙 전 사고와 보험자의 책임

보험자가 보험계약자로부터 보험계약의 청약과 함께 보험료상당액의 전부 또는 일부를 받은 경우에 그 청약을 승낙하기 전에 보험계약에서 정한 보험사고가 생긴 때에는 그 청약을 거절할 수 없는 한 보험자는 보험계약상의 책임을 진다(638조의2 3항). 그러나 생명보험계약의 피보험자가 신체검사를 받아야 하는 경우에 그 검사를 받지 아니한 때에는 그러하지 아니하다. 따라서 보험자가 승낙 전의 보험사고에 대해서 책임을 지는 것은, 첫째 보험계약자가 청약 시에 제1회 보험료 상당액의 지급이 있었고, 둘째 신체검사를 받아야 하는 경우에는 신체검사를 마치고, 셋째 피보험자가 피보험적격체로서 보험인수를 거절할 사유가 없을 것을 요건으로 하고 있다.

(3) 재해로 인한 보험사고

재해로 인한 사고란 교통사고나 기타 외부의 충격에 의한 갑작스런 사고를 말하는데 생명보험약관에서는 재해로 인한 피보험자의 사망의 경우에 추가보험금의 지급을 하는 경우가 많다. 재해로 인한 사고란 갑자기 외부로부터 생긴 뜻밖의 사고로서 이 경우에는 보험금이 일반 사망의 경우보다 훨씬 많이 지급되도록 해놓았다. 그런데 외부적인 작용 없이 내출혈이나 지병으로 사망한 것은 재해사망이라 할 수 없으며 외부적인 충격이 있었다 하더라도 그것이 피보험자 자신의 질병 또는 체질상의 원인에 기인하여 발생된 것은 재해로 보지 않는다고 하고 있으나[2] 이에 대하여는 향후 연구의 대상으로서 논란의 소지가 있는 부분으로 생각되며 이것은 구체적인 상황에 따라 달

2) 양승규, 전게서, 470면 참조.

라질 소지가 있다고 보아진다.

(4) 보험계약자의 중과실로 인한 보험사고

사망보험계약에는 사고가 보험계약자 또는 피보험자나 보험수익자의 중대한 과실로 인하여 생긴 경우에도 보험자는 보험금 지급책임을 면치 못한다(732조의 2). 이것은 사망보험의 경우에는 보험계약자 등의 고의[3]로 생긴 보험사고만을 보험자의 면책사유로 하고, 중대한 과실로 생긴 사고에 대해서는 보험자의 보험금지급책임을 인정하여 보험수익자를 보호하자는데 그 뜻이 있다.

(5) 생명보험과 폐질조항

생명보험계약의 보험사고는 피보험자의 생존과 사망이나 질병 또는 재해로 피보험자가 폐질이 된 때에는 폐질보험금을 지급하기로 하는 특약을 하는 경우가 있다. 피보험자의 질병이 보험계약자 또는 피보험자가 고지의무를 위반한 질병으로 생긴 때에는 보험자는 보험계약을 해지할 수 있고, 또 보험계약자 또는 피보험자의 고의로 말미암은 때에는 보험금지급을 거절할 수 있다.

2) 보험료적립금반환의무

(1) 의의

보험자는 보험계약자가 보험사고의 발생 전에 보험계약을 해지한 때에는 다른 약정이 없으면 미경과 보험료를 반환하여야 한다(649조 3항). 또 생명보험계약은 장기보험계약으로서 저축성을 띠고 있고 보험료는 생명표에 의하여 예정사망율과 예정이율에 따라 계산하여 매년 평준보험료를 지급하도록 하고 있는 점에서 생명보험계약이 해지된 때에는 보험자는 보험계약자에게 보험료적립금을 지급하도록 하고 있다(736조 1항). 이것이 이른바 보험자의 보험료적립금반환의무이다.

(2) 보험료적립금의 반환의무를 지는 경우

상법 제736조 제1항은 보험수익자를 위하여 적립한 금액을 보험계약자에게 지급하여야 하는데 그 사유는 다음과 같다.

① 보험사고 발생 전의 보험계약자에 의한 보험계약의 임의해지(649조)

② 보험료부지급으로 인한 계약해지(650조)

③ 고지의무위반으로 인한 계약해지(651조)

---

3) 피보험자가 자살한 경우에도 생명보험 표준약관 제17조에 의하여 계약 후 2년이 경과한 경우에는 보험금이 지급되도록 하고 있다.

④ 위험의 변경·증가로 인한 계약해지(652조, 653조)
⑤ 보험자의 파산으로 인한 계약해지(654조)
⑥ 보험자의 면책사유(659조, 660조)로 보험금 지급책임이 면제된 때

(3) 보험료적립금의 반환의무가 없는 경우

보험자가 보험료적립금의 반환의무를 지지 않는 경우는 다음과 같다.

① 보험계약자가 고의 또는 중대한 과실로 보험사고를 일으킨 경우, 즉 보험계약자가 피보험자를 살해한 경우(736조1항)
② 보험계약자의 사기로 인한 고지의무위반의 경우에는 보험자는 보험료적립금의 반환의무를 지지 않는다(648조의 반대해석).

(4) 소멸시효

보험자의 보험료적립금반환의무도 보험금지급의무나 보험료반환의무와 같이 3년의 시효로 소멸한다.

3) 보험계약자에 대한 대출의무

(1) 의의

생명보험약관에서 보험계약자는 해지환급금의 범위 안에서 보험자가 정한 방법에 따라 보험증권을 제출하고 대출을 받을 수 있도록 하고 있다(약관25조). 이것을 보험계약자대출 또는 보험증권대출이라 하고 보험계약자의 청구가 있으면 보험자는 이에 따를 의무가 있다고 보고 있다.

(2) 보험증권대출의 법적성질

보험증권대출의 법적성질에 관해서는, ① 이 대부는 보험금 또는 해지환급금의 선급이라는 입장과 ② 보험계약자 또는 보험수익자의 보험자에 대한 해지환급청구권과 상계를 전제로 한 특수한 금전소비대차라는 입장과 ③ 해지환급금의 선급이라는 해지환급금선급설과 특수한 금전소비대차라는 소비대차설의 두 가지 요소가 뒤섞인 복잡한 성질을 가진 절충설이라는 입장이 대립하고 있다. 먼저 해약환급금의 선급설에 의하면 약관대출은 대출이라는 명칭과 상관없이 보험금 또는 해약환급금의 사전지급으로 이해하면서[4] 이것은 우선 대출금과 이에 따르는 이자채무의 합계액은 해약환급금 범위 내에서 실행되고 대출원리금의 합계액이 보험금액을 초과하는 경우 보험계약이

4) 김선정, 약관대출에 대한 법적고찰, 보험학회지, 제59집, 2001, 167면 참조.

종료하는 점 등을 보면 해약환급금의 선급으로 보아야 한다는 것이다. 두 번째로 소비대차설은 보험자에게 약관상 채무가 발생한 경우 그 지급금에서 약관 대출원리금을 차감하여 지급하기로 약정한 특수한 소비대차로 이해한다는 것이다. 따라서 대출금에 대한 이자의 계산 등이 이루어지고 보험계약자가 보험기간 중에 그것을 전제로 하고 있다는 점 등을 근거로 한다고 볼 때 이것은 소비대차로 보아야 한다는 견해이다. 세 번째로 절충설은 대출을 둘러싼 법률문제는 그 법적성질로부터 연역적으로 판단되는 것이 아니라 약관대출이 독립된 금전소비대차는 아니며 보험계약에 내재하여 그것과 일체를 이루는 제도라는 관점에서 제기된 구체적 문제의 해결이 모색되어야 한다는 것이다.[5] 생각건대 약관대출의 법적성질을 해약환급금의 선급설로 볼 것이냐 특수한 소비대차설로 볼 것이냐 아니면 절충설로 볼 것이냐에 대하여 판례는 해약환급금 선급설을 취하고 있다. 그러나 이에 대한 여러 학자들의 견해는 나누어지고 있는데[6] 이는 상계의 방법으로 변제하는 소비대차라고 봄이 옳을 것으로 생각된다. 그 이유는 보험계약자의 약관대출은 대출이라는 형식을 통하여 금전의 소유권을 보험회사로부터 보험계약자에게 이전하고 보험계약자는 이를 상환기일에 금전으로 반환하되 약정 상환기일까지 이자를 지급하고 그 상환기일까지 상환이 지체될 경우에는 연체이자를 가산하여 지급하기로 명시하여 약정하고 있다는 점, 또 보험업관계법령도 보험약관의 규정에 의한 대출을 신용공여거래의 한 유형으로 분류하고 있다는 점, 기업회계기준 상으로도 보험회사의 약관대출에 관한 회계처리는 자산계정 중 선급금 항목이 아니라 대출채권 항목에 기재하도록 규정되어 있다는 점[7] 등을 미루어 보아 이는 상계 예약부 소비대차설로 봄이 타당하다고 생각된다.

4) 보험계약자배당의무

보험계약자배당의무란 이익배당 부 생명보험에 있어서 그 이익 즉 사차익,[8] 비차익,[9] 이차익[10] 이 있을 때에는 보험자는 보험계약자에게 배당하여야 한다. 이것이 이

---

5) 장덕조, 전게서, 459면.

6) 이에 대하여 소비대차로 보는 입장에는 김성태, 한창희 교수 등이 있고 해약환급금 선급설로 보는 견해로는 장덕조 교수 등이 있다.

7) 한창희, 보험법, 국민대학교 출판부, 2011, 551면 참조.

8) 생명보험에 있어서, 실제사망률이 예정사망률보다 적어 그 차이로 생기는 이익이다. 이는 예정사망자의 수보다 실제사망자 수가 적게 사망함으로써 보험회사에 남는 이익을 말한다.

9) 생명보험에 있어서 예정사업비 보다 실제사업비가 적게 들어서 생기는 이익을 말한다. 다시 말하면 실제로 지출한 사업비가 예정했던 사업비보다 적게 들어서 실제로 수입된 경비충당부분의 부가보험료가 남게 되는 경우의 이익이다.

10) 자산운용결과 실제이율(투자자산의 실제이율)이 보험료 계산에 사용한 예정이율을 초과했을 때의 이익을 말한다. 이것은 정부의 시책이나 국제경제의 변화에 따라 금리가 변동되는 것에서

른바 보험자의 보험계약자배당 의무이다. 대체적으로 배당이 일어나는 상품을 살펴보면 그것은 장기생명보험이나 신상품의 경우에 이를 허용하는 경우가 많다. 그 이유는 장기생명보험의 경우에는 보험료가 납입되는 기간이 장기(10년 혹은 20년, 30년)이므로 그에 따른 사차익, 이차익, 비차익이 보험계약체결당시 예정했던 것보다 큰 차이가 생길 수 있기 때문이다. 또 신상품의 보험은 보험사고의 확률을 정확하게 알 수 없으므로(통계자료의 부족으로 인한 위험보험료의 경험료율을 정확하게 알 수 없음) 처음에는 위험보험료율을 예측보험료율로 하여 상품을 판매하고 그로 인하여 이익이 남는 경우에는 이를 계약자 배당으로 하여 돌려주는 경우가 이에 해당한다. 물론 계약자 배당상품은 보험회사가 상품을 만들 때 금융감독원에 사전에 보고 내지 인가를 받고 상품을 판매하게 된다. 그런데 보험업법 제155조3항은 보험모집에서 사용하는 보험안내 자료에는 보험사업자의 장래의 이익의 배당 또는 잉여금의 분배에 대한 예상에 관한 사항을 기재하지 못하도록 하고 있다. 이는 그 보험 상품에 의한 배당이익이 발생하느냐 않느냐는 불확실한 것이므로 미리 보험모집 시에 예상배당을 밝히는 것을 금지한 것이다. 따라서 장래의 이익의 배당 또는 잉여금의 분배에 대한 예상에 관한 사항을 보험모집 안내자료에 미리 기재하지 못하지만 이러한 이익이 발생되는 경우에는 배당을 약속한 보험상품에서는 배당을 의무적으로 해야 한다.

7. 생명보험계약의 무효·변경

1) 생명보험계약의 무효

(1) 사기로 인한 보험계약 등

생명보험계약은 피보험자의 생존과 사망을 보험사고로 한다. 그런데 보험계약자나 보험수익자가 고의로 피보험자를 살해하거나 또는 보험금을 편취할 목적으로 보험계약을 체결하였고 그 계약이 사기로 판명되었다면 그러한 계약은 사기계약으로서 사회질서에 위배되고 공서양속에 반하므로 당연히 무효로 해야 할 것이다.[11] 또 우리나라는 현재 생명보험에 있어서 피보험이익주의를 사용하고 있지 않으므로 피보험이익에 대하여는 그 적용을 배제하고 있지만 실제 아무런 피보험이익이 없는 타인의 생명을 타인의 서면 동의 없이 자기를 위한 생명보험으로 하여 보험계약을 체결하였다면 이

기인되는 이익이다.

11) 개정상법 시안에서는 사기에 의한 보험계약은 무효로 한다는 규정을 655조의 2에 삽입하여 넣었으나 여러 가지 이유로 현재 이 규정은 삭제되었다. 그러나 윤리·선의계약성이 강조되는 보험계약이 사기에 의해 이루어졌다면 이러한 계약은 무효로 해야 할 것이며 만약 상법에서 이 조항을 신설하지 않는다면 민법 제103조(반 사회질서의 법률행위) 또는 110조(사기 강박에 의한 이사표시)의 규정을 원용하여 무효로 할 수 있을 것이다.

것 또한 당연히 무효가 되어야 할 것이다. 그러므로 생명보험계약의 무효의 사유로는 첫째, 사기로 인한 보험계약, 둘째, 사망보험계약에서 타인의 동의를 얻지 않은 보험계약, 셋째, 피보험이익이 존재하지 않는 보험계약 넷째 15세 미만자[12]와 심신상실자, 심신박약자의 사망을 보험사고로 하는 보험계약 등은 무효로 한다고 규정하고 있다. 단지 개정상법에서는 심신박약자의 경우에는 심신박약자가 보험계약을 체결하거나 제735조의3에 따른 단체보험의 피보험자가 될 때에 의사능력이 있는 경우에는 그러하지 아니하다고 규정하고 있다(상법 제732조).

2) 피보험자의 연령과 보험계약관계

보험자는 보험사업방법서에 의하여 보험인수를 할 수 있는 최저연령과 최고연령을 정하고 있다. 여기서 보험자가 15세 미만의 미성년자의 사망보험계약을 체결한 때에는 그 보험계약은 무효가 되나, 피보험자의 연령이 인수한도를 넘는 경우에는 그 효력이 문제가 된다. 이 경우에는 피보험자에게 책임 있는 사유가 있는 때, 가령 피보험자가 실제 나이를 줄여서 고지한 때에는 보험자는 그 보험계약을 취소할 수가 있을 것이다.

3) 생명보험계약의 변경

생명보험약관은 보험기간 중에 보험계약자는 보험자의 승낙을 얻어 ① 보험종목, ② 보험기간, ③ 보험금액, ④ 보험계약자 또느 보험수익자, ⑤ 기타 계약의 내용을 변경할 수 있다(약관23조). 보험수익자의 변경은 보험계약자가 그 권리를 유보한 경우에만 할 수 있는 것이고 보험자의 승낙을 필요로 하지 않는다(상647조).

제3절 상해보험

1. 총설

1) 상해보험계약의 뜻

상해보험계약은 인간의 신체에 발생하는 급격하고도 우연한 외래의 사고로 말미암아 신체에 상해를 입는 경우에 피보험자 또는 그 상속인에게 일정한 보험금 기타의

12) 프랑스에서는 12세 미만의자 금치산자의 사망을 보험사고로 하는 보험계약을 무효로 하고 있고 독일에서는 14세, 뉴욕주 보험법에서는 14세 6개월 , 일본에서는 15세 등으로 하여 이에 관한 규정이 국가별로 차이가 있다. 한창희, 보험법, 국민대학교 출판부, 2011년, 154면 참조.

급여를 하기로 약정한 보험계약이다. 이것은 보험자가 피보험자의 신체의 상해에 관한 보험사고가 생길 경우에 보험금 기타의 급여를 할 책임을 지기로 하는 인보험계약이다. 이러한 상해보험은 보험의 목적을 중심으로 할 경우에는 인보험에 속하나 한편으로는 손해보험의 성질도 가지고 있음으로 생명보험과 손해보험의 중간적영역의 보험으로 인정하고 제3보험으로 부르고 있다. 따라서 상해보험은 손·생보에서 모두 판매를 허용하고 있다.

2) 상해보험계약의 성질

(1) 인보험

상해보험은 보험의 객체가 사람이라는 점에서는 생명보험과 함께 인보험에 속하지만, 급격하고도 우연한 외래의 사고에 의한 신체의 상해를 보험사고로 하는 점에서 그 사고의 발생 자체는 물론 시기 등이 모두 불확정하여 생명보험과는 구별되고 손해보험적인 요소가 들어 있기도 하다. 따라서 이를 질병 보험과 간병보험을 합쳐서 제3의 보험으로 인정하고 있는 것이다.

(2) 정액보험과 손해보험의 이중성

각종 상해보험약관에는 보험급여에 관하여 사망보험금, 장해보험금, 의료보험금 등으로 보험금 지급태양이 각각 다르다.

① 정액보험

상해로 말미암아 사망한 이른바 상해사망의 경우에는 생명보험과 마찬가지로 보험자는 약정한 보험금을 지급하여야 한다. 이 경우에는 계약소정의 보험금 전부를 정액으로 지급하는 경우가 있다.

② 손해보상 및 비용보험으로서의 부정액보험

상해로 말미암아 소요되는 의료비와 약품대 등을 지급하는 경우에 보험자가 손해보상 및 비용지급책임을 지는 것으로 손해액에 대한 실손보상의 부정액으로 지급하는 경우도 있다. 따라서 이럴 경우에는 손해보험의 성질을 띠기도 한다.

3) 상해보험의 종류

(1) 보통상해보험

상해보험의 기본적인 것으로 보험기간 중에 피보험자의 일상생활에서 상해를 입은 때에 보험금을 지급하기로 하는 보험이다.

(2) 교통상해보험

피보험자가 교통사고로 상해를 입었을 때 보험금을 지급하기로 하는 보험이다. 이 보험에서는 피보험자가 교통용구에 타고 있거나 타고 내릴 때 또는 보행 중에 생긴 모든 교통사고로 말미암은 상해만을 보험사고로 하는 보험이다.

(3) 단체상해보험

단체구성원을 피보험자로 하여 그 단체활동과 관련하여 생긴 상해를 담보하는 보험이다.

(4) 여행상해보험

피보험자가 여행 중에 일어난 사고로 상해를 입음 경우에 보험금을 지급하기로 하는 보험이다.

2. 상해보험계약의 요소

1) 피보험자

(1) 상해보험에서 피보험자는 보험사고의 객체가 되는 사람이다. 상해보험계약에서 보험사고인 상해는 피보험자의 상해사망을 포함하고 있지만 피보험자의 연령에는 제한이 없다.
(2) 따라서 15세 미만의 미성년자, 심신상실자, 심신박약자도 상해보험의 피보험자가 될 수 있다.

2) 보험금액

상해보험계약은 인보험으로서 보험가액의 관념이 없으므로 보험금액은 계약당사자의 합의에 따라 이루어지고 그 보험금은 사망보험금 후유장해보험금 및 의료보험금으로 구분된다.

3) 보험사고

상해보험약관 제3조1항은 보험자는 피보험자가 보험기간 중에 급격하고도 우연한 외래의 사고로 신체에 상해를 입었을 때에는 그 상해로 인하여 생긴 손해를 보상한다고 규정하고 있다.

(1) 급격성

급격성이란 예측불능의 사고가 갑자기 또는 비교적 단시간 내에 발생하는 경우를 의미하며 점진적으로 진행되거나 일정한 기간을 경과하면서 강도를 더해가는 사고와 구분하기 위하여 사용되는 개념이다. 이는 순수한 자연적 원인, 예를 들면 허약 또는 질병 등의 원인을 상해에서 배제하기 위하여 사용된다. 그러므로 급격성이란 시간적으로 빠른 것을 의미하는 것이 아니고 피보험자가 예견하지 아니하였거나 예견할 수 없는 순간에 사고가 생긴 것을 말한다.

(2) 우연성

우연성이란 피보험자가 전혀 예상할 수 없었던 원인에 의하여 상해가 발생하였어야 한다. 즉, 의도적이거나 예상하지 못했던 사고여야 한다. 여기에는 제3의 행위로 인한 것과 피보험자 자신의 고의 아닌 행위로 인한 것이 포함된다. 그러므로 자해행위, 자살이나 싸움으로 인한 사망이나 상해는 상해가 아니다. 즉, 피보험자의 고의적인 행위로 야기된 사고나 피보험자의 예상하였던 사고로 인하여 생긴 상해는 제외된다. 따라서 우연성이란 피보험자의 고의로 인한 것이 아니고 뜻하지 않게 상해를 입은 것을 요건으로 한다.

(3) 외래성

외래성이란 보험사고가 신체의 외부로부터 생긴 것이어야 한다. 그러므로 질병과 같이 신체의 내부적인 원인으로 생긴 사고는 외래성 결여로 상해개념에서 제외되며 이는 질병보험에서의 보험사고가 될 뿐이다, 상해가 신체의 결함과는 달리 명백히 볼 수 있는 외부적인 사고에 기인한 것을 외래성이라 하는데 이것은 외래적인 사고에 기인하는 것이기 때문이다.

(4) 신체의 손상

신체의 손상은 질병이나 자연발생적인 것 및 정신적 충동에 기인한 것이 아님을 밝힌 것이다. 따라서 가령 일사병으로 인한 사망이나 외부적 요인의 작용 없이 용변을 보던 중 자발성뇌출혈로 사망하는 것은 상해사망이 아니다. 이점과 관련하여 최근 의술 발달로 신체대치수술이나 장기이식 등이 문제되는데 이러한 인공적 보조장치가 신체에 부착, 결합되어 신체의 고유 기능을 유지하던 중 그 장지가 파손되는 사고가 난 경우에는 이를 신체상해로 보아야할 것이다.[13] 그리고 물놀이를 하던 중의 익사사고도 상해사고로 본다고 하고 있다.[14]

---

13) 김성태, 전게서, 866면 참조.

3. 상해보험계약에 관한 특칙

1) 상해보험증권

(1) 상해보험증권에는 상법 제666조와 728조에 게기한 사항을 기재하여야 한다. 그 가운데 피보험자와 보험계약자가 동일인이 아닐 때에는 그 보험증권 기재사항 중 피보험자의 주소, 성명과 생년월일에 갈음하여 피보험자의 직무 또는 직위만을 기재할 수 있다.

(2) 이는 타인의 상해보험계약에서 가령 자동차의 운전자 또는 공장의 기술자 등 일정한 직무 또는 직위에 있는 자를 그 사람의 교체를 문제 삼지 않고 피보험자로 할 수 있도록 한 것이다.

2) 상해보험자의 보험금지급의무

(1) 보험사고의 발생

보험자는 피보험자의 신체의 상해에 관한 보험사고가 발생하면 보험금 기타의 급여를 지급할 책임을 진다(737조).

(2) 상해보험자의 면책사유

① 법정 면책사유

㉮ 보험계약자 등의 고의적인 사고

피보험자의 상해가 보험계약자, 피보험자 또는 보험수익자의 고의로 생긴 경우(659조)에 보험자의 책임은 면책된다. 그러나 보험계약자나 피보험자의 중대한 과실로 생긴 피보험자의 상해에 대하여는 보험자는 보험금지급책임을 면치 못한다. 그 이유는 생명보험계약에서 중과실을 부책으로 하는 것과 같다.

㉯ 전쟁, 기타 변란 등의 위험으로 생긴 사고(660조)

보험사고가 전쟁 기타의 변란으로 인하여 생긴 때에는 당사자 간에 다른 약정이 없으면 보험자는 보험금을 지급할 책임이 없다는 규정은 상해보험에 있어서도 그대로 적용되어야 할 것이다.

② 약정 면책사유

핵연료물질, 전문등반, 글라이더 조종, 스쿠버다이빙, 행글라이더 등의 위험한 운동,

---

14) 상게서, 866면 참조.

모터보트나 자동차 또는 오토바이의 경기, 선박승무원·어부 기타 선박에 탑승하는 것을 직무로 하는 사람이 직무상 선박에 탑승하고 있는 동안 발생한 사유로 생긴 손해에 대하여는 보상하지 않는다고 규정하고 있다.

(3) 보험금지급의 한도

① 사망보험금

피보험자가 상해를 입고 그 직접적인 결과로 사망한 때 상해사망의 경우에는 보험계약에서 정한 보험금액의 전부를 보험수익자 또는 피보험자의 상속인에게 지급한다. 약관에서는 피보험자의 상해사망에 대하여 피보험자가 상해를 입은 날로부터 180일 안에 사망한 경우로 한정하고 있다.

② 후유장해보험금

피보험자가 상해를 입고 그 직접적인 결과로 180일 안에 신체의 장해가 생긴 때에는 보험자는 그 장해의 등급에 따라 그에 해당하는 보험금을 지급한다.

③ 의료보험금

피보험자가 상해의 직접적인 결과로 치료를 필요로 하는 때에는 보험계약에서 정한 의료보험가입금액을 한도로 의료실비를 지급한다.

④ 경합하는 경우

보험자가 지급하여야 할 사망보험금과 후유장해보험금을 경합하여 지급하게 되는 경우에도 보험자는 보험계약에서 정한 보험금액을 한도로 그 지급책임을 진다.

(4) 수개의 상해보험계약이 있는 경우

상해보험계약에서는 피보험자의 상해를 보험사고로 하는 인 보험이므로 초과보험이나 중복보험이라는 관념은 있을 수 없다. 그러나 상해보험계약에서 동일한 피보험자의 상해를 담보하는 보험금액의 최고한도를 정하고 있는 것이 일반적이고, 이를 초과하여 인수하는 것은 원칙적으로 금지하고 있다. 그런데 한사람의 피보험자가 수인의 보험자와 상해보험계약을 체결한 경우 이를 중복보험규정을 적용할지의 문제가 발생하나 여기에 중복보험의 규정은 적용할 수 없다고 보아야 할 것이다. 그것은 인보험 특히 생명보험에서 보험가액이 존재할 수 없고 따라서 초과보험 중복보험이라는 관념은 있을 수 없는 것처럼 상해보험에서도 초과보험이나 중복보험의 관념은 있을 수 없다고 보아야 하기 때문이다. 단 보험계약자가 보험계약 체결 시 동일한 피보험자를 수개의 보험계약에 가입시키면서도 이를 보험자에게 알리지 아니한 경우(동일한 피보험자를 대상으로 하여 여러 개의 보험을 가입한다는 내용)에는 고지의무 위반이 됨으로 이를 이유로 보험자는 계약의 해지를 할 수는 있을 것이다. 그러나 정상적인 고지의무가 이루어진 상태에서 보험을 인수 하였다면 보험사고시 중복보험이라 하여 보험금의 지급에 중복보험의 논리(비례보상의 원칙)를 적용해서는 안 될 것이다.

3) 생명보험에 관한 규정의 준용

상해보험에 관하여는 15세 미만의 미성년자, 심신상실자 또는 심신박약자를 피보험자로 하는 사망보험의 무효를 규정한 상법 제732조의 규정을 제외하고 생명보험에 관한 규정이 준용된다(739조).

제4절 질병보험

1. 의의

질병보험은 사람의 질병으로 인하여 수술 등 사람의 신체에 발생하는 사고를 보험사고로 하는 보험이다. 이 보험은 질병으로 인한 의료비 및 소득상실에 대비하기 위하여 만들어진 보험으로써 상해보험과는 전혀 다른 종류의 보험이다. 질병의 치료비는 사회보험(건강보험)으로도 일정한 급여를 받지만 그 수준이 낮은 것이 보통이며 보상대상, 손해항목도 미흡하므로 사보험인 민간보험회사의 질병보험으로 이를 보충하는 경우가 많다. 즉, 질병으로 인한 의료비, 소득보상제도는 사회보험 등 공적제도의 역할에 의존하고 있지만 앞으로는 이 질병보험이 사회보험의 보완기능이 되리라고 본다.

2. 개정상법의 신설

2014년 상법개정 전에는 질병보험의 규정이 별도로 없었으나 2014년 5월부로 질병보험에 관한 규정이 신설되었다. 이 규정에서 질병보험의 보험자는 피보험자의 질병에 관한 보험사고가 발생한 경우 보험금이나 그 밖의 급여를 지급할 책임이 있다(739조의 2)고 규정하고 있다. 또 739조의 3에서는 피보험자가 보험금의 취득을 목적으로 통상적으로 받아야 할 치료를 받지 아니하여 질병을 악화시킨 경우 보험자는 그로 인하여 질병이 악화된 경우에는 보험금의 지급책임이 없다고 하여 고의성이 있는 보험사고를 면책으로 해 놓았다. 한편 보험약관에 의하면 질병에 의한 입원의 경우 통상 약관상 보험기간 개시일로부터 60일 이내의 입원에 대해서는 보상을 하지 않는 것이 많으며[15] 또 보험가입 전에 이미 발병한 질병에 관해서도 책임개시 후 피보험자가 입원한 경우 대체적으로 면책으로 하거나 책임개시 후 일정기간이 지난 경우에 한해 부책으로 하도록 하고 있다.

15) 이른바 추급보험이라는 것으로써 책임개시시기를 늦추는 경우로써 질병보험에 이러한 조항을 두는 예가 많다(김성태, 전게서 881면 참조).

부 록

Ⅰ. 상법 제4편 보험편의 개정편과 재개정이 필요한 부분(각주 참조)

Ⅱ. 일본 보험법(2008년 5월 30일 제정) 원문 및 번역본

Ⅲ. 중국 보험법(2009년10월1일 시행) 원문 및 번역본

Ⅳ. 생명보험표준약관

Ⅴ. 배상책임보험표준약관

Ⅵ. 자동차보험 약관

Ⅰ. 상법 제4편 보험편의 개정편과 재개정이 필요한 부분(각주 참조)

아래의 규정은 2014년 3월에 개정된 보험법의 내용임. 그런데 저자의 생각으로는 수정된 보험법에서도 이 규정들이 제대로 완벽하게 수정되지 못한 부분들이 많기 때문에 향후 재개정이 필요하다고 생각되는데 이러한 부분들은 각주를 달아 저자의 견해를 밝혀 놓았음.

제1장 통칙

제638조(의의) 보험계약은 당사자 일방이 약정한 보험료를 지급하고 상대방이 재산 또는 생명이나 신체에 관하여 불확정한 사고가 생길 경우에 일정한 보험금액[1] 기타의 급여를 지급할 것을 약정함으로써 효력이 생긴다.

제638조(보험계약의 의의) 보험계약은 당사자 일방이 약정한 보험료를 지급하고 재산 또는 생명이나 신체에 불확정한 사고가 발생할 경우에 상대방이 일정한 보험금이나 그 밖의 급여를 지급할 것을 약정함으로써 효력이 생긴다. [전문개정 2014.3.11.] [시행일 : 2015.3.12.]

제638조의2(보험계약의 성립) ①보험자가 보험계약자로부터 보험계약의 청약과 함께 보험료 상당액의 전부 또는 일부의 지급을 받은 때에는 다른 약정이 없으면 30일내에 그 상대방에 대하여 낙부의 통지를 발송하여야 한다. 그러나 인보험계약의 피보험자가 신체검사를 받아야 하는 경우에는 그 기간은 신체검사를 받은 날부터 기산한다.

②보험자가 제1항의 규정에 의한 기간 내에 낙부의 통지를 해태한 때에는 승낙한 것으로 본다.

③보험자가 보험계약자로부터 보험계약의 청약과 함께 보험료 상당액의 전부 또는 일부를 받은 경우에 그 청약을 승낙하기 전에 보험계약에서 정한 보험사고가 생긴 때에는 그 청약을 거절할 사유가 없는 한 보험자는 보험계약상의 책임을 진다. 그러나 인보험계약의 피보험자가 신체검사를 받아야 하는 경우에 그 검사를 받지 아니한 때에는 그러하지 아니하다.

[본조신설 1991.12.31.]

제638조의3(보험약관의 교부·명시 의무) ①보험자는 보험계약을 체결할 때에 보험계약자에게 보험약관을 교부하고 그 약관의 중요한 내용을 알려주어야 한다.

②보험자가 제1항의 규정에 위반한 때에는 보험계약자는 보험계약이 성립한 날부터 1월내에 그 계약을 취소할 수 있다.

[본조신설 1991.12.31.]

제638조의3(보험약관의 교부·설명 의무) ①보험자는 보험계약을 체결할 때에 보험계약자에게 보험약관을 교부하고 그 약관의 중요한 내용을 설명하여야 한다.

②보험자가 제1항을 위반한 경우 보험계약자는 보험계약이 성립한 날부터 3개월 이내에 그 계약을 취소할 수 있다.

[전문개정 2014.3.11.]

[시행일 : 2015.3.12.] 제638조의3

제639조(타인을 위한 보험) ①보험계약자는 위임을 받거나 위임을 받지 아니하고 특정 또는 불특정의 타인을 위하여 보험계약을 체결할 수 있다. 그러나 손해보험계약의 경우에 그 타인의 위

---

1) 여기에서 보험금액은 보험금으로 수정되어야 하므로 개정 된 638조의 규정에는 보험금으로 수정해 놓았다. 그러나 위 638조의 규정의 내용은 문맥상의 문제점이 발견되므로 다음과 같이 재개정이 필요하다고 보아진다. 보험계약은 당사자 일방이 약정한 보험료를 지급하고 그로 인해 보험에 가입된 재산 또는 생명이나 신체에 불확정한 사고가 생길 경우 상대방은 그에 대한 일정한 보험금 또는 그 밖의 급여를 지급할 것을 약정함으로써 효력이 생긴다고 해야 할 것이다.

임이 없는 때에는 보험계약자는 이를 보험자에게 고지하여야 하고, 그 고지가 없는 때에는 타인이 그 보험계약이 체결된 사실을 알지 못하였다는 사유로 보험자에게 대항하지 못한다. 〈개정 1991.12.31.〉

②제1항의 경우에는 그 타인은 당연히 그 계약의 이익을 받는다. 그러나 손해보험계약의 경우에 보험계약자가 그 타인에게 보험사고의 발생으로 생긴 손해의 배상을 한 때에는 보험계약자는 그 타인의 권리를 해하지 아니하는 범위 안에서 보험자에게 보험금액[2]의 지급을 청구할 수 있다. 〈신설 1991.12.31.〉

③제1항의 경우에는 보험계약자는 보험자에 대하여 보험료를 지급할 의무가 있다. 그러나 보험계약자가 파산선고를 받거나 보험료의 지급을 지체한 때에는 그 타인이 그 권리를 포기하지 아니하는 한 그 타인도 보험료를 지급할 의무가 있다. 〈개정 1991.12.31.〉

第640조(보험증권의 교부) ①보험자는 보험계약이 성립한 때에는 지체없이 보험증권을 작성하여 보험계약자에게 교부하여야 한다. 그러나 보험계약자가 보험료의 전부 또는 최초의 보험료를 지급하지 아니한 때에는 그러하지 아니하다. 〈개정 1991.12.31.〉

②기존의 보험계약을 연장하거나 변경한 경우에는 보험자는 그 보험증권에 그 사실을 기재함으로써 보험증권의 교부에 갈음할 수 있다. 〈신설 1991.12.31.〉

第641조(증권에 관한 이의약관의 효력) 보험계약의 당사자는 보험증권의 교부가 있은 날로부터 일정한 기간내에 한하여 그 증권내용의 정부에 관한 이의를 할 수 있음을 약정할 수 있다. 이 기간은 1월을 내리지 못한다.

第642조(증권의 재교부청구) 보험증권을 멸실 또는 현저하게 훼손한 때에는 보험계약자는 보험자에 대하여 증권의 재교부를 청구할 수 있다. 그 증권작성의 비용은 보험계약자의 부담으로 한다.

第643조(소급보험) 보험계약은 그 계약전의 어느 시기를 보험기간의 시기로 할 수 있다.

第644조(보험사고의 객관적 확정의 효과) 보험계약당시에 보험사고가 이미 발생하였거나 또는 발생할 수 없는 것인 때에는 그 계약은 무효로 한다. 그러나 당사자 쌍방과 피보험자가 이를 알지 못한 때에는 그러하지 아니하다.

第645조 삭제 〈1991.12.31.〉

第646조(대리인이 안 것의 효과) 대리인에 의하여 보험계약을 체결한 경우에 대리인이 안 사유는 그 본인이 안 것과 동일한 것으로 한다.

第646조의 2 (보험대리상 등의 권한)

① 보험대리상은 다음 각 호의 권한이 있다.

1. 보험계약자로부터 보험료를 수령할 수 있는 권
2. 보험자가 작성한 보험증권을 보험계약자에게 교부할 수 있는 권한
3. 보험계약자로부터 청약, 고지, 통지, 해지, 취소 등 보험계약에 관한 의사표시를 수령할 수 있는 권한
4. 보험계약자에게 보험계약의 체결, 변경, 해지 등 보험계약에 관한 의사표시를 할 수 있는 권한

② 제1항에도 불구하고 보험자는 보험대리상의 제1항 각 호의 권한 중 일부를 제한할 수 있다. 다만, 보험자는 그러한 권한 제한을 이유로 선의의 보험계약자에게 대항하지 못한다.

③ 보험대리상이 아니면서 특정한 보험자를 위하여 계속적으로 보험계약의 체결을 중개하는 자는 제1항제1호(보험자가 작성한 영수증을 보험계약자에게 교부하는 경우만 해당한다) 및 제2호의 권한이 있다.

④ 피보험자나 보험수익자가 보험료를 지급하거나 보험계약에 관한 의사표시를 할 의무가 있는 경우에는 제1항부터 제3항까지의 규정을 그 피보험자나 보험수익자에게도 적용한다.

[본조신설 2014.3.11] [[시행일 2015.3.12]]

---

2) 여기의 보험금액도 보험금으로 수정해야 한다. 따라서 ②제1항의 경우에는 그 타인은 당연히 그 계약의 이익을 받는다. 그러나 손해보험계약의 경우에 보험계약자가 그 타인에게 보험사고의 발생으로 생긴 손해의 배상을 한 때에는 보험계약자는 그 타인의 권리를 해하지 아니하는 범위 안에서 보험자에게 보험금의 지급을 청구할 수 있다고 수정해야 할 것이다.

第647條(특별위험의 소멸로 인한 보험료의 감액청구) 보험계약의 당사자가 특별한 위험을 예기하여 보험료의 액을 정한 경우에 보험기간중 그 예기한 위험이 소멸한 때에는 보험계약자는 그 후의 보험료의 감액을 청구할 수 있다.

第648條(보험계약의 무효로 인한 보험료반환청구) 보험계약의 전부 또는 일부가 무효인 경우에 보험계약자와 피보험자가 선의이며 중대한 과실이 없는 때에는 보험자에 대하여 보험료의 전부 또는 일부의 반환을 청구할 수 있다. 보험계약자와 보험수익자가 선의이며 중대한 과실이 없는 때에도 같다.

第649條(사고발생전의 임의해지) ①보험사고가 발생하기 전에는 보험계약자는 언제든지 계약의 전부 또는 일부를 해지할 수 있다. 그러나 제639조의 보험계약의 경우에는 보험계약자는 그 타인의 동의를 얻지 아니하거나 보험증권을 소지하지 아니하면 그 계약을 해지하지 못한다. 〈개정 1991.12.31.〉

②보험사고의 발생으로 보험자가 보험금액[3]을 지급한 때에도 보험금액이 감액되지 아니하는 보험의 경우에는 보험계약자는 그 사고발생 후에도 보험계약을 해지할 수 있다. 〈신설 1991.12.31.〉

③제1항의 경우에는 보험계약자는 당사자 간에 다른 약정이 없으면 미경과 보험료의 반환을 청구할 수 있다. 〈개정 1991.12.31.〉

第650條(보험료의 지급과 지체의 효과) ①보험계약자는 계약체결 후 지체 없이 보험료의 전부 또는 제1회 보험료를 지급하여야 하며, 보험계약자가 이를 지급하지 아니하는 경우에는 다른 약정이 없는 한 계약 성립 후 2월이 경과하면 그 계약은 해제된 것으로 본다.

②계속보험료가 약정한 시기에 지급되지 아니한 때에는 보험자는 상당한 기간을 정하여 보험계약자에게 최고하고 그 기간 내에 지급되지 아니한 때에는 그 계약을 해지할 수 있다.

③특정한 타인을 위한 보험의 경우에 보험계약자가 보험료의 지급을 지체한 때에는 보험자는 그 타인에게도 상당한 기간을 정하여 보험료의 지급을 최고한 후가 아니면 그 계약을 해제 또는 해지하지 못한다.

[전문개정 1991.12.31.]

第650條의2(보험계약의 부활) 제650조제2항에 따라 보험계약이 해지되고 해지환급금이 지급되지 아니한 경우에 보험계약자는 일정한 기간 내에 연체보험료에 약정이자를 붙여 보험자에게 지급하고 그 계약의 부활을 청구할 수 있다. 제638조의2의 규정은 이 경우에 준용한다.

[본조신설 1991.12.31.]

第651條(고지의무위반으로 인한 계약해지) 보험계약당시에 보험계약자 또는 피보험자가 고의 또는 중대한 과실로 인하여 중요한 사항을 고지하지 아니하거나 부실의 고지를 한 때에는 보험자는 그 사실을 안 날로부터 1월내에, 계약을 체결한 날로부터 3년내에 한하여 계약을 해지할 수 있다. 그러나 보험자가 계약당시에 그 사실을 알았거나 중대한 과실로 인하여 알지 못한 때에는 그러하지 아니하다. 〈개정 1991.12.31.〉

第651條의2(서면에 의한 질문의 효력) 보험자가 서면으로 질문한 사항은 중요한 사항으로 추정한다.

[본조신설 1991.12.31.]

第652條(위험변경증가의 통지와 계약해지) ①보험기간 중에 보험계약자 또는 피보험자가 사고발생의 위험이 현저하게 변경 또는 증가된 사실을 안 때에는 지체없이 보험자에게 통지하여야 한다. 이를 해태한 때에는 보험자는 그 사실을 안 날로부터 1월내에 한하여 계약을 해지할 수 있다.

②보험자가 제1항의 위험변경증가의 통지를 받은 때에는 1월내에 보험료의 증액을 청구하거나 계약을 해지할 수 있다. 〈신설 1991.12.31.〉

第653條(보험계약자 등의 고의나 중과실로 인한 위험증가와 계약해지)[4] 보험기간 중에 보험계약자, 피보험자 또는 보험수익자의 고의 또는 중대한 과실로 인하여 사고발생의 위험이 현저하게 변경

---

3) 여기의 보험금액도 보험금으로 수정함이 옳다. 따라서 ②보험사고의 발생으로 보험자가 보험금을 지급한 때에도 보험금액이 감액되지 아니하는 보험의 경우에는 보험계약자는 그 사고발생 후에도 보험계약을 해지할 수 있다고 수정해야 할 것이다.

또는 증가된 때에는 이를 보험자에게 통지 하고 보험자는 이 통지를 받은 날 또는 그 사실을 안 날부터 1월내에 보험료의 증액을 청구하거나 계약을 해지할 수 있다. 〈개정 1991.12.31.〉

第654조(보험자의 파산선고와 계약해지) ①보험자가 파산의 선고를 받은 때에는 보험계약자는 계약을 해지할 수 있다.

②제1항의 규정에 의하여 해지하지 아니한 보험계약은 파산선고 후 3월을 경과한 때에는 그 효력을 잃는다. 〈개정 1991.12.31.〉

第655조(계약해지와 보험금액[5]청구권) 보험사고가 발생한 후에도 보험자가 제650조, 제651조, 제652조와 제653조의 규정에 의하여 계약을 해지한 때에는 보험금액을 지급할 책임이 없고 이미 지급한 보험금액의 반환을 청구할 수 있다. 그러나 고지의무에 위반한 사실 또는 위험의 현저한 변경이나 증가된 사실이 보험사고의 발생에 영향을 미치지 아니하였음이 증명된 때에는 그러하지 아니하다. 〈개정 1962.12.12., 1991.12.31.〉

第655조(계약해지와 보험금청구권) 보험사고가 발생한 후라도 보험자가 제650조, 제651조, 제652조 및 제653조에 따라 계약을 해지하였을 때에는 보험금을 지급할 책임이 없고 이미 지급한 보험금의 반환을 청구할 수 있다. 다만, 고지의무(告知義務)를 위반한 사실 또는 위험이 현저하게 변경되거나 증가된 사실이 보험사고 발생에 영향을 미치지 아니하였음이 증명된 경우에는 보험금을 지급할 책임이 있다.

[전문개정 2014.3.11.]

[시행일 : 2015.3.12.] 제655조

第656조(보험료의 지급과 보험자의 책임개시) 보험자의 책임은 당사자 간에 다른 약정이 없으면 최초의 보험료의 지급을 받은 때로부터 개시한다.

第657조(보험사고발생의 통지의무) ①보험계약자 또는 피보험자나 보험수익자는 보험사고의 발생을 안 때에는 지체 없이 보험자에게 그 통지를 발송하여야 한다.

②보험계약자 또는 피보험자나 보험수익자가 제1항의 통지의무를 해태함으로 인하여 손해가 증가된 때에는 보험자는 그 증가된 손해를 보상할 책임이 없다. 〈신설 1991.12.31.〉

第658조(보험금액[6]의 지급) 보험자는 보험금액[7]의 지급에 관하여 약정기간이 있는 경우에는 그 기간내에 약정기간이 없는 경우에는 제657조제1항의 통지를 받은 후 지체 없이 지급할 보험금액[8]을 정하고 그 정하여진 날부터 10일내에 피보험자 또는 보험수익자에게 보험금액[9]을 지급하여야 한다.

[전문개정 1991.12.31.]

---

4) 상법 제 653조의 규정 즉 주관적 위험변경 증가의 경우에는 통지의무가 규정되어 있지 않다. 따라서 이 경우에도 객관적 위험변경 증가의 경우와 마찬가지로 위험변경증가에 대하여 통지를 의무화 하도록 하고 그 결과는 보험자가 결정토록 하여야 할 것이다. 따라서 이 규정을 보완하면 다음과 같이 개정되어야 할 것이다. 「보험기간 중에 보험계약자, 피보험자 또는 보험수익자의 고의 또는 중대한 과실로 인하여 사고발생의 위험이 현저하게 변경 또는 증가된 때에는 이를 보험자에게 통지하여야 한다. 그리고 보험자는 이 통지를 받은 날 또는 그 사실을 안 날부터 1월내에 보험료의 증액을 청구하거나 계약을 해지할 수 있다」고 수정해야 할 것이다.

5) 여기의 보험금액도 보험금으로 수정되어야 하므로 개정된 규정에서 이를 수정해 놓았다.

6) 여기에서도 보험금액은 보험금으로 수정되어야 한다. 따라서 본 규정은 아래와 같이 개정됨이 옳다. 제658조(보험금의 지급) 보험자는 보험금의 지급에 관하여 약정기간이 있는 경우에는 그 기간 내에 약정기간이 없는 경우에는 제657조제1항의 통지를 받은 후 지체 없이 지급할 보험금을 정하고 그 정하여진 날부터 10일내에 피보험자 또는 보험수익자에게 보험금을 지급하여야 한다고 해야 할 것이다.

7) 여기의 보험금액도 보험금으로 수정해야 한다.

8) 상동

9) 상동

제659조(보험자의 면책사유) ①보험사고가 보험계약자 또는 피보험자나 보험수익자의 고의 또는 중대한 과실로 인하여 생긴 때에는 보험자는 보험금액[10]을 지급할 책임이 없다.

①보험사고가 보험계약자 또는 피보험자나 보험수익자의 고의 또는 중대한 과실로 인하여 생긴 때에는 보험자는 보험금을 지급할 책임이 없다.

② 삭제 〈1991.12.31.〉

제660조(전쟁위험 등으로 인한 면책) 보험사고가 전쟁 기타의 변란으로 인하여 생긴 때에는 당사자간에 다른 약정이 없으면 보험자는 보험금액[11]을 지급할 책임이 없다.

제661조(재보험) 보험자는 보험사고로 인하여 부담할 책임에 대하여 다른 보험자와 재보험계약을 체결할 수 있다. 이 재보험계약은 원보험계약의 효력에 영향을 미치지 아니한다.

제662조(소멸시효) 보험금액[12]의 청구권과 보험료 또는 적립금의 반환청구권은 2년간, 보험료의 청구권은 1년간 행사하지 아니하면 소멸시효가 완성한다.

제662조(소멸시효)[13] 보험금청구권은 3년간, 보험료 또는 적립금의 반환청구권은 3년간, 보험료청구권은 2년간 행사하지 아니하면 시효의 완성으로 소멸한다.

[전문개정 2014.3.11.]

[시행일 : 2015.3.12.] 제662조

제663조(보험계약자 등의 불이익변경금지)[14] 이 편의 규정은 당사자간의 특약으로 보험계약자 또는 피보험자나 보험수익자의 불이익으로 변경하지 못한다. 그러나 재보험 및 해상보험 기타 이와 유사한 보험의 경우에는 그러하지 아니하다. 〈개정 1991.12.31.〉

제664조(상호보험에의 준용) 이 편의 규정은 그 성질이 상반되지 아니하는 한도에서 상호보험에 준용한다. 〈개정 1991.12.31.〉

제664조(상호보험, 공제 등에의 준용) 이 편(編)의 규정은 그 성질에 반하지 아니하는 범위에서 상호보험(相互保險), 공제(共濟), 그 밖에 이에 준하는 계약에 준용한다.

[전문개정 2014.3.11.]

[시행일 : 2015.3.12.] 제664조

제2장 손해보험

제1절 통칙

제665조(손해보험자의 책임) 손해보험계약의 보험자는 보험사고로 인하여 생길 피보험자의 재산상의 손해를 보상할 책임이 있다.

제666조(손해보험증권) 손해보험증권에는 다음의 사항을 기재하고 보험자가 기명날인 또는 서명하여야 한다. 〈개정 1991.12.31.〉

---

10) 상동

11) 여기의 보험금액도 보험금으로 수정되어야 한다.

12) 여기에서 보험금액은 보험금으로 수정되어야 하므로 개정법에서 이를 수정·변경 해 놓았다. 그러나 개정된 규정은 그 문맥이 명확하지 못하므로 다음과 같이 수정함이 옳을 것이다.

13) 제662조(소멸시효)피보험자 등의 보험금 청구권 및 보험료 적립금 반환청구권은 3년 간 행사하지 아니하면 소멸시효가 완성하며 보험자의 보험료 청구권은 2년간 행사하지 아니하면 소멸시효가 완성한다고 수정함이 옳다.

14) 제663조(보험계약자 등의 불이익변경금지의 원칙)의 규정은 일반 국민들이나 보험소비자들이 본 규정을 읽고 이해하기 힘들기 때문에 본 규정의 내용을 수정함이 필요하다고 생각된다. 따라서 본 규정은 다음과 같이 수정함이 필요하다.「보험약관의 내용은 상법 제 4편(보험법)의 내용 보다 보험계약자. 피보험자, 보험수익자에게 불리하도록 규정하거나 변경하지 못한다. 그러나 재보험 및 해상보험 기타 이와 유사한 기업보험의 경우에는 그러하지 아니하다.

1. 보험의 목적
2. 보험사고의 성질
3. 보험금액
4. 보험료와 그 지급방법
5. 보험기간을 정한 때에는 그 시기와 종기
6. 무효와 실권의 사유
7. 보험계약자의 주소와 성명 또는 상호
8. 보험계약의 연월일
9. 보험증권의 작성지와 그 작성년월일

제666조(손해보험증권) 손해보험증권에는 다음의 사항을 기재하고 보험자가 기명날인 또는 서명하여야 한다. 〈개정 1991.12.31., 2014.3.11.〉

1. 보험의 목적
2. 보험사고의 성질
3. 보험금액
4. 보험료와 그 지급방법
5. 보험기간을 정한 때에는 그 시기와 종기
6. 무효와 실권의 사유
7. 보험계약자의 주소와 성명 또는 상호

7의2. 피보험자의 주소, 성명 또는 상호

8. 보험계약의 연월일
9. 보험증권의 작성지와 그 작성년월일

[시행일 : 2015.3.12.] 제666조

제667조(상실이익 등의 불산입) 보험사고로 인하여 상실된 피보험자가 얻을 이익이나 보수는 당사자간에 다른 약정이 없으면 보험자가 보상할 손해액에 산입하지 아니한다.

제668조(보험계약의 목적) 보험계약은 금전으로 산정할 수 있는 이익에 한하여 보험계약의 목적으로 할 수 있다.

제669조(초과보험) ①보험금액이 보험계약의 목적의 가액을 현저하게 초과한 때에는 보험자 또는 보험계약자는 보험료와 보험금액의 감액을 청구할 수 있다. 그러나 보험료의 감액은 장래에 대하여서만 그 효력이 있다.

②제1항의 가액은 계약당시의 가액에 의하여 정한다. 〈개정 1991.12.31.〉

③보험가액이 보험기간 중에 현저하게 감소된 때에도 제1항과 같다.

④제1항의 경우에 계약이 보험계약자의 사기로 인하여 체결된 때에는 그 계약은 무효로 한다. 그러나 보험자는 그 사실을 안 때까지의 보험료를 청구할 수 있다.

제670조(기평가보험) 당사자간에 보험가액을 정한 때에는 그 가액은 사고발생시의 가액으로 정한 것으로 추정한다. 그러나 그 가액이 사고발생시의 가액을 현저하게 초과할 때에는 사고발생시의 가액을 보험가액으로 한다.

제671조(미평가보험) 당사자 간에 보험가액을 정하지 아니한 때에는 사고발생시의 가액을 보험가액으로 한다.

제672조(중복보험) ①동일한 보험계약의 목적과 동일한 사고에 관하여 수개의 보험계약이 동시에 또는 순차로 체결된 경우에 그 보험금액의 총액이 보험가액을 초과한 때에는 보험자는 각자의 보험금액의 한도에서 연대책임을 진다. 이 경우에는 각 보험자의 보상책임은 각자의 보험금액의 비율에 따른다. 〈개정 1991.12.31.〉

②동일한 보험계약의 목적과 동일한 사고에 관하여 수개의 보험계약을 체결하는 경우에는 보험계약자는 각 보험자에 대하여 각 보험계약의 내용을 통지[15]하여야 한다. 〈개정 1991.12.31.〉

---

15) 여기에서 통지하여야 한다는 규정은 고지 또는 통지하여야 한다고 개정해야 옳다. 왜냐하면 중복보험이 3개 이상의 경우에는 고지사항과 통지사항이 함께 발생되기 때문이다. 따라서 본 규

③제669조제4항의 규정은 제1항의 보험계약에 준용한다.

제673조(중복보험과 보험자 1인에 대한 권리포기) 제672조의 규정에 의한 수개의 보험계약을 체결한 경우에 보험자 1인에 대한 권리의 포기는 다른 보험자의 권리의무에 영향을 미치지 아니한다. 〈개정 1991.12.31.〉

제674조(일부보험) 보험가액의 일부를 보험에 붙인 경우에는 보험자는 보험금액의 보험가액에 대한 비율에 따라 보상할 책임을 진다. 그러나 당사자간에 다른 약정이 있는 때에는 보험자는 보험금액의 한도내에서 그 손해를 보상할 책임을 진다. 〈개정 1991.12.31.〉

제675조(사고발생 후의 목적멸실과 보상책임) 보험의 목적에 관하여 보험자가 부담할 손해가 생긴 경우에는 그 후 그 목적이 보험자가 부담하지 아니하는 보험사고의 발생으로 인하여 멸실된 때에도 보험자는 이미 생긴 손해를 보상할 책임을 면하지 못한다. 〈개정 1962.12.12.〉

제676조(손해액의 산정기준) ①보험자가 보상할 손해액은 그 손해가 발생한 때와 곳의 가액에 의하여 산정한다. 그러나 당사자간에 다른 약정이 있는 때에는 그 신품가액에 의하여 손해액을 산정할 수 있다. 〈개정 1991.12.31.〉

②제1항의 손해액의 산정에 관한 비용은 보험자의 부담으로 한다. 〈개정 1991.12.31.〉

제677조(보험료체납과 보상액의 공제) 보험자가 손해를 보상할 경우에 보험료의 지급을 받지 아니한 잔액이 있으면 그 지급기일이 도래하지 아니한 때라도 보상할 금액에서 이를 공제할 수 있다.

제678조(보험자의 면책사유) 보험의 목적의 성질, 하자 또는 자연소모로 인한 손해는 보험자가 이를 보상할 책임이 없다.

제679조(보험목적의 양도) ①피보험자가 보험의 목적을 양도한 때에는 양수인은 보험계약상의 권리와 의무를 승계한 것으로 추정한다. 〈개정 1991.12.31.〉

②제1항의 경우에 보험의 목적의 양도인 또는 양수인은 보험자에 대하여 지체없이 그 사실을 통지하여야 한다. 〈신설 1991.12.31.〉

제680조(손해방지의무) ①보험계약자와 피보험자는 손해의 방지와 경감을 위하여 노력하여야 한다. 그러나 이를 위하여 필요 또는 유익하였던 비용과 보상액이 보험금액을 초과한 경우라도 보험자가 이를 부담한다. 〈개정 1991.12.31.〉

② 삭제 〈1991.12.31.〉

제681조(보험목적에 관한 보험대위[16]) 보험의 목적의 전부가 멸실한 경우에 보험금액[17]의 전부를 지급한 보험자는 그 목적에 대한 피보험자의 권리를 취득한다. 그러나 보험가액의 일부를 보험에 붙인 경우에는 보험자가 취득할 권리는 보험금액의 보험가액에 대한 비율에 따라 이를 정한다.

제682조(제삼자에 대한 보험대위)[18] 손해가 제삼자의 행위로 인하여 생긴 경우에 보험금액[19]을 지급한 보험자는 그 지급한 금액의 한도에서 그 제삼자에 대한 보험계약자 또는 피보험자의 권리를 취득한다. 그러나 보험자가 보상할 보험금액의 일부를 지급한 때에는 피보험자의 권리를 해하지 아니하는 범위내에서 그 권리를 행사할 수 있다.

제682조(제3자에 대한 보험대위[20]) ① 손해가 제3자의 행위로 인하여 발생한 경우에 보험금을 지급

정은 동일한 보험계약의 목적과 동일한 사고에 관하여 수개의 보험계약이 체결되는 경우에는 보험계약자는 각 보험자에 대하여 각 보험계약의 내용을 고지 및 통지(고지 또는 통지)하여야 한다고 규정함이 옳을 것이다.

16) 여기에서는 보험대위보다는 보험자 대위라 표기함이 옳다. 왜냐하면 보험자가 보험사고로 인한 손해를 피보험자에게 보상하여 준 때에는 보험의 목적이나 제3자에 대하여 가지는 피보험자 또는 보험계약자의 권리를 법률상 당연히 보험자가 취득하는 것을 말하기 때문에 보험대위가 아니라 보험자 대위가 되어야 마땅하다.

17) 여기에서 보험금액은 보험금으로 수정·변경해야한다. 그 이유는 보험의 목적의 전부가 멸실한 경우에 지급되는 것은 보험금액이 아니라 보험금이기 때문이다.

18) 여기에서 보험대위는 보험자 대위라 표기함이 옳다

19) 여기에서 보험금액은 보험금으로 수정되어야 하므로 개정편에서 이를 수정·변경 해 놓았다.

한 보험자는 그 지급한 금액의 한도에서 그 제3자에 대한 보험계약자 또는 피보험자의 권리를 취득한다. 다만, 보험자가 보상할 보험금의 일부를 지급한 경우에는 피보험자의 권리를 침해하지 아니하는 범위에서 그 권리를 행사할 수 있다.

② 보험계약자나 피보험자의 제1항에 따른 권리가 그와 생계를 같이 하는 가족에 대한 것인 경우 보험자는 그 권리를 취득하지 못한다. 다만, 손해가 그 가족의 고의로 인하여 발생한 경우에는 그러하지 아니하다.

[전문개정 2014.3.11.]

[시행일 : 2015.3.12.] 제682조

제2절 화재보험

제683조(화재보험자의 책임) 화재보험계약의 보험자는 화재로 인하여 생긴 손해를 보상할 책임이 있다.

제684조(소방 등의 조치로 인한 손해의 보상) 보험자는 화재의 소방 또는 손해의 감소에 필요한 조치로 인하여 생긴 손해를 보상할 책임이 있다.

제685조(화재보험증권) 화재보험증권에는 제666조에 게기한 사항 외에 다음의 사항을 기재하여야 한다.

1. 건물을 보험의 목적으로 한 때에는 그 소재지, 구조와 용도
2. 동산을 보험의 목적으로 한 때에는 그 존치한 장소의 상태와 용도
3. 보험가액을 정한 때에는 그 가액

제686조(집합보험의 목적) 집합된 물건을 일괄하여 보험의 목적으로 한 때에는 피보험자의 가족과 사용인의 물건도 보험의 목적에 포함된 것으로 한다. 이 경우에는 그 보험은 그 가족 또는 사용인을 위하여서도 체결한 것으로 본다.

제687조(동전)[21] 집합된 물건을 일괄하여 보험의 목적으로 한 때에는 그 목적에 속한 물건이 보험기간중에 수시로 교체된 경우에도 보험사고의 발생 시에 현존한 물건은 보험의 목적에 포함된 것으로 한다.

제3절 운송보험

제688조(운송보험자의 책임) 운송보험계약의 보험자는 다른 약정이 없으면 운송인이 운송물을 수령한 때로부터 수하인에게 인도할 때까지 생길 손해를 보상할 책임이 있다.

제689조(운송보험의 보험가액) ①운송물의 보험에 있어서는 발송한 때와 곳의 가액과 도착지까지의 운임 기타의 비용을 보험가액으로 한다.

②운송물의 도착으로 인하여 얻을 이익은 약정이 있는 때에 한하여 보험가액 중에 산입한다.

제690조(운송보험증권) 운송보험증권에는 제666조에 게기한 사항 외에 다음의 사항을 기재하여야 한다.

1. 운송의 노순과 방법
2. 운송인의 주소와 성명 또는 상호
3. 운송물의 수령과 인도의 장소
4. 운송기간을 정한 때에는 그 기간

---

20) 여기에서는 보험대위는 보험자대위로 표기해야 한다. 왜냐하면 보험자가 보험사고로 인한 손실을 피보험자에게 보상하여 준 때에는 보험의 목적이나 제3자에 대하여 가지는 피보험자 또는 보험계약자의 권리를 법률상 당연히 보험자가 취득하는 것을 말하기 때문이다.

21) 본조에서 동전은 총괄보험의 목적으로 수정함이 옳다. 그 이유는 집합보험의 목적이 수시로 교체되는 경우의 보험을 총괄보험이라 부르기 때문이다.

5. 보험가액을 정한 때에는 그 가액

제691조(운송의 중지나 변경과 계약효력) 보험계약은 다른 약정이 없으면 운송의 필요에 의하여 일시운송을 중지하거나 운송의 노순 또는 방법을 변경한 경우에도 그 효력을 잃지 아니한다.

제692조(운송보조자의 고의, 중과실과 보험자의 면책) 보험사고가 송하인 또는 수하인의 고의 또는 중대한 과실로 인하여 발생한 때에는 보험자는 이로 인하여 생긴 손해를 보상할 책임이 없다.

제4절 해상보험

제693조(해상보험자의 책임) 해상보험계약의 보험자는 해상사업에 관한 사고로 인하여 생길 손해를 보상할 책임이 있다. 〈개정 1991.12.31.〉

제694조(공동해손분담액의 보상) 보험자는 피보험자가 지급할 공동해손의 분담액을 보상할 책임이 있다. 그러나 보험의 목적의 공동해손분담가액이 보험가액을 초과할 때에는 그 초과액에 대한 분담액은 보상하지 아니한다. 〈개정 1991.12.31.〉

제694조의2(구조료의 보상) 보험자는 피보험자가 보험사고로 인하여 발생하는 손해를 방지하기 위하여 지급할 구조료를 보상할 책임이 있다. 그러나 보험의 목적물의 구조료분담가액이 보험가액을 초과할 때에는 그 초과액에 대한 분담액은 보상하지 아니한다.
[본조신설 1991.12.31.]

제694조의3(특별비용의 보상) 보험자는 보험의 목적의 안전이나 보존을 위하여 지급할 특별비용을 보험금액의 한도 내에서 보상할 책임이 있다.
[본조신설 1991.12.31.]

제695조(해상보험증권) 해상보험증권에는 제666조에 게기한 사항 외에 다음의 사항을 기재하여야 한다. 〈개정 1991.12.31.〉

1. 선박을 보험에 붙인 경우에는 그 선박의 명칭, 국적과 종류 및 항해의 범위
2. 적하를 보험에 붙인 경우에는 선박의 명칭, 국적과 종류, 선적항, 양륙항 및 출하지와 도착지를 정한 때에는 그 지명
3. 보험가액을 정한 때에는 그 가액

제696조(선박보험의 보험가액과 보험목적) ①선박의 보험에 있어서는 보험자의 책임이 개시될 때의 선박가액을 보험가액으로 한다.
②제1항의 경우에는 선박의 속구, 연료, 양식 기타 항해에 필요한 모든 물건은 보험의 목적에 포함된 것으로 한다. 〈개정 1991.12.31.〉

제697조(적하보험의 보험가액) 적하의 보험에 있어서는 선적한 때와 곳의 적하의 가액과 선적 및 보험에 관한 비용을 보험가액으로 한다. 〈개정 1962.12.12.〉

제698조(희망이익보험의 보험가액) 적하의 도착으로 인하여 얻을 이익 또는 보수의 보험에 있어서는 계약으로 보험가액을 정하지 아니한 때에는 보험금액을 보험가액으로 한 것으로 추정한다.

제699조(해상보험의 보험기간의 개시) ①항해단위로 선박을 보험에 붙인 경우에는 보험기간은 하물 또는 저하의 선적에 착수한 때에 개시한다.
②적하를 보험에 붙인 경우에는 보험기간은 하물의 선적에 착수한 때에 개시한다. 그러나 출하지를 정한 경우에는 그 곳에서 운송에 착수한 때에 개시한다.
③하물 또는 저하의 선적에 착수한 후에 제1항 또는 제2항의 규정에 의한 보험계약이 체결된 경우에는 보험기간은 계약이 성립한 때에 개시한다.
[전문개정 1991.12.31.]

제700조(해상보험의 보험기간의 종료) 보험기간은 제699조제1항의 경우에는 도착항에서 하물 또는 저하를 양륙한 때에, 동조 제2항의 경우에는 양륙항 또는 도착지에서 하물을 인도한 때에 종료한다. 그러나 불가항력으로 인하지 아니하고 양륙이 지연된 때에는 그 양륙이 보통 종료될 때에 종료된 것으로 한다. 〈개정 1991.12.31.〉

제701조(항해변경의 효과) ①선박이 보험계약에서 정하여진 발항 항이 아닌 다른 항에서 출항한 때

에는 보험자는 책임을 지지 아니한다.

②선박이 보험계약에서 정하여진 도착항이 아닌 다른 항을 향하여 출항한 때에도 제1항의 경우와 같다.

③보험자의 책임이 개시된 후에 보험계약에서 정하여진 도착항이 변경된 경우에는 보험자는 그 항해의 변경이 결정된 때부터 책임을 지지 아니한다.

[전문개정 1991.12.31.]

제701조의2(이로) 선박이 정당한 사유 없이 보험계약에서 정하여진 항로를 이탈한 경우에는 보험자는 그때부터 책임을 지지 아니한다. 선박이 손해발생 전에 원 항로로 돌아온 경우에도 같다.

[본조신설 1991.12.31.]

제702조(발항 또는 항해의 지연의 효과) 피보험자가 정당한 사유 없이 발항 또는 항해를 지연한 때에는 보험자는 발항 또는 항해를 지체한 이후의 사고에 대하여 책임을 지지 아니한다.

[전문개정 1991.12.31.]

제703조(선박변경의 효과) 적하를 보험에 붙인 경우에 보험계약자 또는 피보험자의 책임 있는 사유로 인하여 선박을 변경한 때에는 그 변경후의 사고에 대하여 책임을 지지 아니한다. 〈개정 1991.12.31.〉

제703조의2(선박의 양도 등의 효과) 선박을 보험에 붙인 경우에 다음의 사유가 있을 때에는 보험계약은 종료한다. 그러나 보험자의 동의가 있는 때에는 그러하지 아니하다.

1. 선박을 양도할 때
2. 선박의 선급을 변경한 때
3. 선박을 새로운 관리로 옮긴 때

[본조신설 1991.12.31.]

제704조(선박미확정의 적하예정보험) ①보험계약의 체결당시에 하물을 적재할 선박을 지정하지 아니한 경우에 보험계약자 또는 피보험자가 그 하물이 선적되었음을 안 때에는 지체 없이 보험자에 대하여 그 선박의 명칭, 국적과 하물의 종류, 수량과 가액의 통지를 발송하여야 한다. 〈개정 1991.12.31.〉

②제1항의 통지를 해태한 때에는 보험자는 그 사실을 안 날부터 1월내에 계약을 해지할 수 있다. 〈개정 1991.12.31.〉

제705조 삭제 〈1991.12.31.〉

제706조(해상보험자의 면책사유) 보험자는 다음의 손해와 비용을 보상할 책임이 없다. 〈개정 1991.12.31.〉

1. 선박 또는 운임을 보험에 붙인 경우에는 발항당시 안전하게 항해를 하기에 필요한 준비를 하지 아니하거나 필요한 서류를 비치하지 아니함으로 인하여 생긴 손해
2. 적하를 보험에 붙인 경우에는 용선자, 송하인 또는 수하인의 고의 또는 중대한 과실로 인하여 생긴 손해
3. 도선료, 입항료, 등대료, 검역료, 기타 선박 또는 적하에 관한 항해 중의 통상비용

제707조 삭제 〈1991.12.31.〉

제707조의2(선박의 일부손해의 보상) ①선박의 일부가 훼손되어 그 훼손된 부분의 전부를 수선한 경우에는 보험자는 수선에 따른 비용을 1회의 사고에 대하여 보험금액을 한도로 보상할 책임이 있다.

②선박의 일부가 훼손되어 그 훼손된 부분의 일부를 수선한 경우에는 보험자는 수선에 따른 비용과 수선을 하지 아니함으로써 생긴 감가액을 보상할 책임이 있다.

③선박의 일부가 훼손되었으나 이를 수선하지 아니한 경우에는 보험자는 그로 인한 감가액을 보상할 책임이 있다.

[본조신설 1991.12.31.]

제708조(적하의 일부손해의 보상) 보험의 목적인 적하가 훼손되어 양륙항에 도착한 때에는 보험자는 그 훼손된 상태의 가액과 훼손되지 아니한 상태의 가액과의 비율에 따라 보험가액의 일부에 대한 손해를 보상할 책임이 있다.

제709조(적하매각으로 인한 손해의 보상) ①항해도중에 불가항력으로 보험의 목적인 적하를 매각한 때에는 보험자는 그 대금에서 운임 기타 필요한 비용을 공제한 금액과 보험가액과의 차액을 보상하여야 한다.

②제1항의 경우에 매수인이 대금을 지급하지 아니한 때에는 보험자는 그 금액을 지급하여야 한다. 보험자가 그 금액을 지급한 때에는 피보험자의 매수인에 대한 권리를 취득한다. 〈개정 1991.12.31.〉

제710조(보험위부의 원인) 다음의 경우에는 피보험자는 보험의 목적을 보험자에게 위부하고 보험금액의 전부를 청구할 수 있다. 〈개정 1991.12.31.〉

1. 피보험자가 보험사고로 인하여 자기의 선박 또는 적하의 점유를 상실하여 이를 회복할 가능성이 없거나 회복하기 위한 비용이 회복하였을 때의 가액을 초과하리라고 예상될 경우
2. 선박이 보험사고로 인하여 심하게 훼손되어 이를 수선하기 위한 비용이 수선하였을 때의 가액을 초과하리라고 예상될 경우
3. 적하가 보험사고로 인하여 심하게 훼손되어서 이를 수선하기 위한 비용과 그 적하를 목적지까지 운송하기 위한 비용과의 합계액이 도착하는 때의 적하의 가액을 초과하리라고 예상될 경우

제711조(선박의 행방불명) ①선박의 존부가 2월간 분명하지 아니한 때에는 그 선박의 행방이 불명한 것으로 한다. 〈개정 1991.12.31.〉

②제1항의 경우에는 전손으로 추정한다. 〈개정 1991.12.31.〉

제712조(대선에 의한 운송의 계속과 위부권의 소멸) 제710조제2호의 경우에 선장이 지체 없이 다른 선박으로 적하의 운송을 계속한 때에는 피보험자는 그 적하를 위부할 수 없다. 〈개정 1991.12.31.〉

제713조(위부의 통지) ①피보험자가 위부를 하고자 할 때에는 상당한 기간 내에 보험자에 대하여 그 통지를 발송하여야 한다. 〈개정 1991.12.31.〉

② 삭제 〈1991.12.31.〉

제714조(위부권행사의 요건) ①위부는 무조건이어야 한다.

②위부는 보험의 목적의 전부에 대하여 이를 하여야 한다. 그러나 위부의 원인이 그 일부에 대하여 생긴 때에는 그 부분에 대하여서만 이를 할 수 있다.

③보험가액의 일부를 보험에 붙인 경우에는 위부는 보험금액의 보험가액에 대한 비율에 따라서만 이를 할 수 있다.

제715조(다른 보험계약 등에 관한 통지) ①피보험자가 위부를 함에 있어서는 보험자에 대하여 보험의 목적에 관한 다른 보험계약과 그 부담에 속한 채무의 유무와 그 종류 및 내용을 통지하여야 한다.

②보험자는 제1항의 통지를 받을 때까지 보험금액[22]의 지급을 거부할 수 있다. 〈개정 1991.12.31.〉

③보험금액[23]의 지급에 관한 기간의 약정이 있는 때에는 그 기간은 제1항의 통지를 받은 날로부터 기산한다.

제716조(위부의 승인) 보험자가 위부를 승인한 후에는 그 위부에 대하여 이의를 하지 못한다.

제717조(위부의 불승인) 보험자가 위부를 승인하지 아니한 때에는 피보험자는 위부의 원인을 증명하지 아니하면 보험금액[24]의 지급을 청구하지 못한다.

제718조(위부의 효과) ①보험자는 위부로 인하여 그 보험의 목적에 관한 피보험자의 모든 권리를 취득한다.

②피보험자가 위부를 한 때에는 보험의 목적에 관한 모든 서류를 보험자에게 교부하여야 한다.

---

22) 여기에서 보험금액도 보험금으로 수정해야 한다.

23) 상동

24) 여기의 보험금액도 보험금으로 수정해야 한다.

제5절 책임보험

제719조(책임보험자의 책임) 책임보험계약의 보험자는 피보험자가 보험기간 중의 사고로 인하여 제3자에게 배상할 책임을 진 경우에 이를 보상할 책임이 있다.

제720조(피보험자가 지출한 방어비용의 부담) ①피보험자가 제3자의 청구를 방어하기 위하여 지출한 재판상 또는 재판외의 필요비용은 보험의 목적[25]에 포함된 것으로 한다. 피보험자는 보험자에 대하여 그 비용의 선급을 청구할 수 있다.

②피보험자가 담보의 제공 또는 공탁으로써 재판의 집행을 면할 수 있는 경우에는 보험자에 대하여 보험금액의 한도 내에서 그 담보의 제공 또는 공탁을 청구할 수 있다.

③제1항 또는 제2항의 행위가 보험자의 지시에 의한 것인 경우에는 그 금액에 손해액을 가산한 금액이 보험금액을 초과하는 때에도 보험자가 이를 부담하여야 한다. 〈개정 1991.12.31.〉

제721조(영업책임보험의 목적)[26] 피보험자가 경영하는 사업에 관한 책임을 보험의 목적으로 한 때에는 피보험자의 대리인 또는 그 사업감독자의 제3자에 대한 책임도 보험의 목적에 포함된 것으로 한다.

제722조(피보험자의 사고통지의무) 피보험자가 제3자로부터 배상의 청구를 받은 때에는 지체없이 보험자에게 그 통지를 발송하여야 한다.

제722조(피보험자의 배상청구 사실 통지의무) ① 피보험자가 제3자로부터 배상청구를 받았을 때에는 지체 없이 보험자에게 그 통지를 발송하여야 한다.

② 피보험자가 제1항의 통지를 게을리 하여 손해가 증가된 경우 보험자는 그 증가된 손해를 보상할 책임이 없다. 다만, 피보험자가 제657조제1항의 통지를 발송한 경우에는 그러하지 아니하다.

[전문개정 2014.3.11.]

[시행일 : 2015.3.12.] 제722조

제723조(피보험자의 변제 등의 통지와 보험금액[27]의 지급) ①피보험자가 제3자에 대하여 변제, 승인, 화해 또는 재판으로 인하여 채무가 확정된 때에는 지체 없이 보험자에게 그 통지를 발송하여야 한다.

②보험자는 특별한 기간의 약정이 없으면 전항의 통지를 받은 날로부터 10일내에 보험금액[28]을 지급하여야 한다.

③피보험자가 보험자의 동의 없이 제3자에 대하여 변제, 승인 또는 화해를 한 경우에는 보험자가

---

25) 여기에서 보험의 목적이라 표기한 내용은 보험의 목적에 발생된 손해로 수정해야 한다. 따라서 본조를 수정하면 「피보험자가 제3자의 청구를 방어하기 위하여 지출한 재판상 또는 재판외의 필요비용은 보험의 목적에 발생된 손해에 포함된 것으로 한다」고 수정해야 할 것이다.

26) 본조는 영업책임보험의 목적이라고 규정해 놓고 그 이하 본문의 내용은 보험계약의 목적을 설명하고 있다 따라서 본 규정은 그 주제어(영업책임보험의 목적)와 본문의 내용이 일치하지 않고 있는데 이것은 보험의 목적과 보험계약의 목적을 혼동하고 있는 것으로 보아진다. 따라서 본 규정은 주제어를 영업책임보험의 목적의 범위로 하고 그 내용은 영업책임보험에 있어서 보험의 목적의 범위는 피보험자가 타인의 신체 또는 재산에 손해를 입힌 경우 그 타인의 신체 및 재산은 물론 피보험자의 대리인 또는 그 사업감독자가 타인의 신체 또는 재산에 손해를 입힌 경우 그 타인의 신체 및 재산도 보험의 목적에 포함된다고 수정함이 옳다. 한편 이 규정을 달리 표현하는 경우에는 (영업책임보험의 목적)을 (영업책임보험에 있어서 보험계약의 목적)으로 수정하고 그 내용은 다음과 같이 수정해야 할 것이다. 피보험자가 경영하는 사업에 관한 책임을 보험계약의 목적으로 한 때에는 피보험자의 대리인 또는 그 사업감독자의 제3자에 대한 책임도 보험계약의 목적에 포함된 것으로 한다고 수정함이 옳을 것이다. 그것은 바로 배상책임이란 책임이익으로서 보험계약의 목적(피보험이익)이지 보험의 목적이 아니기 때문이다.

27) 여기에서 보험금액도 보험금으로 수정해야 한다.

28) 여기에서 보험금액도 보험금으로 수정해야 한다.

그 책임을 면하게 되는 합의가 있는 때에도 그 행위가 현저하게 부당한 것이 아니면 보험자는 보상할 책임을 면하지 못한다.

제724조(보험자와 제3자와의 관계) ①보험자는 피보험자가 책임을 질 사고로 인하여 생긴 손해에 대하여 제3자가 그 배상을 받기 전에는 보험금액[29]의 전부 또는 일부를 피보험자에게 지급하지 못한다.

②제3자는 피보험자가 책임을 질 사고로 입은 손해에 대하여 보험금액[30]의 한도내에서 보험자에게 직접 보상을 청구할 수 있다. 그러나 보험자는 피보험자가 그 사고에 관하여 가지는 항변으로써 제3자에게 대항할 수 있다. 〈개정 1991.12.31.〉

③보험자가 제2항의 규정에 의한 청구를 받은 때에는 지체 없이 피보험자에게 이를 통지하여야 한다. 〈신설 1991.12.31.〉

④제2항의 경우에 피보험자는 보험자의 요구가 있을 때에는 필요한 서류·증거의 제출, 증언 또는 증인의 출석에 협조하여야 한다. 〈신설 1991.12.31.〉

제725조(보관자의 책임보험) 임차인 기타 타인의 물건을 보관하는 자가 그 지급할 손해배상을 위하여 그 물건을 보험에 붙인 경우에는 그 물건의 소유자는 보험자에 대하여 직접 그 손해의 보상을 청구할 수 있다.

제725조의2(수개의 책임보험) 피보험자가 동일한 사고로 제3자에게 배상책임을 짐으로써 입은 손해를 보상하는 수개의 책임보험계약이 동시 또는 순차로 체결된 경우에 그 보험금액의 총액이 피보험자의 제3자에 대한 손해배상액을 초과하는 때에는 제672조와 제673조의 규정을 준용한다.

[본조신설 1991.12.31.]

제726조(재보험에의 적용) 이 절의 규정은 재보험계약에 준용한다. 〈개정 1991.12.31.〉

제726조(재보험에의 준용) 이 절(節)의 규정은 그 성질에 반하지 아니하는 범위에서 재보험계약에 준용한다.

[전문개정 2014.3.11.]

[시행일 : 2015.3.12.] 제726조

제6절 자동차보험

제726조의2(자동차보험자의 책임) 자동차보험계약의 보험자는 피보험자가 자동차를 소유, 사용 또는 관리하는 동안에 발생한 사고로 인하여 생긴 손해를 보상할 책임이 있다.

[본조신설 1991.12.31.]

제726조의3(자동차 보험증권) 자동차 보험증권에는 제666조에 게기한 사항외에 다음의 사항을 기재하여야 한다.

1. 자동차소유자와 그 밖의 보유자의 성명과 생년월일 또는 상호
2. 피보험자동차의 등록번호, 차대번호, 차형년식과 기계장치
3. 차량가액을 정한 때에는 그 가액

[본조신설 1991.12.31.]

제726조의4(자동차의 양도) ①피보험자가 보험기간 중에 자동차를 양도한 때에는 양수인은 보험자의 승낙을 얻은 경우에 한하여 보험계약으로 인하여 생긴 권리와 의무를 승계한다.

②보험자가 양수인으로부터 양수사실을 통지받은 때에는 지체없이 낙부를 통지하여야 하고 통지받은 날부터 10일내에 낙부의 통지가 없을 때에는 승낙한 것으로 본다.

[본조신설 1991.12.31.]

---

29) 상동

30) 상동

제3장 인보험

제1절 통칙

제727조(인보험자의 책임) 인보험계약의 보험자는 생명 또는 신체에 관하여 보험사고가 생길 경우에 보험계약의 정하는 바에 따라 보험금액 기타의 급여를 할 책임이 있다.

제727조(인보험자의 책임) ①인보험계약의 보험자는 피보험자의 생명이나 신체에 관하여 보험사고가 발생할 경우에 보험계약으로 정하는 바에 따라 보험금이나 그 밖의 급여를 지급할 책임이 있다. 〈개정 2014.3.11.〉

② 제1항의 보험금은 당사자 간의 약정에 따라 분할하여 지급할 수 있다. 〈신설 2014.3.11.〉

[제목개정 2014.3.11.]

[시행일 : 2015.3.12.] 제727조

제728조(인보험증권) 인보험증권에는 제666조에 게기한 사항외에 다음의 사항을 기재하여야 한다. 〈개정 1991.12.31.〉

1. 보험계약의 종류
2. 피보험자의 주소·성명 및 생년월일
3. 보험수익자를 정한 때에는 그 주소·성명 및 생년월일

제729조(제3자에 대한 보험대위의 금지) 보험자는 보험사고로 인하여 생긴 보험계약자 또는 보험수익자의 제3자에 대한 권리를 대위하여 행사하지 못한다. 그러나 상해보험계약의 경우에 당사자간에 다른 약정이 있는 때에는 보험자는 피보험자의 권리를 해하지 아니하는 범위안에서 그 권리를 대위하여 행사할 수 있다. 〈개정 1991.12.31.〉

제2절 생명보험

제730조(생명보험자의 책임) 생명보험계약의 보험자는 피보험자의 생명에 관한 보험사고가 생길 경우에 약정한 보험금액을 지급할 책임이 있다.

제730조(생명보험자의 책임) 생명보험계약의 보험자는 피보험자의 사망, 생존, 사망과 생존에 관한 보험사고가 발생할 경우에 약정한 보험금을 지급할 책임이 있다. 〈개정 2014.3.11.〉

[제목개정 2014.3.11.]

[시행일 : 2015.3.12.] 제730조

제731조(타인의 생명의 보험) ①타인의 사망을 보험사고로 하는 보험계약에는 보험계약 체결 시에 그 타인의 서면에 의한 동의를 얻어야 한다. 〈개정 1991.12.31.〉

②보험계약으로 인하여 생긴 권리를 피보험자가 아닌 자에게 양도하는 경우에도 제1항과 같다. 〈개정 1991.12.31.〉

제732조(15세미만자 등에 대한 계약의 금지) 15세미만자, 심신상실자 또는 심신박약자의 사망을 보험사고로 한 보험계약은 무효로 한다. 〈개정 1991.12.31.〉

제732조(15세미만자등에 대한 계약의 금지) 15세미만자, 심신상실자 또는 심신박약자의 사망을 보험사고로 한 보험계약은 무효로 한다. 다만, 심신박약자가 보험계약을 체결하거나 제735조의3에 따른 단체보험의 피보험자가 될 때에 의사능력이 있는 경우에는 그러하지 아니하다. 〈개정 1991.12.31., 2014.3.11.〉

[시행일 : 2015.3.12.] 제732조

제732조의2(중과실로 인한 보험사고) 사망을 보험사고로 한 보험계약에는 사고가 보험계약자 또는 피보험자나 보험수익자의 중대한 과실로 인하여 생긴 경우에도 보험자는 보험금액을 지급할 책임을 면하지 못한다.

[본조신설 1991.12.31.]

제732조의2(중과실로 인한 보험사고 등) ① 사망을 보험사고로 한 보험계약에서는 사고가 보험계약자 또는 피보험자나 보험수익자의 중대한 과실로 인하여 발생한 경우에도 보험자는 보험금을 지

급할 책임을 면하지 못한다.

② 둘 이상의 보험수익자 중 일부가 고의로 피보험자를 사망하게 한 경우 보험자는 다른 보험수익자에 대한 보험금 지급 책임을 면하지 못한다.

[전문개정 2014.3.11.]

[시행일 : 2015.3.12.] 제732조의2

제733조(보험수익자의 지정 또는 변경의 권리) ①보험계약자는 보험수익자를 지정 또는 변경할 권리가 있다.

②보험계약자가 제1항의 지정권을 행사하지 아니하고 사망한 때에는 피보험자를 보험수익자로 하고 보험계약자가 제1항의 변경권을 행사하지 아니하고 사망한 때에는 보험수익자의 권리가 확정된다. 그러나 보험계약자가 사망한 경우에는 그 승계인이 제1항의 권리를 행사할 수 있다는 약정이 있는 때에는 그러하지 아니하다. 〈개정 1991.12.31.〉

③보험수익자가 보험존속 중에 사망한 때에는 보험계약자는 다시 보험수익자를 지정할 수 있다. 이 경우에 보험계약자가 지정권을 행사하지 아니하고 사망한 때에는 보험수익자의 상속인을 보험수익자로 한다.

④보험계약자가 제2항과 제3항의 지정권을 행사하기 전에 보험사고가 생긴 경우에는 피보험자 또는 보험수익자의 상속인을 보험수익자로 한다. 〈신설 1991.12.31.〉

제734조(보험수익자지정권 등의 통지) ①보험계약자가 계약체결후에 보험수익자를 지정 또는 변경할 때에는 보험자에 대하여 그 통지를 하지 아니하면 이로써 보험자에게 대항하지 못한다.

②제731조제1항의 규정은 제1항의 지정 또는 변경에 준용한다. 〈개정 1962.12.12., 1991.12.31.〉

제735조(양로보험) 피보험자의 사망을 보험사고로 한 보험계약에는 사고의 발생 없이 보험기간이 종료한 때에도 보험금액을 지급할 것을 약정할 수 있다.

제735조 삭제 〈2014.3.11.〉

[시행일 : 2015.3.12.] 제735조

제735조의2(연금보험) 생명보험계약의 보험자는 피보험자의 생명에 관한 보험사고가 생긴 때에 약정에 따라 보험금액을 연금으로 분할하여 지급할 수 있다.

[본조신설 1991.12.31.]

제735조의2 삭제 〈2014.3.11.〉

[시행일 : 2015.3.12.] 제735조의2

제735조의3(단체보험) ①단체가 규약에 따라 구성원의 전부 또는 일부를 피보험자로 하는 생명보험계약을 체결하는 경우에는 제731조를 적용하지 아니한다.

②제1항의 보험계약이 체결된 때에는 보험자는 보험계약자에 대하여서만 보험증권을 교부한다.

[본조신설 1991.12.31.]

제735조의3(단체보험) ①단체가 규약에 따라 구성원의 전부 또는 일부를 피보험자로 하는 생명보험계약을 체결하는 경우에는 제731조를 적용하지 아니한다.

②제1항의 보험계약이 체결된 때에는 보험자는 보험계약자에 대하여서만 보험증권을 교부한다.

③ 제1항의 보험계약에서 보험계약자가 피보험자 또는 그 상속인이 아닌 자를 보험수익자로 지정할 때에는 단체의 규약에서 명시적으로 정하는 경우 외에는 그 피보험자의 서면 동의를 받아야 한다. 〈신설 2014.3.11.〉

[본조신설 1991.12.31.]

[시행일 : 2015.3.12.] 제735조의3

제736조(보험료적립금반환의무 등) ①제649조, 제650조, 제651조 및 제652조 내지 제655조의 규정에 의하여 보험계약이 해지된 때, 제659조와 제660조의 규정에 의하여 보험금액[31]의 지급책임이 면제된 때에는 보험자는 보험수익자[32]를 위하여 적립한 금액을 보험계약자에게 지급하여야 한다.

---

31) 여기서 보험금액도 보험금으로 수정해야 한다.

32) 여기에서 보험수익자를 위하여 적립한 금액이란, 보험수익자 등을 위하여 적립한 금액으로 수

그러나 다른 약정이 없으면 제659조제1항의 보험사고가 보험계약자에 의하여 생긴 경우에는 그러하지 아니하다. 〈개정 1991.12.31.〉
② 삭제 〈1991.12.31.〉

제3절 상해보험

제737조(상해보험자의 책임) 상해보험계약의 보험자는 신체의 상해에 관한 보험사고가 생길 경우에 보험금액[33] 기타의 급여를 할 책임이 있다.
제738조(상해보험증권) 상해보험의 경우에 피보험자와 보험계약자가 동일인이 아닐 때에는 그 보험증권 기재사항 중 제728조제2호에 게기한 사항에 갈음하여 피보험자의 직무 또는 직위만을 기재할 수 있다.
제739조(준용규정) 상해보험에 관하여는 제732조를 제외하고 생명보험에 관한 규정을 준용한다.

제4절 질병보험 [신설 2014.3.11]

제739조의2 (질병보험자의 책임) 질병보험계약의 보험자는 피보험자의 질병에 관한 보험사고가 발생할 경우 보험금이나 그 밖의 급여를 지급할 책임이 있다.
[본조신설 2014.3.11] [[시행일 2015.3.12]]
제739조의3 (질병보험에 대한 준용규정) 질병보험에 관하여는 그 성질에 반하지 아니하는 범위에서 생명보험 및 상해보험에 관한 규정을 준용한다.
[본조신설 2014.3.11] [[시행일 2015.3.12]]

정 변경함이 옳다. 그 이유는 만기환급금의 재원이 되는 보험료 적립금(저축보험료 적립금)은 보험수익자를 위하여 적립하는 것이 아니라 보험계약자를 위하여 적립하는 것으로 보아야 하기 때문이다.

33) 여기의 보험금액도 보험금으로 수정해야 한다.

Ⅱ. 일본 보험법(2008년 5월 30일 제정) 원문 및 번역본

일본 보험법 원문은 http://hourei.hounavi.jp/에서 발췌하였으며, 번역본은 한국외국어대학교 법학전문대학원 김은경교수의 외법논집 제33권 제2호(2009.5)에 실린"일본 보험법"의 자료와 대구대학교 이원돈 교수의 해설 보험계약법 내용을 참조하였음.

원문	번역본
第一章　総則	**제1장 총칙**
第一条（趣旨） 保険に係る契約の成立、効力、履行及び終了については、他の法令に定めるもののほか、この法律の定めるところによる。	**제1조(취지)** 보험계약의 성립, 효력, 이행 및 종료에 관하여 다른 법령에 규정이 있는 경우를 제외하고는 이 법률이 정하는 바에 의한다.
第二条（定義） この法律において、次の各号に掲げる用語の意義は、当該各号に定めるところによる。 一．**保険契約** － 保険契約、共済契約その他いかなる名称であるかを問わず、当事者の一方が一定の事由が生じたことを条件として財産上の給付（生命保険契約及び傷害疾病定額保険契約にあっては、金銭の支払に限る。以下「保険給付」という。）を行うことを約し、相手方がこれに対して当該一定の事由の発生の可能性に応じたものとして保険料（共済掛金を含む。以下同じ。）を支払うことを約する契約をいう。 二．**保険者** － 保険契約の当事者のうち、保険給付を行う義務を負う者をいう。 三．**保険契約者** － 保険契約の当事者のうち、保険料を支払う義務を負う者をいう。 四．**被保険者** － 次のイからハまでに掲げる保険契約の区分に応じ、当該イからハまでに定める者をいう。 イ．**損害保険契約** － 損害保険契約によりてん補することとされる損害を受ける者 ロ．**生命保険契約** － その者の生存又は死亡に関し保険者が保険給付を行うこととなる者 ハ．**傷害疾病定額保険契約** － その者の傷害又は疾病（以下「傷害疾病」という。）に基づき保険者が保険給付を行うこととなる者 五．**保険金受取人** － 保険給付を受ける者として生命保険契約又は傷害疾病定額保険	**제2조(정의)** 다음 각 호에서 기재한 용어의 의미는 해당 각호에 정한 것에 의한다. 1. **보험계약** - 보험계약, 공제계약 그 외에 어떠한 명칭에도 불구하고, 당사자 일방이 일정한 사유가 생기는 것을 조건으로 하여 재산상의 급부(생명보험계약 및 상해질병정액보험계약에 있어서 금전지급에 한한다. 이하「보험급부」라 한다)를 행하는 것을 약속하고, 상대방이 이에 대하여 당해 일정사유의 발생 가능성에 따른 것으로서 보험료(공제기금을 포함한다. 이하 동일)를 지급할 것을 약속한 계약을 말한다. 2. **보험자** - 보험계약의 당사자 중, 보험급부를 행할 의무를 지는 자를 말한다. 3. **보험계약자** - 보험계약의 당사자 중 보험료를 지급할 의무를 부담하는 자를 말한다. 4. **피보험자** - 다음 ①에서③까지 언급한 보험계약의 구분에 따라 당해 ①에서③까지 정해진 자를 말한다. 가. **손해보험계약** - 손해보험계약에 의해 전보 받을 것으로 여겨지는 자 나. **생명보험계약** - 그 자의 생존 또는 사망에 관하여 보험자가 보험급부를 이행할 것으로 되는 자 다. **상해질병정액보험계약** - 그 자의 상해 또는 질병(이하「상해질병」이라함)에 근거하여 보험자가 보험급부를 이행할 것으로 되는 자 5. **보험수익자** - 보험급부를 받는 자로 생명보험계

契約で定めるものをいう。 **六．損害保険契約** － 保険契約のうち、保険者が一定の偶然の事故によって生ずることのある損害をてん補することを約するものをいう。 **七．傷害疾病損害保険契約** － 損害保険契約のうち、保険者が人の傷害疾病によって生ずることのある損害（当該傷害疾病が生じた者が受けるものに限る。）をてん補することを約するものをいう。 **八．生命保険契約** － 保険契約のうち、保険者が人の生存又は死亡に関し一定の保険給付を行うことを約するもの（傷害疾病定額保険契約に該当するものを除く。）をいう。 九． **傷害疾病定額保険契約** － 保険契約のうち、保険者が人の傷害疾病に基づき一定の保険給付を行うことを約するものをいう。	약 또는 상해질병정액보험계약에 정한 자를 말한다. 6. **손해보험계약** - 보험계약 중 보험자가 일정한 우연한 사고에 의해 발생한 손해를 전보할 것을 약정한 것을 말한다. 7. **상해질병손해보험계약** - 손해보험계약 중 보험자가 사람의 상해질병에 의해 생긴 손해(당해 상해질병이 발생한 자가 받는 것에 한한다)를 전보할 것을 약정한 것을 말한다. 8. **생명보험계약** - 보험계약 중 보험자가 사람의 생존 또는 사망에 관하여 일정한 보험급부를 행할 것을 약정한 것(상해질병정액보험계약에 해당하는 것을 제외한다)을 말한다. 9. **상해질병정액보험계약** - 보험계약 중 보험자가 사람의 상해질병에 근거하여 일정 보험급부를 행할 것을 약정한 것을 말한다.
第二章　損害保険	**제2장 손해보험**
第一節　成立	**제1절 성립**
第三条（損害保険契約の目的） 損害保険契約は、金銭に見積もることができる利益に限り、その目的とすることができる。	**제3조(손해보험계약의 목적)** 손해보험계약은 금전으로 산정할 수 있는 이익에 한하여 보험계약의 목적으로 할 수 있다.
第四条（告知義務） 保険契約者又は被保険者になる者は、損害保険契約の締結に際し、損害保険契約によりてん補することとされる損害の発生の可能性（以下この章において「危険」という。）に関する重要な事項のうち保険者になる者が告知を求めたもの（第二十八条第一項及び第二十九条第一項において「告知事項」という。）について、事実の告知をしなければならない。	**제4조(고지의무)** 보험계약자 또는 피보험자는 손해보험계약체결 시 손해보험계약에 의해 보상받을 수 있는 손해의 발생 가능성(이하의 장에서는「위험」이라 말한다)과 관한 중요한 사항 중 보험자가 고지를 구하는 것(제28조 제1항 및 제29조 제1항에 있어서「고지사항」이라 말한다)에 한하여 사실의 고지를 하지 않으면 안 된다)
第五条（遡及保険） 1. 損害保険契約を締結する前に発生した保険事故（損害保険契約によりてん補することとされる損害を生ずることのある偶然の事故として当該損害保険契約で定めるものをいう。以下この章において同じ。）による損害をてん補する旨の定めは、保険契約者が当該損害保険契約の申込み又はその承	**제5조(소급보험)** ① 손해보험계약을 체결 전에 발생한 보험사고(손해보험계약에 의해 전보 받을 수 있는 손해가 우연한 사고로 인한 것이며 해당 손해보험계약에서 정한 것을 말한다. 이하 이 장에 있어서 동일하다)에 의한 손해를 전보할 것에 관한 규정은 보험계약자가 해당 손해보험계약에서 이를 청약하거나 승낙을 한 때에 있어서 보험계약자 또는 피

諾をした時において、当該保険契約者又は被保険者が既に保険事故が発生していることを知っていたときは、無効とする。 ２．　損害保険契約の申込みの時より前に発生した保険事故による損害をてん補する旨の定めは、保険者又は保険契約者が当該損害保険契約の申込みをした時において、当該保険者が保険事故が発生していないことを知っていたときは、無効とする。	보험자가 이미 보험사고가 발생한 것을 알고 있는 때에는 무효로 한다. ② 손해보험계약의 청약의 시기보다 먼저 발생한 보험사고에 의한 손해를 전보하는 취지의 규정은 보험자 또는 보험계약자가 해당 손해보험계약의 청약의 때에 있어서 당해 보험자가 보험사고가 발생하지 않은 것을 안 때에는 무효로 한다.
第六条（損害保険契約の締結時の書面交付） 保険者は、損害保険契約を締結したときは、遅滞なく、保険契約者に対し、次に掲げる事項を記載した書面を交付しなければならない。 一．保険者の氏名又は名称 二．保険契約者の氏名又は名称 三．　被保険者の氏名又は名称その他の被保険者を特定するために必要な事項 四．保険事故 五．　その期間内に発生した保険事故による損害をてん補するものとして損害保険契約で定める期間 六．　保険金額（保険給付の限度額として損害保険契約で定めるものをいう。以下この章において同じ。）又は保険金額の定めがないときはその旨 七．　保険の目的物（保険事故によって損害が生ずることのある物として損害保険契約で定めるものをいう。以下この章において同じ。）があるときは、これを特定するために必要な事項 八．　第九条ただし書に規定する約定保険価額があるときは、その約定保険価額 九．保険料及びその支払の方法 十．　第二十九条第一項第一号の通知をすべき旨が定められているときは、その旨 十一．損害保険契約を締結した年月日 十二．書面を作成した年月日 ２．　前項の書面には、保険者（法人その他の団体にあっては、その代表者）が署名し、又は記名押印しなければならない。	**제6조(손해보험계약의 체결시 서면교부)** 보험자는 손해보험계약을 체결할 때에는 지체없이 보험계약자에 대해 다음의 사항을 기재한 서면을 교부하여야 한다. 1. 보험자의 성명 또는 명칭 2. 보험계약자의 성명 또는 명칭 3. 피보험자의 성명 또는 명칭 그 외 피보험자를 특정하기 위해 필요한 사항 4. 보험사고 5. 그 기간 내 발생한 보험사고에 의한 손해를 전보할 것으로 손해보험계약에서 정한 기간 6. 보험급액(보험급부의 한도액으로 손해보험계약에서 정한 것을 말한다. 이하 장에 있어서 동일하다)또는 보험금액의 정함이 없을 때에는 그 취지 7. 보험의 목적물(보험사고에 의해 손해가 생기는 것이 있는 물건으로 손해보험계약에 정한 것을 말한다. 이하 이 장에 있어서 동일하다)이 있을 때에는 이것을 특정하기 위해 필요한 사항 8. 제9조 단서에 규정한 약정보험가액이 있을 때에는 그 약정보험가액 9. 보험료 및 그 지불의 방법 10. 제29조 제1항 제1호의 통지를 해야 할 취지가 정해져 있을 때는, 그 취지 11. 손해보험계약을 체결한 연월일 12. 서면을 작성한 연월일 ② 전항의 서면에서는 보험자(법인 그 외의 단체에 있어서는, 그 대표자)가 서명 또는 기명 날인해야 한다.
第七条（強行規定） 第四条の規定に反する特約で保険契約者又は被保険者に不利なも	**제7조(강행규정)** 제4조의 규정에 반하는 특약으로 보험계약자 또는 피보험자에게 불이익한 것 및

の及び第五条第二項の規定に反する特約で保険契約者に不利なものは、無効とする。	제5조 제2항의 규정에 반하는 특약으로 보험계약자에게 불이익한 것은 무효로 한다.
第二節　効力	**제2절 효력**
第八条（第三者のためにする損害保険契約） 被保険者が損害保険契約の当事者以外の者であるときは、当該被保険者は、当然に当該損害保険契約の利益を享受する。	**제8조(제3자를 위한 손해보험계약)** 피보험자가 손해보험계약의 당사자 이외의 자로 되는 때에는 해당 피보험자는 당연히 해당 손해보험계약의 이익을 향유한다.
第九条（超過保険） 損害保険契約の締結の時において保険金額が保険の目的物の価額（以下この章において「保険価額」という。）を超えていたことにつき保険契約者及び被保険者が善意でかつ重大な過失がなかったときは、保険契約者は、その超過部分について、当該損害保険契約を取り消すことができる。ただし、保険価額について約定した一定の価額（以下この章において「約定保険価額」という。）があるときは、この限りでない。	**제9조(초과보험)** 손해보험계약 체결시에 있어서 보험금액이 보험의 목적물의 가액(이하 이 장에 있어서「약정보험가액」이라 한다.)을 초과하는 것에 대하여 보험계약자 및 피보험자가 선의이고 중대한 과실이 없는 때에는 보험계약자는 그 초과부분에 대하여 해당 손해보험계약을 취소할 수 있다. 다만 보험가액에 대하여 약정한 일정가액(이하 이 장에 있어서「약정보험가액」이라 한다.)이 있는 때에는 그러하지 아니하다.
第十条（保険価額の減少） 損害保険契約の締結後に保険価額が著しく減少したときは、保険契約者は、保険者に対し、将来に向かって、保険金額又は約定保険価額については減少後の保険価額に至るまでの減額を、保険料についてはその減額後の保険金額に対応する保険料に至るまでの減額をそれぞれ請求することができる。	**제10조(보험가액의 감소)** 손해보험계약 체결 후에 보험가액이 현저히 감소한 때에는 보험계약자는 보험자에게 장래를 향하여 보험금액 또는 약정보험가액에 대하여 감소 후의 보험가액에 이를 때까지 감액을, 보험료에 대해서는 감액후의 보험금액에 대응하는 보험료에 이를 때까지 감액을 각각 청구할 수 있다.
第十一条（危険の減少） 損害保険契約の締結後に危険が著しく減少したときは、保険契約者は、保険者に対し、将来に向かって、保険料について、減少後の当該危険に対応する保険料に至るまでの減額を請求することができる。	**제11조(위험의 감소)** 손해보험계약의 체결 후에 위험이 현저하게 감소한 때에는 보험계약자는 보험자에게 장래를 향하여 감소후의 해당위험에 대응하는 보험료에 이를 때까지 감액을 청구할 수 있다.
第十二条（強行規定） 第八条の規定に反する特約で被保険者に不利なもの及び第九条本文又は前二条の規定に反する特約で保険契約者に不利なものは、無効とする。	**제12조(강행규정)** 제8조의 규정에 반하는 특약으로 피보험자에게 불리한 것및 제9조 본문 또는 전2조의 규정에 반하는 특약으로 보험계약자에게 불리한 것은 무효로 한다.
第三節　保険給付	**제3절 보험급부**
第十三条（損害の発生及び拡大の防止）	**제13조(손해의 발생 및 확대의 방지)** 보험계약자

保険契約者及び被保険者は、保険事故が発生したことを知ったときは、これによる損害の発生及び拡大の防止に努めなければならない。	및 피보험자는 보험사고가 발생한 것을 안 때에는 이것에 의한 손해의 발생 및 확대의 방지에 노력하여야 한다.
第十四条（損害発生の通知） 保険契約者又は被保険者は、保険事故による損害が生じたことを知ったときは、遅滞なく、保険者に対し、その旨の通知を発しなければならない。	**第14条(손해발생의 통지)** 보험계약자 또는 피보험자는 보험사고에 의한 손해가 발생한 것을 안 때에는 지체없이 보험자에 대해 그 취지의 통지를 발송하여야 한다.
第十五条（損害発生後の保険の目的物の滅失） 保険者は、保険事故による損害が生じた場合には、当該損害に係る保険の目的物が当該損害の発生後に保険事故によらずに滅失したときであっても、当該損害をてん補しなければならない。	**第15条(손해발생 후 보험의 목적물의 상실)** 보험자는 보험사고에 의하여 손해가 생긴 경우에는 해당 손해에 관련된 보험의 목적물이 해당 손해의 발생 후에 보험사고에 의하지 않고 멸실 된 때에 있어서도 해당 손해를 전보해 주어야 한다.
第十六条（火災保険契約による損害てん補の特則） 火災を保険事故とする損害保険契約の保険者は、保険事故が発生していないときであっても、消火、避難その他の消防の活動のために必要な処置によって保険の目的物に生じた損害をてん補しなければならない。	**第16条(화재보험계약에 의한 손해전보의 특칙)** 화재를 보험사고로 하는 손해보험계약의 보험자는 보험사고가 발생되지 않은 때에도 소화, 피난 그 외의 소방의 활동을 위하여 필요한 조치에 의하여 보험의 목적물에 생긴 손해를 전보해 주어야 한다.
第十七条（保険者の免責） 1.　保険者は、保険契約者又は被保険者の故意又は重大な過失によって生じた損害をてん補する責任を負わない。戦争その他の変乱によって生じた損害についても、同様とする。 ２.　責任保険契約（損害保険契約のうち、被保険者が損害賠償の責任を負うことによって生ずることのある損害をてん補するものをいう。以下同じ。）に関する前項の規定の適用については、同項中「故意又は重大な過失」とあるのは、「故意」とする。	**第17条(보험자의 면책)** ① 보험자는 보험계약자 또는 피보험자의 고의 또는 중대한 과실에 의하여 생긴 손해를 전보할 책임을 지지 아니한다. 전쟁 그 외의 변란에 의하여 생긴 손해에 대하여도 동일하다. ② 책임보험계약 (손해보험계약 중, 피보험자가 손해배상의 책임을 지는 것에 의하여 생긴 손해를 전보하는 것을 말한다. 이하 동일하다) 에 관한 전항의 규정의 적용에 있어서 동항에서「고의 또는 중대한 과실」이라고 하는 것은 '고의' 로 한다.
第十八条（損害額の算定） 1. 損害保険契約によりてん補すべき損害の額（以下この章において「てん補損害額」という。）は、その損害が生じた地及び時における価額によって算定する。 ２.　約定保険価額があるときは、てん補損害額は、当該約定保険価額によって算定する。ただし、当該約定保険価額が保険価額を著しく超えるときは、てん補損害額は、	**第18条(손해액의 산정)** ① 손해보험계약에 의해 전보할 손해액(이하 이 장에 있어서「전보손해액」이라 한다)은 이 손해가 생긴 장소 및 대에 있어서 가액에 의해 산정한다. ② 약정보험가액이 있는 때에는 전보손해액은 해당 약정보험가액에 의해 산정한다. 다만 해당 약정보험가액이 보험가액을 현저하게 초과한 때에는 전보손해액은 해당 보험가액에 의해 상정한다.

当該保険価額によって算定する。

第十九条（一部保険） 保険金額が保険価額（約定保険価額があるときは、当該約定保険価額）に満たないときは、保険者が行うべき保険給付の額は、当該保険金額の当該保険価額に対する割合をてん補損害額に乗じて得た額とする。

第二十条（重複保険）

1．損害保険契約によりてん補すべき損害について他の損害保険契約がこれをてん補することとなっている場合においても、保険者は、てん補損害額の全額（前条に規定する場合にあっては、同条の規定により行うべき保険給付の額の全額）について、保険給付を行う義務を負う。

２． 二以上の損害保険契約の各保険者が行うべき保険給付の額の合計額がてん補損害額（各損害保険契約に基づいて算定したてん補損害額が異なるときは、そのうち最も高い額。以下この項において同じ。）を超える場合において、保険者の一人が自己の負担部分（他の損害保険契約がないとする場合における各保険者が行うべき保険給付の額のその合計額に対する割合をてん補損害額に乗じて得た額をいう。以下この項において同じ。）を超えて保険給付を行い、これにより共同の免責を得たときは、当該保険者は、自己の負担部分を超える部分に限り、他の保険者に対し、各自の負担部分について求償権を有する。

第二十一条（保険給付の履行期）

1．保険給付を行う期限を定めた場合であっても、当該期限が、保険事故、てん補損害額、保険者が免責される事由その他の保険給付を行うために確認をすることが損害保険契約上必要とされる事項の確認をするための相当の期間を経過する日後の日であるときは、当該期間を経過する日をもって保険給付を行う期限とする。

２． 保険給付を行う期限を定めなかったときは、保険者は、保険給付の請求があった後、当該請求に係る保険事故及びてん補損

第19조(일부보험) 보험금액이 보험가액(약정보험가액이 있는 때에는, 해당약정 보험가액)에 이르지 아니한 때에 보험자가 이행할 보험급부액은 해당보험금액의 해당보험가액에 대한 비율을 전보손해액에 곱하여 얻은 금액으로 한다.

第20조(중복보험)

① 손해보험계약에 의해 전보되는 손해에 의하여 다른 손해보험계약이 이것을 전보하는 것으로 되어 있는 경우에 있어서도 보험자는 전보손해액의 전액(전조에 규정하는 경우에 있어서 동조의 규정에 의해 이행할 보험급부액의 전부)에 대해 보험급부로 행할 의무를 진다.

② 두 개 이상의 손해보험계약의 각 보험자가 행하는 보험급부액의 합계액이 전보손해액(각 손해보험계약에 기초하여 산정한 전보손해액이 다를 때에는 그중 최고액. 이하 본장에 있어서 동일하다)을 초과한 경우 보험자의 일인이 자기의 부담부분(다른 손해보험계약이 없는 때에는 각 보험자가 행할 보험급부액의 합계에 대한 비율을 전보손해액에 곱하여 얻는 액을 말한다. 이하 본장에 있어서 동일하다) 을 초과한 보험급부를 행하고 ,이것에 의해 공동의 면책을 얻는 때에는 해당보험자는 자기의 부담부분을 초과한 부분에 한하여 다른 보험자에게 각자의 부담부분에 대한 청국권을 가진다.

第21조(보험급부의 이행기) ① 보험급부를 행할 기한을 정한 때에 있어서도 해당기한이 보험사고, 전보손해액, 보험자의 면책 사유 그 외 보험급부를 행하기 위해 확인을 하는 것이 손해보험계약상 필요한 사항의 확인을 하기위한 상당한 기간을 경과한 후의 날이 있는 때에는 해당기간의 경과한 날을 보험급부를 행할 기한으로 한다.

② 보험급부를 행할 기간을 정하지 아니한 때에는 보험자는 보험급부의 청구가 있은 후 해당청구에 관련 보험사고 및 전보손해액을 확인하기 위하여 필요한

害額の確認をするために必要な期間を経過するまでは、遅滞の責任を負わない。	기간을 경과하기까지는 지연의 책임을 지지 않는다.
3． 保険者が前二項に規定する確認をするために必要な調査を行うに当たり、保険契約者又は被保険者が正当な理由なく当該調査を妨げ、又はこれに応じなかった場合には、保険者は、これにより保険給付を遅延した期間について、遅滞の責任を負わない。	③ 보험자가 전2항에 규정된 확인을 하기 위해서 필요한 조사를 행함에 있어 보험계약자 또는 피보험자가 정당한 이유로 해당조사를 방해 또는 이것에 응하지 않는 경우에는 보험자는 이로 인해 보험급부를 지연한 기간동안의 지연의 책임을 지지 아니한다.
第二十二条（責任保険契約についての先取特権）	**제22조(책임보험계약에 의하는 선취특권)**
1．責任保険契約の被保険者に対して当該責任保険契約の保険事故に係る損害賠償請求権を有する者は、保険給付を請求する権利について先取特権を有する。	① 책임보험계약의 피보험자에 대하여 당해책임보험계약의 보험사고와 관계된 손해배상청구권을 가지는 자는 보험급부를 청구할 권리에 대하여 선취특권을 가진다.
2． 被保険者は、前項の損害賠償請求権に係る債務について弁済をした金額又は当該損害賠償請求権を有する者の承諾があった金額の限度においてのみ、保険者に対して保険給付を請求する権利を行使することができる。	② 피보험자는 전항의 손해배상청구권에 관련한 채무에 대해 변제를 한 금액 또는 해당 손해보험청구권을 가지는 자의 승낙이 있는 금액의 한도내에서만 보험자에 대하여 보험급부를 청구한 권리를 행사할 수 있따.
3． 責任保険契約に基づき保険給付を請求する権利は、譲り渡し、質権の目的とし、又は差し押さえることができない。ただし、次に掲げる場合は、この限りでない。	③ 책임보험계약에 기초한 보험급부를 청구하는 권리는 양도, 질권의 목적으로 하거나 또는 압류할 수 없다. 다만 다음의 기재된 경우에는 그러하지 아니하다.
一． 第一項の損害賠償請求権を有する者に譲り渡し、又は当該損害賠償請求権に関して差し押さえる場合	1. 제1항의 손해배상청구권을 가진 자에게 양도하거나 또는 해당 손해배상청구권과 관하여 압류하는 경우
二． 前項の規定により被保険者が保険給付を請求する権利を行使することができる場合	2. 전항의 규정에 의해 피보험자가 보험급부를 청구하는 권리를 행사하는 것이 가능한 경우
第二十三条（費用の負担）	**제23조(비용의 부담)**
1．次に掲げる費用は、保険者の負担とする。	① 다음에 기재된 비용은 보험자의 부담으로 한다.
一．てん補損害額の算定に必要な費用	1. 전보손해액의 산정에 필요한 비용
二． 第十三条の場合において、損害の発生又は拡大の防止のために必要又は有益であった費用	2. 제13조의 경우에 두고 손해의 발생 또는 확대의 방지를 위해 필요 또는 유익비용
2． 第十九条の規定は、前項第二号に掲げる費用の額について準用する。この場合において、同条中「てん補損害額」とあるのは、「第二十三条第一項第二号に掲げる費用の額」と読み替えるものとする。	② 제19조의 규정은 전항 제2호에 기재된 비용의 액수에 대해 준용한다. 이 경우에 있어서 동조「전보손해액」이라는 것은「제23조 제1항 제2호에 기재된 비용액」으로 대체한다.
第二十四条（残存物代位） 保険者は、保険の目的物の全部が滅失した場合において、	**제24조(잔존물 대위)** 보험자는 보험의 목적물의 전부가 멸실된 경우에 보험급부를 행하는 때에는

保険給付を行ったときは、当該保険給付の額の保険価額（約定保険価額があるときは、当該約定保険価額）に対する割合に応じて、当該保険の目的物に関して被保険者が有する所有権その他の物権について当然に被保険者に代位する。

第二十五条（請求権代位）
1. 保険者は、保険給付を行ったときは、次に掲げる額のうちいずれか少ない額を限度として、保険事故による損害が生じたことにより被保険者が取得する債権（債務の不履行その他の理由により債権について生ずることのある損害をてん補する損害保険契約においては、当該債権を含む。以下この条において「被保険者債権」という。）について当然に被保険者に代位する。

一. 当該保険者が行った保険給付の額

二. 被保険者債権の額（前号に掲げる額がてん補損害額に不足するときは、被保険者債権の額から当該不足額を控除した残額）

２. 前項の場合において、同項第一号に掲げる額がてん補損害額に不足するときは、被保険者は、被保険者債権のうち保険者が同項の規定により代位した部分を除いた部分について、当該代位に係る保険者の債権に先立って弁済を受ける権利を有する。

第二十六条（強行規定） 第十五条、第二十一条第一項若しくは第二項又は前二条の規定に反する特約で被保険者に不利なものは、無効とする。

第四節　終了

第二十七条（保険契約者による解除） 保険契約者は、いつでも損害保険契約を解除することができる。

第二十八条（告知義務違反による解除）
1. 保険者は、保険契約者又は被保険者が、告知事項について、故意又は重大な過失により事実の告知をせず、又は不実の告知をしたときは、損害保険契約を解除することができる。

해당 보험급부액의 보험가액(약정보험가액이 있는 때에는 해당약정보험가액)에 대한 비율에 따라서 해당보험의 목적물과 관해 피보험자의 소유권 그 외 물권에 대하여 당연히 피보험자를 대위한다.

第25조(청구권 대위)
① 보험자가 보험급부를 행하는 때에는 다음 기재된 액 중 적은 액을 한도로 하고, 보험사고에 의한 손해로 인해 피보험자가 취득한 채권(채무의 불이행 그 외 이유에 의해 채권에 대하여 생긴 손해를 전보하는 손해보험계약에 있어서는 당해 채권을 포함한다. 이하 동조에 있어서「피보험자채권」이라 한다)에 대하여 당연히 피보험자를 대위한다.

1. 당해 보험자가 행한 보험급부액

2. 피보험자채권액(전호에 기재된 액이 전보손해액보다 부족한 때에는, 피보험자채권액으로부터 해당 부족액을 공제한 금액)

② 전항의 경우에 있어서 동항 제 1호에 기재된 액이 전보손해액에 부족한 때에는 피보험자는 피보험자채권 중 보험자가 동항의 규정에 의해 대위한 부분을 제한 부분에 대하여 당해대위와 관련된 보험자의 채권에 대해 우선하여 변제 받을 권리가 있다.

세26조(강행규정) 제15조, 제21조 제1항 내지 제3항 또는 전 2조의 규정에 반하는 특약으로 피보험자에게 불리한 것은 무효로 한다.

제4절 종료

제27조(보험계약자에 의한 해제) 보험계약자는, 언제라도 손해보험계약을 해제 할 수 있다.

제28조(고지의무 위반에 의한 해제)
① 보험자는 보험계약자 또는 피보험자가 고지사항에 대하여 고의 또는 중대한 과실로 사실의 고지를 하지 않거나 부실고지를 한 때에는 손해보험계약을 해제 할 수 있다.

２． 保険者は、前項の規定にかかわらず、次に掲げる場合には、損害保険契約を解除することができない。 一． 損害保険契約の締結の時において、保険者が前項の事実を知り、又は過失によって知らなかったとき。 二． 保険者のために保険契約の締結の媒介を行うことができる者（保険者のために保険契約の締結の代理を行うことができる者を除く。以下「保険媒介者」という。）が、保険契約者又は被保険者が前項の事実の告知をすることを妨げたとき。 三． 保険媒介者が、保険契約者又は被保険者に対し、前項の事実の告知をせず、又は不実の告知をすることを勧めたとき。 ３． 前項第二号及び第三号の規定は、当該各号に規定する保険媒介者の行為がなかったとしても保険契約者又は被保険者が第一項の事実の告知をせず、又は不実の告知をしたと認められる場合には、適用しない。 ４． 第一項の規定による解除権は、保険者が同項の規定による解除の原因があることを知った時から一箇月間行使しないときは、消滅する。損害保険契約の締結の時から五年を経過したときも、同様とする。	② 보험자는 전항의 규정에도 불구하고 다음에 기재된 경우에는 손해보험계약을 해제 할 수 있다. 1. 손해보험계약의 체결시에 보험자가 전항의 사실을 알거나 과실에 의해 알지 못하였을 때 2. 보험자를 위해 보험계약체결의 매개(중개)를 할 수 있는 자(보험자에 의해 보험계약체결의 대리를 할 수 있는 자를 제외하다. 이하「보험매개(중개)자」라 한다)가 보험계약자 또는 피보험자가 전항의 사실을 고지하는 것을 방해할 때 ③ 전항 제 2호 및 제 3호의 규정은 해당 각호에 규정한 보험매개(중개)자의 행위가 없었다 하더라도 보험계약자 또는 피보험자가 제1항의 사실의 고지를 하지 않거나 부실고지를 했다고 인정된 경우에는 적용하지 아니한다. 체결 때부터 5년을 경과 했을 때도 같은 모양으로 한다. ④ 제1항의 규정에 의한 해제권은 보험자가 동항의 규정에 의한 해제의 원인이 있는 것을 안 날로부터 1개월간 행사하지 아니한 때에는 소멸된다. 손해보험계약의 체결시부터 5년을 경과한 때에도 이와 같다.
第二十九条（危険増加による解除） 1. 損害保険契約の締結後に危険増加（告知事項についての危険が高くなり、損害保険契約で定められている保険料が当該危険を計算の基礎として算出される保険料に不足する状態になることをいう。以下この条及び第三十一条第二項第二号において同じ。）が生じた場合において、保険料を当該危険増加に対応した額に変更するとしたならば当該損害保険契約を継続することができるときであっても、保険者は、次に掲げる要件のいずれにも該当する場合には、当該損害保険契約を解除することができる。 一． 当該危険増加に係る告知事項について、その内容に変更が生じたときは保険契約者又は被保険者が保険者に遅滞なくその旨の通知をすべき旨が当該損害保険契約で定められていること。	**제29조(위험증가에 의한 해제)** ① 손해보험계약의 체결 후에 위험증가(고지사항에 대한 위험이 높아지게 되어 손해보험계약에서 정한 보험료가 해당 위험을 계산의 기초로 산출한 보험료에 부족한 상태에 이른 것을 말한다. 이하 본조 및 제31조 제2항 제2호에 있어서 이와 동일하다)가 생긴 경우에 있어서 보험료를 해당 위험증가에 대하여 액수를 변경한다고 하면 당해 손해보험계약을 지속하는 것이 가능한 때에 있어서도 보험자는 다음 기재된 요건의 어느 것에 해당하는 때에는 당해 손해보험계약을 해제하는 것이 가능하다. 1. 해당 위험증가와 관한 고지사항에 대하여 그 내용에 변경이 생긴 때에는 보험계약자 또는 피보험자가 보험자에게 지체없이 그 취지의 통지를 해야함을 당해손해보험계약에서 정하고 있을 것 2. 보험계약자 또는 피보험자가 고의 또는 중대한 과실에 의하여 지체없이 전호의 통지를 하지 않았

二． 保険契約者又は被保険者が故意又は重大な過失により遅滞なく前号の通知をしなかったこと。 ２．前条第四項の規定は、前項の規定による解除権について準用する。この場合において、同条第四項中「損害保険契約の締結の時」とあるのは、「次条第一項に規定する危険増加が生じた時」と読み替えるものとする。	을 것 ② 전조 제4항의 규정은 전항의 규정에 의한 해제권에 대하여 준용한다. 그 경우에 있어서 동조 제4항 중「손해보험계약의 체결시」라고 하는 것은「다음 조 제1항에 규정한 위험증가가 생긴 때」로 대체한다.
第三十条（重大事由による解除） 保険者は、次に掲げる事由がある場合には、損害保険契約を解除することができる。 一． 保険契約者又は被保険者が、保険者に当該損害保険契約に基づく保険給付を行わせることを目的として損害を生じさせ、又は生じさせようとしたこと。 二． 被保険者が、当該損害保険契約に基づく保険給付の請求について詐欺を行い、又は行おうとしたこと。 三． 前二号に掲げるもののほか、保険者の保険契約者又は被保険者に対する信頼を損ない、当該損害保険契約の存続を困難とする重大な事由	**제30조(중대 사유에 의한 해제)** 보험자는 다음 기재된 사유가 있는 때에는 손해보험계약을 해제할 수 있다. 1. 보험계약자 또는 피보험자가 보험자에 당해손해보험계약에 기초하여 보험급부를 행하는 것을 목적으로 하여 손해를 생기게 하거나 생기게 하려고 할 때 2. 피보험자가 해당손해보험계약에 기초한 보험급부의 청구에 대하여 사기를 행하거나 또는 행할 의도를 가진 때 3. 전 2호에 기재된 것을 제외하고 보험자의 보험계약자 또는 피보험자에 대한 신뢰를 깨트리고 당해 손해보험계약의 존속을 곤란하게 하는 중대한 사유
第三十一条（解除の効力） 1．損害保険契約の解除は、将来に向かってのみその効力を生ずる。 ２． 保険者は、次の各号に掲げる規定により損害保険契約の解除をした場合には、当該各号に定める損害をてん補する責任を負わない。 一． 第二十八条第一項　解除がされた時までに発生した保険事故による損害。ただし、同項の事実に基づかずに発生した保険事故による損害については、この限りでない。 二． 第二十九条第一項　解除に係る危険増加が生じた時から解除がされた時までに発生した保険事故による損害。ただし、当該危険増加をもたらした事由に基づかずに発生した保険事故による損害については、この限りでない。 三． 前条　同条各号に掲げる事由が生じた時から解除がされた時までに発生した保険事故による損害	**제31조(해제의 효력)** ① 손해보험계약의 해제는 장래에 향하여서만 그 효력을 발생한다. ② 보험자는 다음 각호에 기재된 규정에 의해 손해보험계약의 해제를 한 경우에는 해당 각호에 정한 손해를 전보할 책임을 지지 아니한다. 1. 제28조 제1항에 의해 해제가 된 경우 그때까지 발생한 보험사고에 의한 손해. 다만 동항의 사실에 기초하지 않고 발생한 보험사고에 의한 손해에 대하여는 그러하지 아니한다. 2. 제29조제1항의 해제에 관련된 위험증가가 생긴 때부터 해제가 된 때까지 발생한 보험사고에 의한 손해. 다만, 해당위험증가를 가져올 사유에 기초하지 않고 발생한 보험사고에 따른 손해에 대하여는 그러하지 아니한다. 3. 전조 동조 각호에 기재된 사유가 생긴 때부터 해제가 된 때까지 발생된 보험사고에 의한 손해

第三十二条（保険料の返還の制限） 保険者は、次に掲げる場合には、保険料を返還する義務を負わない。 一． 保険契約者又は被保険者の詐欺又は強迫を理由として損害保険契約に係る意思表示を取り消した場合 二． 損害保険契約が第五条第一項の規定により無効とされる場合。ただし、保険者が保険事故の発生を知って当該損害保険契約の申込み又はその承諾をしたときは、この限りでない。	**第32조(보험료의 반환의 제한)** 보험자는 다음 기재된 경우에는 보험료를 반환할 의무를 부담하지 아니한다. 1. 보험계약자 또는 피보험자의 사기 또는 강박을 이유로 하여 손해보험계약에 관련한 의사표시를 취소한 경우 2. 손해보험계약이 제5조 제1항의 규정에 의해 무효로 된 경우. 다만 보험자가 보험사고의 발생을 알고 당해손해보험계약에 포함 또는 승낙을 한 때에는 그러하지 아니하다.
第三十三条（強行規定） 1. 第二十八条第一項から第三項まで、第二十九条第一項、第三十条又は第三十一条の規定に反する特約で保険契約者又は被保険者に不利なものは、無効とする。 ２． 前条の規定に反する特約で保険契約者に不利なものは、無効とする。	**第33조(강행규정)** ① 제28조 제1항부터 제3항까지, 제29조 제1항, 제30조 또는 제31조의 규정에 반하는 특약으로 보험계약자 또는 피보험자에 불리한 것은 무효로 한다. ② 전조의 규정에 반하는 특약으로 보험계약자에게 불리한 것은 무효로 한다.
第五節　傷害疾病損害保険の特則	**제5절 상해질병손해보험의 특칙**
第三十四条（被保険者による解除請求） 1. 被保険者が傷害疾病損害保険契約の当事者以外の者であるときは、当該被保険者は、保険契約者に対し、当該保険契約者との間に別段の合意がある場合を除き、当該傷害疾病損害保険契約を解除することを請求することができる。 ２． 保険契約者は、前項の規定により傷害疾病損害保険契約を解除することの請求を受けたときは、当該傷害疾病損害保険契約を解除することができる。	**第34조(피보험자에 의한 해제청구)** ① 피보험자가 상해질병손해보험계약의 당사자 이외의 자인 때에는 당해 피보험자는 보험계약자에 대하여 당해 보험계약자 간에 별단의 합의가 있는 때를 제외하고 해당 상해질병손해보험계약을 해제할 수 있다. ② 보험계약자는 전항의 규정에 의해 상해질병손해보험계약을 해제하는 것의 청구를 받은 때에는 해당 상해질병손해보험계약을 해제 할 수 있다.
（傷害疾病損害保険契約に関する読替え） 第三十五条　傷害疾病損害保険契約における第一節から前節までの規定の適用については、第五条第一項、第十四条、第二十一条第三項及び第二十六条中「被保険者」とあるのは「被保険者（被保険者の死亡によって生ずる損害をてん補する傷害疾病損害保険契約にあっては、その相続人）」と、第五条第一項中「保険事故が発生している」とあるのは「保険事故による損害が生じている」と、同条第二項中「保険事故が発生していな	**第35조(상해질병손해보험계약에 관한 적용)** 상해질병손해보험계약에 있어서 제1절부터 전절까지 규정의 적용에 대하여는 제5조 제1항, 제14조, 제21조 제3항 및 제26조 중「피보험자」라고 있는 것은「피보험자(피보험자의 사망에 의하여 생긴 손해를 전보하는 상해질병손해보험계약에 있어서는 그 상속인), 제5조 제1항 중「보험사고가 발생된」이라고 하는 것은「보험사고에 의해 손해가 생긴 동조 제2항 중「보험사고가 발생하지 않은」이라는 것은「보험사고에 의해 손해가 생기지 않은」, 제

い」とあるのは「保険事故による損害が生じていない」と、第十七条第一項、第三十条及び第三十二条第一号中「被保険者」とあるのは「被保険者（被保険者の死亡によって生ずる損害をてん補する傷害疾病損害保険契約にあっては、被保険者又はその相続人）」と、第二十五条第一項中「被保険者が」とあるのは「被保険者（被保険者の死亡によって生ずる損害をてん補する傷害疾病損害保険契約にあっては、その相続人。以下この条において同じ。）が」と、第三十二条第二号中「保険事故の発生」とあるのは「保険事故による損害が生じていること」と、第三十三条第一項中「、第三十条又は第三十一条」とあるのは「又は第三十一条」と、「不利なものは」とあるのは「不利なもの及び第三十条の規定に反する特約で保険契約者又は被保険者（被保険者の死亡によって生ずる損害をてん補する傷害疾病損害保険契約にあっては、被保険者又はその相続人）に不利なものは」とする。

17조 제1항, 제30조 및 제32조 제1호 중「피보험자」라고 하는 것은「피보험자(피보험자의 사망에 의하여 생긴 손해를 전보하는 상해질병손해보험계약에 있어서는 피보험자 또는 그의 상속인)」, 제25조 제1항 중「피보험자가」라고 하는 것은「피보험자(피보험자의 사망에 의하여 생긴 손해를 전보하는 상해질병손해보험계약에 있어서는 그의 상속인. 이하 이 조에 있어서는 이와 동일하다)가」제32조 제2호 중「보험사고의 발생」이라고 하는 것은「보험사고에 의한 손해가 생긴 것」, 제33조 제1항 중「제30조 또는 제31조」라고 하는 것은「또는 제31조」와「불리한 것은」이라고 하는 것은「불리한 것 및 제30조의 규정에 반하는 특약으로 보험계약자 또는 피보험자(피보험자의 사망에 의하여 생긴 손해를 전보하는 상해질병손해보험계약에 있어서는 피보험자 또는 그 상속인) 에 불리한 것은」이라 한다.

第六節　適用除外

제6절 적용제외

第三十六条 第七条、第十二条、第二十六条及び第三十三条の規定は、次に掲げる損害保険契約については、適用しない。

一. 商法（明治三十二年法律第四十八号）第八百十五条第一項に規定する海上保険契約
二. 航空機若しくは航空機により運送される貨物を保険の目的物とする損害保険契約又は航空機の事故により生じた損害を賠償する責任に係る責任保険契約
三. 原子力施設を保険の目的物とする損害保険契約又は原子力施設の事故により生じた損害を賠償する責任に係る責任保険契約
四. 前三号に掲げるもののほか、法人その他の団体又は事業を行う個人の事業活動に伴って生ずることのある損害をてん補する損害保険契約（傷害疾病損害保険契約に該当するものを除く。）

제36조 제7조, 제12조, 제26조 및 제33조의 규정은 다음 기재된 손해보험계약에 대하여는 적용하지 아니한다.

1. 상법(1899년 법률 제 48호) 제815조 제1항에 규정하는 해상보험계약
2. 항공기 혹은 항공기에 의해 운송되는 화물을 보험의 목적물로 하는 손해보험계약 또는 항공기의 사고에 의해 생기는 손해를 배상하는 책임에 관한 책임보험계약
3. 원자력시설을 보험의 목적물로 하는 손해보험계약 또는 원자력시설의 사고에 의해 생기는 손해를 배상하는 책임에 관한 책임보험계약
4. 전3호에 기재된 것을 제외하고 법인 그 외 단체 또는 사업을 행하는 개인의 사업 활동에 수반하여 생긴 손해를 전보하는 손해보험계약(상해질병손해보험계약에 해당하는 것을 제외한다)

第三章　生命保険	제3장 생명보험
第一節　成立	제1절 성립
第三十七条（告知義務） 保険契約者又は被保険者になる者は、生命保険契約の締結に際し、保険事故（被保険者の死亡又は一定の時点における生存をいう。以下この章において同じ。）の発生の可能性（以下この章において「危険」という。）に関する重要な事項のうち保険者になる者が告知を求めたもの（第五十五条第一項及び第五十六条第一項において「告知事項」という。）について、事実の告知をしなければならない。	**제37조(고지의무)** 보험계약자 또는 피보험계약자에 해당하는 자는 생명보험계약의 체결시에 보험사고(피보험자의 사망 또는 일정의 시점의 경우에 생존을 말한다. 이하 본장에 있어서 동일하다)의 발생 가능성(이하 본장에 있어서 「위험」이라고 말한다)과 관한 중요한 사항 중 보험자로 되는 자가 고지를 구하는 것 (제55조 제 1항에 있어서 「고지사항」이라 말한다)에 대하여 사실의 고지를 하여야만 한다.
第三十八条（被保険者の同意）　生命保険契約の当事者以外の者を被保険者とする死亡保険契約（保険者が被保険者の死亡に関し保険給付を行うことを約する生命保険契約をいう。以下この章において同じ。）は、当該被保険者の同意がなければ、その効力を生じない。	**제38조(피보험자의 동의)** 생명보험계약의 당사자 이외의 자가 피보험자로 되는 생명보험계약(보험자가 피보험자의 사망에 관계하여 보험급부를 행하는 것을 약속하는 생명보험계약을 말한다. 이하 본장에 있어서 동일하다)은 당해 피보험자의 동의가 없으면 그 효력이 없다.
第三十九条（遡及保険） 1．死亡保険契約を締結する前に発生した保険事故に関し保険給付を行う旨の定めは、保険契約者が当該死亡保険契約の申込み又はその承諾をした時において、当該保険契約者又は保険金受取人が既に保険事故が発生していることを知っていたときは、無効とする。 ２．　死亡保険契約の申込みの時より前に発生した保険事故に関し保険給付を行う旨の定めは、保険者又は保険契約者が当該死亡保険契約の申込みをした時において、当該保険者が保険事故が発生していないことを知っていたときは、無効とする。	**제39조(소급보험)** ① 사망보험계약을 체결하기 전에 발생한 보험사고와 관련하여 보험급부를 행할 취지의 규정은 보험계약자가 당해 사망보험계약의 청약 또는 그 승낙을 한 때에 있어서 당해 보험계약자 또는 보험수익자가 이미 보험사고가 발생한 것을 알고 있을 때에는 무효로 한다. ② 사망보험계약의 청약 전에 발생한 보험사고에 관해 보험급부를 행하는 취지의 규정은 보험자 또는 보험계약자가 해당 사망보험계약의 청약을 한 경우 해당 보험자가 보험사고가 발생하지 않을 것을 알고 있을 때에는 무효로 한다.
第四十条（生命保険契約の締結時の書面交付） 1．保険者は、生命保険契約を締結したときは、遅滞なく、保険契約者に対し、次に掲げる事項を記載した書面を交付しなければならない。 一．　保険者の氏名又は名称 二．　保険契約者の氏名又は名称	**제40조(생명보험계약의 체결시 서면교부)** ① 보험자가 생명보험계약을 체결하는 때에는 지체없이 보험계약자에게 다음의 사항을 기재한 서면을 교부하여야 한다. 1. 보험자의 성명 또는 명칭 2. 보험계약자의 성명 또는 명칭

三. 被保険者の氏名その他の被保険者を特定するために必要な事項
四 保険金受取人の氏名又は名称その他の保険金受取人を特定するために必要な事項
五. 保険事故
六. その期間内に保険事故が発生した場合に保険給付を行うものとして生命保険契約で定める期間
七. 保険給付の額及びその方法
八. 保険料及びその支払の方法
九. 第五十六条第一項第一号の通知をすべき旨が定められているときは、その旨
十. 生命保険契約を締結した年月日
十一. 書面を作成した年月日
2. 前項の書面には、保険者（法人その他の団体にあっては、その代表者）が署名し、又は記名押印しなければならない。

第四十一条（強行規定） 第三十七条の規定に反する特約で保険契約者又は被保険者に不利なもの及び第三十九条第二項の規定に反する特約で保険契約者に不利なものは、無効とする。

第二節 効力

第四十二条（第三者のためにする生命保険契約） 保険金受取人が生命保険契約の当事者以外の者であるときは、当該保険金受取人は、当然に当該生命保険契約の利益を享受する

第四十三条（保険金受取人の変更）
1. 保険契約者は、保険事故が発生するまでは、保険金受取人の変更をすることができる。
2. 保険金受取人の変更は、保険者に対する意思表示によってする。
3. 前項の意思表示は、その通知が保険者に到達したときは、当該通知を発した時にさかのぼってその効力を生ずる。ただし、その到達前に行われた保険給付の効力を妨げない。

第四十四条（遺言による保険金受取人の変更）
1. 保険金受取人の変更は、遺言によっても、することができる。

3. 피보험자의 성명 그 외 피보험자를 특정하기 위해 필요한 사항
4. 보험수익자의 성명 또는 명칭 그 외 보험수익자를 특정하기 위해 필요한 사항
5. 보험사고
6. 그 기간 내에 보험사고가 발생한 경우 보험급부를 행할 것을 생명보험계약으로 규정한 기간
7. 보험급부의 액 및 그 방법
8. 보험료 및 그 지불 방법
9. 제56조 제1항 제1호의 통지를 해야 할 취지가 정해져 있는 때에는 그 취지
10. 생명보험계약을 체결한 연월일
11. 서면을 작성한 연월일
② 전항의 서면에는 보험자(법인 그 외 단체에 있어서는 그 대표자)가 서명 또는 기명날인을 하여야 한다.

제41조(강행규정) 제37조의 규정에 반하는 특약으로 보험계약자 또는 피보험자에게 불리한 것 및 제39조 제2항 규정에 반하는 특약으로 보험계약자에게 불리한 것은 무효로 한다.

제2절 효력

제42조(제3자를 위한 생명보험계약) 보험수익자가 생명보험계약의 당사자 이외의 자인 때에는 해당 보험수익자는 당연히 당해 생명보험계약의 이익을 향수한다.

제43조(보험금수취인의 변경)
① 보험계약자는 보험사고 발생 전까지 보험수익자를 변경할 수 있다.
② 보험수익자의 변경은 보험자에 대한 의사표시에 의한다.
③ 전항의 의사표시의 통지가 보험자에 도달한 때에는 당해 통지를 발한 때로 소급하여 효력이 발생한다. 다만 그 도달 전에 행한 보험급부의 효력에는 영향을 미치지 아니한다.

제44조(유언에 의한 보험수익자의 변경)
① 보험수익자의 변경은 유언에 의하여도 할 수 있다.

2．遺言による保険金受取人の変更は、その遺言が効力を生じた後、保険契約者の相続人がその旨を保険者に通知しなければ、これをもって保険者に対抗することができない。	② 유언에 의한 보험수익자의 변경은 그 유언의 효력이 발생한 후 보험계약자의 상속인이 그 취지를 보험자에 통지하지 않으면 그것으로 보험자에 대항할 수 없다.
第四十五条（保険金受取人の変更についての被保険者の同意） 死亡保険契約の保険金受取人の変更は、被保険者の同意がなければ、その効力を生じない。	**제45조(보험수익자 변경에 대한 피보험자의 동의)** 사망보험계약의 보험수익자의 변경은 피보험자의 동의가 없으면 그 효력이 발생하지 않는다. 사망보험계약의 보험수익자의 변경은 피보험자의 동의가 없으면 그 효력이 발생하지 않는다.
第四十六条（保険金受取人の死亡） 保険金受取人が保険事故の発生前に死亡したときは、その相続人の全員が保険金受取人となる。	**제46조(보험수익자의 사망)** 보험수익자가 보험사고 발생 전에 사망한 때에는 그 상속인 전원이 보험수익자가 된다.
第四十七条（保険給付請求権の譲渡等についての被保険者の同意） 死亡保険契約に基づき保険給付を請求する権利の譲渡又は当該権利を目的とする質権の設定（保険事故が発生した後にされたものを除く。）は、被保険者の同意がなければ、その効力を生じない。	**제47조(보험급부청구권의 양도 등에 대한 피보험자의 동의)** 사망보험계약에 기초한 보험급부를 청구하는 권리의 양도 또는 당해 권리를 목적으로 하는 질권의 설정(보험사고가 발생한 뒤에 설정된 것은 제외)은 피보험자의 동의가 없으면 그 효력을 발생시키지 못한다.
第四十八条（危険の減少） 生命保険契約の締結後に危険が著しく減少したときは、保険契約者は、保険者に対し、将来に向かって、保険料について、減少後の当該危険に対応する保険料に至るまでの減額を請求することができる。	**제48조(위험의 감소)** 생명보험계약의 체결 후 위험이 현저하게 감소한 때에는 보험계약자는 보험자에 대하여 장래를 향하여 보험료 감소 후의 해당 위험에 상응하는 보험료에 이를 때 까지 감액을 청구할 수 있다.
第四十九条（強行規定） 第四十二条の規定に反する特約で保険金受取人に不利なもの及び前条の規定に反する特約で保険契約者に不利なものは、無効とする。	**제49조(강행규정)** 제42조의 규정에 반하는 특약으로 보험수익자에게 불리한 것 및 전조의 규정에 반하는 특약으로 보험계약자에게 불리한 것은 무효로 한다.
第三節　保険給付	제3절 보험급부
第五十条（死亡保険契約の保険契約者又は保険金受被保険者の死亡の通知） 取人は、被保険者が死亡したことを知ったときは、遅滞なく、保険者に対し、その旨の通知を発しなければならない。	**제50조(피보험자의 사망통지)** 사망보험계약의 보험계약자 또는 보험수익자는 피보험자가 사망한 것을 안 때에는 지체없이 보험자에 대해 그 취지의 통지를 발송해야 한다.
第五十一条（保険者の免責） 死亡保険契約	**제51조(보험자의 면책)** 사망보험계약의 보험자는

の保険者は、次に掲げる場合には、保険給付を行う責任を負わない。ただし、第三号に掲げる場合には、被保険者を故意に死亡させた保険金受取人以外の保険金受取人に対する責任については、この限りでない。

一．　被保険者が自殺をしたとき。

二．　保険契約者が被保険者を故意に死亡させたとき（前号に掲げる場合を除く。）。

三．　保険金受取人が被保険者を故意に死亡させたとき（前二号に掲げる場合を除く。）。

四．　戦争その他の変乱によって被保険者が死亡したとき。

다음 기재된 경우에는 보험급부를 행할 책임을 지지 아니한다. 다만 제3호에 기재된 경우에는 피보험자를 고의로 사망에 이르게 한 보험수익자 외의 보험수익자의 책임에 대하여는 그러하지 아니하다.

1. 피보험자가 자살을 한 경우

2. 보험계약자가 피보험자를 고의로 사망에 이르게 한 경우(전호에 기재된 경우를 제외)

3. 보험수익자가 피보험자를 고의로 사망에 이르게 한 경우(전2호에 기재된 경우를 제외)

4. 전쟁 그 외의 변란에 의해 피보험자가 사망한 경우

第五十二条（保険給付の履行期）

1．保険給付を行う期限を定めた場合であっても、当該期限が、保険事故、保険者が免責される事由その他の保険給付を行うために確認をすることが生命保険契約上必要とされる事項の確認をするための相当の期間を経過する日後の日であるときは、当該期間を経過する日をもって保険給付を行う期限とする。

2．　保険給付を行う期限を定めなかったときは、保険者は、保険給付の請求があった後、当該請求に係る保険事故の確認をするために必要な期間を経過するまでは、遅滞の責任を負わない。

3．　保険者が前二項に規定する確認をするために必要な調査を行うに当たり、保険契約者、被保険者又は保険金受取人が正当な理由なく当該調査を妨げ、又はこれに応じなかった場合には、保険者は、これにより保険給付を遅延した期間について、遅滞の責任を負わない。

第52조(보험급부의 이행기)

① 보험급부를 행하는 기한을 정한 경우에도 당해 기한이 보험사고, 보험자가 면책되는 사유 그 외 보험급부를 행하기 위해서 확인을 하는 것이 생명보험계약상 필요한 사항을 확인하기 위해 상당기간을 경과한 날 이후의 날인 경우에는 당해 기간을 경과한 날에 있어서 보험급부를 행하는 기한으로 한다.

② 보험급부를 행하는 기한을 정하지 않은 때에는 보험자는 보험급부의 청구가 있은 후, 당해 청구와 관련된 보험사고의 확인을 하기 위해 필요한 기간이 경과되기까지는 지체의 책임을 지지 아니한다.

③ 보험자가 전2항에 규정된 확인을 하기 위해 필요한 조사를 행함에 있어 보험계약자, 피보험자 또는 보험수익자가 정당한 당해 조사를 방해 또는 이에 응하지 아니하는 때에는 보험자가 그로 인해 보험급부를 지연한 기간에 대하여 지체의 책임을 지지 아니한다.

第五十三条（強行規定） 前条第一項又は第三項の規定に反する特約で保険金受取人に不利なものは、無効とする。

第53조(강행규정) 전조 제1항 또는 제3항의 규정에 반하는 특약으로 보험수익자에게 불리한 것은 무효로 한다.

第四節　終了

第4절 종료

第五十四条（保険契約者による解除） 保険契約者は、いつでも生命保険契約を解除することができる。

第54조(보험계약자에 의한 해제) 보험계약자는 언제라도 생명보험계약을 해제할 수 있다.

第五十五条（告知義務違反による解除） 1．保険者は、保険契約者又は被保険者が、告知事項について、故意又は重大な過失により事実の告知をせず、又は不実の告知をしたときは、生命保険契約を解除することができる。 2． 保険者は、前項の規定にかかわらず、次に掲げる場合には、生命保険契約を解除することができない。 一． 生命保険契約の締結の時において、保険者が前項の事実を知り、又は過失によって知らなかったとき。 二． 保険媒介者が、保険契約者又は被保険者が前項の事実の告知をすることを妨げたとき。 三． 保険媒介者が、保険契約者又は被保険者に対し、前項の事実の告知をせず、又は不実の告知をすることを勧めたとき。 3． 前項第二号及び第三号の規定は、当該各号に規定する保険媒介者の行為がなかったとしても保険契約者又は被保険者が第一項の事実の告知をせず、又は不実の告知をしたと認められる場合には、適用しない。 4． 第一項の規定による解除権は、保険者が同項の規定による解除の原因があることを知った時から一箇月間行使しないときは、消滅する。生命保険契約の締結の時から五年を経過したときも、同様とする。	**제55조(고지의무위반에 의한 해제)** ① 보험자는 보험계약자 또는 피보험자가 고지사항에 대하여 고의 또는 중대한 과실로 사실의 고지를 하지 않거나 부실고지를 한 때에는 생명보험계약을 해제할 수 있다. ② 보험자는 전항의 규정에도 불구하고 다음이 기재된 경우에는 생명보험계약을 해제할 수 없다. 1. 생명보험계약의 체결 시에 보험자가 전항의 사실을 알았거나 또는 과실에 의해 알지 못한 경우 2. 보험매개(중개)자가 보험계약자 또는 피보험자가 전항의 사실의 고지를 하는 것을 방해하는 경우 3. 보험매개(중개)자가 보험계약자 또는 피보험자에게 전항의 사실의 고지를 하지 않게 하거나 또는 부실고지 하는 것을 권하는 경우 ③ 전항 제2호 내지 제3호의 규정은 당해 각호에서 규정하는 보험매개(중개)자의 행위가 없었던 경우에도 보험계약자 또는 피보험자가 제1항의 사실의 고지를 하지 않게 하거나 또는 부실고지를 했다는 것을 인식하였던 경우에는 적용하지 아니한다. ④ 제1항의 규정에 의한 해제권은 보험자가 동항의 규정에 의한 해제권의 원인이 있는 것을 안 때부터 1개월간 행사하지 아니하는 경우에는 소멸된다. 생명보험계약의 체결시부터 5년을 경과하는 경우에도 이와 같다.
第五十六条（危険増加による解除） 1．生命保険契約の締結後に危険増加（告知事項についての危険が高くなり、生命保険契約で定められている保険料が当該危険を計算の基礎として算出される保険料に不足する状態になることをいう。以下この条及び第五十九条第二項第二号において同じ。）が生じた場合において、保険料を当該危険増加に対応した額に変更するとしたならば当該生命保険契約を継続することができるときであっても、保険者は、次に掲げる要件のいずれにも該当する場合には、当該生命保険契約を解除することができる。 一． 当該危険増加に係る告知事項について、その内容に変更が生じたときは保険契約者又は被保険者が保険者に遅滞なくその	**제56조(위험증가에 따른 해제)** ① 생명보험계약의 체결 후의 위험증가(고지사항에 대한 위험이 증가되어 생명보험계약에서 정하고 있는 보험료가 당해 위험을 계산의 기초로 하여 산출한 보험료에 부족한 상태가 되는 것을 말한다. 이하 본조 및 제59조 제2항 제2호에 있어서 이와 동일하다)가 생긴 경우에 보험료를 당해 위험증가에 대응한 액에 변경하는 것으로 했다면 당해생명보험계약을 지속할 수 있는 때라 할지라도 보험자는 다음에 기재된 요건의 어느 것에 해당하는 때에는 당해 생명보험계약을 해제 할 수 있다. 1. 당해위험증가와 관련된 고지사항에 대하여 그 내용에 변경이 생긴 때에는 보험계약자 또는 피보험자가 보험자에게 지체없이 그 취지의 통지를 하도록 당해 생명보험계약에 규정되어 있는 경우

旨の通知をすべき旨が当該生命保険契約で定められていること。 二． 保険契約者又は被保険者が故意又は重大な過失により遅滞なく前号の通知をしなかったこと。 ２． 前条第四項の規定は、前項の規定による解除権について準用する。この場合において、同条第四項中「生命保険契約の締結の時」とあるのは、「次条第一項に規定する危険増加が生じた時」と読み替えるものとする。	2. 보험계약자 또는 피보험자가 고의 또는 중대한 과실로 인해 지체없이 전호의 통지를 하지 않은 경우 ② 전조 제4의 규정은 전항의 규정에 의한 해제권에 대하여 준용한다. 이 경우에 있어서 동조 제4조 중「생명보험 계약이 체결될 때」라고 있는 것은「다음 조 제1항에 규정하는 위험증가가 생겼을 때」로 대체
第五十七条（重大事由による解除） 保険者は、次に掲げる事由がある場合には、生命保険契約（第一号の場合にあっては、死亡保険契約に限る。）を解除することができる。 一． 保険契約者又は保険金受取人が、保険者に保険給付を行わせることを目的として故意に被保険者を死亡させ、又は死亡させようとしたこと。 二． 保険金受取人が、当該生命保険契約に基づく保険給付の請求について詐欺を行い、又は行おうとしたこと。 三． 前二号に掲げるもののほか、保険者の保険契約者、被保険者又は保険金受取人に対する信頼を損ない、当該生命保険契約の存続を困難とする重大な事由	**제57조(중대사유로 인한 해제)** 보험자는 다음에 기재하는 사유가 있는 경우에는 생명보험 계약(제1호의 경우에 있어서는 사망보험 계약에 한정한다)을 해제할 수 있다. 1. 보험계약자 또는 보험수익자가 보험자에게 보험급부를 지급하는 것을 목적으로 고의적으로 피보험자를 사망시키거나 또는 사망 시키려고 한 경우 2.보험수익자가 해당 생명보험 계약에 근거하는 보험급부의 청구에 있어서 사기를 행하거나 또는 행하려고 한 경우 3. 전 2호에서 기재하는 것 이외에 보험자의 보험계약자, 피보험자 또는 보험급수익자에 대한 신뢰를 손상시키고 당해 생명보험 계약의 존속을 곤란하게 하는 중대한 사유가 있을 경우
第五十八条（被保険者による解除請求） 1. 死亡保険契約の被保険者が当該死亡保険契約の当事者以外の者である場合において、次に掲げるときは、当該被保険者は、保険契約者に対し、当該死亡保険契約を解除することを請求することができる。 一． 前条第一号又は第二号に掲げる事由がある場合 二． 前号に掲げるもののほか、被保険者の保険契約者又は保険金受取人に対する信頼を損ない、当該死亡保険契約の存続を困難とする重大な事由がある場合 三． 保険契約者と被保険者との間の親族関係の終了その他の事情により、被保険者が第三十八条の同意をするに当たって基礎とした事情が著しく変更した場合 ２． 保険契約者は、前項の規定により死亡	**제58조(피보헌자에 의한 해제 청구)** ① 사망보험계약의 피보험자가 그 사망 부험계약의 당사자 이외의 사람인 경우에 있어서 다음에 기재된 사항일 경우 당해 피보험자는 보험계약자에 대해서 당해 사망보험계약을 해제할 수 있다. 1. 전조 제1호 또는 제2호에 기재사유가 있는 경우 2. 전호에 기재하는 것 이외에 피보험자의 보험계약자 또는 보험수익자에 대한 신뢰를 해쳐 그 사망보험계약의 존속이 곤란한 중대한 사유가 있는 경우 3. 보험계약자와 피보험자와의 사이의 친족 관계의 종료 그 밖의 사정에 의해 피보험자가 제38주의 동의를 할 것에 있어서 당해 기초로 한 사정이 현저하게 변경했을 경우 ② 보험계약자는 전항의 규정에 의해 사망보험계

保険契約を解除することの請求を受けたときは、当該死亡保険契約を解除することができる。	약을 해제할 경우의 청구를 받았을 경우에는 당해 사망보험계약을 해제할 수 있다.
第五十九条（解除の効力） 1. 生命保険契約の解除は、将来に向かってのみその効力を生ずる。 2. 保険者は、次の各号に掲げる規定により生命保険契約の解除をした場合には、当該各号に定める保険事故に関し保険給付を行う責任を負わない。 一. 第五十五条第一項 解除がされた時までに発生した保険事故。ただし、同項の事実に基づかずに発生した保険事故については、この限りでない。 二. 第五十六条第一項 解除に係る危険増加が生じた時から解除がされた時までに発生した保険事故。ただし、当該危険増加をもたらした事由に基づかずに発生した保険事故については、この限りでない。 三. 第五十七条 同条各号に掲げる事由が生じた時から解除がされた時までに発生した保険事故	**第59조(해제의 효력)** ① 생명보험계약의 해제는 장래에 대해서만 그 효력이 생긴다. ② 보험계약자는 전항의 규정에 의해 사망보험계약을 해제할 경우의 청구를 받았을 경우에는 당해 사망보험계약을 해제할 수 있다. 1. 제55조 제1항 해제가 된 시점까지 발생한 보험사고, 다만 동항의 사실에 의거하지 않고 발생한 보험사고에 대해서는 그러하지 아니하다. 2. 제56조 제1항 해제에 관련한 위험증가가 발생한 시점부터 해제가 된 시점까지 발생한 보험사고, 다만 그 위험증가를 가져온 사유에 근거하지 않고 발생한 보험사고에 대해서는 그러하지 아니하다. 3. 제57조 동 조 각호에 기재한 사유가 발생한 시점부터 해제된 시점까지 발생한 보험사고
第六十条（契約当事者以外の者による解除の効力等） 1. 差押債権者、破産管財人その他の死亡保険契約（第六十三条に規定する保険料積立金があるものに限る。次項及び次条第一項において同じ。）の当事者以外の者で当該死亡保険契約の解除をすることができるもの（次項及び第六十二条において「解除権者」という。）がする当該解除は、保険者がその通知を受けた時から一箇月を経過した日に、その効力を生ずる。 2. 保険金受取人（前項に規定する通知の時において、保険契約者である者を除き、保険契約者若しくは被保険者の親族又は被保険者である者に限る。次項及び次条において「介入権者」という。）が、保険契約者の同意を得て、前項の期間が経過するまでの間に、当該通知の日に当該死亡保険契約の解除の効力が生じたとすれば保険者が解除権者に対して支払うべき金額を解除権者に対して支払い、かつ、保険者に対してそ	**第60조(계약당사자 이외의 자에 있어서 해제의 효력 등)** ① 압류채권자, 파산관재인 그 밖의 사망보험계약(제63조에 규정한 보험료적립금이 있는 경우에 한한다. 다음 항 또는 다음 조 제1항에 있어서 동일)의 당사자 이외의 자로서 그 사망보험계약의 해제를 할 수 있는 자(다음 항 또는 제62조에 있어서「해제권자」라고 함)가 당해 해제는 보험자가 그 통지를 받은 시점부터 1개월을 경과한 날에 그 효력이 발생 한다. ② 보험수익자(전항에 규정한 통지의 시점에 있어서, 보험계약자인 자를 제외하고 보험계약자 또는 피보험자의 친족 또는 피보험자인 자에 한한다. 다음 항 또는 다음 조에 있어서「개입권자-제3자」라고 한다)가, 보험계약자의 동의를 얻어 전항의 기간이 경과할 때까지의 사이에 당해 통지일까지 당해 사망보험계약의 해제의 효력이 발생하였다고 가정할 경우 보험자가 해제권자에 대해서 지불할 금액을 해제권자에 대해서 지불하고 또한

の旨の通知をしたときは、同項に規定する解除は、その効力を生じない。
３． 第一項に規定する解除の意思表示が差押えの手続又は保険契約者の破産手続、再生手続若しくは更生手続においてされたものである場合において、介入権者が前項の規定による支払及びその旨の通知をしたときは、当該差押えの手続、破産手続、再生手続又は更生手続との関係においては、保険者が当該解除により支払うべき金銭の支払をしたものとみなす。

第六十一条
1. 死亡保険契約の解除により保険契約者が保険者に対して有することとなる金銭債権を差し押さえた債権者が前条第一項に規定する通知をした場合において、同条第二項の規定による支払の時に保険者が当該差押えに係る金銭債権の支払をするとすれば民事執行法（昭和五十四年法律第四号）その他の法令の規定による供託をすることができるときは、介入権者は、当該供託の方法により同項の規定による支払をすることができる。
２． 前項の通知があった場合において、前条第二項の規定による支払の時に保険者が当該差押えに係る金銭債権の支払をするとすれば民事執行法その他の法令の規定による供託の義務を負うときは、介入権者は、当該供託の方法により同項の規定による支払をしなければならない。
３． 介入権者が前二項の規定により供託の方法による支払をしたときは、当該供託に係る差押えの手続との関係においては、保険者が当該差押えに係る金銭債権につき当該供託の方法による支払をしたものとみなす。
４． 介入権者は、第一項又は第二項の規定による供託をしたときは、民事執行法その他の法令の規定により第三債務者が執行裁判所その他の官庁又は公署に対してすべき届出をしなければならない。

第六十二条
1. 第六十条第一項に規定する通知の時から同項に規定する解除の効力が生じ、又は同条第二項の規定により当該解除の効力が生

보험자에 대하여 그 취지의 통지를 할 때는 동항에 규정한 해제는 그 효력이 발생하지 아니한다.
③ 제1항에 규정한 해제의 의사표시가 압류절차 또는 보험계약자의 파산절차, 재생절차 또는 갱생절차의 경우에 있어서 개입권자(제3자)가 전항의 규정에 의해 지불 또는 그 취지의 통지를 한 경우 그 압류절차, 파산절차, 재생절차 또는 갱생절차와의 관련해서 보험자가 그 해제에 있어서 지불할 금전의 지불을 한 것이라고 본다.

제61조 ① 사망보험계약자의 해제에 의해 보험계약자가 보험자에 대해 가지고 있다고 여겨지는 금전채권을 압류한 채권자가 전조 제1항에 규정된 통지를 한 경우에 있어서, 동 조 제2항의 규정에 의해 지불할 대에 보험자가 그 압류에 관계한 금전채권의 지불을 하려고 한다면 민사집행법(소화54년(1979년) 법률 제4호) 외의 법령의 규정에 의한 공탁을 할 수 있는 경우에는 개입권자(제3자)는 당해 공탁의 방법에 의해 동항의 규정에 의한 지불을 할 수 있다.
② 전항의 통지가 있는 경우 전 조 제2항의 규정에 의해 지불할 때에 보험자가 그 압류와 관계있는 금전채권의 지불을 하려고 한다면 민사집행법 그 외의 법령의 규징의 의해 공딕의 의무를 질 경우 개입권자(제3자)는 그 공탁의 방법에 의해 동항의 규정에 의거 지불을 해야한다.
③ 개입권자(제3자)가 전 2항의 규정에 의해 공탁의 방법에 의해 지불을 한 경우 그 공탁에 관련 있는 압류의 절차와의 관계에 있어서, 보험자가 그 압류에 관련 있는 금전채권에 있어 그 공탁의 방법에 의해 지불한 것으로 본다.
④ 개입권자(제3자)는 제1항 또는 제2항의 규정에 의해 공탁을 한 경우 민사집행법 외의 법령의 규정에 의해 제3자 채무자가 집행재판소 그 밖의 관청 또는 관공서에 대하여 제출해야 한다.

제62조
① 제60조 제1항에 규정된 통지의 시전부터 동항에 규정된 해제의 효력이 발생하거나 또는 각 조 제2항의 규정에 의해 그 해제의 효력이 발생하지 않게 될 때까지의 사이에 보험사고는 발생한 것으

じないこととなるまでの間に保険事故が発生したことにより保険者が保険給付を行うべきときは、当該保険者は、当該保険給付を行うべき額の限度で、解除権者に対し、同項に規定する金額を支払わなければならない。この場合において、保険金受取人に対しては、当該保険給付を行うべき額から当該解除権者に支払った金額を控除した残額について保険給付を行えば足りる。

2　前条の規定は、前項の規定による保険者の解除権者に対する支払について準用する。

第六十三条（保険料積立金の払戻し） 保険者は、次に掲げる事由により生命保険契約が終了した場合には、保険契約者に対し、当該終了の時における保険料積立金（受領した保険料の総額のうち、当該生命保険契約に係る保険給付に充てるべきものとして、保険料又は保険給付の額を定めるための予定死亡率、予定利率その他の計算の基礎を用いて算出される金額に相当する部分をいう。）を払い戻さなければならない。ただし、保険者が保険給付を行う責任を負うときは、この限りでない。

一．　第五十一条各号（第二号を除く。）に規定する事由

二．　保険者の責任が開始する前における第五十四条又は第五十八条第二項の規定による解除

三．　第五十六条第一項の規定による解除

四．第九十六条第一項の規定による解除又は同条第二項の規定による当該生命保険契約の失効

第六十四条（保険料の返還の制限） 保険者は、次に掲げる場合には、保険料を返還する義務を負わない。

一．　保険契約者、被保険者又は保険金受取人の詐欺又は強迫を理由として生命保険契約に係る意思表示を取り消した場合

二．　死亡保険契約が第三十九条第一項の規定により無効とされる場合。ただし、保険者が保険事故の発生を知って当該死亡保険契約の申込み又はその承諾をしたときは、この限りでない。

第六十五条（強行規定） 次の各号に掲げる

로부터 보험자가 보험급부를 행해야할 경우는 당해 보험자는 그 보험급부를 행할 금액의 한도에서 해제권자에 대해 동항에 규정된 금액을 지불해야 한다. 그 경우 보험수익자에 대해서는 당해 보험급부를 집행할 금액부터 그 해제권자에게 지불할 금액을 공제한 잔액에 대해서 보험급부를 행하면 충분하다.

② 전 조의 규정은 전 항의 규정에 의해 보험자의 해제권자에 대한 지불에 관하여 준용한다.

제63조(보험료적립금의 충당) 보험자는 다음의 기재한 사유에 의해 생명보험계약이 종료한 경우에는 보험계약자에 대해서 그 종료시점에 있어서 보험료적립금(수령한 보험료의 총액 중, 그 생명보험예약에 관련 있는 보험급부에 충당해야 할 것으로서 보험료 또는 보험급부의 액수를 정하기 위한 예정사망률, 예정이율 그 밖의 계산의 기초를 가지고 산출된 금액에 상당하는 부분을 말함)을 환급하여야 한다. 다만 보험자가 보험급부를 행할 책임을 질 때는 그러하지 아니하다.

1. 제51조 각호(제2호를 제외)에 규정한 사유
2. 보험자의 책임이 개시되기 전에 있어서 제54조 또는 제58조 제2항의 규정에 의해 해제된 경우
3. 제56조 제1항의 규정에 의해 해제된 경우
4. 제96조 제1항의 규정에 의해 해제 또는 동조 제2항의 규정에 의해 그 생명보험계약의 실효된 경우

제64조(보험료의 반환의 제한) 보험자는 다음에 기재한 사유가 있는 경우 보험료를 반환할 의무를 지지 아니한다.

1. 보험계약자, 피보험자 또는 보험수익자의 사기 또는 강박을 이유로 생명보험계약과 관련된 의사표시를 취소할 경우
2. 사망보험계약이 제39조 제1항의 규정에 의해 무효처리 된 경우. 다만 보험자가 보험사고에 발생을 알고 그 사망보험계약의 신청 또는 그 승낙을 한 경우에는 그렇지 아니하다.

제65조(강행규정) 다음의 각 호에 나타내는 규정에 반하는 특약으로 당해 각호에 규정된 자에게

規定に反する特約で当該各号に定める者に不利なものは、無効とする。 一． 第五十五条第一項から第三項まで又は第五十六条第一項 保険契約者又は被保険者 二． 第五十七条又は第五十九条 保険契約者、被保険者又は保険金受取人 三． 前二条 保険契約者	불리한 것은 무효이다. 1. 제55조 제1항부터 제3항까지 또는 제56조 제1항 보험계약자 또는 피보험자 2. 제57조 또는 제59조 보험계약자, 피보험자 또는 보험수익자 3. 전 2조 보험계약자
第四章 傷害疾病定額保険	**제4장 상해질병정액보험**
第一節 成立	**제1절 성립**
第六十六条（告知義務） 保険契約者又は被保険者になる者は、傷害疾病定額保険契約の締結に際し、給付事由（傷害疾病による治療、死亡その他の保険給付を行う要件として傷害疾病定額保険契約で定める事由をいう。以下この章において同じ。）の発生の可能性（以下この章において「危険」という。）に関する重要な事項のうち保険者になる者が告知を求めたもの（第八十四条第一項及び第八十五条第一項において「告知事項」という。）について、事実の告知をしなければならない。	**제66조(고지의무)** 보험계약자 또는 피보험자는 상해질병정액보험계약을 체결할 때 급부사유(상해질병에 의한 칠, 사망 그 외 보험급부를 행할 요건으로 상해질병정액보험계약에 규정된 사유로 한다. 이하 그 장에 있어서 같다)의 발생의 가능성(이하 이 장에 있어서 '위험' 이라고 한다)에 관한 즁요한 사항 가운데 보험자가 되는 대상이 고지를 구한 것(제84조 제1항 또는 제85조 제1항에 있어서 '고지사항' 이라고 한다)에 대해서 사실의 고지를 해야 한다.
第六十七条（被保険者の同意） 1. 傷害疾病定額保険契約の当事者以外の者を被保険者とする傷害疾病定額保険契約は、当該被保険者の同意がなければ、その効力を生じない。ただし、被保険者（被保険者の死亡に関する保険給付にあっては、被保険者又はその相続人）が保険金受取人である場合は、この限りでない。 2． 前項ただし書の規定は、給付事由が傷害疾病による死亡のみである傷害疾病定額保険契約については、適用しない。	**제67조(피보험자의 동의)** ① 상해질병정액보헌계약의 단사자 이외의 자를 피보험자로 하는 상해질병정액보험계약은 당해 피보험자의 동의가 없으면 그 효력이 발생하시 아니한다. 단, 피보험자(피보험자의 사망에 관해 보험급부가 있는 경우, 피보험자 또는 그 상속인)가 보험수익자인 경우에는 그러하지 아니하다. ② 앞의 항목의 단서(예외항목)의 규정은 급부사유가 상해질병에 의한 사망뿐이다. 상해질병정액보험계약에 대해선 적용하지 않는다.
第六十八条（遡及保険） 1. 傷害疾病定額保険契約を締結する前に発生した給付事由に基づき保険給付を行う旨の定めは、保険契約者が当該傷害疾病定額保険契約の申込み又はその承諾をした時において、当該保険契約者、被保険者又は保	**제68조(소급보험)** ① 상해질병규정보험계약을 체결하기 전에 발생한 금부사항에 근거해 보헌급부를 핸할 취지를 정하는 것은 보험계약자가 당해 상해질병정액보험계약의 신청 또는 그 승낙을 한 때에 있어서 당해 보험계약자 피보험자 또는 보험 수익자가 이미 급

険金受取人が既に給付事由が発生していることを知っていたときは、無効とする。 ２． 傷害疾病定額保険契約の申込みの時より前に発生した給付事由に基づき保険給付を行う旨の定めは、保険者又は保険契約者が当該傷害疾病定額保険契約の申込みをした時において、当該保険者が給付事由が発生していないことを知っていたときは、無効とする。	부 사유가 발생되어 있음을 알고 있을 경우에는 무효가 된다. ② 상해질병정액보험계약의 신청으로부터 전에 발생한 급부 사유에 근거해 보험급부를 행할 취지를 정하는 것은 보험자 또는 보험계약자가 당해 상해질병정액보험계약의 신청을 한 시점에 있어서 당해 보험자가 급부사유가 발생하지 않은 것을 알고 있을 때는 무효로 한다.
第六十九条（傷害疾病定額保険契約の締結時の書面交付） 1. 保険者は、傷害疾病定額保険契約を締結したときは、遅滞なく、保険契約者に対し、次に掲げる事項を記載した書面を交付しなければならない。 一． 保険者の氏名又は名称 二． 保険契約者の氏名又は名称 三． 被保険者の氏名その他の被保険者を特定するために必要な事項 四． 保険金受取人の氏名又は名称その他の保険金受取人を特定するために必要な事項 五．給付事由 六． その期間内に傷害疾病又は給付事由が発生した場合に保険給付を行うものとして傷害疾病定額保険契約で定める期間 七． 保険給付の額及びその方法 八． 保険料及びその支払の方法 九． 第八十五条第一項第一号の通知をすべき旨が定められているときは、その旨 十．傷害疾病定額保険契約を締結した年月日 十一．書面を作成した年月日 ２． 前項の書面には、保険者（法人その他の団体にあっては、その代表者）が署名し、又は記名押印しなければならない。	**제69조(상해질병정액보험계약의 체결시의 서면교부)** ① 보험자는 상해질병정액보험계약을 체결한 때는 지체없이 보험계약자에 대해 다음의 사항을 기재한 서면을 교부하여야 한다. 1. 보험자의 이름 또는 명칭 2. 보험계약자의 이름 또는 명칭 3. 피보험자의 이름 그 외의 피보험자를 특정하기 위해 필요사항 4. 보험수익자의 이름 또는 명칭 그 외의 보험수익자를 특정하기 위해 필요사항 5. 급부사유 6. 그 기간 내에 상해질병 또는 급부 사유가 발생한 경우에 보험급부를 행하는 것에 있어서 상해질병정액보험계약이 정한 기간 7. 보험 급부의 금액 또는 그 수단 8. 보험료 및 그 지불의 방법 9. 제85조 제1항 제1호의 통지할 취지가 규정되어 있는 경우는 그 취지 10. 상해질병보험을 체결한 해월일 11. 서면을 작성한 연월일 ② 전 항의 서면에는 보험자(법인 그 외의 단체에 있어서 그 대표자)가 서명하고 또는 기명날인을 하여야 한다.
第七十条（強行規定） 第六十六条の規定に反する特約で保険契約者又は被保険者に不利なもの及び第六十八条第二項の規定に反する特約で保険契約者に不利なものは、無効とする。	**제70조(강행규정)** 제66조의 규정에 반하는 특약으로 보험계약자 또는 피보험자에게 불리한 또는 제 68조 제2항의 규정에 반하는 특약으로 보험계약자에 불리한 경우에는 무효로 한다.
第二節　効力 **第七十一条（第三者のためにする傷害疾病**	**제2절 효력** **제71조(제3자를 위한 상해질병정액보험계약)** 보

定額保険契約） 保険金受取人が傷害疾病定額保険契約の当事者以外の者であるときは、当該保険金受取人は、当然に当該傷害疾病定額保険契約の利益を享受する。	험수익자가 상해질병정액보험계약의 당사자 이외의 자일 때에는 당해 보험수익자는 당연히 당해 상해질병정액보험계약의 이익을 향수한다.
第七十二条（保険金受取人の変更） 1. 保険契約者は、給付事由が発生するまでは、保険金受取人の変更をすることができる。 ２. 保険金受取人の変更は、保険者に対する意思表示によってする。 ３. 前項の意思表示は、その通知が保険者に到達したときは、当該通知を発した時にさかのぼってその効力を生ずる。ただし、その到達前に行われた保険給付の効力を妨げない。	**第72조(보험수익자의 변경)** ① 보험계약자는 급부사유가 발생할 때까지는 보험수익자의 변경을 할 수 있다. ②보험 수익자의 변경은 보험자에 대해서 의사표시에 의한다. ③ 전항의 의사표시는 그 통지가 보험자에 도달할 때는 당해 통지를 발송한 때로 거슬러 올라가 그 효력이 발생한다. 다만 그 도달 전에 행하여진 보험급부의 효력에는 영향을 미치지 아니한다.
第七十三条（遺言による保険金受取人の変更） 1. 保険金受取人の変更は、遺言によっても、することができる。 ２. 遺言による保険金受取人の変更は、その遺言が効力を生じた後、保険契約者の相続人がその旨を保険者に通知しなければ、これをもって保険者に対抗することができない。	**第73조(유언에 의한 보험수익자의 변경)** ① 보험수익자의 변경은 유언에 의해 변경될 수 있따. ② 유언에 의해 보험수익자의 변경은 그 유언이 효력을 발생한 후 보험계약자의 상속인이 그 취지를 보험자수익자에게 통지하지 아니하면 그것으로 보험자에게 대항할 수 없다.
第七十四条（保険金受取人の変更についての被保険者の同意） 1. 保険金受取人の変更は、被保険者の同意がなければ、その効力を生じない。ただし、変更後の保険金受取人が被保険者（被保険者の死亡に関する保険給付にあっては、被保険者又はその相続人）である場合は、この限りでない。 ２. 前項ただし書の規定は、給付事由が傷害疾病による死亡のみである傷害疾病定額保険契約については、適用しない。	**第74조(보험수익자의 변경에 있어서의 피보험자의 동의)** ① 보험수익자의 변경은 피보험자의 동의가 없으면 그 효력이 발생하지 아니한다. 다만 변경 후에 보험수익자가 피보험자 (피보험자의 사망에 관한 보험급부에 있어서는 피보험자 또는 그 상속인)인 경우 그러하지 아니하다. ② 전 항 단서의 규정은 급부사유가 상해질병에 의한 사망뿐인 경우 상해질병정액보험계약에 대해서는 적용하지 아니한다.
第七十五条（保険金受取人の死亡） 保険金受取人が給付事由の発生前に死亡したときは、その相続人の全員が保険金受取人となる。	**第75조(보험수익자의 사망)** 보험수익자가 급부사항의 발생 전에 사망한 경우에는 그 상속인 전원이 보험수익자가 된다.
第七十六条（保険給付請求権の譲渡等についての被保険者の同意） 保険給付を請求する権利の譲渡又は当該権利を目的とする質権の設定（給付事由が発生した後にされた	**第76조(보험급부청구권의 양도 등에 대한 피보험자의 동의)** 보험급부를 청구한 권리에 양도 또는 당해권리를 목적으로 하는 질권의 설정(급부사유

ものを除く。）は、被保険者の同意がなければ、その効力を生じない。	가 발생한 후에 된 것은 제외)은 피보험자의 동의가 없으면 효력이 발생하지 아니한다.
第七十七条（危険の減少） 傷害疾病定額保険契約の締結後に危険が著しく減少したときは、保険契約者は、保険者に対し、将来に向かって、保険料について、減少後の当該危険に対応する保険料に至るまでの減額を請求することができる。	**제77조(위험의 감소)** 상해질병정액보험계약의 체결 후에 위험이 현저하게 감소된 경우는 보험계약자는 보험자에 대해서, 장래에 대해서, 보험료에 대해 감소후의 당해 위험에 대응하는 보험료에 이르기까지의 감액을 청구할 수 있다.
第七十八条（強行規定） 第七十一条の規定に反する特約で保険金受取人に不利なもの及び前条の規定に反する特約で保険契約者に不利なものは、無効とする。	**제78조(강행규정)** 제71조의 규정에 반하는 특약으로 보험수익자에게 불리한 것 등 전조의 규정에 반하는 특약으로 보험계약자에게 불리한 것은 무효로 한다.
第三節　保険給付	**제3절 보험급부**
第七十九条（給付事由発生の通知） 保険契約者、被保険者又は保険金受取人は、給付事由が発生したことを知ったときは、遅滞なく、保険者に対し、その旨の通知を発しなければならない。	**제79조(급부사유발생의 통지)** 보험계약자, 피보험자 또는 보험수익자는 급부사유가 발생한 것을 안 때에는 지체없이 보험자에게 대하여 그 취지의 통지를 하여야 한다.
第八十条（保険者の免責） 保険者は、次に掲げる場合には、保険給付を行う責任を負わない。ただし、第三号に掲げる場合には、給付事由を発生させた保険金受取人以外の保険金受取人に対する責任については、この限りでない。 一．　被保険者が故意又は重大な過失により給付事由を発生させたとき。 二．　保険契約者が故意又は重大な過失により給付事由を発生させたとき（前号に掲げる場合を除く。）。 三．　保険金受取人が故意又は重大な過失により給付事由を発生させたとき（前二号に掲げる場合を除く。）。 四．　戦争その他の変乱によって給付事由が発生したとき。	**제80조(보험자의 면책)** 보험자는 다음에 기재한 경우에는 보험급부에 대한 책임을 지지 아니한다. 다만 제3호에 기재한 경우에는 급부사유가 발생한 보험수익자 이외의 보험수익자에 대한 책임에 대해서 그러하지 아니하다. 1. 피보험자가 고의 또는 중대한 과실에 의해 급부사유를 발생시켰을 경우 2. 보험계약자가 고의 또는 중대한 과실에 의해 급부사유를 발생시켰을 경우(전호에 기재한 경우를 제외한다.) 3. 보험수익자가 고의 또는 중대한 과실에 의해 급부사유를 발생시켰을 경우(전2호에 기재한 경우를 제외한다.) 4. 전쟁 기타 변란에 의해 급부사유가 발생한 경우
第八十一条（保険給付の履行期） 1. 保険給付を行う期限を定めた場合であっても、当該期限が、給付事由、保険者が免責される事由その他の保険給付を行うため	**제81조(보험급부의 이행기)** ① 보험급부를 행할 기한을 정한 경우라도 당해기간이 급부 사유, 보험자가 면책되어진 사유 그 외의 보험급부를 행하기 위해 확인을 한 것이 상해

に確認をすることが傷害疾病定額保険契約上必要とされる事項の確認をするための相当の期間を経過する日後の日であるときは、当該期間を経過する日をもって保険給付を行う期限とする。

2． 保険給付を行う期限を定めなかったときは、保険者は、保険給付の請求があった後、当該請求に係る給付事由の確認をするために必要な期間を経過するまでは、遅滞の責任を負わない。

3． 保険者が前二項に規定する確認をするために必要な調査を行うに当たり、保険契約者、被保険者又は保険金受取人が正当な理由なく当該調査を妨げ、又はこれに応じなかった場合には、保険者は、これにより保険給付を遅延した期間について、遅滞の責任を負わない。

第八十二条（強行規定） 前条第一項又は第三項の規定に反する特約で保険金受取人に不利なものは、無効とする。

第四節　終了

第八十三条（保険契約者による解除） 保険契約者は、いつでも傷害疾病定額保険契約を解除することができる。

第八十四条（告知義務違反による解除）

1. 保険者は、保険契約者又は被保険者が、告知事項について、故意又は重大な過失により事実の告知をせず、又は不実の告知をしたときは、傷害疾病定額保険契約を解除することができる。

2． 保険者は、前項の規定にかかわらず、次に掲げる場合には、傷害疾病定額保険契約を解除することができない。

一． 傷害疾病定額保険契約の締結の時において、保険者が前項の事実を知り、又は過失によって知らなかったとき。

二． 保険媒介者が、保険契約者又は被保険者が前項の事実の告知をすることを妨げたとき。

三． 保険媒介者が、保険契約者又は被保険

질병정액보험계약상 필요한 사항의 확인을 하기 위해 상당 기간을 경과한 날 이후의 날인 경우에는 당해 기간을 경과한 날에 있어서 보험급부를 행하는 기한으로 한다.

② 보험급부를 행하는 기한을 정하지 않았을 때는 보험자는 보험급부의 청구가 있는 후 해당 청구에 관계된 급부사유의 확인을 하기 위해 필요한 기간을 경과할 때까지는 지체에 대한 책임을 지지 않는다.

③ 보험자가 전2항에 규정한 확인을 하기 위해 필요한 조사를 행하는데 있어서 보험계약자, 피보험자 또는 보험금수취인이 정당한 이유없이 해당 조사를 방해하였거나 또는 이에 응하지 않은 경우에는 보험자는 이에 의해 보험급부를 지연한 기간에 대해서 지체의 책임을 지지 않는다.

第82조(강행규정) 전조 제1항 또는 제3항의 규정에 반하여 특약으로 보험수익자에게 불리한 것은 무효로 한다.

제4절 종료

第83조(보험계약자에 의한 해제)
보험계약자는 언제든지 상해질병정액보험계약을 해제 할 수 있다.

第84조(고지의무이항에 의한 해제)

① 보험자는 보험계약자 또는 피보험자가 고지 사항에 관하여 고의 또는 중대한 과실에 의해 사실 고지를 하지 않고, 또한 부실의 고지를 할 때 상해질병정액보험계약을 해제 할 수 있다.

② 보험자는 정항의 규정에 상관없이 다음의 기재한 경우에는 상해질병보험계약을 해제 할 수가 없다.

1. 상해질병정액보험계약을 체결할 때에 보험자가 전항의 사실을 알고, 또한 과실에 의해 알지 못했을 때

2. 보험중개자(보험설계사)가 보험계약자 또는 피보험자에 대해 전항의 사실을 고지 할 것을 방해한 경우

3. 보험중개자(보험설계사) 보험계약자 또는 피보험자에 대하여 전항의 사실을 고지하지 않고 또

者に対し、前項の事実の告知をせず、又は不実の告知をすることを勧めたとき。 ３． 前項第二号及び第三号の規定は、当該各号に規定する保険媒介者の行為がなかったとしても保険契約者又は被保険者が第一項の事実の告知をせず、又は不実の告知をしたと認められる場合には、適用しない。 ４． 第一項の規定による解除権は、保険者が同項の規定による解除の原因があることを知った時から一箇月間行使しないときは、消滅する。傷害疾病定額保険契約の締結の時から五年を経過したときも、同様とする。	는 부실의 고지를 할 것을 권한 경우 ③ 전 항 제2호 또는 전 3호의 규정은 당해 각호의 규정한 보험중개자(보험설계사)의 행위가 없었다고 하더라도 보험계약자 또는 피보험자가 제1항의 사실을 고지하지 않거나 또는 부실의 고지를 한 것으로 인정되어 진 경우에는 적용하지 아니한다. ④ 제1항의 규정에 의해 해제권은 보험자가 동항의 규정에 의해 해제 원인이 있다는 것을 안 시기부터 1개월간 행사하지 않을 때 소멸한다. 상해질병정액보험계약의 체결해서 5년이 경과 했을 때도 마찬가지로 한다.
第八十五条（危険増加による解除） 1. 傷害疾病定額保険契約の締結後に危険増加（告知事項についての危険が高くなり、傷害疾病定額保険契約で定められている保険料が当該危険を計算の基礎として算出される保険料に不足する状態になることをいう。以下この条及び第八十八条第二項第二号において同じ。）が生じた場合において、保険料を当該危険増加に対応した額に変更するとしたならば当該傷害疾病定額保険契約を継続することができるときであっても、保険者は、次に掲げる要件のいずれにも該当する場合には、当該傷害疾病定額保険契約を解除することができる。 一． 当該危険増加に係る告知事項について、その内容に変更が生じたときは保険契約者又は被保険者が保険者に遅滞なくその旨の通知をすべき旨が当該傷害疾病定額保険契約で定められていること。 二． 保険契約者又は被保険者が故意又は重大な過失により遅滞なく前号の通知をしなかったこと。 ２． 前条第四項の規定は、前項の規定による解除権について準用する。この場合において、同条第四項中「傷害疾病定額保険契約の締結の時」とあるのは、「次条第一項に規定する危険増加が生じた時」と読み替えるものとする。	**第85조(위험증가에 의해 해제)** ① 상해질병정액보험계약의 체결 후에 위험증가(고지사항에 있어서 위험이 높아지고 상해질병정액보험계약에 규정되어진 보험료가 당해 위험을 계산의 기초로 하여 산출되어진 보험료에 부족한 상태가 된 경우를 말한다. 다음 조 및 제 88조 제2항 제2호에 있어서 동일)가 발생한 경우에 있어서 보험료를 당해 위험증가에 대응한 금액으로 변경하려 한다면 당해 상해질병정액보험계약을 계속할 수 있는 경우라 하더라도 보험자는 다음에 기재한 요건의 어느 것에 해당하는 경우에는 당해 상해질병정액보험계약을 해지할 수가 있다. 1. 당해 위험증가에 있어서 고지사항에 있어서 그 내용에 변경이 발생한 경우에는 보험계약자 또는 피보험자가 보험자에게 지체없이 그 뜻을 통지해야 할 취지가 당해 상해질병정액보험계약에 규정되어 있는 경우 2. 보험계약자 또는 피보험자가 고의 또는 중대한 과실에 의해 지체없이 전호의 통지를 하지 않은 경우 ② 전조 제4항의 규정은 전 항의 규정에 의한 해제권에 대하여 준용한다. 이 경우에 있어서 동 조 제4항 중「상해질병정액보험계약을 체결한 때」라는 것은「다음 조 제1항에 규정한 위험증가가 발생한 때」라고 대체한다.
第八十六条（重大事由による解除） 保険者は、次に掲げる事由がある場合には、傷害	**제86조(중요한 사유에 의한 해제)** 보험자는 다음 기재한 경우에는 상해질병정액보험계약을 해제할

疾病定額保険契約を解除することができる。 一.　保険契約者、被保険者又は保険金受取人が、保険者に当該傷害疾病定額保険契約に基づく保険給付を行わせることを目的として給付事由を発生させ、又は発生させようとしたこと。 二.　保険金受取人が、当該傷害疾病定額保険契約に基づく保険給付の請求について詐欺を行い、又は行おうとしたこと。 三.　前二号に掲げるもののほか、保険者の保険契約者、被保険者又は保険金受取人に対する信頼を損ない、当該傷害疾病定額保険契約の存続を困難とする重大な事由	수 있다. 1. 보험계약자, 피보험자 또는 보험수익자가 보험자에 당해 상해질병정액보험계약에 근거하여 보험급부를 행하는 것을 목적으로 급부사유를 발생시키거나 또는 발생시키려 한 경우 2. 보험수익자가 당해상해질병정액보험계약에 근거하여 보험급부의 청구에 있어서 사기를 행하거나 행하려고 한 경우 3. 전 2호의 기재한 사항 이외에 보험자의 보험계약자 피보험자 또는 보험수익자에 대하여 신뢰를 손상시켜 당해 상해질병정액보험계약의 유지를 곤란하게 한 중요한 사유
第八十七条（被保険者による解除請求） 1. 被保険者が傷害疾病定額保険契約の当事者以外の者である場合において、次に掲げるときは、当該被保険者は、保険契約者に対し、当該傷害疾病定額保険契約を解除することを請求することができる。 一.　第六十七条第一項ただし書に規定する場合（同項の同意がある場合を除く。） 二.　前条第一号又は第二号に掲げる事由がある場合 三.　前号に掲げるもののほか、被保険者の保険契約者又は保険金受取人に対する信頼を損ない、当該傷害疾病定額保険契約の存続を困難とする重大な事由がある場合 四.　保険契約者と被保険者との間の親族関係の終了その他の事情により、被保険者が第六十七条第一項の同意をするに当たって基礎とした事情が著しく変更した場合 ２.　保険契約者は、前項の規定により傷害疾病定額保険契約を解除することの請求を受けたときは、当該傷害疾病定額保険契約を解除することができる。	**제87조(피보험자에 의한 해제 청구)** ① 피보험자가 상해질병정액보험계약의 당사자 이외의 자일 경우에 있어서 다음 기재한 경우에 당해피보험자는 보험계약자에 대해 당해 상해질병정액보험계약을 해제할 것을 청구 할 수 있다. 1. 제 67조 제 2항 단서에 규정하고 있는 경우(동항의 동의가 있는 경우는 제외한다) 2. 전조 제 1호 또는 제 2호에 기재한 사유가 있는 경우 3. 전호에 기재한 사항 이외 피보험자의 보험계약자 또는 보험수익자에 대해서 신뢰를 손상시켜 당해 상해질병정액보험계약의 존속이 곤란한 중요한 사유가 있는 경우 4. 보험계약자와 피보험자 사이에 친족관계의 종료 그 외의 사정에 의해 피보험자가 제 67조 제 1항의 동의한 것에 있어서 기초로 한 사항이 현저히 변경된 경우 ② 피보험자는 전 항의 규정에 의해 상해질병정액보험계약을 해제할 것에 대한 청구를 받은 경우 당해 상해질병정액보험계약을 해제할 수 있다.
第八十八条（解除の効力） 1. 傷害疾病定額保険契約の解除は、将来に向かってのみその効力を生ずる。 ２.　保険者は、次の各号に掲げる規定により傷害疾病定額保険契約の解除をした場合には、当該各号に定める事由に基づき保険給付を行う責任を負わない。	**제88조(해제의 효력)** ① 상해질병정액보험계약의 해제는 장래에 대해서만 효력이 발생한다. ② 보험자는 다음 각호에 기재한 규정에 의해 상해질병정액보험계약의 해제를 한 경우에는 당해 각호에 규정된 사유에 근거하여 보험급부를 행할 책임을 지지 아니한다.

一. 第八十四条第一項 解除がされた時までに発生した傷害疾病。ただし、同項の事実に基づかずに発生した傷害疾病については、この限りでない。 二. 第八十五条第一項 解除に係る危険増加が生じた時から解除がされた時までに発生した傷害疾病。ただし、当該危険増加をもたらした事由に基づかずに発生した傷害疾病については、この限りでない。 三. 第八十六条 同条各号に掲げる事由が生じた時から解除がされた時までに発生した給付事由	1. 제84조 제1항 해제된 때까지 발생한 상해질병, 다만, 동항의 사실에 기인하지 않고 발생한 상해질병에 대해서는 그러하지 아니하다. 2. 제85조 제1항 해제에 관련하여 위험증가가 발생한 시점부터 해제된 시점까지 발생한 상해질병. 다만 당해 위험증가를 야기한 사유에 근거하지 않고 발생한 상해 질병에 대해서는 그러하지 아니하다. (3) 제86조 동조 각 호에 기재된 사유가 발생한 시점부터 해제가 된 시점까지 발생한 급부사유
第八十九条（契約当事者以外の者による解除の効力等） 1. 差押債権者、破産管財人その他の傷害疾病定額保険契約（第九十二条に規定する保険料積立金があるものに限る。以下この条から第九十一条までにおいて同じ。）の当事者以外の者で当該傷害疾病定額保険契約の解除をすることができるもの（次項及び同条において「解除権者」という。）がする当該解除は、保険者がその通知を受けた時から一箇月を経過した日に、その効力を生ずる。 2 保険金受取人（前項に規定する通知の時において、保険契約者である者を除き、保険契約者若しくは被保険者の親族又は被保険者である者に限る。次項及び次条において「介入権者」という。）が、保険契約者の同意を得て、前項の期間が経過するまでの間に、当該通知の日に当該傷害疾病定額保険契約の解除の効力が生じたとすれば保険者が解除権者に対して支払うべき金額を解除権者に対して支払い、かつ、保険者に対してその旨の通知をしたときは、同項に規定する解除は、その効力を生じない。 3. 第一項に規定する解除の意思表示が差押えの手続又は保険契約者の破産手続、再生手続若しくは更生手続においてされたものである場合において、介入権者が前項の規定による支払及びその旨の通知をしたときは、当該差押えの手続、破産手続、再生手続又は更生手続との関係においては、保険者が当該解除により支払うべき金銭の支払をしたものとみなす。	**제89조(계약당사자 이외의 자에 의한 해제의 효력 등)** ① 압류채권자, 파산관재인 이외의 상해질병정액보험계약(제92조에서 규정된 보험료적립금이 있는 경우에 한한다. 이하의 본조에서 제91조까지 있어서 동일하다)의 당사자 이외의 자로서 당해 상해질병정액보험계약의 해제를 할 수 있는 자(다음 항 및 동 조에 있어서「해제권자」라고 한다)가 되는 당해 해제는 보험자가 그 통지를 받아들인 때부터 1개월을 경과한 날에 그 효력이 발생한다. ② 보험수익자(전항에 규정한 통지의 시점에 있어서 보험계약자인 자를 제외하고 보험계약자 또는 피보험자의 친족 또는 피보험계약자인 경우 자에 한한다. 다음 항 또는 다음 조에 있어서「개입권자」라고 한다)가 보험계약자의 동의를 얻어 전항의 기간이 경과할 때까지의 사이에 당해 통지의 날에 당해 상해질병정액보험계약의 해제의 효력이 발생하였다고 한다면 보험자가 해제권자에 대하여 지불해야만 하는 금액을 해제권자에 대하여 지불하고 보험권자에 대하여 그 취지의 통지를 한 경우 동 항에 규정한 해제는 그 효력이 발생하지 아니한다. ③ 제1항에서 규정하는 해제의 의사표시가 압류의 절차 또는 보험계약자의 파산절차 재생절차 또는 갱생절차에 있어서 행한 것인 경우 개입권자가 전항에 규정된 것에 의한 지불 또는 그 취지의 통지를 한 경우에는 당해 압류의 절차 파산절차 재생절차 또는 갱생절차와의 관계에 있어서 보험자가 당해 해제에 의해 지불할 금전의 지불을 한 것으로 본다.

第九十条

1. 傷害疾病定額保険契約の解除により保険契約者が保険者に対して有することとなる金銭債権を差し押さえた債権者が前条第一項に規定する通知をした場合において、同条第二項の規定による支払の時に保険者が当該差押えに係る金銭債権の支払をするとすれば民事執行法その他の法令の規定による供託をすることができるときは、介入権者は、当該供託の方法により同項の規定による支払をすることができる。

2. 前項の通知があった場合において、前条第二項の規定による支払の時に保険者が当該差押えに係る金銭債権の支払をするとすれば民事執行法その他の法令の規定による供託の義務を負うときは、介入権者は、当該供託の方法により同項の規定による支払をしなければならない。

3. 介入権者が前二項の規定により供託の方法による支払をしたときは、当該供託に係る差押えの手続との関係においては、保険者が当該差押えに係る金銭債権につき当該供託の方法による支払をしたものとみなす。

4. 介入権者は、第一項又は第二項の規定による供託をしたときは、民事執行法その他の法令の規定により第三債務者が執行裁判所その他の官庁又は公署に対してすべき届出をしなければならない。

제90조

① 상해질병정액보험계약의 해제에 의해 보험계약자가 보험자에 대해서 가지고 있는 것으로 된 금전채권을 압류한 채권자가 전조 제1항의 규정을 통지한 경우에 있어서 동조 제2항의 규정에 의해 지불한 때에 보험자가 당해 압류에 관계한 금전채권의 지불을 한 것으로 한다면 민사집행법 그 외의 법령의 규정에 의해 공탁을 할 수 있는 때에는 개입권자는 당해 공탁의 방법으로 동항의 규정에 의해 지불할 수가 있다.

② 전항의 통지가 있는 경우에 있어서 전조 제2항의 규정에 의해 지불한 경우에 보험자가 당해 압류에 대한 금전채권의 지불을 하려고 한다면 민사집행법 그 외의 법령의 규정에 의해 공탁의 의무를 질 경우에는 개입권자는 당해 공탁의 방법에 의해 동 항의 규정에 의해 지불해야 한다.

③ 개입권자가 전 2항의 규정에 따라 공탁의 방법으로 지불한 경우에는 당해 공탁에 관련한 압류의 절차와의 관계에 있어서 보험자가 당해 압류에 관한 금전채권에 대해 당해 공탁의 방법에 의해 지불한 것으로 본다.

④ 개입권자는 제1항 또는 제2항의 규정에 의해 공탁을 한 경우에는 민사집행법 그 외의 법령 규정에 의해 제3채무자가 집행재판소 그 위의 관청 또는 관공서에 대해서 해야 할 신고를 해야 한다.

第九十一条

1. 第八十九条第一項に規定する通知の時から同項に規定する解除の効力が生じ、又は同条第二項の規定により当該解除の効力が生じないこととなるまでの間に給付事由が発生したことにより保険者が保険給付を行うべき場合において、当該保険給付を行うことにより傷害疾病定額保険契約が終了することとなるときは、当該保険者は、当該保険給付を行うべき額の限度で、解除権者に対し、同項に規定する金額を支払わなければならない。この場合において、保険金受取人に対しては、当該保険給付を行うべき額から当該解除権者に支払った金額を控除した残額について保険給付を行えば足りる。

제91조

① 제89조 제1항에 규정된 통지의 시점부터 동항에서 규정한 해제의 효력이 발생하거나 또는 동조 제2항의 규정에 의해 당해 해제의 효력이 발생하지 않게 된 시점까지의 사이에 급부사유가 발생한 것으로부터 보험자가 보험급부를 행하여만 하는 경우 당해 보험급부를 행하는 것으로부터 상해질병정액보험계약이 종료하게 되는 때에는 당해 보험자는 당해 급부를 행해야할 금액의 한도에서 해제권자에 대해서 동항에서 규정한 금액을 지불해야 한다. 이 경우 보험수익자에 대해서는 당해 보험급부를 행해야할 금액으로부터 당해 해제권자에게 지불한 금액을 공제한 잔액에 대해서 보험급부를 행하면 충분하다.

２． 前条の規定は、前項の規定による保険者の解除権者に対する支払について準用する。	② 전항의 규정은 전항의 규정에 의해 보험자의 해제권자에 대한 지불에 준용한다.
第九十二条（保険料積立金の払戻し） 保険者は、次に掲げる事由により傷害疾病定額保険契約が終了した場合には、保険契約者に対し、当該終了の時における保険料積立金（受領した保険料の総額のうち、当該傷害疾病定額保険契約に係る保険給付に充てるべきものとして、保険料又は保険給付の額を定めるための給付事由の発生率、予定利率その他の計算の基礎を用いて算出される金額に相当する部分をいう。）を払い戻さなければならない。ただし、保険者が保険給付を行う責任を負うときは、この限りでない。 一． 第八十条各号（第二号を除く。）に規定する事由 二． 保険者の責任が開始する前における第八十三条又は第八十七条第二項の規定による解除 三． 第八十五条第一項の規定による解除 四． 第九十六条第一項の規定による解除又は同条第二項の規定による当該傷害疾病定額保険契約の失効	**제92조(보험료적립금의 환급)** 보험자는 다음에 기재한 사항에 의해 상해질병정액보험계약이 종료한 경우에는 보험계약자에 대해서 당해 종료한 시점에 있어서 보험료적립금(수령한 보험료의 총액가운데 당해 상해질병정액보험계약에 관련한 보험급부에 충족할 만한 것으로 보험료 또는 보험급부의 금액을 정하기 위해 급부사유의 발생률, 예정이율 그 외의 계산의 기초를 가지고 산출되어진 금액에 상당한 부분을 말한다.)을 환급하여야 한다. 다만 보험자가 보험급부를 행할 책임을 지는 경우에는 그러하지 아니하다. 1. 제80조 각항(제2호는 제외)에 규정한 사유 2. 보험자의 책임이 개시하기 전에 있어서 제83조 또는 제87조 제2항의 규정에 의한 해제 3. 제85조 가1항의 규정에 의한 해제 4. 제96조 제1항에 규정에 의한 해제 또는 동조 제2항의 규정에 의한 당해 상해질병정액보험계약의 실효
第九十三条（保険料の返還の制限） 保険者は、次に掲げる場合には、保険料を返還する義務を負わない。 一． 保険契約者、被保険者又は保険金受取人の詐欺又は強迫を理由として傷害疾病定額保険契約に係る意思表示を取り消した場合 二． 傷害疾病定額保険契約が第六十八条第一項の規定により無効とされる場合。ただし、保険者が給付事由の発生を知って当該傷害疾病定額保険契約の申込み又はその承諾をしたときは、この限りでない。	**제93조(보험료의 반환의 제한)** 보험자는 다음 기재한 경우에는 보험료의 반환할 의무를 지지 아니한다. 1. 보험계약자, 피보험자 또는 보험수익자의 사기 또는 강박을 이유로 상해질병정액보험계약에 있어 의사표시를 취소한 경우 2. 상해질병정액보험계약이 제68조 제1항의 규정에 의해서 무효로 된 경우. 다만 보험자가 급부사유의 발생을 알고 당해 상해질병정액보험계약의 신청 또는 승낙을 한 경우에는 그러하지 아니하다.
第九十四条（強行規定） 次の各号に掲げる規定に反する特約で当該各号に定める者に不利なものは、無効とする。 一． 第八十四条第一項から第三項まで又は第八十五条第一項 保険契約者又は被保険者 二． 第八十六条又は第八十八条 保険契約	**제94조(강행규정)** 다음의 각호에 기재한 규정에 반하는 특약으로 당해 각호에 규정된 자에게 불리한 것은 무효로 한다. 1. 제84조 제1항부터 제3항까지 또는 제85조 제1항 보험계약자 또는 피보험자 2. 제86조 또는 제88조 보험계약자, 피보험자 또

者、被保険者又は保険金受取人 三.　前二条　保険契約者	는 보험수익자 3. 전 2조 보험계약자
第五章　雑則	**제5장 잡칙**
第九十五条（消滅時効） 1. 保険給付を請求する権利、保険料の返還を請求する権利及び第六十三条又は第九十二条に規定する保険料積立金の払戻しを請求する権利は、三年間行わないときは、時効によって消滅する。 2.　保険料を請求する権利は、一年間行わないときは、時効によって消滅する。	**제95조(소멸시효)** ① 보험급부를 청구할 권리, 보험료의 반환을 청구할 권리 및 제63조는 제92조에 규정된 보험료적립금의 반환을 청구할 권리를 3년간 행사하지 않았을 때에는 시효로 소멸한다. ② 보험료를 청구할 권리는 1년간 행사하지 않았을 경우에는 시효로 소멸한다.
第九十六条（保険者の破産） 1. 保険者が破産手続開始の決定を受けたときは、保険契約者は、保険契約を解除することができる。 2.　保険契約者が前項の規定による保険契約の解除をしなかったときは、当該保険契約は、破産手続開始の決定の日から三箇月を経過した日にその効力を失う。	**제96조(보험자의 파산)** ① 보험자가 파산절차 개시의 결정을 받았을 때는 보험계약자는 보험계약을 해제할 수 있다. ② 보험계약자가 전항에 규정한 것에 의해 보험계약의 해제를 하지 않았을 경우에는 당해 보험계약은 파산절차개시의 결정일로부터 3개월을 경과한 날에 그 효력을 잃는다.

Ⅲ. 중국 보험법(2009년10월1일 시행)원문 및 번역본

중국 보험법 원문은 http://www.chinalaw.gov.cn에서 발췌하였으며, 번역본은 경성대학교 법학과 박은경교수의 번역본과 대구대학교 이원돈 교수의 해설 보험계약법을 참조하였음.

원문	번역본
第一章 总则	**제1장 총칙**
第一条 为了规范保险活动，保护保险活动当事人的合法权益，加强对保险业的监督管理，维护社会经济秩序和社会公共利益，促进保险事业的健康发展，制定本法。	**제1조** 보험활동을 규범화하고 보험활동 당사자의 합법적 권익을 보호하고 보험업에 대한 감독 관리를 강화하여 사회경제질서와 사회공공이익을 수호하고 보험업의 건강한 발전을 촉진하기 위하여 본법을 제정한다.
第二条 法所称保险，是指投保人根据合同约定，向保险人支付保险费，保险人对于合同约定的可能发生的事故因其发生所造成的财产损失承担赔偿保险金责任，或者当被保险人死亡、伤残、疾病或者达到合同约定的年龄、期限等条件时承担给付保险金责任的商业保险行为。	**제2조** 본법에서 보험이라고 하는 것은 보험계약자가 보험계약에 근거하여 보험자에게 보험료를 지불하고 보험자는 계약 약정의 발생 가능한 사고로 인하여 발생된 재산손실에 대해 보험금을 배상하는 책임을 말하거나 혹은 피보험자가 사망, 상해, 질병 혹은 계약 약정의 연령, 기한에 등 조조건 부합될 때 보험금을 지불하는 책임을 감당하는 상업보험행위를 말한다.
第三条 在中华人民共和国境内从事保险活动，适用本法。	**제3조** 중화인민공화국 국경 내에서 보험활동에 종사하면 본법을 적용한다.
第四条 从事保险活动必须遵守法律、行政法规，尊重社会公德，不得损害社会公共利益。	**제4조** 보험활동에 종사하면 반드시 법률, 행정법규를 지켜야 하고 사회공덕을 존중해야지 사회 공공이익에 손해를 주어서는 안 된다.
第五条 保险活动当事人行使权利、履行义务应当遵循诚实信用原则。	**제5조** 보험활동당사자는 권리를 행사하고 의무를 이행할 때 반드시 성실 신용의 원칙을 지켜야 한다.
第六条 保险业务由依照本法设立的保险公司以及法律、行政法规规定的其他保险组织经营，其他单位和个人不得经营保险业务。	**제6조** 보험 업무는 본법에 근거하여 설립한 보험회사 및 법률, 행정법규에서 규정한 기타 보험조직 경영해야지 기타 회사와 개인은 보험 업무를 경영해서는 안 된다.
第七条 在中华人民共和国境内的法人和其他组织需要办理境内保险的，应当向中华人民共和国境内的保险公司投保	**제7조** 중화인민 공화국 국경내의 법인과 기타 조직이 국경 내에서 보험활동을 처리해야 한다면 마땅히 중화인민공화국 국경내의 보험회사에 보험가입을 해야 한다.
第八条 保险业和银行业、证券业、信托业实行分业经营、分业管理，保险公司与银行、证券、信托业务机构分别设立。国家另有规定的除外。	**제8조** 보험업, 은행 업, 증권업, 신탁업 은 분업경영, 분업관리를 해야 하고 보험회사와 은행, 증권, 신탁업무기구는 따로 설립해야 한다. 국가가 따로 규정이 있는 것은 예외이다.

第九条 国务院保险监督管理机构依法对保险业实施监督管理。国务院保险监督管理机构根据履行职责的需要设立派出机构。派出机构按照国务院保险监督管理机构的授权履行监督管理职责。	**제9조** 국무원 보험감독 관리기구는 법에 따라 보험업의 실시를 감독관리 해야한다. 국무원 보험감독관리 기구는 이행질책의 수요에 의해 설립한 분소이다. 분소는 국무원 보험감독 관리기구의 권리를 부여 받아 감독관리 기능을 이행한다.
第二章 保险合同	**제2장 보험계약**
第一节 一般规定	**제1절 일반규정**
第十条 保险合同是投保人与保险人约定保险权义务关系的协议。投保人是指与保险人订立保险同，并按照合同约定负有支付保险费义务的人。保险人是指与投保人订立保险合同，并按照合同约定承担赔偿或者给付保险金责任的保险公司。	**제10조** 보험계약은 보험 가입자와 보험자가 보험권리 의무 관계를 약정한 협의이다. 보험계약자란 보험자와 보험계약을 체결하고 계약약정에 근거하여 보험료 지불의무가 있는 사람이다. 보험자란 보험계약자와 보험계약을 체경하고 계약 약정에 근거하여 배상 혹은 보험금 지불 책임을 감당하는 보험회사이다.
第十一条 订立保险合同，应当协商一致，遵循公平原则确定各方的权利和义务。除法律、行政法规规定必须保险的外，保险合同自愿订立。	**제11조** 보험계약을 체결할 때 마땅히 협상이 일치하고 공편원칙을 준수하여 서로의 권리와 의무를 확정해야 한다. 법률과 행정법규가 따로 규정이 있는 것 외에 보험계약은 임의로 체경해야한다.
第十二条 人身保险的投保人在保险合同订立时，对被保险人应当具有保险利益。财产保险的被保险人在保险事故发生时，对保险标的应当具有保险利益。人身保险是以人的寿命和身体为保险标的的保险。财产保险是以财产及具有关利益为保险标的的保险。被保险人是指其财产或者人身受保险合同保障，享有保险金请求权的人。投保人可以为被保险人。保险利益是指投保人或者被保险人对保险标的具有的法律上承认的利益。	**제12조** 인보험의 보험계약자는 보험계약을 체결할 때 피보험자에 대하여 마땅히 피보험이익이 있어야 한다. 재산보험의 피보험자는 보험사고 발생시 보헌목적에 피보험이익이 있어야 한다. 인보험은 사람의 생명과 몸을 보험목적으로 하는 보험이다. 재산보험은 재산과 관련된 이익을 보험목적으로 하는 보험이다. 피보험자는 그 재산 혹은 몸이 보험계약의 보장을 받으며 보험금 청구권을 갖고 있는 사람을 말한다. 보험계약자는 피보험자가 될 수 있다. 피보험이익은 보험계약자 혹은 피보험자가 보험목적에 대하여 법률상에서 승인하는 이익을 말한다.
第十三条 投保人提出保险要求，经保险人同意承保，保险合同成立。保险人应当及时向投保人签发保险单或者其他保险凭证。 保险单或者其他保险凭证应当载明当事人双方约定的合同内容。当事人也可以约定采用其他书面形式载明合同内容。依法成立的保险合同，自成立时生效。投保人和保险人可以对合同的效力约定附条件或者附期限。	**제13조** 보험계약자가 보험요구를 제기하고 보험자의 동의와 보험승낙을 거치면 보험계약은 성립된다. 보험자는 마땅히 제때에 보험계약자에게 보험증권 혹은 기타 보험증서를 발급해주어야 한다. 보험증권 혹은 기타 보험증거는 당사자 쌍방이 약정한 계약내용이 기재 되어 있어야 한다. 당사자는 기타 서명형식을 이용하여 보험내용을 기재할 수도 있다. 법에 의해 성립되는 보험계약은 성립시부터 효력을 발생한다. 보험계약자와 보험자는 계약의 효력에 대해 부조건 혹은 부 기한을 약정할 수 있다.

第十四条 保险合同成立后，投保人按照约定交付保险费，保险人按照约定的时间开始承担保险责任。	**제14조** 보험계약이 성립 후 보험계약자는 약정에 의하여 보험료를 지불하고 보험자는 약정한 시간부터 보험책임을 감당해야 한다.
第十五条 除本法另有规定或者保险合同另有约定外，保险合同成立后，投保人可以解除合同，保险人不得解除合同。	**제15조** 보험이 따로 규정이 있거나 보험계약이 따로 약정이 있는 것 외에 보험계약이 성립 후 보험계약자는 계약을 해지할 수 있지만 보험자는 계약 해지를 할 수 없다.
第十六条 订立保险合同，保险人就保险标的或者被保险人的有关情况提出询问的，投保人应当如实告知。投保人故意或者因重大过失未履行前款规定的如实告知义务，足以影响保险人决定是否同意承保或者提高保险费率的，保险人有权解除合同。 前款规定的合同解除权，自保险人知道有解除事由之日起，超过三十日不行使而消灭。自合同成立之日起超过二年的，保险人不得解除合同；发生保险事故的，保险人应当承担赔偿或者给付保险金的责任。投保人故意不履行如实告知义务的，保险人对于合同解除前发生的保险事故，不承担赔偿或者给付保险金的责任，并不退还保险费。投保人因重大过失未履行如实告知义务，对保险事故的发生有严重影响的，保险人对于合同解除前发生的保险事故，不承担赔偿或者给付保险金的责任，但应当退还保险费。保险人在合同订立时已经知道投保人未如实告知的情况的，保险人不得解除合同；发生保险事故的，保险人应当承担赔偿或者给付保险金的责任。保险事故是指保险合同约定的保险责任范围内的事故。	**제16조** 보험계약을 체결할 때 보험자가 보험목적 혹은 피보험자의 상황에 대해 질문을 하면 보험계약자는 마땅히 성실하게 고지하여야 한다. 보험계약자가 고의로 혹은 중대과실로 전항이 규정한 성실하게 고지하는 의무를 이행하지 않았을 경우 보험자가 보험승낙을 동의 할 것인가 혹은 보험비육을 높일 것인가에 충분히 영향을 미치기 때문에 보험자는 계약을 해지할 권리가 있다. 전항이 규정한 계약 해지권은 보험자가 해지 사유가 있다는 것을 안 그날부터 30일을 초과해서 행사하지 않으면 없어진다, 계약 성립 일부터 2년을 초과한 것은 보험자가 계약을 해지 하지 못하며 보험사고가 발생하면 보험자는 마땅히 배상 혹은 보험금 지불 책임을 져야 한다. 보험계약자가 고의로 성실하게 고지하는 의무를 이행하지 않았으면 보험자는 계약해지 전에 발생한 보험사고에 대해 배상 혹은 보험금 지불 책임을 지지 않으며 보험료도 환불해주지 않는다. 보험계약자가 중대한 과실로 성실하게 고지하는 의무를 이행하지 않아서 보험사고의 발생에 막대한 영향을 미쳤다면 보험자는 계약 해지 전에 발생한 보험사고에 대해 배상 혹은 보험금 지불 책임을 지지 않지만 보험료를 환불해주어야 한다. 보험자가 계약을 체결할 때 이미 보험계약자가 성실하게 고지하지 않았다는 사실을 알고 있었으면 보험자는 계약을 해지 할 수 없고 보험사고의 발생에 대해 보험자는 마땅히 배상 혹은 보험금 지불 책임을 져야 한다. 보험사고는 보험계약이 약정한 보험책임 범위 내의 사고를 말한다.
第十七条 订立保险合同，采用保险人提供的格式条款的，保险人向投保人提供的投保单应当附格式条款，保险人应当向投保人说明合同的内容。对保险合同中免除保险人责任的条款，保险人在订立合同时应当在投保单、保险单或者其他保险凭证上作出足以引起投保人注意的提示，并对该条款的内容以书面或者	**제17조** 보험계약을 체결할 때 보험자가 제공한 격식조항을 사용한다면 보험자는 보험계약자에게 제공한 보험 증권에는 보험약관이 첨부되어 있어야 하며, 보험자는 보험계약자에게 계약의 내용을 설명해야 한다. 보험계약 중 보험자의 책임을 면제하는 조항은 보험자가 계약을 체결한과 동시에 보험가입증권, 보험증권 혹은 기타 보험증거상에 보험계약자의 주의를 일으킬만한 제시를 해야 하고 또한 이 조항의 내용이 서면형식이나 구

原文	번역본
口头形式向投保人作出明确说明；未作提示或者明确说明的，该条款不产生效力。	두 형식으로 보험계약자에게 명확하게 설명을 해줘야 한다. 제시나 명확한 설명을 하지 않으면 이 조항은 효력이 발생하지 않는다.
第十八条 保险合同应当包括下列事项： (一) 保险人的名称和住所 (二) 投保人、被保险人的姓名或者名称、住所，以及人身保险的受益人的姓名或者名称、住所 (三) 保险标的 (四) 保险责任和责任免除 (五) 保险期间和保险责任开始时间； (六) 保险金额； (七) 保险费以及支付办法； (八) 保险金赔偿或者给付办法； (九) 违约责任和争议处理； (十) 订立合同的年、月、日。 投保人和保险人可以约定与保险有关的其他事项。受益人是指人身保险合同中由被保险人或者投保人指定的享有保险金请求权的人。投保人、被保险人可以为受益人。保险金额是指保险人承担赔偿或者给付保险金责任的最高限额。	**제18조** 보험계약은 마땅히 아래의 사항을 포함해야 한다. (1) 보험자의 명칭과 주소 (2) 보험계약자, 피보험자의 이름 혹은 명칭, 주소 및 인보험의 수혜자의 이름 혹은 명칭, 주소 (3) 보험목적 (4) 보험책임과 책임면제 (5) 보험기간과 보험책임 시작시간 (6) 보험금액 (7) 보험료 및 지불방법 (8) 보험금 배상 혹은 지불 방법 (9) 위약책임과 논쟁처리 (10) 계약 채결 연, 월, 일 보험계약자와 보험자는 보험에 관련된 기타 사항을 약정할 수 있다. 수혜자는 인보험 계약 중 피보험자 혹은 보험계약자가 지정한 보험금 청구권을 갖고 있는 사람이다. 보험계약자, 피보험자가 수혜자가 될 수 있다.보험금액은 보험자가 배상 혹은 보험금 지불 책임의 최고 한도액을 말한다.
第十九条 采用保险人提供的格式条款订立的保险合同中的下列条款无效 (一) 免除保险人依法应承担的义务或者加重投保人、被保险人责任的。 (二) 排除投保人、被保险人或者受益人依法享有的权利的。	**제19조** 보험자가 제공한 격식조항을 이용하여 체결한 보험계약중의 아래의 조항은 무효하다. (1) 보험자가 법에 의해 마땅히 감당해야 할 의무를 면제하거나 혹은 보험계약자, 피보험자의 책임 가중하는 것 (2) 보험계약자, 피보험자 혹은 수혜자가 법에 의해 누리는 권리를 배제한 것
第二十条 投保人和保险人可以协商变更合同内容。变更保险合同的，应当由保险人在保险单或者其他保险凭证上批注或者附贴批单，或者由投保人和保险人订立变更的书面协议。	**제20조** 보험계약자와 보험자는 협상하여 계약내용을 변경할 수 있다. 보험계약을 변경하려면 보험자가 보험증권 혹은 기타 보험증거상에 주해를 달거나 혹은 증권을 추가로 붙이거나 혹은 보험계약자와 보험자가 변경된 서면협의를 체결 해여 한다.
第二十一条 投保人、被保险人或者受益人知道保险事故发生后，应当及时通知保险人。故意或者因重大过失未及时通知，致使保险事故的性质、原因、损失程度等难以确定的，保险人对无法确定的部分，不承担赔偿或者给	**제21조** 보험계약자, 피보험자 혹은 수혜자가 보험사고 발생을 알고 난 후 마땅히 제때에 보험자에게 알려야 한다. 고의 혹은 중대과실로 제때에 통지하지 않아서 보험사고의 성질, 원인, 손실 성도 등을 확정하기 어렵게 만들면 보험자가 확정할 수 없는 부분에 대해서는 보험금을 배상하거나 지불할 책임을 지지 않는다. 하지만 기타 경로로 이

付保险金的责任，但保险人通过其他途已经及时知道或者应当及时知道保险事故发生的除外。	미 제때에 알고 있거나 혹은 마땅히 제때에 알고 있는 보험사고는 제외한다.
第二十二条 保险事故发生后，按照保险合同请求保险人赔偿或者给付保险金时，投保人、被保险人或者受益人应当向保险人提供其所能提供的与确认保险事故的性质、原因、损失程度等有关的证明和资料。保险人按照合同的约定，认为有关的证明和资料不完整的，应当及时一次性通知投保人、被保险人或者受益人补充提供。	**제22조** 보험사고 발생 후 보험계약에 근거하여 보험자에게 배상 혹은 보험금 지불을 청구할 때 보험계약자, 피보험자 혹은 수혜자는 마땅히 보험자에게 보험사고의 성질, 원인, 손실 정도 등을 확인할 수 있는 제공 가능한 관련된 증명과 자료를 제공해야 한다. 보험자는 계약의 약정에 근거하여 관련된 증명과 자료가 완전하지 않다고 생각하면 마땅히 제때에 한꺼번에 보험계약자, 피보험자 혹은 수혜자에게 보충하여 제공하라고 알려야 한다.
第二十三条 保险人收到被保险人或者受益人的赔偿或者给付保险金的请求后，应当及时作出核定；情形复杂的，应当在三十日内作出核定，但合同另有约定的除外。保险人应当将核定结果通知被保险人或者受益人；对属于保险责任的，在与被保险人或者受益人达成赔偿或者给付保险金的协议后十日内，履行赔偿或者给付保险金义务。保险合同对赔偿或者给付保险金的期限有约定的，保险人应当按照约定履行赔偿或者给付保险金义务。保险人未及时履行前款规定义务的，除支付保险金外，应当赔偿被保险人或者受益人因此受到的损失。任何单位和个人不得非法干预保险人履行赔偿或者给付保险金的义务，也不得限制被保险人或者受益人取得保险金的权利。	**제23조** 보험자는 피보험자 혹은 수혜자의 배상 혹은 보험금 지불 청구를 받은 후 마땅히 제때에 심사하고 결정해야 한다. 상황이 복잡한 것은 30일 내에 심사하고 결정해야 하지만 계약이 따로 약정이 있는 것은 제외한다. 보험자는 마땅히 조사하여 결정한 결과를 피보험자 혹은 수혜자에게 알려야 한다. 보험책임에 속하는 것은 피보험자 혹은 수혜자와 배상 혹은 보험금 지불 협의가 달성한 후 10일 내에 배상 혹은 보험금 지불 의무를 해야 한다. 보험계약은 배상 혹은 보험금 지불을 약정한 것이 있으면 보험자는 마땅히 약정에 의하여 배상 혹은 보험금 지불의무를 이행해야 한다. 보험자가 전항이 규정한 의무를 제때에 이행하지 않으면 보험금을 지불 하는 것 외에 마땅히 피보험자 혹은 수혜자가 그로 인하여 받은 손실을 배상하야 한다. 어떤 회사와 개인도 보험자가 배상 혹은 보험금 지불하는 의무를 불법으로 간섭해서는 안 되고 피보험자 혹은 수혜자가 보험금을 얻을 권리를 제한해서는 안 된다.
第二十四条 保险人依照本法第二十三条的规定作出核定后，对不属于保险责任的，应当自作出核定之日起三日内向被保险人或者受益人发出拒绝赔偿或者拒绝给付保险金通知书，并说明理由。	**제24조** 보험자는 본법 제 23조의 규정에 따라 심사하고 결정한 후 보험책임에 속하지 않는 것은 마땅히 심사 결정한 날부터 3일 내에 피보험자 혹은 수혜자에게 배상 거절 혹은 보험금 지불을 거절하는 통지서를 보내야 하고 또한 이유를 설명해야 한다.
第二十五条 保险人自收到赔偿或者给付保险金的请求和有关证明、资料之日起六十日内，对其赔偿或者给付保险金的数额不能确定的，应当根据已有证明和资料可以确定的数额先予支付；保险人最终确定赔偿或者给付保险金的数额后，应当支付相应的差额。	**제25조** 보험자는 배상 혹은 보험금 지불의 청구와 관련된 증명, 자료를 받을 날부터 60일 내에 그 배상 혹은 보험금 지불의 액수를 확정하지 못하면 마땅히 이미 있는 증명과 자료로 확정할 수 있는 금액만큼 먼저 지불해주어야 한다. 보험자가 최종적으로 배상 혹은 보험금 지불 액수를 확정한 후 마땅히 상응한 차액을 지불해야 한다.

第二十六条 人寿保险以外的其他保险的被保险人或者受益人，向保险人请求赔偿或者给付保险金的诉讼时效期间为二年，自其知道或者应当知道保险事故发生之日起计算。人寿保险的被保险人或者受益人向保险人请求给付保险金的诉讼时效期间为五年，自其知道或者应当知道保险事故发生之日起计算。	**第26조** 생명보험 이외의 기타 보험의 피보험자 혹은 수혜자는 보험자에게 배상 청구 혹은 보험금지불의 소송 시효기간은 2년이고 보험사고 발생을 알거나 혹은 마땅히 안 날부터 계산해야 한다. 생명보험의 피보험자 혹은 수혜자는 보험자에게 보험금 지불 청구를 하는 시효기간은 5년이고 보험사고 발생을 알거나 마땅히 알아야 하는 날부터 계산한다.
第二十七条 未发生保险事故，被保险人或者受益人谎称发生了保险事故，向保险人提出赔偿或者给付保险金请求的，保险人有权解除合同，并不退还保险费。投保人、被保险人故意制造保险事故的，保险人有权解除合同，不承担赔偿或者给付保险金的责任；除本法第四十三条规定外，不退还保险费。保险事故发生后，投保人、被保险人或者受益人以伪造、变造的有关证明、资料或者其他证据，编造虚假的事故原因或者夸大损失程度的，保险人对其虚报的部分不承担赔偿或者给付保险金的责任。投保人、被保险人或者受益人有前三款规定行为之一，致使保险人支付保险金或者支出费用的，应当退回或者赔偿。	**第27조** 보험사고가 발생하지 않았거나 피보험자 혹은 수혜자가 보험사고 발생을 했다고 거짓말 하고 보험자에게 배상 혹은 수혜자가 보험사고 발생을 했다고 거짓말 하고 보험자에게 배상 혹은 보험금 지불 청구를 하면 보험자는 계약을 해지할 권리가 있고, 또한 보험료를 환불해주지 않는다. 보험계약자, 피보험자가 고의로 보험사고를 발생시키면 보험자는 계약을 해지 할 권리가 있고 배상 혹은 보험금 지불 책임을 지지 않는다. 불법 第43조 규정 외에 보험금을 환불해주지 않는다. 보험사고 발생 후 보험계약자, 피보험자 혹은 수혜자가 위조 변조한 관련된 증명, 자료 혹은 기타 증거에 대해 위조한 사고원인 혹은 손실 정도를 확대한 것은 보험자가 거짓으로 신고한 부분에 대해서는 배상 혹은 보험금 지불 책임을 지지 않는다. 보험계약자, 피보험자 혹은 수혜자가 전3항의 규정행위 중의 하나로서 보험자가 보험금을 지불하거나 혹은 비용을 지불한 것은 마땅히 되돌려주거나 배상해야 한다.
第二十八条 保险人将其承担的保险业务，以分保形式部分转移给其他保险人的，为再保险。应再保险接受人的要求，再保险分出人应当将其自负责任及原保险的有关情况书面告知再保险接受。	**第28조** 보험자는 그 감당한 보험 업무를 분담 형식으로 기타 보험자에 선이해주는 것을 재보험이라고 한다. 제보험접수자의 요구에 근거하여 재보험 출제자는 마땅히 그 부담한 책임 및 원 보험의 관련된 상황을 서면형식으로 재보험 접수자에게 알려야 한다.
第二十九条 再保险接受人不得向原保险的投保人要求支付保险费。原保险的被保险人或者受益人不得向再保险接受人提出赔偿或者给付保险金的请求。再保险分出人不得以再保险接受人未履行再保险责任为由，拒绝履行或者迟延履行其原保险责任	**第29조** 재보험 접수자는 원 보험의 보험계약자에게 보험료 지불을 요구해서는 안 된다. 원 보험의 피보험자 혹은 보험수익자는 재보험 접수자에게 배상 혹은 보험금 지불의 요구를 제기해서는 안 된다. 재보험출제자는 재보험접수자가 재보험책임을 이행하지 않았다는 이유로 그 원 보험의 책임을 이행하는 것 거절하거나 이행을 연기해서는 안 된다.
第三十条 采用保险人提供的格式条款订立的保险合同，保险人与投保人、被保险人或者受益人对合同条款有争	**第30조** 보험자가 제공한 약관으로 체결한 보험계약에서 보험자와 보험계약자, 피보험자 혹은 보험수익자가 계약조항에 대해 논쟁이 있으면 마땅히 통상의미로 이해를 해야 한다. 계약조항에 대

议的，应当按照通常理解予以解释。对合同条款有两种以上解释的，人民法院或者仲裁机构应当作出有利于被保险人和受益人的解释。	해 두 가지 이상의 해석이 있으면 인민법원 혹은 중재기구는 마땅히 피보험자와 보험수익자에게 유리한 해석을 해야 한다.
第二节 人身保险合同	**제2절 인보험계약**
第三十一条 投保人对下列人员具有保险利益 (一)本人 (二)配偶、子女、父母 (三)前项以外与投保人有抚养、赡养或者扶养关系的家庭其他成员、近亲属 (四)与投保人有劳动关系的劳动者。除前款规定外，被保险人同意投保人为其订立合同的，视为投保人对被保险人具有保险利益。订立合同时，投保人对被保险人不具有保险利益的，合同无效。	**제31조** 보험계약자는 아래의 사람들에 대해 피보험이익을 가지고 있다. ①본인 ②배우자, 자녀, 부모 ③전항 이외에 보험계약자와 부양관계가 있는 가족 기타 성원, 근친 ④보험계약자와 노동관계가 있는 노동자. 전항의 규정 외에 피보험자가 보험계약자가 계약체결에 동의 한 경우 보험계약자가 피보험자에 대하여 피보험이익이 있다고 간주한다. 계약을 체결할 때 보험계약자가 피보험자에게 피보험이익을 갖고 있지 않으면 계약은 무효하다.
第三十二条 投保人申报的被保险人年龄不真实，并且其真实年龄不符合合同约定的年龄限制的，保险人可以解除合同，并按照合同约定退还保险单的现金价值。保险人行使合同解除权，适用本法第十六条第三款、第六款的规定。投保人申报的被保险人年龄不真实，致使投保人支付的保险费少于应付保险费的，保险人有权更正并要求投保人补交保险费，或者在给付保险金时按照实付保险费与应付保险费的比例支付。投保人申报的被保险人年龄不真实，致使投保人支付的保险费多于应付保险费的，保险人应当将多收的保险费退还投保人。	**제32조** 보험계약자가 신고한 피보험자의 나이가 진실 되지 않고 또한 그 진실 나이가 계약에서 약정한 연령한계에 부합되지 않으면 보험자는 계약을 해지하고 계약에 근거하여 적립금을 반환해야 한다. 보험자가 계약 해지권을 행사하는 것은 본법 제16조 제3항 제6항의 규칙을 적용한다. 보험계약자가 신고한 피보험자의 나이가 진실 되지 않음으로 인하여 보험계약자가 지불한 보험료가 마땅히 지불해야 한 보험료보다 적으면 보험자는 고필 권리가 있고 또한 보험계약자에게 보험료를 추가로 내게 하거나 혹은 보험금을 지불할 때 실제로 낸 보험료와 마땅히 내야 할 보험료의 비례로 지불할 수 있다. 보험계약자가 신고한 피보험자의 나이가 진실하지 않음으로 인하여 보험계약자가 지불한 보험료가 마땅히 지불해야 할 보험료보다 많으면 보험자는 마땅히 더 많이 받은 보험료를 보험계약자에게 지불해주어야 한다.
第三十三条 投保人不得为无民事行为能力人投保以死亡为给付保险金条件的人身保险，保险人也不得承保。父母为其未成年子女投保的人身保险，不受前款规定限制。但是，因被保险人死亡给付的保险金总和不得超过国务院保险监督管理机构规定的限额。	**제33조** 보험계약자는 민사행위능력이 없는 사람을 사망을 보험금 지불 조건으로 하는 인보험에 가입시켜서는 안 되고 보험자도 보험승낙을 해서는 안 된다. 부모가 그 미성년 자녀를 인보험에 가입시킨 것은 전항 규정의 제한을 받지 않지만 피보험자의 사망으로 지불할 보험금 총약은 국무원 보험감독 관리기구가 규정한 제한 약수를 초과해서는 안 된다.
第三十四条 以死亡为给付保险金条件的合同，未经被保险人同意并认可保险金额的，合同无效。按照以死亡为给付保险金条件的合同所签发的保险单，未经被保险	**제34조** 사망을 보험금 지불 조건으로 한 계약이 피보험자의 동의를 거치지 않고 보험금약을 허가하면 계약은 무효하다. 사망을 보험금 지불 조건으로 하는 계약이 발급한 보험증권이 피보험자의 서명동의를 거치지 않으면 전이하거나 담보의 목

人书面同意，不得转让或者质押。父母为其未成年子女投保的人身保险，不受本条第一款规定限制。

적으로 제공할 수 없다. 부모가 그 미성년 자녀를 위하여 가입한 인보험은 본 조항 제1항의 규정제한을 받지 않는다.

第三十五条

投保人可以按照合同约定向保险人一次支付全部保险费或者分期支付保险费.

제35조 보험계약자는 계약의 약정에 근거하여 보험자에게 한 번에 전부의 보험료를 지불해도 되고 할부로 보험료를 지불해도 된다.

第三十六条

合同约定分期支付保险费，投保人支付首期保险费后，除合同另有约定外，投保人自保险人催告之日起超过三十日未支付当期保险费，或者超过约定的期限六十日未支付当期保险费的，合同效力中止，或者由保险人按照合同约定的条件减少保险金额

被保险人在前款规定期限内发生保险事故的，保险人应当按照合同约定给付保险金，但可以扣减欠交的保险费。

제36조 계약에서 할부로 보험료를 지불하기로 약정하면 보험계약자는 첫 보험료를 낸 후 계약에 다른 약정이 있는 것을 제외하고 보험계약자는 보험자가 최고 한 일로부터 30일 내에 그 시기의 보험료를 지불하지 않거나 혹은 약정한 기한을 60일 초과해서 그 시기의 보험료를 지불하면 계약효력이 중지되거나 혹은 보험자는 전항이 규정한 기한 내에 보험사고가 발생하면 보험자는 계약 약정에 근거하여 보험금을 지불해야 하지만 내지 않은 보험료를 감할 수 있다.

第三十七条

合同效力依照本法第三十六条规定中止的，经保险人与投保人协商并达成协议，在投保人补交保险费后，合同效力恢复。但是，自合同效力中止之日起满二年双方未达成协议的，保险人有权解除合同。

保险人依照前款规定解除合同的，应当按照合同约定退还保险单的现金价值。

제37조 계약효력이 본법 제36조 규정에 근거하여 중지되면 보험자와 보험계약자가 협상하고 또한 협상이 달성되면 보험계약자가 보험료를 보충해서 내면 계약효력은 회복된다. 하지만 계약효력 중지일로부터 만2년 내에 쌍방이 협의에 달성하지 못하면 보험자는 계약을 해지할 권리가 있다. 보험자는 전항의 규정에 따라 계약을 해지할 경우 계약 약정에 근거하여 보험증권의 적립금을 반환해야 한다.

第三十八条

保险人对人寿保险的保险费，不得用诉讼方式要求投保人支付。

제38조 보험자는 생명보험의 보험료에 대하여 소송방식으로 보험계약자가 지불하기를 요구해서는 안 된다.

第三十九条

人身保险的受益人由被保险人或者投保人指定。投保人指定受益人时须经被保险人同意。投保人为与其有劳动关系的劳动者投保人身保险，不得指定被保险人及其近亲属以外的人为受益人。被保险人为无民事行为能力人或者限制民事行为能力人的，可以由其监护人指定受益人。

제39조 인보험의 보험수익자는 피보험자 혹은 보험계약자가 지정한다. 보험계약자는 보험수익자를 지정할 때 반드시 피보험자의 동의를 받아야 한다. 보험계약자가 그 노동관계가 있는 노동자를 위하여 인보험에 가입하면 피보험자 및 그 근친 이외의 사람을 보험수익자로 지정할 수 없다. 피보험자가 민사행위능력이 제한된 사람이면 그 보험자가 보험수익자를 지정할 수 있다.

第四十条

被保险人或者投保人可以指定一人或者数人为受益人。受益人为数人的，被保险人或者投保人可以确

제40조 피보험자 혹은 보험계약자는 한 사람 혹은 다수의 사람을 보험수익자로 지정할 수 있다. 보험수익자가 다수인 경우 피보험자 혹은 보험계약자는 수익순서와 수익비율을 확정할 수 있고 수익비율을 확정하지 않은 것은 보험수익자가 균등하

定受益顺序和受益份额未确定受益份额的，受益人按照相等份额享有受益权。	게 수익원을 가진다.
第四十一条 被保险人或者投保人可以变更受益人并书面通知保险人。保险人收到变更受益人的书面通知后，应当在保险单或者其他保险凭证上批注或者附贴批单。	**제41조** 피보험자 혹은 보험계약자는 보험수익자를 변경하여 서명으로 보험자에게 알릴 수 있다. 보험자는 보험수익자 변경통지를 서면으로 받은 후 보험증권 혹은 기타 보험증거상에 각주하거나 혹은 계약서에 첨부해야 한다. 보험계약자가 보험수익자를 변경할 때 반드시 피보험자의 동의를 거쳐야 한다.
第四十二条 被保险人死亡后，有下列情形之一的，保险金作为被保险人的遗产，由保险人依照《中华人民共和国继承法》的规定履行给付保险金的义务 (一)没有指定受益人，或者受益人指定不明无法确定的。 (二)受益人先于被保险人死亡，没有其他受益人的 (三)受益人依法丧失受益权或者放弃受益权，没有其他受益人的。受益人与被保险人在同一事件中死亡，且不能确定死亡先后顺序的，推定受益人死亡在先。	**제42조** 피보험자가 사망 후 아래의 상황 중에 하나일 경우 보험금은 피보험자의 유산으로 보험자가 <<중화인민공화국 상속법>>의 규정에 근거하여 보험금 지불 의무를 이행한다. ①보험수익자를 지정하지 않았거나 혹은 보험수익자를 지정한 것은 불명확하거나 확인할 방법이 없을 때 ②보험수익자가 피보험자보다 먼저 죽고 기타 보험수익자가 없을 때 ③보험수익자가 법에 의해 수익원을 상실했거나 혹은 수익권을 포기하여 다른 보험수익자가 없을 때. 보험수익자와 피보험자가 동일한 사건에서 사망하고 또한 사망선후 순서를 확정할 수 없을 때 보험수익자가 먼저 사망한 것으로 추정한다.
第四十三条 投保人故意造成被保险人死亡、伤残或者疾病的，保险人不承担给付保险金的责任。投保人已交足二年以上保险费的，保险人应当按照合同约定向其他权利人退还保险单的现金价值。受益人故意造成被保险人死亡、伤残、疾病的，或者故意杀害被保险人未遂的，该受益人丧失受益权。	**제43조** 보험계약자가 고의로 피보험자를 사망, 상해 혹은 질병이 생기게 하면 보험자는 보험금을 지불할 책임을 지지 않는다. 보험계약자가 이미 2년 이상 보험료를 지불했으면 보험자는 마땅히 계약약정에 근거하여 기타 권리자에게 적립금을 반환해주어야 한다. 보험수익자가 고의로 피보험자를 사망, 상해, 질병에 들게 하거나 혹은 거의로 피보험자를 상해 미수하면 그 보험수익자는 수익권을 상실한다.
第四十四条 以被保险人死亡为给付保险金条件的合同，自合同成立或者合同效力恢复之日起二年内，被保险人自杀的，保险人不承担给付保险金的责任，但被保险人自杀时为无民事行为能力人的除外。保险人依照前款规定不承担给付保险金责任的，应当按照合同约定退还保险单的现金价值。投保人变更受益人时须经被保险人同意。	**제44조** 피보험자의 사망을 보험금 지급 조건으로 하는 계약은 계약이 성립되거나 혹은 계약이 효력을 회복한 일로부터 2년 내에 피보험자가 자살하면 보험자는 보험금 지불 책임을 지지 않지만 피보험자가 자살했을 시에는 민사행위능력이 없는 사람은 제외한다. 보험자가 전항에 규정에 의하여 보험금 지불 책임을 지지 않지만 계약 약정에 근거하여 적립금을 반환해야 한다.
第四十五条 因被保险人故意犯罪或者抗拒依法采取的刑事强制	**제45조** 피보험자의 고의 범죄 혹은 법에 의해 형사강제조치를 취할 때 반항함으로 인하여 상해 혹은 사망할 경우 보험자는 보험금 지불 책임을 지

措施导致其伤残或者死亡的，保险人不承担给付保险金的责任。投保人已交足二年以上保险费的，保险人应当按照合同约定退还保险单的现金价值。

지 않는다. 보험계약자가 이미 2년 이상 보험료를 냈으면 보험자는 마땅히 계약 약정에 근거하여 보험증권의 적립금을 반환해주어야 한다.

第四十六条

被保险人因第三者的行为而发生死亡、伤残或者疾病等保险事故的，保险人向被保险人或者受益人给付保险金后，不享有向第三者追偿的权利，但被保险人或者受益人仍有权向第三者请求赔偿。

제46조 피보험자가 제3자의 행위로 인하여 사망, 상해 혹은 질병 등 보험사고가 발생하면 보험자는 피보험자 혹은 보험수익자에게 보험금을 지불한 후 제3자에게 추상할 권리를 가지고 있지는 않지만 피보험자 혹은 보험수익자는 제3자에게 배상을 청구할 권리를 계속 가지고 있다.

第四十七条

投保人解除合同的，保险人应当自收到解除合同通知之日起三十日内，按照合同约定退还保险单的现金价值。

제47조 보험계약자가 계약을 해지하면 보험자는 마땅히 계약해지 통지를 받은 날부터 30일 내에 계약약정에 근거하여 보험증권의 적립금을 반환해야 한다.

第三节　财产保险合同

제3절 재산보험계약

第四十八条

保险事故发生时，被保险人对保险标的不具有保险利益的，不得向保险人请求赔偿保险金。

제48조 보험사고 발생 시 피보험자가 보험목적에 대하여 피보험이익을 갖고 있지 않으면 보험자에게 보험금 배상을 요구해서는 안 된다.

第四十九条

保险标的转让的，保险标的的受让人承继被保险人的权利和义务。保险标的转让的，被保险人或者受让人应当及时通知保险人，但货物运输保险合同和另有约定的合同除外。因保险标的转让导致危险程度显著增加的，保险人自收到前款规定的通知之日起三十日内，可以按照合同约定增加保险费或者解除合同。保险人解除合同的，应当将已收取的保险费，按照合同约定扣除自保险责任开始之日起至合同解除之日止应收的部分后，退还投保人。被保险人、受让人未履行本条第二款规定的通知义务的，因转让导致保险标的的危险程度显著增加而发生的保险事故，保险人不承担赔偿保险金的责任。

제49조 보험목적을 전이하는 것은 보험목적의 양수인은 피보험자의 권리와 의무를 상속받는다. 보험목적의 전이는 피보험자 혹은 양수인이 마땅히 제때에 보험자에게 알려야하지만 화물 운송보험계약과 따로 약정이 있는 계약은 제외한다. 보험목적의 전이로 위험 정도가 현저히 증가되면 보험자는 전항이 규정한 통지를 받은 날로부터 30일 내에 계약 약정에 의하여 보험료를 증가하거나 계약을 해지할 수 있다. 보험자가 계약을 해지하면 마땅히 이미 받은 보험료를 계약 약정에 근거하여 보험책임을 시작한 날로부터 계약해지 일까지 마땅히 받아야 할 수분을 감하고 보험계약자에게 돌려주어야 한다. 피보험자, 양수인이 제2항이 규정한 통지의무를 이행하지 않고 전이로 인하여 보험목적의 위험 정도가 현저히 증가하여 발생한 보험사고는 보험자가 보험금 배상 책임을 지지 않는다.

第五十条

货物运输保险合同和运输工具航程保险合同，保险责任开始后，合同当事人不得解除合同。

제50조 화물운송보험계약과 운송도구 항로보험계약은 보험책임을 시작한 후 계약당사자는 계약을 해지할 수 없다.

第五十一条

被保险人应当遵守国家有关消防、安全、生产操作

제51조 피보험자는 국가의 소장, 안전, 생산조작, 노동보호 등과 관련된 방면의 규정을 지켜 보험목적의 안전을 수로해야 한다. 보험자는 계약

、劳动保护等方面的规定，维护保险标的的安全。保险人可以按照合同约定对保险标的的安全状况进行检查，及时向投保人、被保险人提出消除不安全因素和隐患的书面建议。投保人、被保险人未按照约定履行其对保险标的的安全应尽责任的，保险人有权要求增加保险费或者解除合同。保险人为维护保险标的的安全，经被保险人同意，可以采取安全预防措施。	약정에 근거하여 보험목적의 안전상황에 대하여 검사를 진행할 수 있고 보험계약자, 피보험자에게 불안전요소와 겉으로 드러나지 않는 폐해를 제때에 서면으로 건의를 해야 한다. 보험계약자, 피보험자가 약정에 근거하여 보험목적의 안전에 대해 책임을 다하지 않으면 보험자는 보험료를 증가하거나 계약을 해지할 권리가 있다. 보험자가 보험목적의 안전을 지키기 위하여 피보험자의 동의를 거쳐서 안전예방조치를 취할 수 있다.
第五十二条 在合同有效期内，保险标的的危险程度显著增加的，被保险人应当按照合同约定及时通知保险人，保险人可以按照合同约定增加保险费或者解除合同。保险人解除合同的，应当将已收取的保险费，按照合同约定扣除自保险责任开始之日起至合同解除之日止应收的部分后，退还投保人。被保险人未履行前款规定的通知义务的，因保险标的的危险程度显著增加而发生的保险事故，保险人不承担赔偿保险金的责任。	**第52条** 계약 유효기간 내에 보험목적의 위험 정도가 현저히 증가하면 피보험자는 마땅히 계약약정에 근거하여 제때에 보험자에게 알려야 하고 보험자는 계약 약정에 의해 보험료를 증가하거나 계약을 해지할 권리가 있다. 보험자가 계약을 해지하면 마땅히 이미 받은 보험료를 계약 약정에 근거하여 보험책임 시작한 날로부터 계약해지 일까지 마땅히 받아야 할 부분을 감하고 보험자에게 돌려주어야 한다. 피보험자가 전항에 규정한 통지 의무를 이행하지 않아 보험 목적의 위험 정도가 현저히 증가함으로 인하여 발생한 보험사고는 보험자가 보험금 배상 책임을 지지 않는다.
第五十三条 有下列情形之一的，除合同另有约定外，保险人应当降低保险费，并按日计算退还相应的保险费 (一)据以确定保险费率的有关情况发生变化，保险标的的危险程度明显减少的。 (二)保险标的的保险价值明显减少的。	**第53条** 아래상황중의 하나이면 계약이 다른 약정이 있는 것 외에 보험자는 마땅히 보험료를 맞추고 날짜를 계산하여 상응한 보험료를 돌려주어야 한다. ①확정한 보험비율과 관련된 상황이 변화가 발생하여 보험목적의 위험 정도가 현저히 감소한 것. ②보험목적의 보험가치가 현저히 감소한 것.
第五十四条 保险责任开始前，投保人要求解除合同的，应当按照合同约定向保险人支付手续费，保险人应当退还保险费。保险责任开始后，投保人要求解除合同的，保险人应当将已收取的保险费，按照合同约定扣除自保险责任开始之日起至合同解除之日止应收的部分后，退还投保人。	**第54条** 보험책임 시작 전에 보험계약자가 계약해지를 요구하면 계약해지를 요구하면 계약 약정에 근거하여 보험자에게 수수료를 지불하고 보험자는 보험료를 돌려주어야 한다. 보험 책임이 시작된 후에 보험계약자가 계약해지를 요구하면 보험자는 이미 받은 보험료를 계약 약정에 근거하여 보험책임 시작한 날로부터 계약해지 일까지 마땅히 받아야 할 부분을 감하고 보험자에게 돌려주어야 한다.
第五十五条 投保人和保险人约定保险标的的保险价值并在合同中载明的，保险标的发生损失时，以约定的保险价	**第55条** 보험계약자와 보험자가 보험목적의 보험가치를 약정하고 또한 계약 중에 기재한 것은 보험목적ㅇ 손실이 발생하면 약정한 보험가치를 배상기준으로 하여 계산한다. 보험계약자와 보험자

值为赔偿计算标准。投保人和保险人未约定保险标的的保险价值的，保险标的发生损失时，以保险事故发生时保险标的的实际价值为赔偿计算标准。保险金额不得超过保险价值。超过保险价值的，超过部分无效，保险人应当退还相应的保险费。保险金额低于保险价值的，除合同另有约定外，保险人按照保险金额与保险价值的比例承担赔偿保险金的责任。	가 보험목적의 보험가치를 약정하지 않으면 보험목적이 손실이 발생하면 보험사고 발생시의 보험목적 실제 가치를 배상기준으로 계산한다. 보험금액은 보험가치를 초과해서는 안 된다. 보험가치를 초과하면 초과한 부분은 무효하고 보험자는 마땅히 상응한 보험료를 돌려주어야 한다. 보험금액이 보험가치보다 낮은 것은 계약이 다른 약정이 있는 것 외에 보험자는 보험금약과 보험가치의 비례에 근거하여 보험금 배상 책임을 감당해야 한다.
第五十六条 重复保险的投保人应当将重复保险的有关情况通知各保险人。重复保险的各保险人赔偿保险金的总和不得超过保险价值。除合同另有约定外，各保险人按照其保险金额与保险金额总和的比例承担赔偿保险金的责任。重复保险的投保人可以就保险金额总和超过保险价值的部分，请求各保险人按比例返还保险费。重复保险是指投保人对同一保险标的、同一保险利益、同一保险事故分别与两个以上保险人订立保险合同，且保险金额总和超过保险价值的保险。	**제56조** 중복보험의 보험계약자는 중복보험의 관련된 상황을 각 보험자에게 알려야 한다. 중복보험의 각 보험자가 보험금을 배상하면 총약은 보험가치를 초과해서는 안 된다. 계약이 다른 약정이 있는 것 외에 각 보험자는 그 보험금약과 보험금약 총액을 비례로 보험금 배상 책임을 감당해야 한다. 중복보험은 보험계약자가 동일한 보험목적, 동일한 피보험이익, 동일한 보험사고에 대해 각각 두 개 이상의 보험자와 보험계약을 체결하고 또한 보험금액총액이 보험가치를 초과한 보험을 말한다.
第五十七条 保险事故发生时，被保险人应当尽力采取必要的措施，防止或者减少损失。保险事故发生后，被保险人为防止或者减少保险标的的损失所支付的必要的、合理的费用，由保险人承担保险人所承担的费用数额在保险标的损失赔偿金额以外另行计算，最高不超过保险金额的数额。	**제57조** 보험사고 발생 시 피보험자는 마땅히 필요한 조치를 실시하여 방지 혹은 손실을 감소시켜야 한다. 보험사고 발생 후 피보험자가 보험목적의 손실을 방지 하기나 혹은 감소함으로 인하여 지불한 필요하고 합리적인 비용은 보험자가 감당해야 한다. 보험자가 감당한 비용액수는 보험목적의 손실 배상 금악 외에 따로 계산하고 보험금액의 수액을 초과하지 않는다.
第五十八条 保险标的发生部分损失的，自保险人赔偿之日起三十日内，投保人可以解除合同除合同另有约定外，保险人也可以解除合同，但应当提前十五日通知投保人。合同解除的，保险人应当将保险标的未受损失部分的保险费，按照合同约定扣除自保险责任开始之日起至合同解除之日止应收的部分后，退还投保人。	**제58조** 보험목적이 부분적인 손실이 발생하면 보험자의 배상일로부터 30일 내에 보험계약자는 계약을 해지할 수 있다. 계약에 따로 약정이 있는 것 외에 보험자도 계약을 해지할 수 있지만 마땅히 15일 전에 미리 보험계약자에게 알려야 한다. 계약 해지할 때 보험자가 마땅히 보험목적이 손실을 입지 않은 부분의 보험료를 계약 약정에 근거하여 보험책임 시작일로부터 계약해지까지의 마땅히 받아야 할 부분을 감하고 보험계약자에게 환불해주어야 한다.
第五十九条 保险事故发生后，保险人已支付了全部保险金额，并且保险金额等于保险价值的，受损保险标的的全	**제59조** 보험사고 발생 후 보험자가 이미 전부 보험금액을 지불하고 또한 보험금액이 보험가치와 같을 경우 손상 받은 보험목적의 전부의 권리를 보험자에게 주고 보험금액이 보험가치보다 낮은

部权利归于保险人保险金额低于保险价值的，保险人按照保险金额与保险价值的比例取得受损保险标的的部分权利。	것은 보험자가 보험금액과 보험가치의 비례로 손실된 보험목적의 부분권리를 얻는다.
第六十条 因第三者对保险标的的损害而造成保险事故的，保险人自向被保险人赔偿保险金之日起，在赔偿金额范围内代位行使被保险人对第三者请求赔偿的权利。前款规定的保险事故发生后，被保险人已经从第三者取得损害赔偿的，保险人赔偿保险金时，可以相应扣减被保险人从第三者已取得的赔偿金额。保险人依照本条第一款规定行使代位请求赔偿的权利，不影响被保险人就未取得赔偿的部分向第三者请求赔偿的权利。	**第60条** 제3자가 보험목적에 대한 손해로 보험사고를 만들었을 때 보험자는 피보험자에게 보험금을 배상한 일로부터 배상금액 범위 내에 피보험자가 제3자에 대한 배상청구 권리를 행사한다. 전항에 규정한 보험사고 발생 후 피보험자가 이미 제3자에게서 손해배상을 받았다면 보험자가 보험금 배상할 때 피보험자가 제3자에게서 이미 얻은 배상금액에 상응하는 것을 감해야 한다. 보험자가 본 조항 제1항의 규정에 근거하여 대신하여 배상을 청구하는 권리를 행사할 때 피보험자의 미취득한 배상의 부분에 영향을 미치지 않으면서 제3자에게 배상을 청구하는 권리이다.
第六十一条 保险事故发生后，保险人未赔偿保险金之前，被保险人放弃对第三者请求赔偿的权利的，保险人不承担赔偿保险金的责任。保险人向被保险人赔偿保险金后，被保险人未经保险人同意放弃对第三者请求赔偿的权利的，该行为无效。被保险人故意或者因重大过失致使保险人不能行使代位请求赔偿的权利的，保险人可以扣减或者要求返还相应的保险金。	**第61조** 보험사고 발생 후 보험자가 보험금을 배상하기 전에 피보험자가 제3자에 대한 배상청구 권리를 포기하면 보험자는 보험금 배상 책임을 지지 않는다. 보험자가 피보험자에게 보험금을 배상한 후 피보험자가 보험자의 동의를 거치지 않고 제3자에 대한 배상 청구 권리를 포기하면 이 행위는 무효하다. 피보험자가 고의 혹은 중대과실로 보험자로 하여금 대위하여 배상청구 할 수 있는 권리를 행사하지 못하게 하면 보험자는 감하거나 혹은 상응한 보험금을 돌려줄 것을 요구할 수 있다.
第六十二条 除被保险人的家庭成员或者其组成人员故意造成本法第六十条第一款规定的保险事故外，保险人不得对被保险人的家庭成员或者其组成人员行使代位请求赔偿的权利。	**第62조** 피보험자의 가족들 혹은 기타 관계자가 고의로 본법 제60조 제1항이 규정한 보험사고를 만들어 낸 것 외에 보험자는 피보험자의 가족들 혹은 그 관계자에 대해 대신하여 배상청구를 하는 권리를 행사해서는 안 된다.
第六十三条 保险人向第三者行使代位请求赔偿的权利时，被保险人应当向保险人提供必要的文件和所知道的有关情况。	**第63조** 보험자가 제3자에게 대신하여 배상청구 권리를 행사할 때 피보험자는 마땅히 보험자에게 필요한 서류와 알고 있는 관련된 상황을 제공해야 한다.
第六十四条 保险人、被保险人为查明和确定保险事故的性质、原因和保险标的的损失程度所支付的必要的、合理的费用，由保险人承担。	**第64조** 보험자, 피보험자가 보험사고의 성질, 원인, 보험목적의 손실 정도를 조사하기 위하여 지불한 필요하고 합리적인 비용은 보험자가 감당한다.

第六十五条 保险人对责任保险的被保险人给第三者造成的损害，可以依照法律的规定或者合同的约定，直接向该第三者赔偿保险金。责任保险的被保险人给第三者造成损害，被保险人对第三者应负的赔偿责任确定的，根据被保险人的请求，保险人应当直接向该第三者赔偿保险金。被保险人怠于请求的，第三者有权就其应获赔偿部分直接向保险人请求赔偿保险金。责任保险的被保险人给第三者造成损害，被保险人未向该第三者赔偿的，保险人不得向被保险人赔偿保险金。责任保险是指以被保险人对第三者依法应负的赔偿责任为保险标的的保险。	第65条 보험자가 책임보험의 피보험자가 제3자에게 손해를 주었을 때 법률의 규정 혹은 계약의 약정에 근거하여 직접 그 제3자에게 보험금을 배상한다. 책임보험의 피보험자가 제3자에게 손해를 입힌 경우 피보험자가 제3자에 대해 마땅히 직접 제3자에게 보험금을 배상해야 한다. 피보험자가 청구를 늦추면 제3자는 그가 마땅히 받을 배상부분을 직접 보험자에게 보험금 배상을 청구할 수 있다. 책임보험의 피보험자가 제3자에게 손실을 입힌 경우 피보험자가 그 제3자에게 배상을 하지 않으면 보험자는 피보험자에게 보험금 배상을 하지 않는다. 책임보험은 피보험자가 제3자에 대해 법률의 규정에 따라 배상책임을 부담하는 경우를 보험목적으로 하는 보험이다.
第六十六条 责任保险的被保险人因给第三者造成损害的保险事故而被提起仲裁或者诉讼的，被保险人支付的仲裁或者诉讼费用以及其他必要的、合理的费用，除合同另有约定外，由保险人承担。	第66条 책임보험의 피보험자는 제3자에게 손해를 입히는 보험사고로 인하여 중재 혹은 소송을 당했을 때 피보험자가 지불한 중재 혹은 소송비용 및 기타 필요하고 합리적인 비용은 계약이 따로 약정이 있는 것 외에 보험자가 부담한다.

Ⅳ. 생명보험표준약관

생명보험 〈개정 2005.2.15., 2008.3.26., 2010.1.29. 2011.1.19〉

제1관 보험계약의 성립과 유지

제1조(보험계약의 성립) ①보험계약은 보험계약자의 청약과 보험회사의 승낙으로 이루어집니다.(이하 보험계약은 "계약", 보험계약자는 "계약자", 보험회사는 "회사"라 합니다)

②회사는 피보험자(보험대상자)가 계약에 적합하지 아니한 경우에는 승낙을 거절하거나 별도의 조건(보험가입금액 제한, 일부보장 제외, 보험금 삭감, 보험료 할증 등)을 부과하여 인수할 수 있습니다.

③회사는 계약의 청약을 받고, 제1회 보험료를 받은 경우에 건강진단을 받지 아니하는 계약(이하 "무진단계약"이라 합니다)은 청약일, 건강진단을 받는 계약(이하 "진단계약"이라 합니다)은 진단일(재진단의 경우에는 최종 진단일)부터 30일 이내에 승낙 또는 거절하여야 하며, 승낙한 때에는 보험증권(보험가입증서)을 드립니다. 그러나 30일 이내에 승낙 또는 거절의 통지가 없으면 승낙된 것으로 봅니다.

④회사가 제1회 보험료를 받고 승낙을 거절한 경우에는 거절통지와 함께 받은 금액을 돌려 드리며, 보험료를 받은 기간에 대하여 이 계약의 표준이율(계약체결 시점의 표준이율을 말하며, 이하 "표준이율"이라 합니다) +1%를 연단위 복리로 계산한 금액을 더하여 지급합니다. 다만, 회사는 계약자가 제1회 보험료를 신용카드로 납입한 계약의 승낙을 거절하는 경우에는 신용카드의 매출을 취소하며 이자를 더하여 지급하지 아니합니다.

제2조(청약의 철회) ①계약자는 청약을 한 날부터 15일 이내에 그 청약을 철회할 수 있습니다. 다만, 진단계약, 단체(취급)계약 또는 보험기간이 1년 미만인 계약의 경우에는 그러하지 아니하며, 전화·우편·컴퓨터 등의 통신매체를 통한 보험계약(이하 "통신판매 계약"이라 합니다.)의 경우에는 청약을 한 날부터 30일 이내에 그 청약을 철회할 수 있습니다.

②계약자가 청약을 철회한 때에는 회사는 청약의 철회를 접수한 날부터 3일 이내에 이미 납입한 보험료를 돌려드리며, 보험료 반환이 늦어진 기간에 대하여는 이 계약의 보험계약대출 이율을 연단위 복리로 계산한 금액을 더하여 지급합니다. 다만, 계약자가 제1회 보험료를 신용카드로 납입한 계약의 청약을 철회하는 경우에는 회사는 신용카드의 매출을 취소하며 이자를 더하여 지급하지 아니합니다.

③청약을 철회할 당시에 이미 보험금 지급사유가 발생하였으나 계약자가 그 보험금 지급사유의 발생사실을 알지 못한 경우에는 청약철회의 효력은 발생하지 않습니다.

제3조(약관교부 및 설명의무 등) ①회사는 계약자가 청약한 경우 계약자에게 약관 및 계약자 보관용 청약서(청약서 부본)를 드리고 약관의 중요한 내용을 설명하여 드립니다. 다만, 통신판매 계약은 계약자가 동의하는 경우 약관 및 계약자 보관용 청약서(청약서 부본) 등을 광기록매체 및 전자우편 등 전자적 방법으로 송부하고 계약자 또는 그 대리인이 약관 및 계약자 보관용 청약서(청약서 부본) 등을 수신하였을 때에는 당해 문서를 드린 것으로 보며, 약관의 중요내용에 대하여 계약자가 사이버몰(컴퓨터를 이용하여 보험거래를 할 수 있도록 설정된 가상의 영업장)에서 확인한 때에는 약관의 중요한 내용을 설명한 것으로 봅니다. 또한, 전화를 이용하여 계약을 체결하는 경우에 회사는 계약자의 동의를 얻어 청약내용, 보험료납입, 보험기간, 계약 전 알릴의무, 약관의 중요한 내용 등 계약 체결을 위하여 필요한 사항을 질문 또는 설명하고 그에 대한 계약자의 답변, 확인내용을 음성 녹음함으로써 약관의 중요한 내용을 설명한 것으로 봅니다.

②회사가 제1항에 의해 제공될 약관 및 계약자 보관용 청약서(청약서 부본)를 청약 시 계약자에

게 전달하지 아니하거나 약관의 중요한 내용을 설명하지 아니한 때 또는 계약체결시 계약자가 청약서에 자필서명(날인(도장을 찍음) 및 전자서명법 제2조 제10호의 규정에 의한 공인인증기관이 인증한 전자서명을 포함합니다)을 하지 아니한 때에는 계약자는 청약일부터 3개월 이내에 계약을 취소할 수 있습니다. 다만, 단체(취급)계약의 경우에는 계약체결일부터 1개월 이내에 계약을 취소할 수 있습니다.

③제2항에도 불구하고 전화를 이용하여 계약을 체결하는 경우 다음의 각 호의 1을 충족하는 때에는 자필서명을 생략할 수 있으며, 위 제1항의 규정에 의한 음성녹음 내용을 문서화한 확인서를 계약자에게 드림으로써 계약자 보관용 청약서(청약서 부본)를 전달한 것으로 봅니다.

1. 계약자, 피보험자(보험대상자) 및 보험수익자(보험금을 받는 자)가 동일한 계약의 경우
2. 계약자, 피보험자(보험대상자)가 동일하고 보험수익자(보험금을 받는 자)가 계약자의 법정상속인인 계약일 경우

④제2항에 따라 계약이 취소된 경우에는 회사는 계약자에게 이미 납입한 보험료를 돌려 드리며, 보험료를 받은 기간에 대하여 보험계약대출 이율을 연단위 복리로 계산한 금액을 더하여 지급합니다.

제4조(계약의 무효) 다음 중 한 가지에 해당되는 경우에는 계약을 무효로 하며 이미 납입한 보험료를 돌려 드립니다. 다만, 회사의 고의 또는 과실로 인하여 계약이 무효로 된 경우와 회사가 승낙 전에 무효임을 알았거나 알 수 있었음에도 불구하고 보험료를 반환하지 않은 경우에는 보험료를 납입한 날의 다음날부터 반환일까지의 기간에 대하여 회사는 이 계약의 보험계약대출이율을 연단위 복리로 계산한 금액을 더하여 돌려 드립니다.

1. 타인의 사망을 보험금 지급사유로 하는 계약에서 계약체결시까지 피보험자(보험대상자)의 서면에 의한 동의를 얻지 아니한 경우. 다만, 단체가 규약에 따라 구성원의 전부 또는 일부를 피보험자(보험대상자)로 하는 계약을 체결하는 경우에는 이를 적용하지 아니합니다.
2. 만15세 미만자, 심신상실자 또는 심신박약자를 피보험자(보험대상자)로 하여 사망을 보험금 지급사유로 한 계약의 경우
3. 계약체결시 계약에서 정한 피보험자(보험대상자)의 나이에 미달되었거나 초과되었을 경우. 다만, 회사가 나이의 착오를 발견하였을 때 이미 계약나이에 도달한 경우에는 그러하지 아니하나 제2호의 만15세 미만자에 관한 예외가 인정되는 것은 아닙니다.

제5조(계약내용의 변경 등) ①계약자는 회사의 승낙을 얻어 다음의 사항을 변경할 수 있습니다. 이 경우 승낙을 서면으로 알리거나 보험증권(보험가입증서)의 뒷면에 기재하여 드립니다.

1. 보험종목
2. 보험기간
3. 보험료의 납입주기, 수금방법 및 납입기간
4. 보험가입금액
5. 계약자
6. 기타 계약의 내용

②계약자는 보험수익자(보험금을 받는 자)를 변경할 수 있으며 이 경우에는 회사의 승낙을 요하지 아니합니다. 다만, 계약자가 보험수익자(보험금을 받는 자)를 변경하는 경우 회사에 통지하지 아니하면 변경후 보험수익자(보험금을 받는 자)는 그 권리로써 회사에 대항하지 못합니다.

③회사는 계약자가 제1회 보험료를 납입한 때부터 1년 이상 지난 유효한 계약으로서 그 보험종목의 변경을 요청할 때에는 회사의 사업방법서에서 정하는 방법에 따라 이를 변경하여 드립니다.

④회사는 계약자가 제1항 제4호에 의하여 보험가입금액을 감액하고자 할 때에는 그 감액된 부분은 해지된 것으로 보며, 이로 인하여 회사가 지급하여야 할 해지환급금이 있을 때에는 제18조(해지환급금) 제1항에 의한 해지환급금을 계약자에게 지급합니다.

⑤계약자가 제2항에 의하여 보험수익자(보험금을 받는 자)를 변경하고자 할 경우에는 보험금의 지급사유가 발생하기 전에 피보험자(보험대상자)의 서면에 의한 동의가 있어야 합니다.

제6조(계약자의 임의해지 및 피보험자(보험대상자)의 서면동의 철회권) ①계약자는 계약이 소멸하기

전에 언제든지(다만, 연금보험의 경우 연금이 지급개시된 이후에는 제외) 계약을 해지할 수 있으며, 이 경우 회사는 제18조(해지환급금) 제1항에 의한 해지환급금을 계약자에게 지급합니다.
②제4조(계약의 무효)에 의거 사망을 보험금 지급사유로 하는 계약에서 서면에 의한 동의를 한 피보험자(보험대상자)는 계약의 효력이 유지되는 기간 중에는 언제든지 서면동의를 장래를 향하여 철회할 수 있으며, 서면동의 철회로 계약이 해지되어 회사가 지급하여야 할 해지환급금이 있을 때에는 제18조(해지환급금) 제1항에 의한 해지환급금을 계약자에게 지급합니다.

제7조(계약의 소멸) ①피보험자(보험대상자)의 사망으로 인하여 이 약관에서 규정하는 보험금 지급사유가 더 이상 발생할 수 없는 경우에는 이 계약은 그 때부터 효력을 가지지 아니합니다.
②장해지급률이 80% 이상인 장해상태가 되어 보험금을 지급하였다 하더라도 이 약관에서 규정하는 보험금 지급사유가 추가로 발생할 수 있는 경우 이 계약은 소멸되지 않습니다.

제8조(보험나이) ①이 약관에서의 피보험자(보험대상자)의 나이는 보험나이를 기준으로 합니다. 다만, 제4조(계약의 무효) 제2호의 경우에는 실제 만 나이를 적용합니다.
②제1항의 보험나이는 계약일 현재 피보험자(보험대상자)의 실제 만 나이를 기준으로 6개월 미만의 끝수는 버리고 6개월 이상의 끝수는 1년으로 하여 계산하며, 이후 매년 계약 해당일에 나이가 증가하는 것으로 합니다.
③피보험자(보험대상자)의 나이 또는 성별에 관한 기재사항이 사실과 다른 경우에는 정정된 나이 또는 성별에 해당하는 보험금 및 보험료로 변경합니다.

【보험나이 계산 예시】
생년월일 : 1988년 10월 2일, 현재(계약일) : 2009년 4월 13일
⇒ 2009년 4월 13일 - 1988년 10월 2일 = 20년 6월 11일 = 21세

제2관 보험료의 납입(계약자의 주된 의무)

제9조(제1회 보험료 및 회사의 보장개시일) ①회사는 계약의 청약을 승낙하고 제1회 보험료를 받은 때(자동이체납입 및 신용카드납입의 경우에는 자동이체신청 및 신용카드매출승인에 필요한 정보를 제공한 때. 다만, 계약자의 귀책사유로 보험료 납입 및 승인이 불가능한 경우에는 그러하지 아니합니다.)부터 이 약관이 정한 바에 따라 보장을 합니다. 그러나 회사가 청약시에 제1회 보험료를 받고 청약을 승낙한 경우에는 제1회 보험료를 받은 때부터 이 약관이 정한 바에 따라 보장을 합니다. (이하 제1회 보험료를 받은 날을 "보장개시일"이라 하며, 보장개시일을 보험계약일로 봅니다)
②회사가 청약시에 제1회 보험료를 받고 청약을 승낙하기 전에 보험금 지급사유가 발생하였을 때에도 보장개시일부터 이 약관이 정하는 바에 따라 보장을 합니다.
③회사는 제2항에도 불구하고 다음 중 한 가지의 경우에 해당되는 경우에는 보장을 하지 아니합니다.
1. 제22조(계약전 알릴의무 위반의 효과)를 준용하여 회사가 보장을 하지 아니할 수 있는 경우
2. 제21조(계약전 알릴의무)에 의하여 계약자 또는 피보험자(보험대상자)가 회사에 알린 내용 또는 건강진단 내용이 보험금 지급사유의 발생에 영향을 미쳤음을 회사가 증명하는 경우
3. 진단계약에서 보험금 지급사유 발생시까지 진단을 받지 아니한 경우

④청약서에 피보험자(보험대상자)의 직업 또는 직종별로 보험가입금액의 한도액이 명시되어 있음에도 그 한도액을 초과하여 청약을 하고 청약을 승낙하기 전에 보험금 지급사유가 발생한 경우에는 그 초과 청약액에 대하여는 보장을 하지 아니합니다.

제10조(제2회 이후 보험료의 납입) 계약자는 제2회 이후의 보험료를 계약 체결시 납입하기로 약속한 날(이하“납입기일”이라 합니다)까지 납입하여야 하며, 회사는 계약자가 보험료를 납입한 경우에는

영수증을 발행하여 드립니다. 다만, 금융회사(우체국 포함)를 통하여 보험료를 납입한 경우에는 그 금융회사 발행 증빙서류를 영수증으로 대신합니다.

제11조(보험료의 자동대출납입) ①계약자는 제12조(보험료의 납입연체시 납입최고(독촉)와 계약의 해지)에 의한 보험료의 납입최고(독촉)기간이 경과되기 전까지 회사가 정한 방법에 따라 보험료의 자동대출납입을 신청할 수 있으며, 이 경우 제33조(보험계약대출) 제1항에 의한 보험계약대출금으로 보험료가 자동적으로 납입되어 계약은 유효하게 지속됩니다. 다만, 계약자가 서면이외에 인터넷 또는 전화(음성녹음) 등으로 자동대출납입을 신청할 경우 회사는 자동대출납입 신청내역을 서면 또는 전화(음성녹음) 등으로 계약자에게 알려드립니다.

②제1항에도 불구하고 보험계약대출금과 보험계약대출이자를 더한 금액이 해지환급금(당해 보험료가 납입된 것으로 계산한 금액을 말합니다)을 초과하는 때에는 보험료의 자동대출납입을 더 이상 할 수 없습니다.

③제1항 및 제2항에 의한 보험료의 자동대출납입 기간은 최초 자동대출납입일부터 1년을 최고한도로 하며 그 이후의 기간에 대한 보험료의 자동대출 납입을 위해서는 제1항에 따라 재신청을 하여야 합니다.

④보험료의 자동대출 납입이 행하여진 경우에도 자동대출 납입전 납입최고(독촉)기간이 끝나는 날의 다음날부터 1개월 이내에 계약자가 계약의 해지를 청구한 때에는 회사는 보험료의 자동대출 납입이 없었던 것으로 하여 제18조(해지환급금) 제1항에 의한 해지환급금을 지급합니다.

제12조(보험료의 납입연체시 납입최고(독촉)와 계약의 해지) ①계약자가 제2회 이후의 보험료를 납입기일까지 납입하지 아니하여 보험료 납입이 연체 중인 경우에 회사는 14일(보험기간이 1년 미만인 경우에는 7일) 이상의 기간을 납입최고(독촉)기간(납입최고기간의 말일이 토요일 또는 공휴일에 해당한 때에는 최고기간은 그 익일로 만료합니다)으로 정하여 계약자(타인을 위한 보험계약의 경우 특정된 보험수익자(보험금을 받는 자)를 포함합니다)에게 납입최고(독촉)기간 내에 연체보험료를 납입하여야 한다는 내용과 납입최고(독촉)기간이 끝나는 날까지 보험료를 납입하지 아니할 경우 납입최고(독촉)기간이 끝나는 날의 다음날에 계약이 해지된다는 내용(이 경우 계약이 해지되는 때에는 즉시 해지환급금에서 보험계약대출원리금이 차감된다는 내용을 포함합니다)을 서면(등기우편 등), 전화(음성녹음) 또는 전자문서 등으로 알려드립니다. 다만, 해지 전에 발생한 보험금 지급사유에 내하여 회사는 보상하여 드립니다.

②회사가 제1항에 의한 납입최고(독촉) 등을 전자문서로 안내하고자 할 경우에는 계약자의 서면에 의한 동의를 얻어 수신확인을 조건으로 전자문서를 송신하여야 하며, 계약자가 전자문서에 대하여 수신을 확인하기 전까지는 그 전자문서는 송신되지 아니한 것으로 봅니다. 회사는 전사문서가 수신되지 아니한 것으로 확인되는 경우에는 제1항의 납입최고(독촉)기간을 설정하여 제1항에서 정한 내용을 서면(등기우편 등) 또는 전화(음성녹음)로 다시 알려 드립니다.

③제1항에 따라 계약이 해지된 경우에는 제18조(해지환급금) 제1항에 의한 해지환급금을 지급합니다.

제13조(보험료의 납입연체로 인한 해지계약의 부활(효력회복)) ①제12조(보험료의 납입연체시 납입최고(독촉)와 계약의 해지)에 따라 계약이 해지되었으나 해지환급금을 받지 아니한 경우(보험계약대출 등에 의하여 해지환급금이 차감되었으나 받지 아니한 경우 또는 해지환급금이 없는 경우를 포함합니다) 계약자는 해지된 날부터 2년 이내에 회사가 정한 절차에 따라 계약의 부활(효력회복)을 청약할 수 있으며, 회사가 이를 승낙한 때에는 부활(효력회복)을 청약한 날까지의 연체된 보험료에 이 계약의 표준이율 + 1% 범위내에서 각 상품별로 회사가 정하는 이율로 계산한 금액을 더하여 납입하여야 합니다. 다만, 금리연동형보험은 각 보험종목별 사업방법서에서 별도로 정한 이율로 계산합니다.

②제1항에 따라 해지계약을 부활(효력회복)하는 경우에는 제1조(보험계약의 성립) 제2항 및 제3항, 제9조(제1회 보험료 및 회사의 보장개시일), 제21조(계약전 알릴의무), 제22조(계약전 알릴의무 위반의 효과) 및 제24조(사기에 의한 계약)를 준용합니다.

제3관 보험금의 지급(회사의 주된 의무)

제14조(강제집행 등으로 인한 해지계약의 특별부활(효력회복)) ①회사는 계약자의 해지환급금 청구권에 대한 강제집행, 담보권실행, 국세 및 지방세 체납처분절차에 의해 계약이 해지된 경우 해지 당시의 보험수익자(보험금을 받는 자)가 계약자의 동의를 얻어 계약 해지로 회사가 채권자에게 지급한 금액을 회사에게 지급하고 제5조(계약내용의 변경 등) 제1항의 절차에 따라 계약자 명의를 보험수익자(보험금을 받는 자)로 변경하여 계약의 특별부활(효력회복)을 청약할 수 있음을 보험수익자(보험금을 받는 자)에게 통지하여야 합니다.

②회사는 제1항에 의한 계약자 명의변경 신청 및 계약의 특별부활(효력회복) 청약을 승낙합니다.

③회사는 제1항의 통지를 지정된 보험수익자(보험금을 받는 자)에게 하여야 합니다. 다만, 회사는 법정상속인이 보험수익자(보험금을 받는 자)로 지정된 경우에는 제1항의 통지를 계약자에게 할 수 있습니다.

④회사는 제1항의 통지를 계약이 해지된 날부터 7일 이내에 하여야 합니다.

⑤보험수익자(보험금을 받는 자)는 통지를 받은 날(제3항에 의해 계약자에게 통지된 경우에는 계약자가 통지를 받은 날을 말합니다)부터 15일 이내에 제1항의 절차를 이행할 수 있습니다.

제15조(보험금의 종류 및 지급사유) 회사는 피보험자(보험대상자)에게 다음 사항 중 어느 한가지의 경우에 해당되는 사유가 발생한 때에는 보험수익자(보험금을 받는 자)에게 약정한 보험금을 지급합니다.

1. 보험기간중의 특정시점에 살아있을 경우 : 중도보험금
2. 보험기간이 끝날 때까지 살아 있을 경우 : 만기보험금
3. 보험기간 중 사망한 경우 : 사망보험금
4. 보험기간 중 진단확정된 질병 또는 재해로 장해분류표(〈부표3〉 참조)에서 정한 각 장해지급률에 해당하는 장해상태가 되었을 때 : 장해보험금
5. 보험기간 중 질병이 진단확정되거나 입원, 통원, 요양, 수술 또는 수발이 필요한 상태가 되었을 때 : 입원보험금 등

제16조(보험금 지급에 관한 세부규정) ①제15조(보험금의 종류 및 지급사유) 제3호에는 보험기간 중 생사가 분명하지 아니하여 실종선고를 받은 경우를 포함하며, 선박의 침몰, 항공기의 추락 등 민법 제27조(실종의 선고) 제2항의 규정에 준하는 사유 또는 재해분류표(〈부표 4〉 참조)에서 정하는 재해(이하 "재해"라 합니다)로 인하여 사망한 것으로 정부기관이 인정하여 관공서의 사망보고에 따라 가족관계등록부에 기재된 경우에는 그러한 사고가 발생한 때를 사망한 것으로 인정합니다.

②제15조(보험금의 종류 및 지급사유) 제4호에서 장해지급률이 재해일 또는 질병의 진단확정일부터 180일 이내에 확정되지 아니하는 경우에는 재해일 또는 진단확정일부터 180일이 되는 날의 의사 진단에 기초하여 고정될 것으로 인정되는 상태를 장해지급률로 결정합니다. 다만, 장해분류표(〈부표3〉 참조)에 장해판정시기를 별도로 정한 경우에는 그에 따릅니다.

③제2항에 의하여 장해지급률이 결정되었으나 그 이후 보장을 받을 수 있는 기간(계약의 효력이 없어진 경우에는 보험기간이 10년 이상인 계약은 재해일 또는 진단확정일부터 2년 이내로 하고, 보험기간이 10년 미만인 계약은 재해일 또는 진단확정일부터 1년 이내)중에 장해상태가 더 악화된 때에는 그 악화된 장해상태(사망포함)를 기준으로 장해지급률을 결정합니다.

④청약서상 계약전 알릴의무(중요한 사항에 한합니다)에 해당하는 질병으로 인하여 과거(청약서상 당해 질병의 고지대상 기간을 말합니다)에 진단 또는 치료를 받은 경우에는 제15조(보험금의 종류 및 지급사유)의 보험금 중 질병과 관련한 보험금을 지급하지 아니합니다.

⑤제4항에도 불구하고 청약일 이전에 진단확정된 질병이라 하더라도 청약일 이후 5년이 지나는 동안(계약이 자동갱신되어 5년을 지나는 경우를 포함합니다) 그 질병으로 인하여 추가적인 진단(단순 건강검진 제외) 또는 치료사실이 없을 경우, 청약일부터 5년이 지난 이후에는 이 약관에 따라 보장하여 드립니다.

⑥제5항의 청약일 이후 5년이 지나는 동안이라 함은 이 약관 제12조(보험료의 납입연체시 납입최

고(독촉)와 계약의 해지)에서 정한 계약의 해지가 발생하지 않은 경우를 말합니다.

⑦이 약관 제13조(보험료의 납입연체로 인한 해지계약의 부활(효력회복))에서 정한 계약의 부활이 이루어진 경우 부활일을 제5항의 청약일로 하여 적용합니다.

⑧장해분류표에 해당되지 아니하는 장해는 신체의 장해정도에 따라 장해분류표의 구분에 준하여 지급액을 결정합니다.

⑨피보험자(보험대상자)와 회사가 피보험자(보험대상자)의 장해지급률에 대해 합의에 도달하지 못하는 때에는 피보험자(보험대상자)와 회사가 동의하는 제3자를 정하고 그 제3자의 의견에 따를 수 있습니다. 제3자는 의료법 제3조(의료기관)의 규정에 의한 종합병원 소속 전문의 중에서 정하며, 장해판정에 소요되는 의료비용은 회사가 전액 부담합니다.

제17조(보험금을 지급하지 아니하는 보험사고) 회사는 다음 중 어느 한 가지의 경우에 의하여 보험금 지급사유가 발생한 때에는 보험금을 드리지 아니합니다.

1. 피보험자(보험대상자)가 고의로 자신을 해친 경우
   다만, 다음 각 목의 경우에는 그러하지 아니합니다.
   가. 피보험자(보험대상자)가 심신상실 등으로 자유로운 의사결정을 할 수 없는 상태에서 자신을 해친 경우 피보험자(보험대상자)가 심신상실 등으로 자유로운 의사결정을 할 수 없는 상태에서 자신을 해침으로서 사망에 이르게 된 경우에는 재해사망보험금(약관에서 정한 재해사망보험금이 없는 경우에는 재해이외의 원인으로 인한 사망보험금을 지급하고, 재해이외의 원인으로 인한 사망보험금이 없는 경우에는 "보험료 및 책임준비금 산출방법서"에서 정하는 바에 따라 회사가 적립한 사망 당시의 책임준비금을 지급)을 지급합니다.
   나. 계약의 보장개시일(부활(효력회복)계약의 경우는 부활(효력회복)청약일)부터 2년이 경과된 후에 자살한 경우에는 재해이외의 원인에 해당하는 보험금을 지급(약관에서 정한 재해이외의 원인으로 인한 사망보험금이 없는 경우에는 "보험료 및 책임준비금 산출방법서"에서 정하는 바에 따라 회사가 적립한 사망 당시의 책임준비금을 지급)합니다.
2. 보험수익자(보험금을 받는 자)가 고의로 피보험자(보험대상자)를 해친 경우
   그러나, 그 보험수익자(보험금을 받는 자)가 보험금의 일부 보험수익자(보험금을 받는 자)인 경우에는 그 보험수익자(보험금을 받는 자)에 해당하는 보험금을 제외한 나머지 보험금을 다른 보험수익자(보험금을 받는 자)에게 지급합니다.
3. 계약자가 고의로 피보험자(보험대상자)를 해친 경우

제18조(해지환급금) ①이 약관에 의해 계약이 해지된 경우에 지급하는 해지환급금은 보험료 및 책임준비금 산출방법서에 따라 계산합니다.

②회사는 경과기간별 해지환급금에 관한 표를 계약자에게 제공하여 드립니다.

제19조(배당금의 지급) ①회사는 금융감독원장이 정하는 방법에 따라 회사가 결정한 배당금을 계약자에게 지급합니다.

②회사는 배당금 지급이 결정되었을 때에는 그 내역을 계약자에게 알려 드립니다.

제20조(소멸시효) 보험금 청구권, 보험료 또는 환급금 반환청구권 및 배당금청구권은 2년간 행사하지 아니하면 소멸시효가 완성됩니다.

> 【소멸시효】
> 주어진 권리를 행사하지 않을 때 그 권리가 없어지게 되는 기간으로 보험사고가 발생한 후 2년간 보험금을 청구하지 않는 경우 보험금을 지급받지 못할 수 있습니다.

제4관 보험계약시 계약자의 계약전 알릴의무 등

제21조(계약전 알릴의무) 계약자 또는 피보험자(보험대상자)는 청약시(진단계약의 경우에는 건강진단시 포함) 청약서에서 질문한 사항에 대하여 알고 있는 사실을 반드시 사실대로 알려야(이하 "계약전 알릴의무"라 하며, 상법상 "고지의무"와 같습니다.)합니다. 다만, 진단계약에서 의료법 제3조(의료기관)의 규정에 의한 종합병원 및 병원에서 직장 또는 개인이 실시한 건강진단서 사본 등 건강상태를 판단할 수 있는 자료로 건강진단을 대신할 수 있습니다.

【계약전 알릴의무】
상법 제651조(고지의무 위반으로 인한 계약해지)에서 정하고 있는 의무.
보험계약자나 피보험자는 청약시에 보험회사가 서면으로 질문한 중요한 사항에 대해 사실대로 알려야 하며, 위반시 보험계약의 해지 또는 보험금 부지급 등 불이익을 당할 수 있습니다.

제22조(계약전 알릴의무 위반의 효과) ①회사는 계약자 또는 피보험자(보험대상자)가 제21조(계약전 알릴의무)에도 불구하고 고의 또는 중대한 과실로 중요한 사항에 대하여 사실과 다르게 알린 경우에는 회사가 별도로 정하는 방법에 따라 계약을 해지하거나 보장을 제한할 수 있습니다. 그러나 다음 중 한가지의 경우에 해당되는 때에는 그러하지 아니합니다.

1. 회사가 계약당시에 그 사실을 알았거나 과실로 인하여 알지 못하였을 때
2. 회사가 그 사실을 안 날부터 1개월 이상 지났거나 또는 보장개시일부터 보험금 지급사유가 발생하지 아니하고 2년(진단계약의 경우 질병에 대하여는 1년)이 지났을 때
3. 계약체결일부터 3년이 지났을 때
4. 회사가 이 계약의 청약시 피보험자(보험대상자)의 건강상태를 판단할 수 있는 기초자료(건강진단서 사본 등)에 의하여 승낙한 경우에 건강진단서 사본 등에 명기되어 있는 사항으로 보험금 지급사유가 발생하였을 때(계약자 또는 피보험자(보험대상자)가 회사에 제출한 기초자료의 내용 중 중요사항을 고의로 사실과 다르게 작성한 때에는 제외)
5. 보험설계사 등이 계약자 또는 피보험자(보험대상자)에게 고지할 기회를 부여하지 아니하였거나 계약자 또는 피보험자(보험대상자)가 사실대로 고지하는 것을 방해한 경우, 계약자 또는 피보험자(보험대상자)에 대해 사실대로 고지하지 않게 하였거나 부실한 고지를 권유했을 때
   다만, 보험설계사 등의 행위가 없었다 하더라도 계약자 또는 피보험자(보험대상자)가 사실대로 고지하지 않거나 부실한 고지를 했다고 인정되는 경우에는 그러하지 아니합니다.

②제1항의 중요한 사항이라 함은 회사가 그 사실을 알았더라면 계약의 청약을 거절하거나 보험가입금액 한도 제한, 일부 보장 제외, 보험금 삭감, 보험료 할증과 같이 조건부로 인수하는 등 계약 인수에 영향을 미칠 수 있는 사항을 말합니다.
③회사는 제1항에 따라 계약을 해지하거나 보장을 제한할 경우에는 계약전 알릴의무 위반사실 뿐만 아니라 계약전 알릴의무 사항이 중요한 사항에 해당되는 사유 및 계약의 처리결과를 "반대증거가 있는 경우 이의를 제기할 수 있습니다"라는 문구와 함께 계약자에게 서면으로 알려 드립니다.
④제1항에 의하여 계약을 해지하였을 때에는 제18조(해지환급금) 제1항에 의한 해지환급금을 드리며, 보장을 제한하였을 때에는 보험료, 보험가입금액 등이 조정될 수 있습니다.
⑤제21조(계약전 알릴의무)의 계약전 알릴의무를 위반한 사실이 보험금 지급사유 발생에 영향을 미쳤음을 회사가 증명하지 못한 경우에는 제1항에 불구하고 계약의 해지 또는 보장을 제한하기 이전까지 발생한 해당보험금을 지급하여 드립니다.
⑥회사는 다른 보험가입내역에 대한 계약전 알릴의무 위반을 이유로 계약을 해지하거나 보험금 지급을 거절하지 아니합니다.

제23조(중대사유로 인한 해지) ①회사는 아래와 같은 사실이 있을 경우에는 그 사실을 안 날부터 1개월 이내에 계약을 해지할 수 있습니다.

1. 계약자, 피보험자(보험대상자) 또는 보험수익자(보험금을 받는 자)가 고의로 보험금 지급사유를 발생시킨 사유
2. 계약자, 피보험자(보험대상자) 또는 보험수익자(보험금을 받는 자)가 보험금 청구에 관한 서류에 고의로 사실과 다른 것을 기재하였거나 그 서류 또는 증거를 위조 또는 변조한 경우. 다만, 이미 보험금 지급사유가 발생한 경우에는 보험금 지급에 영향을 미치지 않습니다.

②회사가 제1항에 따라 계약을 해지한 경우 회사는 그 취지를 계약자에게 통지하고 제18조(해지환급금) 제1항에 의한 해지환급금을 지급합니다.

제24조(사기에 의한 계약) 계약자 또는 피보험자(보험대상자)가 대리진단, 약물복용을 수단으로 진단절차를 통과하거나 진단서 위·변조 또는 청약일 이전에 암 또는 에이즈의 진단 확정을 받은 후 이를 숨기고 가입하는 등의 뚜렷한 사기의사에 의하여 계약이 성립되었음을 회사가 증명하는 경우에는 보장개시일부터 5년 이내(사기사실을 안 날부터는 1개월 이내)에 계약을 취소할 수 있습니다.

제5관 보험금 지급 등의 절차

제25조(주소변경통지) ①계약자 또는 보험수익자(보험금을 받는 자)(타인을 위한 계약에 해당합니다)는 주소 또는 연락처가 변경된 경우에는 지체없이 그 변경내용을 회사에 알려야 합니다.

②제1항에서 정한대로 계약자가 알리지 아니한 경우에는 계약자가 회사에 알린 최종의 주소 또는 연락처로 알린 사항은 일반적으로 도달에 필요한 시일이 지난 때에 계약자에게 도달된 것으로 봅니다.

제26조(보험수익자(보험금을 받는 자)의 지정) 이 계약에서 계약자가 보험수익자(보험금을 받는 자)를 지정하지 아니한 때에는 보험수익자(보험금을 받는 자)를 제15조(보험금의 종류 및 지급사유) 제1호 및 제2호의 경우는 계약자로 하고, 동조 제3호 내지 제5호의 경우는 피보험자(보험대상자)로 하며, 피보험자(보험대상자)의 사망시는 피보험자(보험대상자)의 상속인으로 합니다.

제27조(대표자의 지정) ①계약자 또는 보험수익자(보험금을 받는 자)가 2인 이상인 경우에는 각 대표자 1인을 지정하여야 합니다. 이 경우 그 대표자는 각각 다른 계약자 또는 보험수익자(보험금을 받는 자)를 대리하는 것으로 합니다.

②지정된 계약자 또는 보험수익자(보험금을 받는 자)의 소재가 확실하지 아니한 경우에는 이 계약에 관하여 회사가 계약자 또는 보험수익자(보험금을 받는 자) 1인에 대하여 한 행위는 각각 다른 계약자 또는 보험수익자(보험금을 받는 자)에 대하여도 효력이 미칩니다.

③계약자가 2인 이상인 경우에는 그 책임을 연대로 합니다.

제28조(보험금 지급사유의 발생통지) 계약자 또는 피보험자(보험대상자)나 보험수익자(보험금을 받는 자)는 제15조(보험금의 종류 및 지급사유)에 정한 보험금 지급사유가 발생하였을 때에는 지체없이 이를 회사에 알려야 합니다.

제29조(보험금 등 청구시 구비서류) ①보험수익자(보험금을 받는 자) 또는 계약자는 다음의 서류를 제출하고 보험금 또는 해지환급금을 청구하여야 합니다.

1. 청구서(회사양식)
2. 사고증명서(사망진단서, 장해진단서, 입원치료확인서 등)
3. 신분증(주민등록증 또는 운전면허증 등 사진이 부착된 정부기관발행 신분증, 본인이 아닌 경우에는 본인의 인감증명서 포함)
4. 기타 보험수익자(보험금을 받는 자)가 보험금 등의 수령에 필요하여 제출하는 서류

②병원 또는 의원에서 발급한 제1항 제2호의 사고증명서는 의료법 제3조(의료기관)의 규정에 의한 국내의 병원이나 의원 또는 이와 동등하다고 인정되는 국외의 의료기관에서 발급한 것이어야 합니다.

제30조(보험금 등의 지급) ①회사는 제29조(보험금 등 청구시 구비서류)에서 정한 서류를 접수한 때

에는 접수증을 교부하고, 그 서류를 접수한 날부터 3영업일 이내에 보험금 또는 해지환급금을 지급합니다. 다만, 보험금의 경우 지급사유의 조사나 확인이 필요한 때에는 접수 후 10영업일 이내에 지급합니다.

②회사는 제15조(보험금의 종류 및 지급사유) 제1호 또는 제2호에 해당하는 보험금의 지급시기가 되면 지급시기 7일 이전에 그 사유와 회사가 지급하여야 할 금액을 계약자 또는 보험수익자(보험금을 받는 자)에게 알려드리며, 제1항에 의하여 보험금 등을 지급함에 있어 보험금 지급일까지의 기간에 대한 이자의 계산은 〈부표4-1〉 "보험금 지급시의 적립이율 계산"과 같습니다.

③계약자, 피보험자(보험대상자) 또는 보험수익자(보험금을 받는 자)는 제22조(계약전 알릴의무 위반의 효과) 및 제1항의 보험금 지급사유조사와 관련하여 의료기관 또는 국민건강보험공단, 경찰서 등 관공서에 대한 회사의 서면에 의한 조사요청에 동의하여야 합니다. 다만, 정당한 사유없이 이에 동의하지 않을 경우에는 사실확인이 끝날 때까지 회사는 보험금 지급지연에 따른 이자를 지급하지 아니합니다.

④회사가 보험금 지급사유의 조사 및 확인을 위하여 제1항의 지급기일 이내에 보험금을 지급하지 못할 것으로 예상되는 경우에는 그 구체적인 사유, 지급예정일 및 보험금 가지급 제도에 대하여 피보험자(보험대상자) 또는 보험수익자(보험금을 받는 자)에게 즉시 통지하여 드립니다. 다만, 지급예정일은 다음 각 호의 어느 하나에 해당하는 경우를 제외하고는 제29조(보험금 등 청구시 구비서류)에서 정한 서류를 접수한 날로부터 30영업일 이내에서 정합니다.

1. 소송제기
2. 분쟁조정신청
3. 수사기관의 조사
4. 해외에서 발생한 보험사고에 대한 조사
5. 제3항에 의한 회사의 조사요청에 대한 동의 거부 등 계약자, 피보험자 또는 보험수익자의 책임있는 사유로 인하여 보험금 지급사유의 조사 및 확인이 지연되는 경우
6. 제16조(보험금 지급에 관한 세부규정) 제9항에 의하여 장해지급률에 대한 제3자의 의견에 따르기로 한 경우

⑤제4항에 의하여 장해지급률의 판정 및 지급할 보험금의 결정과 관련하여 보험금 지급이 지연되는 경우에는 보험수익자(보험금을 받는 자)의 청구에 따라 회사가 추정하는 보험금을 우선적으로 가지급할 수 있습니다.

제31조(보험금 받는 방법의 변경) ①계약자(보험금 지급사유 발생 후에는 보험수익자(보험금을 받는 자))는 회사의 사업방법서에서 정한 바에 따라 제15조(보험금의 종류 및 지급사유) 제3호 및 제4호에 의한 사망보험금 또는 장해보험금의 전부 또는 일부에 대하여 나누어 지급하거나 일시에 지급하는 방법으로 변경할 수 있습니다.

②회사는 제1항에 의하여 일시금을 분할하여 지급하는 경우에는 그 미지급금액에 대하여 이 계약의 표준이율을 연단위 복리로 계산한 금액을 더하여 지급하며, 분할지급 금액을 일시금으로 지급하는 경우에는 이 계약의 표준이율을 연단위 복리로 할인한 금액을 지급합니다.

제32조(계약내용의 교환) 회사는 보험계약의 체결 및 관리 등을 위한 판단자료로서 활용하기 위하여 다음 각 호의 사항을 계약자 및 피보험자(보험대상자)의 동의를 받아 다른 보험회사 및 보험관련 단체 등에게 제공할 수 있으며, 이 경우 회사는 신용정보의이용및보호에관한법률 제16조(수집·조사 및 처리의 제한) 제2항, 제32조(개인신용 정보의 제공·활용에 대한 동의) 및 동법 시행령 제28조(개인신용정보의 제공·활용에 대한 동의)의 규정을 따릅니다.

1. 계약자 및 피보험자(보험대상자)의 성명, 주민등록번호 및 주소
2. 계약일, 보험종목, 보험료, 보험가입금액 등 계약내용
3. 보험금과 각종 급부 금액 및 지급사유 등 지급내용
4. 피보험자(보험대상자)의 질병에 관한 정보

제33조(보험계약대출) ①계약자는 이 계약의 해지환급금 범위 내에서 회사가 정한 방법에 따라 대출(이하 "보험계약대출"이라 합니다)을 받을 수 있습니다. 그러나 순수보장성보험 등 보험상품의

종류에 따라 보험계약대출이 제한될 수도 있습니다.

②계약자는 제1항에 의한 보험계약대출금과 보험계약대출이자를 언제든지 상환할 수 있으며 상환하지 아니한 때에는 보험금, 해지환급금 등의 지급사유가 발생한 날에 지급금에서 보험계약대출 원리금을 차감할 수 있습니다.

③회사는 제12조(보험료의 납입연체시 납입최고(독촉)와 계약의 해지)에 따라 계약이 해지되는 때에는 즉시 해지환급금에서 보험계약대출 원리금을 차감합니다.

④회사는 보험수익자(보험금을 받는 자)에게 보험계약대출 사실을 통지할 수 있습니다.

제6관 분쟁조정 등

제34조(분쟁의 조정) 계약에 관하여 분쟁이 있는 경우 분쟁 당사자 또는 기타 이해관계인과 회사는 금융감독원장에게 조정을 신청할 수 있습니다.

제35조(관할법원) 이 계약에 관한 소송 및 민사조정은 계약자의 주소지를 관할하는 법원으로 합니다. 다만, 회사와 계약자가 합의하여 관할법원을 달리 정할 수 있습니다.

제36조(약관의 해석) ①회사는 신의성실의 원칙에 따라 공정하게 약관을 해석하여야 하며 계약자에 따라 다르게 해석하지 아니합니다.

②회사는 약관의 뜻이 명백하지 아니한 경우에는 계약자에게 유리하게 해석합니다.

③회사는 보상하지 않는 사항 등 계약자나 피보험자(보험대상자)에게 불리하거나 부담을 주는 내용은 확대하여 해석하지 아니합니다.

제37조(회사가 제작한 보험안내자료 등의 효력) 보험설계사 등이 모집과정에서 사용한 회사 제작의 보험안내자료(계약의 청약을 권유하기 위해 만든 자료 등을 말합니다) 내용이 이 약관의 내용과 다른 경우에는 계약자에게 유리한 내용으로 계약이 성립된 것으로 봅니다.

제38조(회사의 손해배상책임) ①회사는 계약과 관련하여 임직원, 보험설계사 및 대리점의 책임 있는 사유로 인하여 계약자, 피보험자(보험대상자) 및 보험수익자(보험금을 받는 자)에게 발생된 손해에 대하여 관계법률 등에 따라 손해배상의 책임을 집니다.

②회사는 보험금 지급거절 및 지연지급의 사유가 없음을 알았거나 알 수 있었음에도 불구하고 소를 제기하여 계약자, 피보험자(보험대상자) 또는 보험수익자(보험금을 받는 자)에게 손해를 가한 경우에는 그에 따른 손해를 배상할 책임을 집니다.

③회사가 보험금 지급여부 및 지급금액에 관하여 계약자, 피보험자(보험대상자) 또는 보험수익자(보험금을 받는 자)의 곤궁, 경솔 또는 무경험을 이용하여 현저하게 공정을 잃은 합의를 한 경우에도 회사는 제2항에 따라 손해를 배상할 책임을 집니다.

제39조(회사의 파산선고와 해지) ①회사가 파산의 선고를 받은 때에는 계약자는 계약을 해지할 수 있습니다.

②제1항의 규정에 의하여 해지하지 아니한 계약은 파산선고 후 3개월을 경과한 때에는 그 효력을 잃습니다.

③제1항의 규정에 의하여 계약이 해지되거나 제2항의 규정에 의하여 계약이 효력을 잃는 경우에 회사는 제18조(해지환급금) 제1항에 의한 해지환급금을 계약자에게 드립니다.

제40조(준거법) 이 약관에서 정하지 아니한 사항은 대한민국 법령을 따릅니다.

제41조(예금보험에 의한 지급보장) 회사가 파산 등으로 인하여 보험금 등을 지급하지 못할 경우에는 예금자보호법에서 정하는 바에 따라 그 지급을 보장합니다.

V. 배상책임보험표준약관

〈개정 2010.3.29, 2011.1.19〉

제1조(보험계약의 성립) ①보험계약은 보험계약자의 청약과 보험회사의 승낙으로 이루어집니다.(이하 "보험계약"은 "계약", "보험계약자"는 "계약자", "보험회사"는 "회사"라 합니다)

②회사는 계약의 청약을 받고 보험료 전액(보험료를 일시에 지급하기로 약정한 경우) 또는 제1회 보험료(보험료를 분납하기로 약정한 경우)(이하 '제1회 보험료 등'이라 합니다)를 받은 경우에는 청약일부터 30일 이내에 승낙 또는 거절의 통지를 하며 통지가 없으면 승낙한 것으로 봅니다. 회사가 청약을 승낙한 때에는 지체없이 보험증권(보험가입증서)을 계약자에게 교부하여 드리며, 청약을 거절한 경우에는 거절통지와 함께 받은 금액을 계약자에게 돌려드립니다.

④이미 성립한 계약을 연장하거나 변경하는 경우에는 회사는 보험증권(보험가입증서)에 그 사실을 기재함으로써 보험증권(보험가입증서)의 교부에 대신할 수 있습니다.

제2조(약관 교부 및 설명의무 등) ①회사는 계약자가 청약한 경우 계약자에게 약관 및 계약자 보관용 청약서(청약서 부본)를 드리고 약관의 중요한 내용을 설명하여 드립니다. 다만, 전화·우편·컴퓨터 등의 통신매체를 통한 보험계약(이하 "통신판매 계약"이라 합니다)의 경우에는 회사는 계약자의 동의를 얻어 다음 중 한 가지 방법으로 할 수 있습니다.

1. 광기록매체 또는 전자우편 등의 전자적 방법으로 약관이나 계약자 보관용 청약서(청약서 부본)를 송부하는 방법. 이 경우 계약자 또는 그 대리인이 이를 수신한 때에 당해 약관이나 계약자 보관용 청약서(청약서 부본)를 드린 것으로 봅니다.
2. 사이버몰(컴퓨터를 이용하여 보험거래를 할 수 있도록 설정된 가상의 영업장)에서 약관 및 그 설명문(약관의 중요한 내용을 알 수 있도록 설명한 문서)을 읽거나 내려받게 하는 방법. 이 경우 계약자가 이를 읽거나 내려받은 것을 확인한 때에 당해 약관을 드리고 그 중요한 내용을 설명한 것으로 봅니다.
3. 전화를 이용하여 청약내용, 보험료납입, 보험기간, 계약전 알릴의무, 약관의 중요한 내용 등 계약 체결을 위하여 필요한 사항을 질문 또는 설명하는 방법. 이 경우 계약자의 답변과 확인내용을 음성 녹음함으로써 약관의 중요한 내용을 설명한 것으로 봅니다.

②회사가 제1항에 의해 제공될 약관 및 계약자 보관용 청약서(청약서 부본)를 청약 시 계약자에게 드리지 아니하거나 약관의 중요한 내용을 설명하지 아니한 때 또는 계약을 체결할 때 계약자가 청약서에 자필서명[날인(도장을 찍음) 또는 전자서명법 제2조 제10호의 규정에 의한 공인인증기관이 인증한 전자서명을 포함합니다]을 하지 아니한 때에는 계약자는 계약체결부터 1개월 이내에 계약을 취소할 수 있습니다.

③제2항에 따라 계약이 취소된 경우에는 회사는 이미 납입한 보험료를 계약자에게 돌려드리며, 보험료를 받은 기간에 대하여 보험개발원이 공시하는 정기예금이율을 연단위 복리로 계산한 금액을 더하여 지급합니다.

제3조(제1회 보험료 등 및 회사의 보장개시) ①회사는 계약의 청약을 승낙하고 제1회 보험료 등을 받은 때부터 이 약관이 정한 바에 따라 보장을 합니다.

②회사가 계약자로부터 계약의 청약과 함께 제1회 보험료 등을 받은 경우에 그 청약을 승낙하기 전에 계약에서 정한 보험사고가 생긴 때에는 회사는 계약상의 보장을 합니다.

③제2항의 규정에도 불구하고 회사는 다음 중 한 가지에 해당되는 경우에는 보장을 하지 아니합니다.

1. 제14조(계약전 알릴 의무)의 규정에 의하여 계약자 또는 피보험자가 회사에 알린 내용이 보험금 지급사유의 발생에 영향을 미쳤음을 회사가 증명하는 경우
2. 제11조(보상하지 아니하는 손해), 제16조(계약의 해지), 제19조(계약의 무효) 또는 제27조(사기에 의한 계약)의 규정을 준용하여 회사가 보장을 하지 아니할 수 있는 경우

④계약자가 제1회 보험료 등을 자동이체 또는 신용카드로 납입하는 경우에는 자동이체신청 및 신용카드매출 승인에 필요한 정보를 회사에 제공한 때가 제1회 보험료 등을 납입한 때가 되나, 계약자의 귀책사유로 자동이체 또는 매출승인이 불가능한 경우에는 제1회 보험료 등이 납입되지 않은 것으로 봅니다.

⑤계약이 갱신되는 경우에는 제1항 내지 제3항에 의한 보장은 기존 계약에 의한 보장이 종료하는 때부터 적용합니다.

제4조(제2회 이후 보험료의 납입) ①계약자는 제2회 이후의 보험료를 계약 체결시 납입하기로 계약 체결시에 약속한 날(이하 "납입기일"이라 합니다)까지 납입하여야 합니다.

②회사는 계약자가 제2회 이후의 보험료를 납입한 경우에는 지체없이 영수증을 발행하여 드립니다. 다만, 금융회사(우체국을 포함합니다)를 통하여 보험료를 납입한 경우에는 그 금융회사 발행 증빙서류를 영수증으로 대신합니다.

제5조(청약의 철회) ①가계성 보험(개인의 일상생활과 관련된 보험으로 보험료를 단체 또는 법인이 부담하지 않는 개인보험계약과 단체요율(피보험자가 단체인 계약에 적용되는 요율)이 적용되지 않는 계약을 말합니다)에 한하여 계약자는 청약을 한 날부터 15일 이내에 그 청약을 철회할 수 있습니다. 다만, 단체(취급)계약 또는 보험기간이 1년 미만인 계약의 경우에는 청약을 철회할 수 없으며, 통신판매 계약(보험기간이 1년 이상인 계약에 한함)의 경우에는 청약을 한 날부터 30일 이내에 그 청약을 철회할 수 있습니다.

②회사는 청약의 철회를 접수한 경우에는 3일 이내에 이미 납입한 보험료를 계약자에게 돌려 드리며, 보험료 반환이 지체된 기간에 대하여는 보험개발원이 공시하는 정기예금이율을 연단위 복리로 계산한 금액을 더하여 지급합니다. 다만, 계약자가 제1회 보험료 등을 신용카드로 납입한 계약의 청약을 철회하는 경우에 회사는 신용카드의 매출을 취소하며 이자를 더하여 지급하지 아니합니다.

③청약을 철회할 당시에 이미 보험금 지급사유가 발생하였으나 계약자가 그 보험금 지급사유의 발생사실을 알지 못한 경우에는 청약철회의 효력은 발생하지 않습니다.

제6조(계약내용의 변경 등) ①계약자는 회사의 승낙을 얻어 다음의 사항을 변경할 수 있습니다. 이 경우 승낙을 서면 등으로 알리거나 보험증권(보험가입증서)의 뒷면에 기재하여 드립니다.

1. 보험종목
2. 보험기간
3. 보험료 납입주기, 수금방법 및 납입기간
4. 계약자, 피보험자, 보험가입금액 등 기타 계약의 내용

②회사는 계약자가 제1회 보험료등을 납입한 때부터 1년 이상 경과된 유효한 계약으로서 그 보험종목의 변경을 요청할 때에는 회사의 사업방법서에서 정하는 방법에 따라 이를 변경하여 드립니다.

③회사는 계약자가 제1항 제4호의 규정에 의하여 보험가입금액을 감액하고자 할 때에는 그 감액된 부분은 계약이 해지된 것으로 보며, 이로 인하여 회사가 환급하여야 할 보험료가 있을 경우에는 제20조(보험료의 환급)에 따라 이를 계약자에게 지급합니다.

제7조[보험료의 납입연체시 납입최고(독촉)와 계약의 해지] ①계약자가 제2회 이후의 보험료를 납입기일까지 납입하지 아니하여 보험료 납입이 연체 중인 경우에 회사는 14일(보험기간이 1년 미만인 경우에는 7일) 이상의 기간을 납입최고(독촉)기간으로 정하여 계약자(타인을 위한 계약의 경우 그 특정된 타인을 포함합니다)에게 다음의 내용을 서면(등기우편 등), 전화(음성녹음) 또는 전자문서 등으로 알려드립니다. 다만, 계약이 해지되기 전에 발생한 보험금 지급사유에 대하여 회사는 계약상의 보장을 합니다.

1. 납입최고(독촉)기간 안에 연체보험료를 납입하여야 한다는 내용
2. 납입최고(독촉)기간이 끝나는 날까지 보험료를 납입하지 아니할 경우 그 끝나는 날의 다음날에 계약이 해지된다는 내용
3. 계약자가 회사로부터 보험계약대출을 받은 경우에는, 계약이 해지되는 즉시 해지환급금에서 보험계약대출 원리금이 차감된다는 내용

②제1항의 납입최고(독촉)기간은 납입최고(독촉)의 통지가 계약자(타인을 위한 계약의 경우에는

그 특정된 타인을 포함)에게 도달한 날부터 시작되며, 그 기간의 말일(말일이 토요일 또는 공휴일인 경우에는 그 다음의 최초의 평일)에 끝납니다.

③회사가 제1항에 의한 납입최고(독촉) 등을 전자문서로 안내하고자 할 경우에는 계약자의 서면에 의한 동의를 얻어 수신확인을 조건으로 전자문서를 송신하여야 하며, 계약자가 전자문서에 대하여 수신을 확인하기 전까지는 그 전자문서는 송신되지 아니한 것으로 봅니다. 회사는 전자문서가 수신되지 아니한 것으로 확인되는 경우에는 제1항의 납입최고(독촉)기간을 설정하여 제1항에서 정한 내용을 서면(등기우편 등) 또는 전화(음성녹음)로 다시 알려 드립니다.

④제1항에 따라 계약이 해지된 경우에는 이로 인하여 회사가 환급하여야 할 보험료가 있을 경우에는 제20조(보험료의 환급)에 따라 이를 계약자에게 지급합니다.

제8조[보험료의 납입연체로 인한 해지계약의 부활(효력회복)] ①제7조[보험료의 납입연체시 납입최고(독촉)와 계약의 해지]에 따라 계약이 해지되었으나 계약자가 제20조(보험료의 환급)에 따른 환급금을 받지 아니한 경우 계약자는 해지된 날부터 2년 이내에 회사가 정한 절차에 따라 계약의 부활(효력회복)을 청약할 수 있습니다. 이 경우 회사가 그 청약을 승낙한 때에는 계약자는 부활(효력회복)을 청약한 날까지의 연체된 보험료에 보험개발원이 공시하는 정기예금이율 + 1% 범위내에서 각 상품별로 회사가 정하는 이율로 계산한 금액을 더하여 납입하여야 합니다.

②제1항에 따라 해지계약을 부활(효력회복)하는 경우에는 제1조(보험계약의 성립), 제3조(제1회 보험료 등 및 회사의 보장개시), 제14조(계약 전 알릴의무) 및 제16조(계약의 해지)의 규정을 준용합니다.

제9조[강제집행 등으로 인한 해지계약의 특별부활(효력회복)] ① 타인을 위한 계약의 경우 제20조(보험료의 환급)에 따른 계약자의 해지환급금 청구권에 대한 강제집행, 담보권실행, 국세 및 지방세 체납처분절차에 의해 계약이 해지된 경우에는, 회사는 해지 당시의 피보험자가 계약자의 동의를 얻어 계약 해지로 회사가 채권자에게 지급한 금액을 회사에게 지급하고 제6조(계약내용의 변경 등) 제1항의 절차에 따라 계약자 명의를 피보험자로 변경하여 계약의 특별부활(효력회복)을 청약할 수 있음을 피보험자에게 통지하여야 합니다.

②회사는 제1항에 의한 계약자 명의변경 신청 및 계약의 특별부활(효력회복) 청약을 승낙하며, 계약은 청약한 때부터 특별부활(효력회복) 됩니다.

③회사는 제1항의 통지를 계약이 해지된 날부터 7일 이내에 하여야 합니다. 다만, 회사의 통지가 7일을 경과하여 도달하고 이후 피보험자가 제1항에 의한 계약자 명의변경 신청 및 계약의 특별부활(효력회복)을 청약한 경우에는 계약이 해지된 날부터 7일이 되는 날에 특별부활(효력회복) 됩니다.

④피보험자는 통지를 받은 날부터 15일 이내에 제1항의 절차를 이행할 수 있습니다.

제10조(보상하는 손해) 회사는 피보험자가 보험증권(보험가입증서)상의 보장지역 내에서 보험기간 중에 발생된 보험사고로 인하여 피해자에게 법률상의 배상책임을 부담함으로써 입은 아래의 손해를 이 약관에 따라 보상하여 드립니다.

1. 피보험자가 피해자에게 지급할 책임을 지는 법률상의 손해배상금
2. 계약자 또는 피보험자가 지출한 아래의 비용
   가. 피보험자가 제23조(손해방지의무)제1항제1호의 손해의 방지 또는 경감을 위하여 지출한 필요 또는 유익하였던 비용.
   나. 피보험자가 제23조(손해방지의무)제1항제2호의 조치를 취하기 위하여 지출한 필요 또는 유익하였던 비용
   다. 피보험자가 지급한 소송비용, 변호사비용, 중재, 화해 또는 조정에 관한 비용
   라. 보험증권(보험가입증서)상의 보상한도액내의 금액에 대한 공탁보증보험료. 그러나 회사는 그러한 보증을 제공할 책임은 부담하지 아니합니다.
   마. 피보험자가 제24조(손해배상청구에 대한 회사의 해결)제2항 및 제3항의 회사의 요구에 따르기 위하여 지출한 비용

제11조(보상하지 아니하는 손해) 회사는 아래의 사유로 인한 손해는 보상하여 드리지 아니합니다.

1. 계약자, 피보험자(법인인 경우에는 그 이사 또는 법인의 업무를 집행하는 그 밖의 기관) 또는 이들의 법정대리인의 고의로 생긴 손해에 대한 배상책임

2. 전쟁, 혁명, 내란, 사변, 테러, 폭동, 소요, 노동쟁의 기타 이들과 유사한 사태로 생긴 손해에 대한 배상책임
3. 지진, 분화, 홍수, 해일 또는 이와 비슷한 천재지변으로 생긴 손해에 대한 배상책임
4. 피보험자가 소유, 사용 또는 관리하는 재물이 손해를 입었을 경우에 그 재물에 대하여 정당한 권리를 가진 사람에게 부담하는 손해에 대한 배상책임
5. 피보험자와 타인간에 손해배상에 관한 약정이 있는 경우, 그 약정에 의하여 가중된 배상책임
6. 핵연료물질 (사용된 연료를 포함합니다. 이하 같습니다) 또는 핵연료 물질에 의하여 오염된 물질 (원자핵 분열 생성물을 포함합니다)의 방사성, 폭발성 그 밖의 유해한 특성 또는 이들의 특성에 의한 사고로 생긴 손해에 대한 배상책임
7. 위 제6호 이외의 방사선을 쬐는 것 또는 방사능 오염으로 인한 손해
8. 티끌, 먼지, 석면, 분진 또는 소음으로 생긴 손해에 대한 배상책임
9. 전자파, 전자장(EMF)으로 생긴 손해에 대한 배상책임
10. 벌과금 및 징벌적 손해에 대한 배상책임

제12조(의무보험과의 관계) ①회사는 이 약관에 의하여 보상하여야 하는 금액이 의무보험에서 보상하는 금액을 초과할 때에 한하여 그 초과액만을 보상합니다. 다만, 의무보험이 다수인 경우에는 제26조(보험금의 분담)를 따릅니다.

②제1항의 의무보험은 피보험자가 법률에 의하여 의무적으로 가입하여야 하는 보험으로서 공제계약(각종 공제회에 가입되어 있는 계약)을 포함합니다.

③피보험자가 의무보험에 가입하여야 함에도 불구하고 가입하지 않은 경우에는 그가 가입했더라면 의무보험에서 보상했을 금액을 제1항의 “의무보험에서 보상하는 금액”으로 봅니다.

제13조(보험금 등의 지급한도) ①회사는 1회의 보험사고에 대하여 다음과 같이 보상합니다. 이 경우 보험가입금액(보상한도액)과 자기부담금은 각각 보험증권(보험가입증서)에 기재된 금액을 말합니다.

1. 제10조(보상하는 손해) 제1호의 손해배상금 : 보험가입금액(보상한도액)을 한도로 보상하되, 자기부담금이 약정된 경우에는 그 자기부담금을 초과한 부분만 보상합니다.
2. 제10조(보상하는 손해) 제2호 ‘가’목, ‘나’목 또는 ‘마’목의 비용 : 비용의 전액을 보상합니다.
3. 제10조(보상하는 손해) 제2호 ‘다’목 또는 ‘라’목의 비용 : 이 비용과 제1호에 의한 보상액의 합계액을 보험가입금액(보상한도액)의 한도내에서 보상합니다.

②회사가 제1항에 의하여 보상을 한 경우에는 보험가입금액(보상한도액)에서 그 보상액을 뺀 잔액을 나머지 보험기간에 대한 보험가입금액(보상한도액)으로 합니다.

제14조(계약전 알릴 의무) 계약자, 피보험자 또는 이들의 대리인은 청약시 청약서(질문서를 포함합니다)에서 질문한 사항에 대하여 알고 있는 사실을 반드시 사실대로 알려야 합니다.

제15조(계약후 알릴 의무) ①계약을 맺은 후 보험의 목적에 아래와 같은 사실이 생긴 경우에는 계약자나 피보험자는 지체없이 서면으로 회사에 알리고 보험증권(보험가입증서)에 확인을 받아야 합니다.

1. 청약서의 기재사항을 변경하고자 할 때 또는 변경이 생겼음을 알았을 때
2. 이 계약에서 보장하는 위험과 동일한 위험을 보장하는 계약을 다른 보험자와 체결하고자 할 때 또는 이와 같은 계약이 있음을 알았을 때
3. 위험이 뚜렷이 변경되거나 변경되었음을 알았을 때

②회사는 제1항에 따라 위험이 감소된 경우에는 그 차액보험료를 돌려드리며, 위험이 증가된 경우에는 통지를 받은 날부터 1개월 이내에 보험료의 증액을 청구하거나 계약을 해지할 수 있습니다.

③계약자는 주소 또는 연락처가 변경된 경우에는 지체없이 이를 회사에 알려야 합니다. 다만, 계약자가 알리지 않은 경우 회사가 알고 있는 최종의 주소 또는 연락처로 등기우편 방법에 의해 계약자에게 알린 사항은 일반적으로 도달에 필요한 시일이 지난 때에는 계약자에게 도달한 것으로 봅니다.

제16조(계약의 해지) ①계약자는 손해가 발생하기 전에는 언제든지 계약을 해지할 수 있습니다. 다만, 타인을 위한 계약의 경우에는 계약자는 그 타인의 동의를 얻거나 보험증권(보험가입증서)를 소지한 경우에 한하여 계약을 해지할 수 있습니다.

②회사는 계약자 또는 피보험자(법인인 경우에는 그 이사 또는 법인의 업무를 집행하는 그 밖의

기관)의 고의로 손해가 발생한 경우 이 계약을 해지할 수 있습니다.

③회사는 아래와 같은 사실이 있을 경우에는 손해의 발생여부에 관계없이 그 사실을 안 날부터 1개월 이내에 이 계약을 해지할 수 있습니다.

1. 계약자, 피보험자 또는 이들의 대리인이 제10조(계약전 알릴 의무)에도 불구하고 고의 또는 중대한 과실로 중요한 사항에 대하여 사실과 다르게 알린 때.
2. 뚜렷한 위험의 변경 또는 증가와 관련된 제15조(계약후 알릴 의무)에서 정한 계약후 알릴 의무를 이행하지 아니하였을 때

④제3항제1호의 경우에도 불구하고 다음 중 하나에 해당하는 경우에는 회사는 계약을 해지할 수 없습니다.

1. 회사가 계약 당시에 그 사실을 알았거나 과실로 인하여 알지 못하였을 때
2. 회사가 그 사실을 안 날부터 1개월 이상 지났을 때
3. 계약체결일부터 3년이 지났을 때
4. 보험을 모집한 자(이하 "보험설계사 등"이라 합니다)가 계약자 또는 피보험자에게 고지할 기회를 부여하지 아니하였거나 계약자 또는 피보험자가 사실대로 고지하는 것을 방해한 경우, 계약자 또는 피보험자에 대해 사실대로 고지하지 않게 하였거나 부실한 고지를 권유했을 때. 다만, 보험설계사 등의 행위가 없었다 하더라도 계약자 또는 피보험자가 사실대로 고지하지 않거나 부실한 고지를 했다고 인정되는 경우에는 그러하지 아니합니다.

⑤제3항에 의한 계약의 해지는 손해가 생긴 후에 이루어진 경우에도 회사는 그 손해를 보상하여 드리지 아니합니다. 손해가 제3항 제1호 및 제2호의 사실로 생긴 것이 아님을 계약자 또는 피보험자가 증명한 경우에는 보상하여 드립니다.

⑥회사는 다른 보험가입내역에 대한 계약 전·후 알릴 의무 위반을 이유로 계약을 해지하거나 보험금 지급을 거절하지 아니합니다.

제17조(중대사유로 인한 해지) ①회사는 아래와 같은 사실이 있을 경우에는 그 사실을 안 날부터 1개월 이내에 계약을 해지할 수 있습니다.

1. 계약자 또는 피보험자가 고의로 보험금 지급사유를 발생시킨 경우
2. 계약자 또는 피보험자가 보험금 청구에 관한 서류에 고의로 사실과 다른 것을 기재하였거나 그 서류 또는 증거를 위조 또는 변조한 경우. 다만, 이미 보험금 지급사유가 발생한 경우에는 보험금 지급에 영향을 미치지 않습니다.

②회사가 제1항에 따라 계약을 해지한 경우 회사는 그 취지를 계약자에게 통지하고 제20조(보험료의 환급)에 의하여 보험료를 돌려드립니다.

제18조(타인을 위한 계약) ①계약자는 타인을 위한 계약을 체결하는 경우에 그 타인의 위임이 없는 때에는 반드시 이를 회사에 알려야 하며, 이를 알리지 않았을 때에는 그 타인은 이 계약이 체결된 사실을 알지 못하였다는 사유로 회사에 이의를 제기할 수 없습니다.

②타인을 위한 계약에서 보험사고가 발생한 경우에 계약자가 그 타인에게 보험사고의 발생으로 생긴 손해를 배상한 때에는 계약자는 그 타인의 권리를 해하지 아니하는 범위 안에서 회사에 보험금의 지급을 청구할 수 있습니다.

제19조(계약의 무효) 계약을 맺을 때에 보험사고가 이미 발생하였을 경우 이 계약은 무효로 합니다. 다만, 회사의 고의 또는 과실로 인하여 계약이 무효로 된 경우와 회사가 승낙 전에 무효임을 알았거나 알 수 있었음에도 불구하고 보험료를 반환하지 않은 경우에는 보험료를 납입한 날의 다음 날부터 반환일까지의 기간에 대하여 회사는 보험개발원이 공시하는 정기예금이율을 연단위 복리로 계산한 금액을 더하여 돌려 드립니다.

제20조(보험료의 환급) ①이 계약이 무효, 효력상실 또는 해지된 때에는 다음과 같이 보험료를 돌려드립니다.

1. 계약자 또는 피보험자의 책임 없는 사유에 의하는 경우 : 무효의 경우에는 회사에 납입한 보험료의 전액, 효력상실 또는 해지의 경우에는 경과하지 아니한 기간에 대하여 일단위로 계산한 보험료
2. 계약자 또는 피보험자의 책임 있는 사유에 의하는 경우 : 이미 경과한 기간에 대하여 단기요율

(1년미만의 기간에 적용되는 요율)로 계산한 보험료를 뺀 잔액. 다만, 계약자, 피보험자의 고의 또는 중대한 과실로 무효가 된 때에는 보험료를 돌려드리지 아니합니다.

제21조(양도) 보험의 목적의 양도는 회사의 서면동의 없이는 회사에 대하여 효력이 없으며, 회사가 서면 동의한 경우 계약으로 인하여 생긴 권리와 의무를 함께 양도한 것으로 합니다. 다만, 의무보험인 경우에는 회사의 서면동의가 없는 경우에도 보험계약 청약서에 기재된 사업을 양도하였을 때 보험계약으로 인하여 생긴 권리와 의무를 함께 양도한 것으로 봅니다.

제22조(손해의 발생과 통지) ①계약자 또는 피보험자는 아래와 같은 사실이 있는 경우에는 지체없이 그 내용을 서면으로 회사에 알려야 합니다.

1. 사고가 발생하였을 경우 사고가 발생한 때와 곳, 피해자의 주소와 성명, 사고상황 및 이들 사항의 증인이 있을 경우 그 주소와 성명
2. 피해자로부터 손해배상청구를 받았을 경우
3. 피해자로부터 손해배상책임에 관한 소송을 제기받았을 경우

②계약자 또는 피보험자가 제1항 각호의 통지를 게을리하여 손해가 증가된 때에는 회사는 그 증가된 손해를 보상하여 드리지 아니하며, 제1항제3호의 통지를 게을리 한 때에는 소송비용과 변호사비용도 보상하여 드리지 아니합니다.

제23조(손해방지의무) ①보험사고가 생긴 때에는 계약자 또는 피보험자는 아래의 사항을 이행하여야 합니다.

1. 손해의 방지 또는 경감을 위하여 노력하는 일(피해자에 대한 응급처치, 긴급호송 또는 그 밖의 긴급조치를 포함합니다)
2. 제3자로부터 손해의 배상을 받을 수 있는 경우에는 그 권리를 지키거나 행사하기 위한 필요한 조치를 취하는 일
3. 손해배상책임의 전부 또는 일부에 관하여 지급(변제), 승인 또는 화해를 하거나 소송, 중재 또는 조정을 제기하거나 신청하고자 할 경우에는 미리 회사의 동의를 받는 일

②계약자 또는 피보험자가 정당한 이유 없이 제1항의 의무를 이행하지 아니하였을 때에는 제10조(보상하는 손해)에 의한 손해에서 다음의 금액을 뺍니다.

1. 제1항 제1호의 경우에는 그 노력을 하였더라면 손해를 방지 또는 경감할 수 있었던 금액
2. 제1항 제2호의 경우에는 제3자로부터 손해의 배상을 받을 수 있었던 금액
3. 제1항 제3호의 경우에는 소송비용(중재 또는 조정에 관한 비용 포함) 및 변호사비용과 회사의 동의를 받지 아니한 행위에 의하여 증가된 손해

제24조(손해배상청구에 대한 회사의 해결) ①피보험자가 피해자에게 손해배상책임을 지는 사고가 생긴 때에는 피해자는 이 약관에 의하여 회사가 피보험자에게 지급책임을 지는 금액한도내에서 회사에 대하여 보험금의 지급을 직접 청구할 수 있습니다. 그러나 회사는 피보험자가 그 사고에 관하여 가지는 항변으로써 피해자에게 대항할 수 있습니다.

②회사가 제1항의 청구를 받았을 때에는 지체없이 피보험자에게 통지하여야 하며, 회사의 요구가 있으면 계약자 및 피보험자는 필요한 서류증거의 제출, 증언 또는 증인출석에 협조하여야 합니다.

③피보험자가 피해자로부터 손해배상의 청구를 받았을 경우에 회사가 필요하다고 인정할 때에는 피보험자를 대신하여 회사의 비용으로 이를 해결할 수 있습니다. 이 경우에 회사의 요구가 있으면 계약자 또는 피보험자는 이에 협력하여야 합니다.

④계약자 및 피보험자가 정당한 이유 없이 제2항 , 제3항의 요구에 협조하지 아니할 때에는 회사는 그로 인하여 늘어난 손해는 보상하지 아니합니다.

제25조(보험금의 지급) ①피보험자가 보험금을 청구할 때에는 다음의 서류를 회사에 제출하여야 합니다.

1. 보험금 청구시
2. 신분증(주민등록증 또는 운전면허증 등 사진이 부착된 정부기관발행 신분증, 본인이 아닌 경우에는 본인의 인감증명서 포함)
3. 손해배상금 및 그 밖의 비용을 지급하였음을 증명하는 서류
4. 회사가 요구하는 그 밖의 서류

②회사는 제1항에 따른 보험금 청구를 받은 후 지체 없이 지급할 보험금을 결정하고 지급할 보험금이 결정되면 7일 이내에 이를 지급하여 드립니다. 그러나 지급할 보험금이 결정되기 전이라도 피보험자의 청구가 있을 때에는 회사가 추정한 보험금의 50% 상당액을 가지급보험금으로 지급합니다.

③회사는 제2항의 지급보험금이 결정된 후 10영업일이 지나도록 보험금을 지급하지 아니하였을 때에는 지체된 날부터 지급일까지 보험개발원이 매월 공시하는 1년 만기 정기예금이율을 연단위 복리로 계산한 금액을 지급합니다. 그러나 피보험자의 책임있는 사유로 지체된 경우에는 그러하지 아니합니다.

제26조(보험금의 분담) ①이 계약에서 보장하는 위험과 같은 위험을 보장하는 다른 계약(공제계약(각종 공제회에 가입되어 있는 계약)을 포함합니다)이 있을 경우 각 계약에 대하여 다른 계약이 없는 것으로 하여 각각 산출한 보상책임액의 합계액이 손해액을 초과할 때에는 회사는 이 계약에 의한 보상책임액의 전기합계액(각각 산출한 보상책임액의 합계액)에 대한 비율에 따라 손해를 보상합니다. 이 계약과 다른 계약이 모두 의무보험인 경우에도 같습니다.

②이 계약이 의무보험이 아니고 다른 의무보험이 있는 경우에는 다른 의무보험에서 보상되는 금액(피보험자가 가입을 하지 않은 경우에는 보상될 것으로 추정되는 금액)을 차감한 금액을 손해액으로 간주하여 제1항에 의한 보상할 금액을 결정합니다.

③피보험자가 다른 계약에 대하여 보험금 청구를 포기한 경우에도 회사의 제1항에 의한 지급보험금 결정에는 영향을 미치지 아니합니다.

제27조(사기에 의한 계약) 계약자, 피보험자 또는 이들의 대리인의 사기에 의하여 계약이 성립되었음을 회사가 증명하는 경우에는 계약체결일부터 5년 이내(사기사실을 안 날부터 1개월 이내)에 계약을 취소할 수 있습니다.

제28조(소멸시효) 보험금청구권, 보험료 및 환급금반환청구권은 2년간 행사하지 아니하면 소멸시효가 완성됩니다.

제29조(대위권) ①회사가 보험금을 지급한 때(현물 보상한 경우를 포함합니다)에는 회사는 지급한 보험금의 한도 내에서 아래의 권리를 가집니다. 다만, 회사가 보상한 금액이 피보험자가 입은 손해의 일부인 경우에는 피보험자의 권리를 침해하지 아니하는 범위내에서 그 권리를 가집니다.

1. 피보험자가 제3자로부터 손해배상을 받을 수 있는 경우에는 그 손해배상청구권
2. 피보험자가 손해배상을 함으로써 대위 취득하는 것이 있을 경우에는 그 대위권

②계약자 또는 피보험자는 제1항에 의하여 회사가 취득한 권리를 행사하거나 지키는 것에 관하여 조치를 하여야 하며, 또한 회사가 요구하는 증거 및 서류를 제출하여야 합니다.

③회사는 제1항, 제2항에도 불구하고 타인을 위한 보험계약의 경우에는 계약자에 대한 대위권을 포기합니다.

제30조(조사) ①회사는 보험목적에 대한 위험상태를 조사하기 위하여 보험기간 중 언제든지 피보험자의 시설과 업무내용을 조사할 수 있고 필요한 경우에는 그의 개선을 피보험자에게 요청할 수 있습니다.

②회사는 제1항에 따른 개선이 완료될 때까지 계약의 효력을 정지할 수 있습니다.

③회사는 이 계약의 중요사항과 관련된 범위 내에서는 보험기간 중 또는 회사에서 정한 보험금 청구서류를 접수한 날부터 1년 이내에는 언제든지 피보험자의 회계장부를 열람할 수 있습니다.

제31조(계약내용의 교환) 회사는 보험계약의 체결 및 관리 등을 위한 판단자료로서 활용하기 위하여 다음 각 호의 사항을 계약자 및 피보험자의 동의를 받아 다른 보험회사(보험관련 업무를 위탁받은 자를 포함) 및 보험관련 단체 등에게 제공할 수 있으며 이 경우 회사는 「신용정보의 이용 및 보호에 관한 법률」 제16조(수집·조사 및 처리의 제한) 제2항, 제32조(개인신용정보의 제공·활용에 대한 동의) 및 동법 시행령 제28조(개인신용정보의 제공·활용에 대한 동의)의 규정을 따릅니다.

1. 계약자 및 피보험자의 성명, 주민등록번호 및 주소
2. 계약체결일, 보험종목, 보험료, 보험가입금액 등 계약내용
3. 보험금과 각종 급부금액 및 지급사유 및 지급내용

제32조(분쟁의 조정) 계약에 관하여 분쟁이 있는 경우에는 분쟁당사자 또는 기타 이해관계인과 회사는 금융감독원장에게 조정을 신청할 수 있습니다.

제33조(합의·절충·중재·소송의 협조·대행 등) ①회사는 피보험자의 법률상 손해배상책임을 확정하기 위하여 피보험자가 피해자와 행하는 합의·절충·중재 또는 소송(확인의 소를 포함합니다)에 대하여 협조하거나, 피보험자를 위하여 이러한 절차를 대행할 수 있습니다.

②회사는 피보험자에 대하여 보상책임을 지는 한도(동일한 사고로 이미 지급한 보험금이나 가지급보험금이 있는 경우에는 그 금액을 공제한 액수를 말하며, 이하 같습니다) 내에서 제1항의 절차에 협조하거나 대행합니다.

③회사가 제1항의 절차에 협조하거나 대행하는 경우에는 피보험자는 회사의 요청에 따라 협력해야 하며, 피보험자가 정당한 이유없이 협력하지 아니하는 경우에는 그로 말미암아 늘어난 손해에 대해서 보상하지 아니합니다.

④회사는 다음의 경우에는 제1항의 절차를 대행하지 아니합니다.

1. 피보험자가 피해자에 대하여 부담하는 법률상의 손해배상책임액이 보험증권(보험가입증서)에 기재된 보험가입금액을 명백하게 초과하는 때
2. 피보험자가 정당한 이유 없이 협력하지 아니하는 때

⑤회사가 제1항의 절차를 대행하는 경우에는, 피보험자에 대하여 보상책임을 지는 한도 내에서, 가압류나 가집행을 면하기 위한 공탁금을 피보험자에게 대부할 수 있으며 이에 소요되는 비용을 보상합니다. 이 경우 대부금의 이자는 공탁금에 붙여지는 것과 같은 이율로 하며, 피보험자는 공탁금(이자를 포함합니다)의 회수청구권을 회사에 양도하여야 합니다.

제34조(관할법원) 이 계약에 관한 소송 및 민사조정은 계약자의 주소지를 관할하는 법원으로 합니다. 다만, 회사와 계약자가 합의하여 관할법원을 달리 정할 수 있습니다.

제35조(약관의 해석) ①회사는 신의성실의 원칙에 따라 공정하게 약관을 해석하여야 하며 계약자에 따라 다르게 해석하지 아니합니다.

②회사는 약관의 뜻이 명백하지 아니한 경우에는 계약자에게 유리하게 해석합니다.

③회사는 보상하지 아니하는 손해 등 계약자나 피보험자에게 불리하거나 부담을 주는 내용은 확대하여 해석하지 아니합니다.

제36조(회사가 제작한 보험안내장의 효력) 보험설계사 등이 모집과정에서 사용한 회사 제작의 보험안내장(계약의 청약을 권유하기 위해 만든 서류 등을 말합니다)의 내용이 이 약관의 규정과 다른 경우에는 계약자에게 유리한 내용으로 계약이 성립된 것으로 봅니다.

제37조(회사의 손해배상책임) ①회사는 계약과 관련하여 임직원, 보험 설계사 및 대리점의 책임있는 사유로 인하여 계약자 및 피보험자에게 발생된 손해에 대하여 관계 법률 등에서 정한 바에 따라 손해배상의 책임을 집니다.

②회사는 보험금 지급 거절 및 지연지급의 사유가 없음을 알았거나 알 수 있었음에도 불구하고 소를 제기하여 계약자 또는 피보험자에게 손해를 가한 경우에는 그에 따른 손해를 배상할 책임을 집니다.

③회사가 보험금 지급여부 및 지급금액에 관하여 계약자 또는 피보험자의 곤궁, 경솔 또는 무경험을 이용하여 현저하게 공정을 잃은 합의를 한 경우에도 회사는 제2항에 따라 손해를 배상할 책임을 집니다.

제38조(회사의 파산선고와 해지) ①회사가 파산의 선고를 받은 때에는 계약자는 계약을 해지할 수 있습니다.

②제1항의 규정에 의하여 해지하지 아니한 계약은 파산선고 후 3월을 경과한 때에는 그 효력을 잃습니다.

③제1항의 규정에 의하여 계약이 해지되거나 제2항의 규정에 의하여 계약이 효력을 잃는 경우에 회사는 제20조(보험료의 환급)에 의한 환급금을 계약자에게 드립니다.

제39조(예금보험기금에 의한 지급보장) 회사가 파산 등으로 인하여 보험금 등을 지급하지 못할 경우에는 예금자보호법에서 정하는 바에 따라 그 지급을 보장합니다.

제40조(준거법) 이 약관에 정하지 아니한 사항은 대한민국법령을 따릅니다.

Ⅵ. 자동차보험 약관

〈개정 2001.3.9, 2001.7.27, 2002.12.13, 2004.6.25, 2005.12.9, 2006.11.10, 2010.1.29, 2011.1.19, 2011.5.8.〉

자동차보험은 자동차를 소유, 사용, 관리하는 동안에 발생한 사고에 대하여 보상하는 보험으로, 구체적인 보상내용 및 자동차보험계약의 성립에서 소멸까지의 보험계약자와 보험회사간의 권리와 의무사항은 다음의 자동차보험 약관에 명시되어 있습니다.

- 목 차 -

자동차보험 약관 쉽게 찾는 법

보험계약시 꼭 알아야 할 사항

[1] 보험종목 및 가입대상
[3] 보험계약의 성립
[4] 청약철회
[5] 보험기간
[6] 보험계약자 등의 의무사항
[7] 자동차 보험료의 계산방법
[14] 보험회사가 보상하지 않는 사항
[20] 보험약관 등의 교부 및 설명
[21] 보험안내장 등의 효력
[22] 보험계약 정보의 제공

자동차 사고로 다른 사람에게 피해를 주었을 경우

[8] 자동차 사고시 보상처리 흐름도
[9] 분쟁, 합의, 관할법원
[10] 배상책임
[14] 보험회사가 보상하지 않는 사항
[15] 보험금의 청구와 지급

자동차 사고로 자신 또는 가족이 피해를 입었을 경우

[8] 자동차 사고시 보상처리 흐름도
[9] 분쟁, 합의, 관할법원
[11] 자기신체사고
[12] 무보험자동차에 의한 상해
[13] 자기차량손해
[14] 보험회사가 보상하지 않는 사항
[15] 보험금의 청구와 지급

다른 사람의 자동차 사고로 피해를 입었을 경우

[8] 자동차 사고시 보상처리 흐름도
[9] 분쟁, 합의, 관할법원
[10] 배상책임
[11] 사기신체사고
[12] 무보험자동차에 의한 상해
[13] 자기차량손해
[14] 보험회사가 보상하지 않는 사항
[15] 보험금의 청구와 지급

Ⅰ. 자동차보험 일반사항

[1] 보험종목 및 가입대상

보험종목	가 입 대 상
개인용자동차	법정정원 10인승 이하의 개인소유 자가용승용차
업무용자동차	개인용 자동차를 제외한 모든 비사업용자동차
영업용자동차	사업용 자동차
이륜자동차	이륜자동차 및 원동기장치자전거
농기계보험	동력경운기, 농용트랙터 및 콤바인 등 농기계

[2] 자동차보험의 구성

1. 보험회사가 판매하는 자동차보험은 대인배상Ⅰ, 대인배상Ⅱ, 대물배상, 자기신체사고, 무보험자동차에 의한 상해, 자기차량손해의 6가지 담보종목과 특별약관으로 구성되어 있으며, 보험회사는 대한민국(북한지역을 포함합니다) 안에서 생긴 사고에 대하여 보험계약자가 가입한 담보내용에 따라 보상해 드립니다.

2. 보험계약자는 이들 6가지 담보종목 중 한 가지 이상을 선택하여 가입할 수 있습니다. 다만, 자동차손해배상보장법 제5조 제1항 및 제2항의 규정에 따라 자동차보유자가 의무적으로 가입하여야 하는 대인배상Ⅰ(책임보험) 및 대물배상(이하 '의무보험'이라 합니다)은 반드시 가입하여야 합니다.
3. 각 담보별 보상 내용(상세한 내용은 'Ⅱ. 담보종목별 보상내용'에 규정되어 있습니다)
   (1) 자동차 사고로 인한 타인의 피해를 보상하는 담보(배상책임담보)

담보종목	보상하는 내용
대인배상Ⅰ	자동차사고로 다른 사람을 죽게 하거나 다치게 한 경우에 자동차손해배상보장법에서 정한 한도내에서 보상
대인배상Ⅱ	자동차사고로 다른 사람을 죽게 하거나 다치게 한 경우,그 손해가 대인배상Ⅰ에서 지급하는 금액을 초과하는 경우에 그 초과손해를 보상
대물배상	자동차사고로 다른 사람의 재물을 없애거나 훼손한 경우에 보상

   (2) 자동차 사고로 인한 피보험자의 피해를 보상하는 담보

담보종목	보상하는 내용
자기신체사고	피보험자가 죽거나 다친 경우에 보상
무보험자동차에 의한 상해	무보험자동차에 의해 피보험자가 죽거나 다친 경우에 보상
자기차량손해	피보험자동차가 파손된 경우 보상

3 보험계약의 성립

1. 보험회사와의 보험계약은 보험계약자가 청약을 하고 보험회사가 승낙을 하면 성립합니다.
2. 보험계약자가 청약을 할 때 '제1회 보험료'(보험료를 분납하기로 약정한 경우) 또는 '보험료 전액'(보험료를 일시에 지급하기로 약정한 경우)(이하 '제1회 보험료 등'이라 합니다)을 지급한 경우에는, 보험회사가 그 지급한 날로부터 30일 이내에 보험회사가 승낙 또는 거절의 통지를 발송하지 않으면 승낙한 것으로 봅니다.
3. 보험회사가 청약을 승낙한 때는 지체없이 보험증권을 보험계약자에게 교부합니다. 그러나 보험계약자가 제1회 보험료 등을 지급하지 아니하거나 대인배상Ⅰ만 가입한 경우에는 그러하지 아니합니다.
4. 보험계약이 성립하면 보험회사는 '5 보험기간'의 규정에 따라 보험기간의 첫 날부터 보상책임을 집니다. 다만, 보험계약자로부터 제1회 보험료 등을 받은 경우에는, 그 이후에 발생한 승낙 전의 사고라도 청약을 거절할 사유가 없는 한 보상합니다.

4 청약철회

1. 보험계약자는 제1회 보험료 등을 지급하지 않은 경우에는 청약을 한 날로부터, 이를 지급한 경우에는 그 지급한 날로부터 15일 이내에 보험계약의 청약을 철회할 수 있습니다. 다만, 가입이 강제되는 의무보험에 대해서는 청약을 철회할 수 없습니다.
2. 보험회사는 보험계약자의 청약철회를 접수한 날로부터 3일 이내에 받은 보험료를 보험계약자에게 돌려 드립니다.
3. 보험회사가 위 '2.'의 보험료 반환기일을 지키지 못하는 경우에는, 반환기일의 다음날로부터 반환하는 날까지의 기간에 대해서는 이자(보험개발원이 공시한 정기예금이율을 적용하여 산정한 금액)를 가산한 금액을 돌려 드립니다.

5 보험기간

보험회사가 피보험자에 대해 보상책임을 지는 보험기간은 다음과 같습니다.

<table>
<tr><th colspan="2">구 분</th><th>보험기간</th></tr>
<tr><td colspan="2">일반적용</td><td>보험증권에 기재된 보험기간의 첫날 24시부터 마지막 날 24시까지. 다만, 대인배상Ⅰ(책임공제를 포함합니다)의 경우 전(前) 계약의 보험기간과 중복되는 경우에는 전 계약의 보험기간이 끝나는 시점부터 시작합니다.</td></tr>
<tr><td>예외
적용</td><td>자동차보험에 처음 가입하는 자동차 (용어정의①) 및 대인배상Ⅰ</td><td>보험료를 받은 때부터 마지막 날 24시까지. 다만, 보험증권에 기재된 보험기간 이전에 보험료를 받았을 경우에는 그 보험기간의 첫날 0시부터 시작합니다.</td></tr>
</table>

6 보험계약자의 의무사항

1. 계약 전 알릴 의무
   (1) 보험계약자는 보험계약을 맺기 위하여 청약을 할 때 다음의 사항에 대하여 알고 있는 사실을 보험회사에 알려야 합니다.
      ① 이 보험계약을 맺는 담보종목의 보상내용과 전부 또는 일부가 일치하는 다른 보험계약(공제계약을 포함합니다)을 맺고 있을 때 그 계약사항
      ② 이 보험계약을 맺고 있는 자동차(이하 '피보험자동차'라고 합니다)의 검사에 관한 사항
      ③ 용도, 차종, 등록번호(이에 준하는 번호도 포함합니다. 이하 같습니다), 차명, 연식, 적재정량, 구조 등 피보험자동차에 관한 사항
      ④ 이 보험계약을 맺기 직전에 피보험자동차에 대하여 가입했던 대인배상Ⅰ 또는 책임공제에 관한 사항
      ⑤ 기타 보험회사가 서면으로 질문한 사항 또는 보험청약서 기재사항 중에서 보험료의 계산에 영향을 미치는 사항
   (2) 보험회사는 이 보험계약을 맺은 후 보험계약자가 계약전 알릴 의무를 위반한 사실이 확인된 때에는 추가보험료를 더 받고 승인할 수 있습니다.
2. 계약 후 알릴 의무
   (1) 보험계약자는 보험계약을 맺은 후 다음의 사실이 생긴 것을 안 때에는 지체없이 보험회사에게 그 사실을 알리고 승인을 받아야 합니다. 이 경우 보험회사는 그 사실에 따라 보험료가 변경되는 경우에는 보험료를 더 받거나 돌려주고 계약을 승인할 수 있습니다.
      ① 이 보험계약을 맺는 담보종목의 보상내용과 전부 또는 일부가 일치하는 다른 보험계약(공제계약을 포함합니다)을 맺게 된 사실
      ② 용도, 차종, 등록번호, 적재정량, 구조 등 피보험자동차에 관한 사항이 변경된 사실
      ③ 피보험자동차에 화약류, 고압가스, 폭발물, 인화물 등의 위험물을 싣게 된 사실
      ④ 기타 위험이 뚜렷이 증가하거나 또는 적용할 보험료에 차이를 발생시키는 사실
   (2) 보험계약자는 보험증권에 기재된 주소 또는 연락처가 변경된 때에는 지체없이 보험회사에 알려야 합니다. 이를 알리지 않으면 보험회사가 알고 있는 최근의 주소로 통지하게 되므로 불이익을 당할 수도 있습니다.
3. 사고발생시의 의무
   (1) 보험계약자 또는 피보험자는 사고가 생긴 것을 안 때에는 다음의 사항을 이행하여야 합니다.
      ① 지체없이 손해의 방지와 경감에 힘쓰고, 남으로부터 손해배상을 받을 수 있는 권리가 있는 경우에는 그 권리(공동불법행위 등의 경우 연대채무자 상호간의 구상권을 포함합니다. 이하 같습니다)의 보전과 행사에 필요한 절차를 밟아야 합니다.
      ② 다음 사항을 보험회사에 지체없이 서면으로 알려야 합니다.
         가. 사고가 발생한 때, 곳, 상황 및 손해의 정도
         나. 피해자의 주소, 성명, 직업 및 연령
         다. 가해자의 주소와 성명
         라. 사고에 대하여 증인이 있을 때에는 그의 주소와 성명

마. 손해배상의 청구를 받은 때에는 그 내용

③ 손해배상의 청구를 받은 경우에는 미리 보험회사의 동의없이 그 전부 또는 일부를 합의하여서는 안됩니다. 그러나 피해자의 응급치료, 호송 그 밖의 긴급조치에 대하여는 보험회사의 동의를 필요로 하지 아니합니다.

④ 손해배상청구의 소송을 제기하려고 할 때 또는 제기 당한 때에는 지체없이 서면으로 보험회사에 알려야 합니다.

⑤ 피보험자동차를 도난당하였을 때에는 지체없이 그 사실을 경찰관서에 신고하여야 합니다.

⑥ 보험회사가 사고를 증명하는 서류 등 꼭 필요하다고 인정하는 서류와 증거를 요구한 경우에는 지체없이 이를 제출하여야 하며, 또한 보험회사가 손해를 조사하는 데에 협력하여야 합니다.

(2) 보험회사는 보험계약자 또는 피보험자가 정당한 이유없이 위 '(1)'에서 규정하고 있는 사항을 이행하지 아니한 경우에는, 그로 말미암아 늘어난 손해액이나 회복할 수 있었을 금액을 손해보상액에서 공제하거나 지급하지 아니합니다.

7 자동차 보험료의 계산방법

1. 자동차 보험료는 보험회사가 금융감독원에 신고한 후 사용하는 '자동차보험 요율서'에서 정한 방법에 의하여 계산합니다.

〈예시〉

납입할 보험료	=	기 본 보험료	×	특 약 요 율	×	가입자 특성요율 (보험가입 경력요율 ± 교통법규위반 경력요율)	×	특 별 요 율	×	우량할인·불량할증 요 율

- 기본보험료 : 차량의 종류, 배기량, 용도, 보험가입금액, 성별, 연령 등에 따라 미리 정해놓은 기본적인 보험료
- 특약요율 : 운전자의 연령범위를 제한하는 특약, 가족으로 운전자를 한정하는 특약 등 가입시에 적용하는 요율
- 가입자특성요율 : 보험가입기간이나 법규위반경력에 따라 적용하는 요율
- 특별요율 : 자동차의 구조나 운행실태가 같은 종류의 차량과 다른 경우 적용하는 요율
- 우량할인·불량할증요율 : 사고발생 실적에 따라 적용하는 요율

2. 보험기간의 개시 이전에 보험료의 변경이 있을 때에는 변경전의 보험료와 변경후의 보험료와의 차액을 더 받거나 돌려 드립니다.

3. 과오납 보험료의 반환
보험회사의 고의·과실로 피보험자에 대한 보험료 산정이 적정하지 아니하여 보험계약자가 적정보험료를 초과하여 납입한 경우, 보험회사는 이를 안 날 또는 보험계약자가 반환을 청구한 날로부터 10일 이내에 적정보험료를 초과하는 금액 및 이에 대한 납입한 날로부터 반환하는 날까지의 기간에 대한 이자(보험개발원이 공시한 정기예금이율을 적용하여 산정한 금액)를 돌려드립니다. 다만, 보험회사의 고의·과실이 없는 경우에는 적정보험료를 초과한 보험료만 돌려드립니다.

8 자동차 사고시 보상처리 흐름도

자동차사고가 발생한 경우 보상처리는 다음 그림의 절차에 따라 이루어집니다.

교통사고 발생	
⇩	
사고접수	•사고일시 및 장소 •사고상황 및 피해정도 •운전자 성명·주소 등 접수
⇩	
보험계약사항 확인 및 사고처리 안내	•보험가입 차량 여부 확인 •이후 사고처리 절차 안내
⇩	
사고조사 및 치료비(수리비) 지불보증	•보상책임 유무 결정 •병원·정비공장에 치료비(수리비) 지불보증
⇩	
보험금 산정	
⇩	
보험금 지급 합의	
⇩	
보험금 결정·지급	
⇩	
보험금 지급내역 및 향후 보험계약 갱신시 변동사항 안내	

⑼ **분쟁, 합의, 관할법원**

1. 분쟁의 조정

이 보험계약의 내용 또는 보험금의 지급 등에 관하여 보험회사와 보험계약자, 피보험자, 손해배상청구권자, 기타 이해관계인과의 사이에 분쟁이 있는 경우에는 금융감독원에 설치된 금융분쟁조정위원회의 조정을 받을 수 있습니다.

2. 합의·절충·중재·소송의 협조·대행

(1) 보험회사는 피보험자의 법률상 손해배상책임을 확정하기 위하여 피보험자가 손해배상청구권자와 행하는 합의·절충·중재 또는 소송(확인의 소를 포함합니다)에 대하여 협조하거나, 피보험자를 위하여 이러한 절차를 대행할 수 있습니다.

(2) 보험회사는 피보험자에 대하여 보상책임을 지는 한도(동일한 사고로 이미 지급한 보험금이나 가지급보험금이 있는 경우에는 그 금액을 공제한 액수; 이하 같습니다) 내에서 위 '(1)'의 절차에 협조하거나 대행합니다.

(3) 보험회사가 위 '(1)'의 절차에 협조하거나 대행하는 경우에는 피보험자는 보험회사의 요청에 따라 협력해야 합니다. 피보험자가 정당한 이유없이 협력하지 아니하는 경우에는 그로 말미암아 늘어난 손해에 대해서 보상하지 아니합니다.

(4) 보험회사는 다음의 경우에는 위 '(1)'의 절차를 대행하지 아니합니다.

① 피보험자가 손해배상청구권자에 대하여 부담하는 법률상의 손해배상책임액이 보험증권에 기재된 보험가입금액을 명백하게 초과하는 때

② 피보험자가 정당한 이유없이 협력하지 아니하는 때

3. 공탁금의 대부

보험회사가 위 '2.(1)'의 절차를 대행하는 경우에는, 피보험자에 대하여 보상책임을 지는 한도 내에서, 가압류나 가집행을 면하기 위한 공탁금을 피보험자에게 대부할 수 있으며 이에 소요

되는 비용을 보상합니다. 이 경우 대부금의 이자는 공탁금에 붙여지는 것과 같은 율로 하며, 피보험자는 공탁금(이자를 포함합니다)의 회수청구권을 보험회사에 양도하여야 합니다.

4. 관할법원
이 보험계약에 관한 소송은 보험회사의 본점 또는 지점 소재지 중 보험계약자 또는 피보험자가 선택하는 대한민국내의 법원을 합의에 따른 관할법원으로 합니다.

Ⅱ. 담보종목별 보상내용

10 배상책임 (대인배상Ⅰ, 대인배상Ⅱ, 대물배상)

'대인배상Ⅰ(책임보험)' 및 '대물배상'은 자동차손해배상보장법에 의한 '의무보험'을 말하며, 자동차를 소유한 사람이면 누구나 가입하여야 합니다. 또한 '대인배상Ⅱ'는 '대인배상Ⅰ'에 가입하는 경우에 한하여 가입할 수 있습니다.

1. 보상내용
   (1) 보험회사는 피보험자가 피보험자동차를 소유, 사용, 관리하는 동안에 생긴 피보험자동차의 사고로 인하여 남을 죽게 하거나 다치게 한 때 또는 남의 재물을 없애거나 훼손한 때에 법률상 손해배상책임을 짐으로써 입은 손해를 보상합니다. 다만, 대인배상Ⅰ은 자동차손해배상보장법에 의한 손해배상책임에 한합니다.
   (2) 보험회사는 이 약관의 '보험금지급기준에 의해 산출한 금액'과 '비용'을 합한 액수에서 '공제액'을 공제한 후 보험금으로 지급하며, 대인배상Ⅰ의 경우에는 '자동차손해배상보장법령에서 정한 액수', 대인배상Ⅱ와 대물배상의 경우 '보험증권에 기재된 보험가입금액'을 한도로 합니다.

지급 보험금	=	보험금지급기준에 의해 산출한 금액 또는 법원의 확정판결에 의하여 피보험자가 배상하여야 할 금액	+	비용	-	공제액

   ① 소송이 제기되었을 경우에는 대한민국 법원의 확정판결에 의하여 피보험자가 손해배상청구권자에게 배상하여야 할 금액(지연배상금을 포함합니다)을 위 '보험금지급기준에 의해 산출한 금액'으로 봅니다.
   ② 위 '비용'은 다음의 금액을 말합니다. 이 비용은 보험가입금액과 관계없이 보상하여 드립니다.
      가. 손해의 방지와 경감을 위하여 지출한 비용(긴급조치비용을 포함합니다)
      나. 남으로부터 손해배상을 받을 수 있는 권리의 보전과 행사를 위하여 지출한 필요 또는 유익한 비용
      다. 기타 보험회사의 동의를 얻어 지출한 비용
   ③ 위 '공제액'은 대인배상Ⅱ의 경우 '대인배상Ⅰ로 지급되는 금액' 또는 피보험자동차가 대인배상Ⅰ에 가입되어 있지 아니한 경우에는 대인배상Ⅰ로 지급될 수 있는 금액, 대물배상의 경우 사고차량을 고칠 때에 부득이 엔진, 미션 등 중요한 부분을 새 부분품을 교환한 경우 '그 교환된 기존 부분품의 감가상각에 해당하는 금액'을 말합니다.
2. 피보험자의 범위
   피보험자는 보험회사에 보상을 청구할 수 있는 사람으로 그 범위는 다음과 같습니다.
   (1) 보험증권에 기재된 피보험자(이 약관에서 '기명피보험자'라고 합니다)
   (2) 기명피보험자와 같이 살거나 살림을 같이 하는 친족으로서 피보험자동차를 사용 또는 관리중인 자
   (3) 기명피보험자의 승낙을 얻어 피보험자동차를 사용하거나 관리중인 자. 다만, 대인배상Ⅱ나

대물배상의 경우 자동차정비업, 주차장업, 급유업, 세차업, 자동차판매업, 자동차탁송업 등 자동차를 취급하는 것을 업으로 하는 자(이들의 피용자 및 이들이 법인인 경우에는 그 이사와 감사를 포함합니다)가 업무로서 위탁받은 피보험자동차를 사용 또는 관리하는 경우에는 피보험자로 보지 아니합니다.〈개정 2006.11.30.〉

(4) 기명피보험자의 사용자 또는 계약에 의하여 기명피보험자의 사용자에 준하는 지위를 얻은 자. 다만, 기명피보험자가 피보험자동차를 사용자의 업무에 사용하고 있는 때에 한합니다.

(5) 위 '(1)' 내지 '(4)'에서 규정하는 피보험자를 위하여 피보험자동차를 운전(용어정의②)중인 자(운전보조자를 포함합니다). 다만, 대인배상Ⅰ의 경우 자동차손해배상보장법상 자동차보유자의 손해배상책임이 발생한 경우를 말하며, 대인배상Ⅱ나 대물배상의 경우 자동차정비업, 주차장업, 급유업, 세차업, 자동차판매업, 자동차탁송업 등 자동차를 취급하는 것을 업으로 하는 자(이들의 피용자 및 이들이 법인인 경우에는 그 이사와 감사를 포함합니다)가 업무로서 위탁받은 피보험자동차를 사용 또는 관리하는 경우에는 피보험자로 보지 아니합니다.〈개정 2006.11.30.〉

11 자기신체사고

1. 보상내용

(1) 보험회사는 피보험자가 피보험자동차를 소유, 사용, 관리하는 동안에 생긴 피보험자동차의 사고로 인하여 죽거나 다친 때 그로 인한 손해를 보상하여 드립니다.

(2) 보험회사가 자기신체사고에 대하여 지급하는 보험금의 종류와 한도는 다음과 같습니다.

① 사망

피보험자가 상해를 입은 직접적인 결과로 사망하였을 때에는, 보험증권에 기재된 사망보험가입금액을 한도로 지급합니다.

② 부상

피보험자가 상해를 입은 직접적인 결과로 의사의 치료를 요하는 때에는, '26 자기신체사고 지급기준'의 '1) 상해구분 및 급별 보험가입금액표'상의 보험가입금액을 한도로 합니다.

③ 후유장해

피보험자가 상해를 입은 직접적인 결과로 치료를 받은 후에도 신체에 장해가 남은 때에는 '26 자기신체사고 지급기준'의 '2) 후유장해구분 및 급별 보험가입금액표'에 따라, 보험증권에 기재된 후유장해 보험가입금액에 해당하는 각 장해등급별 보험금액을 한도로 합니다.

(3) 위 '(2)'의 사망, 부상, 후유장해의 지급보험금은 다음과 같은 방법으로 각각 계산합니다.

지급보험금	=	실제손해액	-	공제액

가. 실제손해액은 24 대인배상, 무보험자동차에 의한 상해 지급기준에 따라 산출한 금액 및 소송이 제기된 경우 확정판결 금액으로써 과실상계 및 보상한도를 적용하기 전의 금액을 말합니다.

나. '공제액'은 다음의 금액을 말합니다.

i) 자동차보험(공제계약 포함) 대인배상Ⅰ(정부보장사업 포함) 및 대인배상Ⅱ에 의해 보상받을 수 있는 금액

ii) 배상의무자 이외의 제3자로부터 보상받은 금액

다. 다만, '나'의 '공제액'이 발생하지 않는 경우에는 사망의 경우 보험증권에 기재된 사망보험가입금액, 부상의 경우 실제 소요된 치료비(성형수술비 포함), 후유장해의 경우 보험증권에 기재된 후유장해 보험가입금액에 해당하는 각 장해 등급별 보험금액을 각각 지급합니다.

(4) 피보험자가 사고당시 탑승중 안전벨트를 착용하지 아니한 경우에는 위 '(3)'에 의하여 계산된 자기신체사고보험금에서 운전석 또는 그 옆좌석은 20%, 뒷좌석은 10%에 상당하는 금액

을 공제하고 지급합니다.

(5) 보험회사가 사망보험금을 지급할 경우에 이미 후유장해로 지급한 보험금이 있을 때에는 사망보험금에서 이를 공제한 금액을 지급합니다. 다만 보험계약자인 기명피보험자가 본인의 사망보험금 수익자를 지정하거나 변경하고 그 사실을 보험회사에 서면으로 통지한 경우에는 그 수익자에게 보험금을 지급합니다.

2. 피보험자의 범위

(1) 피보험자는 보험회사에 보상을 청구할 수 있는 사람으로 그 범위는 다음과 같습니다.

① '⑩ 배상책임'의 대인배상Ⅱ에 해당하는 피보험자

② 위 '①'의 피보험자의 부모, 배우자 및 자녀(용어정의④)

(2) 위 '(1)'에서 규정하는 피보험자가 입은 손해에 대하여 피보험자동차가 가입한 대인배상Ⅱ 또는 무보험자동차에 의한 상해에 의하여 보상을 받을 수 있는 때에는 피보험자로 보지 아니합니다.

⑫ 무보험자동차에 의한 상해

'무보험자동차에 의한 상해' 는 '대인배상Ⅰ', '대인배상Ⅱ', '대물배상', '자기신체사고'에 모두 가입하는 경우에 한하여 가입할 수 있습니다.

1. 보상내용

(1) 보험회사는 피보험자가 무보험자동차(용어정의⑤)에 의하여 생긴 사고로 죽거나 다친 때, 그로 인한 손해에 대하여 배상의무자(용어정의⑥)가 있는 경우에 이 약관에서 정한 바에 따라 보상하여 드립니다.

(2) 보험회사는 이 약관의 '보험금지급기준에 의해 산출한 금액'과 '비용'을 합한 액수에서 '공제액'을 공제한 후 보험금으로 지급합니다.

지급보험금	=	보험금지급기준에 의해 산출한 금액	+	비 용	-	공제액

① 위 '지급보험금'은 피보험자 1인당 2억원을 한도로 합니다.

② 위 '비용'은 다음의 금액을 말합니다. 이 비용은 보험가입금액과 관계없이 보상하여 드립니다.

가. 손해의 방지와 경감을 위하여 지출한 비용

나. 남으로부터 손해배상을 받을 수 있는 권리의 보전과 행사를 위하여 지출한 비용

③ 위 '공제액'은 다음의 금액을 말합니다.

가. 대인배상Ⅰ(책임공제 및 정부보장사업을 포함합니다)에 의하여 지급될 수 있는 금액

나. 자기신체사고에 의하여 지급될 수 있는 금액. 다만, 자기신체사고 보험금의 청구를 포기한 경우에는 공제하지 아니합니다.

다. 배상의무자가 가입한 대인배상Ⅱ 또는 공제계약에 의하여 지급될 수 있는 금액

라. 피보험자가 탑승 중이었던 자동차가 가입한 대인배상Ⅱ 또는 공제계약에 의하여 지급될 수 있는 금액

마. 피보험자가 배상의무자로부터 이미 지급받은 손해배상액

바. 배상의무자가 아닌 제3자가 부담할 금액으로 피보험자가 이미 지급받은 금액

2. 피보험자의 범위

(1) 피보험자는 보험회사에 보상을 청구할 수 있는 사람으로 그 범위는 다음과 같습니다.

① 기명피보험자 및 기명피보험자의 배우자(피보험자동차에 탑승 중이었는지 여부를 불문합니다)

② 기명피보험자 또는 그 배우자의 부모 및 자녀(피보험자동차에 탑승 중이었는지 여부를

불문합니다)

③ 피보험자동차에 탑승중인 경우로 기명피보험자의 승낙을 얻어 피보험자동차를 사용 또는 관리중인 자. 다만, 자동차정비업, 주차장업, 급유업, 세차업, 자동차판매업, 자동차탁송업 등 자동차를 취급하는 것을 업으로 하는 자(이들의 피용자 및 이들이 법인인 경우에는 그 이사와 감사를 포함합니다)가 업무로서 위탁받은 피보험자동차를 사용 또는 관리하는 경우에는 피보험자로 보지 아니합니다.〈개정 2006.11.30.〉

④ 위 '①' 내지 '③'에서 규정하는 피보험자를 위하여 피보험자동차를 운전 중인 자. 다만, 자동차정비업, 주차장업, 급유업, 세차업, 자동차판매업, 자동차탁송업 등 자동차를 취급하는 것을 업으로 하는 자(이들의 피용자 및 이들이 법인인 경우에는 그 이사와 감사를 포함합니다)가 업무로서 위탁받은 피보험자동차를 사용 또는 관리하는 경우에는 피보험자로 보지 아니합니다. 〈개정 2006.11.30.〉

(2) 위 '(1)'의 피보험자가 입은 손해에 대하여 피보험자동차가 가입한 대인배상Ⅱ에 의하여 보상을 받을 수 있는 때에는 피보험자로 보지 아니합니다.

13 자기차량손해

1. 보상내용

(1) 보험회사는 피보험자가 피보험자동차를 소유, 사용, 관리하는 동안에 다음과 같은 사고로 인하여 피보험자동차에 직접적으로 생긴 손해를 보상합니다. 이 경우 피보험자동차에 통상 붙어있거나 장치되어 있는 부속품과 부속기계장치는 피보험자동차의 일부로 봅니다. 그러나, 통상 붙어 있거나 장치되어 있는 것이 아닌 것은 보험증권에 기재한 것에 한합니다.

① 타차 또는 타물체(용어정의⑦)와의 충돌, 접촉, 추락, 전복 또는 차량의 침수(용어정의⑧)로 인한 손해

② 화재, 폭발, 낙뢰, 날아온 물체, 떨어지는 물체에 의한 손해 또는 풍력에 의해 차체에 생긴 손해

③ 피보험자동차 전부의 도난으로 인한 손해. 그러나, 피보험자동차에 장착 또는 장치되어 있는 일부 부분품, 부속품, 부속기계장치만의 도난에 대해서는 보상하지 아니합니다.

(2) 보험회사는 '피보험자동차에 생긴 손해액'과 '비용'을 합한 액수에서 보험증권에 기재된 '자기부담금'을 공제한 후 보험금으로 지급합니다.

지급 보험금	=	피보험자동차에 생긴 손해액	+	비 용	-	보험증권에 기재된 자기부담금

① 위 '피보험자동차에 생긴 손해액'은 보험가액(용어정의⑨)을 기준으로 다음과 같이 결정합니다.

가. 보험증권에 기재된 보험가입금액을 한도로 보상하며, 보험가입금액이 보험가액보다 많은 경우에는 보험가액을 한도로 보상합니다.

나. 피보험자동차의 손상을 고칠 수 있는 경우에는, 사고가 생기기 바로 전의 상태로 만드는데 드는 수리비. 다만, 잔존물이 있는 경우에는 그 값을 공제합니다.

다. 피보험자동차를 고칠 때에 부득이 새 부분품을 쓴 경우 에는, 그 부분품의 값과 그 부착 비용을 합한 금액. 다만, 엔진, 미션 등 중요한 부분을 새 부분품으로 교환한 경우 그 교환된 기존 부분품의 감가상각에 해당하는 금액을 공제합니다.

라. 피보험자동차가 제힘으로 움직일 수 없는 경우에는, 이를 고칠 수 있는 가까운 정비공장이나 보험회사가 지정하는 곳까지 운반하는데 든 비용 또는 그 곳까지 운반하는 데 든 임시수리비용 중에서 정당하다고 인정되는 부분은 보상하여 드립니다.

② 위 '비용'은 다음의 금액을 말합니다. 이 비용은 보험가입금액과 관계없이 보상하여 드립니다.

가. 손해의 방지와 경감을 위하여 지출한 비용

나. 남으로부터 손해배상을 받을 수 있는 권리의 보전과 행사를 위하여 지출한 비용

③ 위 '자기부담금'은 피보험자동차에 전부손해(용어정의⑩)가 생긴 경우 또는 보험회사가 보상하여야 할 금액이 보험가입금액 전액 이상인 경우에는 공제하지 않습니다.

(3) 보험회사는 피보험자동차에 생긴 손해에 대하여 보험회사가 필요하다고 인정하는 경우에는, 피보험자의 동의를 얻어 수리 또는 대용품의 교부로써 보험금의 지급을 대신할 수 있습니다.

(4) 보험회사가 보상한 손해가 전부손해일 경우 또는 보험회사가 보상한 금액이 보험가입금액 전액 이상인 경우에는 자기차량손해의 보험계약은 사고 발생시에 종료합니다.

(5) 보험회사가 피보험자동차의 전부손해에 대하여 보험금 전액을 지급한 경우에는 피해물을 인수합니다. 이 경우 보험가입금액이 보험가액보다 적을 때에는 보험가입금액의 보험가액에 대한 비율에 따라 피해물을 인수합니다. 그러나, 보험회사가 피해물을 인수하지 아니한다는 뜻을 표시하고 보험금을 지급하는 경우에는 피해물에 대한 피보험자의 권리가 보험회사에 이전되지 아니합니다.

2. 피보험자의 범위

피보험자는 보험회사에 보상을 청구할 수 있는 사람으로 보험증권에 기재된 기명피보험자입니다.

[14] 보험회사가 보상하지 않는 사항 (면책사항)

1. 일반 면책사항

구 분	보상하지 않는 경우
(1) 대인배상 I	보험계약자 또는 피보험자의 고의로 인한 손해. 다만, 자동차손해배상보장법 제10조의 규정에 따라 보험회사에 직접청구를 한 경우에는, 보험회사는 자동차손해배상보장법령에서 정한 액수를 한도로 피해자에게 손해배상액을 지급하고 피보험자에게 그 금액의 지급을 청구합니다.
(2) 대인배상 II	① 보험계약자 또는 피보험자의 고의로 인한 손해 ② 전쟁, 혁명, 내란, 사변, 폭동, 소요 및 이와 유사한 사태에 기인한 손해 ③ 지진, 분화, 태풍, 홍수, 해일 등의 천재지변에 의한 손해 ④ 핵연료물질의 직접 또는 간접적인 영향에 기인한 손해 ⑤ 요금이나 대가를 목적으로 반복적으로 피보험자동차를 사용하거나 대여한 때에 생긴 손해. 다만, 1개월 이상의 기간을 정한 임대차계약에 의하여 임차인이 피보험자동차를 전속적으로 사용하는 경우에는 보상합니다. 그러나, 임차인이 피보험자동차를 요금이나 대가를 목적으로 반복적으로 사용하는 경우에는 보상하지 아니합니다. ⑥ 피보험자가 손해배상에 관하여 제3자와의 사이에 다른 계약을 맺고 있을 때 그 계약으로 말미암아 늘어난 손해 ⑦ 피보험자 본인이 무면허운전(용어정의⑪)을 하였거나, 기명피보험자의 명시적·묵시적 승인하에서 피보험자동차의 운전자가 무면허운전을 하였을 때에 생긴 사고로 인한 손해 ⑧ 피보험자동차를 시험용, 경기용 또는 경기를 위해 연습용으로 사용하던 중 생긴 손해. 다만, 운전면허시험을 위한 도로주행시험용으로 사용하던 중 생긴 손해는 보상합니다. ⑨ 다음에 해당하는 사람이 죽거나 다친 경우 가. 기명피보험자 또는 그 부모, 배우자 및 자녀 나. 피보험자동차를 운전중인 자(운전보조자를 포함합니다) 또는 그 부모, 배우자 및 자녀

구 분	보상하지 않는 경우
	다. 기명피보험자로부터 허락을 얻어 피보험자동차를 운행하는 자 또는 그 부모, 배우자 및 자녀 라. 위 '나.' 및 '다.'의 '그 부모, 배우자 및 자녀'에 대해서는 이들에 대한 기명피보험자의 법률상 손해배상책임이 성립하는 경우에는 그 손해를 보상합니다. 마. 배상책임이 있는 피보험자의 피용자로서 산업재해보상보험법에 의한 재해보상을 받을 수 있는 사람. 다만, 그 사람이 입은 손해가 동법에 의한 보상범위를 넘어서는 경우에는 그 초과손해는 보상합니다. 바. 피보험자가 피보험자동차를 사용자의 업무에 사용하는 경우 그 사용자의 업무에 종사중인 다른 피용자로서 산업재해보상보험법에 의한 재해보상을 받을 수 있는 사람. 다만, 그 사람이 입은 손해가 동법에 의한 보상범위를 넘는 경우에는 그 초과손해는 보상합니다. 사. 위 '마.' 및 '바.'의 규정은 각각의 피보험자 모두에게 개별적으로 적용합니다. 다만, 이로 인하여 약관에서 정한 보험금의 한도액이 증액되지는 아니합니다.
(3) 대물배상	① 보험계약자 또는 피보험자의 고의로 인한 손해 ② 전쟁, 혁명, 내란, 사변, 폭동, 소요 및 이와 유사한 사태에 기인한 손해 ③ 지진, 분화, 태풍, 홍수, 해일 등의 천재지변에 의한 손해 ④ 핵연료물질의 직접 또는 간접적인 영향에 기인한 손해 ⑤ 요금이나 대가를 목적으로 반복적으로 피보험자동차를 사용하거나 대여한 때에 생긴 손해. 다만, 1개월 이상의 기간을 정한 임대차계약에 의하여 임차인이 피보험자동차를 전속적으로 사용하는 경우에는 보상합니다. 그러나, 임차인이 피보험자동차를 요금이나 대가를 목적으로 반복적으로 사용하는 경우는 보상하지 아니합니다. ⑥ 피보험자가 손해배상에 관하여 제3자와의 사이에 다른 계약을 맺고 있을 때 그 계약으로 말미암아 늘어난 손해 ⑦ 피보험자 본인이 무면허운전을 하였거나, 기명피보험자의 명시적·묵시적 승인하에서 피보험자동차의 운전자가 무면허운전을 하였을 때에 생긴 사고로 인한 손해. 다만, 자동차손해배상보장법 제5조 제2항의 규정에 따라 자동차보유자가 의무적으로 가입하여야 하는 대물배상 보험가입금액 한도내에서는 보상합니다. ⑧ 피보험자동차를 시험용, 경기용 또는 경기를 위해 연습용으로 사용하던 중 생긴 손해. 다만, 운전면허시험을 위한 도로주행시험용으로 사용하던 중 생긴 손해는 보상합니다. ⑨ 피보험자 또는 그 부모, 배우자 및 자녀가 소유, 사용 또는 관리하는 재물에 생긴 손해 ⑩ 피보험자가 사용자의 업무에 종사하고 있을 때 피보험자의 사용자가 소유, 사용 또는 관리하는 재물에 생긴 손해 ⑪ 피보험자동차에 싣고 있거나 운송중인 물품에 생긴 손해 ⑫ 남의 서화, 골동품, 조각물, 기타 미술품과 탑승자와 통행인의 의류나 휴대품(용어정의⑫)에 생긴 손해 ⑬ 탑승자와 통행인의 분실 또는 도난으로 인한 소지품(용어정의⑫)에 생긴 손해. 그러나, 훼손된 소지품에 대하여는 피해자 1인당 200만원의 한도 내에

구 분	보상하지 않는 경우
	서 실손 보상합니다. ⑭위 '⑩' 의 규정은 각각의 피보험자 모두에게 개별적으로 적용합니다. 다만, 이로 인하여 약관에서 정한 보험금의 한도액이 증액되지는 아니합니다.
(4) 자기신체사고	① 피보험자의 고의로 그 본인이 상해를 입은 때. 이 경우 당해 피보험자에 대한 보험금만 지급하지 아니합니다. ② 피보험자가 범죄를 목적으로 피보험자동차를 사용하던 중 또는 싸움, 자살행위로 그 본인이 상해를 입은 때. 이 경우 당해 피보험자에 대한 보험금만 지급하지 아니합니다. ③ 상해가 보험금을 받을 자의 고의로 생긴 때에는 그 사람이 받을 수 있는 금액 ④ 피보험자가 마약 또는 약물 등(용어정의⑬)의 영향에 의하여 정상적인 운전을 하지 못하는 상태에서 운전하던 중 생긴 사고로 그 본인이 상해를 입은 때. 이 경우 당해 피보험자에 대한 보험금만 지급하지 아니합니다. ⑤ 피보험자동차 또는 피보험자동차 이외의 자동차를 시험용, 경기용 또는 경기를 위해 연습용으로 사용하던 중 생긴 손해. 다만, 운전면허시험을 위한 도로주행시험용으로 사용하던 중 생긴 손해는 보상합니다. ⑥ 전쟁, 혁명, 내란, 사변, 폭동, 소요 및 이와 유사한 사태에 기인한 손해 ⑦ 지진, 분화 등 천재지변에 의한 손해 ⑧ 핵연료물질의 직접 또는 간접적인 영향에 기인한 손해 ⑨ 요금이나 대가를 목적으로 반복적으로 피보험자동차를 사용하거나 대여한 때에 생긴 손해. 다만, 1개월 이상의 기간을 정한 임대차계약에 의하여 임차인이 피보험자동차를 전속적으로 사용하는 경우는 보상합니다. 그러나, 임차인이 피보험자동차를 요금이나 대가를 목적으로 반복적으로 사용하는 경우는 보상하지 아니합니다.
(5) 무보험자동차에 의한 상해	① 보험계약자 또는 피보험자의 고의로 인한 손해 ② 전쟁, 혁명, 내란, 사변, 폭동, 소요 및 이와 유사한 사태에 기인한 손해 ③ 지진, 분화, 태풍, 홍수, 해일 등 천재지변에 의한 손해 ④ 핵연료물질의 직접 또는 간접적인 영향에 기인한 손해 ⑤ 요금이나 대가를 목적으로 반복적으로 피보험자동차를 사용하거나 대여한 때에 생긴 손해. 다만, 1개월 이상의 기간을 정한 임대차계약에 의하여 임차인이 피보험자동차를 전속적으로 사용하는 경우는 보상합니다. 그러나, 임차인이 피보험자동차를 요금이나 대가를 목적으로 반복적으로 사용하는 경우는 보상하지 아니합니다. ⑥ 피보험자가 범죄를 목적으로 피보험자동차를 사용하던 중 또는 싸움, 자살행위로 생긴 손해 ⑦ 피보험자가 마약 또는 약물 등의 영향에 의하여 정상적인 운전을 하지 못하는 상태에서 운전하던 중 생긴 사고로 인한 손해 ⑧ 피보험자동차 또는 피보험자동차 이외의 자동차를 시험용. 경기용 또는 경기를 위해 연습용으로 사용하던 중 생긴 손해. 다만, 운전면허시험을 위한 도로주행시험용으로 사용하던 중 생긴 손해는 보상합니다. ⑨ 기명피보험자나 보험증권에 기재된 범위내의 운전자가 아닌 사람이 피보험자동차를 운전하였을 때 생긴 사고로 인한 손해 ⑩ 피보험자 본인의 무면허 운전중 생긴 사고로 인한 손해 ⑪ 피보험자가 자동차등록증 등에 사업용(영업용)으로 기재되어 있는 자동차

구 분	보상하지 않는 경우
	를 운전하던 중 생긴 사고로 인한 손해. 다만, 대여사업용 자동차의 경우 영리를 목적으로 요금이나 대가를 받고 사용하지 않는 때에는 보상합니다. ⑫ 다음의 사람이 배상의무자일 경우에는 보상하지 아니합니다. 가. 상해를 입은 피보험자의 부모, 배우자 및 자녀. 다만, 이들이 무보험자동차를 운전하지 않은 경우로서 이들 이외에 다른 배상의무자가 있는 경우에는 보상합니다. 나. 피보험자가 사용자의 업무에 종사하고 있을 때 피보험자의 사용자 또는 피보험자의 사용자의 업무에 종사중인 다른 피용인
(6) 자기차량손해	① 보험계약자, 피보험자, 이들의 법정대리인 또는 피보험자와 살림을 같이 하거나 같이 사는 친족의 고의로 인한 손해 ② 전쟁, 혁명, 내란, 사변, 폭동, 소요 및 이와 유사한 사태에 기인한 손해 ③ 지진, 분화 등 천재지변에 의한 손해 ④ 핵연료물질의 직접 또는 간접적인 영향에 기인한 손해 ⑤ 요금이나 대가를 목적으로 반복적으로 피보험자동차를 사용하거나 대여한 때에 생긴 손해. 다만, 1개월 이상의 기간을 정한 임대차계약에 의하여 임차인이 피보험자동차를 전속적으로 사용하는 경우는 보상합니다. 그러나, 임차인이 피보험자동차를 요금이나 대가를 목적으로 반복적으로 사용하는 경우는 보상하지 아니합니다. ⑥ 소유권이 유보된 매매계약이나 대차계약에 따라 피보험자동차를 산 사람 또는 빌어 쓴 사람의 고의로 인한 손해 ⑦ 사기 또는 횡령으로 인한 손해 ⑧ 국가나 공공단체의 공권력 행사에 의한 압류, 징발, 몰수, 파괴 등으로 인한 손해 그러나, 소방이나 피난에 필요한 조치로서 취하여진 경우에는 그 손해를 보상합니다. ⑨ 피보험자동차에 생긴 흠, 마멸, 부식, 녹, 그 밖의 자연소모로 인한 손해 ⑩ 피보험자동차의 일부 부분품, 부속품, 부속기계장치만의 도난으로 인한 손해 ⑪ 동파로 인한 손해 또는 우연한 외래의 사고에 직접 관련이 없는 전기적, 기계적 손해 ⑫ 피보험자동차를 시험용, 경기용 또는 경기를 위해 연습용으로 사용하던 중 생긴 손해. 다만, 운전면허시험을 위한 도로주행시험용으로 사용하던 중 생긴 손해는 보상합니다. ⑬ 피보험자동차를 운송 또는 싣고 내릴 때에 생긴 손해 ⑭ 피보험자동차가 주정차중일 때 피보험자동차의 타이어나 튜브에만 생긴 손해. 다만 다른 자동차가 충돌하거나 접촉하여 입은 손해와 화재, 산사태로 입은 손해는 보상합니다. ⑮ 보험계약자, 피보험자, 이들의 법정대리인, 피보험자와 같이 살거나 살림을 같이하는 친족, 피보험자동차를 빌어 쓴 사람 또는 피보험자동차에 관계되는 이들의 피용자(운전자를 포함)가 마약 또는 약물 등의 영향에 의하여 정상적인 운전을 하지 못할 상태에서 피보험자동차를 운전하고 있는 때에 생긴 손해 ⑯ 보험계약자, 피보험자, 이들의 법정대리인, 피보험자와 같이 살거나 살림을 같이 하는 친족, 피보험자동차를 빌어 쓴 사람 또는 피보험자동차에 관계되는 이들의 피용자(운전자를 포함)가 무면허운전을 하였거나 음주운전(용어정의⑭)을 하였을 때에 생긴 손해

2. 음주운전 또는 무면허운전 관련 자기부담금
피보험자가 음주운전 또는 무면허운전을 하는 동안의 사고로 인하여 보험회사가 보험금을 지급하게 되는 경우, 다음 금액은 피보험자가 부담하여야 합니다.

구 분	음주운전·무면허운전 사고부담금
대인배상Ⅰ·Ⅱ및 대물배상	① 다음의 경우는 피보험자가 음주운전사고부담금(1 사고당 대인배상Ⅰ·Ⅱ : 200만원, 대물배상 : 50만원) 또는 무면허운전사고부담금(1 사고당 대인배상Ⅰ : 200만원, 대물배상 : 50만원)을 부담하여야 합니다. 가. 피보험자 본인이 음주운전 또는 무면허운전을 하 였거나, 나. 피보험자의 명시적·묵시적 승인 하에서 피보험자동차의 운전자가 음주운전 또는 무면허운전을 하였을 때에 생긴 사고로 손해를 입은 경우 ② 피보험자는 지체없이 음주운전 또는 무면허운전 사고 부담금을 보험회사에 납입하여야 합니다. 다만, 피보험자가 경제적인 사유 등으로 동 사고부담금을 미납하였을 때 보험회사는 피해자에게 동 사고부담금을 포함하여 손해배상액을 우선 지급하고 피보험자에게 동 사고부담금의 지급을 청구할 수 있습니다.

⑮ 보험금의 청구와 지급
1. 피보험자의 보험금의 청구와 지급
(1) 피보험자는 각 담보별로 다음의 경우에 보험금을 청구할 수 있습니다.

담보종류	청구할 수 있는 경우
대인배상Ⅰ, 대인배상Ⅱ, 대물배상	대한민국 법원에 의한 판결의 확정, 재판상의 화해, 중재 또는 서면에 의한 합의로 손해배상액이 확정된 때
자기신체 사 고	① 사망보험금의 경우에는 피보험자가 사망한 때 ② 부상보험금의 경우에는 피보험자의 상해등급 및 치료비가 확정된 때 ③ 후유장해보험금의 경우에는 피보험자에게 후유장해가 생긴 때
무보험자동차에 의한 상해	피보험자가 무보험자동차에 의해 생긴 사고로 죽거나 다친 때
자기차량 손해	사고가 발생한 때. 다만, 피보험자동차를 도난당한 경우에는 도난사실을 경찰관서에 신고한 후 30일이 지난 때에 보험금을 청구할 수 있습니다. 만약, 경찰관서에 신고한 후 30일이 지나 보험금을 청구하였으나 피보험자동차가 회수된 경우에는, 보험금의 지급 및 피보험자동차의 반환여부는 피보험자의 의사에 따릅니다.

(2) 청구절차 및 유의사항
① 보험회사는 보험금 청구에 관한 서류를 받은 때에는 지체없이 지급할 보험금액을 정하고 그 정하여진 날로부터 7일 이내에 지급합니다.
② 삭제 〈2011.1.19〉
③ 보험회사는 위 '①'에서 정한 지급기일 내에 보험금을 지급하지 아니하였을 때에는, 그 다음날부터 지급일까지의 기간에 대하여 보험개발원이 공시한 정기예금이율에 의한 이자를 보험금에 더하여 드립니다. 그러나, 피보험자, 손해배상청구권자 등의 책임있는 사유로 지급이 지연된 때에는 그 해당기간에 대한 이자는 더하여 드리지 아니합니다.

④ 보험회사는 손해배상청구권자가 손해배상을 받기 전에는 보험금의 전부 또는 일부를 피보험자에게 지급하지 않으며, 피보험자가 손해배상청구권자에게 지급한 손해배상액을 초과하여 피보험자에게 지급하지 않습니다.

⑤ 피보험자의 보험금 청구가 손해배상청구권자의 직접청구와 경합하는 때에는 보험회사는 손해배상청구권자에게 우선하여 보험금을 지급합니다.

⑥ 대인배상Ⅰ, 대인배상Ⅱ, 자기신체사고, 무보험자동차에 의한 상해의 경우에는 보험회사는 피보험자의 청구가 있거나 기타 원인에 의하여 대인사고 피해자가 발생한 사실을 안 때에는 피해자를 진료하는 의료기관에 당해 진료에 따른 자동차보험 진료수가의 지급의사 유무 및 지급한도 등을 통지합니다.

⑦ 무보험자동차에 의한 상해의 경우에는 피보험자는 배상의무자에 대하여 지체없이 서면으로 손해배상청구를 한 후 보험회사에 보험금을 청구해야 합니다.

(3) 제출서류

보험금 청구시 필요 서류	대인배상	대물배상	자기차량손해	자기신체사고	무보험자동차에 의한 상해
보험금 청구서	○	○	○	○	○
손해액을 증명하는 서류 (진단서 등)	○	○	○	○	○
손해배상의 이행사실을 증명하는 서류	○	○			
사고발생의 때와 장소 및 사고사실이 신고된 관할 경찰서			○		○
배상의무자의 주소, 성명 또는 명칭, 차량번호					○
배상의무자의 손해를 보상할 대인배상Ⅱ 또는 공제계약의 유무 및 내용					○
배상의무자에게 서면으로 행한 손해배상청구의 금액과 내용					○
피보험자가 입은 손해를 보상할 대인배상Ⅱ 또는 공제계약, 배상의무자 또는 제3자로부터 이미 지급받은 손해배상금이 있을 때에는 그 금액					○
도난 및 전손사고시 폐차증명서 또는 말소사실 증명서			○		
기타 보험회사가 꼭 필요하여 요청하는 서류 또는 증거(수리개시전 자동차점검 · 정비견적서, 사진 등. 이 경우 수리 개시전 자동차점검 · 정비견적서의 발급 등에 관한 사항은 보험회사에 구두 또는 서면으로 위임할 수 있으며, 보험회사는 수리 개시전 자동차점검 · 정비견적서를 발급한 자동차정비업자에게 이에 대한 검토의견서를 수리 개시전에 회신하게 됩니다.)	○	○	○	○	○

2. 손해배상청구권자의 직접청구 및 지급 (배상책임담보)

(1) 피보험자가 손해배상청구권자에게 법률상의 손해배상책임을 지는 사고가 생긴 때에는, 손해배상청구권자는 보험회사에 직접 보험금을 청구할 수 있습니다. 그러나 보험회사는 피보험자가 그 사고에 관하여 가지는 항변으로써 손해배상청구권자에게 대항할 수 있습니다.

(2) 청구절차 및 유의사항

① 보험회사가 손해배상청구권자의 청구를 받았을 때에는 지체없이 피보험자에게 통지합니다. 이 경우 피보험자는 보험회사의 요청에 따라 증거확보, 권리보전 등에 협력하여야 합니다. 만일 피보험자가 정당한 이유없이 협력하지 아니한 경우에는 그로 말미암아 늘어난 손해에 대하여 보상하지 아니합니다.
② 보험회사가 손해배상청구권자에게 지급하는 보험금은 이 약관에 의하여 보험회사가 피보험자에게 지급책임을 지는 금액을 한도로 합니다.
③ 보험회사가 손해배상청구권자에게 보험금을 직접 지급하였을 때에는 그 금액의 한도내에서 피보험자에게 보험금을 지급한것으로 합니다.
④ 보험회사는 보험금 청구에 관한 서류를 받은 때에는 지체없이 지급할 보험금액을 정하고 그 정하여진 날로부터 7일 이내에 지급합니다.
⑤ 보험회사는 위 '④'에서 정한 지급기일 내에 보험금을 지급하지 아니하였을 때에는, 그 다음날부터 지급일까지의 기간에 대하여 보험개발원이 공시한 정기예금이율에 의한 이자를 보험금에 더하여 드립니다. 그러나, 피보험자, 손해배상청구권자 등의 책임있는 사유로 지급이 지연된 때에는 그 해당기간에 대한 이자는 더하여 드리지 아니합니다.
⑥ 보험회사는 손해배상청구권자의 요청이 있을 때는 보험금을 일정기간을 정하여 정기금으로 지급할 수 있습니다. 이 경우 지급방법과 적용금리는 별도로 정한 바에 의합니다.
⑦ 대인배상Ⅰ, 대인배상Ⅱ의 경우에는 보험회사는 손해배상청구권자의 청구가 있거나 기타 원인에 의하여 대인사고 피해자가 발생한 사실을 안 때에는 피해자를 진료하는 의료기관에 당해 진료에 따른 자동차보험 진료수가의 지급의사 유무 및 지급한도 등을 통지합니다.

(3) 제출서류

직접 청구시 필요 서류	대인배상 Ⅰ · Ⅱ	대물배상
교통사고 발생사실을 확인할 수 있는 서류	ㅇ	ㅇ
손해보상청구서 또는 보험금청구서	ㅇ	ㅇ
손해액을 증명하는 서류	ㅇ	ㅇ
기타 보험회사가 꼭 필요하여 요청하는 서류 또는 증거(수리개시전 자동차점검·정비견적서, 사진 등. 이 경우 수리개시전 자동차점검·정비견적서의 발급 등에 관한 사항은 보험회사에 구두 또는 서면으로 위임할 수 있으며, 보험회사는 수리개시전 자동차점검·정비견적서를 발급한 자동차정비업자에게 이에 대한 검토의견서를 수리개시전에 회신하게 됩니다.)	ㅇ	ㅇ

3. 가지급보험금의 지급
(1) 피보험자 또는 손해배상청구권자가 가지급보험금을 청구한 경우 보험회사는 자동차손해배상보장법 등에 의하여 이 약관에 따라 지급할 금액의 한도 내에서 가지급보험금(진료수가는 전액, 진료수가 이외의 보험금은 이 약관에 따라 지급할 금액의 50%)을 지급합니다. 다만, 상기 법령의 적용을 받는 담보이외의대물배상, 자기신체사고, 무보험자동차에 의한 상해, 자기차량손해에 따른 가지급보험금은 이 약관에 따라 지급할 금액의 50%의 한도 내에서 지급합니다.
(2) 보험회사는 가지급보험금 지급 청구건이 자동차손해배상보장법 등 관련 법령상 피보험자의 손해배상책임이 발생하지 아니하거나 이 약관상 보험회사의 보험금 지급의무가 발생하지 아니하는것이 객관적으로 명백한 경우에는 가지급보험금을 지급하지 아니할 수 있습니다.
(3) 피보험자 또는 손해배상청구권자에게 지급한 가지급보험금의 금액은 장래 지급될 보험금에서 공제되나, 최종 보험금의 결정에는 영향을 미치지 아니합니다.
(4) 가지급보험금의 청구시에는 보험금 청구시와 동일한 서류를 제출하여야 합니다.

16 용어정의

① 자동차보험에 처음으로 가입하는 자동차
자동차 판매업자 또는 기타 양도인 등으로부터 매수인 또는 양수인에게 인도된 날로부터 10일 이내에 처음으로 동 매수인 또는 양수인을 기명피보험자로 하는 자동차보험에 가입하는 신차 또는 중고차를 말합니다. 다만, 양수인이 양도인이 맺은 보험계약을 승계한 후 그 보험기간이 종료하여 이 보험계약을 맺은 경우를 제외합니다.

② 운전(조종)
도로 및 도로 이외의 장소에서 자동차 또는 건설기계를 그 본래의 사용방법에 따라 사용하는 것을 말합니다.

③ 피보험자의 부모, 배우자, 자녀
피보험자의 부모라 함은 피보험자의 부모와 양부모를 말하며, 피보험자의 배우자는 법률상의 배우자 또는 사실혼관계에 있는 배우자를 말하며, 피보험자의 자녀라 함은 법률상의 혼인관계에서 출생한 자녀, 사실혼관계에서 출생한 자녀, 양자 또는 양녀를 말합니다.

④ 무보험자동차
피보험자동차 이외의 자동차로서 피보험자를 죽게 하거나 다치게 한 다음의 자동차를 말합니다. 이 경우 자동차란 자동차관리법에 의한 자동차, 건설기계관리법에 의한 자동차, 군수품관리법에 의한 차량, 도로교통법에 의한 원동기장치자전거 및 농업기계화촉진법에 의한 농업기계를 말합니다. 그러나, 피보험자가 소유한 자동차는 제외합니다.

1. 자동차보험 대인배상Ⅱ나 공제계약이 없는 자동차
2. 자동차보험 대인배상Ⅱ나 공제계약에서 보상하지 아니하는 경우에 해당하는 자동차
3. 이 약관에서 보상될 수 있는 금액보다 보상한도가 낮은 자동차보험의 대인배상Ⅱ나 공제계약이 적용되는 자동차. 다만, 피보험자를 죽게 하거나 다치게 한 자동차가 2대 이상인 경우에는 각각의 자동차에 적용되는 자동차보험의 대인배상Ⅱ 또는 공제계약에서 보상되는 금액의 합계액이 이 약관에서 보상될 수 있는 금액보다 낮은 경우에 한하여 그 각각의 자동차
4. 피보험자를 죽게 하거나 다치게 한 자동차가 명확히 밝혀지지 않은 경우에 그 자동차

⑤ 배상의무자(무보험자동차에 의한 상해)
무보험자동차의 사고로 인하여 피보험자를 죽게 하거나 다치게 함으로써 피보험자에게 입힌 손해에 대하여 법률상 손해배상책임을 지는 사람을 말합니다.

⑥ 물체
구체적인 형체를 지니고 있어 충돌이나 접촉에 의해 자동차 외부에 직접적인 손상을 줄 수 있는 것을 말하며, 엔진내부나 연료탱크 등에 이물질을 삽입하는 경우 물체로 보지 않습니다.

⑦ 침수
흐르거나 고인 물, 역류하는 물, 범람하는 물, 해수 등에 피보험자동차가 빠지거나 잠기는 것을 말하며, 차량 도어나 선루프 등을 개방해 놓았을 때 빗물이 들어간 것은 침수로 보지 않습니다.

⑧ 보험가액(자기차량손해)
보험개발원이 정한 차량기준가액표에 따라 보험계약을 맺었을 때에는 사고발생 당시의 보험개발원이 정한 최근의 차량기준가액을 말합니다. 그러나, 위 차량기준가액이 없거나 이와 다른 가액으로 보험계약을 맺었을 경우 보험증권에 기재된 가액이 손해가 생긴 곳과 때의 가액을 현저하게 초과할 때에는 그 손해가 생긴 곳과 때의 가액을 보험가액으로 합니다.

⑨ 전부손해(자기차량손해)
피보험자동차가 완전히 파손, 멸실 또는 오손되어 수리할 수 없는 상태이거나, 피보험자동차에 생긴 손해액과 보험회사가 부담하기로 한 비용의 합산액이 보험가액 이상인 경우를 말합니다.

⑩ 무면허운전(조종)
도로교통법 또는 건설기계관리법의 운전(조종)면허에 관한 규정에 위반하는 무면허 또는 무자

격운전(조종)(용어정의②)을 말하며, 운전(조종)면허의 효력이 정지중에 있거나 운전(조종)의 금지중에 있을 때에 운전(조종)(용어정의②)하는 것을 포함합니다.

⑪ 휴대품 및 소지품
휴대품이란 통상 몸에 지니고 있는 물품으로 현금, 유가증권, 지갑, 만년필, 라이터, 손목시계, 귀금속, 기타 장신구 및 이와 유사한 물품을 말하며, 소지품이란 휴대품 이외에 소지한 물품으로 휴대폰, 노트북, 캠코더, 카메라, CD플레이어, MP3, 워크맨, 녹음기, 전자수첩, 전자사전, 휴대용라디오, 핸드백, 서류가방 및 골프채 등을 말합니다.

⑫ 마약 또는 약물 등
도로교통법 제42조에서 정한 "마약, 대마, 향정신성의약품 그 밖의 행정자치부령이 정하는 것"을 말합니다.

⑬ 음주운전(조종)
도로교통법에서 규정하고 있는 한계치 이상으로 술을 마시고 운전(조종)(용어정의②)하거나 도로교통법에 의한 음주측정 불응행위를 말합니다.

Ⅲ. 기타사항

17 보험계약의 소멸과 보험료의 환급

1. 보험계약의 소멸

(1) 보험계약의 무효
보험계약이 보험계약자 또는 보험계약자의 대리인의 사기행위에 의하여 맺어진 경우에는 무효로 됩니다.

(2) 보험계약의 효력상실
보험회사가 파산선고를 받은 날로부터 보험계약자가 보험계약을해지함이 없이 3월이 경과하는 경우에는 보험계약은 효력을 상실합니다.

(3) 보험계약자의 보험계약의 해지 또는 해제

① 보험계약자는 언제든지 임의로 보험계약을 해지할 수 있습니다. 다만, 의무보험에 대한 보험계약은 다음의 경우에만 해지할 수 있습니다.

가. 피보험자동차가 자동차손해배상보장법 제5조 제4항에서 규정하는 자동차(의무보험 강제 가입대상에서 제외되거나 도로가 아닌 장소에 한하여 운행하는 자동차)로 변경된 경우

나. 피보험자동차를 양도한 경우. 다만, '18 보험계약의 승계' 규정에 따라 보험계약이 양수인 또는 교체(대체)된 자동차에 승계된 경우에는 의무보험에 대한 보험계약을 해지할 수 없습니다.

다. 피보험자동차의 말소등록으로 운행을 중지한 경우. 다만, '18 보험계약의 승계' 중 '2.'에 따라 보험계약이 교체(대체)된 자동차에 승계된 경우에는 의무보험에 대한 보험계약을 해지할 수 없습니다.

라. 천재지변, 교통사고, 화재, 도난 등의 사유로 인하여 피보험자동차를 더 이상 운행할 수 없게 된 경우. 다만, '18 보험계약의 승계' 중 '2.'에 따라 보험계약이 교체(대체)된 자동차에승계된 경우에는 의무보험에 대한 보험계약을 해지할 수 없습니다.

마. 이 보험계약을 맺은 후에 피보험자동차에 대하여 이 보험계약과 보험기간의 일부 또는 전부가 중복되는 의무보험이 포함된 다른 보험계약(공제계약을 포함합니다)을 맺은 경우

바. 보험회사가 파산선고를 받은 경우

② 이 보험계약이 의무보험만 체결된 경우로서, 이 보험계약을 맺기 전에 피보험자동차에 대하여 의무보험이 포함된 다른 보험계약(공제계약을 포함합니다. 이하 같습니다)이 유

효하게 맺어져 있는 경우에는, 보험계약자는 그 다른 보험계약이 종료하기 전에 이 보험계약을 해제할 수 있습니다. 만일, 그 다른 보험계약이 종료한 후에는 그 종료일 다음날로부터 보험기간이 개시되는 의무보험이 포함된 새로운 보험계약을 맺은 경우에 한하여 이 보험계약을 해제할 수 있습니다.

③ 타인을 위한 보험계약의 경우에는, 보험계약자는 기명피보험자의 동의를 얻거나 보험증권을 소지한 경우에 한하여 위 '①' 또는 '②'의 규정에 따라 보험계약을 해지 또는 해제할 수 있습니다.

(4) 보험회사의 보험계약의 해지

보험회사는 다음의 경우에는 보험증권에 기재된 보험계약자의 주소지에 서면으로 통지함으로써 보험계약을 해지할 수 있습니다.

① 보험계약자가 계약전 알릴 의무를 위반한 경우

가. 보험계약자가 보험계약을 맺을 때 고의 또는 중대한 과실로 '[6] 보험계약자의 의무사항'중 '1.(1)'에서 규정한 사항에 관하여 알고 있는 사실을 알리지 아니하거나 사실과 다르게 알린 경우. 다만, 다음의 경우에는 보험회사는 보험계약을 해지하지 못합니다.

(ㄱ) 보험계약을 맺은 때에 보험회사가 보험계약자가 알려야 할 사실을 알고 있었거나 보험회사의 중대한 과실로 알지 못하였을 때

(ㄴ) 보험계약자가 보험금을 지급할 사고가 발생하기 전에 보험청약서의 기재사항에 대하여 서면으로 변경을 신청하여 보험회사가 이를 승인한 때

(ㄷ) 보험회사가 보험계약자가 계약전 알릴 의무를 이행하지 아니한 사실을 안 날로부터 보험계약을 해지하지 아니하고 1월이 경과한 때

(ㄹ) 보험회사가 보험계약을 맺은 날로부터 보험계약을 해지하지 아니하고 3년이 경과한 때

(ㅁ) 보험계약자가 알려야 할 사항이 보험회사가 위험을 측정하는 데에 관련이 없는 때 또는 적용할 보험료에 차액이 생기지 아니한 때

나. 보험회사는 보험계약자가 계약전 알릴 의무를 이행하지 아니하여 보험계약을 해지한 때에는 해지 이전에 생긴 사고에 대하여도 보상하지 아니합니다. 이 경우 보험회사가 이미 보험금을 지급하였을 때에는 보험계약자는 이를 보험회사에 돌려주어야 합니다. 다만, 보험계약자가 고의 또는 중대한 과실로 알리지 아니하거나 다르게 알린 사실이 사고의 발생에 영향을 미치지 아니하였음을 증명한 때에는 보험회사는 보상합니다.

② 보험계약자가 계약후 알릴 의무를 위반한 경우

가. 보험계약자가 보험계약을 맺은 후에 '[6] 보험계약자의 의무사항'중 '2.(1)'에서 규정한 사실이 생긴 것을 알았음에도 불구하고 지체없이 알리지 아니하거나 사실과 다르게 알린 경우. 다만, 다음의 경우에는 보험회사는 보험계약을 해지하지 못합니다.

(ㄱ) 보험회사가 보험계약자가 계약후 알릴 의무를 이행하지 아니한 사실을 안 날로부터 보험계약을 해지하지 아니하고 1월이 경과한 때

(ㄴ) 보험계약자가 알려야 할 사실이 뚜렷하게 위험 또는 적용보험료를 증가시킨 것이 아닌 때

나. 보험회사는 보험계약자가 계약후 알릴 의무를 이행하지 아니하여 보험계약을 해지한 때에는 해지 이전에 생긴 사고에 대하여도 보상하지 아니합니다. 이 경우 보험회사가 이미 보험금을 지급하였을 때에는 보험계약자는 이를 보험회사에 돌려주어야 합니다. 다만, 보험계약자가 알리지 아니하거나 다르게 알린 사실이 사고의 발생에 영향을 미치지 아니하였음을 증명한 때에는 보험회사는 보상합니다.

③ 보험계약자가 정당한 이유없이 법령에서 정한 자동차검사를 받지 아니한 경우

④ 보험계약 내용의 변경 또는 위험의 변경으로 인하여 보험회사가 '⑥ 보험계약자의 의무사항'중 '1.(2)', '2.(1)' 또는 '⑱ 보험계약의 승계'중 '1.(3)', '2.(3)' 등에 의하여 추가보험료를 청구한 날로부터 14일 이내에 보험계약자가 그 보험료를 지급하지 아니한 경우. 다만, 의무보험에 대하여는 적용하지 아니합니다.

⑤ 보험금의 청구에 관하여 보험계약자, 피보험자, 보험금을 수령하는 자 또는 이들의 법정대리인의 사기행위가 있는 경우. 다만, 의무보험에 대하여는 적용하지 아니합니다.

2. 보험료의 환급

보험회사는 보험계약이 소멸된 경우에는 다음의 규정에 의한 보험료를 보험계약자에게 환급합니다.

(1) 보험계약이 무효로 된 경우

무효의 유형	환 급 방 법
보험계약자 또는 피보험자가 선의이며 중대한 과실이 없는 경우	보험료의 전액을 환급
보험계약자 또는 피보험자의 과실이 있는 경우	보험회사가 무효사실을 안 날까지의 경과기간에 대하여 단기요율로 계산한 보험료를 공제하고 나머지를 환급
보험계약자 또는 피보험자의 고의 또는 중대한 과실이 있는 경우	보험료를 환급하지 아니함

(2) 보험계약이 효력을 상실한 경우

효력상실의 유형	환 급 방 법
보험계약자 또는 피보험자에게 책임이 없는 사유로 인한 경우	경과되지 않은 기간에 대하여 일할로 계산한 보험료를 환급
보험계약자 또는 피보험자에게 책임이 있는 사유로 인한 경우	보험회사가 효력상실을 안 날까지의 경과기간에 대하여 단기요율로 계산한 보험료를 공제하고 나머지를 환급

(3) 보험계약이 해지된 경우

해지의 유형	환 급 방 법
보험계약자 또는 피보험자에게 책임이 없는 사유로 인한 경우 또는 피보험자동차가 자동차손해배상보장법 제5조 제4항의 자동차로 변경됨으로 인한 경우	경과되지 않은 기간에 대하여 일할로 계산한 보험료를 환급. 다만, 이 계약을 해지하기 전에 보험회사가 보상하여야 하는 사고가 발생한 경우에는 보험료를 환급하지 아니합니다.
보험계약자 또는 피보험자에게 책임이 있는 사유로 인한 경우	경과기간에 대하여 단기요율로 계산한 보험료를 공제하고 나머지를 환급. 다만, 이 계약을 해지하기 전에 보험회사가 보상하여야 하는 사고가 발생한 경우에는 보험료를 환급하지 아니합니다.

※ '보험계약자 또는 피보험자에게 책임이 있는 사유'라 함은 다음의 경우를 말합니다.

1. 보험계약자 또는 피보험자가 임의 해지하는 경우(다만, ⑰ 보험계약의 소멸과 보험료의 환급 중 1.(3)의 ①의 단서 가 내지 바 또는 ②에 해당하는 경우는 제외)
2. ⑰ 보험계약의 소멸과 보험료의 환급 중 1.(4)에 해당하는 경우
3. 보험료미납으로 인한 계약효력 상실

(4) 보험계약의 해제

보험계약이 해제된 경우에는 보험료 전액을 환급합니다.

18 보험계약의 승계

1. 피보험자동차를 양도하는 경우

(1) 보험계약자 또는 기명피보험자가 보험기간 중에 피보험자동차를 양도한 경우에는 이 보험계약으로 인하여 생긴 보험계약자 및 피보험자의 권리와 의무는 피보험자동차의 양수인에게 승계되지 아니합니다. 그러나, 보험계약자가 이 권리와 의무를 양수인에게 이전하고자 한다는 뜻을 서면으로 보험회사에 통지하여 이에 대한 승인을 청구하고 보험회사가 승인한 경우에는 그 승인한 때로부터 양수인에 대하여 이 보험계약을 적용합니다. 만일 보험회사가 이 서면통지를 받은 날로부터 10일 이내에 승인여부를 보험계약자에게 발송하지 아니하면, 그 10일이 되는 날의 다음날 0시에 승인한 것으로 봅니다.

(2) 위 '(1)'에서 규정하는 피보험자동차의 양도에는 소유권을 유보한 매매계약에 따라 자동차를 '산 사람' 또는 대차계약에 따라 자동차를 '빌린 사람'이 그 자동차를 피보험자동차로 하고 자신을 보험계약자 또는 기명피보험자로 하는 보험계약이 존속하는 중에 그 자동차를 '판 사람' 또는 '빌려준 사람'에게 반환하는 경우도 포함합니다. 이 경우 '판 사람' 또는 '빌려준 사람'은 양수인으로 봅니다.

(3) 보험회사가 위 '(1)'의 승인을 하는 경우에는 피보험자동차의 양수인에게 적용되는 보험요율에 따라 피보험자동차의 양도 전의 보험계약자에게 보험료를 반환하거나, 피보험자동차의 양도 후의 보험계약자에게 추가보험료를 청구합니다.

(4) 보험회사가 위 '(1)'의 승인을 하지 않은 경우에는 피보험자동차가 양도된 후에 발생한 사고에 대하여는 보험금을 지급하지 아니합니다. 다만, 이 보험계약이 '무보험자동차에 의한 상해'를 포함하고 있고 해지되지 아니한 경우에는 피보험자동차가 양도된 후에 발생한 사고에 대하여도 '무보험자동차에 의한 상해' 및 '다른 자동차 운전담보 특별약관'에 의하여 이 보험계약의 피보험자가 입은 손해를 보상합니다.

(5) 보험계약자 또는 기명피보험자가 보험기간 중에 사망하는 등으로 인하여 상속인이 피보험자동차를 상속하는 경우에는 이 보험계약도 승계된 것으로 봅니다. 다만, 보험기간이 종료되거나 자동차의 명의를 변경하는 경우에는 상속인을 보험계약자 또는 기명피보험자로 하는 새로운 보험계약을 맺어야 합니다.

2. 피보험자동차를 다른 자동차로 교체(대체)하는 경우

(1) 보험계약자 또는 기명피보험자가 보험기간 중에 기존의 피보험자동차를 폐차 또는 양도하고 그 자동차와 동일한 차종의 다른 자동차로 교체(대체)한 경우에는, 보험계약자가 이 보험계약을 교체(대체)된 자동차에게 승계시키고자 한다는 뜻을 서면으로 보험회사에 통지하여 이에 대한 승인을 청구하고 보험회사가 승인한 때로부터 이 보험계약을 교체(대체)된 자동차에 적용합니다. 이 경우 기존의 피보험자동차에 대한 보험계약의 효력은 이 승인이 있는 때에 상실됩니다.

(2) 위 '(1)'에서 규정하는 '동일한 차종의 다른 자동차로 교체(대체)한 경우'라 함은, 개인소유 자가용승용자동차 간, 업무용자동차의 경우에는 2종·3종화물자동차 간, 경·4종 화물자동차 간 또는 경·3종 승합자동차 간, 영업용자동차의 경우에는 2종·3종화물자동차 간에 교체(대체)한 경우를 말합니다.

(3) 보험회사가 위 '(1)'의 승인을 하는 경우에는 교체(대체)된 자동차에 적용하는 보험요율에 따라 보험계약자에게 보험료를 반환하거나 추가보험료를 청구할 수 있습니다. 이 경우 기존의 피보험자동차를 말소등록한 날 또는 소유권을 이전등록한 날로부터 승계를 승인한 날의 전날까지 기간에 해당하는 보험료를 일할로 계산하여 보험계약자에게 반환하여 드립니다.

(4) 보험회사가 위 '(1)'의 승인을 하지 않은 경우에는 교체(대체)된 자동차의 사용 중에 발생한 사고에 대하여는 보험금을 지급하지 아니합니다. 다만, 이 보험계약이 '무보험자동차에 의한 상해'를 포함하고 있고 해지되지 아니한 경우에는 교체(대체)된 자동차의 사용 중에 발생한 사고에 대하여도 '무보험자동차에 의한 상해' 및 '다른 자동차 운전담보 특별약관'에 의하여 피보험자가 입은 손해를 보상합니다.

〈예시〉 일할계산의 사례

$$\text{기납입보험료 총액} \times \frac{\text{해당기간}}{365(\text{윤년}:366)}$$

⑲ 보험금의 분담 및 보험회사의 대위

1. 보험금의 분담 등〈개정 2006.11.30.〉

대인배상Ⅰ·Ⅱ, 대물배상, 무보험자동차에 의한 상해, 자기신체사고, 자기차량손해에 대하여 적용됩니다.

(1) 이 보험계약과 보상책임의 전부 또는 일부가 중복되는 다른 보험계약(공제계약을 포함합니다)이 있는 경우에, 다른 보험계약이 없는 것으로 하여 각 보험계약에 의해 산출한 보상책임액의 합계액이 손해액보다 많게 되는 경우에는 다음의 산식에 따라 보험금을 지급합니다.

$$\text{손해액} \times \frac{\text{이 보험계약에 의해 산출한 보상책임액}}{\text{다른 보험계약이 없는 것으로 하여 각 보험계약에 의해 산출한 보상책임액의 합계액}}$$

(2) '⑩ 배상책임' 담보의 경우에 동일한 사고로 인하여 이 보험계약에서 배상책임이 있는 피보험자가 둘 이상 있게 되는 경우에는 '⑩ 배상책임'중 '1.(2)'에서 규정하는 보상한도와 범위에 따른 보험금을 각 피보험자의 배상책임의 비율에 따라 분담하여 지급합니다.

(3) (1) 및 (2) 규정에도 불구하고 대리운전업자(대리운전자를 포함합니다)가 가입한 보험계약에서 보험금이 지급될 수 있는 경우에는 그 보험금을 초과하는 손해를 보상합니다. 〈신설 2006.11.30.〉

2. 보험회사의 대위

(1) 보험회사는 피보험자 또는 손해배상청구권자에게 보험금을 지급한 경우에는, 그 보험금의 한도내에서 제3자에 대한 피보험자의 권리를 취득합니다. 다만, 보험회사가 보상한 금액이 피보험자의 손해의 일부를 보상한 경우에는 피보험자의 권리를 침해하지 아니하는 범위내에서 그 권리를 취득합니다.

(2) 보험회사는 다음의 권리는 취득하지 아니합니다.

① 자기신체사고의 경우 제3자에 대한 피보험자의 권리

② 자기차량손해의 경우 피보험자동차를 정당한 권리에 의하여 사용 또는 관리하던 자에 대한 피보험자의 권리. 다만, 다음의 경우에는 피보험자의 권리를 취득합니다.

가. 고의로 사고를 낸 경우, 무면허운전이나 음주운전을 하던 중에 사고를 낸 경우, 또는 마약 또는 약물 등의 영향에 의하여 정상적인 운전을 하지 못할 상태에서 운전을 하던 중에 사고를 낸 경우

나. 자동차정비업, 주차장업, 급유업, 세차업, 자동차판매업, 자동차탁송업 등 자동차를 취급하는 것을 업으로 하는 자(이들의 피용자 및 이들이 법인인 경우에는 그 이사와 감사를 포함합니다)가 업무로서 위탁받은 피보험자동차를 사용 또는 관리하는 동안에 사고를 낸 경우〈개정 2006.11.30.〉

(3) 피보험자는 보험회사가 위 '(1)' 또는 '(2)'에 의하여 취득한 권리의 행사 및 보전에 관하여 필요한 조치를 취하여야 하며, 또한 보험회사가 요구하는 증거 및 서류를 제출하여야 합니다.

⑳ 보험약관 등의 교부 및 설명

1. 보험회사는 보험계약을 맺을 때에 보험계약자에게 보험약관 및 청약서 부본을 교부하고, 보험약관의 중요한 내용을 설명해 드립니다. 다만, 전자거래기본법 제2조 제6호에 의해 컴퓨터를 이용하여 보험거래를 할 수 있도록 설정된 가상의 영업장(사이버몰)을 이용하여 보험계약을 체결한 때에는 청약서 부본을 교부하지 아니할 수 있습니다.

2. 보험회사가 위 '1.'의 규정을 위반한 때에는 보험계약자는 보험계약 성립일로부터 1월 이내에

계약을 취소할 수 있습니다. 이 경우 보험회사는 이미 납입한 보험료 및 이자(보험료를 받은 때부터 반환시까지의 기간에 대하여 보험료에 보험개발원이 공시한 정기예금이율을 적용하여 산정한 금액)를 반환하여 드립니다. 다만, 의무보험 부분은 제외합니다.

㉑ 보험안내장 등의 효력
보험회사(점포, 보험설계사 및 보험대리점을 포함합니다)가 보험모집과정에서 제작·사용한 보험안내장(서류·사진·도화 등 모든 안내자료를 포함합니다)의 내용이 보험약관의 내용과 다른 경우에는 보험계약자에게 유리한 내용으로 보험계약이 성립된 것으로 봅니다.

㉒ 보험계약 정보의 제공
보험회사는 신용정보의 이용 및 보호에 관한 법률 제32조, 동법 시행령 제28조에서 정하는 절차에 따라 보험계약자의 동의를 받아 다음의 사항을 다른 보험회사 및 보험관계단체에 제공할 수 있습니다.
(1) 피보험자의 성명, 주민등록번호 및 주소와 피보험자동차의 차량번호, 형식, 연식
(2) 계약일시, 보험종목, 담보종목, 보험가입금액, 자기부담금 및 제할인·할증 적용과 특약가입사항, 계약해지시 그 내용 및 사유
(3) 사고일시 또는 일자, 사고내용 및 각종 보험금의 지급내용 및 사유

㉓ 기타사항
1. 준용규정
이 약관에서 정하지 아니한 사항은 대한민국 법령에 따릅니다.
2. 피보험자동차 등에 대한 조사
보험회사는 피보험자동차 등에 관하여 필요한 조사를 하거나 보험계약자 또는 피보험자에게 필요한 설명 또는 증명을 요구할 수 있습니다. 이 경우 보험계약자, 피보험자 또는 이들의 대리인은 이러한 조사 또는 요구에 협력하여야 합니다.
3. 예금보험기금에 의한 지급보장
보험회사가 파산 등으로 인하여 보험금 등을 지급하지 못할 경우에는 예금자보호법에서 정하는 바에 따라 그 지급을 보장합니다.
4. 보험사기행위 금지
보험계약자, 피보험자, 피해자 등이 보험사기행위를 행한 경우 관련 법령에 따라 형사처벌 등을 받을 수 있습니다.

Ⅳ. 보험금 지급기준

㉔ 대인배상, 무보험자동차에 의한 상해 지급기준
가. 사 망
각 담보별 보험가입금액 한도내에서 다음 금액

항 목	지 급 기 준
1. 장 례 비	지급액 : 3,000,000원
2. 위 자 료	가. 사망자 본인 및 유족의 위자료 (1) 사망자 연령이 20세이상 60세미만인 경우 : 45,000,000원 (2) 사망자 연령이 20세미만 60세이상인 경우 : 40,000,000원 나. 지급기준 (1) 청구권자의 범위 : 피해자의 부모, 배우자, 자녀, 형제자매, 시부모, 장인장모

	(2) 청구권자별 지급기준

(단위 : 만원)

청구권자 신분	배우자	부 모	자 녀	형제자매	시부모·장인장모
1인당	500	300	200	100	100

(3) 사망자 본인의 위자료는 위 가.의 위자료 총액에서 위 (2)의 청구권자별 실지급 위자료의 합산액을 차감한 금액으로 하며, 위 가.의 위자료 총액을 초과할 경우에는 실지급 청구권자별로 각각 균등 차감함

3. 상실수익액

가. 산정방법 : 사망본인의 월평균 현실소득액(제세액공제)에서 본인의 생활비(월평균현실소득액에 생활비율을 곱한 금액)를 공제한 금액에 취업가능월수에 해당하는 라이프닛쯔 계수를 곱하여 산정

〈산식〉

(월평균현실소득액－생활비)×(사망일로부터 보험금지급일까지의 월수+보험금지급일부터 취업가능년한까지 월수에 해당하는 라이프닛쯔 계수)

나. 현실소득액의 산정방법

(1) 유직자

(가) 산정대상기간

① 급여소득자 : 사고발생직전 또는 사망직전 과거 3개월로 하되, 계절적 요인 등에 따라 급여의 차등이 있는 경우와 상여금, 체력단련비, 연월차휴가보상금 등 매월 수령하는 금액이 아닌 것은 과거 1년간으로 함

② 급여소득자 이외의 자 : 사고발생직전 과거 1년간으로 하며, 기간이 1년미만인 경우에는 계절적인 요인 등을 감안하여 타당한 기간으로 함

(나) 산정방법

1) 현실소득액의 입증이 가능한 자

세법에 따른 관계증빙서에 의하여 소득을 산정할 수 있는 자에 한하여 다음과 같이 산정한 금액으로 함

가) 급여소득자

피해자가 근로의 대가로서 받은 보수액에서 제세액을 공제한 금액. 그러나, 피해자가 사망직전에 보수액의 인상이 확정된 경우에는 인상된 금액에서 제세액을 공제한 금액

〈용어풀이〉

① 이 보험에서 급여소득자라 함은 소득세법 제20조에서 규정한 근로소득을 얻고 있는 자로서 일용근로자 이외의 자를 말함

② 근로의 대가로서 받은 보수라 함은 본봉, 수당, 성과급, 상여금, 체력단련비, 연월차휴가보상금 등을 말하며, 실비변상적인 성격을 가진 대가는 제외함

③ 이 보험에서 세법에 따른 관계증빙서라 함은 사고발생전에 신고 또는 납부하여 발행된 관계증빙서를 말함. 다만, 신규취업자, 신규사업개시자 또는 사망직전에 보수액의 인상이 확정된 경우에 한하여 세법 규정에 따라 정상적으로 신고 또는 납부(신고 또는 납부가 지체된 경우는 제외함)하여 발행된 관계증빙서를 포함함

나) 사업소득자

① 세법에 따른 관계증빙서에 의하여 입증된 수입액에서 그 수입을 위하여 필요한 제경비 및 제세액을 공제하고 본인의 기여율을 감안하여 산정한 금액

〈산식〉

{연간수입액－주요경비－(연간수입액×기준경비율)－제세공과금}×노무기여율×투자비율

㈜ 1. 제 경비가 세법에 따른 관계증빙서에 의하여 입증되는 경우에는 위 기준경비율 또는 단순경비율을 적용하지 아니하고 그 입증된 경비를 공제함
2. 소득세법 등에 의해 단순경비율 적용대상자는 기준경비율 대신 동 비율 적용
3. 투자비율은 입증이 불가능할 때에는 1/동업자수로 함
4. 노무기여율은 85/100를 한도로 타당한 율을 적용함

② 본인이 없더라도 사업의 계속성이 유지될 수 있는 경우에는 위 ①의 산식에 의하지 아니하고 일용근로자 임금을 인정함

③ 위 ①에 따라 산정한 금액이 일용근로자 임금에 미달한 경우에는 일용근로자 임금을 인정함

〈용어풀이〉

① 이 보험에서 사업소득자라 함은 소득세법 제19조에서 규정한 소득을 얻고 있는 자를 말함

② 이 보험에서 일용근로자 임금이라 함은 통계법 제3조에 의한 통계작성 승인기관(공사부문 : 대한건설협회, 제조부문 : 중소기업중앙회)이 조사, 공표한 노임중 보통인부의 임금을 적용하여 아래와 같이 산정함

〈산식〉

(공사부문 보통인부임금+제조부문 보통인부임금)/2
* 월 임금 산출시 25일을 기준으로 산정

다) 기타 유직자(이자소득자, 배당소득자 제외)

세법상의 관계증빙서에 의하여 입증된 소득액에서 제세액을 공제한 금액. 다만, 부동산임대소득자의 경우에는 일용근로자 임금을 인정하며, 이 기준에서 정한 여타의 입증되는 소득이 있는 경우에는 그 소득과 일용근로자 임금 중 많은 금액을 인정함

라) 위 가), 나), 다)에 해당하는 자로서 기술직 종사자는 통계법 제3조에 의한 통계작성 승인기관(공사부문 : 대한건설협회, 제조부문 : 중소기업중앙회)이 조사, 공표한 노임에 의한 해

당직종 임금이 많은 경우에는 그 금액을 인정함

* '2) 현실소득액의 입증이 곤란한 자'의 '라)'도 상기와 동일하게 변경

2) 현실소득액의 입증이 곤란한 자

세법에 따른 관계증빙서에 의하여 소득을 산정할 수 없는 자는 다음과 같이 산정한 금액으로 함

가) 급여소득자

일용근로자 임금

나) 사업소득자

일용근로자 임금

다) 기타유직자

일용근로자 임금

라) 위 가), 나), 다)에 해당하는 자로서 기술직 종사자는 통계법 제3조에 의한 통계작성 승인기관(공사부문 : 대한건설협회, 제조부문 : 중소기업협동조합중앙회)이 조사, 공표한 노임에 의한 해당직종 임금이 많은 경우에는 그 금액을 인정함

3) 미성년자로서 현실소득액이 일용근로자 임금에 미달한 자 : 20세에 이르기까지는 현실소득액, 20세이후는 일용근로자 임금

(2) 가사종사자 : 일용근로자 임금

(3) 무직자(학생포함) : 일용근로자 임금

(4) 소득이 두 가지 이상인 자

(가) 세법에 따른 관계증빙서에 의하여 입증된 소득이 두 가지 이상 있는 경우에는 그 합산액을 인정함

(나) 세법에 따른 관계증빙서에 의하여 입증된 소득과 입증 곤란한 소득이 있는 때 혹은 입증이 곤란한 소득이 두가지 이상 있는 경우에 이 기준에 의하여 인정하는 소득 중 많은 금액을 인정함

(5) 외국인

(가) 유직자

① 국내에서 소득을 얻고 있는 자로서 그 입증이 가능한 자 : 위 1)의 현실소득액의 입증이 가능한 자의 현실소득액 산정방법으로 산정한 금액

② 위 ①이외의 자 : 일용근로자 임금

(나) 무직자(학생 및 미성년자 포함) : 일용근로자 임금

다. 생활비율 : 1/3

라. 취업가능월수

(1) 취업가능년한을 60세로 하여 취업가능월수를 산정함. 다만, 법령, 단체협약 또는 기타 별도의 정년에 관한 규정이 있으면 이에 의하여 취업가능월수를 산정하며 피해자가 '농어업·농어촌 및 식품산업기본법' 제3조 제2호에서 규정하는 농어업인일 경우 (피해자가 객관적 자료를 통해 증명한 경우에 한함)에는 취업가능년한을 65세로 하여 취업가능월수를 산정함.

(2) 56세이상의 자에 대하여는〈표1〉에서 정한 「56세이상의 취업가능월수표」에 의하되, 사망 또는 장해 확정당시부터 정년에 이르기까지는 월현실소득액을, 그 이후 취업가능월수까지는 일용근로자 임금을 인정함

(3) 정년이 60세미만인 급여소득자의 경우에는 정년이후 60세에 이르기까지의 현실소득액은 피해자의 사망 또는 장해 확정당시의 일용근로자 임금을

인정함

(4) 취업가능년한이 사회통념상 60세미만인 직종에 종사하는 자인 경우 해당 직종에 타당한 취업가능년한 이후 60세에 이르기까지의 현실소득액은 사망 또는 장해 확정당시의 일용근로자 임금을 인정함

(5) 취업시기는 20세로 하되 군복무 해당자는 그 기간을 감안하여 취업가능월수를 산정함(군복무 중인 경우에는 잔여 복무기간을 감안하여 적용함)

마. 라이프닛쯔 계수 : 법정이율 월 5/12%, 복리에 의하여 중간이자를 공제하고 계산하는 방법

〈산식〉

$$\frac{1}{1+i} + \frac{1}{(1+i)2} + \cdots\cdots + \frac{1}{(1+i)n}$$

i=5/12%, n=취업가능월수

※ 대인배상 I 의 경우 이 보험의 보험금 지급기준에 의하여 산출한 사망보험금이 20,000,000원 미만일 경우에는 20,000,000원으로 함

나. 부 상

각 담보별 보험가입금액 한도내에서 다음 금액. 다만, 대인배상 I 의 경우에는 〈표2〉에서 정한 상해급별 보험가입금액 한도내에서 다음 금액

항 목	지 급 기 준
1. 적극손해	가. 구조수색비 : 사회통념상으로 보아 필요타당한 실비 나. 치료관계비 : 의사의 진단 기간내에서 치료에 소요되는 다음의 비용(외국에서 치료를 받은 경우에는 국내의료기관에서의 치료에 소요되는 비용 상당액. 다만, 국내의료기관에서 치료가 불가능하여 외국에서 치료를 받는 경우에는 그에 소요되는 타당한 비용)으로 하되, 관련법규에서 환자의 진료비로 인정하는 선택진료비를 포함함 (1) 입원료 (가) 입원료는 대중적인 일반병실(이하 '기준병실'이라 함)의 입원료를 지급함. 다만, 의사가 치료상 부득이 기준병실보다 입원료가 비싼 병실(이하 '상급병실'이라 함)에 입원하여야 한다고 판단하여 상급병실에 입원하였을 때에는 그 병실의 입원료를 지급함 (나) 병실의 사정으로 부득이 상급병실에 입원하였을 때에는 7일의 범위내에서는 그 병실의 입원료를 지급함. 만약, 입원일수가 7일을 넘을 때에는 그 넘는 기간에 대하여는 기준병실의 입원료와 상급병실의 입원료와의 차액은 지급하지 아니함 (다) 피보험자나 피해자의 희망으로 상급병실에 입원하였을 때는 기준병실의 입원료와 상급병실의 입원료와의 차액은 지급하지 아니함 (2) 응급치료, 호송, 진찰, 전원, 퇴원, 투약, 수술(성형수술 포함), 처치, 의지, 의치, 안경, 보청기 등에 소요되는 필요타당한 실비 (3) 치아보철비 : 금주조관보철(백금관보철 포함)에 소요되는 비용. 다만, 치아보철물이 외상으로 인하여 손상 또는 파괴되어 사용할 수 없게 된 경우에는 원상회복에 소요되는 비용

2. 위 자 료

가. 청구권자의 범위 : 피해자 본인
나. 지급기준 : 책임보험 상해구분에 따라 다음과 같이 급별로 인정함

(단위 : 만원)

급별	인정액	급별	인정액	급별	인정액	급별	인정액
1	200	5	75	9	25	13	15
2	176	6	50	10	20	14	15
3	152	7	40	11	20		
4	128	8	30	12	15		

3. 휴업손해

가. 산정방법 : 부상으로 인하여 휴업함으로써 수입의 감소가 있는 경우에 한하여 휴업기간 중 피해자의 실제 수입감소액의 80% 해당액을 지급함

〈산식〉

1일 수입감소액×휴업일수× $\frac{80}{100}$

나. 휴업일수의 인정 : 피해자의 상해정도를 감안, 치료기간의 범위내에서 인정
다. 수입감소액의 산정
(1) 유직자
(가) 사망의 경우 현실소득액의 산정방법에 따라 산정한 금액을 기준으로 하여 수입감소액을 산정함
(나) 실제의 수입감소액이 위 (가)의 기준으로 산정한 금액에 미달하는 경우에는 실제의 수입감소액으로 함
(2) 가사종사자
(가) 일용근로자 임금에 휴업일수를 곱한 액으로 함
(나) 가사에 종사하지 못하는 기간동안 타인으로 하여금 종사케 한 경우에 일용근로자 임금을 수입감소액으로 함
(3) 무직자
(가) 무직자는 수입의 감소가 없는 것으로 함
(나) 유아, 연소자, 학생, 연금생활자, 기타 금리나 임대료에 의한 생활자는 수입의 감소가 없는 것으로 함
(4) 소득이 두 가지 이상의 자
사망의 경우 현실소득액의 산정방법과 동일
(5) 외국인
사망의 경우 현실소득액의 산정방법과 동일

4. 기타손해 배상금

위 1. 내지 3. 외에 기타의 손해배상금으로 다음의 금액을 지급함
가. 입원의 경우
입원기간 중 한끼당 4,030원(병원에서 환자의 식사를 제공하지 않거나 환자의 요청에 따라 병원에서 제공하는 식사를 이용하지 않는 경우에 한함)
나. 통원의 경우
실제 통원한 일수에 대하여 1일 8,000원

다. 후유장해

각 담보별 보험가입금액 한도내에서 다음 금액. 다만, 대인배상Ⅰ의 경우에는 〈표3〉에서 정한 장해급별 보험가입금액 한도내에서 다음 금액

<table>
<tr><th>항 목</th><th>지 급 기 준</th></tr>
<tr><td>1. 위 자 료</td><td>가. 청구권자의 범위 : 피해자 본인
나. 지급기준 : 노동능력상실률에 따라 (1)항 또는 (2)항에 의해 산정한 금액을 피해자 본인에게 지급함
(1) 노동능력상실률이 50% 이상인 경우
(가) 장해자 연령이 20세이상 60세미만 : 45,000,000원×장해율×70%
(나) 장해자 연령이 20세미만 60세이상 : 40,000,000원×장해율×70%

(2) 노동능력상실률이 50% 미만인 경우
(단위 : %, 만원)
<table>
<tr><th>노동능력상실률</th><th>인정액</th></tr>
<tr><td>50미만 ~ 45이상</td><td>400</td></tr>
<tr><td>45미만 ~ 35이상</td><td>240</td></tr>
<tr><td>35미만 ~ 27이상</td><td>200</td></tr>
<tr><td>27미만 ~ 20이상</td><td>160</td></tr>
<tr><td>20미만 ~ 14이상</td><td>120</td></tr>
<tr><td>14미만 ~ 9이상</td><td>100</td></tr>
<tr><td>9미만 ~ 5이상</td><td>80</td></tr>
<tr><td>5미만 ~ 0초과</td><td>50</td></tr>
</table>
다. 부상위자료와 후유장해위자료가 중복될 때에는 양자중 많은 금액을 지급함</td></tr>
<tr><td>2. 상실수익액</td><td>가. 산정방법 : 노동능력의 상실이 있는 경우에 피해자의 월평균 현실소득액에 노동능력상실률과 노동능력상실기간에 해당하는 라이프닛쯔 계수를 곱하여 산정함. 다만, 소득의 상실이 없는 경우에는 치아보철로 인한 장해에 대해서는 지급하지 아니함

〈산식〉
월평균현실소득액×노동능력상실률×(노동능력상실일로부터 보험금지급일까지의 월수+보험금지급일로부터 취업가능년한까지의 월수에 해당하는 라이프닛쯔계수)

나. 현실소득액의 산정방법
(1) 유직자
(가) 산정대상기간
① 급여소득자 : 사고발생직전 또는 장해발생직전 과거 3개월로 하되, 계절적 요인 등에 따라 급여의 변동이 있는 경우와 상여금, 체력단련비, 연월차휴가보상금 등 매월 수령하</td></tr>
</table>

	는 금액이 아닌 것은 과거 1년간으로 함 ② 급여소득자 이외의 자 : 사고발생직전 과거 1년간으로 하며, 그 기간이 1년미만인 경우에는 계절적인 요인 등을 감안하여 타당한 기간으로 함 (나) 산정방법 사망의 경우 현실소득액의 산정방법과 동일 (2) 가사종사자 사망의 경우 현실소득액의 산정방법과 동일 (3) 무직자(학생포함) 사망의 경우 현실소득액의 산정방법과 동일 (4) 소득이 두 가지 이상의 자 사망의 경우 현실소득액의 산정방법과 동일 (5) 외국인 사망의 경우 현실소득액의 산정방법과 동일 다. 노동능력상실률 맥브라이드식 장해평가방법에 따라 일반의 옥내 또는 옥외 근로자를 기준으로 실질적으로 부상 치료 진단을 실시한 의사 또는 해당과목 전문의가 진단, 판정한 타당한 노동능력상실률을 적용하며, 동 판정과 관련하여 다툼이 있을 경우 보험금 청구권자와 보험회사가 협의하여 정한 제3의 전문의료기관의 전문의에게 판정을 의뢰할 수 있음 라. 노동능력상실기간 사망의 경우 취업가능월수와 동일 마. 라이프닛쯔 계수 사망의 경우와 동일
3. 가정간호비	가. 인정대상 치료가 종결되어 더 이상의 치료효과를 기대할 수 없게 된 때에 1인 이상의 해당 전문의로부터 노동능력상실률 100%의 후유장해 판정을 받은 자로서 다음 요건에 해당하는 '식물인간상태의 환자 또는 척수손상으로 인한 사지완전마비 환자'로 생명유지에 필요한 일상생활의 처리동작에 있어 항상 다른 사람의 개호를 요하는 자 (1) 식물인간상태의 환자 뇌손상으로 다음 항목에 모두 해당되는 상태에 있는 자 (가) 스스로는 이동이 불가능하다 (나) 자력으로는 식사가 불가능하다 (다) 대소변을 가릴 수 없는 상태이다 (라) 안구는 겨우 물건을 쫓아가는 수가 있으나, 알아보지는 못한다 (마) 소리를 내도 뜻이 있는 말은 못한다 (바) '눈을 떠라', '손으로 물건을 쥐어라'하는 정도의 간단한 명령에는 가까스로 응할 수 있어도 그 이상의 의사소통은 불가능하다 (2) 척수손상으로 인한 사지완전마비 환자 척수손상으로 인해 양팔과 양다리가 모두 마비된 환자로서 다음 항목에 모두 해당되는 자 (가) 생존에 필요한 일상생활의 동작(식사, 배설, 보행 등)을 자력으로 할 수 없다

	(나) 침대에서 몸을 일으켜 의자로 옮기거나 집안에서 걷기 등의 자력이동이 불가능하다 (다) 욕창방지를 위해 수시로 체위를 변경시켜야 하는 등의 타인의 상시 개호를 필요로 한다 나. 지급기준 가정간호 인원은 1일 1인 이내에 한하며, 가정간호비는 일용근로자 임금을 기준으로 보험금수령권자의 선택에 따라 일시금 또는 퇴원일로부터 향후 생존기간에 한하여 매월 정기금으로 지급함

〈표 1〉 56세이상의 취업가능월수표

연 령	취업가능월수
56세이상 ~ 59세미만	48월
59세이상 ~ 67세미만	36월
67세이상 ~ 76세미만	24월
76세이상	12월

〈표 2〉 상해구분 및 급별 보험가입금액표

(대인배상Ⅰ- 책임보험 나. 부상 관련)

상해등급	보험가입금액	상해등급	보험가입금액
1급	2,000만원	8급	240만원
2급	1,000만원	9급	240만원
3급	1,000만원	10급	160만원
4급	900만원	11급	160만원
5급	900만원	12급	80만원
6급	500만원	13급	80만원
7급	500만원	14급	80만원

주) 상해등급은 자동차손해배상보장법 시행령 별표 1에서 정한 상해구분에 의함

〈표 3〉 후유장해구분 및 급별 보험가입금액표

(대인배상Ⅰ- 책임보험 다. 후유장해 관련)

장해등급	보험가입금액	장해등급	보험가입금액
1급	10,000만원	8급	3,000만원
2급	9,000만원	9급	2,250만원
3급	8,000만원	10급	1,880만원
4급	7,000만원	11급	1,500만원
5급	6,000만원	12급	1,250만원
6급	5,000만원	13급	1,000만원
7급	4,000만원	14급	630만원

주) 장해등급은 자동차손해배상보장법 시행령 별표 2에서 정한 후유장해 구분에 의함

㉕ 대물배상 지급기준

항 목	지 급 기 준
1. 수리비용	가. 수리비 원상회복이 가능한 경우 사고직전의 상태로 원상회복하는데 소요되는 필요타당한 비용으로서 실제 수리비용 나. 열처리 도장료 수리시 열처리 도장을 한 경우 차령에 관계없이 열처리 도장료 전액 다. 수리비 및 열처리 도장료의 합계액은 피해물의 사고직전 가액의 120%를 한도로 함
2. 교환가액	수리비용이 피해물의 사고직전의 가액을 초과하는 경우와 원상회복이 불가능한 경우 사고직전 피해물의 가액상당액 또는 사고직전의 피해물과 동종의 대용품의 가액과 이를 교환하는데 실제로 소요된 필요타당한 비용
3. 대 차 료	가. 대상 비사업용자동차(건설기계 포함)가 파손 또는 오손되어 가동하지 못하는 기간동안에 다른 자동차를 대신 사용할 필요가 있는 경우 나. 인정기준액 (1) 대차를 하는 경우 (가) 대여자동차로 대체사용할 수 있는 차종에 대하여는 차량만을 대여하는 경우를 기준으로 한 동종의 대여자동차를 대여하는데 소요되는 통상의 요금. 다만, 보험회사는 피해자의 선택에 따라 동종의 자동차를 직접 제공할 수 있으며 동종의 대여자동차를 구할 수 없는 희소차량에 대해서는 동급의 일반적인 차량을 제공 가능 (나) 대여자동차로 대체사용할 수 없는 차종에 대하여는 보험개발원이 산정한 사업용 해당차종(사업용 해당차종의 구분이 곤란할 때에는 사용방법이 유사한 차종으로 함. 이하 같음) 휴차료 일람표 범위내에서 실임차료. 다만, 5톤 이하 또는 밴형 화물자동차의 경우 중형승용차급 한도로 대차 가능 (2) 대차를 하지 아니하는 경우 (가) 대여자동차가 있는 경우 : 해당차종 대여자동차 대여시 소요되는 통상요금의 30% 상당액 (나) 대여자동차가 없는 경우 : 사업용 해당 차종 휴차료 일람표 금액의 30% 상당액 다. 인정기간 (1) 수리가능한 경우 수리가 완료될 때까지의 기간으로 하되, 30일을 한도로 함 (2) 수리 불가능한 경우 : 10일
4. 휴 차 료	가. 지급대상 사업용자동차(건설기계 포함)가 파손 또는 오손되어 사용하지 못하는 기간동안에 발생하는 타당한 영업손해 나. 인정기준액 (1) 입증자료가 있는 경우 1일 영업수입에서 운행경비를 공제한 금액에 휴차 기간을 곱한 금액

	(2) 입증자료가 없는 경우 보험개발원이 산정한 사업용 해당 차종 휴차료 일람표 금액에 휴차기간을 곱한 금액 다. 인정기간 (1) 수리가능한 경우 (가) 수리가 완료될 때까지의 기간으로 하되, 30일을 한도로 함 (나) 여객자동차운수사업법시행규칙에 의하여 개인택시운송사업 면허를 받은 자가 부상으로 자동차의 수리가 완료된 후에도 자동차를 운행할 수 없는 경우에는 사고일로부터 30일을 초과하지 않는 범위 내에서 운행하지 못한 기간으로 함 (2) 수리 불가능한 경우 : 10일
5. 영업손실	가. 지급대상 소득세법 시행령에서 규정하고 있는 사업을 경영하는 자의 사업장 또는 그 시설물을 파괴하여 휴업함으로써 상실된 이익 나. 인정기준액 (1) 입증자료가 있는 경우 소득을 인정할 수 있는 세법에 따른 관계증빙서에 의하여 산정한 금액 (2) 입증자료가 없는 경우 일용근로자 임금 다. 인정기간 (1) 원상복구에 소요되는 기간으로 함. 그러나, 합의지연 또는 부당한 복구지연으로 연장되는 기간은 휴업기간에 넣지 아니함 (2) 영업손실의 인정기간은 30일을 한도로 함
6. 자동차시세 하락손해	사고로 인한 자동차(출고후 2년 이하인 자동차에 한함)의 수리비용이 사고직전 자동차가액의 20%를 초과하는 경우 출고후 1년 이하인 자동차는 수리비용의 15%를 지급하고, 출고후 1년 초과 2년 이하인 자동차는 수리비용의 10%를 지급함

㉖ 자기신체사고 지급기준

1) 상해구분 및 급별 보험가입금액표

상해등급	보험가입금액	상해등급	보험가입금액
1급	1,500만원	8급	180만원
2급	800만원	9급	140만원
3급	750만원	10급	120만원
4급	700만원	11급	100만원
5급	500만원	12급	60만원
6급	400민원	13급	40만원
7급	250만원	14급	20만원

주) 상해등급은 자동차손해배상보장법 시행령 별표 1에서 정한 상해구분에 의함

2) 후유장해구분 및 급별 보험가입금액표

장해등급	보험가입금액			
	1,500만원	3,000만원	5,000만원	1억원
1급	1,500만원	3,000만원	5,000만원	1억원
2급	1,350만원	2,700만원	4,500만원	9,000만원
3급	1,200만원	2,400만원	4,000만원	8,000만원
4급	1,050만원	2,100만원	3,500만원	7,000만원
5급	900만원	1,800만원	3,000만원	6,000만원
6급	750만원	1,500만원	2,500만원	5,000만원
7급	600만원	1,200만원	2,000만원	4,000만원
8급	450만원	900만원	1,500만원	3,000만원
9급	360만원	720만원	1,200만원	2,400만원
10급	270만원	540만원	900만원	1,800만원
11급	210만원	420만원	700만원	1,400만원
12급	150만원	300만원	500만원	1,000만원
13급	90만원	180만원	300만원	600만원
14급	60만원	120만원	200만원	400만원

주) 장해등급은 자동차손해배상보장법시행령 별표 2에서 정한 후유장해구분에 의함

27 과실상계 등

항 목	지 급 기 준
1. 과실상계	가. 과실상계의 방법 (1) 이 기준의 「대인배상Ⅰ」, 「대인배상Ⅱ」, 「대물배상」 및 「무보험자동차에 의한 상해」에 의하여 산출한 금액에 대하여 피해자측의 과실비율에 따라 상계함 (2) 「대인배상Ⅰ」, 「대인배상Ⅱ」 및 「무보험자동차에 의한 상해」의 경우에는 위 (1)에 의하여 상계한 후의 금액이 치료관계비 해당액에 미달하는 경우에는 치료관계비 해당액(입원환자 식대포함)을 보상함. 나. 과실비율의 적용기준 별도로 정한 자동차사고 과실비율의 인정기준에 따라 적용하며, 사고유형이 동 기준에 없거나 동 기준에 의한 과실비율의 적용이 곤란할 때에는 판결례를 참작하여 적용함. 그러나, 소송이 제기되었을 경우에는 확정판결에 의한 과실비율을 적용함
2. 손익상계	보험사고로 인하여 다른 이익을 받을 경우 이를 상계하여 보험금을 지급함
3. 동승자에 대한감액	피보험자동차에 동승한 자에 대하여는 〈표 4〉의 「동승자 유형별 감액비율표」에 따라 감액함
4. 기왕증	이 약관의 보험금지급기준에 의해 '대인배상Ⅰ', '대인배상Ⅱ', '자기신체사고', '무보험자동차에 의한 상해'에 대한 보험금 산출시, 당해 자동차사고가 있기 전에 이미 가지고 있던 증상에 대해서는 보상하지 아니함. 다만, 이미 가지고 있던 증상이라도 당해 사고로 인해 추가된 부분에 대해서는 보상함

Ⅴ. 운전가능자 제한 특별약관

28 운전자 연령제한 특별약관

1. 보상내용
   보험회사(이하 '회사'라 합니다)는 피보험자가 보험증권에 기재된 자동차(이하 '피보험자동차'라 합니다)에 대하여 운전할 자를 만( )세 이상으로 한정하는 경우에는 이 특별약관이 정하는 바에 따라 보상합니다.
2. 보상하지 아니하는 손해
   (1) 회사는 이 특별약관에 의하여 만( )세미만의 자가 피보험자동차를 운전하던 중에 발생된 사고에 대하여는 보험금을 지급하지 아니합니다.
   (2) 위 '(1)'의 규정에도 불구하고 회사는 보험계약자 또는 피보험자에게 이 특별약관의 내용을 알려주었다는 사실을 회사가 입증하지 못하는 경우에는 보통약관 '10 배상책임(대인배상Ⅰ 제외)', '11 자기신체사고', '12 무보험자동차에 의한 상해' 및 '13 자기차량손해'에서의 손해에 대하여는 보험금을 지급합니다.
   또한, 피보험자동차를 도난당하였을 경우 그 도난당하였을 때로부터 발견될 때까지의 사이에 발생된 피보험자동차의 사고로 인한 보통약관 '10 배상책임', '11 자기신체사고', '13 자기차량손해'의 손해에 대하여는 보험금을 지급합니다.
3. 준용규정
   이 특별약관에서 정하지 아니한 사항은 보통약관에 따릅니다.
4. 기타
   이 특별약관의 규정은 대인배상Ⅰ에 대해서는 적용하지 아니합니다.

29 운전자 범위제한 특별약관

1. 보상내용
   보험회사(이하 '회사'라 합니다)는 피보험자가 보험증권에 기재된 자동차(이하 '피보험자동차'라 합니다)에 대하여 운전할 자를 보험증권에 기재된 피보험자(이하 '기명피보험자'라 합니다)와 그 (   )(으)로 한정하는 경우에는 이 특별약관이 정하는 바에 따라 보상합니다.
2. 보상하지 아니하는 손해
   회사는 이 특별약관에 의하여 기명피보험자와 그 (   ) 이외의 자가 피보험자동차를 운전하던 중에 발생된 사고에 대하여는 보험금을 지급하지 아니합니다. 그러나, 피보험자동차를 도난당하였을 경우 그 도난당하였을 때로부터 발견될 때까지의 사이에 발생된 피보험자동차의 사고로 인한 보통약관 '10 배상책임', '11 자기신체사고', '13 자기차량손해'의 손해에 대하여는 보험금을 지급합니다.
3. 준용규정
   이 특별약관에서 정하지 아니한 사항은 보통약관에 따릅니다.
4. 기타
   이 특별약관의 규정은 대인배상Ⅰ에 대해서는 적용하지 아니합니다.

〈표 4〉 동승자 유형별 감액비율표

1. 기준요소

동승의 유형		운행목적	감액비율
운전자(운행자)의 승낙이 없는 경우	강요동승 무단동승		100%
운전자의 승낙이 있는 경우	동승자의 요청	거의 전부 동승자에게	50%
		동승자가 주, 운전자는 종	40%
		동승자와 운전자에게 공존·평등	30%
		운전자가 주, 동승자는 종	20%
	상호의논 합의	동승자가 주, 운전자는 종	30%
		동승자와 운전자에게 공존·평등	20%
		운전자가 주, 동승자는 종	10%
	운전자의 권유	동승자가 주, 운전자는 종	20%
		동승자와 운전자에게 공존·평등	10%
		운전자가 주, 동승자는 종	5%
		거의 전부 운전자에게	0%

* 다만, 교통난 완화대책과 제조업 경쟁력 강화를 위한 교통소통 대책의 일환으로 출·퇴근(자택과 직장사이를 순로에 따라 진행한 경우로서 관례에 따름)시 「승용차 함께타기」 실시차량의 운행 중 사고의 경우에는 위 감액비율에 불구하고 동승자 감액비율을 적용하지 않는다.

2. 수정요소

수정요소	수정비율
동승자의 동승과정에 과실이 있는 경우	+10 ~ 20%

찾아보기

▎사▕

| 아 |

❙자❙

▌하▐

■ 저자약력

이 용 석(李用石)

■ 약력

경남대학교 법학사
부산대학교 교육학석사
경남대학교 법학박사
경남대학교 경상대학 경영학부 금융보험학 교수
경남대학교 경상대학 경영학부 금융보험학과장
경남대학교 한마생활관장, 학보사 주관, 학생처장
한국보험학회 편집위원, 이사, 경남지부장, 부회장
한국손해사정학회 이사, 감사
보험계리사 손해사정사 시험출제위원

■ 저서

보험학개론, 도서출판 두남, 2010, 2015 개정
보험법, 도서출판 두남, 2016
보험업법, 경남대학교 출판부, 2008, 2010 개정
보험업법 요론(전정판), 도서출판 두남, 2010
최신보험업법, 도서출판 두남, 2011
보험법 강의, 피엔씨 미디어, 2012
객관식 보험계약법, 문영사, 2015
객관식 보험업법, 문영사, 2015

■ 논문

보험계약법상 피보험이익의 법리에 관한 연구
보험목적의 양도에 관한 고찰
PL보험의 본질과 구조
산재보험의 민영화 반대론
양도담보의 법리에 관한 연구
상법 제663조의 해석과 그 적용범위에 관한 고찰
무면허 음주운전 면책약관의 효력에 대한 분석적 고찰
보험중개인의 법적지위와 그 문제점에 관한 고찰
한국에 있어서 사이버 보험계약의 현황과 문제점
장기요양보험제도에 관한 고찰
피보험이익의 본질에 관한 재검토
생명보험약관상의 자살 면·부책조항의 문제점에 관한 검토
책임보험에 있어서 보험의 목적과 피보험이익 외 다수

보험법

초 판 1쇄 인쇄 —— 2016년 8월 20일
초 판 1쇄 발행 —— 2016년 8월 25일
지은이 —— 이 용 석
펴낸이 —— 전 두 표
펴낸곳 —— 도서출판 두남
서울시 강동구 성내로6길 34-16 두남빌딩
신고 : 제25100-1988-9호
TEL : 02) 478-2065, 2066, 2067, 2311
FAX : 02) 478-2068
E-mail : dunam1@unitel.co.kr
http://www.dunam.co.kr

정가 30,000원

ISBN 978-89-6414-696-5 93320

정 오 표

54쪽 각주 7), 8)

7) 이 과정을 흔히 언더라이팅(Underwriting)과정이라 한다.

8) 보험계약이 쌍무계약이냐, 편무계약이냐에 대하여 대부분의 교과서에는 쌍무계약이라고 설명하고 있으나 예외적으로 편무계약(일방계약-unilateral contract)과 조건부 계약으로 설명하고 있는 교과서가 있다. 이경룡, 보험학원론, 영지문화사, 2002, 206면; 김억헌, 보험의 이론과 실제, 삼영사, 2002, 61면 등. 이것은 보험계약자의 보험료납입의무와 보험자의 보험금지급의무는 서로 대가관계에 있고 보험금의 지급은 보험사고를 조건으로 하는 조건부 계약이므로 이러한 경우를 예상하여 기술된 듯하다. 그렇게 생각할 경우 손해보험에 있어서는 보험사고라는 조건을 전제로 한 조건부계약으로 볼 수 있는 개연성은 있다고 볼 수 있으나 그러나 보험자는 보험금 지급 의무 이외에도 많은 의무-(예컨대 보험약관의 교부 설명의무, 보험증권의 교부 의무, 보험료 반환의무, 생명보험의 경우 약관대출의무 등)-가 있으므로 보험계약을 편무계약이라고 보는 것은 옳지 않다.